Tobias Aubele, Detlef Girke

Barrierefreie Webseiten

Grundlagen, Anwendung, Praxis

Rheinwerk
Computing

Liebe Leserin, lieber Leser,

sind Sie bereit für die digitalen Anforderungen der Barrierefreiheit? Das Barrierefreiheitsstärkungsgesetz (BFSG) ist am 28. Juni 2025 in Kraft getreten und stellt viele Webentwicklerinnen und Webentwickler vor Herausforderungen. Wie gestalten Sie Webseiten, die für alle zugänglich sind? Verbesserte Zugänglichkeit und Inklusion sind für alle von Vorteil – und mit diesem Buch sind Sie optimal auf die gesetzlichen Anforderungen vorbereitet.

Tobias Aubele und Detlef Girke bieten Ihnen einen Leitfaden, um barrierefreie Webseiten zu entwickeln. Sie erfahren, welche Regeln und Normen für Sie gelten und wie Sie die technischen Grundlagen von HTML, CSS, JavaScript und WAI ARIA barrierefrei umsetzen können. Die Autoren zeigen Ihnen, wie Sie semantische Elemente richtig einsetzen und Interaktionen über die Tastatur zugänglich machen.

Lernen Sie, wie gute Textalternativen für Bilder und Videos aussehen, wie Sie optimale Kontrastverhältnisse schaffen und eine flexible Skalierbarkeit erreichen. Auch für PDF-Dokumente, Formulare, Navigation und Leichte Sprache erhalten Sie praktische Beispiele und Checklisten. Von den Grundlagen der digitalen Barrierefreiheit bis zum Testing deckt dieses Werk alle Bereiche ab.

Dieses Buch wurde mit größter Sorgfalt geschrieben und hergestellt. Sollten Sie dennoch Fragen, Kritik oder inhaltliche Anregungen haben, freue ich mich, wenn Sie mit mir in Kontakt treten. Ich wünsche Ihnen eine aufschlussreiche Lektüre und viel Erfolg bei der Umsetzung barrierefreier Webprojekte!

Ihr Stephan Matteschec k
Lektorat Rheinwerk Computing

stephan.matteschec k@rheinwerk-verlag.de
www.rheinwerk-verlag.de
Rheinwerk Verlag • Rheinwerkallee 4 • 53227 Bonn

Auf einen Blick

Wir hoffen, dass Sie Freude an diesem Buch haben und sich Ihre Erwartungen erfüllen. Falls Sie Anregungen, Wünsche und Kommentare haben, lassen Sie es uns wissen: **service@rheinwerk-verlag.de**.

Informationen zu unserem Verlag und Kontaktmöglichkeiten finden Sie auf unserer Verlagswebsite **www.rheinwerk-verlag.de**. Dort können Sie sich auch umfassend über unser aktuelles Programm informieren und unsere Bücher und E-Books bestellen.

Autoren Tobias Aubele, Detlef Girke
Lektorat Stephan Mattescheck, Felix Jüstel
Fachgutachten Joschi Kuphal
Copy-Editing Isolde Kommer, Großerlach
Typografie & Layout Vera Brauner
Satz SatzPro, Krefeld
Herstellung Vera Brauner
Covergestaltung Mai Loan Nguyen Duy
Druck Beltz Grafische Betriebe, Bad Langensalza

FSC www.fsc.org MIX Papier | Fördert gute Waldnutzung FSC® C089473

Dieses Buch wurde mit mineralölfreien Farben auf FSC-zertifiziertem Papier aus nachhaltiger Waldwirtschaft gedruckt. Hergestellt in Deutschland.

Bibliografische Information der Deutschen Nationalbibliothek:
Die Deutsche Nationalbibliothek verzeichnet diese Publikation in der Deutschen Nationalbibliografie; detaillierte bibliografische Daten sind im Internet über *http://dnb.dnb.de* abrufbar.

ISBN 978-3-8362-9888-9

1. Auflage 2025

Rheinwerk Verlag GmbH • Rheinwerkallee 4 • 53227 Bonn
service@rheinwerk-verlag.de

Inhalt

Geleitwort von Joschi Kuphal: Digitale Barrierefreiheit als gemeinschaftliche Aufgabe

Digitale Barrierefreiheit – das klingt zunächst nach einer technischen Disziplin, nach Standards, Richtlinien, Prüfkriterien, nach Paragrafen und Gesetzestexten wie dem Barrierefreiheitsstärkungsgesetz (BFSG), das ab Juni 2025 für viele Unternehmen bindend wird. Doch wer sich eingehender mit dem Thema beschäftigt, erkennt schnell: Digitale Barrierefreiheit ist weit mehr als ein Regelwerk. Sie ist Ausdruck gesellschaftlicher Verantwortung – und ein zentrales Qualitätsmerkmal digitaler Produkte.

In einer Gesellschaft, die sich zunehmend digital organisiert, tragen wir die Verantwortung, allen Menschen gleichberechtigten Zugang zu Information, Kommunikation und Interaktion zu ermöglichen. Digitale Barrierefreiheit bedeutet genau das: Websites, Apps und digitale Dienste müssen so gestaltet sein, dass sie von möglichst vielen Menschen genutzt werden können – unabhängig von individuellen Fähigkeiten, Einschränkungen oder Lebenssituationen.

Barrieren im digitalen Raum sind keine Naturphänomene. Sie entstehen durch unsere Entscheidungen, nicht aus Bosheit, sondern oft aus Unachtsamkeit, Bequemlichkeit oder Unwissen. Aber das macht sie nicht weniger problematisch. In dem Moment, in dem wir eine Anwendungsoberfläche gestalten, ein Formular entwerfen oder einen Text schreiben, entscheiden wir mit, wer daran teilhaben kann – und wer nicht.

Deshalb geht es nicht darum, Barrieren mühsam nachträglich »abzubauen«. Vielmehr sollten wir uns fragen: Wie lassen sie sich von vornherein vermeiden? Wo entsteht Ausschluss, obwohl er gar nicht notwendig wäre? Diese Haltung zu entwickeln – das ist aus meiner Sicht der entscheidende Schritt hin zu echter Inklusion.

Gerade das macht das Thema so komplex. Denn was heißt eigentlich »zugänglich«? Welche Bedürfnisse haben unterschiedliche Nutzendengruppen? Und wie lassen sich diese in die vielfältigen Anforderungen moderner Technikgestaltung integrieren?

Barrierefreiheit ist kein optionales Add-on, kein »Nice-to-have«. Sie ist Voraussetzung für Qualität, Bestandteil von Professionalität – und Ausdruck dessen, wie ernst wir unsere Arbeit im digitalen Raum wirklich nehmen. Vor allem aber ist Barrierefreiheit Teamarbeit. Sie braucht nicht nur gutes HTML, sondern auch gutes Zuhören. Nicht nur Tests und Tools, sondern Haltung und Zusammenarbeit. Sie beginnt nicht mit einem abschließenden Check, sondern mit der Entscheidung: Ich möchte etwas gestalten, das für möglichst viele Menschen funktioniert.

In rund 30 Jahren Webdesign und -entwicklung – nicht zuletzt als Gründer und Kopf der Kommunikationsagentur tollwerk, die sich heute ganz auf digitale Barrierefreiheit spezialisiert hat – habe ich einige technologische und gestalterische Trends kommen und gehen sehen. Die grundlegenden Herausforderungen digitaler Teilhabe aber haben sich in dieser Zeit kaum verändert und prägen meine Arbeit mehr denn je. Heute unterstütze ich Organisationen dabei, digitale Barrierefreiheit ganzheitlich umzusetzen – in der strategischen Beratung, in der Prüfung konkreter Angebote und zunehmend auch in der Lehre. Barrierefreiheit darf kein Randthema bleiben – sie muss verpflichtender Bestandteil jeder Ausbildung sein, die »irgendwas mit Medien« macht. Gerade diese Überzeugung verbindet mich mit Tobias Aubele, unter dessen akademischer Gastgeberschaft ich an der Technischen Hochschule Würzburg-Schweinfurt das Fach »Digitale Barrierefreiheit« unterrichten darf. Ihn wie auch Detlef Girke, ebenfalls langjähriger Experte im Bereich digitaler Barrierefreiheit, kenne ich aus dem fachlichen Umfeld und schätze ihre Arbeit sehr. Die beiden bei ihrem Buchprojekt zu unterstützen war mir nicht nur eine Ehre, sondern auch ein persönliches Anliegen, im Sinne aller, die sich intensiv mit Barrierefreiheit beschäftigen möchten.

Das Buch, das Sie in Händen halten, macht ein großes Versprechen: Orientierung zu bieten in einem Feld, das so dynamisch, so facettenreich und so zentral für unsere digitale Zukunft ist. Und dieses Versprechen löst es ein, mit einer beeindruckenden thematischen Breite, mit vielen konkreten Impulsen und mit dem klaren Anspruch, Brücken zu schlagen zwischen Technik, Gestaltung, Gesetzgebung und Praxis.

Natürlich kann ein einzelnes Buch nicht jede Frage abschließend beantworten. Und es macht allein noch kein barrierefreies Produkt. Aber es kann der Anfang sein – ein Einstieg, ein Kompass, ein Anlass zum Weiterdenken. Dieses Buch erfüllt diese Aufgabe auf überzeugende Weise: Es legt Grundlagen, regt zur Vertiefung an, vermittelt Fachwissen und erinnert zugleich an den menschlichen Kern des Themas. Es zeigt, was möglich ist und wo die Verantwortung liegt.

Ich habe großen Respekt vor der Leistung der Autoren, dieses breite Feld strukturiert und praxisnah zugänglich gemacht zu haben. Ich wünsche dem Buch viele Leserinnen und Leser – nicht nur, weil es informiert, sondern auch, weil es inspiriert, weil es hilft, die Perspektive zu weiten, und weil es deutlich macht: Barrierefreiheit ist das neue Normal – sie muss es einfach sein.

Joschi Kuphal

Für wen ist dieses Buch? Warum sollten Sie es lesen?

Die Nutzenden stehen an erster Stelle.

Herzlichen Glückwunsch, dass Sie sich für dieses Buch entschieden haben! Sie haben damit eine wertvolle Wissens- und Inspirationsquelle, die Ihnen hilft, den Fokus auf alle Nutzenden einer Website oder App zu legen – und das ganz konkret in Ihrer täglichen Praxis. Vielleicht haben Sie dieses Buch gekauft, weil Sie sich mit den Anforderungen des Barrierefreiheitsstärkungsgesetzes (BFSG) beschäftigen (müssen). Auch dann sind Sie bei diesem Buch genau richtig, aber denken Sie daran, dass es nicht nur um Regeln und Vorschriften geht, sondern um die Teilhabe am Internet.

Wenn Sie dieses Buch benutzen, stehen Sie vielleicht am Anfang einer Reise, die hoffentlich nicht nur Ihre Sicht auf die Webentwicklung verändern, sondern auch das Leben vieler Menschen nachhaltig positiv beeinflussen wird. Barrierefreiheit ist nicht nur eine Checkliste für die Rechtsabteilung, es geht um uns Menschen. Barrierefreiheit im digitalen Raum ist keine Nebensache, die nebenbei erledigt wird. Sie ist eine wesentliche Komponente moderner Technikgestaltung, die uns alle betrifft. Vergessen wir für einen Moment die trockenen Erfolgskriterien der WCAG (Web Content Accessibility Guidelines) oder die Prüfkriterien der BITV (Barrierefreie-Informationstechnik-Verordnung), die oft als Einstieg in das Thema genannt werden. Sie sind zwar unverzichtbar, aber nicht der Kern unseres Anliegens. Bevor wir in die technischen Details einsteigen, möchten wir Ihnen eine grundlegendere Perspektive eröffnen – die Perspektive von Menschen mit Behinderungen. Wenn Sie das Design barrierefrei gestalten, dann schaffen Sie den Zugang für viele Menschen zu Ihren Informationen, der ihnen bislang nicht möglich war. Gegebenenfalls müssen Sie nur kleine Dinge anpassen, die für viele eine große Wirkung entfalten können. Menschen werden durch Websites in ihrer Zugänglichkeit behindert, obwohl es technische Lösungen gibt. Das klingt hart, aber dieses Gedankenexperiment soll die Wichtigkeit des Themas verdeutlichen.

Für wen ist dieses Buch geschrieben?

Bei der Konzeption haben wir uns gefragt, für wen wir dieses Buch schreiben. Bevor wir zur Zielgruppe kommen, ganz kurz zu unserem Hintergrund:

Detlef Girke ist seit 2002 in der Entwicklung von Testverfahren, der Beratung und Begutachtung von Website- und Softwareprojekten für eine Vielzahl von Unternehmen und öffentliche Einrichtungen tätig. Selbst sehbehindert (periphere Sehstörung, »Tunnelblick«), ist er mit assistiven Technologien bestens vertraut.

Prof. Dr. Tobias Aubele ist seit 2009 im Bereich Usability/User-Experience sowie Barrierefreiheit tätig. Er lehrt als Professor an der technischen Hochschule Würzburg-Schweinfurt (THWS) mit den Forschungsschwerpunkten User-Experience und Human-Computer-Interaction mit Fokus auf Barrierefreiheit.

In der Beratung und Lehre wurde uns klar, dass ein Buch über digitale Barrierefreiheit von verschiedenen Zielgruppen gelesen werden sollte. Sie sollten deshalb bereit sein, sich mit den Grundlagen der digitalen Barrierefreiheit auseinanderzusetzen und keine Scheu vor Begriffen wie WCAG oder WAI ARIA haben. Abgesehen davon sind die einzigen Voraussetzungen ein Interesse an inklusivem Webdesign und der Wunsch, das Internet für alle zugänglicher zu gestalten. Dieses Buch richtet sich daher unter anderem an folgende Menschen:

- alle, die mehr darüber erfahren möchten, wie man barrierefreie Websites und Apps erstellt
- Interessierte, die lernen möchten, wie man HTML so verwendet, dass es den Richtlinien für digitale Barrierefreiheit entspricht (als Ergänzung/Erweiterung empfehlen wir das Buch »Einstieg in HTML und CSS« von Peter Müller, erschienen im Rheinwerk Verlag)
- Mitarbeitende im E-Commerce, die bestens auf das kommende Barrierefreiheitsstärkungsgesetz vorbereit sein wollen
- Webdesigner/Webdesignerinnen, die eine kompakte und strukturierte Einführung in barrierefreies Webdesign suchen
- UX-Designer/Designerinnen, die User Interfaces so gestalten wollen, dass sie für alle Nutzenden zugänglich und gebrauchstauglich sind
- Entwickler/Entwicklerinnen, die ihr Wissen über HTML im Kontext Barrierefreiheit aktualisieren möchten und barrierefreie Benutzererfahrungen mit Technologien wie WAI ARIA schaffen wollen
- Nutzende von Content-Management-Systemen wie WordPress, die sicherstellen möchten, dass ihre Webseiten zugänglich sind
- Lehrende, da sie die nächste Generation von Fachkräften in den Bereichen Informationstechnologie und Design ausbilden. Die Integration von Barrierefreiheit und die Vorbereitung der Studierenden auf die Anforderungen der Praxis im Zusammenhang mit dem Barrierefreiheitsstärkungsgesetz oder BITV 2.0 ist in der modernen Welt essenziell.

Hinweis zum Gendern

Wir wollen in der Sprache alle Geschlechter einschließen und verwenden daher für User/Userin bzw. Benutzer/Benutzerin den Begriff »die Nutzenden« und verzichten auf Gendersterne oder Ähnliches. Ziel ist es, immer alle Menschen anzusprechen und gleichzeitig eine möglichst hohe Lesefreundlichkeit zu erreichen. Bei der Zielgruppe sprechen wir daher z. B. von Mitarbeitenden in den Tätigkeitsbereichen, da wir dies geschlechtsunabhängig verstehen.

Wie ist dieses Buch aufgebaut?

Das Buch besteht aus sechs thematisch zusammengefassten Teilen:

Teil I: Bedürfnisse der Menschen, rechtliche Grundlagen und erste Prüfungen der Barrierefreiheit Ihrer Website

- Neben den Anforderungen der Barrierefreiheit zeigt **Kapitel 1**, »Digitale Barrierefreiheit«, wie vielfältig die Bedürfnisse von Menschen mit Behinderungen sein können. Das Kapitel soll Sie in die Lage versetzen, erste Tests mithilfe spezieller Browsererweiterungen (Plug-ins) und Bookmarklets durchzuführen. So erhalten Sie einen ersten Eindruck vom aktuellen Stand der Barrierefreiheit Ihrer Website.
- **Kapitel 2**, »Bedürfnisse der Nutzenden verstehen, und zwar aller«, vermittelt, warum sich Barrierefreiheit für alle Beteiligten lohnt, nicht nur finanziell, und weshalb Sie alle Nutzenden in Ihren Design- und Entwicklungsprozess integrieren sollten. Ein Screenreader ist beispielsweise die Basis für sehbehinderte Menschen. Dieses Kapitel zeigt Ihnen, wie Sie den Screenreader NVDA bedienen und wie er seine Informationen erhält. Sie werden nicht nur überrascht sein, wie es sich anfühlt, eine Website ohne visuellen Eindruck zu nutzen, sondern auch verstehen, wie Websites besser für sehbehinderte Menschen gestaltet werden können.

Teil II: Technische Grundlagen für barrierefreie Websites

- **Kapitel 3**, »Das Fundament barrierefreier Websites – HTML und der Accessibility Tree«, gibt Ihnen einen Überblick über die semantischen Eigenschaften von HTML sowie deren Bedeutung für die Barrierefreiheit. Wichtig für das Verständnis der weiteren Kapitel ist die Funktion des Accessibility Trees, der ausführlich beschrieben wird.
- Wie HTML mit CSS und JavaScript zusammenhängt, erfahren Sie in **Kapitel 4**, »Die perfekte Website – eine Kombination aus HTML, CSS, JavaScript und WAI ARIA«. So können Sie auch ohne bestehende Programmierkenntnisse konkrete Optimierungen direkt im Code erkennen. Außerdem wird der Nutzen von WAI ARIA beschrieben, wobei als oberste Regel gilt: »No ARIA is better than Bad ARIA!«

Teil III: Barrierefreie Inhalte – die Basis Ihrer Website

- Nicht nur Suchmaschinen benötigen Texte, auch Menschen erhalten viele Informationen über sie. Wie Texte und Inhalte von Websites für Menschen zielgruppengerecht erstellt werden, was Leichte und was Einfache Sprache auszeichnet, ist der Schwerpunkt von **Kapitel 5**, »Texte und Inhalte auf Website und App zielgruppengerecht aufbereiten«.
- **Kapitel 6**, »Texte und Inhalte auf Website und App barrierefrei gestalten«, beschreibt Ihnen, wie Sie Texte nicht nur für Leser und Leserinnen, sondern auch für assistive Technologien optimal aufbereiten.
- Auch Bilder, Videos und Audio auf Webseiten kann barrierefrei umgesetzt werden, was **Kapitel 7**, »Visuelles und auditives Design barrierefrei umsetzen«, erläutert. Hier erfahren Sie z. B., wie ein hoher Kontrast zwischen Text und Hintergrund sowie angemessene Schriftgrößen die Lesbarkeit für alle verbessern. Videos mit Untertiteln, Transkriptionen oder Audiodeskriptionen sind für die Zugänglichkeit von Medieninhalte unerlässlich. Sie helfen Menschen mit Hörbehinderungen oder Menschen, die aus anderen Gründen Tonspuren nicht hören können oder in bestimmten Situationen (Umgebung, z. B. Zugfahrt) nicht hören wollen.
- Damit alle Menschen zum Ziel kommen und sich effektiv und effizient auf der Website bewegen können, sind verschiedene Optimierungen und Anpassungen sinnvoll, die in **Kapitel 8**, »Bedienbarkeit? Menschen zum Ziel führen«, erläutert werden. Einfachheit ist das große Ziel. Usability-Herausforderungen wie eine Tastaturfalle (keine weitere Nutzung mit der Tastatur möglich) oder die fehlende Möglichkeit der ausschließlichen Nutzung über die Tastatur sind ebenfalls ein wichtiger Teil von Kapitel 8.
- Formulare, Formulare, Formulare – sie sind auf fast jeder Website und in den meisten Apps zu finden. Der Umgang mit ihnen ist Thema von **Kapitel 9**, »Formulare – barrierefrei erstellt«. Beschriftungen sind z. B. entscheidend für das Verständnis der geforderten Eingaben in Formularen. Ohne sie kann die Bedienung von Formularen verwirrend sein, insbesondere für Menschen mit kognitiven Einschränkungen oder Menschen mit Sehbehinderungen, die Screenreader verwenden. Auch für Sehende können fehlende Beschriftungen kritisch sein, wenn der Browser Felder vorausfüllt (AutoFill) und somit nicht klar ist, ob der richtige Inhalt in das Feld eingefügt wurde.

Teil IV: Barrierefreie Social-Media- und PDF-Dokumente

- Social Media sind unsere tägliche Inspirationsquelle. Auch hier gibt es einiges zu beachten, damit die Beiträge barrierefrei sind und von möglichst vielen Menschen genutzt werden können. Worauf Sie beim Einsatz von Emoji und Co. konkret achten sollten, erfahren Sie in **Kapitel 10**, »Inhalte auf Social-Media-Plattformen«.

- PDFs sind aus der modernen Kommunikation nicht mehr wegzudenken. Ihre standardisierte Gestaltung macht sie so beliebt. Damit es am Ende des Prozesses – z. B. einer Bestellbestätigung im PDF-Format – nicht zu einem Abbruch kommt, erfahren Sie in **Kapitel 11**, »Barrierefreie PDFs erstellen und einsetzen«, Schritt für Schritt, wie Sie das verhindern.

Teil V: Barrierefreie Software und Apps – Umsetzung in WordPress

- Die WCAG bzw. EN 301 549 beziehen sich nicht nur auf Webseiten, sondern auch auf Software im Allgemeinen. Dazu gehören auch Apps. **Kapitel 12**, »Apps barrierefrei umsetzen – barrierefreie Aspekte bei Smartphones«, gibt Ihnen einen Überblick, worauf Sie bei Apps in Bezug auf Barrierefreiheit achten sollten.
- WordPress als weltweit beliebtestes Content-Management-System ist natürlich das ideale Vehikel, um Ihre Website nicht nur komfortabel zu verwalten, sondern auch barrierefrei zu gestalten. Aus diesem Grund beschäftigt sich **Kapitel 13**, »WordPress und Co. barrierefrei gestalten«, mit Aspekten der Barrierefreiheit in WordPress.

Teil VI: Prozesse, Rollen und rechtliche Ergänzungen

- **Kapitel 14**, »Barrierefreie Prozesse im Unternehmen nachhaltig umsetzen«, gibt Ihnen Ideen, wie Sie Barrierefreiheit prozessual in Ihr Unternehmen bzw. Ihre Organisation integrieren können, welche Rollen im Unternehmen von Barrierefreiheit konkret betroffen sind und welche weiteren Tools für die individuelle Prüfung für Sie relevant sein können.
- Wenn Sie einen tieferen Einblick in die rechtliche Situation von Barrierefreiheit erhalten und gleichzeitig ein konkretes WCAG-Erfolgskriterium in deutscher Sprache nachschlagen möchten, ist **Kapitel 15**, »Gesetze, Normen und Richtlinien für barrierefreie Websites«, für Sie relevant.
- Last but not least sind ausgewählte »Checklisten« für die barrierefreie Umsetzung in **Kapitel 16** zu finden.

Wie sollten Sie dieses Buch lesen?

Wir möchten Sie dabei unterstützen, mit Ihrer Website und Ihrer App nicht nur die gesetzlichen Anforderungen zu erfüllen, sondern auch einen echten Mehrwert für alle Menschen zu schaffen. Deshalb haben wir dieses Buch mit einer Mischung aus Praxis und Theorie aufgebaut.

- Je nach Wissenstand können Sie jederzeit einzelne Kapitel überspringen, wenn Sie die gesetzlichen Anforderungen und die WCAG-Kriterien bereits kennen, da die Kapitel in sich geschlossen sind.

- Um Ihnen einen schnellen Einstieg in die Umsetzung zu ermöglichen, finden Sie am Ende des jeweiligen Kapitels die wichtigsten Inhalte und Ziele kurz zusammengefasst.
- Um Ihre Kenntnisse im Bereich Barrierefreiheit auf den aktuellen Stand zu bringen, schauen Sie einfach in das Inhalts- oder Stichwortverzeichnis am Ende des Buches und springen Sie direkt zu den Themen, die Sie interessieren.

Danksagung

Ein herzlicher Dank gilt dem Fachgutachter Joschi Kuphal, den Testlesern Marc Schuler sowie Prof. Dr. Rolf Schillinger und Marie Herz von der THWS. Ihre wertvollen Anregungen und ihr konstruktives Feedback haben maßgeblich dazu beigetragen, diesem Buch den letzten Schliff zu verleihen.

TEIL I

Bedürfnisse der Menschen, rechtliche Grundlagen und erste Prüfungen der Barrierefreiheit Ihrer Website

Kapitel 1
Digitale Barrierefreiheit

»Die Stärke des Internets liegt in seiner Universalität. Der Zugang für alle, unabhängig von einer Behinderung, ist ein wesentlicher Aspekt.«
Tim Berners-Lee, Direktor des W3C und Begründer des World Wide Web

Die Themen im Überblick:

- Was ist digitale Barrierefreiheit?
- Permanente, temporäre und situative Einschränkungen
- Arten von Behinderungen und die Konsequenzen für Ihre Website
- Barrierefreiheitsanforderungen – die Europäische Norm EN 301 549
- Webinhalte für alle – die Web Content Accessibility Guidelines (WCAG)
- Die ersten Schritte zur Barrierefreiheit Ihrer Website
- Tools für erste Optimierungspotenziale
- Zusammenfassung des Kapitels

Das Bundesministerium für wirtschaftliche Zusammenarbeit und Entwicklung (BMZ) fasst die Definition von Behinderung mit der Aussage perfekt zusammen:

> *»Man ist nicht behindert, man wird behindert.«*[1]

Dieses Kapitel soll Ihnen daher die Grundlage für die Aspekte der digitalen Barrierefreiheit bieten und verdeutlichen, dass es nicht *die* eine Behinderung gibt, was das Thema Barrierefreiheit einerseits interessant und andererseits komplex macht. Die folgenden Abschnitte zeigen Ihnen die große Bandbreite von Behinderungen auf und sollen erste Optimierungspotenziale Ihrer Website aufdecken, damit Sie Ihre Nutzenden auf ihrem Weg zum Ziel nicht behindern.

---

1 *https://www.bmz.de/de/themen/rechte-menschen-mit-behinderungen/definition-behinderung-20364*

1.1 Was ist digitale Barrierefreiheit?

Schon kleine Veränderungen können für viele Menschen große positive Verbesserungen bringen. Denken Sie nur an Beispiele aus der Stadtplanung: Wenn an einer Fußgängerampel zusätzlich zum Grünlicht ein Piepton ertönt, erhalten nicht nur Sehbehinderte, sondern auch Kinder ein zusätzliches Signal, dass sie die Straße überqueren können. Wenn Sie Informationen über mehrere Sinneskanäle vermitteln, können diese auf dem jeweils präferierten Kanal empfangen werden. Jede zusätzliche Information reduziert Fehler, erleichtert die Gebrauchstauglichkeit (*Usability*) und schafft eine angenehmere Umgebung (*User Experience*).

Usability und User Experience (UX)

Usability (Gebrauchstauglichkeit) bezieht sich auf die Effektivität, Effizienz und Zufriedenheit, mit der Menschen ein interaktives System nutzen können, um ihre Ziele zu erreichen (DIN EN ISO 9241-11). User Experience (UX) hingegen geht über die reine Usability hinaus und umfasst alle Aspekte der Interaktion von Menschen mit einem Produkt, einem System oder einer Dienstleistung. UX beinhaltet die Gesamterfahrung und die Emotionen, die sie bei der Nutzung eines Produkts empfinden. Während Usability eher auf die Funktionalität fokussiert, betrachtet UX das gesamte Nutzungserlebnis – von der Erwartung bis hin zur tatsächlichen Nutzung. Usability ist somit ein Teilaspekt der User Experience.

Als Familienvater freue ich mich, wenn der Zugang zu einem Gebäude nicht über eine Treppe, sondern über einen kontinuierlichen Anstieg oder eine Rampe erfolgt. Kleinkinder können den Weg gehen, Eltern können entspannt den Kinderwagen schieben und Großeltern können bei Bedarf einen Rollator benutzen. Eine solche Rampe ist in der Regel für Rollstuhlfahrende konzipiert, aber von ihrer einfachen Gestaltung profitieren gleichzeitig viel mehr Menschen. Kompetent umgesetzt, führt Barrierefreiheit zu universellem Design (siehe Abschnitt 14.6, »Implementierung eines universellen Designs«). Das ist der sogenannte *Curb-Cut-Effekt*, der besagt, dass behindertenfreundliche Funktionen und Gesetze, wie z. B. abgesenkte Bordsteinkanten (engl. *curb cuts*), einer größeren Gruppe von Menschen zugutekommen oder von dieser genutzt werden als der, für die sie ursprünglich gedacht waren.

Der Begriff der Barrierefreiheit ist in § 4 des Behindertengleichstellungsgesetzes (BGG) definiert:

> *Barrierefrei sind bauliche und sonstige Anlagen, Verkehrsmittel, technische Gebrauchsgegenstände, Systeme der Informationsverarbeitung, akustische und visuelle Informationsquellen und Kommunikationseinrichtungen sowie andere*

gestaltete Lebensbereiche, wenn sie für Menschen mit Behinderungen in der allgemein üblichen Weise, ohne besondere Erschwernis und grundsätzlich ohne fremde Hilfe auffindbar, zugänglich und nutzbar sind. (§ 4 BGG)

Barrierefreiheit bedeutet somit, Barrieren abzubauen bzw. proaktiv zu vermeiden und Menschen vollumfänglich am gesellschaftlichen Leben teilhaben zu lassen. Dies ist in Artikel 1 der UN-Behindertenrechtskonvention (UN BRK) definiert:

Zu den Menschen mit Behinderungen zählen Menschen, die langfristige körperliche, seelische, geistige oder Sinnesbeeinträchtigungen haben, welche sie in Wechselwirkung mit verschiedenen Barrieren an der vollen, wirksamen und gleichberechtigten Teilhabe an der Gesellschaft hindern können. (Art. 1 UN-BRK)[2]

Anhand dieser Definition wird deutlich, dass eine Beeinträchtigung eine Einschränkung oder Störung einer bestimmten körperlichen, geistigen oder seelischen Funktion ist, die vorübergehend oder dauerhaft sein kann. Behinderung wird dagegen als langfristiger Zustand verstanden, bei dem die Beeinträchtigung in Kombination mit gesellschaftlichen Barrieren (z. B. negative Einstellungen der Mitmenschen) und/oder umweltbedingten Barrieren (z. B. fehlende Rampe im Gebäude) zu einer Einschränkung der vollen und gleichberechtigten Teilhabe am Leben führt. Daher greifen wir nochmals die Aussage des BMZ auf: Menschen sind nicht behindert, sondern werden behindert.

Kurz, was barrierefrei gestaltet ist, ist gut gestaltet. Das gilt auch für die digitale Infrastruktur des Internets. Eines ist sicher: Früher oder später werden wir alle von den Aspekten der (digitalen) Barrierefreiheit profitieren, denn typischerweise vermindern sich Seh-, Hör- und Muskelkraft im Laufe des Lebens.

Machen Sie folgenden Test mit Ihrer Website, um bereits jetzt einen ersten Eindruck ihrer Barrierefreiheit zu bekommen: Legen Sie die Maus zur Seite und benutzen Sie ausschließlich die Tastatur bei der Durchführung einer typischen Aufgabe auf Ihrer Website (z. B. eine bestimmte Seite über die interne Suche finden). Lässt sich alles mit der Tastatur steuern? Erreichen Sie jedes klickbare Element? Benutzen Sie die Tabulatortaste ([⭾]-Taste) und die Pfeiltasten ([←], [↓], [→] und [↑]) zum Navigieren. Mit der [↵]-Taste oder der Leertaste (Space) aktivieren Sie die fokussierten Elemente. Mit [⇧] (Shift) + der entsprechenden Taste gelangen Sie zum vorherigen Element.

Digitale Barrierefreiheit (Accessibility)

Das W3C (World Wide Web Consortium, eine internationale Gemeinschaft, die Webstandards entwickelt und fördert) definiert Barrierefreiheit wie folgt: Barrierefreiheit

2 Weitere Informationen siehe: *https://www.institut-fuer-menschenrechte.de/fileadmin/Redaktion/PDF/DB_Menschenrechtsschutz/CRPD/CRPD_Konvention_und_Fakultativprotokoll.pdf*

im Web bedeutet, dass Websites, Tools und Technologien so gestaltet und entwickelt werden, dass sie von Menschen mit Behinderungen genutzt werden können, genauer gesagt dass sie das Web wahrnehmen, verstehen, darin navigieren, damit interagieren und dazu beitragen können. Barrierefreiheit im Web berücksichtigt alle Behinderungen, die den Zugang zum Web beeinträchtigen, einschließlich auditiver, kognitiver, neurologischer, körperlicher, sprachlicher und visueller Behinderungen.[3]

Digitale Barrierefreiheit bedeutet also, dass eine Website oder App ohne fremde Hilfe genutzt werden kann. Um es gleich vorwegzunehmen: So breit das Spektrum an Behinderungen ist, so viele Möglichkeiten der Optimierung gibt es auch. Wir verwenden bewusst nicht den Begriff »barrierearm«, da wir hoffen, dass immer das Maximum an Barrierefreiheit angestrebt und nicht vorzeitig limitiert wird. Nutzen Sie das volle Potenzial von Barrierefreiheit und vergrößern Sie Ihre Zielgruppe. Im Design wird immer von »Mobile first« gesprochen, d. h., zuerst die mobile Version der Website gestalten und erst dann die Desktop-Version. In Design und Entwicklung sollte es aber eher heißen: »Accessibility first, User first!« Kapitel 2, »Bedürfnisse der Nutzenden verstehen, und zwar aller«, widmet sich daher dieser Frage.

Was ist A11y?

Wenn Sie nach Aspekten der digitalen Barrierefreiheit googeln, finden Sie auf vielen Webseiten den Begriff *A11y*. Die Abkürzung A11y steht für Accessibility, dem englischen Wort für Zugänglichkeit (Barrierefreiheit). Das A und das Y stehen für den Anfangs- und Endbuchstaben des englischen Wortes Accessibility, während die Zahl 11 die Anzahl der Buchstaben zwischen dem A und dem Y des Wortes zählt. Diese Art der Abkürzung wird als Numeronym bezeichnet, bei dem Zahlen verwendet werden, um eine längere Zeichenfolge zu ersetzen.

In der Abkürzung A11y zeigt sich bereits die Herausforderung der einfachen Erkennung von Zahlen und Buchstaben. Der visuelle Unterschied zwischen A11y, AIIy und Ally ist je nach Schriftart marginal. Dasselbe gilt für die Frage, ob O eine Zahl oder ein Buchstabe ist. Daher sollten Sie die Schriftart für Websites und Apps mit Bedacht wählen. Abbildung 1.1 zeigt die unterschiedliche Darstellung »kritischer« Buchstaben und Ziffern in der lesefreundlichen Schriftart Atkinson Hyperlegible Font (mehr zu Schriftarten in Abschnitt 6.3).

3 *https://www.w3.org/WAI/fundamentals/accessibility-intro/* (18.07.2023)

Abbildung 1.1 Lesefreundliche Schriftart Atkinson Hyperlegible Font

1.2 Permanente, temporäre und situative Einschränkungen/ Behinderungen

Ende 2021 lebten etwa 7,8 Millionen schwerbehinderte Menschen in Deutschland. Als schwerbehindert gelten Menschen, denen die Versorgungsämter einen Behinderungsgrad von mindestens 50 % zuerkennen und die im Besitz eines gültigen Schwerbehindertenausweises sind. Bezogen auf die Gesamtbevölkerung in Deutschland waren Ende 2021 9,4 % der Menschen schwerbehindert. Von den schwerbehinderten Menschen waren 50,3 % Männer und 49,7 % Frauen.[4]

Sie sehen, die Zielgruppe ist groß und ebenso vielfältig sind die möglichen Barrieren, auf die diese Menschen stoßen können. Wichtig ist dabei, dass wir alle temporär oder situativ mit einer Einschränkung konfrontiert sein können. Tabelle 1.1 zeigt dies anhand konkreter Beispiele.

Sinn	Permanent	Temporär	Situativ
Berühren (haptisch)	einarmig (Gliedmaße fehlen)	Arm in Folge eines Unfalls verletzt	Elternteil mit Kind auf dem Arm
Sehen	blind	Katarakt (grauer Star, Linsentrübung)	abgelenkt beim Fahren

Tabelle 1.1 Permanente, temporäre und situative Einschränkungen der Sinnesorgane

4 *https://www.destatis.de/DE/Themen/Gesellschaft-Umwelt/Gesundheit/Behinderte-Menschen/_inhalt.html*

Sinn	Permanent	Temporär	Situativ
Hören	taub	Krankheit (Infekt im Ohr)	laute Umgebung (Barkeeper, Restaurant, Volksfest)
Sprechen	stumm (non-verbal)	Krankheit (Kehlkopfentzündung)	starker Akzent oder Dialekt

Tabelle 1.1 Permanente, temporäre und situative Einschränkungen der Sinnesorgane (Forts.)

Lesetipp

Die Beispiele aus Tabelle 1.1 finden Sie in dem sehr lesenswerten Microsoft Inclusive 101 Guidebook (*https://inclusive.microsoft.design/tools-and-activities/Inclusive101Guidebook.pdf*).

Abgesehen von der reinen Statistik – Barrierefreiheit hilft allen. Gerade die »verborgenen« Einschränkungen wie Lese- und Rechtschreibschwäche oder Farbsehschwäche sowie kognitive Einschränkungen werden massiv unterschätzt. Seien Sie sicher, in Ihrem Freundeskreis sind mehr Menschen von einer Einschränkung betroffen, als Sie denken.

Tipp: Prüfung der Nutzung der Website ohne Maus im Inkognito-Modus

Es ist wirklich von großer Bedeutung, dass die Website ausschließlich über die Tastatur zugänglich ist. Sehbehinderte oder motorisch eingeschränkte Nutzende können die Website oder App meist nur mit der Tastatur bedienen, die Maus ist völlig nutzlos. Nutzen Sie und Ihr Team die eigene Website für eine kurze Zeit wirklich komplett ohne Maus, und zwar im Inkognito-Modus, sodass Sie auch eigene Cookie-Banner und andere Pop-ups bekommen. Fragen Sie sich selbst: Weiß ich immer, wo ich mich gerade auf der Website befinde? Was ist gerade aktiviert? Ist die Reihenfolge sinnvoll? Und vor allem, kann ich wirklich alle interaktiven Elemente erreichen? Sie werden schnell sehen und spüren, ob und welche Optimierungen notwendig sind. Das gleiche »Erlebnis« haben Menschen mit Behinderungen immer wieder.

1.3 Arten von Behinderungen und die Konsequenzen für Ihre Website/Anwendung

Die Bandbreite der Behinderungen und ihrer jeweiligen Ausprägungen ist groß, jede Behinderung individuell. Das Besondere: Behinderung ist nicht immer sichtbar! Die verschiedenen Behinderungen führen zu spezifischen Anforderungen an das Design oder den Inhalt von Webseiten. Letztendlich können wir alle davon profitieren. Im Folgenden erhalten Sie einen Überblick über visuelle, auditive, motorische, kognitive und sprachliche Behinderungen und was bei der Umsetzung von Barrierefreiheit jeweils in Grundzügen zu beachten ist. In den folgenden Abschnitten werden daher verschiedene Arten von Behinderungen vorgestellt, auf die insbesondere in der Europäischen Norm (EN) 301 549 (siehe Abschnitt 1.4) Bezug genommen wird.

1.3.1 Nutzende ohne oder mit eingeschränktem Sehvermögen

Eine Einschränkung des Sehvermögens stellt eine sehr große Herausforderung für Betroffene und barrierefreie Webseiten dar. Die Bandbreite der Sehbehinderungen ist sehr groß und die Anforderungen an Websites entsprechend komplex. Manche Nutzende vergrößern die Schrift und die Abstände, um besser lesen zu können. Andere Menschen mit peripehereren Sehverlusten (z. B. »Tunnelblick«) machen genau das Gegenteil: Da sie ein sehr eingeschränktes Sichtfeld haben (»Blick durch eine Röhre«), ist eine kleine Schriftgröße hilfreicher als sehr große Schriftgrößen und Abstände. Webseiten und Apps sind flexibel in der Darstellung, wenn Sie dies bei der Entwicklung berücksichtigen und darauf achten.

Neben genetischen Ursachen führen auch altersbedingte Faktoren wie grauer oder grüner Star und Makula-Degeneration zu Sehbehinderungen. Bei der Makula-Degeneration ist das zentrale Sichtfeld eingeschränkt, nur die Ränder sind noch schärfer. Dies liegt daran, dass der Punkt des schärfsten Sehens, der gelbe Fleck, geschädigt ist. Abbildung 1.2 vermittelt einen Eindruck davon, wie es ist, wenn der zu fixierende Punkt auf Grund des Netzhautausfalls im Zentrum nicht mehr erkennbar ist.

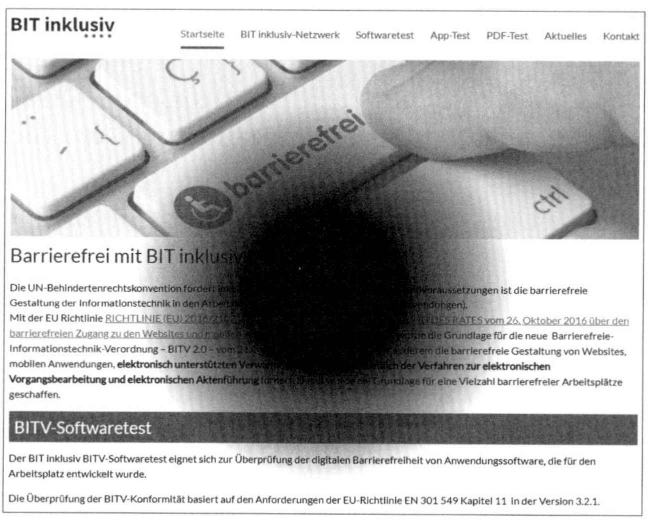

Abbildung 1.2 Simulation einer Makula-Degeneration

Je nach Grad der Degeneration sind die Nutzenden auf Screenreader angewiesen oder müssen zumindest die Darstellung verändern (zoomen). Aus diesem Grund muss Ihre Website oder App die Nutzung von assistiven Technologien wie Screenreadern ermöglichen. Eine Simulation des Verlusts des peripheren Seheindrucks bei einer Webseite zeigt Abbildung 1.3.

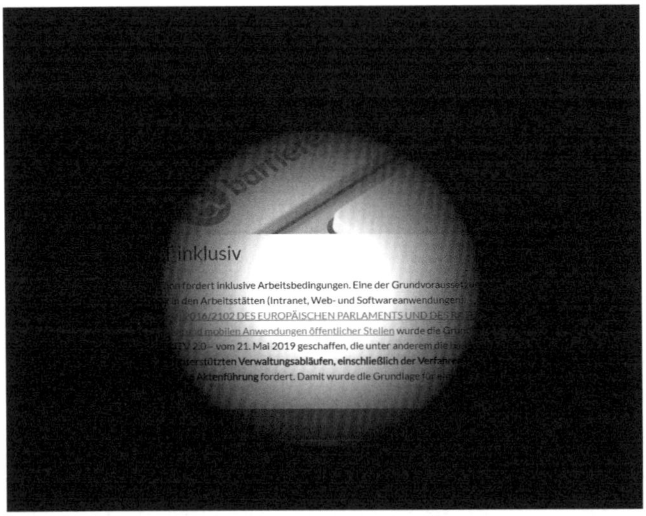

Abbildung 1.3 Verlust des peripheren Seheindrucks bei einer Webseite

Darüber hinaus sind dynamische Anpassungen der Darstellung der Inhalte von großer Bedeutung (Zoom, Anpassung der Helligkeit infolge Fotophobie, Dark Mode, Kontrasterhöhung, Änderung der Schriftgröße etc.). Mit zunehmendem Alter wird höchstwahrscheinlich jeder von uns von einer Form der Seheinschränkung betroffen sein. Die Betriebssysteme bieten mittlerweile den sogenannten Dark Mode an. Ein schwarzer Hintergrund ist für die Augen angenehmer als ein weißer. Der Unterschied zwischen Hintergrund und Vordergrund (Kontrast) ist daher von großer Bedeutung für die Wahrnehmung von Inhalten und Gestaltungsobjekten wie Linien und Formen.

Wenn Sie sich einen ersten Eindruck des Ausmaßes verschaffen wollen, bietet der Sehbehinderungssimulator des Allgemeinen Blinden und Sehbehindertenvereins Berlin (*https://www.absv.de/sehbehinderungs-simulator*) die Möglichkeit, eine Sehbehinderung und die Auswirkung auf die Wahrnehmung eines Bildes zu simulieren. Faszinierend ist auch das 360-Grad-Projekt *https://bcbsfepvision.com/visionsimulator/*, das verschiedene Sehbehinderungen in einer Rundumsicht simuliert. Auch das Onlinespiel »Zug in Sicht« (*https://www.woche-des-sehens.de/spiel/zug-in-sicht/*) macht die Auswirkungen verschiedener Seheinschränkungen erlebbar.

Was ist Blindheit?

Blindheit liegt vor, wenn die Sehschärfe weniger als 2 %, eine hochgradige Sehbehinderung, wenn die Sehschärfe weniger als 5 % beträgt. Eine wesentliche Sehbehinderung liegt vor, wenn die Sehschärfe nicht mehr als 30 % beträgt. Neben der reduzierten Sehschärfe ist eine Gesichtsfeldeinschränkung ein Indiz für Blindheit (Näheres siehe Anlage zu § 2 VersMedVO). Websites müssen für blinde Nutzende so angepasst werden, dass sie vollständig mit Screenreadern kompatibel sind, indem Textalternativen für Bilder und Videos sowie sprechende Links und Buttons bereitgestellt werden. Darüber hinaus sollte die Struktur und Navigation der Website klar und über Tastaturbefehle zugänglich sein, um eine nahtlose Navigation zu ermöglichen.

Für blinde Nutzende sind Screenreader und bei Bedarf die Ausgabe in Brailleschrift (siehe Abbildung 1.4) der Zugang zu Ihrer Website oder App. Die Braillezeile ermöglicht die Kommunikation über haptische Informationen.

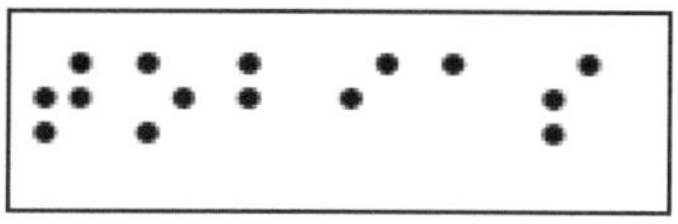

Abbildung 1.4 Das Wort »tobias« in Braillezeichen

Braille

Die Brailleschrift, benannt nach ihrem Erfinder Louis Braille, ist ein taktiles Schriftsystem, das blinden und sehbehinderten Menschen das Lesen und Schreiben ermöglicht. Es basiert auf einer Kombination von erhabenen Punkten (3-×-2-Raster), die mit den Fingerspitzen ertastet werden können. Jede Kombination von Punkten repräsentiert einen Buchstaben, eine Zahl, ein Satzzeichen oder spezielle Symbole.

Zusammenfassend sollten Websites und Apps daher insbesondere folgende Punkte im Sinne der Barrierefreiheit bei eingeschränktem Sehvermögen berücksichtigen, die im weiteren Verlauf des Buches erläutert werden:

- Die Bedienung nur mit Tastatur sollte möglich sein, »Tastaturfallen« (Details hierzu in Abschnitt 8.5.2, »Navigation per Tastatur – Tastaturkurzbefehle modifizieren«) sind zu vermeiden. Wenn PDF-Dokumente verwendet werden, sollten diese barrierefrei sein (siehe Kapitel 11).
- Strukturieren Sie die Inhalte durch HTML. Verwenden Sie z. B. Landmarks, eine H-Überschriftenstruktur und setzen Sie gegebenenfalls WAI ARIA ein (Details in Abschnitt 4.4, »WAI ARIA«, und Abschnitt 8.1, »Was ist bei der Navigation auf Websites zu beachten?«). Formulare für Screenreader sollten Sie optimieren (ausführlich erläutert in Kapitel 9, »Formulare – barrierefrei erstellt«).

- Beschreiben Sie Bilder mit Alternativtexten oder kennzeichnen Sie sie als dekorative Bilder. Bieten Sie Videos mit Transkriptionen an (Details in Abschnitt 7.1, »Barrierefreie Grafiken und Bilder – Alt-Texte, Title und Bildlinks korrekt einsetzen«, und Abschnitt 7.7, »Video auf Websites barrierefrei implementieren«).
- Stellen Sie Informationen leicht wahrnehmbar dar. Wählen Sie die Schrift- und Buttonfarbe kontrastreich zum Hintergrund (Details in Abschnitt 6.2, »Wie ist das notwendige Kontrastverhältnis?«).
- Sorgen Sie für eine intuitive Navigation, benennen Sie vor allem Buttons aussagekräftig (beschriften Sie sie z. B. statt mit »hier klicken« mit »PDF-Dokument herunterladen«). Ohne visuellen Kontext ist der Text »hier klicken« nicht aussagekräftig.

1.3.2 Rot-Grün-Schwäche bzw. Farbenblindheit

Im Sinne der Barrierefreiheit sollen blinde oder seheingeschränkte Menschen Inhalte/Webseiten uneingeschränkt nutzen und von den Vorteilen der Digitalisierung profitieren können. Hierzu folgendes Beispiel: Abbildung 1.5 zeigt den aktuellen Umsatz eines Unternehmens in einer roten Säule und den geplanten Umsatz in einer grünen Säule. Die Grafik ist eine 3D-Darstellung, da aus Sicht des Unternehmens diese optisch ansprechender als die vermeintlich langweilige 2D-Version ist. Sehen Sie hier eine Verbesserung? Könnten bei dieser Darstellungen Barrieren für Menschen entstehen?

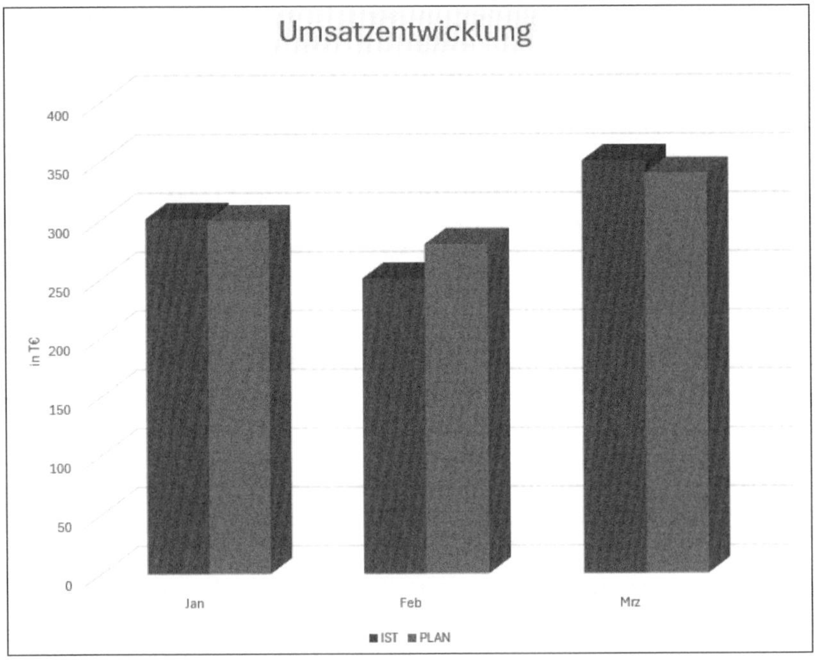

Abbildung 1.5 Umsatzentwicklung in einem 3D-Säulendiagramm

Ja! Menschen mit Rot-Grün-Schwäche haben große Schwierigkeiten, Farben zu unterscheiden. Daher sollte diese Kombination möglichst vermieden werden. In den seltenen Fällen von Farbenblindheit besteht die gleiche Situation wie bei einem schwarzweiß gedruckten Buch: Hier sind die Menschen auf Kontraste angewiesen, d. h., wie stark sich die einzelnen Flächen voneinander abheben, sodass sie sicher unterschieden werden können. Welche Säule zeigt den Planwert? Ist das schnell und intuitiv zu erkennen? Eher nicht. Weitere Barrieren für seheingeschränkte Nutzende sind zu klein gewählte Schriften und eine komplexe Darstellung von Objekten, wie die kleine Legende des Umsatzes sowie die 3D-Darstellung des Diagramms. Diese Grafik hat demnach schon viel Potenzial für Verbesserungen.

Bei der genetisch bedingten Rot-Grün-Schwäche nehmen die Betroffenen Rot oder Grün in unterschiedlicher Intensität wahr und können die beiden Farben schlecht voneinander unterscheiden. Bei der Rot-Sehschwäche (Protanomalie) wird Rot schwächer erkannt und kann nur schwer von Grün unterschieden werden, bei der Grün-Sehschwäche (Deuteranomalie) wird die Farbe Grün schlecht wahrgenommen (erscheint heller) und kann kaum von Rot unterschieden werden. Von der Rot-Grün-Schwäche zu unterscheiden ist die Rot-Grün-Blindheit, bei der Menschen für die Farben Rot und Grün vollständig blind sind (ca. 2 % der Männer, ca. 0,04 % der Frauen). Webseiten sollten getestet werden, um zu simulieren, wie Menschen mit Farbsehschwäche Inhalte wahrnehmen. Prüfen Sie also, ob ihre Website auch bei einer Farbsehstörung aussagekräftig und nutzbar ist. Simulatoren gibt es im Internet z. B. unter *https://www.toptal.com/designers/colorfilter* sowie verschiedene Plug-ins (siehe Abschnitt 1.7, »Schritt für Schritt erste Potenziale entdecken – praktische Anwendung von Accessibility Insights for Web«). Die simulierte Rot-Sehschwäche in Abbildung 1.6 zeigt neben der veränderten Farbintensität bereits die veränderten Kontraste.

Abbildung 1.6 Protanomalie (Rot-Sehschwäche) Original (links) vs. Simulation (rechts)

Rot-Grün-Schwäche ist eine typisch männliche Erscheinung (ca. 6 % der Männer, ca. 0,5 % der Frauen), da die beiden Gene für die Sehpigmente auf dem X-Chromosom liegen. Bei einem genetischen Defekt in einem der Gene hat der Mann keine Ausweichmöglichkeit (nur ein X-Chromosom vorhanden), während die Frau mit hoher Wahrscheinlichkeit auf das intakte Gen auf dem zweiten X-Chromosom zurückgreifen kann. Letztlich gibt es noch Schwächen in der Farbe Blau (Tritanomalie), den dritten verbleibenden Farbzapfen, was noch seltener vorkommt (0,005 % der Frauen und Männer). Im Extremfall besteht eine völlige Farbenblindheit (Monochromasie), alles wird in Grautönen wahrgenommen (0,003 % der Frauen und Männer).

Zusammenfassend sollten Websites daher insbesondere folgende Punkte im Sinne der Barrierefreiheit berücksichtigen:

- Stellen Sie Informationen gut wahrnehmbar dar.
- Die Farben von Schrift und Buttons sollten Sie kontrastreich zum Hintergrund wählen, kritische Farbkombinationen (Rot/Grün) vermeiden. So sollte z. B. die Bestandsanzeige in einem Onlineshop nicht nur aus einem roten oder grünen Punkt bestehen, sondern zusätzlich den Text »lieferbar« oder »ausverkauft« enthalten.
- Verzichten Sie auf eine ausschließliche Farbkommunikation (»Füllen Sie die rot markierten Felder aus«, Details in Abschnitt 6.1, »Einsatz von Farbe«).
- Beschreiben Sie Bilder und Grafiken mit Alternativtexten bzw. kennzeichnen Sie sie als dekorative Bilder (Details in Abschnitt 7.1, »Barrierefreie Grafiken und Bilder – Alt-Texte, Title und Bildlinks korrekt einsetzen«).
- Fehlermeldungen in Formularen sollten nicht nur durch rote oder grüne Markierungen angezeigt werden, sondern auch textuelle Hinweise auf den Fehler und dessen Behebung geben. In Abschnitt 9.10 »Fehlerbehandlung in Formularen«, werden anhand von Beispielen Optimierungen für Sehbehinderte aufgezeigt.

1.3.3 Nutzende ohne oder mit eingeschränktem Hörvermögen

Textuelle Informationen auf Webseiten werden oftmals mit Videos, Podcasts oder Audioinformationen angereichert. Bei erklärungsbedürftigen Produkten und Dienstleistungen werden teilweise Videos anstelle von umfassendem Text verwendet. Videos benötigen daher Untertitel, Audioformate wie Podcasts benötigen ebenfalls ein Pendant in Form einer Transkription, um barrierefrei zu sein. Abbildung 1.7 zeigt einen (automatisch generierten) Untertitel in einem YouTube-Video. Mithilfe des Untertitels kann der Inhalt des Videos auch ohne Ton nachvollzogen werden.

Tipp: Transkript zur schnellen Inhaltsprüfung

Da Nutzende im Laufe der Zeit gelernt haben, Texte zu »scannen« und zu »skimmen«, ist eine Transkription für alle sinnvoll. Das heißt, beim schnellen Überfliegen und

Querlesen eines Textes wird schnell klar, ob der Inhalt der gesuchte ist. Insofern ist ein Transkript eine schnelle Möglichkeit, um herauszufinden, ob sich das Anschauen des Videos oder das Anhören des Podcasts wirklich lohnt.

Abbildung 1.7 Video mit (automatisch erzeugtem) Untertitel (Quelle: *https://www.youtube.com/watch?v=OkNCWZiu_4Y*)

WebAIM unterscheidet vier Stufen des Hörverlusts (*https://webaim.org/articles/auditory/auditorydisabilities*):

1. Leichter Hörverlust: Menschen mit leichtem Hörverlust haben möglicherweise Schwierigkeiten, normale Sprache zu verstehen, insbesondere bei Hintergrundgeräuschen.
2. Mittelschwerer Hörverlust: Menschen mit mittelschwerem Hörverlust können Schwierigkeiten haben, die meisten normalen Gespräche selbst ohne Hintergrundgeräusche zu verstehen. Ein Hörgerät oder Cochlea-Implantat kann notwendig sein.
3. Schwerer Hörverlust: Menschen mit hochgradigem Hörverlust haben Schwierigkeiten, selbst laute Sprache zu verstehen, und nehmen die meisten Geräusche nicht wahr. Einige kommunizieren hauptsächlich in Gebärdensprache, andere verlassen sich auf Lippenlesen. Hörgeräte sind oft nicht ausreichend.
4. Hochgradiger Hörverlust: Selbst laute Sprache und Geräusche werden von Personen mit hochgradigem Hörverlust nicht wahrgenommen. Viele kommunizieren vorwiegend in Gebärdensprache, andere setzen auf Lippenlesen.

Neben der angeborenen Taubheit kann ein plötzlicher Hörverlust auch durch Krankheit oder Unfall eintreten. Die Kommunikation erfolgt daher mit Lautsprache, Gebärdensprache sowie auf schriftlichem Weg. Beim Design von Inhalten sollten Sie deshalb das eingeschränkte Hörverständnis berücksichtigen, da sehr viele Menschen davon betroffen sind. Im Laufe des Lebens verändert sich neben dem Sehvermögen auch das Hörvermögen. Typischerweise verringert sich die Bandbreite im Frequenzbereich, außerdem werden Geräusche vermindert wahrgenommen. Chatsysteme auf Webseiten bieten eine Echtzeitalternative zu einer Telefonhotline. Neben dem Vorteil, dass Kundenanfragen unmittelbar beantwortet werden können, bieten Chats daher weitere Vorteile für blinde und/oder höreingeschränkte User.

Bei der Gebärdensprache ist zu beachten, dass es sich nicht um eine einheitliche, weltweite Sprache handelt. Sie ist eine individuelle Sprache, die von Land zu Land unterschiedlich ist. Sprache wird in Gebärden übersetzt, wobei nicht jedes Wort einer Gebärde entspricht. Sprachliche Besonderheiten oder Fremdwörter werden daher umschrieben. Inhaltliche Anpassungen erfordern daher gegebenenfalls umfassende Änderungen der Gebärdenalternative. Weitere Herausforderungen sind die eingeschränkte Möglichkeit des Lippenlesens in Folge von Dialekten, schlechten Sichtverhältnissen, abweichenden Sprechweisen oder modischen Trends wie (Schnurr-)Bärten. Da nicht alle Laute visuell erkennbar sind, können beim geübten Lippenlesen nur ca. 30–50 % der gesprochenen Wörter direkt von den Lippen abgelesen werden. Der Rest wird durch Kontext und Vorwissen ergänzt, um Lücken zu füllen und eine vollständige Interpretation zu ermöglichen.

Zusammenfassend sollten Websites daher insbesondere folgende Punkte im Sinne der Barrierefreiheit berücksichtigen:

- Video- und Audioangebote wie einen Podcast sollten Sie mit Transkriptionen und/oder Untertiteln anbieten (Details in Abschnitt 7.6, »Audio auf Websites barrierefrei implementieren«, und in Abschnitt 7.7, »Video auf Websites barrierefrei implementieren«).
- Bieten Sie eine Kommunikation über verschiedene Wege an, z. B. einen Kundensupport nicht nur über eine Telefonhotline, sondern auch über eine Chatfunktionalität.
- Bieten Sie die Möglichkeit der Anpassung der Untertitel bzw. der Lautstärke (Details in Abschnitt 7.8, »Video auf Websites barrierefrei implementieren«).

1.3.4 Nutzende mit keinem oder eingeschränktem Sprachvermögen

Es gibt verschiedene Gründe, warum Menschen über eingeschränkte oder gar keine Sprachfähigkeiten verfügen. Insbesondere Taubheit oder Schwerhörigkeit können zu einer Sprachstörung führen. Darüber hinaus können situationsbedingte Beeinträchtigungen in lauten oder besonders ruhigen Umgebungen den Gebrauch der Sprache erschweren. Mutismus, der durch Angstzustände oder Hirnverletzungen hervorgerufen werden kann, Sprechstörungen wie Stottern oder das Tourette-Syndrom sowie degenerative Erkrankungen wie Demenz und Parkinson führen ebenfalls zu sprachlichen Einschränkungen.

Unterschied zwischen Sprechstörung und Sprachstörung

Es gibt einen grundlegenden Unterschied zwischen einer Sprechstörung und einer Sprachstörung. Eine Sprechstörung betrifft die Fähigkeit, Laute und Wörter physisch zu produzieren. Dabei kann es sich um Schwierigkeiten mit der Aussprache (z. B. Lispeln) oder der Stimmqualität (z. B. Heiserkeit) handeln. Eine Sprachstörung hingegen betrifft das Sprachverständnis und den Sprachausdruck. Sie beeinträchtigt die Fähigkeit, Wörter und Sätze richtig zu verstehen oder zu verwenden. Dabei kann es sich um Schwierigkeiten beim Bilden von Sätzen, beim Verstehen von Wörtern oder beim Anwenden grammatikalischer Regeln handeln.

Obwohl Websites in erster Linie als ein visuelles Medium betrachtet werden können, gibt es für Menschen mit Sprech- und/oder Sprachstörungen vor allem bei sprachbasierten Diensten Herausforderungen. Sprachgesteuerte Dienste wie Smart-Home-Assistenten oder sprachbasierte Steuerungen auf Smartphones (Siri und Co.) sind zwar hilfreiche Barrierefreiheitslösungen, aber für Menschen mit eingeschränkter oder fehlender Sprachfähigkeit nicht geeignet. Hier ist es wichtig, alternative Bedienmöglichkeiten anzubieten, um nicht auf eine einzige Zugangsmethode beschränkt zu sein. Um Barrierefreiheit zu gewährleisten, ist es entscheidend, dass Alternativen zu sprachbasierten Diensten verfügbar sind. Beispielsweise sollte neben der Telefonoption auf Kontaktseiten (Hotline) auch ein barrierefreies Kontaktformular angeboten werden. Bei der Nutzung von Sprachsuchfunktionen in Apps sollte auch eine barrierefrei nutzbare Textsuche zu Verfügung stehen.

1.3.5 Physische Einschränkungen oder eingeschränkte Reichweite

Das Spektrum der physischen und motorischen Einschränkungen ist sehr breit (Beispiele siehe Tabelle 1.2).

Körperliche Behinderung	Beschreibung
Amputation	Fehlen von Fingern, Gliedmaßen oder anderen Teilen des menschlichen Körpers
Arthritis	Entzündungen, Degeneration oder Schäden an den Gelenken

Tabelle 1.2 Beispiele körperlicher Behinderungen
(Quelle: *https://www.w3.org/WAI/people-use-web/abilities-barriers/physical*)

Körperliche Behinderung	Beschreibung
Fibromyalgie	chronische Schmerzen des Muskel- und Bindegewebes
verminderte Fingerfertigkeit	funktioneller Begriff (und kein medizinischer Zustand), der die Fähigkeit zur Steuerung der Hand beschreibt, z. B. die Hand-Augen-Koordination von Menschen mit kognitiven und neurologischen Behinderungen
Multiple Sklerose	Verursacht eine Schädigung der Nervenzellen im Gehirn und Rückenmark und kann die körperlichen, kognitiven und visuellen Fähigkeiten beeinträchtigen, insbesondere während der Schübe.
Muskeldystrophie	fortschreitende Schwäche und Degeneration der Muskeln, manchmal auch in Armen und Händen
Repetitive-Strain-Injury-Syndrom (RSI)	Verletzungen des Bewegungsapparats (Knochen, Gelenke, Sehnen und anderes Bindegewebe) und des Nervensystems durch sich wiederholende Aufgaben und Schäden
Tremor und Spasmen	unwillkürliche Bewegungen oder Muskelkontraktionen, einschließlich kurzer Zuckungen und kontinuierlicher oder rhythmischer Muskelkontraktionen
Quadriplegie	teilweise oder vollständige Lähmung (einschließlich motorischer Kontrolle und Empfindung) aller vier Gliedmaßen (Beine und Arme) und des Rumpfes
Anfallsleiden	Umfasst verschiedene Arten von Epilepsie und Migräne, die als Reaktion auf visuelles Flackern oder Audiosignale mit bestimmten Frequenzen oder Mustern auftreten können.

Tabelle 1.2 Beispiele körperlicher Behinderungen
(Quelle: *https://www.w3.org/WAI/people-use-web/abilities-barriers/physical*) (Forts.)

Je nach Schweregrad ist die Nutzung von Eingabegeräten wie Maus und Tastatur nur eingeschränkt bis gar nicht möglich. Neben angeborenen Ursachen können auch Unfälle zu temporären oder dauerhaften Beschränkungen führen.

Betrachten Sie den Text in Abbildung 1.8. Sofern neben dem üblichen vertikalen Scrollen auch ein horizontales Scrollen erforderlich wird, ist der Text zwar für die meisten zugänglich – aber nicht gebrauchstauglich oder leicht verständlich. Ein Zoom oder eine Vergrößerung aufgrund von Sehschwächen kann zu dieser Darstellung führen. Der Lesensaufwand wird für alle massiv erschwert, neben dem permanenten Scrollen führt meist der Übergang vom Zeilenende zum nächsten Zeilenanfang zu Verständnisproblemen bzw. Verärgerung. Für Menschen mit motorischen und/oder kognitiven Einschränkungen ist der Inhalt auf die Art unter Umständen nicht zugänglich.

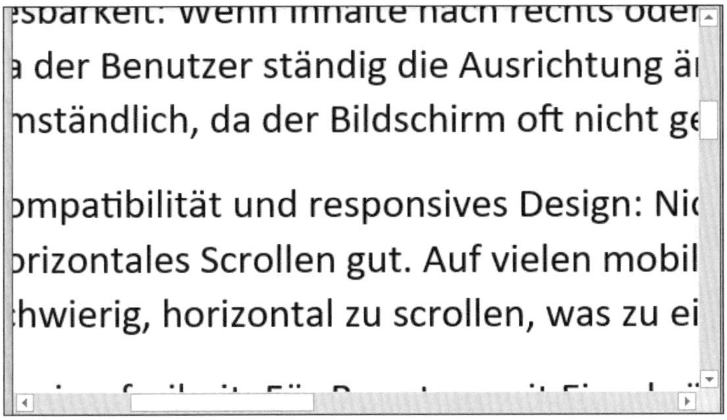

Abbildung 1.8 Horizontales und vertikales Scrollen bei Texten

Ebenfalls altersbedingte Ursachen wie Tremor führen zu veränderten Bedürfnissen bei der Nutzung von Webseiten. Bei einem Zittern (Tremor) ist die Navigation bzw. die Bedienung eines kleinen Buttons sehr komplex. Je deutlicher ein Element fokussiert werden kann bzw. je größer die Buttonfläche ist, desto einfacher und schneller kann die Interaktion erfolgen (Fitts' Law, siehe nachfolgender Kasten).

Fitts' Law

Das Fitts'sche Gesetz beschreibt die Beziehung zwischen der Zeit, die benötigt wird, um zu einem Ziel zu gelangen, und der Entfernung und Größe dieses Ziels. Genauer besagt es, dass die Zeit (T) zur Zielerreichung eine Funktion der Entfernung (D) zum Ziel und der Größe (W) des Ziels ist:

$$T = a + b * \log_2 (1 + D/W)$$

Wobei a und b Konstanten sind, die von der jeweiligen Umgebung abhängen. Kurz gesagt: Je größer und näher ein Ziel ist, desto schneller kann es angesteuert werden.

Neben der Schwierigkeit des Fokussierens bzw. Anklickens eines Buttons können motorische Einschränkungen zu einer verzögerten Reaktionszeit führen. Je schneller z. B. ein Carousel auf einer Webseite abläuft oder je weniger Zeit für das Anklicken eines Buttons zur Verfügung steht, desto fehleranfälliger wird die Navigation. Sowohl im Sinne der Usability als auch der Barrierefreiheit ist daher von selbstablaufenden Animationen bzw. Akkordeons abzuraten. Des Weiteren ist zu bedenken, dass bei motorischen Einschränkungen komplexe Tastaturbefehle, wie z. B. die Tastenkombination [Strg] + [P] zum Ausdrucken einer Seite, nur eingeschränkt möglich sind. Die Eingabegeräte von Menschen mit motorischen Einschränkungen sind daher vielfältiger Natur, wie z. B. Großfeldtastaturen, Augensteuerung (Eyetracking) oder Eingabe mit den Füßen.

Zusammenfassend sollten Websites daher folgende Punkte im Sinne der Barrierefreiheit berücksichtigen:

- Eine Bedienung ausschließlich über die Tastatur sollte möglich sein und es sollte keine Tastaturfallen geben. Optimieren Sie die Spracheingabe und Alternativen dazu (Details in Abschnitt 8.5.2, »Navigation per Tastatur – Tastaturkurzbefehle modifizieren«, Abschnitt 8.1.1, »Links mit und ohne separate Fenster«, sowie Abschnitt 8.2, »Wie ist die optimale Nutzung von Tastatureingaben?«).
- Setzen Sie klickbare Elemente mit angemessener Größe und mit ausreichendem Abstand zueinander ein (Details in Abschnitt 8.3, »Notwendige Zielgrößen von Interaktionselementen (Buttons)«).
- Vermeiden Sie die Notwendigkeit für umfangreiches horizontales und vertikales Scrollen.
- Strukturieren Sie die Inhalte mit HTML und verwenden Sie gegebenenfalls WAI ARIA (Details in Abschnitt 4.4, »WAI ARIA«, und in Abschnitt 8.1, »Was ist bei der Navigation auf Websites zu beachten?«). Optimieren Sie Formulare für die Eingabe (ausführlich in Abschnitt 9, »Formulare - barrierefrei erstellt«).
- Vereinfachen Sie Formulareingaben, z. B. durch eine Autovervollständigung oder durch Zugriff auf redundante Informationen etc. (Details in Abschnitt 9.8, »Autocomplete«). Räumen Sie Nutzenden ausreichend Zeit für die Eingabe bzw. Nutzung ein (Details in Abschnitt 8.4, »Zeitlich limitierte Interaktionen (›nur noch X Minuten‹)«).

1.3.6 Kognitive Einschränkungen und eingeschränkte Lernfähigkeiten

Angefangen bei einer geringen Aufmerksamkeitsspanne über eine reduzierte Merkfähigkeit bis hin zu einem erschwerten Verständnis von Inhalten gibt es zahlreiche Problemfelder, die zu einer eingeschränkten Nutzbarkeit von Webseiten bzw. interaktiven Systemen führen. Das Feld der kognitiven Einschränkungen ist damit ebenfalls sehr groß (Beispiele siehe Tabelle 1.3) und in den Web Content Accessibility Guidelines (WCAG, siehe Abschnitt 1.5) bislang nur unzureichend abgebildet. Insbesondere die nur zeitweise bestehenden bzw. schwankenden Einschränkungen – etwa bei Autismus, ADHS oder Migräne – sind ein zentraler Aspekt bei der digitalen Barrierefreiheit für neurodivergente Personen und Menschen mit chronischen Erkrankungen. Die Vermeidung sensorischer Überforderung durch grelle Farben, schnelle

Bewegungen, laute Geräusche oder unruhige Layouts sind eine Herausforderung für das Design, die technische Umsetzung und die Inhalte digitaler Angebote.

Kognitive Behinderung/ Lernbehinderung	Beschreibung
Aufmerksamkeitsdefizit-Hyperaktivitätsstörung (ADHS)	Schwierigkeiten, sich auf eine einzige Aufgabe oder über längere Zeiträume zu konzentrieren oder sich nicht leicht ablenken zu lassen
Autismus-Spektrum-Störung (ASD) (umfasst Autismus, Asperger-Syndrom und pervasive Entwicklungsstörung)	Beeinträchtigungen der sozialen Kommunikation und Interaktionsfähigkeit sowie manchmal eingeschränkte Gewohnheiten und Interessen
Hirnverletzungen	Schädigungen, die in jeder Lebensphase auftreten können und zu langfristigen Beeinträchtigungen führen können (Gedächtnis, Lernen, Koordination, Sprache etc.)
Demenz	Gedächtnisverlust und Schwierigkeiten, sich zu konzentrieren, einem Gespräch zu folgen und das richtige Wort zu finden
Legasthenie/Dyslexie	Lernbehinderung, die sich vor allem auf die Entwicklung von Lese- und Schreibfähigkeiten und sprachlichen Fähigkeiten auswirkt
Dyskalkulie	Lernbehinderung, die die Fähigkeit einer Person beeinträchtigt, auf Zahlen basierende Informationen, einschließlich Mathematik, zu verstehen
psychische Behinderungen	Behinderungen, die das tägliche Funktionieren aufgrund von Problemen bei der Selbstregulierung von Gefühlen und Gedanken beeinträchtigen. Beispiele hierfür sind Depressionen, Angstzustände und posttraumatische Belastungsstörungen.

Tabelle 1.3 Beispiele von kognitiven und Lernbehinderungen
(Quelle: *https://www.w3.org/WAI/people-use-web/abilities-barriers/cognitive*)

Eine Besonderheit sind die in Deutschland sehr weit verbreiteten Limitationen beim Schreiben und Lesen, wie Tabelle 1.4 zeigt. Das Alpha-Level beschreibt in unterschiedlichen Stufen die Alphabetisierung oder Lese- und Schreibkompetenz, d. h. den Grad der Lese- und Schreibfähigkeiten in Kategorien. In Deutschland gibt es sechs Alpha-Level, die sich an der Lesekompetenz und den schriftsprachlichen Fähigkeiten orientieren.

Alpha-Level	Kompetenz	Anteil der erwachsenen Bevölkerung
1	Buchstabenebene	0,6 %
2	Wortebene – Person ist in der Lage, einzelne Wörter zu lesen oder zu schreiben, sie scheitert jedoch an ganzen Sätzen. Selbst gebräuchliche Wörter werden beim Lesen und Schreiben oftmals Buchstabe für Buchstabe zusammengesetzt.	3,4 %
3	Satzebene – Person ist in der Lage, einzelne Sätze zu lesen und zu schreiben, sie scheitert aber an zusammenhängenden, auch kürzeren Texten.	8,1 %
4	Auffällig fehlerhafte Rechtschreibung auch bei gebräuchlichem und einfachem Wortschatz. Die Rechtschreibung, wie sie bis zum Ende der Grundschule unterrichtet werden sollte, wird nicht hinreichend beherrscht.	20,5 %
5/6	komplexes Textverständnis	67,5 %

Tabelle 1.4 Anteile der Deutsch sprechenden erwachsenen Bevölkerung (18–64 Jahre) nach Alpha-Leveln (2018) (Quelle: Universität Hamburg, LEO 2018 – Leben mit geringer Literalität, *https://leo.blogs.uni-hamburg.de/wp-content/uploads/2022/09/LEO2018-Presseheft.pdf*)

Für diese Zielgruppen ist die Möglichkeit der sogenannten Leichten Sprache hilfreich. Leichte Sprache in der Barrierefreiheit zielt darauf ab, Texte so zu vereinfachen, dass sie auch für Menschen mit kognitiven Einschränkungen oder Lernschwierigkeiten leicht verständlich sind. Dies wird durch die Verwendung von kurzen, einfachen Sätzen, bekannten Wörtern und klaren Strukturen erreicht, oft unterstützt durch Bilder und Piktogramme. Leichte Sprache hilft, Informationen leichter zugänglich zu machen und damit die Teilhabe am gesellschaftlichen Leben zu verbessern. Weitere Informationen finden Sie unter *https://www.leichte-sprache.org*.

Einfache und Leichte Sprache (weitere Details in Abschnitt 5.3 und Abschnitt 5.4)

Einfache und Leichte Sprache sind wichtige Instrumente der Barrierefreiheit, unterscheiden sich jedoch in Zielgruppe und Anwendung. Einfache Sprache richtet sich an Menschen mit Leseschwierigkeiten oder Menschen mit Deutsch als Zweitsprache. Sie verwendet kurze, klare Sätze und vermeidet komplizierte Begriffe, bleibt jedoch nah an der Standardsprache. Leichte Sprache ist stärker reglementiert und insbesondere für Menschen mit kognitiven Einschränkungen gedacht. Die Sätze sind sehr kurz und einfach, Fachwörter und abstrakte Begriffe werden vermieden. Texte in Leichter Sprache folgen strikten Regeln und werden oft von Prüfern und Prüferinnen mit Lernbehinderungen auf Verständlichkeit getestet.

Abbildung 1.9 zeigt mithilfe des Browser-Plug-ins silktide, welche Herausforderungen Dyslexie mit sich bringt: Die Buchstaben »springen« permanent. Probieren Sie es gleich aus.

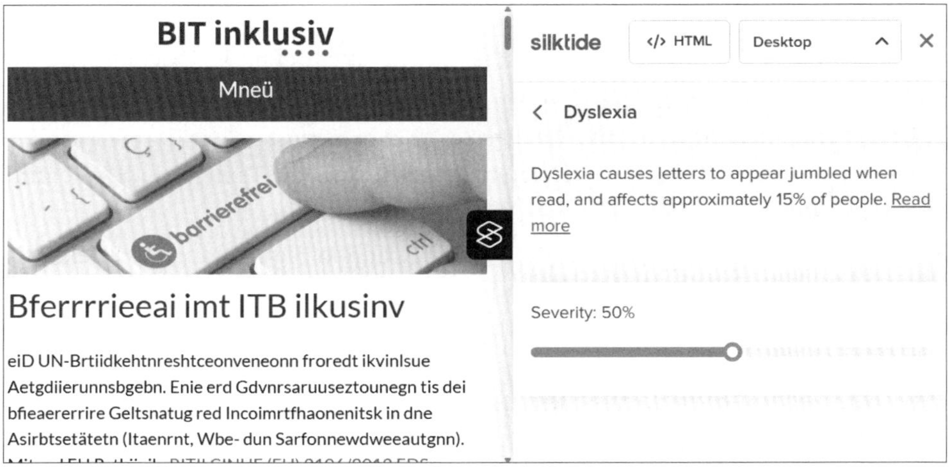

Abbildung 1.9 Simulation von Dyslexie

Dyslexie

Dyslexie, auch als Lese- und Rechtschreibstörung bekannt, ist eine neurologische Entwicklungsstörung, die das Erlernen und den Gebrauch der Schriftsprache beeinträchtigt. Menschen mit Dyslexie haben häufig Schwierigkeiten, genau und flüssig zu lesen, zu schreiben und zu buchstabieren. Diese Schwierigkeiten sind nicht auf mangelnde Intelligenz oder mangelnden Unterricht zurückzuführen, sondern auf spezifische Verarbeitungsprobleme im Gehirn, die die phonologische Komponente der Sprache betreffen. Dyslexie kann unterschiedlich stark ausgeprägt sein und bleibt oft ein Leben lang bestehen, obwohl gezielte Förderung und Anpassungen im Lern- und Arbeitsumfeld wesentlich zur Verbesserung der Lese- und Schreibfähigkeiten beitragen können.

Zusammenfassend sollten Websites daher folgende Punkte im Sinne der Barrierefreiheit berücksichtigen:

- Verfassen Sie Inhalte in Einfacher Sprache, sodass sie ohne kognitive Anstrengung verstanden werden (Details in Abschnitt 5.2.3, »Erläuterung von Abkürzungen«, und Abschnitt 5.4, »Prinzipien der Einfachen Sprache«).
- Verfassen Sie Inhalte gegebenenfalls zusätzlich in Leichter Sprache (Details in Abschnitt 5.3).
- Strukturieren Sie Inhalte durch aussagekräftige Überschriften, Zwischenüberschriften, Aufzählungslisten, unterstützende Bilder etc. (Details in Abschnitt 6.7, »Auszeichnung der Überschriften im Text (H1–H6)«, und Abschnitt 6.10, »Auszeichnung von Listen«). Bieten Sie zusätzlich Video- oder Audioalternativen an.
- Verzichten Sie auf flackernde oder blinkende Inhalte (Details in Abschnitt 7.2).
- Fördern Sie die Lesbarkeit, indem Sie es vermeiden, nur GROSSBUCHSTABEN zu benutzen, und indem Sie linksbündige Texte in optimierter Schriftart verwenden (Details in Abschnitt 5.2.2, »Optimieren der Lesbarkeit von Texten«, und Abschnitt 6.4, »Abstände und Schreibweisen«).
- Bieten Sie eine intuitive Navigation und benennen Sie Buttons aussagekräftig (statt »weiter« z. B. »Lieferadresse einfügen«).

1.4 Barrierefreiheitsanforderungen – die Europäische Norm EN 301 549

Sie stellen sich gegebenenfalls die Frage, welche Anforderungen Ihre Website oder App erfüllen muss, um barrierefrei zu sein, und wie Sie das prüfen können. Die gute Nachricht ist, dass es ein umfassendes Regelwerk mit prüfbaren Kriterien gibt. Prinzipiell können Sie Ihre Anwendung (Website, App, Software) Schritt für Schritt prüfen und dabei sicherstellen, dass Barrieren minimiert wurden. Kapitel 15 beschreibt die aktuell bedeutsamen Gesetze und Normen, unter anderem das Barrierefreiheitsstärkungsgesetz (BFSG), das ab Juni 2025 für viele Unternehmen relevant wird. Egal, ob Unternehmen oder öffentliche Hand, für alle ist die EN 301 549 relevant, die die einzelnen Anforderungen nebst Prüfkriterien definiert.

Die Europäische Norm EN 301 549 definiert »Barrierefreiheitsanforderungen für Produkte und Dienstleistungen der Informations- und Kommunikationstechnologien (IKT)«. Sie umfasst Anforderungen, die Produkte und Dienstleistungen der Informations- und Kommunikationstechnologien erfüllen müssen, damit sie von Menschen mit Behinderungen genutzt werden können. Die EN 301 549 ist elementarer Bestandteil der BITV 2.0 (Barrierefreie-Informationstechnik-Verordnung, damit die Umsetzung der Web Accessibility Directive, Richtlinie 2016/2102, weitere Details siehe Abschnitt 15.5, »Vorgaben für die öffentliche Hand – die BITV 2.0«) und wird eine Anforderung in der Umsetzung der Europäischen Richtlinie 2019/882 (European Accessibility Act) mit dem Barrierefreiheitsstärkungsgesetz (weitere Details siehe Abschnitt 15.1, »Was das Barrierefreiheitsstärkungsgesetz für Sie bedeutet (ab dem 28.06.2025)«) sein. Ihre Einhaltung ist damit vorgegeben für barrierefreie Websites der öffentlichen Hand. Sie ist somit »die Mutter aller Anforderungen«, die Sie daher kennen sollten. Mit Blick auf das BFSG ergibt sich der in Abbildung 1.10 dargestellte rechtliche Zusammenhang der Anforderungen.

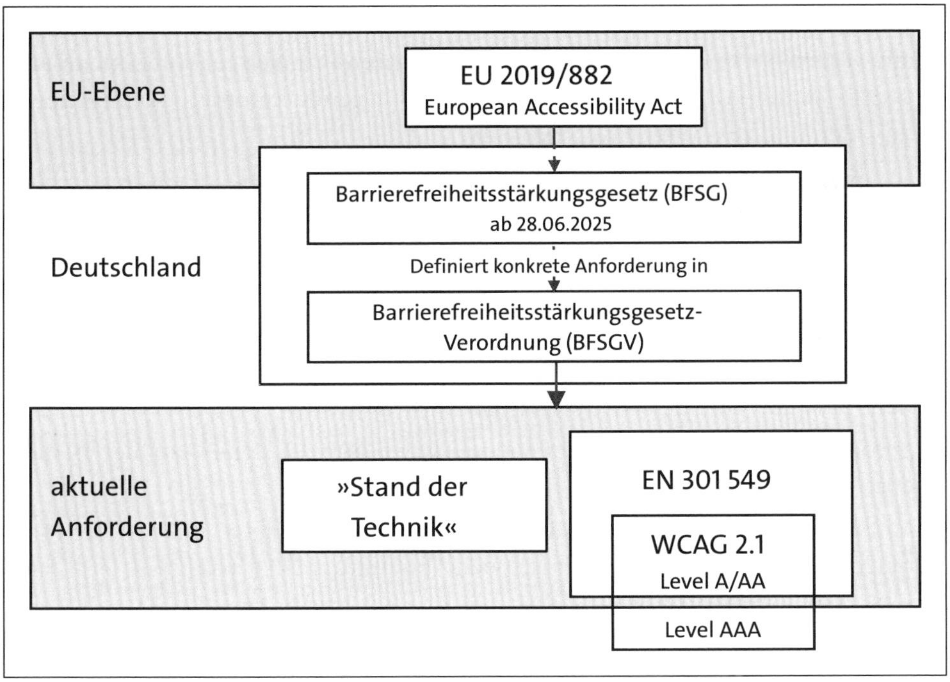

Abbildung 1.10 Gesetz und Anforderungen im Überblick

Die aktuelle Version von EN 301 549 V3.2.1 wurde 2021 veröffentlicht und wird derzeit überarbeitet, um die Europäische Richtlinie (EU) 2019/882 über die Barrierefreiheitsanforderungen für Produkte und Dienstleistungen (das Europäische Barrierefreiheitsgesetz, der European Accessibility Act EAA) zu unterstützen. Einen Download der aktuellen Version (in englischer Sprache) und weitere Informationen finden Sie unter *https://www.etsi.org/human-factors-accessibility/en-301-549-v3-the-harmonized-european-standard-for-ict-accessibility*.

1.4.1 Die Kapitel der EN 301 549

In der EN 301 549 sind die jeweiligen Kriterien bzw. Anforderungen an die Barrierefreiheit detailliert beschrieben und mit entsprechenden Nummern versehen. Für Websites wird in Kapitel 9 der EN 301 549 auf Teile der Web Content Accessibility Guidelines (WCAG, siehe im Detail in Abschnitt 1.5) verwiesen. Derzeit bezieht sich die EN 301 549 auf die Kriterien der WCAG 2.1. Erst nach der nächsten Aktualisierung wird sie sich auf die derzeit gültige Version WCAG 2.2 beziehen.

Die WCAG benennen jedoch nur einen Teil der Kriterien, die eine barrierefreie Website erfüllen muss. In der Praxis bilden sie jedoch den Schwerpunkt der Prüfung und entscheiden elementar darüber, ob eine Website, App oder ein PDF-Dokument barrierefrei ist oder nicht. Dennoch müssen nach EN 301 549 weitere Anforderungen erfüllt werden. So sind neben den allgemeinen Anforderungen für Web, Dokumente und Software (Kapitel 9, 10 und 11 der EN 301 549) folgende Anforderungen zwingend einzuhalten und zu prüfen:

- allgemeine Anforderungen (Kapitel 5, siehe hier im Buch behandelt in Abschnitt 7.5, »Integrierte Barrierefreiheitsfunktionen (Kontrasterhöhungen, Schriftgröße) sowie konforme alternative Version«, Abschnitt 12.2.1, »Biometrie (Kriterium 5.3 der EN 301 549)«, und Abschnitt 11.1, »Warum auch PDF-Dokumente barrierefrei sein sollten«)
- Anforderungen an Technologien mit Zwei-Wege-Sprachkommunikation (Kapitel 6, siehe dazu hier im Buch Abschnitt 15.2.1)
- Anforderungen an eingebundene Videoplayer (Kapitel 7, siehe dazu hier im Buch Abschnitt 7.8)
- Anforderungen bezüglich benutzerdefinierter Einstellungen und Autorenwerkzeuge (Kapitel 11, siehe dazu hier im Buch Abschnitt 15.2.2)
- Anforderungen an Dokumentation und Support (Kapitel 12, siehe dazu hier im Buch Abschnitt 15.2.3)

Damit eine Website konform nach EN 301 549 ist, müssen demnach neben den WCAG weitere Anforderungskriterien aus den anderen Kapiteln erfüllt werden. Gleichzeitig bedeutet dies, dass davon ausgegangen werden kann, dass eine Anwendung aus rechtlicher Sicht barrierefrei ist, wenn Sie den Anforderungen der EN 301 549 entspricht.

Fazit: Sie bekommen durch die EN 301 549 einen prüfbaren Anforderungskatalog mit Erfolgskriterien, der ein großes Spektrum an Anforderungen abdeckt, die sich aus unterschiedlichen Arten von Behinderungen ergeben.

1.4.2 Accessibility-Overlay-Tools

Vielleicht stellen Sie sich an dieser Stelle die verständliche Frage, ob es nicht eine maschinelle Lösung gibt, die die bestehende Website für die Betroffenen übersetzt bzw. konvertiert. Hier müssen wir Sie leider enttäuschen, denn es gibt sie nicht. Vielleicht haben Sie auf verschiedenen Websites Overlay-Tools gesehen, mit denen Sie das Design anpassen können. Overlay-Tools sind keine Lösung zur Erfüllung der gesetzlichen Verpflichtung! Die Bundesfachstelle für Barrierefreiheit weist darauf hin, dass Overlay-Tools die Verpflichtung zur digitalen Barrierefreiheit nach dem BFSG nicht erfüllen. Overlay-Tools sind Assistenz-Softwarelösungen, die die Zugänglichkeit (Barrierefreiheit) einer Website verbessern sollen. Durch die Einbindung eines Overlay-Tools in eine Website kann z. B. das Erscheinungsbild individuellen Bedürfnissen angepasst werden (z. B. größere Schrift, andere Hintergrundfarbe, siehe Abbildung 1.11).

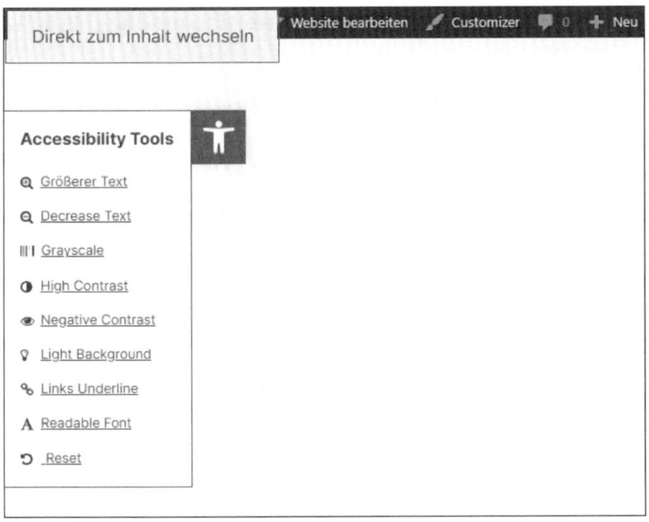

Abbildung 1.11 Accessibility-Overlay

Overlay-Tools können eine Website nicht vollumfänglich barrierefrei machen. Nach Einschätzung der Bundesfachstelle kommt es häufig vor, dass durch den Einsatz solcher Overlay-Tools weitere Barrieren im Webauftritt entstehen, die ohne das Tool gar nicht vorhanden wären. Weitere Informationen zu diesem Thema finden Sie bei der Überwachungsstelle des Bundes für Barrierefreiheit von Informationstechnik (siehe *https://www.bundesfachstelle-barrierefreiheit.de/SharedDocs/Kurzmeldungen/DE/online-shops-und-barrierefreiheit-warum-haendler-jetzt-aktiv-werden-muessen.html*).

Mittlerweile existieren bereits Browser-Plug-ins (z. B. AccessiByeBye, *https://www.accessibyebye.org/*), um diese Overlays zu blockieren.

1.5 Webinhalte für alle – die Web Content Accessibility Guidelines (WCAG)

In der Praxis haben die WCAG eine hohe Bewandtnis, insbesondere im internationalen Umfeld sind die WCAG das Maß der Dinge. Initial in der Version 1.0 im Jahr 1999 veröffentlicht, wurden die Prinzipien im Laufe der Zeit kontinuierlich erweitert (Version 2.0 im Jahr 2008). Die Version 2.1 aus dem Jahr 2018 ist durch den Verweis in der EN 301 549 Standard in der EU. Nach weiteren fünf Jahren wurde im Oktober 2023 die aktuelle Version 2.2 veröffentlicht (*https://www.w3.org/TR/WCAG22/*). Aufgrund der Abwärtskomptabilität der WCAG sind neun neue Erfolgskriterien in den WCAG 2.2 zu beachten, wenn Sie bereits mit den WCAG 2.1 vertraut sind. Die nächste Version 3.0 wird höchstwahrscheinlich noch länger auf sich warten lassen, einen Ausblick darauf finden Sie in Abschnitt 15.4. Die neue Versionsnummer deutet bereits auf einige fundamentale Änderungen hin: Das Internet der Dinge (Internet of Things, IoT) sowie die stärkere Berücksichtigung von Formen der Behinderungen werden (endlich) Einzug halten.

Die WCAG bieten durch ihre Struktur und ihre Prüfkriterien einen roten Faden und einen logischen Ablauf für Sie bzw. die Entwickelnden. Ausgehend von den vier Grundprinzipien

- Perceivable (wahrnehmbar),
- Operable (bedienbar),
- Useful (verständlich) und
- Robust (robust)

werden Richtlinien detailliert beschrieben und mit Erfolgskriterien (Qualitätsmerkmalen/Konformitätsstufen von A bis AAA) versehen. Für diese vier Grundprinzipien wird auch das Akronym POUR verwendet. Inhalte, z. B. auf einer Website, müssen somit wahrnehmbar und bedienbar (nutzbar) sein, weiterhin verständlich und mit assistiven Technologien wie einem Screenreader kompatibel (robust) sein, damit sie barrierefrei sind.

1.5.1 Prinzipien und Richtlinien der WCAG

Die WCAG in ihrer aktuellen Version 2.2. zeigen anhand von 13 Richtlinien, welche vier Prinzipien eine Website oder App aus Sicht der Barrierefreiheit erfüllen sollte (weitere Details siehe *https://www.w3.org/WAI/standards-guidelines/wcag/glance/*). Tabelle 1.5 gibt einen Überblick über die vier Prinzipien mit kurzer Beschreibung der Richtlinien.

Prinzip	Beschreibung
1. **Wahrnehmbar**: Informationen und Komponenten der Benutzerschnittstelle müssen für Nutzende auf eine Weise darstellbar sein, die sie wahrnehmen können.	▸ Richtlinie 1.1 Textalternativen (Bieten Sie Textalternativen für Nicht-Text-Inhalte an.) ▸ Richtlinie 1.2 Zeitbasierte Medien (Bieten Sie Untertitel und Alternativen für Multimedia an.) ▸ Richtlinie 1.3 Anpassungsfähig (Erstellen Sie Inhalte, die auf verschiedene Arten dargestellt werden können, auch durch unterstützende Technologien, ohne dass der Sinn verloren geht.) ▸ Richtlinie 1.4 Unterscheidbar (Erleichtern Sie den Nutzenden, Inhalte zu sehen und zu hören.)
2. **Bedienbar**: Die Komponenten der Benutzeroberfläche und Navigation müssen bedienbar sein.	▸ Richtlinie 2.1 Mit der Tastatur bedienbar (Machen Sie alle Funktionen über eine Tastatur zugänglich.) ▸ Richtlinie 2.2 Ausreichend Zeit (Geben Sie den Nutzenden genügend Zeit, die Inhalte zu lesen und zu nutzen.) ▸ Richtlinie 2.3 Krampfanfälle und körperliche Reaktionen (Verwenden Sie keine Inhalte, die Krampfanfälle oder körperliche Reaktionen auslösen.) ▸ Richtlinie 2.4 Navigierbar (Helfen Sie den Nutzenden beim Navigieren und Finden von Inhalten.) ▸ Richtlinie 2.5 Eingabemodalitäten (Erleichtern Sie die Verwendung anderer Eingaben als der Tastatur.)
3. **Verständlich**: Die Informationen und die Bedienung der Benutzerschnittstelle müssen verständlich sein.	▸ Richtlinie 3.1 Lesbar (Machen Sie den Text lesbar und verständlich.) ▸ Richtlinie 3.2 Vorhersehbar (Sorgen Sie dafür, dass die Inhalte auf vorhersehbare Weise erscheinen und funktionieren.) ▸ Richtlinie 3.3 Eingabeunterstützung (Helfen Sie den Nutzenden, Fehler zu vermeiden und zu korrigieren)
4. **Robust**: Der Inhalt muss so robust sein, dass er von einer Vielzahl von Benutzeragenten, einschließlich assistiver Technologien, interpretiert werden kann.	▸ Richtlinie 4.1 Kompatibel (Sorgen Sie für maximale Kompatibilität mit aktuellen und zukünftigen Benutzerwerkzeugen.)

Tabelle 1.5 WCAG 2.2 auf einen Blick

Unter *https://www.w3.org/WAI/WCAG22/Understanding/* werden die jeweiligen Richtlinien mit Hintergründen (Warum sollte ich diese Richtlinie erfüllen?), Beispielen (Wie konkret erfüllbar?) und Tests (Ist meine Anwendung konform?) beschrieben. Zusätzlich wird auf passende Techniken referenziert (Wie im Code umsetzen?). Abbildung 1.12 zeigt einen Auszug aus den jeweiligen Richtlinien mit entsprechenden Links zu den Details.

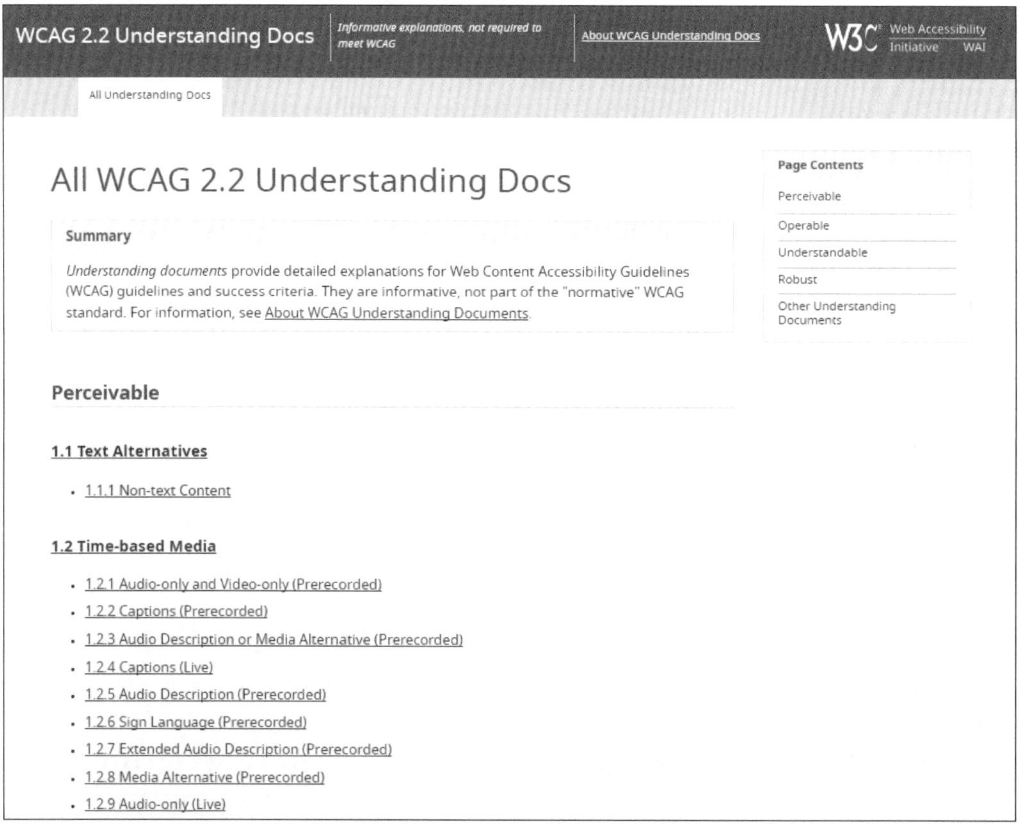

Abbildung 1.12 WCAG und Erfolgskriterien im Detail
(Quelle: *https://www.w3.org/WAI/WCAG22/Understanding*)

1.5.2 Erfolgskriterien und Konformitätsstufen der WCAG

Zur Beurteilung des Erfolgs sind für jede Richtlinie mehrere Kriterien definiert, die messbare Bedingungen beschreiben, unter denen ein (Web-)Inhalt als barrierefrei gilt. Sie geben damit Auskunft darüber, ob die jeweilige Richtlinie erfüllt ist oder nicht. Diese Kriterien werden in drei Konformitätsstufen eingeteilt:

- Stufe A (niedrigste, Muss-Kriterium): Benennt die grundlegendsten Zugänglichkeitsmerkmale, die die größten und offensichtlichsten Zugangshindernisse beseitigen.
- Stufe AA (mittlere, Soll-Kriterium): Behandelt die größten und häufigsten Barrieren.
- Stufe AAA (höchste, Kann-Kriterium): Die anspruchsvollste Stufe bietet den höchsten Grad an Barrierefreiheit, kann aber nicht immer vollständig erreicht werden.

Beispiele für Erfolgskriterien und ihre Konformitätsstufen:

- WCAG 1.4.1, »Benutzung von Farbe«, besagt, dass Informationen nicht allein durch die Verwendung von Farbe vermittelt werden dürfen (Stufe A). Dies ist wichtig für Personen, die z. B. aufgrund einer Sehbehinderung Farben nicht sehen oder schlecht unterscheiden können (»Klicken Sie auf den grünen Button«).
- WCAG 1.4.3, »Kontrast (Minimum)«, besagt, dass ein Kontrast von mindestens 4,5 : 1 zwischen Vorder- und Hintergrundfarben bei normaler Schriftgröße (Stufe AA) vorhanden sein muss. Bei größerem Text bzw. Fettung kann auf einen Kontrast von 3 : 1 reduziert werden (Details siehe Abschnitt 6.2, »Wie ist das notwendige Kontrastverhältnis?«).
- WCAG 1.4.6, »Kontrast (Erweitert)«, besagt, dass ein Kontrast von mindestens 7 : 1 zwischen Vorder- und Hintergrundfarben bei normaler Schriftgröße (Stufe AAA) vorhanden sein muss.

Auf dem niedrigsten Level A ist die »Benutzung von Farbe« in der WCAG 1.4.1 geregelt. Farben können hilfreich sein, um Informationen zu vermitteln, dürfen aus Sicht der Barrierefreiheit jedoch nicht das einzige Unterscheidungsmerkmal sein (siehe Abbildung 1.13).

Wenn Farben zur Differenzierung von Elementen genutzt werden, sollte zusätzlich eine weitere Kennzeichnung erfolgen, die unabhängig von der Farbwahrnehmung ist. Beispielsweise kann ein Sternchen neben der Farbe auf Pflichtfelder in Formularen hinweisen und Beschriftungen können Bereiche in Diagrammen klar voneinander abgrenzen Diese Hinweise sind für alle sinnvoll, da z. B. bei einem Schwarzweißdruck alle Farbinformationen verloren gehen (weitere Details zur Verwendung von Farbe siehe Abschnitt 6.1).

Abbildung 1.14 zeigt die bessere Lesbarkeit bei höherem Kontrastverhältnis und damit den Unterschied im Kontrast von Level AA zu Level AAA.

Um die aktuellen WCAG 2.2 zu erfüllen, müssen 32 Erfolgskriterien der Stufe A erfüllt werden, damit die Anwendung (Website/App) die grundlegendsten Anforderungen erfüllt. Quasistandard und Vorgabe z. B. in der BITV sowie BFSG ist es, zusätzlich die 23 Erfolgskriterien der Stufe AA zu berücksichtigen bzw. zu erfüllen.

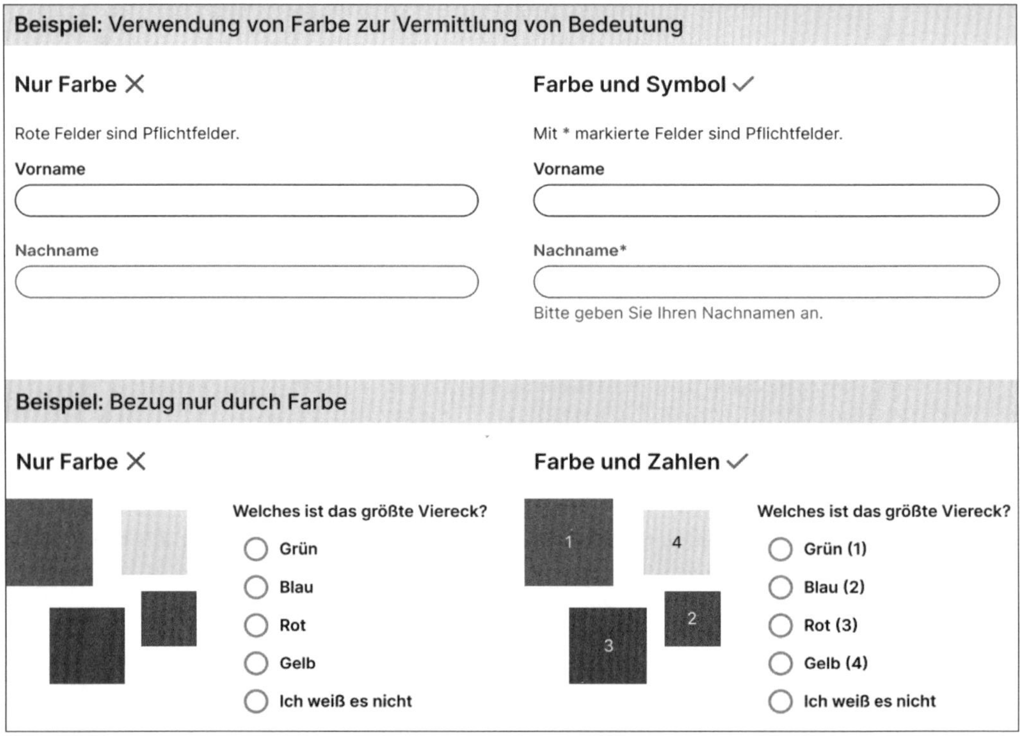

Abbildung 1.13 Verwendung von Farbe und zwingend einer weiteren Information (Quelle und weitere Tipps: *https://www.w3.org/WAI/tips/designing*)

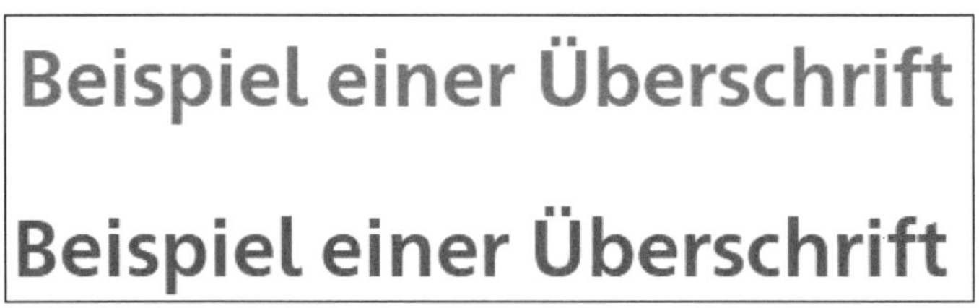

Abbildung 1.14 Kontrastvergleich 4,5 : 1 zu 7 : 1 (hoher Kontrast)

Die verbleibenden 31 AAA-Aspekte sind wünschenswert und optimal für die Nutzenden, in der Realität aber (leider) nicht immer vollständig erreichbar und sinnvoll. Insgesamt sind in den WCAG 2.2 also 86 Kriterien definiert, die Sie konkret prüfen können und anhand der Sie Ihre eigene Konformität bestimmen können (Details zu den einzelnen WCAG lesen Sie in Abschnitt 15.3). Abbildung 1.15 zeigt, wie mit steigender Konformitätsstufe (von A zu AAA) der Grad der Barrierefreiheit kontinuierlich zunimmt.

Generell gilt: Um eine Konformitätsstufe zu erreichen, müssen *alle* enthaltenen Kriterien erfüllt sein. Wird nur eines der Erfolgskriterien einer Konformitätsstufe nicht erfüllt, ist die vollständige Konformität nicht gewährleistet bzw. die Anwendung nicht barrierefrei. Umgekehrt ist eine Anwendung, die alle Kriterien erfüllt, nicht automatisch für alle Menschen barrierefrei. Klingt komisch, ist aber so: Menschen sind individuell, daher sind Inhalte nicht für alle Menschen mit verschiedenen Arten, Graden oder Kombinationen von Behinderungen zugänglich. Insbesondere in den Bereichen Kognition, Sprache und Lernen können trotz des Levels AAA Barrieren für Menschen bestehen. Gerade deshalb sollten Sie das gesamte Spektrum an Techniken berücksichtigen, um sicherzustellen, dass Webinhalte so zugänglich wie möglich sind.

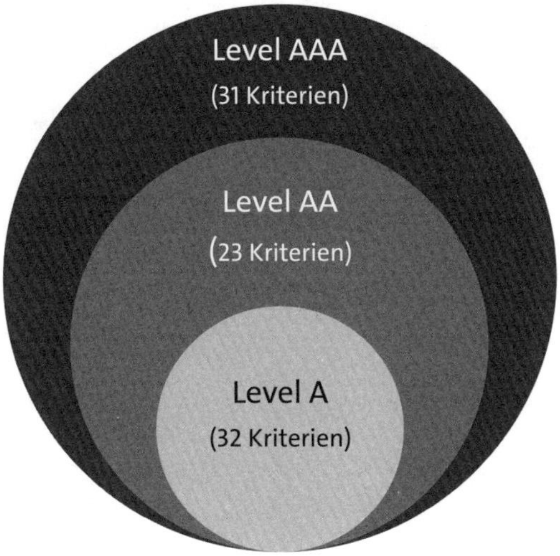

Abbildung 1.15 Konformitätslevel der WCAG 2.2

Das W3C hat im Rahmen seiner Web Accessibility Initiative (WAI, *https://www.w3.org/WAI/*) weitere Empfehlungen veröffentlicht, die für die Barrierefreiheit von Bedeutung sind. Insbesondere für die Gestaltung barrierefreier Inhalte bietet WAI Accessible Rich Internet Applications (ARIA, *https://www.w3.org/WAI/standards-guidelines/aria/*) eine umfangreiche Funktionserweiterung (mehr dazu in Abschnitt 4.4, »WAI ARIA«).

Tipp: Schnelle Übersicht der Erfolgskriterien

Auf der Webseite *https://www.w3.org/WAI/WCAG22/quickref/* wird alternativ erläutert, welche Erfolgskriterien es auf welchem Level gibt und mit welchen Techniken sie umgesetzt werden können. Außerdem werden Fehlerquellen aufgezeigt, die Sie proaktiv vermeiden können. Etwas versteckt, aber sehr hilfreich sind die Filter. Hier können Sie die jeweiligen Level, WCAG-Versionen und Tags nach Ihren Bedürfnissen filtern und entsprechende Erfolgskriterien identifizieren. Abbildung 1.16 zeigt einen Auszug aus dieser Referenz mit Filter für die Version 2.2.

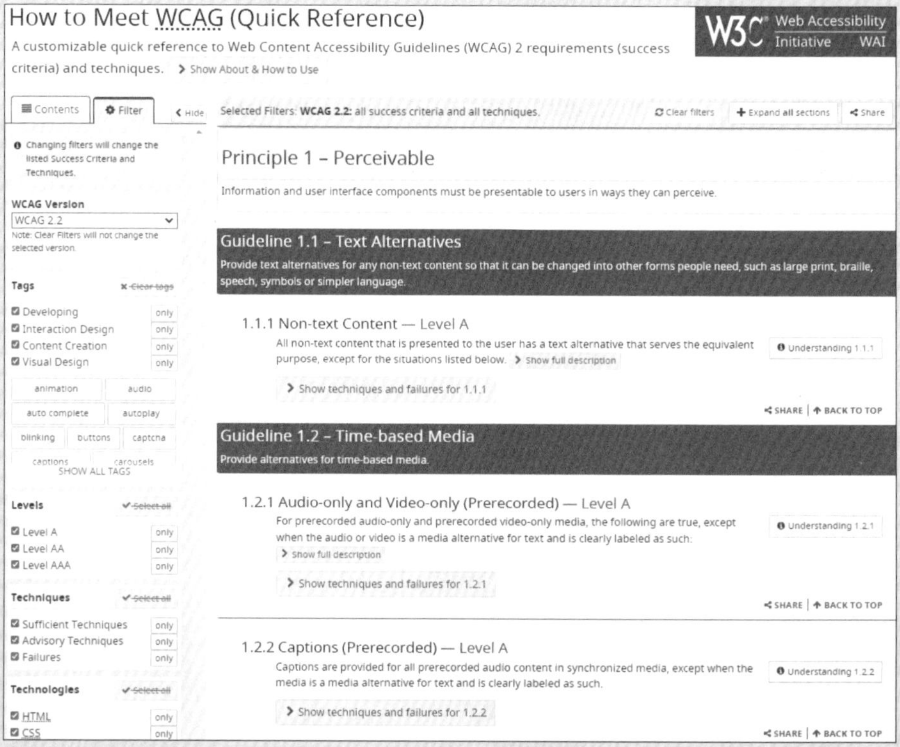

Abbildung 1.16 Übersicht über die WCAG nebst Filtermöglichkeit (Quelle: *https://www.w3.org/WAI/WCAG22/quickref*)

Zusammengefasst kann gesagt werden, dass die WCAG einen normativen Standard repräsentieren, der als offizielle Empfehlung des W3C etabliert ist. Der besondere Wert dieses Standards liegt in seiner Technologieneutralität, die sicherstellt, dass die Richtlinien auf verschiedene Technologien angewendet werden können. Anstatt spezifische Implementierungen für Webstrukturen, wie z. B. Überschriften oder Tabellen, vorzuschreiben, legen die WCAG fest, dass diese Strukturen in einer zugänglichen Form vorhanden sein müssen. Dieser allgemeine Ansatz ermöglicht die Anwendung der WCAG auf eine Vielfalt von Technologien. Dazu gehören Webtechnologien wie HTML, CSS und JavaScript, aber auch mobile Anwendungen, elektronische Dokumente und andere digitale Inhalte. Durch diese universelle Anwendbarkeit trägt der WCAG-Standard entscheidend dazu bei, Barrierefreiheit auf breiter Front zu fördern und zu gewährleisten. Die folgenden Kapitel und Abschnitte befassen sich daher mit den jeweiligen Aspekten und dem Ziel der Barrierefreiheit.

Tipp: Konkrete Techniken für die WCAG 2.2

Für technisch Interessierte bzw. Entwickelnde steht unter *https://www.w3.org/WAI/WCAG22/Techniques/* eine konkrete Sammlung von technischen Lösungen für Elemente der Webanwendung zur Verfügung. Abbildung 1.17 zeigt einen Auszug aus ARIA-Lösungen für die barrierefreie Implementierung von Webelementen.

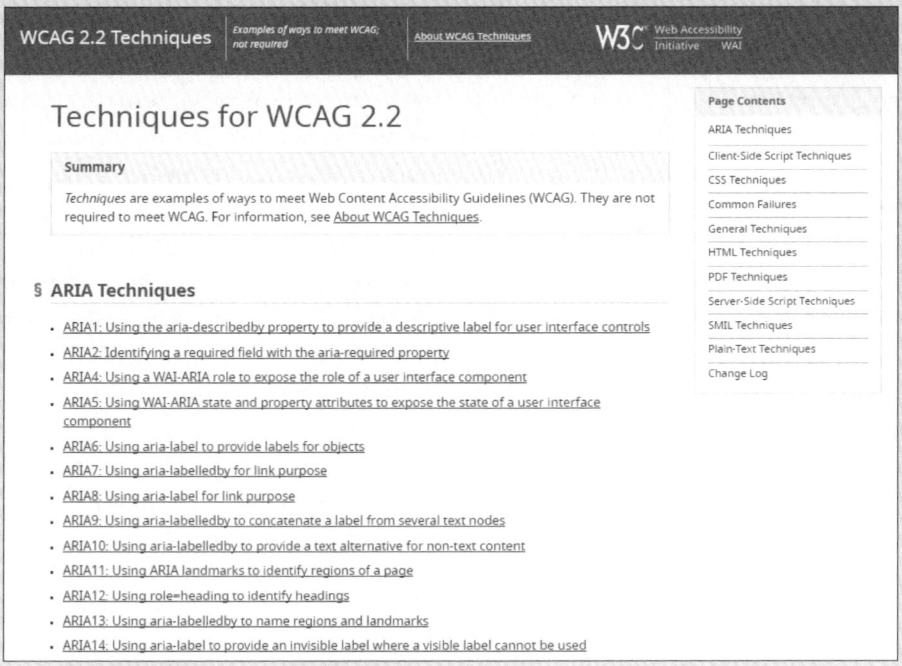

Abbildung 1.17 Techniken für Elemente zur WCAG-Konformität (Quelle: *https://www.w3.org/WAI/WCAG22/Techniques*)

1.6 Die ersten Schritte zur Barrierefreiheit Ihrer Website

Wie bereits erläutert, ist digitale Barrierefreiheit für Menschen mit Behinderungen von grundlegender Bedeutung, aber auch für alle Menschen in vielfältigen Situationen von großem Nutzen. Untertitel und Transkriptionen sind unverzichtbare Hilfsmittel für Gehörlose oder Schwerhörige, um Zugang zu auditiven Informationen zu erhalten. Transkripte ermöglichen es beispielsweise allen Usern, Inhalte schnell zu überfliegen oder zu lesen, anstatt sich Videos anzusehen oder Podcasts anzuhören, was oft einfacher und schneller ist. Untertitel sind auch für Menschen von Vorteil, die gesprochene Sprache nicht gut verstehen und sich mehr auf geschriebene Sprache verlassen. Dies gilt sowohl für Nicht-Muttersprachliche als auch für Lernende, die eine neue Sprache erlernen oder ihre Lesefähigkeiten verbessern wollen. Barrierefreiheit fördert somit die Usability und User Experience Ihrer Website/Anwendung und unterstützt langfristig den Erfolg Ihres Unternehmens.

Wie testen Sie nun konkret Ihre Website oder App auf Barrierefreiheit?

1.6.1 Übersicht über standardisierte Testverfahren und Selbsttests

Eine Lösung bieten Ihnen standardisierte Testverfahren (Prüfverfahren) nach EN 301 549. Bei den Testverfahren wird zwischen standardisierten Testverfahren und Adhoc-Selbsttests sowie maschinellen und manuellen Tests unterschieden. In der Regel ist eine Kombination aus allen Verfahren die beste Lösung. Maschinelle Tests können nur einen Teilaspekt der Barrierefreiheit überprüfen, während manuelle Tests insbesondere bei großen Websites viel Zeit in Anspruch nehmen würden. Standardisierte Testverfahren wie der BIK BITV-Test (*www.bitvtest.de*) oder der BIT-inklusiv-Test für Apps (*www.bit-inklusiv.de*) prüfen Schritt für Schritt die Aspekte der EN 301 549 und damit der WCAG und der BITV. Als Dienstleistung prüfen zertifizierte Prüferinnen und Prüfer gegen Entgelt ein interaktives System im Vieraugenprinzip auf entsprechende Einhaltung der Barrierefreiheit und bieten bei Bestehen ein entsprechendes (zeitpunktbezogenes) Zertifikat bzw. Siegel an. Bitte beachten Sie, dass die Prüfung zu einem einzigen Zeitpunkt erfolgt und das Zertifikat den zu diesem Zeitpunkt geprüften Zustand bestätigt. Jede weitere Änderung der Website, die in der Regel innerhalb kurzer Zeit erfolgt, kann dazu führen, dass die Website nicht mehr barrierefrei ist. Daher sollte jedes Release bzw. jede Veränderung des Inhalts auf Barrierefreiheit geprüft werden – in der Praxis ist dies leider sehr selten der Fall. Die Kosten für die (externe) Prüfung hängen neben der zu testenden Seitenanzahl auch von der Komplexität der Webseiten ab. Seiten mit dynamischen Inhalten sind teurer als statische Seiten, da der manuelle Prüfaufwand höher ist.

Anbieter externer Tests sind im Internet zu finden. Eine sehr gute Anlaufstelle ist der bereits genannte BIK BITV-Test (*https://bitvtest.de*), der neben der Möglichkeit einer kostenlosen Selbstbeurteilung mit dokumentierten Prüfschritten auch eine nach Bundesländern geordnete Übersicht diverser Testanbieter bereithält. Alternativ stellt auch die Vereinigung des BIT-inklusiv-Verbundes (*https://www.bit-inklusiv.de*) umfangreiche Selbsttests und Kontakte zu potenziellen Testeinrichtungen zur Verfügung. Als Vorbereitung für eine kostenpflichtige Zertifizierung oder für eigene Zwecke besteht die Möglichkeit eines Selbsttests, der ebenfalls die Konformität prüft – ohne entsprechendes Zertifikat und ohne externe Beratungsleistung. Wie bereits erwähnt, bieten z. B. BIK und BIT-inklusiv diese Möglichkeit an und unterstützen mit einer entsprechenden Dokumentation der einzelnen Prüfschritte. Planen Sie entsprechend viel Zeit ein, da gerade bei einem Webshop diverse Seitentypen (Homepage, Kategorie Seiten, Produktdetailseiten, Kontaktformulare, Blogbeiträge etc.) vorhanden sind und die einzelnen Prozessschritte vollständig geprüft werden – ein Check-out (Bestellabschluss) hat in der Regel zwischen 2 und 5 Schritte. Ist eine Seite im Check-out nicht barrierefrei, ist es letztlich der gesamte Shop nicht.

Das W3C stellt selbst ein (englischsprachiges) Selbstbewertungssystem zur Verfügung *(https://www.w3.org/WAI/eval/report-tool)*. Abbildung 1.18 zeigt einen Ausschnitt aus dem kostenlosen System.

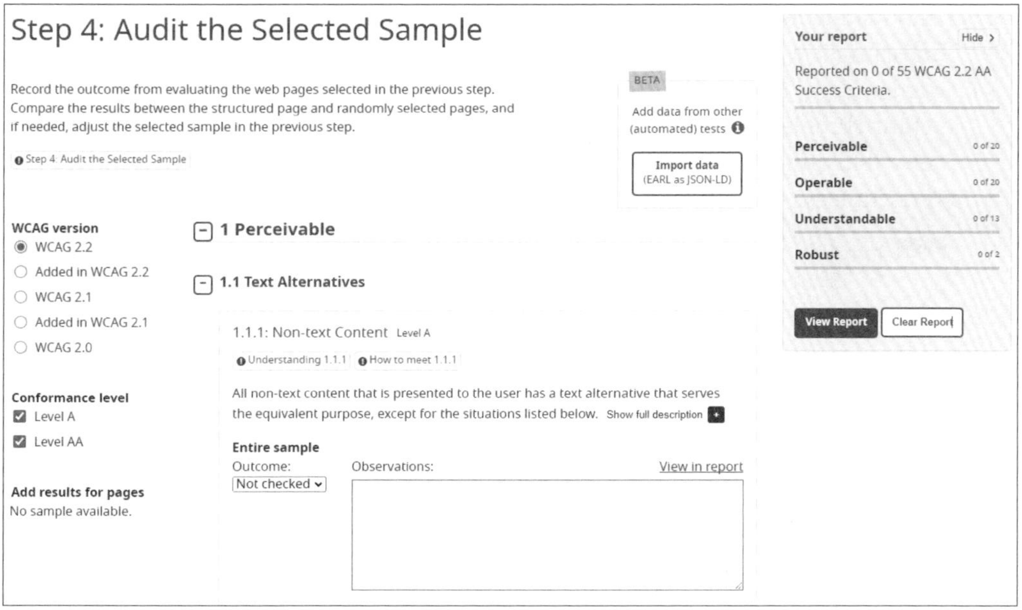

Abbildung 1.18 Selbst-Audit der Website auf Basis der WCAG

Ihr eigenes Audit könnte auf Grundlage der WCAG-EM (Website Accessibility Conformance Evaluation Methodology, *https://www.w3.org/WAI/test-evaluate/conformance/wcag-em*) wie folgt durchgeführt werden:

1. Definieren Sie den Umfang der Evaluation: Legen Sie fest, was in die Evaluation einbezogen wird, was das Ziel der Bewertung ist und welches WCAG-Konformitätsniveau (A, AA, AAA) angestrebt wird.
2. Untersuchen Sie die Website: Identifizieren Sie wichtige Webseiten, wesentliche Funktionen, Arten von Webinhalten, Designs, Funktionalitäten etc.
3. Wählen Sie eine repräsentative Stichprobe aus: Strukturierte und gleichzeitig zufällige Auswahl von Webseiten, wenn es nicht möglich ist, jede Webseite einer Website zu bewerten. Das heißt, wählen Sie eine Stichprobe für jeden Typ (Produktdetailseite, Kategorieseiten etc.).

4. Bewerten Sie die ausgewählte Stichprobe: Stellen Sie Erfolge und Misserfolge hinsichtlich der WCAG-Konformität von Website-Funktionen fest. Dokumentieren Sie die Evaluationsschritte.
5. Sofern unternehmensintern notwendig, berichten Sie die Evaluationsergebnisse, indem Sie die Evaluationsergebnisse zusammenfassen. Erstellen Sie die Bewertungsaussagen und ermitteln Sie die Gesamtergebnisse.

Das kostenpflichtige System CAAT (*https://www.caat.report/de*) ist eine Software zum manuellen Testen der Barrierefreiheit und eignet sich besonders für die Arbeit im Team. Sie wählen den entsprechenden Testkatalog (WCAG, EN 301 549 etc.) aus und werden dann Schritt für Schritt durch alle Prüfkriterien für Ihre Website bzw. App geführt. Probleme können dokumentiert und für die Entwicklung kommentiert werden. Abbildung 1.19 gibt einen Einblick in die Dokumentation eines bestandenen Testschrittes.

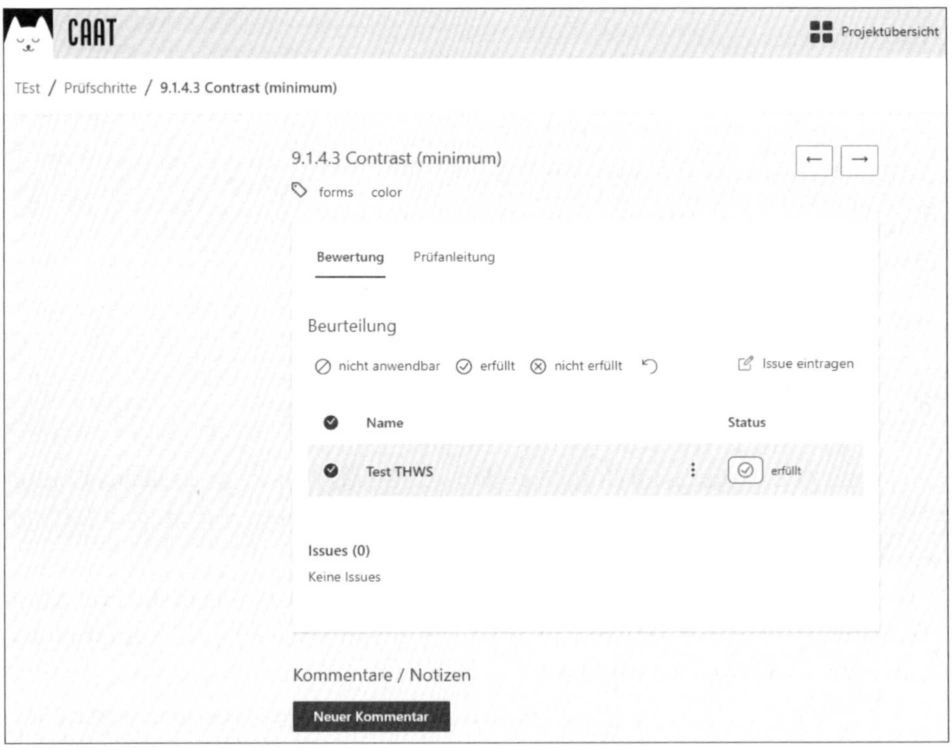

Abbildung 1.19 Dokumentation eines Prüfschrittes in CAAT

1.6.2 Seitenauswahl bei der Prüfung auf Barrierefreiheit

Da jede Seite von Prüfenden manuell getestet wird, wird typischerweise eine repräsentative Auswahl an Seiten getroffen, die die verwendeten Elemente (Bilder, Formulare, Text etc.) bzw. Seitentypen einer Website widerspiegeln. Seitens der EU existiert eine Empfehlung zur Seitenauswahl für Websites der öffentlichen Hand (Durchführungsbeschluss EU 2018/1524) sowie in der Anlage 1 (zu § 28 BFSG) für Websites, die unter das BFSG fallen. Dies sind insbesondere (sofern vorhanden):

- Startseite (Home), Anmeldung (Log-in), Site-Übersicht (Sitemap), Kontakt, Hilfe und Seiten mit rechtlichen Informationen
- zumindest eine relevante Seite für jede Art von Dienst, der von der Website oder mobilen Anwendung bereitgestellt wird, und für jeden anderen Hauptzweck, einschließlich der Suchfunktion
- die Seiten mit der Erklärung oder den Angaben zur Barrierefreiheit sowie die Seiten mit dem Feedback-Mechanismus
- beispielhaft ausgewählte Seiten mit einem deutlich anderen Erscheinungsbild oder anderen Arten von Inhalten
- zumindest ein relevantes abrufbares Dokument, falls vorhanden, für jede Art von Dienst, der von der Website oder mobilen Anwendung bereitgestellt wird, und für jeden anderen Hauptzweck
- andere von der Marktüberwachungsbehörde als relevant betrachtete Seiten (lt. BFSG Anlage 1)
- nach dem Zufallsprinzip weitere ausgewählte Seiten und Dokumente, falls vorhanden, im Umfang von mindestens 10 % der festgelegten Stichprobe (lt. BFSG Anlage 1)

Dies ergibt einen Anhaltspunkt, welche Seiten von Ihnen geprüft werden sollten. Bei einem Onlineshop wird z. B. eine Produktdetailseite im Detail geprüft, da ein festgestellter Optimierungsansatz oder Mangel in der Folge auf allen Produktdetailseiten vorhanden sein sollte, da ein Shop typischerweise Templates (Vorlagen) für Seitentypen verwendet. Die Prüfung sehr vieler Produktdetailseiten ist insofern ineffizient, da sich identische Fehler in den Templates wiederholen. Um dennoch weitere Fehler bei den gleichen Seitentypen auszuschließen, kann durch Crawling aller Webseiten (z. B. Tools wie Screaming Frog) auf Aspekte wie H-Überschriften sowie Bildauszeichnungen zurückgegriffen werden. Aus diesem Grund ist eine umfassende manuelle Prüfung einzelner Seiten in Kombination mit automatisierten Tests für die gesamte Website sinnvoll.

Tipp: Crawling der kompletten Website – kennen Sie Ihre Inhalte?

Das SEO-Tool Screaming Frog (*https://www.screamingfrog.co.uk*) bietet umfangreiche Möglichkeiten zum Crawlen von Websites. Neben Optimierung für Suchmaschinen (SEO) können Inhalte auch unter dem Gesichtspunkt der Barrierefreiheit validiert und Optimierungspotenziale aufgedeckt werden. Abbildung 1.20 zeigt einen Ausschnitt der Funktionalitäten des Systems. Bis zu 500 URLs können kostenlos gecrawlt und analysiert werden.

Abbildung 1.20 Crawling mit Screaming Frog

1.6.3 Schritt für Schritt erste Potenziale entdecken – praktische Anwendung von Accessibility Insights for Web

Vor jedem Start stellt sich die Frage, wo man gerade steht. Welche Initiativen gibt es intern im Bereich User Experience und Usability? Gibt es in Ihrem Unternehmen bereits Bestrebungen zur Umsetzung von Barrierefreiheit oder fangen Sie buchstäblich bei null an? Unabhängig davon, wo im Prozess Sie sich befinden, ist es wichtig, zunächst eine Bestandsaufnahme zu machen. Es gibt verschiedene Möglichkeiten, Optimierungspotenziale in Bezug auf Barrierefreiheit zu identifizieren. Im Folgenden können Sie Tools und Browsererweiterungen direkt installieren und ausprobieren, mit denen Sie den Status quo Ihrer Website genauer unter die Lupe nehmen können (zu den Tools siehe Abschnitt 1.7). Sofern Sie neu im Thema »Barrierefreie Webseiten« sind, werden Ihnen die Tools Fehler ausgeben, die Sie gegebenenfalls nicht direkt nachvollziehen können. Dazu finden Sie jeweils Verweise auf die jeweiligen Kapitel dieses Buches, in denen die Einzelheiten erläutert werden. Der Ansatz soll Ihnen bereits jetzt einen Eindruck davon vermitteln, wie viel Optimierungsbedarf mit den entsprechenden Tests auf einer Webseite identifiziert werden können.

Mit Accessibility Insights for Web (AIW) steht Ihnen ein kostenloses Tool zur Verfügung, das Ihnen einen ersten Überblick Ihrer eigenen Website verschafft. Das Tool hilft Entwicklern und Entwicklerinnen, Probleme mit der Barrierefreiheit zu finden und im Idealfall schnell zu beheben. Es ist eine Kombination aus maschinellem Test und begleitender Selbstevaluation, bei der Sie »an die Hand genommen werden« und Schritt für Schritt Tests durchführen und das Ergebnis selbst bewerten. Accessibility

Insights kann als lokales Programm für Windows (Accessibility Insights for Windows) oder z. B. für Chrome heruntergeladen werden: *https://chromewebstore.google.com/detail/accessibility-insights-fo/pbjjkligggfmakdaogkfomddhfmpjeni.*

Installieren Sie am besten gleich das Chrome-Plug-in (Accessibility Insights for Web), rufen Sie Ihre eigene Webseite auf und klicken Sie auf das entsprechende Icon in Ihrer Browserleiste (siehe Abbildung 1.21).

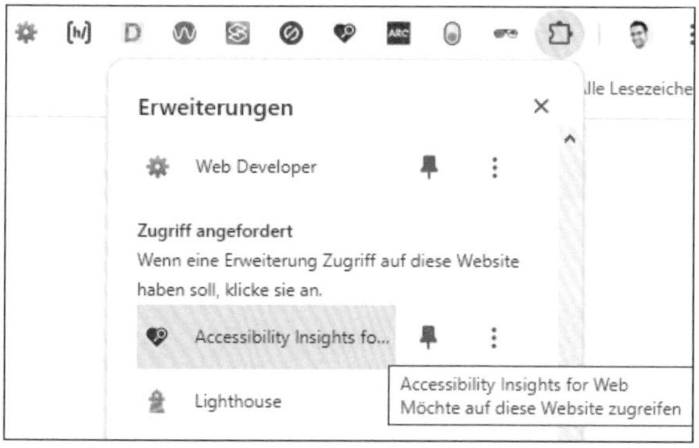

Abbildung 1.21 Aufruf der Erweiterung in Chrome

Nach dem Aufruf des Tools stehen Ihnen die folgenden Aktivitäten für die aktuelle Webseite im Browser zur Verfügung (siehe Abbildung 1.22):

- FASTPASS: drei Tests zur Identifikation der häufigsten Fehler
- QUICK ASSESS: zehn geführte Tests zur Identifikation weiterer Barrierefreiheitsmängel in nur 30 Minuten

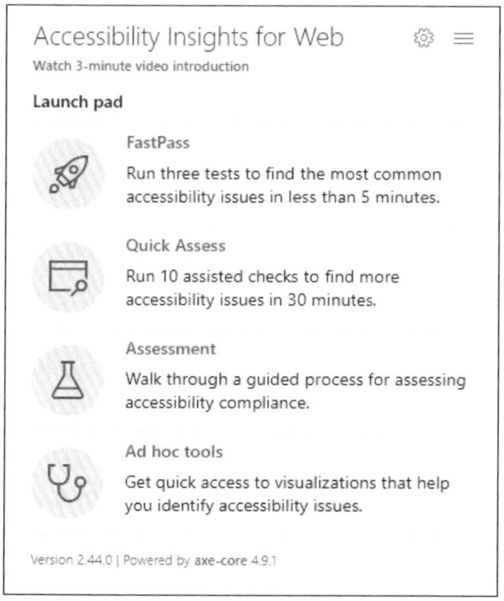

Abbildung 1.22 Hauptmenü des Tools »Accessibility Insights for Web«

- ASSESSMENT: geführter Test zur Ermittlung des Grades der Standardkonformität (WCAG 2.1 oder WCAG 2.2, jeweils AA)
- AD HOC TOOLS: visuelle Hervorhebungshilfen zur schnellen Identifikation unterschiedlicher Arten von Mängeln (Farbe, Überschriften, Tab-Reihenfolge, Landmarks, ...)

Zum Start empfiehlt sich die Auswahl von QUICK ASSESS, das zehn automatisierte Prüfungen für Ihre Webseite (einer einzelnen Seite!) durchführt. Abbildung 1.23 zeigt einen Ausschnitt des regelbasierten Tests zur Überprüfung der Barrierefreiheit von Bildern im Chrome Browser.

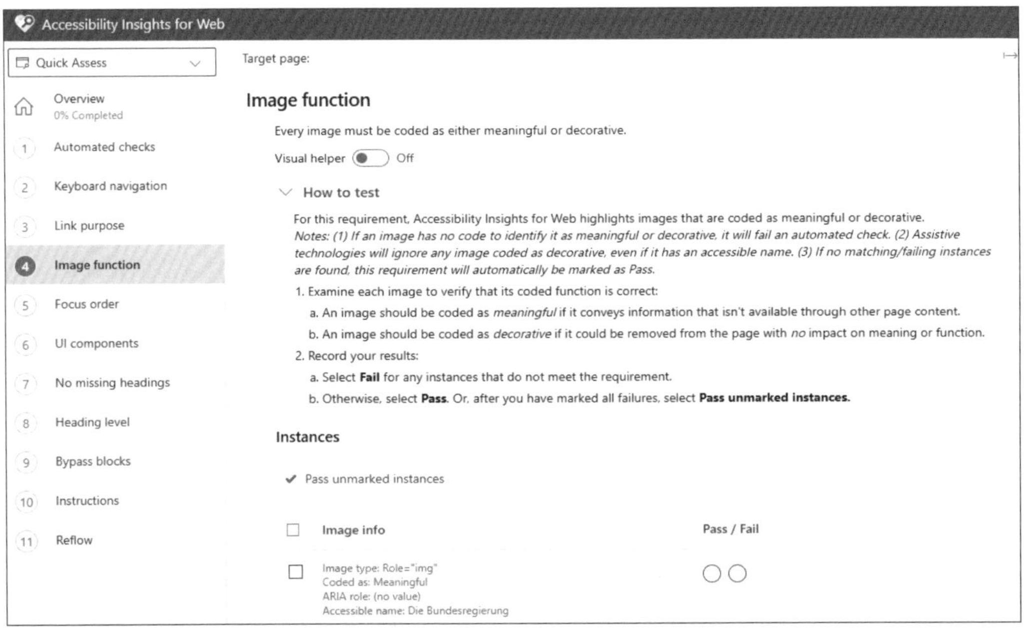

Abbildung 1.23 Regelgeleiteter Test der eingesetzten Bilder

Neben der Ausgabe eines Berichts über die durchgeführten Prüfungen besteht die Möglichkeit einer visuellen Unterstützung, d. h., direkt auf der von Ihnen zu testenden Webseite werden mögliche Schwachstellen dargestellt und Hinweise auf die Ursache der Barrieren gegeben. Neben den automatisierten Tests werden derzeit 25 Bereiche mit Hinweisen und Leitfragen näher beleuchtet. Abbildung 1.24 zeigt den Teilaspekt der Tastaturnutzung mit Handlungsanweisungen und einer abschließenden Entscheidung, ob die Webseite bestanden (PASS) oder nicht bestanden (FAIL) hat.

Neben dem »geführten« Assessment und den automatisierten Tests stehen Ihnen punktuelle Prüfungen (AD HOC TOOLS) zur Verfügung. Abbildung 1.25 zeigt die Funktionsauswahl der zur Verfügung stehenden Tests. Die Aktivierung erfolgt über einen Schiebeschalter.

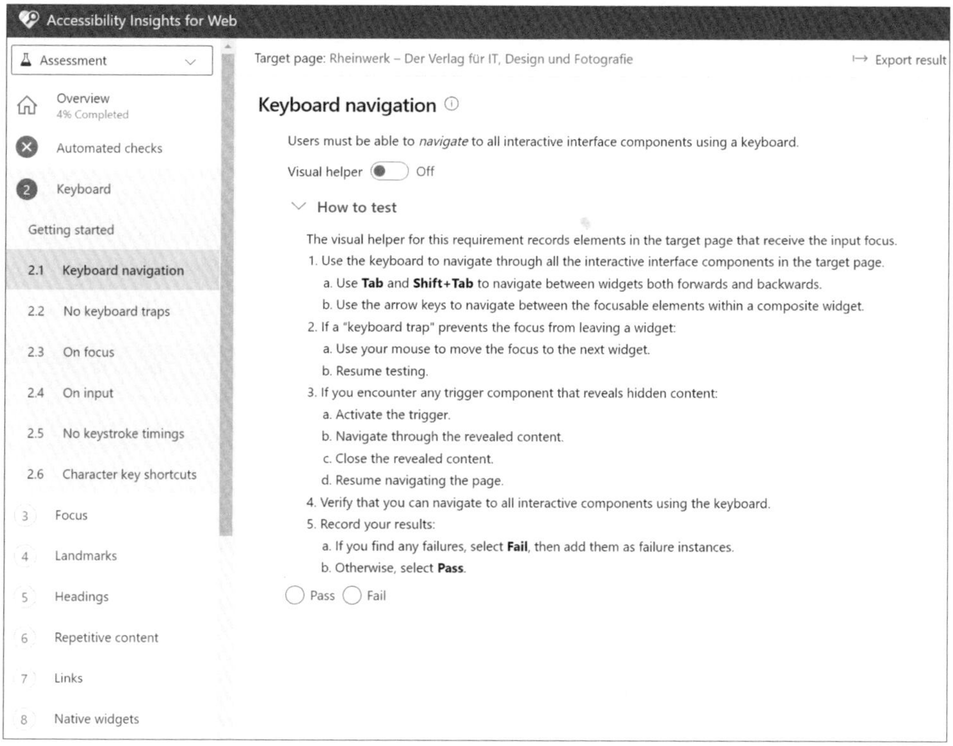

Abbildung 1.24 Accessibility Audit

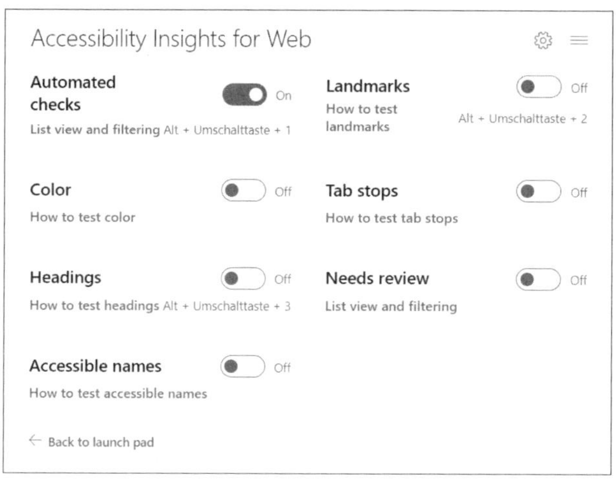

Abbildung 1.25 Funktionsauswahl in »Accessibility Insights for Web«

Die automatischen Tests liefern Ihnen neben dem Bezug zur WCAG auch einen konkreten Verbesserungsvorschlag. Legen Sie los und wenden Sie das Tool auf Ihrer eigenen (einzelnen) Webseite an.

Die hier getestete Webseite weist z. B. einen zu geringen Kontrast bei einzelnen Elementen auf (WCAG 1.4.3 »Kontrast (Minimum)«). Das verwendete Blau des Hintergrundes (Farbcode #0D7EFD) hat einen Kontrast von 3,87 zur weißen Schrift. Um das geforderte Verhältnis von 4,5 : 1 zu erfüllen, müsste die Hintergrundfarbe dunkler sein (z. B. Farbcode #0B71E4). Diese Kombination führt nach der Umsetzung zu einem Kontrast von 4,67 : 1. Abbildung 1.26 zeigt einen Ausschnitt aus dem Ergebnisbericht des automatischen Tests. Details, Anforderungen und Optimierungsbeispiele zu Kontrasten finden Sie in Abschnitt 6.2, »Wie ist das notwendige Kontrastverhältnis?«.

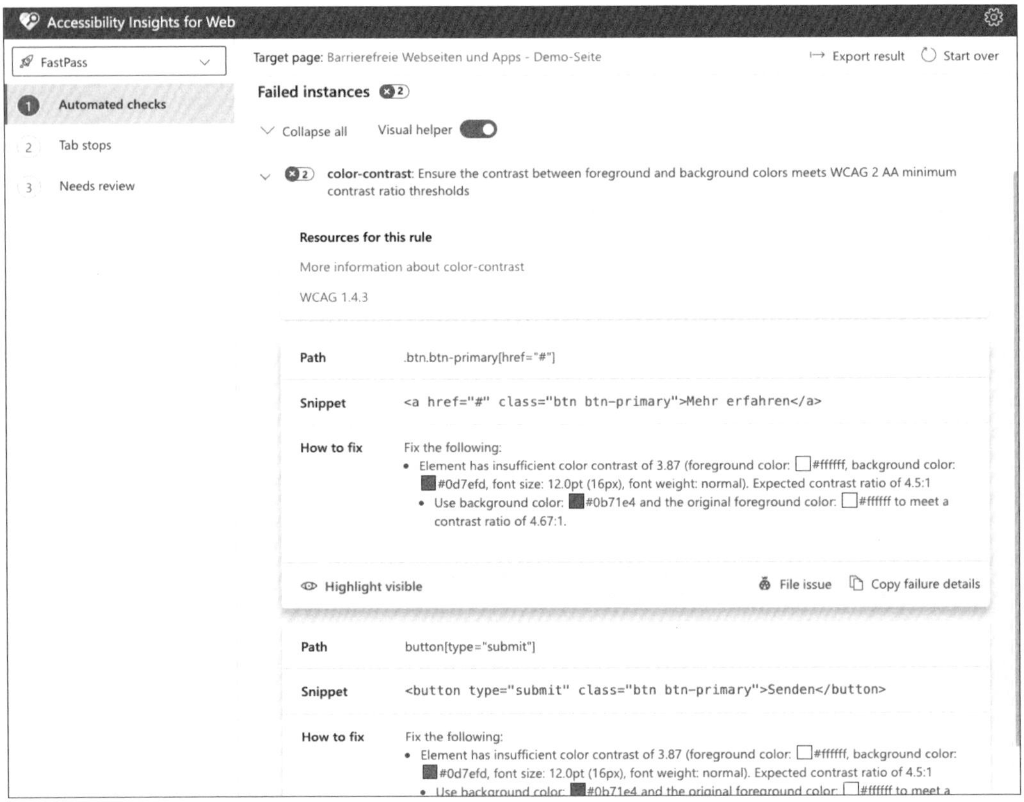

Abbildung 1.26 Ergebnisbericht eines automatischen Tests

Die Auswahlbox VISUAL HELPER (siehe Abbildung 1.26) ermöglicht Ihnen, die Optimierungen direkt auf der Seite zu lokalisieren. Die im Test gefundenen Kontrastoptimierungen können nochmals visuell überprüft und im Idealfall direkt an die Entwicklung zur Bearbeitung übergeben werden. Abbildung 1.27 zeigt die Lokalisierung der Optimierungsmaßnahmen auf der Webseite. Auf Basis der automatischen Tests können bereits erste Anpassungen schnell umgesetzt werden. Die weiteren situativen Tests überprüfen einzelne Aspekte der Barrierefreiheit.

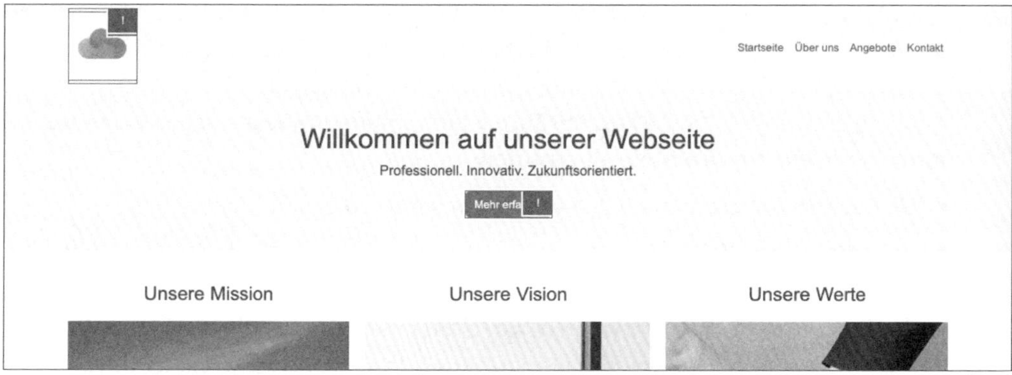

Abbildung 1.27 Adressierung von Optimierungen auf der Webseite

Problematische Kontraste sind der Klassiker auf Webseiten und auf sehr vielen Websites zu finden. Der Prüfschritt COLOR ermöglicht Ihnen, die Webseite in Graustufen darzustellen (z. B. Darstellung in Abbildung 1.28). Damit kann sehr schnell überprüft werden, ob Informationen über Farben kommuniziert werden, die bei Farbsehschwächen oder Farbenblindheit vollständig verloren gehen. Da dieses Buch in gedruckter Form nur Graustufen darstellt, sollten die Screenshots auch ohne Farberkennung und ohne Farbnutzung verständlich sein (zu Details zur Verwendung von Farbe siehe Abschnitt 6.1).

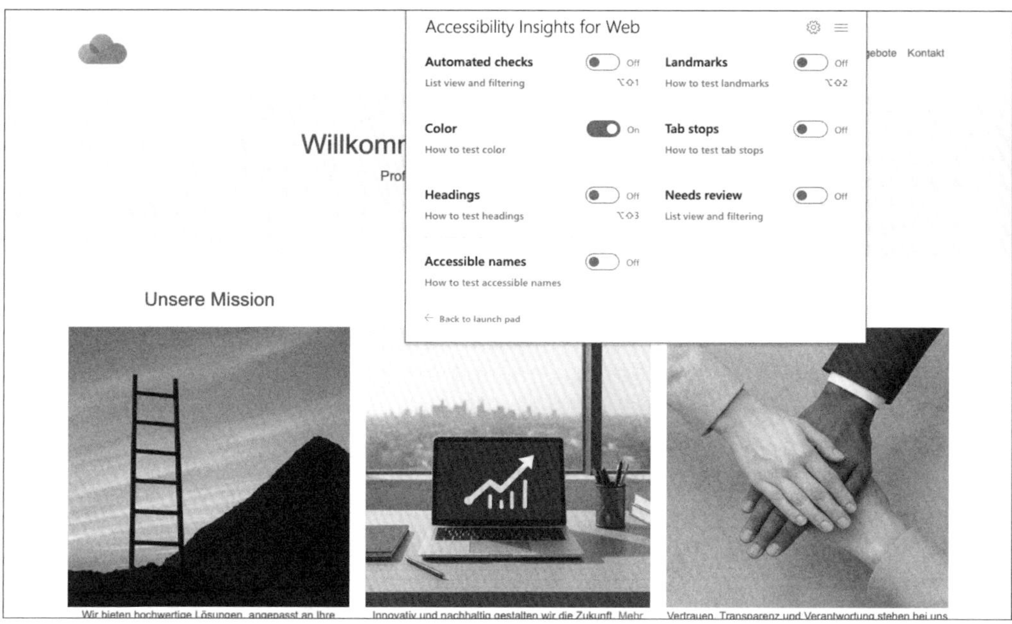

Abbildung 1.28 Darstellung der Webseite in Grautönen

Damit die Überschriften von Screenreadern gezielt aufgerufen werden können und blinde Menschen einen schnellen Überblick des Inhalts erhalten, ist die korrekte Auszeichnung der Überschriften wichtig (Details zu Überschriften siehe Abschnitt 6.7). Mit der HEADINGS-Analyse können Sie die Reihenfolge sowie die generelle Auszeichnung der relevanten Textteile überprüfen:

- Überschriften beschreiben den folgenden Inhalt so genau wie möglich.
- Verwenden Sie in der Regel nur eine Hauptüberschriftebene (`h1`). Diese sollte eine Gesamtbeschreibung des Seiteninhalts geben.
- Strukturieren Sie mehrere Überschriften auf einer Seite hierarchisch. Zum Beispiel folgen Sie verschachtelten Inhalten unter einer `h2`-Überschrift mit `h3`, bevor Sie `h4` verwenden.
- Verwenden Sie native HTML-Überschriftenelemente (`h1` bis `h6`).

Abbildung 1.29 zeigt eine nicht korrekte Anordnung der Überschriften. In diesem Fall folgt die `h3` auf `h1`.

Abbildung 1.29 Überprüfung der Überschriften

Der Test ACCESSIBLE NAMES überprüft die sichtbaren Labels (Bezeichnungen) und deren programmatische Verknüpfung (WCAG 1.3.1, WCAG 2.5.3, WCAG 3.3.2, Details siehe Abschnitt 9.3, »Beschriftungen von Formularelementen«). Getreu dem Motto: Passt das, was ich sehe, und das, was der Screenreader ausgibt, zusammen? Wenn ein Element, wie z. B. ein Eingabefeld oder ein Button, ein sichtbares Label hat, stellen Sie sicher, dass das Label im Code mit dem Element verknüpft ist, sodass assistive Technologien wie Screenreader die Informationen korrekt interpretieren und ausgeben können. Das sichtbare Label eines Elements sollte in seinem barrierefreien Namen enthalten sein und ein Button sollte darüber informieren, was passiert, wenn das Element genutzt wird. Dies hilft Nutzenden assistiver Technologien, die Funktionsweise besser zu verstehen und korrekt anzuwenden. Die Links in Abbildung 1.30 werden vom Screenreader entsprechend ausgegeben bzw. sind über Sprachbefehle entsprechend erreichbar. Beim Logo oben links fehlt der Alternativtext und damit der Accessible Name. Dadurch ist das Logo per Sprachbefehl nicht erreichbar. Screenreader erkennen zwar einen Verweis, aber nichts darüber hinaus.

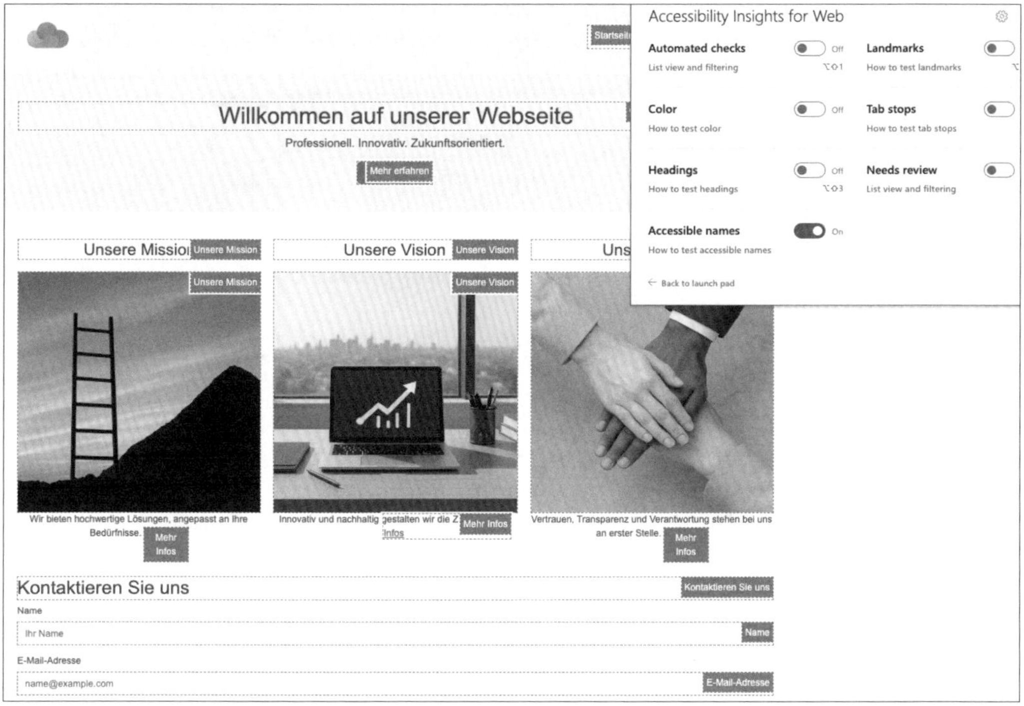

Abbildung 1.30 Accessible Names

ARIA-Landmark-Rollen helfen Nutzenden dabei, die Struktur und Organisation einer Webseite zu erkennen (Details siehe Abschnitt 4.4.9). So können z. B. mit einem Screenreader Bereiche übersprungen oder direkt angesprungen werden. Durch die Klassifizierung und Beschriftung der verschiedenen Abschnitte einer Seite werden strukturelle Informationen (Navigation, Hauptinhalt, Footer etc.), die visuell vermittelt werden, auch programmatisch ermittelbar. Der Bericht LANDMARKS des Tools identifiziert die definierten Landmarks auf der Webseite und stellt sie visuell dar (siehe Abbildung 1.31).

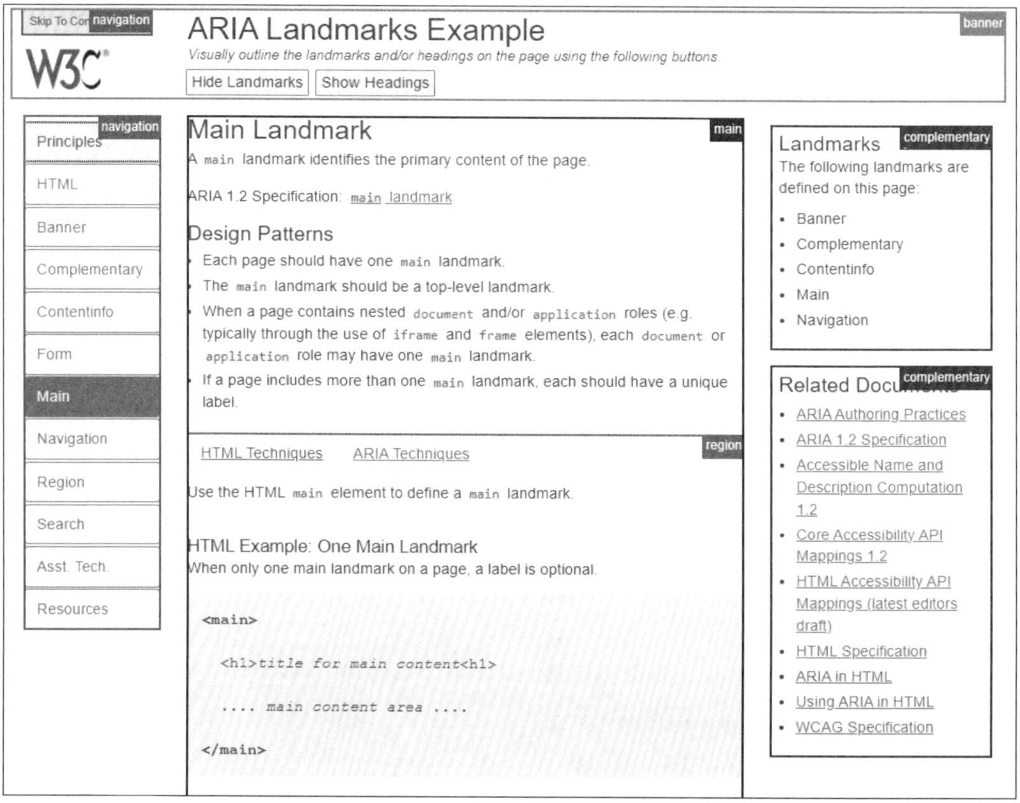

Abbildung 1.31 Landmarks auf einer Webseite visualisieren

Diese Landmarks bieten den Nutzenden die Möglichkeit, schnell und effizient durch die Website zu navigieren. Verwenden Sie daher die entsprechenden ARIA-Rollen für die verschiedenen Abschnitte Ihrer Webseite (weitere Details zu den Rollen finden Sie in Abschnitt 4.4.9, »ARIA Landmarks – Bereiche auszeichnen«). Dies ist besonders nützlich für blinde oder sehbehinderte Nutzende, die Screenreader verwenden, um durch die Inhalte zu navigieren. Verwenden Sie Landmarks nur dort, wo sie sinnvoll sind, und vermeiden Sie eine redundante oder übermäßige Verwendung, die zu Verwirrung führen könnte. Abbildung 1.31 zeigt die korrekte Verwendung der `banner`- und `navigation`-Landmarks. `banner` wird verwendet, um den Kopfbereich mit dem Logo und/oder dem Namen der Webseite zu kennzeichnen. Die Landmark `navigation` kennzeichnet den Bereich, der die Hauptnavigation der Seite enthält.

Nutzende müssen in der Lage sein, mit einer Webseite oder Webanwendung ausschließlich über die Tastatur zu interagieren. Dies ist aus verschiedenen Gründen wichtig:

- Menschen, die den Mauszeiger nicht sehen können (z. B. Blindheit, visuelle Einschränkungen), sind auf die Tastatur angewiesen.

- Manche Menschen haben nicht die physischen Fähigkeiten (z. B. körperliche Behinderungen), ein Zeigegerät wie eine Maus zu bedienen.
- Viele Menschen, auch ohne Behinderungen, bevorzugen die Tastatur, da die Bedienung effizienter sein kann.

Durch eine gute Gestaltung können Tastaturnutzer auf alle interaktiven Elemente einer Anwendung in einer vorhersehbaren Reihenfolge zugreifen (»tabben«). Außerdem können Nutzende leicht erkennen, welches Element gerade im Fokus steht, was die Navigation vereinfacht. Abbildung 1.32 zeigt die korrekte und sinnvolle Reihenfolge auf der Beispielwebseite.

Abbildung 1.32 Tab-Reihenfolge Schritt für Schritt durchführen und anzeigen lassen

Prüfen Sie daher die folgenden Merkmale (zu Details und Lösungen bei Problemen siehe Abschnitt 8.5.2, »Navigation per Tastatur – Tastaturkurzbefehle modifizieren«):

- Ist ein sichtbarer Fokusindikator vorhanden? Stellen Sie sicher, dass das interaktive Element, das den Eingabefokus hat, klar erkennbar ist. Dies wird in der Regel durch einen durchgehenden oder gestrichelten Rahmen um das Element angezeigt (siehe Abbildung 1.33).
- Sind alle interaktiven Elemente zugänglich? Nutzende sollten in der Lage sein, mit der Tabulatortaste zu jedem interaktiven Element auf der Seite zu navigieren, es sei denn, das Element ist gerade deaktiviert. Interaktive Elemente sind Links, Buttons, Formularfelder und andere Eingabesteuerungen.

Abbildung 1.33 Fokussierung des ausgewählten Elements

- Vermeiden Sie »Tastaturfallen«! Achten Sie darauf, dass keine Elemente den Eingabefokus übernehmen und dann verhindern, dass er weiterbewegt werden kann (z. B. bei modalen Dialogen).
- Gestalten Sie eine sinnvolle und nachvollziehbare Tab-Reihenfolge. Stellen Sie sicher, dass die Reihenfolge der visuellen Darstellung und der erwarteten Lesereihenfolge (von links nach rechts und von oben nach unten) entspricht.

Schließlich bietet das Tool Accessibility Insights for Web eine Übersicht über die Elemente, bei denen es eine Optimierung vermutet, aber nicht sicher ist. Dies sind z. B. Kontraste in Texten sowie Texte, die wie Überschriften gestylt sind (größere Schrift, fett etc.), aber nicht als Überschrift (`h1` bis `h6`) gekennzeichnet sind. Ein Blick auf die Liste der vermuteten Optimierungen lohnt sich. Abbildung 1.34 zeigt ein automatisch ermitteltes Element, das auf Optimierungsbedarf hin überprüft werden sollte.

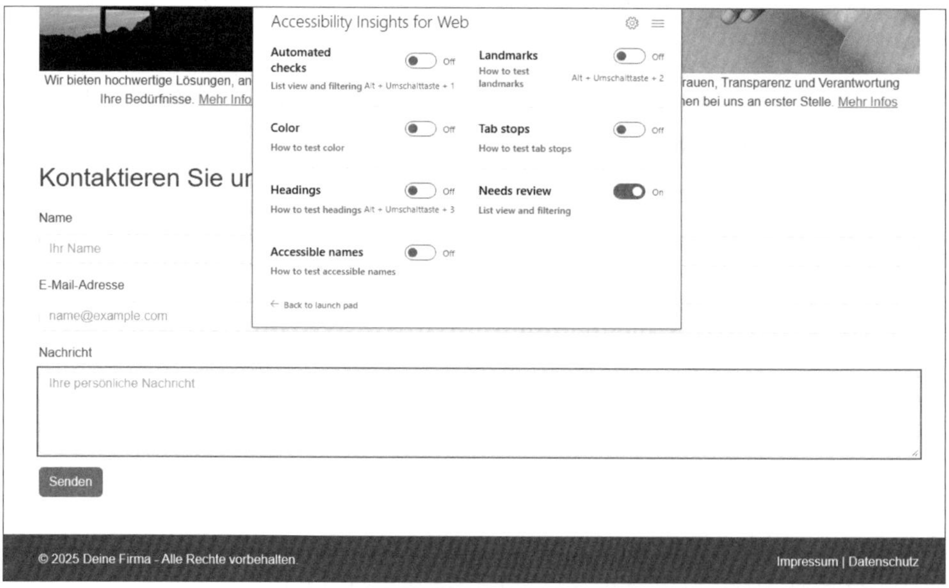

Abbildung 1.34 Element, das einer manuellen Prüfung unterzogen werden sollte

Im Idealfall sollten Sie durch das Tool erste Ideen bekommen haben, wie Sie Ihre Webseite verbessern können und wie der Status quo ist. Die Details der Anforderungen sowie viele weitere Optimierungsmaßnahmen werden Ihnen in den folgenden Kapiteln erläutert.

1.7 Tools für erste Optimierungspotenziale

Die maschinellen Testmöglichkeiten werden in der Regel durch Browser-Plug-ins oder Bookmarklets ermöglicht, die in begrenztem Umfang technische Fehler erkennen können. Neben dem bereits in Abschnitt 1.6.3 verwendeten Tool Accessibility Insights for Web in Chrome gibt es eine Vielzahl weiterer Plug-ins und Testmöglichkeiten. In Abschnitt 4.7 finden Sie weitere Tools für die Optimierung. Die Funktionalitäten überschneiden sich zu großen Teilen. Ein automatisierter Test kann Faktoren überprüfen, die eindeutig sind, wie z. B., ob eine H1 und eine H2 vorhanden sind. Inwieweit diese Information dann für die Navigation ohne Sehverständnis sinnvoll ist, kann nur ein Mensch entscheiden. Gleiches gilt für die Frage, ob ein Bild einen Alternativtext hat oder nicht. Ob dieser für blinde Nutzende sinnvoll ist, kann das System in der Regel nicht beurteilen (außer der Text hat ein bestimmtes Muster, wie z. B. *IMG0815.jpg*, und lässt auf einen Standardnamen für digitale Bilder schließen) und insofern keine bessere Variante anbieten.

1.7.1 Google Lighthouse

Der LIGHTHOUSE REPORT in Google Chrome (aufrufbar über die Entwicklungskonsole bzw. die rechte Maustaste und Auswahl von UNTERSUCHEN im Kontextmenü) gibt ebenfalls hilfreiche Hinweise zur Barrierefreiheit. Da Chrome gegebenenfalls Ihr Standardbrowser ist, benötigen Sie für die Analyse erst mal keine weiteren Erweiterungen. Sie bekommen dadurch einen ersten Eindruck, wie Google Ihre Seite beurteilt. Aspekte der Suchmaschinenoptimierung korrelieren positiv mit Aspekten der Barrierefreiheit. Abbildung 1.35 zeigt, wie Sie neben Analysen zu SEO und Ladezeiten auch Optimierungsvorschläge zu Accessibility auswählen können.

Abbildung 1.36 zeigt das Ergebnis eines Lighthouse-Tests. Neben einem Punktwert (0–100) erhalten Sie konkrete Vorschläge, was Sie hinsichtlich der Barrierefreiheit verbessern können. Auf dieser (mobilen) Webseite wurden die Mindestkontraste nicht eingehalten, die Zielgrößen der Touchelemente waren zu gering und die Überschriften waren nicht in der korrekten Reihenfolge bzw. im konkreten Fall wurde von einer H1 auf eine H3 gesprungen, die H2 fehlte.

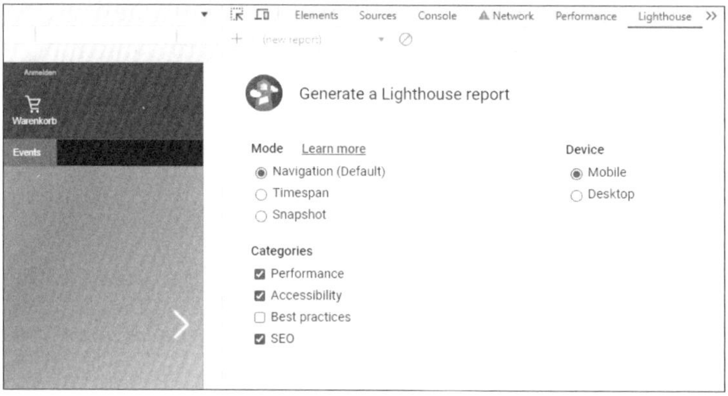

Abbildung 1.35 Report von Google Lighthouse zu SEO, Performance und Barrierefreiheit (Accessibility)

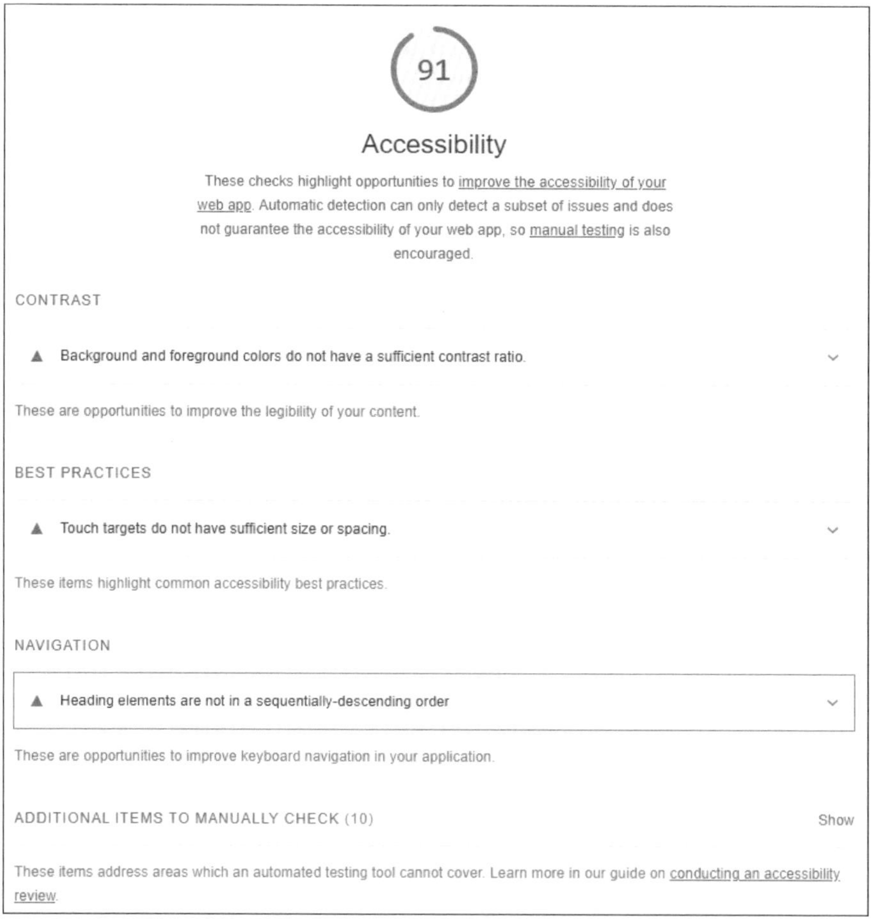

Abbildung 1.36 Ergebnisbericht von Google Lighthouse

Google bietet eine Vielzahl von Tools zum Testen der Apps und Websites rund um das Thema Barrierefreiheit an. Details finden Sie unter *https://www.google.com/accessibility/*.

1.7.2 Silktide Accessibility Checker

Eine hervorragende Lösung zur maschinellen Überprüfung ist der Accessibility Checker von Silktide. Das kostenlose Plug-in (Chrome *https://chromewebstore.google.com/detail/silktide-accessibility-ch/mpobacholfblmnpnfbiomjkecoojakah*) ermöglicht neben Tests von Alternativtext, Fokusreihenfolge, Überschriftenstruktur etc. insbesondere die Visualisierung von Farbschwächen, Dyslexie (Lese-Rechtschreib-Störung) und weiteren Behinderungen. Abbildung 1.37 gibt einen Überblick über den Funktionsumfang des Plug-ins.

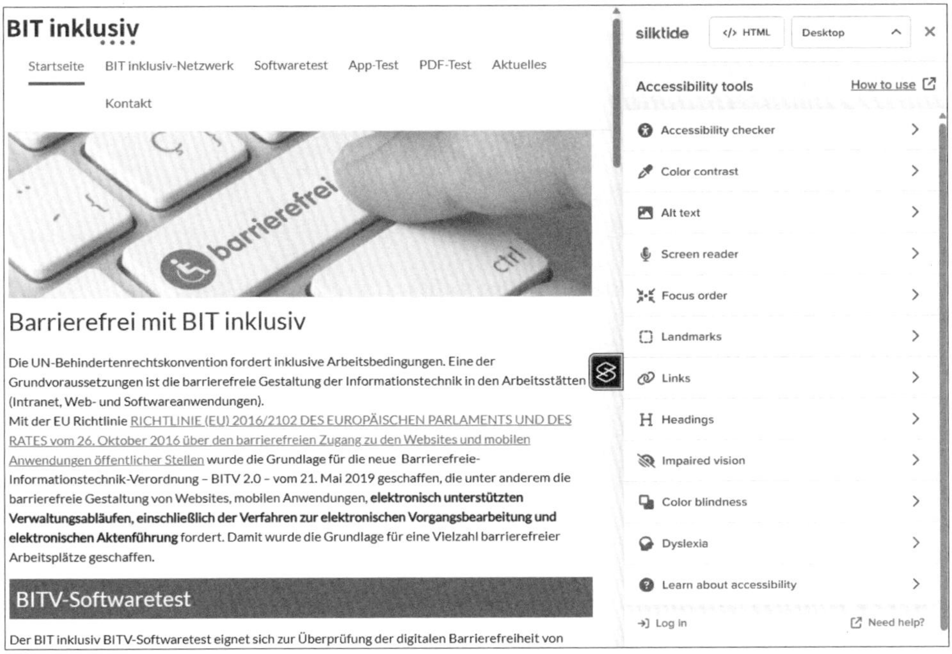

Abbildung 1.37 Silktide-Plug-in

So kann z. B. über den Menüpunkt ALT TEXT geprüft werden, ob ein Bild einen Alternativtext hat, der blinden Nutzenden anstelle des Bildes vorgelesen wird. Ob der Alternativtext gut und für die Nutzenden sinnvoll ist, kann aber in der Regel nur ein Mensch entscheiden (die KI ist noch nicht so weit). Daher wird es wohl auch in naher Zukunft nicht möglich sein, einen vollständigen Test maschinell durchzuführen. Abbildung 1.38 zeigt einen Ausschnitt aus der Prüfung des Alt(ernativ)-Textes mit den jeweils hinterlegten Alternativtexten bzw. dekorativ ausgezeichneten Bildern.

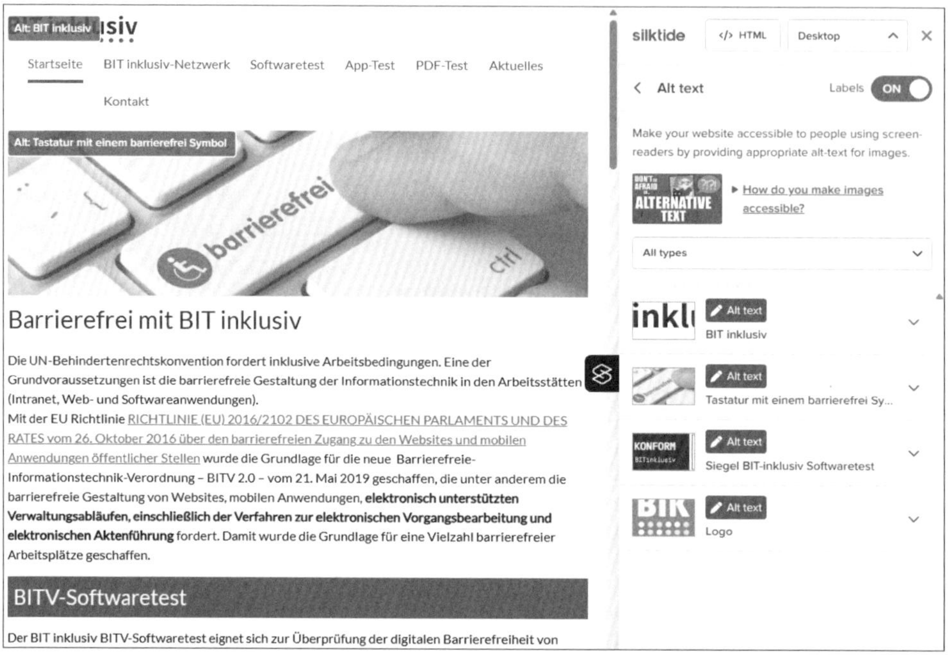

Abbildung 1.38 Prüfung der Alt-Texte

1.7.3 Einsatz von Bookmarklets zur Prüfung auf Barrierefreiheit

Prüfungen direkt im Browser durchführen? Mit Bookmarklets geht das hervorragend. Ein Bookmarklet ist ein kleines JavaScript-Programm, das als Lesezeichen im Webbrowser gespeichert wird. Es wird verwendet, um Aufgaben auszuführen oder Funktionen zu Webseiten hinzuzufügen, ohne dass eine Erweiterung oder ein Plug-in installiert werden muss. Bookmarklets können durch Anklicken des gespeicherten Lesezeichens aktiviert werden, wodurch das JavaScript sofort auf der aktuellen Seite ausgeführt wird.

Angenommen, Sie möchten prüfen, ob die Sprache der Webseite korrekt ausgezeichnet wurde. Eine englischsprachige Webseite sollte von einem Screenreader mit englischer Aussprache vorgelesen werden und nicht mit deutscher Betonung. Dafür bedarf es der Auszeichnung `<html lang="en">` in HTML (Details siehe Abschnitt 5.5.1). Sofern auf der englischsprachigen Webseite einzelne Sätze wiederum in einer anderen Sprache sind (z. B. französiche Zitate), könnte die Sprache im Screenreader automatisch wechseln und die Betonung entsprechend angepasst werden. Die korrekte Auszeichnung könnten Sie direkt im Quellcode der Webseite überprüfen oder komfortabel mit einem Bookmarklet anzeigen lassen. Abbildung 1.39 zeigt, dass die Sprache des Dokuments korrekt definiert ist (Englisch) sowie weitere Textteile mit entsprechender korrekter deutscher bzw. französischer Sprachauszeichnung versehen sind. Die Arbeit mit Bookmarklets erleichtert das Testen erheblich. In der Prüfpraxis finden sie daher kontinuierlichen Einsatz – je mehr Bookmarklets Sie im Browser haben, desto zügiger sind spezifische Prüfungen durchführbar.

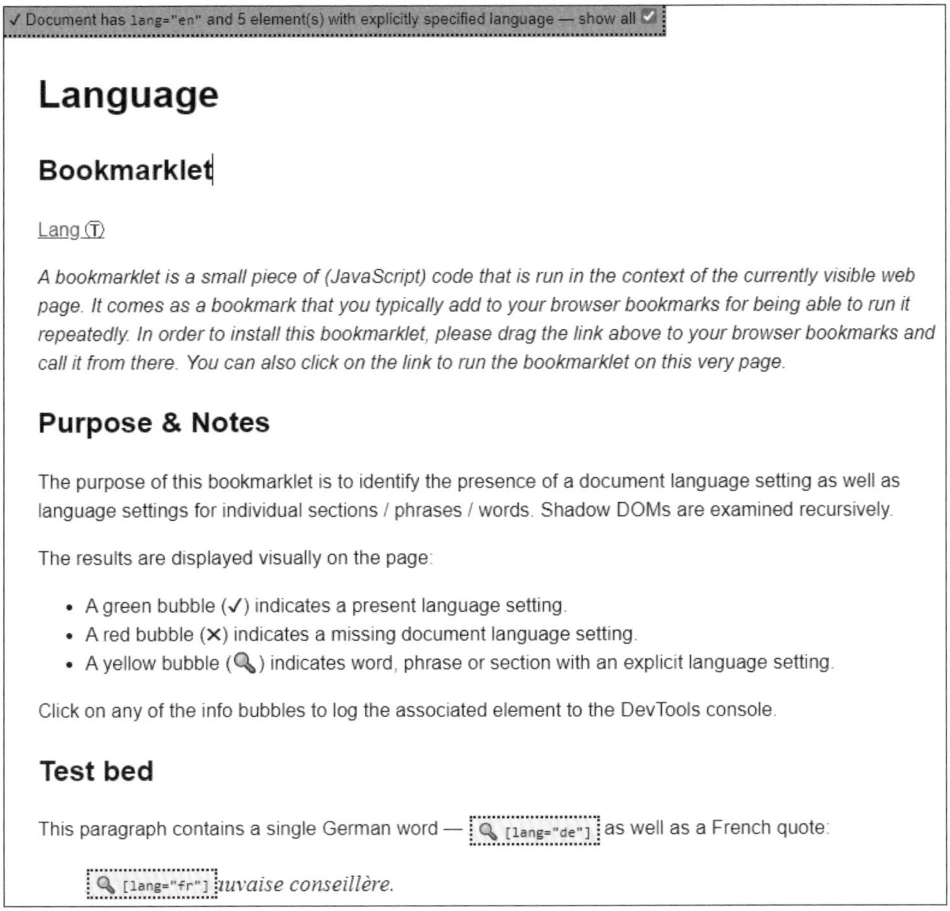

Abbildung 1.39 Prüfung der Sprachauszeichnung mit Bookmarklet (Quelle: *https://tollwerk.github.io/a11y-bookmarklets/lang-%E2%93%89.html*)

Weiterhin könnten Sie die Barrierefreiheit einer Webseite überprüfen, indem Sie sich z. B. von Listen (Aufzählungen) die HTML-Attribute anzeigen lassen. Dazu klicken Sie in Ihren Lesezeichen auf das entsprechende Bookmarklet und das Ergebnis wird direkt auf der Webseite angezeigt. Abbildung 1.40 zeigt das Ergebnis des LISTS-Bookmarklets (Darstellung des HTMLs der Liste) aus der Bookmarklet-Sammlung der Agentur Tollwerk (*https://tollwerk.github.io/a11y-bookmarklets/*). Weitere Bookmarklets finden Sie unter *https://bitvtest.de/test-methodik/web/werkzeugliste* sowie *https://pauljadam.com/bookmarklets/index.html*.

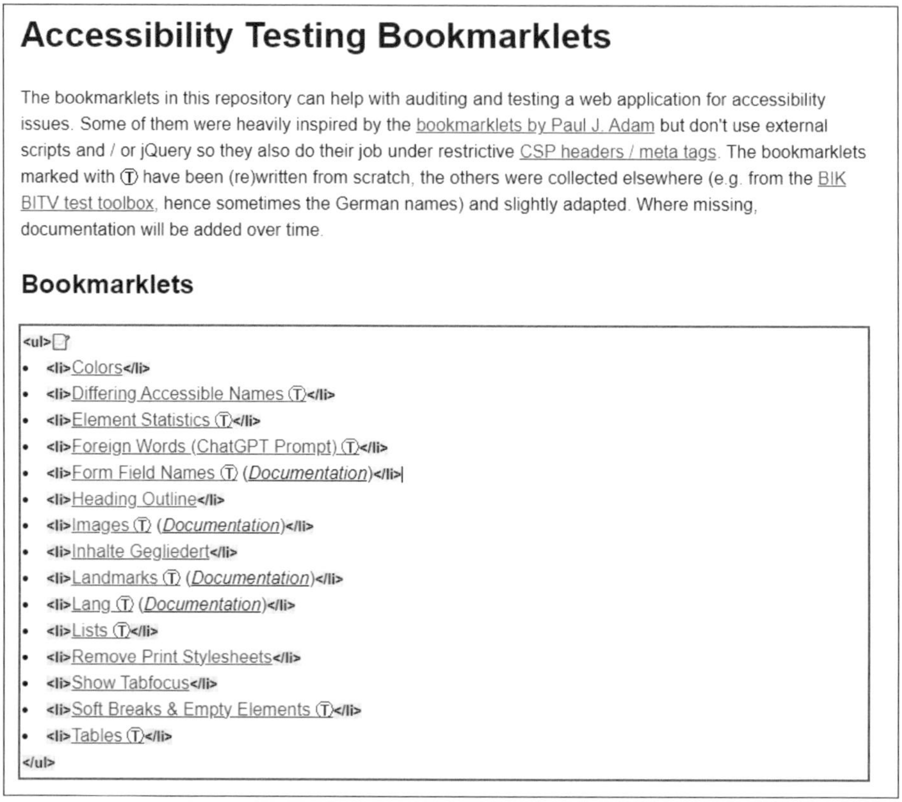

Accessibility Testing Bookmarklets

The bookmarklets in this repository can help with auditing and testing a web application for accessibility issues. Some of them were heavily inspired by the bookmarklets by Paul J. Adam but don't use external scripts and / or jQuery so they also do their job under restrictive CSP headers / meta tags. The bookmarklets marked with Ⓣ have been (re)written from scratch, the others were collected elsewhere (e.g. from the BIK BITV test toolbox, hence sometimes the German names) and slightly adapted. Where missing, documentation will be added over time.

Bookmarklets

<ul>
- <li>Colors</li>
- <li>Differing Accessible Names Ⓣ</li>
- <li>Element Statistics Ⓣ</li>
- <li>Foreign Words (ChatGPT Prompt) Ⓣ</li>
- <li>Form Field Names Ⓣ (*Documentation*)</li>
- <li>Heading Outline</li>
- <li>Images Ⓣ (*Documentation*)</li>
- <li>Inhalte Gegliedert</li>
- <li>Landmarks Ⓣ (*Documentation*)</li>
- <li>Lang Ⓣ (*Documentation*)</li>
- <li>Lists Ⓣ</li>
- <li>Remove Print Stylesheets</li>
- <li>Show Tabfocus</li>
- <li>Soft Breaks & Empty Elements Ⓣ</li>
- <li>Tables Ⓣ</li>

</ul>

Abbildung 1.40 Bookmarklets für die Prüfung auf Barrierefreiheit (Quelle: *https://tollwerk.github.io/a11y-bookmarklets*, Agentur Tollwerk)

Das Bookmarklet wird wie folgt angewendet:

1. Erstellen Sie das Bookmarklet. Klicken Sie dazu auf den Link des Bookmarklets und fügen Sie es mit gedrückter Maustaste in Ihre Lesezeichenleiste ein. Alternativ können Sie auch die Lesezeichenverwaltung Ihres Browsers öffnen, ein neues Lesezeichen anlegen und den entsprechenden JavaScript-Code in das URL-Feld einfügen.
2. Zum Verwenden des Bookmarklets öffnen Sie die Webseite, die Sie auf Barrierefreiheit überprüfen möchten, und klicken auf das gespeicherte Lesezeichen in Ihrer Lesezeichenleiste. Das Bookmarklet führt den JavaScript-Code aus und zeigt die gewünschten Eigenschaften an.

1.7.4 ChatGPT zur Codeoptimierung und Prüfung

ChatGPT ist unter anderem darauf trainiert, Code zu lesen und zu optimieren. Es kann daher verwendet werden, um Aspekte der Barrierefreiheit im Quellcode zu adressieren.

Der Code in Listing 1.1 erzeugt eine optisch ansprechende Tabelle, wie in Abbildung 1.41 dargestellt. Die erste Zeile ist fett und damit optisch eindeutig als Überschrift zu verstehen.

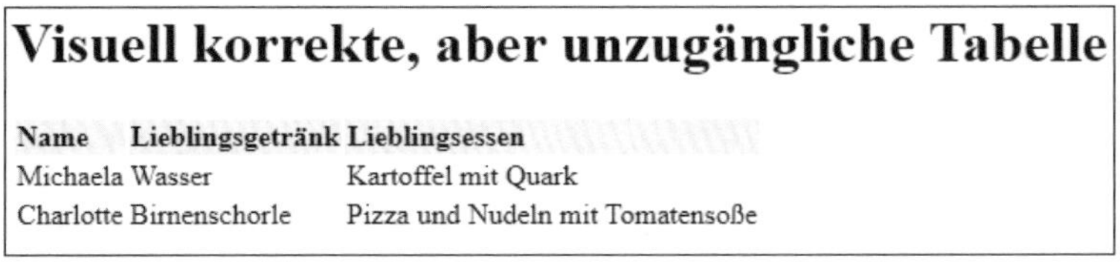

Visuell korrekte, aber unzugängliche Tabelle

Name	**Lieblingsgetränk**	**Lieblingsessen**
Michaela	Wasser	Kartoffel mit Quark
Charlotte	Birnenschorle	Pizza und Nudeln mit Tomatensoße

Abbildung 1.41 Visuell korrekte, aber unzugängliche Tabelle

```
<!DOCTYPE html>
<html lang="de">
<head>
    <meta charset="UTF-8">
    <title>Unzugängliche Tabelle</title>
</head>
<body>
    <h1>Visuell korrekte, aber unzugängliche Tabelle</h1>
    <table>
        <tr style="font-weight: bold; background-color: #f2f2f2;">
            <td>Name</td>
            <td>Lieblingsgetränk</td>
            <td>Lieblingsessen</td>
        </tr>
        <tr>
            <td>Michaela</td>
            <td>Wasser</td>
            <td>Kartoffel mit Quark</td>
        </tr>
        <tr>
            <td>Charlotte</td>
            <td>Birnenschorle</td>
            <td>Pizza und Nudeln mit Tomatensoße</td>
        </tr>
    </table>
</body>
</html>
```

Listing 1.1 HTML-Code, der nicht barrierefrei ist

Diese Tabelle ist für assistive Technologien nicht zugänglich, da semantisch wichtige Aspekte fehlen. Fragen Sie ChatGPT nach Optimierungen: »Prüfe den folgenden Code auf Optimierungen in Bezug auf die Barrierefreiheit. Erläutere deine Optimierungen.« Sie erhalten eine entsprechende Auswertung und konkrete Anpassungen (siehe Abbildung 1.42 und Listing 1.2).

> Der HTML-Code, den du bereitgestellt hast, ist visuell korrekt, aber nicht barrierefrei. Um die Barrierefreiheit zu verbessern, müssen einige Änderungen vorgenommen werden. Hier sind die Optimierungen mit Erklärungen:

Abbildung 1.42 Hinweis von ChatGPT auf notwendige Optimierungen

```
<!DOCTYPE html>
<html lang="de">
<head>
    <meta charset="UTF-8">
    <title>Barrierefreie Tabelle</title>
    <style>
        th {
            font-weight: bold;
            background-color: #f2f2f2;
        }
        caption {
            caption-side: top;
            font-weight: bold;
            text-align: left;
            margin-bottom: 10px;
        }
    </style>
</head>
<body>
    <h1>Barrierefreie Tabelle</h1>
    <table>
        <caption>Personen und ihre Lieblingsgetränke und Lieblingsessen
        </caption>
        <thead>
            <tr>
                <th scope="col">Name</th>
                <th scope="col">Lieblingsgetränk</th>
                <th scope="col">Lieblingsessen</th>
            </tr>
        </thead>
        <tbody>
            <tr>
                <td>Michaela</td>
```

```
                <td>Wasser</td>
                <td>Kartoffel mit Quark</td>
            </tr>
            <tr>
                <td>Charlotte</td>
                <td>Birnenschorle</td>
                <td>Pizza und Nudeln mit Tomatensoße</td>
            </tr>
        </tbody>
    </table>
</body>
</html>
```

Listing 1.2 Optimierter Code aus ChatGPT (gekürzte CSS-Anweisungen)

ChatGPT nennt folgende Optimierungen, die aus Sicht der Barrierefreiheit absolut sinnvoll sind:

1. Verwendung von `<th>`-Elementen:
   - Änderung: Ersetzen der `<td>`-Elemente in der ersten Zeile durch `<th>`-Elemente
   - Begründung: `<th>`-Elemente kennzeichnen Tabellenüberschriften, was für Screenreader wichtig ist, um die Struktur der Tabelle zu verstehen.
2. Einfügen eines `<caption>`-Elements:
   - Änderung: Einfügen eines `<caption>`-Elements mit einer Beschreibung der Tabelle
   - Begründung: Das `<caption>`-Element bietet eine kurze Beschreibung der Tabelle und verbessert die Zugänglichkeit für Screenreader-User.
3. Verwendung von `<thead>` und `<tbody>`-Elementen:
   - Änderung: Trennung von Tabellenkopf (`<thead>`) und Tabellenkörper (`<tbody>`)
   - Begründung: Diese Strukturierung hilft Screenreadern, die verschiedenen Teile der Tabelle zu unterscheiden.
4. CSS für einheitliches Styling:
   - Änderung: Verlagerung der Inline-Styles in den `<style>`-Abschnitt des Headers
   - Begründung: Externe oder interne CSS-Stylesheets verbessern die Wartbarkeit und die Trennung von Struktur und Stil.

Sie können weiterhin gezielt nach der Verwendung von ARIA fragen: »Wäre der Einsatz von WAI ARIA in diesem Code notwendig und sinnvoll?« ChatGPT wird Ihnen für diesen Code den korrekten Hinweis geben, dass die Erweiterung um WAI ARIA nicht notwendig (und auch nicht sinnvoll) ist und Ihnen konkrete Beispiele liefern, wann

Sie diese berücksichtigen sollten. Abbildung 1.43 zeigt das Ergebnis dieser Prüfung zusammen mit den konkreten Beispielen.

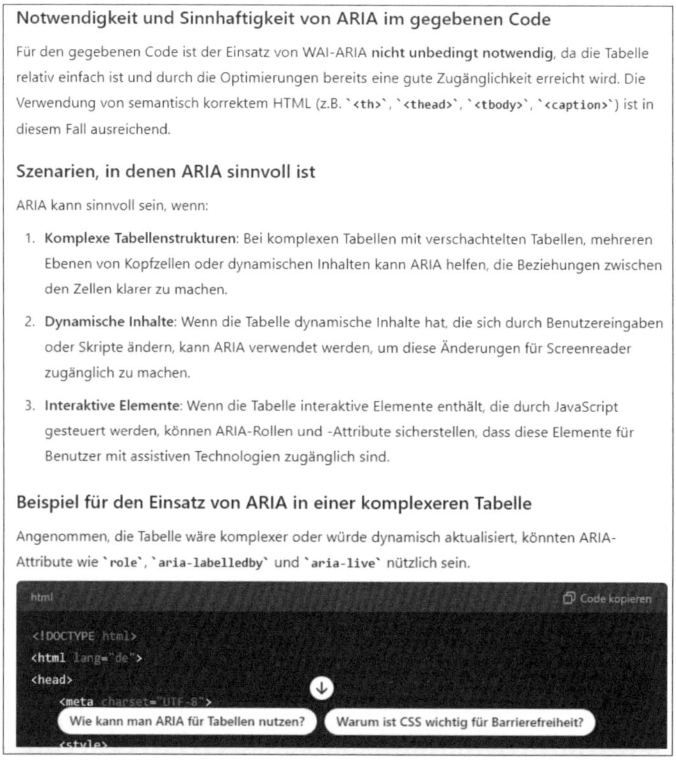

Notwendigkeit und Sinnhaftigkeit von ARIA im gegebenen Code

Für den gegebenen Code ist der Einsatz von WAI-ARIA **nicht unbedingt notwendig**, da die Tabelle relativ einfach ist und durch die Optimierungen bereits eine gute Zugänglichkeit erreicht wird. Die Verwendung von semantisch korrektem HTML (z.B. `<th>`, `<thead>`, `<tbody>`, `<caption>`) ist in diesem Fall ausreichend.

Szenarien, in denen ARIA sinnvoll ist

ARIA kann sinnvoll sein, wenn:

1. **Komplexe Tabellenstrukturen**: Bei komplexen Tabellen mit verschachtelten Tabellen, mehreren Ebenen von Kopfzellen oder dynamischen Inhalten kann ARIA helfen, die Beziehungen zwischen den Zellen klarer zu machen.
2. **Dynamische Inhalte**: Wenn die Tabelle dynamische Inhalte hat, die sich durch Benutzereingaben oder Skripte ändern, kann ARIA verwendet werden, um diese Änderungen für Screenreader zugänglich zu machen.
3. **Interaktive Elemente**: Wenn die Tabelle interaktive Elemente enthält, die durch JavaScript gesteuert werden, können ARIA-Rollen und -Attribute sicherstellen, dass diese Elemente für Benutzer mit assistiven Technologien zugänglich sind.

Beispiel für den Einsatz von ARIA in einer komplexeren Tabelle

Angenommen, die Tabelle wäre komplexer oder würde dynamisch aktualisiert, könnten ARIA-Attribute wie `role`, `aria-labelledby` und `aria-live` nützlich sein.

html Code kopieren

```
<!DOCTYPE html>
<html lang="de">
<head>
    <meta charset="UTF-8">
    <style>
```

Wie kann man ARIA für Tabellen nutzen? Warum ist CSS wichtig für Barrierefreiheit?

Abbildung 1.43 Hinweis von ChatGPT aus der Prüfung auf WAI ARIA

Hinweis: Codebeispiele im Buch

Die Codebeispiele in den jeweiligen Listings in diesem Buch wurden mit ChatGPT getestet und optimiert. Ziel ist es, einen einheitlichen Programmierstil zu gewährleisten.

1.8 Zusammenfassung des Kapitels

Hier sind noch einmal die wichtigsten Punkte im Überblick:

- Digitale Barrierefreiheit bedeutet, dass Websites und Apps ohne fremde Hilfe von Menschen mit Behinderungen genutzt werden können.
- Barrierefreie Gestaltung berücksichtigt temporäre oder situative Einschränkungen und führt zu universellem Design, von dem alle profitieren.

- Einschränkungen können permanent, temporär oder situativ sein und jeden Menschen betreffen. Barrierefreiheit hilft nicht nur Menschen mit dauerhaften Behinderungen, sondern verbessert die Nutzung für alle.
- Verschiedene Behinderungen stellen spezifische Anforderungen an Design und Inhalt von Websites. Behinderungen sind oft unsichtbar und individuell; daher sollten Websites flexibel und anpassbar sein.
- Eine Gestaltung mit ausreichendem Kontrast und die Vermeidung kritischer Farbkombinationen (z. B. Rot-Grün) ist wichtig. Inhalte sollten nicht ausschließlich durch Farbe vermittelt werden; alternative Kennzeichnungen sind notwendig.
- Videos und Audiodateien sollten mit Untertiteln oder Transkriptionen versehen werden. Alternative Kommunikationswege wie Chats statt ausschließlich Telefon erhöhen die Zugänglichkeit.
- Alternative Bedienmöglichkeiten zu sprachbasierten Diensten (z. B. Textsuche statt Sprachsuche) sollten angeboten werden. Schriftliche Kontaktmöglichkeiten ergänzen die telefonische Kommunikation und sind für Sprachbehinderte essenziell.
- Websites sollten nicht ausschließlich auf Spracheingaben setzen, um allen Nutzenden gerecht zu werden.
- Klickbare Elemente sollten groß genug und mit ausreichendem Abstand gestaltet sein, um die Bedienung zu erleichtern.
- Das Vermeiden von Zeitlimits, komplexem Scrollen und kleinen Bedienelementen unterstützt motorisch eingeschränkte Nutzende.
- Unterstützende Elemente wie Bilder, Piktogramme sowie Audio- oder Videoalternativen erleichtern das Verständnis.
- Die EN 301 549 definiert Anforderungen für die Barrierefreiheit von IKT-Produkten und -Dienstleistungen (IKT steht für Informations- und Kommunikationstechnologien) und ist Bestandteil gesetzlicher Regelungen wie der BITV 2.0 und des BFSG.
- Die EN 301 549 referenziert aktuell auf die WCAG 2.1 und wird künftig auf WCAG 2.2 aktualisiert; zusätzlich enthält sie weitere spezifische Anforderungen.
- Maschinelle Lösungen wie Overlay-Tools reichen nicht aus; eine vollständige Umsetzung der Normen ist notwendig.
- Die WCAG basieren auf den Prinzipien wahrnehmbar, bedienbar, verständlich und robust (POUR) und enthalten 13 Richtlinien mit Erfolgskriterien, die in die Konformitätsstufen A, AA und AAA eingeteilt werden; alle Kriterien einer Stufe müssen erfüllt sein, um Konformität auf diesem Level zu erreichen.
- Die WCAG sind auf verschiedene Technologien anwendbar und bieten Techniken sowie Prüfverfahren zur Umsetzung.

- Selbsttests und standardisierte Prüfverfahren helfen bei der schrittweisen Umsetzung der Barrierefreiheit.
- Erste Schritte beinhalten die Nutzung von Tools wie Accessibility Insights for Web zur Identifizierung von Optimierungspotenzialen.
- Tools wie Google Lighthouse und Silktide Accessibility Checker helfen bei der Identifizierung von Barrieren. Automatisierte Tests erkennen technische Fehler, ersetzen aber nicht die manuelle Prüfung durch Menschen.
- ChatGPT kann Code auf Barrierefreiheit hin prüfen und Optimierungsvorschläge machen, z. B. für semantisch korrekte Auszeichnungen. ChatGPT unterstützt Sie bei der Einhaltung von Standards und der Entwicklung barrierefreier Webanwendungen.

Kapitel 2
Bedürfnisse der Nutzenden verstehen, und zwar aller

Kennen Sie Ihre Nutzenden?

Die Themen im Überblick:

- Menschzentrierter Gestaltungsprozess – die Nutzenden in den Mittelpunkt
- Heterogene Nutzende – Betroffene integrieren
- Screenreader und Co. – Unterstützung durch assistive Technologien
- Design und Barrierefreiheit – ein Widerspruch?
- Kulturelle Besonderheiten
- Barrierefreiheit ist für alle ein Gewinn
- Zusammenfassung des Kapitels

Die kontinuierliche Berücksichtigung von Aspekten der Barrierefreiheit erfordert unter Umständen einen Perspektivenwechsel, ein »Hineinversetzen in die Situation anderer«. Probieren Sie bitte Folgendes mit Ihrer Website aus:

1. Sofern Sie es nicht bereits im letzten Kapitel durchgeführt haben, legen Sie die Maus zur Seite und benutzen Sie ausschließlich die Tastatur. Lässt sich alles per Tastatur steuern? Benutzen Sie die Tabulatortaste (⭾-Taste) und die Pfeiltasten (←, ↓, → und ↑) zum Navigieren. Mit der ↵-Taste oder der Leertaste (Space) aktivieren Sie die fokussierten Elemente. Mit ⇧ (Shift) + der entsprechenden Taste gelangen Sie zum vorherigen Element.
2. Wenn Sie die Webseite ausschließlich in Graustufen darstellen, welchen Eindruck vermittelt sie, wie wirkt sie dann? Simulieren Sie Rot-Grün-Schwäche. Ist alles kontrastreich und unterscheidbar? Verwenden Sie dazu z. B. das kostenlose Silktide-Plug-in (siehe Abschnitt 1.7.2 bzw. Abbildung 2.1).
3. Fortgeschritten: Benutzen Sie einen Screenreader (z. B. VoiceOver für macOS oder NVDA für Windows, siehe Abschnitt 2.3, »Arten von Behinderungen und die Konsequenzen für Ihre Website/Anwendung«). Bewegen Sie sich mit geschlossenen Augen durch die Website (⭾-Taste und Schnellnavigationstasten). Was für Informationen kommen bei Ihnen an? Deckt sich der Informationsgehalt mit dem

Ihnen bekannten visuellen Eindruck? Details zur Nutzung von Screenreadern und eine Schritt-für-Schritt-Anleitung für den kostenlosen Screenreader NVDA finden Sie in Abschnitt 2.3.2, »Rot-Grün-Schwäche bzw. Farbenblindheit«.

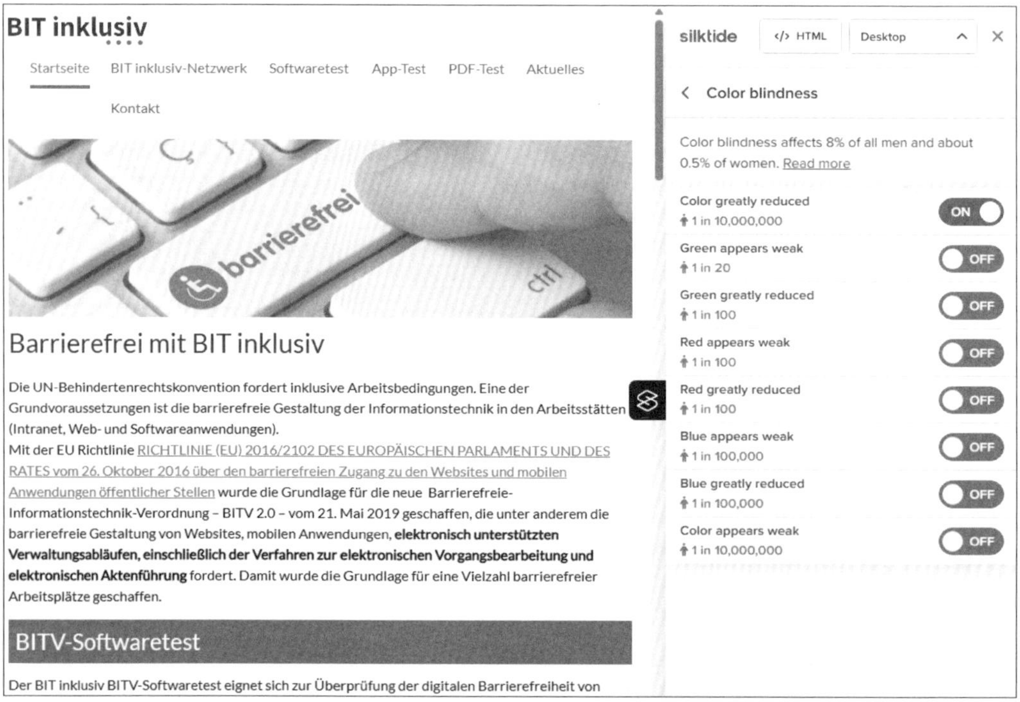

Abbildung 2.1 Simulation von Farbschwächen (Farbenblindheit)

Aus eigener Erfahrung folgender Tipp: Die Sensibilisierung für das Thema Barrierefreiheit ist sehr wichtig. Wenn Nutzende eine Website ausschließlich mit einem Screenreader oder mit einer Simulation einer peripheren Sehstörung nutzen, merken sie erst, welche Hürden sie im Design für die Nutzenden aufgebaut haben. Dass andere Menschen die Website auf eine ganz andere Art und Weise nutzen, haben wir meist »nicht auf dem Schirm«. Sehende Menschen haben alles auf einen Blick, während sehbehinderte Menschen eine Website linear und Stück für Stück erfassen.

2.1 Menschzentrierter Gestaltungsprozess – die Nutzenden in den Mittelpunkt stellen

Bei der Webseitenoptimierung wird sehr häufig auf Personas oder Benutzergruppen zurückgegriffen und versucht, deren Bedürfnisse, Sorgen und Nöte kontinuierlich im Design zu berücksichtigen. Möglicherweise setzen auch Sie Personas in Ihrem Unternehmen ein. Hand aufs Herz: haben Sie dabei auch Aspekte der Barrierefreiheit berücksichtigt?

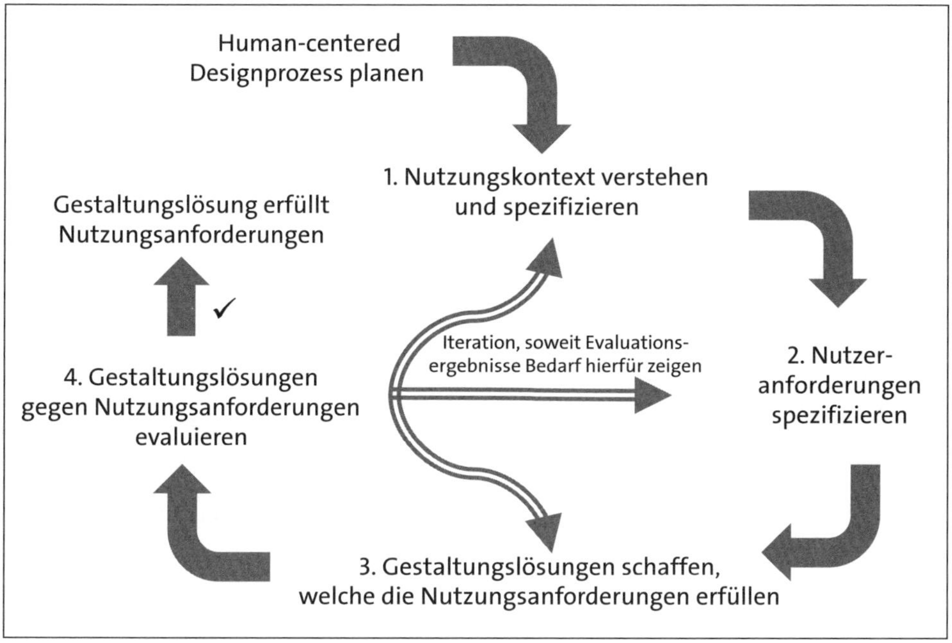

Abbildung 2.2 Menschzentrierte Gestaltung

In der Praxis wird sehr häufig der Ansatz der menschzentrierten Gestaltung (auch als Human-centered Design bekannt) gewählt. Dabei geht es darum, Produkte, interaktive Systeme und Dienstleistungen so zu gestalten, dass sie den Bedürfnissen, Fähigkeiten und Einschränkungen der Nutzenden entsprechen. Ziel ist es, die Benutzerfreundlichkeit und -zufriedenheit zu maximieren, indem der Mensch in den Mittelpunkt des Designprozesses gestellt wird. Durch wiederholte Tests und Anpassungen wird das Produkt schrittweise verbessert. Die Nutzenden werden kontinuierlich in den Gestaltungsprozess einbezogen, um sicherzustellen, dass ihre Anforderungen und Erwartungen verstanden und berücksichtigt werden. Die DIN EN ISO 9241 ist eine international anerkannte Normenreihe, die Richtlinien zur Ergonomie von Mensch-System-Interaktionen gibt. Teil 210 dieser Norm, »Menschzentrierte Gestaltung interaktiver Systeme«, beschreibt die vier Phasen der menschzentrierten Gestaltung interaktiver Systeme (siehe Abbildung 2.2):

1. Nutzungskontext verstehen und beschreiben: Untersuchung der Nutzenden, ihrer Aufgaben und des Nutzungskontextes, d. h.:
   - Wer sind meine Nutzenden?
   - Welche Aufgaben soll das System erfüllen?

- In welcher Umgebung wird das System eingesetzt?
- Welche Ressourcen stehen zur Verfügung?
- Was können meine Nutzenden, was nicht?

2. Ermittlung von Anforderungen, die sich aus dem Nutzungskontext unter Berücksichtigung der Bedürfnisse und Erwartungen der Nutzenden ergeben, d. h.:
   - Was können die Nutzenden am System eingeben?
   - Was sollen die Nutzenden erkennen können?
   - etc.
3. Gestaltungslösungen entwickeln: Erstellung von Prototypen und Gestaltungslösungen auf Basis der festgelegten Anforderungen, d. h., wie setzt das Interface-Design die Nutzungsanforderung konkret um?
4. Gestaltungslösungen evaluieren: Durchführung von Nutzerevaluationen und Tests, zur Überprüfung der Gebrauchstauglichkeit, d. h., erfüllt das Design die Nutzungsanforderungen?

Bei der barrierefreien Gestaltung stehen ebenfalls die Nutzenden im Mittelpunkt (menschzentrierte Gestaltung). Sie sollten also verstehen und konkret wissen, wer die Menschen sind, für die Sie Ihre Website erstellen. Sie sollten wissen, welche Barrieren für Menschen mit Behinderungen auftreten können, damit Sie diese proaktiv vermeiden können.

Barrierefreie Websites sind für alle Menschen von Vorteil, da es temporäre oder situative Einschränkungen gibt die in jeder Lebenslage oder Situation auftreten können, wie z. B., dass ein farbiges Diagramm in Schwarzweiß gedruckt wird. Weitere Beispiele für situative Einschränkungen sind die Nutzung eines Bildschirms in der prallen Sonne oder die Nutzung des Smartphones in einer lauten Umgebung. Beiträge in sozialen Medien werden im Büro oder in einer Vorlesung (heimlich) angesehen, ohne den Ton einzuschalten. Hier kommt die ursprünglich für hörbehinderte Menschen gedachte Transkription von Videos (positiv) zum Tragen. Daher sollten Sie Aspekte der Barrierefreiheit in den menschzentrierten Gestaltungsprozess integrieren.

Tipp: Simulation von Accessibility-Persona

Funkify (*https://www.funkify.org/*) bietet die Möglichkeit, eine Website aus der Sicht verschiedener Personas zu betrachten. Sunshine Sue simuliert Sonnenlicht (siehe Abbildung 2.3), Elderly Ellen ist sehbehindert und zittert, wodurch die Maus bei der Bedienung hin und her springt. Gerade zur Sensibilisierung für das Thema »digitale Barrierefreiheit« ist das Tool ein sehr guter Einstieg.

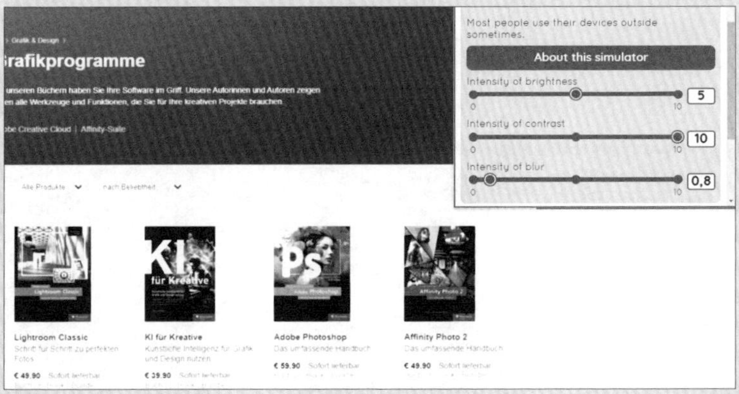

Abbildung 2.3 Simulation von Sonneneinstrahlung auf einen Bildschirm mithilfe von Funkify

2.2 Heterogene Nutzende – Betroffene integrieren

Werden die Produkte oder Dienstleistungen, die Sie anbieten oder verkaufen, auch für Sie erstellt, d. h., sind Sie der Konsument Ihrer eigenen Produkte? In der Regel sind Sie das nicht! Ein Beispiel aus der Praxis: Bei einem Review der THWS-Seite war bei mehreren der Testenden ein anderes Design »Standard«, das nicht dem »normalen« Standarddesign entsprach. Abbildung 2.4 zeigt das erwartete Design der THWS-Seite mit dunkler Schrift auf hellem Hintergrund.

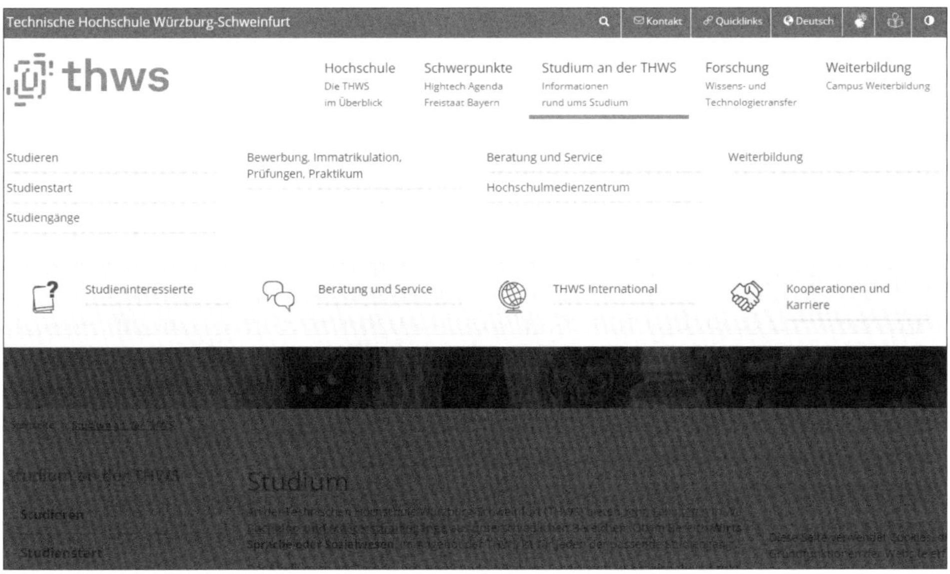

Abbildung 2.4 Design der Website im Standard (kein Dark Mode)

Letztendlich war dies darauf zurückzuführen, dass mehrere Testende den Dark Mode bei Webseiten standardmäßig per Plug-in aktiviert haben, um ihre Augen zu schonen. Abbildung 2.5 zeigt den Dark Mode der Website mit heller Schrift auf dunklem Hintergrund.

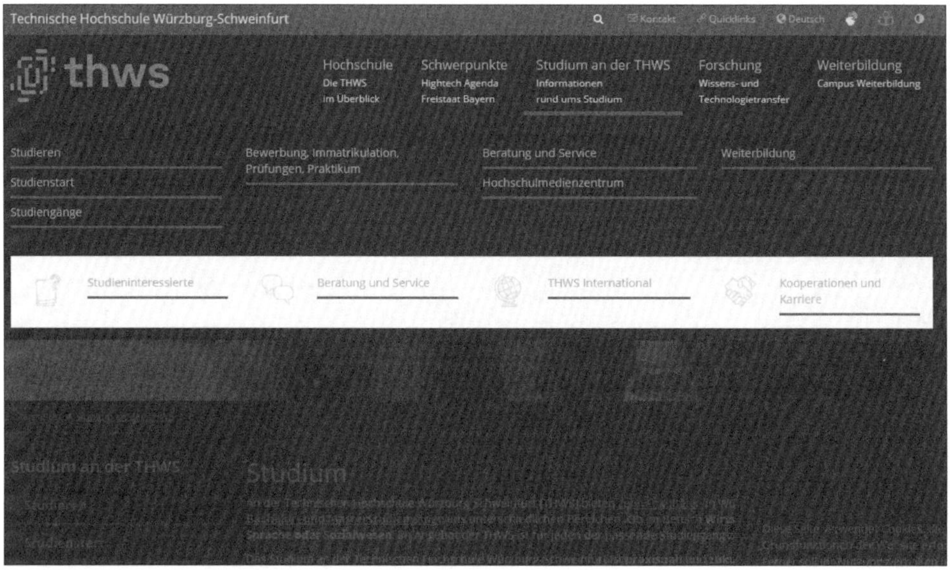

Abbildung 2.5 Darstellung der Website im Dark Mode

Was für Website-Betreibende oder Designende der vermeintliche Normalzustand ist (kein Dark Mode), ist für eine Vielzahl an Nutzenden keineswegs der Standard. Daher lautet unsere klare Empfehlung an Sie, führen Sie User-Tests mit einem breiten Spektrum an Testenden durch. Heterogene Nutzergruppen bieten einen sehr großen Mehrwert für die Sicherstellung der Zugänglichkeit der Website/App. Seit der Corona-Pandemie sind viele Menschen bestens vertraut mit Programmen zur Bildschirmübertragung (Microsoft Teams, Zoom etc.). Das heißt, Sie können von jedem Ort der Welt aus Menschen dabei zusehen, wie sie Ihre Website bzw. Applikation nutzen und wie diese in ihrem Set-up, ihrer individuellen Umgebung und mit ihrer technischen Ausstattung tatsächlich dargestellt wird.

Im Kontext der Usability ist im Sinne der menschzentrierten Gestaltung (DIN ISO 9241-210) die Beteiligung von Nutzenden während des gesamten Design- und Entwicklungsprozesses eine Erfolg versprechende Grundvoraussetzung. Insbesondere die verwendete technische Ausstattung (Screenreader, Eingabegeräte) sowie behinderungsspezifische Besonderheiten sprechen für individuelle User-Tests. Wer schon einmal (externen) Nutzenden der eigenen Website über die Schulter geschaut hat, wird festgestellt haben, dass das Verhalten sehr individuell ist. Individualisierte Geräte, Verhaltensmuster, mentale Modelle etc. führen auf unterschiedlichen Wegen zu gleichen Ergebnissen oder manchmal auch zu unlösbaren Konflikten und daraus resultierenden Abbrüchen.

Selbsttests auf Basis des BIK BITV-Tests sowie Tools wie Google Lighthouse und andere Browser-Plug-ins unterstützen die Überprüfung von Webanwendungen auf Barrierefreiheit. Ein Großteil des Optimierungspotenzials kann damit bereits in den Phasen des Entwicklungsprozesses maschinell erkannt werden, dennoch ist ein begleitendes manuelles Testen mit Betroffenen sehr zu empfehlen. Das heißt, im ersten Schritt kann eine Analyse mit maschinellen Hilfsmitteln und ein strukturierter Test durchgeführt werden, bevor die Anwendung bzw. Website von einer tatsächlich betroffenen Person mit assistiven Technologien wie einem Screenreader getestet werden sollte. Angebote hierzu bieten diverse Organisationen an, wie z. B. die Stiftung Pfennigparade.

Laut einer internationalen Studie aus dem Jahr 2021 sind 29,1 % der Testenden auf Barrierefreiheit selbst von einer Behinderung (*https://webaim.org/projects/practitionersurvey3/*) betroffen. Gegenüber der vergleichbaren Studie aus dem Jahr 2014 mit 21,8 % ist dies eine bemerkenswerte Steigerung des Anteils von Menschen mit Behinderungen unter den Testenden. Die besten Testergebnisse werden erzielt, wenn die Zielgruppe die Website, App oder Software mit den entsprechenden assistiven Technologien testet. Daher die selbstkritische Frage an Sie: Wie viele Menschen mit Behinderungen haben Ihre Website auf Barrierefreiheit getestet? Wenn Sie getestet haben, wie viele Entwicklungszyklen sind seitdem vergangen?

Was für Usability und Conversion-Optimierung gilt, gilt auch hier: Sie, wir alle sind betriebsblind. Sie können nicht so agieren, als wäre die Website neu. Sie kennen Ihre eigene Website, sehen die Inhalte täglich, verstehen die internen Abkürzungen und wissen, was die Links und Funktionen bewirken. Um möglichst viele Optimierungspotenziale aufzudecken – jede Website hat Optimierungspotenzial, wirklich jede – sollte die Qualitätssicherung in der Entwicklungsabteilung um Aspekte der Barrierefreiheit ergänzt werden und idealerweise mit echten Nutzenden getestet werden. Sofern diese aus der direkten Zielgruppe kommen, wäre dies der Idealfall. Beobachten Sie z. B. blinde Nutzende bei der Bedienung einer Website, so werden Sie im ersten Schritt wahrscheinlich von der schnellen Vorlesegeschwindigkeit der Texte überrascht sein. Da die Navigation für blinde Nutzende eindimensional ist und eine Webseite Überschrift für Überschrift bzw. Bereich für Bereich erfasst wird, ist ein hohes Maß an Aufmerksamkeit und Übung erforderlich.

Neue, unbekannte Nutzende haben eine völlig andere Wahrnehmung von Inhalten, da beim ersten Besuch einfach alles neu ist und nur auf das Wissen aus der Nutzung anderer Websites zurückgegriffen werden kann. Jakob Nielsen hat bereits im Jahr 2000 darauf hingewiesen, dass die Nutzenden die meiste Zeit auf anderen Websites verbringen und daher im Idealfall auf Gelerntes und gewohnte Konventionen zurückgegriffen werden sollte (Jakob's Law of the Internet User Experience, *https://www.nngroup.com/articles/end-of-web-design*). Steve Krug drückte es in seinem gleichnamigen Buch noch einfacher aus:

»Don't make me think!«

Ergänzen Sie daher klassische Usability-Tests um Tests der Barrierefreiheit. Vergleichbar mit verschiedenen Kundengruppen (Persona) sollten verschiedene Behinderungen bzw. Anforderungen getestet werden. Remote Testing, bei dem die Testenden das individuelle Set-up (Eingabegerät, Screenreader etc.) nutzen können, spart Zeit und Geld und erhöht gleichzeitig die Effektivität und Authentizität. Kooperationen (z. B. mit lokalen Einrichtungen wie Blindenschulen) und/oder Barrierefreiheit-Beratende ergänzen den (bestehenden) Usability-Testpool.

2.3 Screenreader und Co. – Unterstützung durch assistive Technologien

Sie haben nun schon mehrfach von Screenreadern und anderen assistiven Technologien gelesen. Dieser Abschnitt soll Ihnen einen Überblick über assistive Technologien geben und einen Einstieg zur Nutzung eines Screenreaders aufzeigen.

2.3.1 Was sind assistive Technologien?

Assistive Technologien sind Hardware- und Softwarelösungen, die Menschen mit Behinderungen ermöglichen, Zugang zu digitalen Informationen (Website, App, PDF etc.) zu erhalten. Im Bereich der digitalen Barrierefreiheit gibt es eine breite Palette von assistiven Technologien, wie z. B.:

- Screenreader: Software, die Bildschirminhalte in Sprache umwandelt, um sehbehinderten oder blinden Menschen digitale Informationen zugänglich zu machen, Beispiele: JAWS, NVDA, VoiceOver
- Braillezeilen: Geräte, die Bildschirmtext in Braille (Blindenschrift) umwandeln und über eine taktile Oberfläche ausgeben
- Vergrößerungssoftware: Software, die Text oder andere Objekte auf dem Bildschirm vergrößert, um die Lesbarkeit für Menschen mit eingeschränktem Sehvermögen zu verbessern, Beispiele: ZoomText, Windows Magnifier
- Untertitelungsdienste: verfügbar für Videos oder Livestreams, entweder durch automatische Transkription (z. B. bei YouTube) oder durch manuell erstellte Untertitel

- Sprachsteuerungssysteme: Ermöglichen die Steuerung von Geräten (Computer, Smartphones) durch gesprochene Befehle, Beispiele: Siri, Google Assistant, Dragon NaturallySpeaking.
- Alternative Eingabegeräte: Geräte, die herkömmliche Tastaturen und Mäuse ersetzen, wie z. B. Eyetracking, Mund-Maus-Systeme (Sip-and-Puff-Geräte) oder Joysticks
- Anpassbare Tastaturen und Mäuse: Diese speziellen Eingabegeräte haben größere Tasten oder ein ergonomisches Design, um das Tippen oder Navigieren zu erleichtern.
- Text-to-Speech-Systeme (TTS: Software, die geschriebenen Text vorliest, um Menschen mit Leseschwierigkeiten oder Lernbehinderungen zu helfen.

Weitere Details und Beispielbilder finden Sie unter *https://webaim.org/articles/motor/assistive*.

2.3.2 Einrichten des kostenlosen Screenreaders NVDA

Screenreader sind elementare assistive Technologien, die Bildschirminhalte vorlesen oder eine taktile Ausgabe über eine angeschlossene Braillezeile (Blindenschrift) ermöglichen. Neben kommerziellen Lösungen wie JAWS (Job Access With Speech) gibt es kostenfreie Open-Source-Lösungen wie NVDA (NonVisual Desktop Access). Die Hersteller von Betriebssystemen bieten mit VoiceOver (Apple), Narrator (Microsoft Windows) oder Google für Android mit TalkBack integrierte Möglichkeiten zur Sprachausgabe und Interaktion. Für Tests bzw. Optimierungen während der Entwicklung sind diese kostenlosen Möglichkeiten ausreichend. Laut einer Studie von Webaim vom Januar 2024 verwenden 91,3 % der Screenreader-Nutzenden auch ein mobiles Endgerät (*https://webaim.org/projects/screenreadersurvey10/#used*).

In vielen Usability-Sitzungen ist zu beobachten, dass Formulare bevorzugt mit der [⭾]-Taste anstelle mit der Maus ausgefüllt werden, weil es schneller geht. Die Eingabe von Befehlen über die Tastatur ermöglicht es auch sehenden Menschen, viel schneller durch Anwendungen oder Webseiten zu navigieren. Mit der Tastenkombination [Strg] + [C] in Excel wird die aktuelle Zelle kopiert und mit [Strg] + [V] eingefügt. Die Nutzung über die Tastenkombination ist schneller als die entsprechende Eingabe über die Maus. Nicht nur aus Gründen der Einfachheit, sondern auch aus Gründen der Notwendigkeit für blinde Menschen sollte die Webseite auch ausschließlich über Tastatureingaben bedienbar sein. So wie viele Menschen lieber ein Hörbuch konsumieren, als ein Buch auf Papier zu lesen, so nutzen viele Menschen lieber die Möglichkeit der Sprachausgabe, als eine Webseite zu lesen. Weiterhin kann die

Sprachausgabe von Menschen genutzt werden, die nicht oder nur eingeschränkt lesen können (insbesondere Analphabeten) oder wenn Aufgaben parallel erledigt werden (z. B. Lesen längerer Texte und gleichzeitiges Betrachten von Bildern). Die Einsatzmöglichkeiten von Screenreadern sind deshalb vielfältiger Natur.

Den kostenlosen und leistungsstarken Screenreader NVDA können Sie unter *https://www.nvaccess.org/download/* für Microsoft Windows herunterladen, er ist ohne weitere Registrierung voll nutzbar. Wenn Sie einen Mac verwenden, empfehlen wir Ihnen, sich eine virtuelle Maschine (z. B. über Parallels Desktop for Mac) einzurichten oder stattdessen VoiceOver zu benutzen.

Bevor Sie mit der Sprachausgabe beginnen, ist es wichtig, eine NVDA-Taste (steht hier stellvertretend für Ihre gewählte Taste) zu definieren. Sie können in den Optionen nicht nur die Sprechstimme, Geschwindigkeit etc. definieren, sondern auch die NVDA-Taste. Viele Befehle werden über die NVDA-Taste in Kombination mit einer anderen Taste aufgerufen. In den meisten Fällen ist dies die Einfg-Taste oder die ⇩-Taste (Feststelltaste). Abbildung 2.6 zeigt die Optionen von NVDA mit der Festlegung der NVDA-Taste.

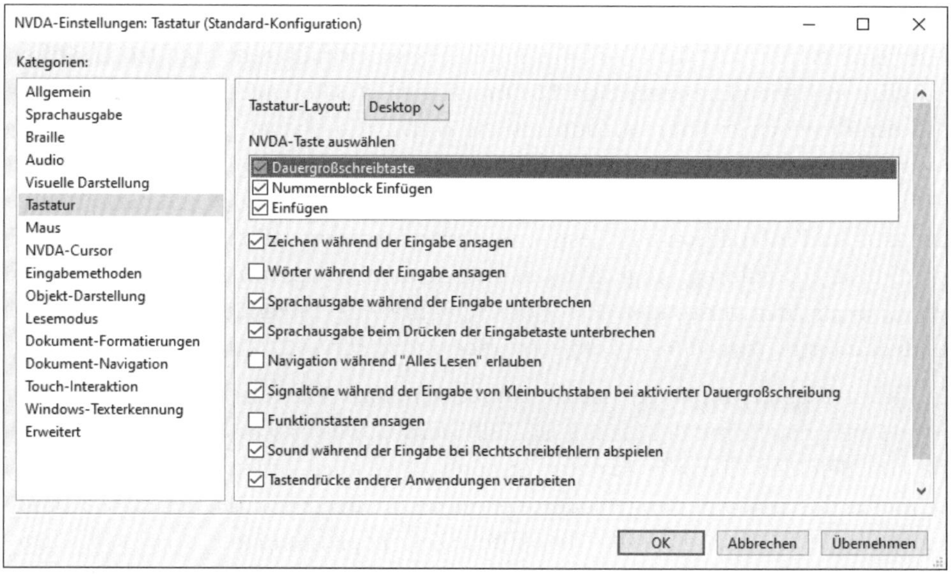

Abbildung 2.6 Definition der NVDA-Taste

Mit der Tastenkombination Strg + Alt + N können Sie z. B. den Screenreader starten und mit NVDA + Q beenden. Wenn Sie die NVDA-Taste als Feststelltaste definiert haben, wäre dies die Tastenkombination ⇩-Taste + Q.

Tabelle 2.1 zeigt die Tastenkombinationen für eine erste effiziente Nutzung. Durch Drücken der [Strg]-Taste können Sie die Sprachausgabe jederzeit temporär stoppen.

Funktion	Tastenkombination
Screenreader starten	[Strg] + [Alt] + [N]
Screenreader beenden	[NVDA] + [Q]
Sprachmodus ändern	[NVDA] + [S]
fokussierbares Element	[Tab]
vorheriges Element	[⇧] + [Tab] Die Kombination mit der [⇧]-Taste führt jeweils zum vorherigen Element.
fokussiertes Element auswählen	[↵] (Return/Enter)
Elementliste anzeigen	[NVDA] + [F7]
Regionen (Landmarks)	[D]
Überschriften	[H]
Überschrift H1–H6	[1]–[6]
Formular	[F]
Liste	[L]
Link	[K]
Tabellen	[T]

Tabelle 2.1 Tastaturbefehle in NVDA

Hinweis: Tastaturbefehle für JAWS

Es gibt verschiedene Listen mit Tasturbefehlen – nicht nur für NVDA, sondern auch für JAWS. Eine sehr gute Übersicht für JAWS bietet *https://dequeuniversity.com/screenreaders/jaws-keyboard-shortcuts.*

Starten Sie NVDA und verschaffen Sie sich einen ersten Überblick, indem Sie mit der Tabulatortaste ([Tab]) durch Ihre Webseite navigieren. Mit der [↵]-Taste (Return) können Sie die Links aktivieren und so von Seite zu Seite navigieren. Einen ersten Überblick über den Inhalt der Webseite erhalten Sie, wenn Sie nacheinander die Taste [H] drücken. Dadurch wird Ihnen die erste Überschrift vorgelesen. Bei nochmaligem Drücken die nächste Überschrift, usw.

Mit den Tasten [D], [F], [L], [K] und [T] können Sie direkt die spezifischen Bereiche anspringen bzw. diese auswählen. Zusätzlich zur Sprachausgabe können Sie im NVDA-Menü über WERKZEUGE • SPRACHAUSGABEN-BETRACHTER eine Textausgabe erzeugen. Dadurch können Sie visuell prüfen, was den Nutzenden vorgelesen wird (ein Beispiel für eine Textausgabe zeigt Abbildung 2.7).

Abbildung 2.7 NVDA-Sprachbetrachter

Die Elementliste (unter anderem Links, Formulare, Überschriften auf einer Webseite) kann auch über die Tastenkombination [NVDA]-Taste + [F7] aufgerufen werden. Über diese Liste erhalten Sie einen schnellen Überblick, was NVDA als Überschrift in welcher Reihenfolge erkennt. Weiterhin werden die auf der Webseite vorhandenen Formularfelder und Links angezeigt. Für die Fehlerprüfung ist dies eine hilfreiche Übersicht. Abbildung 2.8 zeigt eine beispielhafte Übersicht der (erkannten) Überschriften einer Webseite.

Abbildung 2.8 Erkannte Elemente auf der Seite – die Elementliste

2.4 Design und Barrierefreiheit – ein Widerspruch?

Um die Frage gleich zu beantworten: Nein, Design und Barrierefreiheit widersprechen sich nicht. Oder finden Sie die Apple-Website unästhetisch? In der heutigen digitalen Welt ist Barrierefreiheit nicht nur eine rechtliche Verpflichtung, sondern auch ein wichtiger Aspekt bei der Gestaltung benutzerfreundlicher Anwendungen und Websites. Barrierefreiheit und User Experience (UX) sind eng miteinander verbunden und beeinflussen sich gegenseitig. Eine nutzerfreundliche Anwendung reduziert Frustrationen und Fehler und erhöht damit die Effizienz und Effektivität. Langfristig fördert eine gute UX die Kundenbindung. Usability ist bereits per Definition ein zentraler Aspekt der User Experience. Eine vermeintlich positive UX ohne Berücksichtigung der Barrierefreiheit ist unvollständig. Eine Anwendung, die vollständig mit der Tastatur bedienbar ist, unterstützt Nutzende mit motorischen Einschränkungen (Barrierefreiheit), verbessert die Effizienz der Bedienung (Usability) und erhöht die Zufriedenheit (UX).

Das folgende Beispiel soll die Komponenten von Usability nochmals näher beleuchten. Effektivität misst, inwieweit Nutzende ihre Ziele vollständig und richtig erreichen können, d. h. ihre beabsichtigten Aufgaben erfolgreich und vollständig abschließen können. Möchten Sie z. B. in einem Onlineshop eine Bestellung stornieren und bietet der Shop diese Möglichkeit an, so ist dies für Sie effektiv. Effizienz beschreibt dabei, wie ressourcenschonend Sie Ihr Ziel erreichen können (typischerweise mit wenig Zeit und Aufwand). Zufriedenheit bezieht sich auf das subjektive Empfinden, d. h., wie angenehm und befriedigend die Nutzung des Systems für Sie ist: »Das war einfach«, »Das war intuitiv«, »Mit der Hilfe bin ich zufrieden«.

Vorteile der Kombination von UX und Barrierefreiheit:

- Barrierefreiheit öffnet Ihre Anwendung für einen größeren Nutzerkreis, einschließlich der oft zahlenmäßig unterschätzten Gruppe der Menschen mit Behinderungen.
- Barrierefreie Designs sind in der Regel klarer und intuitiver, was die Usability für alle Nutzenden erhöht. Die Website von Apple ist aus Sicht der Barrierefreiheit als sehr gut zu bewerten und zeigt, dass Barrierefreiheit, ansprechendes Design und UX Hand in Hand gehen können.
- Durch die Integration von Barrierefreiheit in die UX stellen Sie sicher, dass Ihre Anwendung den gesetzlichen Anforderungen entspricht.
- Eine barrierefreie und benutzerfreundliche Anwendung fördert ein positives Image und erhöht die Kundenbindung.

Nachteile und Herausforderungen:

- Die Umsetzung eines barrierefreien Designs kann zusätzlichen Zeit- und Kostenaufwand erfordern, insbesondere dann, wenn sie nicht von Anfang an berücksichtig wird.
- Die (nachträgliche) Integration von Barrierefreiheit in bestehende Systeme kann technisch anspruchsvoll sein.
- Ein häufiges Argument gegen barrierefreies Design ist, dass es ästhetische Einschränkungen mit sich bringen kann. Designende haben oft das Gefühl, dass die Notwendigkeit, kontrastreiche Farben, größere Schriften und klare, einfache Layouts zu verwenden, die kreativen Möglichkeiten einschränkt. Die Notwendigkeit, sich mit verschiedenen Technologien, Tools und Standards zur Barrierefreiheit vertraut zu machen, kann als negativ empfunden werden.

Die Integration von Barrierefreiheit in die Usability und UX-Strategie ist nicht nur eine ethische Verpflichtung, sondern auch eine Möglichkeit, die Benutzerfreundlichkeit und das Gesamterlebnis aller Nutzenden zu verbessern. Die Kombination dieser Konzepte kann zu inklusiven, effizienten und zufriedenstellenden Produkten führen. Es ist jedoch wichtig, die potenziellen Herausforderungen und Kompromisse zu erkennen und anzugehen, um eine Balance zwischen ästhetischem Design und Barrierefreiheit zu finden.

2.5 Kulturelle Besonderheiten

Wie interpretieren Sie das Zeichen »Daumen hoch«? Positiv? In Deutschland und anderen Ländern bedeutet es »alles okay, gut gemacht«, im Irak und Iran z. B. gilt es als obszöne Geste. Kultur, individueller Hintergrund und Vorlieben können die Wahrnehmung und Nutzung von Elementen einer Website oder App erheblich beeinflussen. Kulturelle Unterschiede spielen eine bedeutende Rolle bei der Gestaltung barrierefreier Lösungen. So haben Farben und visuelle Symbole wie das obige »Daumen hoch« in verschiedenen Kulturen unterschiedliche Bedeutungen. Ein Design, das in einer Kultur als positiv und ansprechend empfunden wird, kann in einer anderen Kultur als unangemessen oder sogar beleidigend angesehen werden. In unserer westlichen Kultur wird die Farbe Rot oft mit Warnung oder Fehler assoziiert, während sie in einigen asiatischen Kulturen Glück und Wohlstand symbolisiert.

Barrierefreiheit muss daher nicht nur sprachliche Unterschiede und Schriftarten, sondern auch kulturelle Besonderheiten berücksichtigen. Einige Sprachen verwenden komplexe Schriftzeichen, die spezielle Schriftarten und größere Schriftgrößen erfordern. Chinesische Schriftzeichen benötigen mehr Platz und Deutlichkeit als lateinische Buchstaben, was bei der Gestaltung von Textinhalten berücksichtigt werden muss. Die Leserichtung variiert von Kultur zu Kultur. Während in westlichen Kulturen von links nach rechts gelesen wird, lesen Menschen in arabischen und einigen asiatischen Kulturen von rechts nach links. Diese Unterschiede müssen bei der Gestaltung von Benutzeroberflächen und der Platzierung von Navigationselementen berücksichtigt werden.

Menschen mit Migrationshintergrund können aufgrund ihres kulturellen und sprachlichen Hintergrundes spezifische Bedürfnisse und Erwartungen an die Barrierefreiheit haben. Viele Menschen mit Migrationshintergrund beherrschen ihre Muttersprache nicht vollständig. Mehr als die Hälfte (ca. 54 %) der Menschen mit Einwanderungsgeschichte nutzten neben Deutsch mindestens eine weitere Sprache zur Verständigung mit Haushaltsmitgliedern (Daten von 2022). Weitere knapp 23 % sprechen zu Hause ausschließlich eine oder mehrere andere Sprachen als Deutsch.[1] Um die Barrierefreiheit zu gewährleisten, sind eine mehrsprachige Unterstützung oder/ und eine klare und einfache Sprache unerlässlich. Die Darstellung der Inhalte sollte kultursensibel sein und keine Stereotype oder Vorurteile fördern. Das heißt, die persönlichen Vorlieben und Bedürfnisse spielen eine zentrale Rolle bei der Wahrnehmung und Nutzung barrierefreier Lösungen. Menschen haben unterschiedliche Prä-

1 *https://www.destatis.de/DE/Presse/Pressemitteilungen/2024/02/PD24_N008_12.html*

ferenzen in Bezug auf die Darstellung von Informationen und die Bedienung digitaler Produkte. Die Möglichkeit, Benutzeroberflächen anzupassen, kann die Barrierefreiheit erheblich verbessern. Die Nutzenden sollten daher in die Lage versetzt werden, z. B. Schriftgrößen, Farben und Kontraste ihren individuellen Bedürfnissen anzupassen.

2.6 Barrierefreiheit ist für alle ein Gewinn

Im Bereich der Suchmaschinenoptimierung wird auf Updates in den Algorithmen der Suchmaschinen reagiert bzw. kontinuierlich an technischen Optimierungen gearbeitet, um bessere Rankings zu erzielen. Gleichzeitig führen die Unternehmen permanent A/B-Test durch, um die Konversionsrate (Conversion Rate) der Website zu erhöhen und letztlich höheren Umsatz zu erzielen. Neben der Umsatzsteigerung ist auch der Aspekt der Kostensenkung von Bedeutung. Gerade im Kundenservice können durch barrierefreie Websites Kosten eingespart werden, da Nutzende z. B. die Informationen umfassender selbst abfragen können (und deshalb nicht mehr anrufen müssen). Weitere Kostenoptimierungen könnten sich durch eine geringere Retourenquote ergeben, da sich die Nutzende intensiver mit den Informationen zum Produkt oder zur Dienstleistung auseinandersetzen konnten. Und langfristig betrachtet kommt ein loyaler Wiederkäufer deutlich günstiger als die Akquisition eines Neukunden.

Zur weiteren Veranschaulichung folgt in Abbildung 2.9 ein Rechenbeispiel, was Barrierefreiheit an zusätzlichem Umsatz bzw. Deckungsbeitrag ermöglicht. Durch die Optimierung der Barrierefreiheit (z. B. Tastaturnutzung), die Reduzierung von Absprüngen und die verbesserte Usability ergibt sich in dem Beispiel eine Steigerung der Konversionsrate um 20 %. Da die Werbekosten konstant bleiben und nur mehr Nutzende konvertieren, erhöht sich der Deckungsbeitrag nicht nur um 20 %, sondern sogar um 36 %.

Eine weitere Fokussierung auf digitale Barrierefreiheit unterstützt die Suchmaschinenoptimierung durch technische Optimierungen in HTML bzw. CSS. Weiterhin werden positive Nutzersignale durch intensivere Nutzung der Webseiten an die Suchmaschinen vermittelt. Betrachten Sie das zusätzliche Zielgruppenpotenzial, das sich durch universelles, barrierefreies Design ergibt, eröffnen sich für Sie weitere Umsatz- bzw. Marktpotenziale. Zudem profitieren alle Menschen von barrierefreien Websites, also insgesamt eine Win-win-Situation. Dennoch erfordert die Bereitstellung barrierefreier Websites und Apps ein hohes Maß an Planung sowie eine zielgerichtete und stringente Umsetzung. Dies ist unweigerlich mit Zeit und Kosten verbunden. Es ist fraglich, ob eine Website bei der heutigen Dynamik der Webentwicklung und ständigen Anpassung von Inhalten dauerhaft zu 100 % barrierefrei sein kann. Suchmaschinenoptimierung und Konversionsoptimierung sind nie abgeschlossen, es wird keinen finalen Zustand geben. Gleiches gilt für die digitale Barrierefreiheit, auch hier können neue Anforderungen jederzeit proaktiv zu zufriedenen Nutzenden führen. Daher ist eine kontinuierliche Anpassung bzw. Optimierung von großer Bedeutung. Ähnlich wie Konversionsoptimierung und Suchmaschinenoptimierung ist digitale Barrierefreiheit kein Projekt mit einem definierten Anfang und Ende, sondern ein kontinuierlicher Prozess. Dabei schließen sich Barrierefreiheit und ansprechendes Design keineswegs aus – die Website von Apple.com ist dafür ein hervorragendes Beispiel mit sehr guter Zugänglichkeit.

Beispielrechnung Barrierefreiheit

Nutzer (User) / Tag	**10.000**
Warenkorb im Durchshnitt	50,00 €
Konversionsrate	1,50%
Bestellungen / Tag	**150**
potentieller Umsatz / Tag	7.500,00 €
Werbekosten	2.000,00 €
weitere variable Kosten (EK)	3.000,00 €
Deckungsbeitrag / Tag	**2.500,00 €**
bei 250 Arbeitstagen	625.000,00 €

Optimierung der Konversionsrate, da u.a. a) weniger Absprünge (Bounces) b) umfassende Zugänglichkeit von Informationen	
neue Konversionsrate	1,80%
Umsatzzuwachs / Tag	1.500,00 €
	20,00%
Werbekosten	2.000,00 €
weitere variable Kosten (EK)	3.600,00 €
Deckungsbeitrag / Tag	3.400,00 €
	36,00%
bei 250 Arbeitstagen	850.000,00 €

fiktive Angaben, Werte netto

Abbildung 2.9 Beispielrechnung zu Umsatzsteigerung infolge der Optimierung der Barrierefreiheit

Warum ist die Beachtung der Barrierefreiheit letztlich so bedeutend? Abbildung 2.10 verdeutlicht den Zusammenhang zwischen User Experience und Barrierefreiheit.

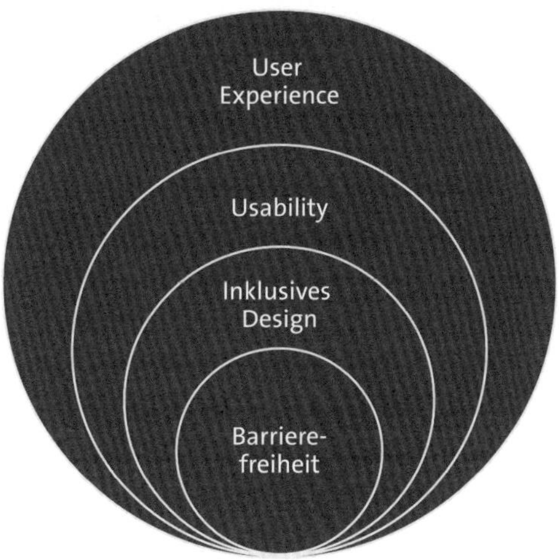

Abbildung 2.10 Zusammenhang von UX und Barrierefreiheit

Die Barrierefreiheit ist die gemeinsame Basis und Voraussetzung für die äußeren Schichten. Damit die Nutzenden ein positives Nutzungserlebnis von Ihrer Website haben, muss diese alle Menschen einbeziehen und eine hohe Usability aufweisen. Um dies zu erreichen, ist es notwendig, die Ziele, Aufgaben und Nutzungsweisen der potenziellen Nutzenden zu kennen. Um möglichst vielen Menschen eine inklusive Nutzung zu ermöglichen, d. h. unabhängig von Alter, Geschlecht, Kultur, Herkunft, Fertigkeiten und Kenntnissen etc., müssen die jeweiligen spezifischen Bedürfnisse und Eigenschaften erforscht und berücksichtigt werden. Dadurch wird die Zielgruppe maximiert.

Inklusion

Inklusion beschreibt das Bestreben, allen Menschen die gleichberechtigte und umfassende Teilhabe an allen gesellschaftlichen Prozessen zu ermöglichen – unabhängig von individuellen Fähigkeiten, Herkunft, Geschlecht oder anderen Merkmalen. Inklusion zielt auf den Abbau von Barrieren, die bestimmte Gruppen an der gleichberechtigten Teilhabe am gesellschaftlichen Leben hindern. Im Bereich der Barrierefreiheit bedeutet Inklusion insbesondere, dass Menschen mit Behinderungen nicht nur physisch, sondern auch sozial, digital und kulturell in alle Lebensbereiche integriert werden. Inklusion bedeutet, Barrieren zu erkennen und aktiv zu beseitigen. Ein inklusiver Ansatz setzt auf universelles Design, also die Gestaltung von Produkten, Dienstleistungen und Umgebungen, die von allen Menschen unabhängig von individuellen Einschränkungen genutzt werden können (weitere Details zu universellem Design siehe Abschnitt 14.6).

2.6.1 Image und Marke stärken

Tue Gutes und rede darüber – wenn sich Unternehmen dafür einsetzen, dass wirklich alle Menschen die Systeme nutzen können, schafft dies nicht nur einen größeren potenziellen Kundenkreis, sondern steigert auch das positive Image und langfristig den Markenwert. Barrierefreiheit bzw. generell Corporate Social Responsibility (CSR) kann das Image eines Unternehmens maßgeblich beeinflussen und betrifft sowohl die Innensicht als auch die Außensicht. »Wir unterstützen und fördern unsere Mitarbeitenden – egal, was im Leben passiert, wir stehen zu ihnen!« Das heißt, wie unterstützt das Unternehmen die Mitarbeitenden bei gesundheitlichen Rückschlägen? Wie barrierefrei sind die Arbeitsplätze und die technische Ausstattung? CSR umfasst häufig Initiativen zur Schaffung eines inklusiven Arbeitsumfeldes, das Menschen mit unterschiedlichen physischen und psychischen Fähigkeiten einbezieht. Dies kann neben der Bereitstellung geeigneter Technologien auch die Schulung der Mitarbeitenden zur Sensibilisierung für Barrierefreiheit umfassen. Programme, die Vielfalt und Inklusion fördern, sind ein positiver Bestandteil und können dazu beitragen, eine Kultur der Akzeptanz und des Respekts zu schaffen, indem vielfältige Talente einbezogen und unterstützt werden. Insbesondere auf dem hart umkämpften Arbeitsmarkt sollte dies als positiver Faktor für das Unternehmen kommuniziert werden. Bildungsinitiativen können dazu beitragen, das Bewusstsein für Barrierefreiheit zu schärfen und sicherzustellen, dass alle Mitarbeitenden gleichberechtigten Zugang zu Wachstums- und Lernmöglichkeiten haben – um Mitarbeitende langfristig zu halten und zu erhalten.

Mundpropaganda (neudeutsch Word of Mouth) führt weiterhin dazu, dass Menschen sich austauschen und typischerweise Unternehmen wertschätzen, die Positives schaffen oder ermöglichen. Auch die User Experience sollte davon profitieren und gesteigert werden, wenn eine Website oder App barrierefrei ist und alle Nutzenden ein positives Erlebnis haben.

2.6.2 Mehr Power im Onlinemarketing

Suchmaschinen wie Google und Co. legen großen Wert auf qualitativ hochwertige Inhalte sowie die perfekte Übereinstimmung mit der Suchphrase Suchender. Die großen Updates von Google, die das Ranking von Webseiten in den Suchergebnissen von Google beeinflussen, wie z. B. das Panda-Update, hatten immer das Ziel, den bestmöglichen Content bereitzustellen und somit im Ranking zu priorisieren. Damit Suchmaschinen die Inhalte verstehen, werden neben den Tags und Attributen in HTML zusätzlich semantische Auszeichnungen wie Schema.org genutzt. Damit werden semantische Überschriften (H1 bis H6), Verlinkungen, Alternativtexte etc. um spezifische Informationen im Inhalt ergänzt.

Eine Studie des Anbieters AccessibilityChecker.org (*https://www.accessibilitychecker.org/guides/accessibility-seo-impact-study/*) zeigt, dass sich Barrierefreiheit positiv auf die Suchmaschinenoptimierung (SEO) auswirken kann. Webseiten, die die Richtlinien zur Barrierefreiheit vollständig erfüllen, haben eine höhere Chance, in den Suchergebnissen gut platziert zu werden. Die Analyse von 847 Webseiten ergab, dass nach der Implementierung von Barrierefreiheitslösungen der organische Traffic (kostenfreie Besuche über Suchmaschinen) im Durchschnitt um 12 % anstieg. Im Allgemeinen sollte eine verbesserte Barrierefreiheit zu einer besseren Benutzererfahrung führen, was wiederum die Engagement-Raten erhöht und die Verweildauer auf der Website verlängert. Darüber hinaus betont die Studie, dass Barrierefreiheitstechnologien die Auffindbarkeit der Webseiten verbessern, indem sie sie zugänglicher machen und sicherstellen, dass sie von Suchmaschinen-Crawlern leichter indexiert werden können. Für Unternehmen, die ihre SEO verbessern wollen, ist es daher ratsam, in Barrierefreiheit zu investieren. Dies kann nicht nur die Sichtbarkeit und das Ranking in Suchmaschinen verbessern, sondern auch eine inklusivere Nutzererfahrung bieten.

2.6.3 Mehr Nutzende erreichen (auch solche ohne Einschränkungen)

> *»Als Faustformel gilt: Barrierefreiheit im Internet ist für zehn Prozent der Bevölkerung unerlässlich, für mindestens 30 Prozent notwendig und für 100 Prozent hilfreich. Umgekehrt heißt das: wer seine Webangebote nicht barrierefrei gestaltet, schließt eine große Kundengruppe aus.«*[2]

Dieses Zitat aus einer aktuellen Studie zeigt das große Potenzial, das in einer konsequenten Berücksichtigung der Barrierefreiheit liegt. Die Möglichkeiten der Webanalyse wurden von Unternehmen in den letzten Jahren intensiv genutzt. Tools wie Google Analytics sind auf fast allen Webseiten integriert. Wir messen, woher Nutzende kommen, welche Browser sie verwenden und welche Bildschirmauflösung sie haben. Je nach Browser reagieren wir mit responsiven Webseiten auf die Bildschirmgröße und spielen gegebenenfalls optimierte Varianten aus. Leider erfahren wir im Standard nicht, ob die Nutzenden ein assistive Technologie wie Screenreader oder Braillezeile nutzen. Daher ist das jeweilige Potenzial für das Unternehmen nur sehr schwer abzuschätzen. Es geht nicht nur um Menschen mit Behinderungen, sondern generell darum, möglichst viele Barrieren abzubauen, z. B. auch sprachliche Aspekte (Verständlichkeit, Einfachheit, Übersetzung). Aber hey, wir optimieren permanent für Suchmaschinen, warum also nicht auch für alle Menschen? Und wenn wir sie erreicht haben, können und sollten wir mit ihnen über verschiedene Kanäle kommunizieren. So ist sichergestellt, dass jeder Mensch über mindestens einen Kanal erreichbar ist.

Der demografische Wandel und die individuelle Situation zeigen, dass wir alle von barrierefreien Systemen profitieren können. Körperliche Funktionen führen im Laufe des Lebens zu »Schwachstellen«, was uns auf Hilfsmittel wie Brillen, Hörgeräte, Bewegungshilfen etc. angewiesen macht:

- Körperliche Fähigkeiten: Nachlassende Geschicklichkeit und Feinmotorik können den Umgang mit Eingabegeräten wie der Maus beeinträchtigen. Insbesondere das präzise Anklicken kleiner Interaktionselemente (Buttons, Teaser) stellt eine Herausforderung dar.
- Sehvermögen: Mit zunehmendem Alter nimmt die Fähigkeit ab, Kontraste und Farben zu erkennen und Objekte in der Nähe scharf zu sehen. Diese Veränderungen können das Lesen von Texten auf Webseiten erheblich erschweren.
- Hörvermögen: Ältere Menschen haben oft Schwierigkeiten, hohe Töne zu hören oder Audiosignale von Hintergrundgeräuschen zu unterscheiden. Das macht es schwierig, Podcasts und anderen Audioinhalten zu folgen, insbesondere wenn Hintergrundmusik vorhanden ist.

---

2 *https://blog.google/intl/de-de/unternehmen/engagement/barrierefreiheit-gastbeitrag-aktion-mensch/*

- Kognitive Fähigkeiten: Ein nachlassendes Kurzzeitgedächtnis, Konzentrationsschwierigkeiten und eine erhöhte Ablenkbarkeit können dazu führen, dass ältere Menschen Schwierigkeiten haben, sich auf Webseiten zurechtzufinden und Onlineaufgaben zu erledigen.

Diese altersspezifischen Einschränkungen überschneiden sich mit den Bedürfnissen von Menschen mit Behinderungen an die digitale Barrierefreiheit. Die Besonderheit liegt darin, dass gerade im Alter eine Kombination von Beeinträchtigungen auftritt: Neben dem Gehör lässt auch das Sehvermögen nach und die Motorik wird eingeschränkt. Weiterhin kommen als Folge von Krankheiten weitere Aspekte der Schwerbehinderung hinzu. Insgesamt sind 24,7 % der Ü64-Jährigen schwerbehindert (weitere Details unter *https://www.destatis.de/DE/Themen/Gesellschaft-Umwelt/Gesundheit/Behinderte-Menschen/_inhalt.htm*).

Rund 7 Millionen Menschen in Deutschland (Stand 2021) sind im Laufe ihres Lebens infolge einer Krankheit (z. B. Krebs) schwerbehindert geworden. Bei 258.517 Menschen war die Schwerbehinderung angeboren.[3] Abbildung 2.11 zeigt die Behinderungsarten aus dem Jahr 2021 nach dem Grad der Behinderung.

Schwerbehinderte Menschen mit Ausweis (absolut und je 100.000 Einwohner). Gliederungsmerkmale: Jahre, Region, Art der Behinderung, Grad der Behinderung

Diese Tabelle bezieht sich auf:
Jahr: 2021, **Region**: Deutschland, **Sachverhalt**: Schwerbehinderte Menschen absolut

Art der Behinderung	Grad der Behinderung						
	insgesamt	Grad der Behinderung von 50	Grad der Behinderung von 60	Grad der Behinderung von 70	Grad der Behinderung von 80	Grad der Behinderung von 90	Grad der Behinderung von 100
Alle Arten	7.795.340	2.677.655	1.194.030	841.845	949.255	380.195	1.752.355
Verlust oder Teilverlust von Gliedmaßen	49.895	9.920	5.610	7.350	7.940	4.485	14.590
Funktionseinschränkung von Gliedmaßen	838.860	307.370	162.545	113.015	93.295	45.440	117.195
Funktionseinschränkung der Wirbelsäule und des Rumpfes, Deformierung des Brustkorbes	795.155	371.040	150.280	95.470	69.025	32.720	76.620
Blindheit und Sehbehinderung Info	334.600	53.590	29.615	30.130	29.120	23.515	168.630
Sprach- oder Sprechstörungen, Taubheit, Schwerhörigkeit, Gleichgewichtsstörungen	318.880	87.835	48.670	44.335	41.515	20.155	76.370
Verlust einer Brust oder beider Brüste, Entstellungen u.a.	182.620	77.865	39.020	15.330	20.930	6.030	23.450
Beeinträchtigung der Funktion von inneren Organen bzw. Organsystemen	2.003.250	663.220	314.855	194.180	277.910	99.540	453.545
Querschnittlähmung, Zerebrale Störungen, Geistig-Seelische Behinderungen, Suchtkrankheiten	1.786.335	591.765	225.540	183.915	230.425	75.850	478.835
Sonstige und ungenügend bezeichnete Behinderungen	1.485.740	515.045	217.895	158.125	179.095	72.460	343.115

Abbildung 2.11 Arten der Behinderung 2021[4]

3 *https://www.destatis.de/DE/Themen/Gesellschaft-Umwelt/Gesundheit/Behinderte-Menschen/Tabellen/geschlecht-behinderung.html*

4 *https://www.gbe-bund.de/gbe/pkg_isgbe5.prc_menu_olap?p_uid=gast&p_aid=34510317&p_sprache=D&p_help=0&p_indnr=218&p_indsp=115&p_ityp=H&p_fid=*

Daraus lässt sich schließen, dass wir alle davon betroffen sein können, insbesondere wenn wir älter werden. Damit sollten wir ein Interesse daran haben, Systeme zu schaffen, die für alle zugänglich sind.

2.7 Zusammenfassung des Kapitels

Hier sind noch einmal die wichtigsten Punkte dieses Kapitels im Überblick:

- Barrierefreiheit ist komplex und umfasst eine Vielzahl von Behinderungen, die bei der Gestaltung von Websites und Apps berücksichtigt werden müssen.
- Der menschzentrierte Gestaltungsprozess stellt die Bedürfnisse der Nutzenden in den Mittelpunkt. Barrierefreiheit erfordert das proaktive Vermeiden von Barrieren durch Verständnis der spezifischen Bedürfnisse von Menschen mit Behinderungen.
- Neben maschinellen Tests sind User-Tests mit tatsächlichen Nutzenden, insbesondere mit Menschen mit Behinderungen, unerlässlich.
- Der kostenlose Screenreader NVDA kann zur Testung der eigenen Website aus der Perspektive von Nutzenden assistiver Technologien verwendet werden.
- Websites müssen mit Screenreadern kompatibel sein und Alternativtexte für Bilder und Videos bereitstellen. Dynamische Anpassungen wie Zoom, Kontrasterhöhung und variable Schriftgrößen sind essenziell. Strukturierte Inhalte und vollständige Tastaturbedienbarkeit erleichtern die Navigation für Sehbehinderte.
- Barrierefreiheit und ansprechendes Design schließen sich nicht aus; sie können harmonisch kombiniert werden. Die Integration von Barrierefreiheit verbessert die Usability und User Experience für alle Nutzenden.
- Herausforderungen bei der Umsetzung können durch frühzeitige Planung und bewusste Gestaltung überwunden werden.
- Kulturelle Unterschiede beeinflussen die Wahrnehmung von Farben, Symbolen und Gesten; Design sollte kultursensibel sein.
- Mehrsprachige Unterstützung und Anpassbarkeit der Benutzeroberfläche erhöhen die Barrierefreiheit. Berücksichtigung verschiedener Lesegewohnheiten (z. B. Leserichtung) und kultureller Symbolik verbessert die Zugänglichkeit für internationale Nutzende.
- Barrierefreie Websites erhöhen die Usability und reduzieren Absprünge, was zu einer Steigerung der Konversionsrate und des Deckungsbeitrags führen kann. Durch bessere Zugänglichkeit können Kundenservicekosten gesenkt und Retourenquoten reduziert werden, da die Nutzenden Informationen eigenständig finden und Produkte besser verstehen.

- Barrierefreiheit erfordert, ähnlich wie SEO und Konversionsoptimierung, laufende Anpassungen und schließt ein ansprechendes Design nicht aus.
- Unternehmen, die Systeme für alle zugänglich machen, erweitern ihre Kundenbasis und stärken ihr positives Image sowie den Markenwert langfristig.
- Initiativen zur Schaffung eines inklusiven Arbeitsumfeldes fördern Akzeptanz und Respekt, ziehen diverse Talente an und sollten als positiver Faktor im Arbeitsmarkt kommuniziert werden.
- Barrierefreie Websites erfüllen Suchmaschinenrichtlinien besser, was zu höheren Rankings und einem durchschnittlichen Anstieg des organischen Traffics führen kann.
- Semantische Auszeichnungen und barrierefreie Technologien erleichtern Suchmaschinen das Crawlen und Indexieren von Inhalten, was die Auffindbarkeit verbessert.
- Barrierefreiheit ist für 10 % der Bevölkerung unerlässlich, für 30 % notwendig und für 100 % hilfreich; nicht barrierefreie Angebote schließen große Kundengruppen aus.

TEIL II

Technische Grundlagen für barrierefreie Websites

Kapitel 3

Das Fundament barrierefreier Websites – HTML und der Accessibility Tree

HTML – die Basis von Websites und deren Barrierefreiheit

Die Themen im Überblick:

- HTML – die Grundlage von Websites
- Tags und Attribute in HTML
- Bedeutung des semantischen HTML für die Barrierefreiheit
- DOM und Accessibility Tree
- Zusammenfassung des Kapitels

Die Basis von Webseiten ist HTML (HyperText Markup Language). In diesem Kapitel erfahren Sie, wie Informationen mittels HTML barrierefrei aufbereitet und an assistive Technologien wie Screenreader oder Braillezeilen übergeben werden. Unser Ziel ist es nicht, Sie in HTML oder CSS zu schulen. Wir möchten Sie dafür sensibilisieren, wie bedeutend korrektes HTML für die digitale Barrierefreiheit ist und wie dies im Zusammenspiel mit CSS, JavaScript und WAI ARIA am besten umgesetzt werden kann.

Verwechslungsgefahr: Webseite, Website und Homepage

Obwohl im Sprachgebrauch manchmal gleichgesetzt, gibt es einen großen Unterschied zwischen diesen drei Begriffen:

- Eine Webseite ist eine einzelne Seite, ein einzelnes Dokument innerhalb Ihrer Domain. Das heißt, *www.beispiel.de/hosen* und *www.beispiel.de/schuhe* sind zwei unterschiedliche Webseiten. Jede Seite innerhalb einer Website, also eines gesamten Webauftritts, ist eine Webseite.
- Die Website ist die Gesamtheit der zusammengehörigen Webseiten unter einer Domain, d. h. *www.beispiel.de* mit allen Unterseiten.
- Die Homepage ist dabei die Startseite Ihrer Website, d. h. in der Regel die Webseite *www.beispiel.de*.

3.1 HTML – die Grundlage von Websites

HTML ist die grundlegende Auszeichnungssprache zur Erstellung von Webseiten. Grundsätzlich haben HTML-Dokumente die in Listing 3.1 dargestellte Grundstruktur als Grundgerüst.

```
<!DOCTYPE html>
<html>
  <head>
    <title></title>
  </head>
  <body>
  </body>
</html>
```

Listing 3.1 Grundgerüst eines HTML-Dokuments

1. Die Definition des Dokumenttyps (`<!doctype html>`) am Anfang jedes HTML-Dokuments gibt Auskunft über die Art des Dokuments.
2. Das `html`-Element, auch Root- bzw. Wurzelelement genannt, enthält den gesamten Inhalt einer Seite.
3. Das `head`-Element ist das erste (Kind-)Element des `html`-Elements und enthält hauptsächlich Metainformationen über das im `body` folgende Dokument. Hier werden z. B. der Dokumenttitel (Pflichtangabe) sowie weitere optionale Metainformationen wie die Description oder `robots` definiert. Um die Suchmaschinenoptimierung (SEO) zu gewährleisten, werden die Metainformationen nach entsprechenden Regeln befüllt.
4. Das `body`-Element enthält den anzuzeigenden Inhalt des Dokuments.

Ein wesentliches Merkmal von HTML ist seine semantische Natur. Semantik strukturiert Elemente und beschreibt die Inhalte so, dass ihre Bedeutung eindeutig erkannt werden kann.

Semantik

Semantik bezieht sich in HTML auf die Verwendung von HTML-Tags, die den Inhalt und die Struktur von Webdokumenten klar und verständlich beschreiben. Semantische HTML-Tags vermitteln die Bedeutung des Inhalts, was sowohl für Menschen als auch für Suchmaschinen und assistive Technologien von Vorteil ist. Die Browser formatieren die jeweiligen Tags, wodurch die Semantik mittelbar das Aussehen beeinflusst – dies kann jedoch von Browser zu Browser unterschiedlich sein. Semantische HTML-Tags geben Auskunft über die Rolle und den Zweck der verschiedenen Inhalte auf einer Webseite. Zum Beispiel definiert das `<footer>`-Tag den unteren Teil einer Seite, der oft Kontaktinformationen oder Links zu rechtlichen Hinweisen enthält.

Die Verwendung semantischer HTML-Tags verbessert die Zugänglichkeit, da assistive Technologien besser verstehen können, wie Inhalte strukturiert sind und wie sie präsentiert werden sollen. Darüber hinaus tragen semantische Tags zu einer besseren Suchmaschinenoptimierung (SEO) bei, da Suchmaschinen die Bedeutung und Hierarchie von Inhalten leichter interpretieren können.

Die Zugänglichkeit von Webseiten hängt von der korrekten Verwendung von HTML in Bezug auf die Semantik ab. Der Beispieltext im folgenden Kasten ist ohne entsprechende HTML-Auszeichnung und daher sowohl für Menschen als auch für Maschinen aus Sicht der Semantik verbesserungswürdig. Schließlich soll schnell klar sein, ob der Inhalt der Website relevant ist, also dem entspricht, was Sie suchen.

Studium

An der Technischen Hochschule Würzburg-Schweinfurt (THWS) bieten zehn Fakultäten in Würzburg und Schweinfurt über 50 Bachelor- und Masterstudiengänge aus unterschiedlichen Bereichen an. Im Angebot der THWS ist für jeden der passende Studiengang:

- Wirtschaft
- Technik
- Gestaltung
- Sprache
- Sozialwesen

Das Studium an der Technischen Hochschule Würzburg-Schweinfurt ist praxisnah und zukunftsorientiert. Projektarbeiten, viele Labor- und Seminarübungen, Praxiszeiten während des Studiums und Lehrpläne, die von der Hochschule gemeinsam mit dem Wissenschaftsministerium und der Wirtschaft erstellt werden, bereiten optimal auf das spätere Berufsleben vor. Professoren und Lehrbeauftragte haben fundierte Berufserfahrung und kommen aus der Wirtschaft.

Mit den entsprechenden HTML-Elementen kann eine Bedeutung und Struktur vermittelt werden, die auch von assistiven Technologien genutzt werden kann. Der Text in Listing 3.2 erhält durch den Einsatz von HTML eine formellere Struktur als sie der Freitext hat, wodurch die Semantik des Textes hervorgehoben wird und dadurch deutlich besser maschinenlesbar ist.

```
<h1>Studium</h1>
<p>An der Technischen Hochschule Würzburg-Schweinfurt (THWS) bieten zehn
Fakultäten in Würzburg und Schweinfurt, über 50 Bachelor- und
```

```
Masterstudiengänge aus unterschiedlichen Bereichen an. Im Angebot der THWS ist
für jeden der passende Studiengang:</p>
<ul>
    <li>Wirtschaft</li>
    <li>Technik</li>
    <li>Gestaltung</li>
    <li>Sprache</li>
    <li>Sozialwesen</li>
</ul>
<p>Das Studium an der Technischen Hochschule Würzburg-Schweinfurt ist
praxisnah und zukunftsorientiert. Projektarbeiten, viele Labor- und
Seminarübungen, Praxiszeiten während des Studiums und Lehrpläne, die von der
Hochschule gemeinsam mit dem Wissenschaftsministerium und der Wirtschaft
erstellt werden, bereiten optimal auf das spätere Berufsleben vor. Professoren
und Lehrbeauftragte haben fundierte Berufserfahrung und kommen aus der
Wirtschaft.</p>
```

Listing 3.2 Text mit semantischer Auszeichnung

Der Screenreader kann also die Hauptüberschrift (<h1>) erkennen und bei Bedarf ausgeben. Außerdem kann die ungeordnete Liste (<ul>) mit fünf Punkten erkannt und ausgegeben werden. Die Screenreader-Nutzenden können durch die gezielte Ausgabe der Hauptüberschrift (»Studium«) einen ersten Eindruck davon bekommen, worum es auf der Webseite wahrscheinlich geht. Zusätzlich könnte die Aufzählungsliste am Screenreader ausgegeben werden.

HTML führt dazu, dass die Browser die semantische Auszeichnung auf eine bestimmte Art und Weise formatiert, wie in Abbildung 3.1 dargestellt. Die Überschriften erhalten eine abgestufte größere Schriftgröße (h1 als Hauptüberschrift am größten, h6 am kleinsten) und die ungeordnete Liste wird mit Aufzählungspunkten eingerückt dargestellt.

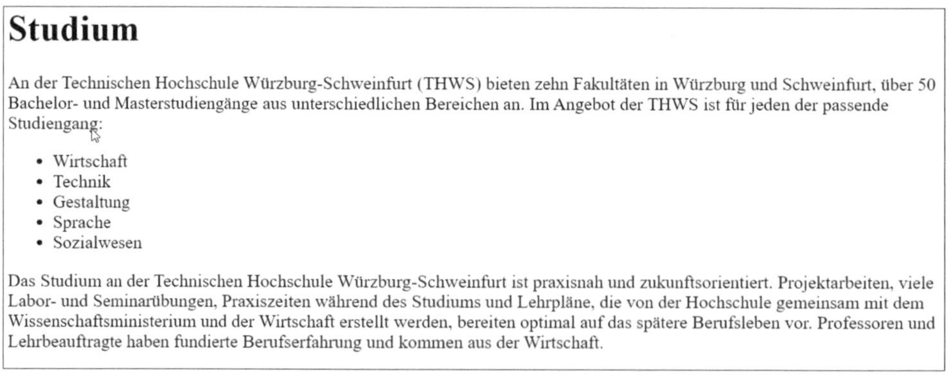

Studium

An der Technischen Hochschule Würzburg-Schweinfurt (THWS) bieten zehn Fakultäten in Würzburg und Schweinfurt, über 50 Bachelor- und Masterstudiengänge aus unterschiedlichen Bereichen an. Im Angebot der THWS ist für jeden der passende Studiengang:

- Wirtschaft
- Technik
- Gestaltung
- Sprache
- Sozialwesen

Das Studium an der Technischen Hochschule Würzburg-Schweinfurt ist praxisnah und zukunftsorientiert. Projektarbeiten, viele Labor- und Seminarübungen, Praxiszeiten während des Studiums und Lehrpläne, die von der Hochschule gemeinsam mit dem Wissenschaftsministerium und der Wirtschaft erstellt werden, bereiten optimal auf das spätere Berufsleben vor. Professoren und Lehrbeauftragte haben fundierte Berufserfahrung und kommen aus der Wirtschaft.

Abbildung 3.1 Darstellung auf einer Webseite nach HTML-Auszeichnung

Hinweis: Überschriften semantisch einsetzen

Setzen Sie die Überschriften ausschließlich nach semantischen Aspekten ein und niemals aus Designaspekten. Für die Gestaltung ist CSS zuständig, das in Abschnitt 4.1 näher erläutert wird.

Da im weiteren Verlauf dieses Buches immer wieder auf HTML-Elemente und ihre Semantik eingegangen wird, folgt hier eine sehr kurze Zusammenfassung des Konzepts von HTML5, der aktuellen Version von HTML.

In HTML5 beschreiben die »semantischen« Tags, welche Art von Inhalt sie umschließen. Mit Ausnahme von `<div>` und `<span>` bewirkt somit jedes Tag eine spezifische semantische Bedeutung. Beispiele für solche Tags sind `<header>`, `<article>`, `<footer>` oder `<nav>`. Jedes dieser Elemente gibt einen Hinweis auf die Art des Inhalts und den Kontext innerhalb der Webseite. Zum Beispiel bedeutet das `<header>`-Tag, dass der umschlossene Inhalt eine eigenständige Gruppe ist, die unabhängig vom Rest der Seite verstanden werden sollte. Diese semantischen Tags verbessern die Zugänglichkeit von Webinhalten, da Screenreader und andere assistive Technologien sie nutzen können, um Nutzenden mit Behinderungen eine bessere Navigation und ein besseres Verständnis der Struktur der Inhalte zu ermöglichen. Die Einhaltung semantischer Standards in HTML in Kombination mit individuellem CSS fördert weiterhin die Konsistenz über verschiedene Browser und Plattformen hinweg. Dadurch wird sichergestellt, dass eine Webseite unabhängig vom verwendeten Gerät oder Browser überall ähnlich (fast gleich, aber nie gleich) aussieht und funktioniert.

Tipp: Maschinelle Prüfung von Darstellungsänderungen je Browser

Mit Tools von Anbietern wie Browserstack (*https://www.browserstack.com/*) können Sie testen, wie unterschiedlich Ihre Website in anderen Browsern aussieht.

Listing 3.3 zeigt ein einfaches HTML-Dokument mit semantischen Elementen.

```
<!DOCTYPE html>
<html>
<head>
    <title>Mein Blogpost zur Barrierefreiheit</title>
</head>
<body>
    <header>
        <h1>Willkommen zu meinem Blog</h1>
        <nav>
            <ul>
                <li><a href="#home">Home</a></li>
```

```
                <li><a href="#about">Über mich</a></li>
            </ul>
        </nav>
    </header>
    <main>
        <article>
            <h2>Ein Tag im Leben eines Professors</h2>
            <p>So sieht mein Tag aus ...</p>
        </article>
    </main>
    <footer>
        <p>Copyright © 2024 Prof. Dr. Tobias Aubele</p>
    </footer>
</body>
</html>
```

Listing 3.3 Beispiel – HTML für eine einfach Webseite

In diesem Beispiel verdeutlicht jedes HTML-Element (insbesondere die beiden Überschriftenebenen, die Linkliste zur Navigation und der Footer) seinen spezifischen Zweck und Kontext auf der Webseite, was die semantischen Möglichkeiten von HTML unterstreicht. Daraus folgt, dass für den jeweiligen Zweck das entsprechende HTML-Element verwendet werden sollte. Abbildung 3.2 zeigt die visuelle Ausgabe des HTML aus Listing 3.3.

Abbildung 3.2 Visuelle Ausgabe von Listing 3.3

Tipp: Erläuterung der semantischen Bedeutung

Die Referenzliste von Mozilla (Auszug in Abbildung 3.3) zeigt alle HTML-Elemente und beschreibt deren spezifische semantische Bedeutung (*https://developer.mozilla.org/en-US/docs/Web/HTML/Element*).

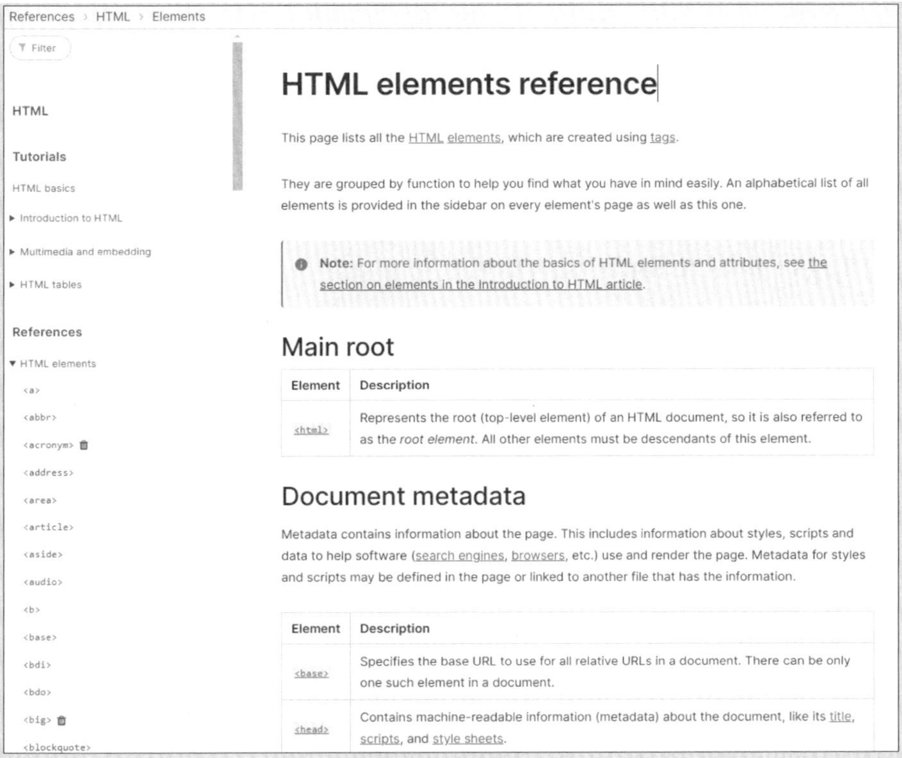

Abbildung 3.3 Beschreibung der HTML-Elemente mit semantischer Bedeutung (Quelle: *https://developer.mozilla.org/en-US/docs/Web/HTML/Element*)

Beachten Sie immer die Semantik. Die einfache Logik H1 = große Schrift führt leider in vielen Fällen zum Missbrauch: Soll z. B. die Information »Newsletter abonnieren« am Ende der Seite, im Footer, groß dargestellt werden, wird der Text mit einer H1 gekennzeichnet. Das gewünschte visuelle Ergebnis wird damit zwar erreicht und der Text »Newsletter abonnieren« erscheint prominent in großer Schrift am Ende jeder Seite. Doch was ist nun das Problem? Durch den sorglosen Umgang mit der H1-Formatierung geht die Semantik der Webseite verloren: Die Hauptüberschrift, die Hauptaussage der Webseite ist nun »Newsletter abonnieren«, und das auf jeder Seite der Website (da im Footer). Das ist weder für Suchmaschinen (SEO) noch für die Nutzenden von Screenreadern sinnvoll. Wenn eine weitere H1 (Newsletter) nach der eigentlichen H1 auf der Webseite verwendet wird, ist das in diesem Beispiel vermeintlich nicht so schlimm, da der Newsletter am Ende, im Footer, beworben wird. Wird jedoch ein Element im Kopf der Webseite oder vor der eigentlich gewollten H1 ebenfalls mit H1 ausgezeichnet, wird dieser immer zuerst durch den Screenreader ausgegeben. Das ist nervig für die Nutzenden und gegebenenfalls ein Grund, die Website zu verlassen. Daher beherzigen Sie immer die Trennung von Semantik und Design: Soll der Newsletter-Hinweis optisch größer dargestellt werden, kommt stattdessen CSS ins Spiel (siehe Kapitel 4, »Die perfekte Website – eine Kombination aus HTML, CSS, JavaScript und WAI ARIA«). Die Bedeutung von semantischem HTML wird im folgenden Abschnitt näher erläutert.

3.2 Tags und Attribute in HTML

Ein Tag (engl. für Marker/Etikett, *to tag* = markieren) kennzeichnet reinen Text mithilfe definierter Zeichenketten und gibt dem Text damit eine Struktur bzw. Bedeutung. Das Tag für die Hauptüberschrift lautet `<h1>` (Element `h` = *heading*, engl. für Überschrift) und hat den in Listing 3.4 gezeigten Aufbau.

```
<h1>Meine Hauptüberschrift dieser Seite</h1>
```

Listing 3.4 Definition einer Hauptüberschrift (H1) in HTML

Der Name des Elements wird in spitze Klammern eingeschlossen, gefolgt vom Inhalt des Elements (hier die Überschrift der Seite), das abgeschlossen wird durch den identischen eingeschlossenen Namen mit vorangestelltem Schrägstrich. Das Start-Tag, der Inhalt dazwischen und das Ende-Tag bilden zusammen ein HTML-Element. Die HTML-Elemente strukturieren den Inhalt und geben ihm eine Bedeutung. Browser verstehen anhand der Tags, dass ein Text eine Überschrift ist und ein anderer Text ein Link (Hyperlink) zu einer anderen Webseite. Durch das Markup, die HTML-Tags, erhält der gesamte Text eine Struktur und Bedeutung, eben die Semantik. Sowohl der Browser als auch Suchmaschinen erkennen so die `h1`, die Hauptüberschrift der Seite.

Die einzelnen HTML-Elemente können ineinander verschachtelt sein. So kann z. B. eine Überschrift mit `h1` ausgezeichnet werden und einzelne Wörter innerhalb der Überschrift kursiv gesetzt werden. Das Element `em` (*emphasized*, engl. für betont) in Listing 3.5 betont das Wort THWS und stellt es standardmäßig kursiv dar (*THWS* – Technische Hochschule Würzburg Schweinfurt).

```
<h1>
  <em>THWS</em> - Technische Hochschule Würzburg Schweinfurt
</h1>
```

Listing 3.5 Definition einer Betonung in HTML

Elemente können zusätzliche Informationen durch Attribute erhalten. Diese Attribute erhalten einen korrespondierenden Attributwert, der das Attribut näher definiert. Angenommen, Sie wollen einen Link auf eine interne oder externe Seite setzen. Dazu sind folgende Angaben notwendig, die in Listing 3.6 zusammengefasst werden:

1. Definition als Link (angezeigt durch das Element a)
2. das Linkziel (wird durch das Attribut href angegeben)
3. der Linktext (also das, was auf der aktuellen Webseite anstelle der URL angezeigt wird)

Die Auszeichnung eines Links folgt also der folgenden Logik:

```
<a href="https://thws.de">Technische Hochschule Würzburg</a>
```

Listing 3.6 Definition eines Links in HTML

Das a-Element (*anchor*, engl. für Anker, Verknüpfung) definiert die Zielseite, die nach dem Anklicken des Links aufgerufen wird. Das href-Attribut (*hyper reference*, engl. für Hypertextreferenz) übermittelt die URL der verlinkten Webseite. Anstelle des Links soll den Nutzenden ein Text angezeigt werden, der informativer sein kann als der vollständige Link.

Damit der Screenreader die »richtige« Sprache ausgibt bzw. die Sprachausgabe richtig betont wird, ist die Angabe der Sprache notwendig. Dies geschieht über ein Attribut. Das Attribut lang definiert die Sprache des HTML-Dokuments, im Fall von Listing 3.7 ist das Deutsch. Dieses Attribut ist für die Barrierefreiheit wichtig, da es die Sprache des Screenreaders definiert. Die Aussprache bzw. Betonung der Wörter erfolgt somit nach den Regeln der deutschen Sprache.

```
<!DOCTYPE html>
<html lang="de">
  <head>
    <!-- diverse Elemente mit Attributen -->
  </head>
  <body>
    <!-- diverse Elemente mit Attributen -->
  </body>
</html>
```

Listing 3.7 Definition der Dokumentsprache in HTML

Es gibt ausgewählte Elemente, die nur aus einem Tag bestehen (leere Elemente). Die Regel mit Start- und End-Tag wird für diese Elemente durchbrochen. Leere Elemente sind: area, base, br, col, embed, hr, img, input, link, meta, param, source, track, wbr. Soll beispielsweise innerhalb eines Textes ein Zeilenumbruch erfolgen, so kann dies mit dem Tag
 (*break*, engl. für Umbruch) geschehen. Mit dem img-Element (*image*, engl. für Bild) können Bilddateien in ein Dokument eingebunden und angezeigt werden. Listing 3.8 zeigt die Definition des Alternativtextes mit Angabe der Bilddatei.

```
<img src="thws.png" alt="Logo der THWS">
```

Listing 3.8 Definition eines Bildpfades bzw. Integration eines Bildes in HTML

Das `img`-Element stellt in diesem Beispiel das Logo dar und bietet als Alternativtext eine Kurzbeschreibung, was im Bild dargestellt ist. Für die Barrierefreiheit ist das `alt`-Attribut von großer Bedeutung. Das `img`-Element hat noch weitere Attribute, wie z. B. die darzustellende Höhe (`height`) und Breite (`width`) sowie die Information über das bevorzugte oder nachgelagerte (`lazy`) Ladeverhalten (`loading`).

Hinweis: Weitere Infos zu HTML, CSS und JavaScript
Die Website *https://wiki.selfhtml.org/wiki/SELFHTML* bietet umfangreiche Informationen und (kostenlose) Kurse rund um HTML, CSS und JavaScript.

3.3 Bedeutung des semantischen HTML für die Barrierefreiheit

HTML ist keine Programmiersprache, sondern eine Auszeichnungssprache. Browser interpretieren die Auszeichnungen der Objekte (und damit deren Struktur) und stellen sie visuell dar (Präsentation).

Machen wir ein Experiment: Betrachten Sie Abbildung 3.4 für 5 Sekunden.

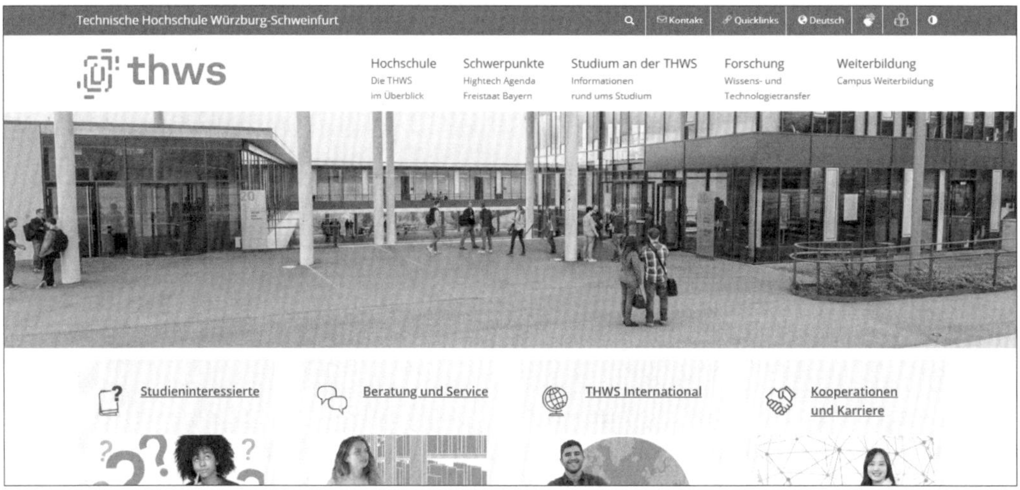

Abbildung 3.4 Visuelle Struktur einer Webseite

Sie werden sich schnell zurechtfinden, nicht wahr? Visuell werden Sie durch Positionierungen, Überschriften, Abschnitte, Hervorhebungen etc. geführt. Da Screenreader Informationen linear, d. h. von oben nach unten ausgeben, ist es für die assistive

Technologie unerlässlich, die Struktur der Webseite zu verstehen. So können die gewünschten Informationen wie Überschriften, Formulare, Tabellen etc. ausgegeben bzw. vorgelesen werden, was den Nutzenden mit assistiven Technologien ein positives Nutzungserlebnis vermittelt. Wird z. B. die Hauptüberschrift eines Textes mit einer H1 ausgezeichnet, so wird diese mit größerer Schrift dargestellt. Gleichzeitig kann die Hauptüberschrift von blinden Nutzenden über die Screenreader direkt angesprochen und vorgelesen werden (z. B. mit der Taste [H] in NVDA).

Meist genügt ein Blick, um die Struktur einer Website zu verstehen (hoffentlich ist Ihnen das beim Betrachten von Abbildung 3.4 auch so ergangen). Im Sinne einer guten Usability sollte die Webseite klar kommunizieren:

- Was ist der Hauptinhalt der Webseite? Bin ich hier richtig?
- Wo und was ist der Header mit seinen Navigationspunkten? Wo geht es weiter?
- Wo ist die Suche, falls ich die Website lieber über die interne Suche erkunden möchte?

In HTML gibt es dafür spezifische Elemente zur Strukturierung von Inhalten, die es Ihnen ermöglichen, den Inhalt des Dokuments in logische Abschnitte zu gliedern. Verwenden Sie Strukturierungselemente wie `<header>` und `<footer>`, um den Inhalt Ihrer Seite grob zu gliedern, und Überschriftenelemente, um inhaltliche Abschnitte zu kennzeichnen. Seit HTML5 kann der Hauptinhalt einer Website umfassender ausgezeichnet werden. Neben H1–H6 (Hauptüberschrift 1 bis Überschrift 6) stehen nun explizite Elemente mit semantischer Bedeutung zur Verfügung. Das `main`-Element enthält den Hauptinhalt einer Webseite. Durch die Auszeichnung des Hauptinhalts der Seite mit `main` können Screenreader z. B. den Header oder die Navigation überspringen und sehr schnell zum eigentlichen Inhalt gelangen. Dies ist vor allem bei Webseiten, die ständig genutzt werden, eine wertvolle Hilfe. Die korrekte Verwendung ist z. B. ein Erfolgskriterium der WCAG 2.4.1 »Blöcke umgehen« (Level A), die in Abschnitt 8.1.2, »Bereiche überspringen«, erläutert wird.

Der Hauptinhalt selbst kann durch zwei weitere Elemente semantisch weiter ausgezeichnet werden, zum einen durch ein `article`-Element, ein in sich abgeschlossener Artikel, zum anderen durch ein `section`-Element, das einem Abschnitt entspricht. Listing 3.9 zeigt, dass ein `article` somit mehrere `sections`, Überschriften und gegebenenfalls einen `header` enthalten kann.

```
[...
    <nav>
      ...
    </nav>
    <main>
      <article>
```

```
        <h1>Überschrift</h1>
       <section>
        <h2>Kontakt</h2>
       </section>
       <section>
        <h2>Service</h2>
       </section>
     </article>
    </main>
...]
```

Listing 3.9 Weitere Strukturierung mittels »article« und »section«

Die Verwendung semantisch korrekter HTML-Elemente fördert die Suchmaschinenoptimierung (SEO), da Suchmaschinen wie Google Inhaltsstrukturen besser erkennen und die wichtigsten Teile einer Webseite leichter verstehen können. Dies erhöht die Wahrscheinlichkeit, dass die Webseite in den Suchergebnissen gut platziert wird.

Tipp: Struktur überprüfen mit HeadingsMap

Überprüfen Sie die Struktur Ihrer Webseite mit dem Chrome-Plug-in HeadingsMap (*https://chromewebstore.google.com/detail/headingsmap/flbjommegcjonpdmenkdiocclhjacmbi*) und prüfen Sie Folgendes:

- Ist die logische Reihenfolge (H1–H6) richtig? Ist die wichtigste Überschrift mit der H1 ausgezeichnet? Beim Lesen der H1 sollte klar werden, um welches Thema es auf der Webseite geht. Das Lesen der H2s sollte dann die weiteren Argumente oder Aspekte der H1 verdeutlichen. Sie sollten daher auf einer Webseite eine H1 (`<h1>`), gefolgt von einer oder mehreren H2 und weiteren H3-Überschriften verwenden.
- Sind fälschlicherweise Elemente mit H1–H6 ausgezeichnet, die gar keine Überschriften oder Textabschnitte sind?
- Fehlen Überschriften in der HeadingsMap, obwohl sie wie Überschriften aussehen? Das heißt, sie wurden per CSS wie eine Überschrift gestylt, sind aber nicht mit H1–H6 ausgezeichnet. Alles, was wie eine Überschrift aussieht, muss auch als Überschrift gekennzeichnet werden (Erfolgskriterium »Info und Beziehungen« WCAG 1.3.1, Level A, siehe Abschnitt 6.7).

In Abbildung 3.5 sehen Sie die korrekte Strukturierung der Webseite. Auf eine Überschrift der Ebene H1 folgt eine H2 und dann mehreren H3. Es wird keine Ebene übersprungen (z. B. von H1 direkt auf H3). Diese stringente Strukturierung ist für das inhaltliche Verständnis des Textes für Nutzende von Screenreadern sehr wertvoll.

Abbildung 3.5 H-Struktur einer Webseite

Zusammengefasst zeigen die folgenden Elemente, wie HTML die Strukturierung und das schnelle Verständnis der Webinhalte unterstützt (für weitere HTML-Elemente zur Strukturierung siehe *https://developer.mozilla.org/en-US/docs/Web/HTML/Element#content_sectioning*):

1. **Navigation und Lesbarkeit**
   - `<header>`: Durch die Verwendung eines `<header>`-Elements können Screenreader und Suchmaschinen den oberen Teil der Seite schnell erkennen und verstehen. Dasselbe gilt für den `<footer>` am Ende der Seite.
   - `<nav>`: Das Element `<nav>` ist für die Erstellung von Navigationslinks vorgesehen. Es ermöglicht Screenreadern und anderen assistiven Technologien, die Hauptnavigationsbereiche einer Webseite leicht zu identifizieren.
   - `<aside>`: Häufig für Sidebars verwendet, enthält das Element `<aside>` Inhalte, die indirekt mit dem Hauptinhalt der Seite in Verbindung stehen, wie z. B. Werbung und andere Sidebar-Elemente. Dies trägt zu einer klaren Trennung von Hauptinhalt und Zusatzinformationen bei.
2. **Inhaltsstruktur**
   - `<h1>` bis `<h6>`: Für das Verständnis einer umfassenden Webseite ist die Struktur der Überschriften von Bedeutung. Vergleichbar mit einem Buch mit einem Hauptthema, vielen Kapiteln und Unterkapiteln ist eine umfassende Webseite im Idealfall auch inhaltlich strukturiert.
   - `<article>`: Das Tag `<article>` wird verwendet, um eigenständige, unabhängige Inhalte zu kennzeichnen, die aus dem Kontext der restlichen Seite herausgelöst und wieder verwendet werden können (z. B. ein Blogeintrag). Dies unterstützt einen modularen und wiederverwendbaren Aufbau von Inhalten.

- <section>: Das Element <section> ist ein semantisches Blockelement, das verwendet wird, um thematisch zusammenhängende Inhalte einer Webseite zu gruppieren. Es dient dazu, eine logische Struktur innerhalb eines Dokuments zu schaffen und die Inhalte in sinnvolle Abschnitte zu unterteilen.

3.4 DOM und Accessibility Tree

Stellen Sie sich ein Formular vor, das Sie schnell ausfüllen möchten. Im Idealfall können Sie dabei auf die Maus verzichten und sich mit der [Tab]-Taste von Formularfeld zu Formularfeld bewegen und die entsprechenden Informationen eingeben. Im besten Fall wird Ihnen für jedes Formularfeld sofort der passende Inhalt vorgeschlagen.

Damit Sie zufrieden und ohne große kognitive Anstrengung durch den Prozess kommen, sollten die Formularfelder in der Reihenfolge fokussiert werden, in der Sie sie sehen. Leider ist dies auf vielen Webseiten nicht der Fall. Nach dem Drücken der [Tab]-Taste wird ein weiter unten positioniertes Feld aktiviert und es muss gegebenenfalls zur Maus gegriffen werden. Die Reihenfolge der Inhalte ist daher für alle wichtig, sowohl für Nutzende von Screenreadern als auch der Tastatur. Da Screenreader-Nutzende, insbesondere sehbehinderte Menschen, die Website eindimensional, linear erfassen, ist eine logische Reihenfolge wichtig. Aufeinander aufbauende Inhalte müssen aus Verständnisgründen nacheinander erfasst werden können. Die WCAG 1.3.2 »Bedeutungstragende Reihenfolge« (Level A) befasst sich mit der korrekten und logischen Anordnung von Inhalten auf einer Webseite. Die Reihenfolge, in der Inhalte im Code erzeugt oder strukturiert werden, sollte der Art und Weise entsprechen, wie sie gelesen und navigiert werden – insbesondere von assistiven Technologien wie Screenreadern. Das Hauptziel besteht darin, sicherzustellen, dass Nutzende, die auf lineare Navigation angewiesen sind, Inhalte in einer Reihenfolge erhalten, die Sinn ergibt. Eine korrekte Reihenfolge hilft, Verwirrung zu vermeiden, und stellt sicher, dass die Beziehungen zwischen den Inhalten für alle Nutzenden verständlich bleiben.

Listing 3.10 zeigt, wie eine Nachrichten-Website Artikel in HTML strukturieren kann, um WCAG 1.3.2 zu erfüllen. Artikel haben die folgende strukturierte Reihenfolge: Artikel mit einer Überschrift, einem einleitenden Text, gefolgt von einer Reihe von Absätzen und schließlich einer Galerie von Bildern, die den Artikel illustrieren.

```
<article>
  <h1>Überschrift des Artikels</h1>
  <p>Kurze Zusammenfassung des Inhalts.</p>
  <p>Erster Absatz des Artikels...</p>
  <p>Zweiter Absatz des Artikels...</p>
  <!-- Weitere Absätze folgen hier -->
  <section>
    <h2>Bilder zum Artikel</h2>
```

```
    <img src="bild1.jpg" alt="Alternativtext von Bild 1">
    <img src="bild2.jpg" alt="Alternativtext von Bild 2">
    <!-- Weitere Bilder folgen hier -->
  </section>
</article>
```

Listing 3.10 Text und Bild in einer logischen Reihenfolge

In diesem Codebeispiel steht die Hauptüberschrift (`<h1>`) am Anfang, gefolgt von der Einleitung (`<p>`) und den Hauptabsätzen, die den Inhalt des Artikels bilden. Die `section` wird verwendet, um die Bildergalerie zu gruppieren, und enthält eine Überschrift (`<h2>`) für die Bilder sowie die Bilder selbst (`<img>`), wobei jedes Bild einen beschreibenden `alt`-Text hat.

Bei einem Onlineshop ist daher wichtig, dass z. B. das Bild in der korrekten Reihenfolge im Code steht (siehe Abbildung 3.6). Das Bild (`<img>`) muss nach der Überschrift (`<h3>`) im Code stehen, obwohl visuell das Bild gegebenenfalls zuerst betrachtet wird.

Abbildung 3.6 Bedeutungstragende Reihenfolge der Elemente im Code
(Quelle und weitere Tipps: *https://www.w3.org/WAI/tips/developing*)

Um eine Website für alle Menschen zugänglich zu machen, werden das DOM und der Accessibility Tree benötigt. Diese beiden Konzepte werden in den folgenden beiden Abschnitten erläutert.

3.4.1 Document Object Model (DOM)

Das Document Object Model (DOM) ist eine in Webbrowsern verfügbare Programmierschnittstelle, die Struktur und Inhalt einer Webseite oder eines HTML-Dokuments in Form einer Baumstruktur darstellt. Das DOM ermöglicht es JavaScript und anderen Skriptsprachen, auf die einzelnen Elemente und Inhalte einer Webseite zuzugreifen, sie zu verändern, hinzuzufügen oder zu entfernen. Das DOM stellt die Webseite als Baumstruktur dar, wobei das HTML-Dokument das Wurzelelement ist und jedes HTML-Element, einschließlich Text, Tags und Attributen, als Knoten im Baum dargestellt wird. Darüber hinaus spiegelt das DOM die hierarchische Struktur der Webseite wider, wobei übergeordnete Elemente (Eltern) untergeordnete Elemente (Kinder) enthalten. Diese Beziehung ist in Abbildung 3.7 dargestellt. Dies ermöglicht eine strukturierte Navigation und Manipulation der Webseite.

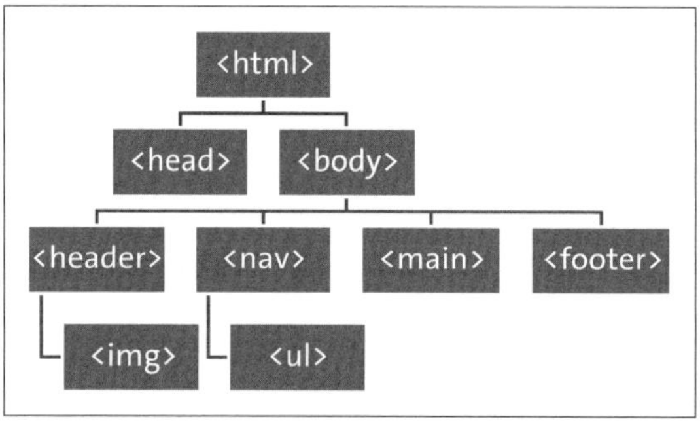

Abbildung 3.7 DOM einer Webseite

Das DOM hat die folgenden Eigenschaften:

- Zugriff auf Elemente: Mit JavaScript kann auf einzelne Elemente im DOM zugegriffen werden, indem sie referenziert, selektiert oder gesucht werden. Dies kann über Methoden wie `getElementById` oder `getElementsByTagName` erfolgen.
- Modifikation der Webseite: Mithilfe des DOM können der Inhalt, die Struktur und das Verhalten einer Webseite dynamisch verändert werden. Elemente können hinzugefügt, entfernt oder modifiziert werden, Text kann verändert werden, Klassen und Attribute können editiert und Ereignisse für Interaktionen hinzugefügt werden.
- Ereignisverarbeitung: Das DOM ermöglicht die Erfassung und Verarbeitung von Ereignissen, die auf der Webseite auftreten, wie z. B. Mausklicks, Tastatureingaben, Formulareingaben und mehr. Event-Listener können Elementen angehängt werden, um dynamisch auf Benutzerinteraktionen zu reagieren. Ein Event-Listener ist eine Funktion oder Methode, die auf bestimmte Ereignisse (Events) in einem Programm wartet und darauf reagiert. Diese Events können z. B. ein Mausklick, eine Tastatureingabe oder das Laden einer Webseite sein.

Das DOM spielt eine entscheidende Rolle für die Barrierefreiheit von Webseiten und Webanwendungen, da es die Grundlage für den Zugriff auf und die Interaktion mit den Inhalten einer Webseite bildet:

1. Struktur und Semantik: Das DOM spiegelt die Struktur und Semantik einer Webseite wider. Eine gut strukturierte und semantisch korrekte HTML-Seite erleichtert es Screenreadern und assistiven Technologien, den Inhalt korrekt und verständlich vorzulesen. Entwickelnde sollten sicherstellen, dass sie semantische HTML-Tags verwenden, um die Bedeutung von Elementen klar auszudrücken, z. B. die Verwendung von `<nav>`, `<main>`, `<header>`, `<footer>` usw.
2. Verhalten und Interaktion: Das DOM ermöglicht die Implementierung von Benutzerinteraktionen und Ereignissen. Bei der Entwicklung barrierefreier Webseiten ist es wichtig sicherzustellen, dass alle Interaktionen auch ohne Maus (d. h. über die Tastatur) zugänglich sind. Bei selbst erstellten Widgets ist die Steuerung des Tastaturfokus, die Verwendung von ARIA-Rollen und -Eigenschaften und die Bereitstellung von Ereignissen zu beachten, damit die Steuerelemente des Widgets von assistiven Technologien erkannt werden kann.
3. Dynamische Änderungen: Das DOM erlaubt es, den Inhalt einer Webseite dynamisch zu verändern, z. B. durch Hinzufügen oder Entfernen von Elementen. Bei der Entwicklung ist sicherzustellen, dass solche Änderungen für assistive Technologien transparent sind, wenn sich der Inhalt ändert.
4. Fokusmanagement: Bei Einsatz von nativem HTML ist kein Fokusmanagement nötig. Bei komplexen Widgets und Dialogen muss im Einzelfall der Tastaturfokus implementiert werden (z. B. durch `tabindex=0`). Die Kontrolle des Fokus auf Elemente im DOM ist wichtig, um sicherzustellen, dass Nutzende mit Behinderungen die Website effektiv bedienen können. Entwickelnde sollten den Fokus auf relevante Elemente legen und sicherstellen, dass er sichtbar ist und nicht verloren geht.

Beispiel: Die meisten Webseiten haben einen Header mit dem Logo, der internen Suchleiste und dem Navigationsbereich, der typischerweise auf jeder Webseite identisch ist. Sein Gegenstück ist der Footer, der typischerweise das Impressum, die Datenschutzerklärung und ebenfalls ausgewählte Kategorien oder Seiten der Website verlinkt. Die entsprechenden HTML-Elemente sind `header` und `footer`. Um Nutzenden den Zugriff auf verschiedene Unterseiten zu ermöglichen, gibt es in der Regel eine Navigation mit verschiedenen Einträgen (`nav`-Element).

Daraus ergibt sich die bereits erläuterte Grundstruktur einer deutschsprachigen Website (siehe Listing 3.11).

```
<!doctype html>
<html lang="de">
<head>
    <title>THWS</title>
</head>
<body>
  <header>
```

```
    <img src="thws.png" alt="Logo der THWS">
    <p>Studieren in Würzburg</p>
  </header>
  <nav>
    <ul>
      <li><a href="studieren.html">Studieren</a></li>
      <li><a href="geldverdienen.html">Geld verdienen</a></li>
    </ul>
  </nav>
  <main>
  <!-- Hauptinhalt folgt hier -->
  </main>
  <footer>
     <a href="service.html">Service</a>
  </footer>
</body>
</html>
```

Listing 3.11 Grundstruktur einer deutschsprachigen Webseite

Der Code erzeugt die in Abbildung 3.8 dargestellte Webseite mit Logo, Text und Links, die mittels CSS optisch angepasst werden kann.

Abbildung 3.8 Webseite mit Logo (Bild), Text und Verlinkungen

3.4.2 Accessibility Tree

Der Accessibility Tree ermöglicht es assistiven Technologien wie Screenreadern, Webinhalte für Menschen mit Behinderungen zugänglich zu machen. Das DOM enthält alle Elemente einer Webseite, auch solche, die nicht visuell dargestellt werden oder für die Barrierefreiheit nicht relevant ist, wie Skript- oder Meta-Tags. Der Accessibility Tree ist damit eine Abstraktion des DOM, der speziell für assistive Technologien optimiert ist. Er enthält nur Informationen, die für diese Technologien nützlich sind, wie Rollen (engl. *roles*), Namen (engl. *names*) bzw. Beschreibungen (engl. *descriptions*), Zustände (engl. *states*) und Eigenschaften (engl. *properties*) der zugänglichen Elemente. Abbildung 3.9 zeigt das Zusammenspiel von DOM und Accessibility Tree.

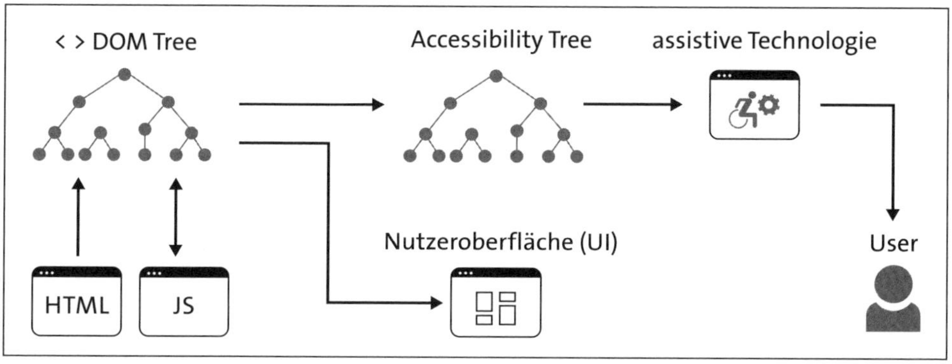

Abbildung 3.9 Zusammenspiel von DOM und Accessibility Tree

Der Accessibility Tree kann im Browser über die Entwicklungskonsole (UNTERSUCHEN) aufgerufen werden und liefert detaillierte Informationen über das jeweilige Element. Abbildung 3.10 zeigt die Eigenschaften sowie (nicht vorhandene) ARIA-Attribute des Eingabefeldes für die E-Mail-Adresse im Newsletter-Formular. Neben dem Namen (aus dem HTML `label`-Tag) ist unter anderem ersichtlich, dass es sich um ein Pflichtfeld handelt und dass es fokussierbar ist.

Nicht alle Elemente des DOM werden in den Accessibility Tree übernommen oder verwendet. Zum Beispiel werden Elemente, die rein visuell sind und keine semantische Bedeutung haben (wie `div`-Elemente, die nur für Layoutzwecke verwendet werden), nicht übernommen, es sei denn, sie haben relevante ARIA-Rollen.

Ein Beispiel: Eine einfache Webseite hat eine Überschrift, einen Absatz mit Text und ein Bild (Code in Listing 3.12).

```
<html>
<head>
    <title>Beispiel Webseite</title>
</head>
<body>
    <h1>Willkommen auf meiner Webseite</h1>
    <p>Dies ist ein einfacher Text.</p>
    <img src="bild.jpg" alt="Ein aussagekräftiger Text">
</body>
</html>
```

Listing 3.12 Einfache Webseite mit Überschrift, Absatz und Bild

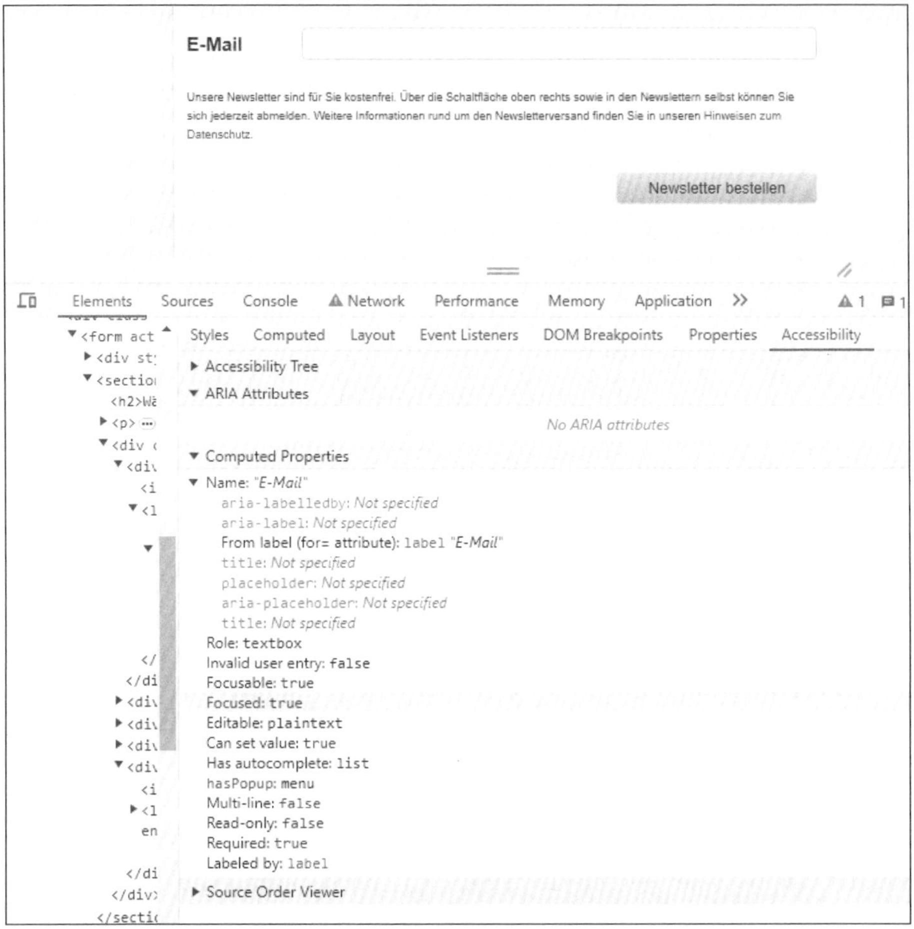

Abbildung 3.10 Accessibility Tree sowie die Eigenschaften eines Elements

Im DOM ist jedes dieser Elemente vorhanden, einschließlich des `<head>`- und des `<title>`-Tags, obwohl diese nicht direkt auf dem Bildschirm sichtbar sind. Im Accessibility Tree werden einige Elemente anders behandelt:

- Die Überschrift (`<h1>`) ist als `heading (role)` mit Level 1 gekennzeichnet.
- Der Absatz (`<p>`) wird als Text dargestellt.
- Das Bild (`<img>`) wird durch das `alt`-Attribut als »Ein aussagekräftiger Text« gekennzeichnet.
- Achtung: `<div>` und `<span>` werden als `generic (role)` übersetzt, was für den Screenreader keine semantische Bedeutung hat.

Damit die assistive Technologie (hier der Screenreader) die richtigen Informationen ausliefert, müssen die HTML-Tags umgewandelt (»übersetzt«) werden. Dies geschieht über die Accessibility-API und ein entsprechendes Mapping (Zuordnung). Moderne Betriebssysteme und Browser implementieren eigene Accessibility-APIs, um die Interaktion zwischen dem Accessibility Tree und den verschiedenen assistiven Technologien zu ermöglichen (technische Details siehe unter *https://www.w3.org/TR/html-aam-1.0/#mapping-html-to-accessibility-apis*). Beispiele hierfür sind Microsoft UI Automation (UIA) und Apples NSAccessibility. Der Browser parst das HTML zum DOM und leitet anschließend den Accessibility Tree daraus ab. Dann übergibt er den Accessibility Tree an die Accessibility-API des Betriebssystems, aus der sich assistive Technologien bedienen. Diese Informationen umfassen Elementrollen, Zustände, Eigenschaften und Ereignisse, die beschreiben, wie ein Element von einer assistiven Technologie interpretiert und dargestellt werden sollte:

- Rollen und Eigenschaften: Jedem Element im Accessibility Tree wird eine spezifische Rolle (z. B. Button, Link, Überschrift) mit Eigenschaften zugewiesen. Diese Rollen teilen der assistiven Technologie mit, was das Element ist und wie es funktioniert.
- Zustände und Ereignisse: Elemente im Accessibility Tree können verschiedene Zustände haben, z. B. »disabled« (deaktiviert) oder »checked« (markiert). Diese Zustände helfen assistiven Technologien, den Nutzenden den aktuellen Status der UI-Elemente mitzuteilen. Ereignisse wie »onclick« (beim Anklicken) oder »onfocus« (beim Fokussieren) informieren die Assistenztechnologie darüber, dass eine Aktion verfügbar ist oder ausgeführt wurde.

In der Praxis ermöglichen diese APIs, dass assistive Technologien die auf einer Webseite verfügbaren Informationen »lesen« und in einer für die Nutzenden mit Behinderungen zugänglichen Form (z. B. Sprachausgabe oder Brailleschrift) ausgeben. HTML ermöglicht durch die implizite Semantik, die entsprechenden Rollen und Eigenschaften über die Accessibility-API zu generieren. Das geschieht für die HTML Elemente vollkommen automatisch. Dadurch wird ein Button für einen Screenreader verständlich und bedienbar. Abbildung 3.11 zeigt den Accessibility Tree eines Buttons mit dem in Listing 3.13 definierten Text für den Button.

```
<button type="button">PDF herunterladen</button>
```

Listing 3.13 Code für einen Button zum Download eines PDFs

Die effektive Nutzung der Accessibility-APIs erfordert eine sorgfältige Implementierung von semantischem HTML und notwendigenfalls ARIA-Rollen, um sicherzustellen, dass der Accessibility Tree vollständig und korrekt aufgebaut wird. Unterschiedliche APIs in verschiedenen Betriebssystemen oder Browsern können zu Unterschieden in der Sprachausgabe führen, da HTML-Elemente ein unterschiedliches Mapping haben.

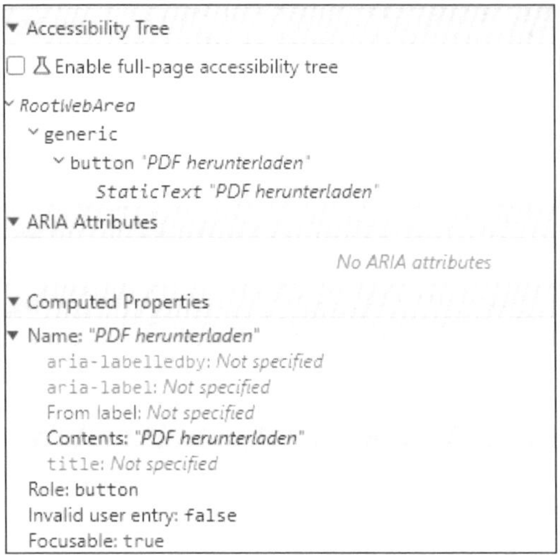

Abbildung 3.11 Accessibility Tree eines Buttons

Zusammengefasst läuft der Prozess wie folgt ab (siehe Abbildung 3.12):

1. Der Browser generiert aus HTML und CSS das DOM und stellt die Webseite visuell dar.
2. Parallel dazu wird der Accessibility Tree erzeugt, indem das DOM über eine betriebssystemspezifische Accessibility-API transformiert wird. Informationen werden nur übernommen, wenn sie relevant sind (über die Semantik in HTML). Sie werden ausgeschlossen, wenn sie z. B. über CSS auf `hidden` (verborgen) gesetzt sind. CSS beeinflusst die Semantik von HTML und damit maßgeblich den Accessibility Tree.
3. Der Screenreader bzw. allgemein die assistive Technologie vermittelt die Informationen des Accessibility Trees über Sprache, Braille etc.

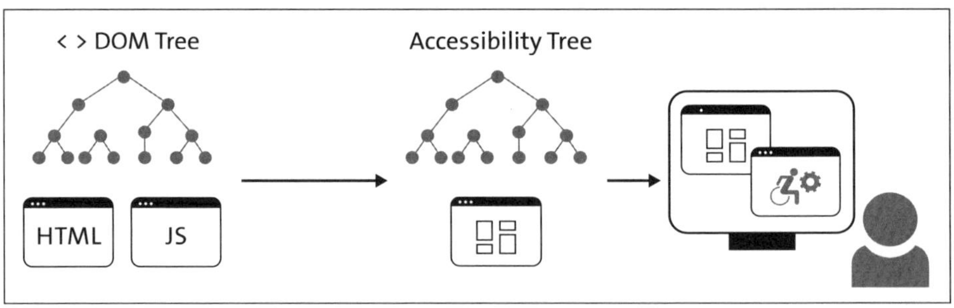

Abbildung 3.12 Überführung des DOM in den Accessibility Tree

3.5 Zusammenfassung des Kapitels

Hier sind noch einmal die wichtigsten Punkte dieses Kapitels im Überblick:

- HTML-Tags strukturieren und definieren die Bedeutung von Inhalten: Jedes HTML-Element besteht aus einem Start-Tag, einem Inhalt und einem End-Tag. Diese Struktur ermöglicht Browsern und Suchmaschinen, den Text korrekt zu interpretieren und darzustellen (z. B. Überschriften, Links).
- Attribute wie `href` (für Links) oder `alt` (für Bilder) erweitern HTML-Tags und liefern wichtige Details für Funktionalität und Barrierefreiheit (z. B. Alternativtext für Screenreader).
- Jedes HTML-Dokument beginnt mit einer Definition des Dokumenttyps (`<!DOCTYPE html>`), gefolgt von den Hauptbestandteilen: dem `html`-Element als Wurzel, dem `head`-Element für Metainformationen und dem `body`-Element für den anzuzeigenden Inhalt.
- Semantische HTML-Tags (z. B. `<header>`, `<main>` oder `<nav>`) geben dem Inhalt eine klare Struktur und Bedeutung, die von Menschen, Suchmaschinen und assistiven Technologien interpretiert werden kann, was die Zugänglichkeit und SEO verbessert. Suchmaschinen wie Google können Inhalte besser erkennen und priorisieren, was zu einer besseren Platzierung in den Suchergebnissen führt.
- Stellen Sie sicher, dass die Hierarchie der Überschriften logisch ist (H1 bis H6) und korrekt ausgezeichnet wird, um die Inhalte für Screenreader und Suchmaschinen zugänglich und verständlich zu machen. Überschriften sollten nicht nur visuell, sondern auch im HTML-Code klar definiert sein. Eine falsche Verwendung, z. B. von `<h1>`-Tags, sollte durch CSS-gesteuerte Formatierungen vermieden werden.
- Inhalte auf Webseiten sollten in einer logischen und sinnvollen Reihenfolge angeordnet sein, um eine verständliche Navigation zu gewährleisten. Die WCAG-Richtlinie 1.3.2 verlangt, dass die Struktur und Semantik der Webseite so gestaltet sind, dass alle Inhalte sinnvoll erfasst werden können.
- Das DOM bildet die Struktur, Interaktionen und dynamische Veränderungen auf einer Webseite ab. HTML ist die Grundlage für die Struktur (und das DOM). Eine semantisch korrekte Struktur und die notwendige Verwendung von ARIA-Rollen ermöglichen die Zugänglichkeit für assistive Technologien, wie z. B. Screenreader.
- Der Accessibility Tree abstrahiert relevante Informationen aus dem DOM und stellt assistiven Technologien nur jene Inhalte bereit, die zur Barrierefreiheit beitragen. Er basiert auf Rollen, Zuständen und Eigenschaften der HTML-Elemente, um eine zugängliche Interaktion zu ermöglichen.

Kapitel 4
Die perfekte Website – eine Kombination aus HTML, CSS, JavaScript und WAI ARIA

Wenn es ein bisschen mehr sein soll als HTML, dann CSS, JavaScript und WAI ARIA.

Die Themen im Überblick:

- CSS – das Design von Websites
- Zusammenspiel zwischen HTML, CSS, JavaScript und WAI ARIA
- JavaScript
- WAI ARIA
- Kompatibilität mit aktuellen und zukünftigen assistiven Technologien gewährleisten
- KoliBri – die Komponentenbibliothek für die Barrierefreiheit
- Tools zur Optimierung
- Zusammenfassung des Kapitels

HTML allein reicht heutzutage nicht mehr aus, um moderne, interaktive und benutzerfreundliche Websites zu erstellen. Es sei denn, Sie wollen wieder eine Website mit Funktion und Design »aus den 90ern«, dann reicht HTML und Sie können dieses Kapitel überspringen. Man kann eine (voll barrierefreie, reine HTML-)Website mit Cascading Style Sheets (CSS), JavaScript und gegebenenfalls ARIA deutlich steigern – in ihrer Optik, Interaktion und Zugänglichkeit. Daher haben die meisten Webseiten zusätzlich CSS, JavaScript und eventuell ARIA, da HTML hauptsächlich der semantischen Strukturierung und der Grundinhalte dient. Jede dieser Technologien erfüllt eine spezifische Rolle, die HTML allein nicht abdeckt:

- HTML bietet keine fortgeschrittenen Möglichkeiten zur Gestaltung und Formatierung der Inhalte. Daher ist CSS für Gestaltung und Layout zuständig.
- Während HTML statisch ist und nur die Grundstruktur bietet, erlaubt JavaScript die Implementierung von Interaktivität und dynamischen Inhalten auf einer Website. Mit JavaScript kann die Website auf Benutzeraktionen reagieren und Inhalte verändern, ohne die Seite neu zu laden.

- ARIA wird verwendet, um Websites zugänglicher zu machen. HTML und CSS allein bieten nicht immer genug Informationen für assistive Technologien, um alle interaktiven Elemente korrekt zu interpretieren. ARIA stellt (bei Bedarf) zusätzliche semantische Informationen bereit.

4.1 CSS – das Design von Websites

Auf der Basis einer strukturierten HTML-Auszeichnung kann mittels CSS (Cascading Style Sheets) eine umfangreiche Formatierung der Inhalte erfolgen. Durch definierte Regeln wird das Erscheinungsbild einer Website grundlegend angepasst. Die grundsätzliche Trennung von Design und Inhalt ist in der heutigen Zeit von großer Bedeutung: Designs ändern sich ständig und sollen flexibel angepasst werden können, Sites werden immer größer (unter anderem forciert durch SEO bzw. Content Marketing) und Sites sollen möglichst performant sein (Ladegeschwindigkeit). CSS ist die Antwort auf diese Herausforderungen. CSS wurde also als Ergänzung zu HTML entwickelt. Die im Namen enthaltenen Stylesheets definieren die grundlegende Formatierung und Gestaltung von Elementen. Dies kann auf verschiedenen Ebenen geschehen:

1. Anpassung der Eigenschaften eines einzelnen Elements – d. h. zum Beispiel, ein Link oder ein Absatz wird mittels einer Anweisung individuell formatiert, sodass die Deklaration, also die Eigenschaft-Wert-Zuweisung, nur für diesen Link bzw. Absatz gilt.
2. Anpassungen auf Dokumentebene – im `head` des Dokuments oder über ein externes Stylesheet (eigene Datei mit der Endung *.css*) kann eine Zuweisung für Elemente vorgenommen werden, die dann seitenübergreifend gilt. Das heißt, wenn ein Element, z. B. die H1, im `head` definiert wurde, gilt diese Formatierung für alle H1-Überschriften auf der gesamten Website (überall dort, wo `head` eingebunden ist). Wenn das Element jedoch direkt gestylt wird, hat der Style mehr Priorität, funktioniert aber ansonsten genauso.

Der Vorteil einer eigenen CSS-Datei liegt auf der Hand. Das heißt, alle grafischen Anpassungen werden in einer eigenen Datei gespeichert. In dieser Datei werden die Designdeklarationen definiert, die bei Änderungen zentral angepasst werden. An einer zentralen Stelle werden die Style-Informationen gespeichert, die für alle Elemente der Website gelten, für die die CSS-Datei geladen wurde. Eine Anpassung führt zu einer Website-übergreifenden Anpassung. Die Einbindung erfolgt über das HTML-Element `link`. Listing 4.1 zeigt beispielhaft die Einbindung der *site.css* in das aktuelle Dokument.

```
<html lang="de">
  <head>
    <link rel="stylesheet" href="site.css">
    ...
```

Listing 4.1 Einbindung einer CSS-Datei in das HTML

Daraus folgt, dass die Definitionen in *site.css* für alle HTML-Dokumente gelten, in denen das CSS im head aufgerufen wird, wie in Abbildung 4.1 schematisch dargestellt.

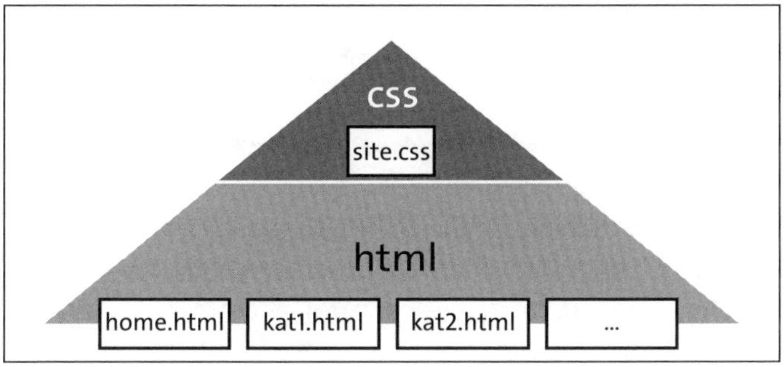

Abbildung 4.1 Zusammenhang zwischen HTML und CSS

Im Detail wirken sich die Deklarationen in CSS wie in Abbildung 4.2 aus: Das Design der Überschriften wird durch eine CSS-Anweisung definiert, ebenso die Schriftgröße des Absatzes.

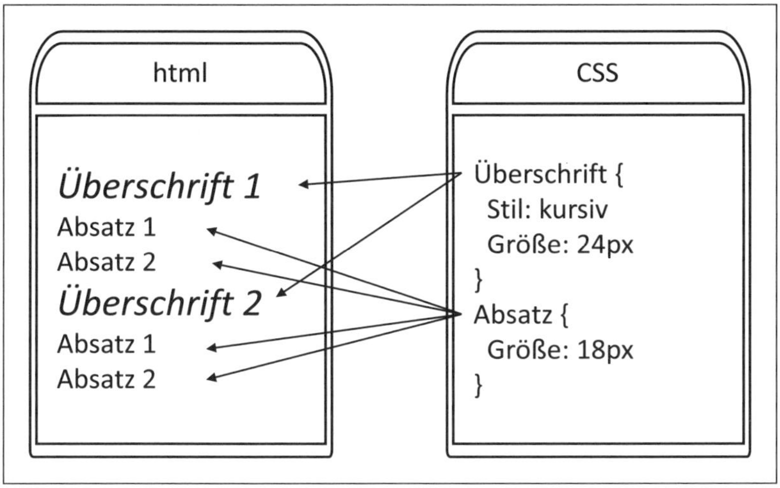

Abbildung 4.2 Auswirkungen der Definitionen in CSS
(Quelle: in Anlehnung an *https://wiki.selfhtml.org/wiki/CSS/Tutorials/Einstieg/Stylesheets_einbinden*)

Die Deklaration folgt dem folgenden Muster:

```
Selektor {Eigenschaft:Wert; Eigenschaft:Wert}
```

Im Beispiel von Abbildung 4.2:

```
h1{font-style:italic; font-size: 1.5em}
```

Anstelle der Zeichengröße 24 px kann auch mit em gearbeitet werden. 16 px (Standardgröße der Schrift im Browser) entsprechen 1 em, d. h., 24 px entsprechen 1,5 em. Der Vorteil der relativen Angabe liegt in der Vergrößerungsmöglichkeit im Browser.

Relative Einheiten wie em und rem

In der Webentwicklung wird die Textgröße üblicherweise in relativen Einheiten wie Prozent (%), em, rem oder in absoluten Einheiten wie Pixel (px) und Punkt (pt) gemessen. Pixel sind absolute Einheiten und bleiben auf allen Geräten gleich groß, was sie im Vergleich zu relativen Einheiten weniger flexibel macht. Dagegen sind em und rem relative Einheiten, die sich auf eine andere Größe beziehen. Angenommen, die Basisschriftgröße für eine Webseite ist auf 16 px gesetzt, dann entspricht dies 1 em. Der Vorteil der Verwendung von em anstelle von Pixel ist, dass es sich dynamisch an die Schriftgröße des übergeordneten Elements (Elternelement) anpasst, was besonders bei responsivem Design hilfreich ist. Änderungen der Schriftgröße wirken sich automatisch auf die Abstände und Größen der in em definierten Elemente aus.

4.1.1 Die Eigenschaft »display« und ihr Einfluss auf die Barrierefreiheit

Die `display`-Eigenschaft in CSS ist ein zentrales Werkzeug in der Webentwicklung, da sie bestimmt, wie ein Element im DOM dargestellt wird. Sie steuert z. B., ob ein Element als Block (volle Breite seines übergeordneten Containers) oder als Inline-Element (nehmen nur so viel Platz ein, wie ihr Inhalt benötigt) dargestellt wird oder ob es ganz aus dem Seitenfluss entfernt wird (`none`), siehe Abbildung 4.3. Die jeweiligen Elemente in Abbildung 4.3 wurden mit `display` in CSS formatiert, wobei das Block-Level-Element 50 % der Spalte einnimmt (siehe Listing 4.2).

Abbildung 4.3 Darstellung von Inhalten mittels CSS

```
<div style="display: block; width: 50%; background-color: lightblue;">Dies ist
ein Block-Element</div>
<span style="display: inline; background-color: lightgrey;">Dies ist ein
```

```
Inline-Element</span>
<div style="display: none;">Dieses Element wird nicht angezeigt.</div>
```

Listing 4.2 Formatierung von Elementen in CSS mit »display«

Die verschiedenen display-Werte haben demnach einen grundlegenden Einfluss auf das Layout und das Verhalten von Elementen auf einer Webseite.

Listing 4.3 zeigt die Verwendung von display zur Steuerung eines Menüs, das per Klick ein- und ausgeblendet werden kann.

```
<button onclick="toggleMenu()">Menü</button>
<div id="menu" style="display: none;">
    <ul>
        <li><a href="index.html">Startseite</a></li>
        <li><a href="wir.html">Über uns</a></li>
        <li><a href="kontakt.html">Kontakt</a></li>
    </ul>
</div>

<script>
function toggleMenu() {
    var menu = document.getElementById('menu');
    if (menu.style.display === 'none') {
        menu.style.display = 'block';
    } else {
        menu.style.display = 'none';
    }
}
</script>
```

Listing 4.3 Einsatz von »display: none« in CSS

In diesem Beispiel wird das Menü standardmäßig nicht angezeigt (display: none). Ein Klick auf den Button ändert die display-Eigenschaft, und das Menü wird sichtbar (display: block). Grundsätzlich gilt, dass beim Einsatz von display: none ein Element und dessen Unterelemente vollständig aus dem Layout (und dem Accessibility Tree) entfernt wird. Es nimmt keinen Platz ein und kann weder gesehen noch mit Tabulatoren erreicht werden. Dies unterscheidet sich von visibility: hidden, wo das Element unsichtbar ist, aber weiterhin Platz im Layout einnimmt.

Die Verwendung von display: none hat damit signifikante Auswirkungen auf die Barrierefreiheit, da Elemente mit display: none nicht in den Accessibility Tree aufgenommen werden. Das bedeutet, dass Screenreader diese Elemente nicht verarbeiten, da sie aus Sicht der assistiven Technologien nicht existieren. Da diese Elemente nicht im Accessibility Tree vorhanden sind, können sie auch nicht fokussiert oder anderweitig von assistiven Technologien erreicht werden. Dies kann nützlich sein, um Elemente, die momentan nicht relevant sind, vor Nutzenden zu verbergen. Obwohl `display: none` eine nützliche Eigenschaft ist, um Elemente dynamisch ein- und auszublenden, sollte es mit Vorsicht verwendet werden. Es sollte immer darauf geachtet werden, dass diese Inhalte wieder vollständig zugänglich gemacht werden, sobald sie sichtbar sind.

4.1.2 Manipulation von CSS im Browser mit dem Plug-in Web Developer

Grundlage für eine effektive Kombination von HTML und CSS ist, dass die Webseite bzw. das Dokument bereits in HTML mit den spezifischen Elementen strukturiert und sinnvoll ausgezeichnet ist. Das heißt, auch wenn das CSS auf einer Webseite nicht geladen wird, sollte der Inhalt dennoch verständlich sein. Abbildung 4.4 zeigt die Darstellung mit deaktiviertem CSS.

Abbildung 4.4 Darstellung der Webseite mit deaktiviertem CSS

Tipp: Das universelle Plug-in für die Entwicklung

Das Plug-in *Web Developer* ist das »Schweizer Taschenmesser« unter den Plug-ins für die Webentwicklung. Neben der Manipulation von CSS können z. B. Alt-Texte angezeigt und Bilder ausgeblendet werden. Einen Überblick über die Funktionen gibt Abbildung 4.5, den Download für Chrome finden Sie unter:

https://chromewebstore.google.com/detail/web-developer/bfbameneiokkgbdmiekhjnmfkcnldhhm?hl=de

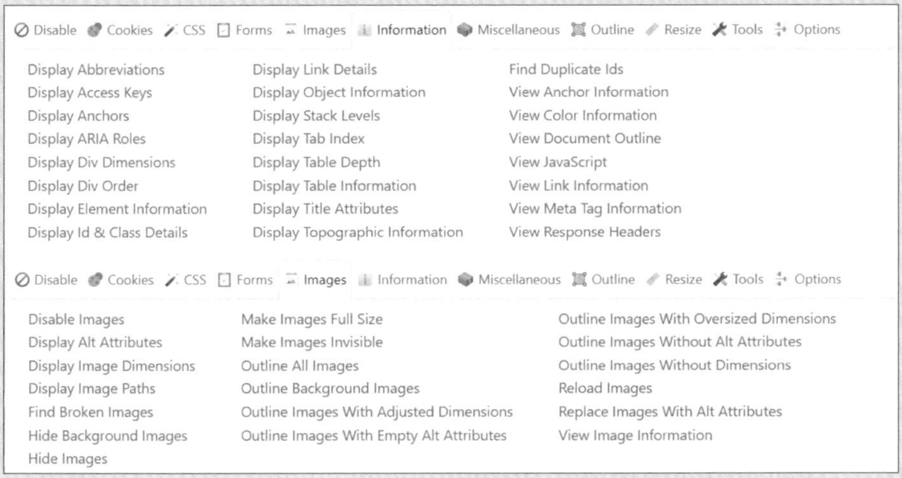

Abbildung 4.5 Ausgewählte Funktionen des Web-Developer-Plug-ins

Hinweis: Beispiele für die Wirkung von CSS

Die Site *http://www.csszengarden.com* von Dave Shea zeigt, wie mittels CSS aus einem einfachen Text optisch sehr unterschiedliche Darstellungen erzeugen werden können. Klicken Sie sich durch und lassen Sie sich inspirieren.

4.2 Zusammenspiel zwischen HTML, CSS, JavaScript und WAI ARIA

Ein modernes Content-Management-System (CMS) wie WordPress zeigt, dass im Idealfall Inhalt von Design getrennt sind. Die Texte werden in Datenbankfeldern gespeichert und das verwendete Theme oder Design-Template sorgt für die visuelle Gestaltung. Wenn Ihnen das Design nicht mehr gefällt, kann das Theme ausgetauscht werden, Inhalt und Struktur bleiben identisch. Nach einem Designwechsel ist immer noch klar definiert, was die Hauptüberschrift der Webseite (H1) ist, was die Unterüberschriften (H2–H6) sind und wie Tabellen bzw. Tabelleninhalte aufgebaut sind.

4.2.1 Worst Practice – Kombination von Techniken anstelle von nativem HTML

Natives HTML hat aus Sicht der Barrierefreiheit massive Vorteile. Manche Frameworks erzeugen Elemente mit einer Kombination aus HTML, CSS und JavaScript, obwohl diese auch mit spezifischen HTML-Elementen erzeugt werden können. Im Folgenden ein Beispiel dazu, was sich in der Praxis (leider) immer wieder findet: Ein Button sollte über natives HTML erzeugt werden (Best Practice), wird jedoch unnötigerweise über eine Kombination von Techniken realisiert (Worst Practice). Dies funktioniert, ist jedoch aufwendig und fehleranfällig, wie im Folgenden beschrieben wird. Es ist daher generell empfehlenswert, sich auf native HTML-Elemente zu konzentrieren und diese mit CSS optisch anzupassen. Umfangreiche JavaScript-Ergänzungen sowie der Rückgriff auf WAI ARIA sollten möglichst vermieden werden.

Wenn Sie Abbildung 4.6 betrachten, werden Sie keinen Zweifel haben, dass beide Buttons auch funktionale Schaltflächen sind, wie sie auf jeder Webseite mehrfach zu finden sind. Der Mauszeiger des linken Buttons verwandelt sich in eine Hand, sobald Sie über die Schaltfläche fahren – ein klares Indiz für einen Button. Leider nein, nur der rechte Button ist ein echter, funktionaler Button, der zudem barrierefrei nutzbar ist.

Abbildung 4.6 Welcher ist ein echter Button?

Um den linken Button zu generieren, benötigen Sie HTML und CSS. HTML dient der semantischen Auszeichnung, CSS erzeugt das gewünschte visuelle Erscheinungsbild. Eines der vielseitigsten und am häufigsten verwendeten HTML-Elemente ist das `<div>`-Element. Es wird verwendet, um einen Abschnitt oder Bereich innerhalb eines HTML-Dokuments zu definieren. »Div« steht für »Division« oder »Teilung«, was auf seine neutrale Rolle bei der Strukturierung und Organisation von Webinhalten hinweist. Das `<div>`-Element vermittelt keine spezifische semantische Bedeutung über seinen Inhalt. Es wird verwendet, um Elemente zu gruppieren, um sie mit CSS zu formatieren oder um sie mit JavaScript zu manipulieren. Das heißt, `<div >Mein Button </div>` erzeugt einen Text »Mein Button« ohne jegliche Semantik oder Funktion. Durch die Erweiterung mit der CSS-Klasse `button-style` (siehe Listing 4.4) bekommt der Text ein spezifisches Design zugeordnet:

```
<div class="button-style">Mein Button</div>.
```

Listing 4.4 Definition eines »div« nebst CSS-Klasse

Wird der Text mit dem CSS-Code bzw. mit dem Design aus Listing 4.5 gestylt, ergibt sich visuell der linke »Button« in Abbildung 4.6, der funktional immer noch kein Button ist – er schaut nur so aus.

```
.button-style {
    display: inline-block; /* Macht das div inline-block, sodass es sich wie
ein Button verhält */
    padding: 10px 20px; /* Fügt innen Abstand hinzu, um Text zu zentrieren */
    margin: 5px; /* Fügt außen Abstand hinzu */
```

```
    background-color: #007BFF; /* Setzt die Hintergrundfarbe */
    color: white; /* Setzt die Textfarbe */
    text-align: center; /* Zentriert den Text im div */
    font-size: 16px; /* Legt die Schriftgröße fest */
    border: none; /* Kein Rahmen */
    border-radius: 5px; /* Abrunden der Ecken */
    cursor: pointer; /* Ändert den Mauszeiger zu einem Zeiger */
    transition: background-color 0.3s; /* Weiche Übergänge für den Hover-
Effekt */
    user-select: none; /* Verhindert das Auswählen des Textes */
    box-shadow: 0 2px 5px rgba(0,0,0,0.2); /* Fügt einen Schatten hinzu für
den 3D-Effekt */
}
.button-style:hover {
    background-color: #0056b3; /* Dunklere Hintergrundfarbe beim Darüberfahren
*/
}
.button-style:focus {
    outline: none; /* Entfernt den Standard-Focus-Rahmen */
    box-shadow: 0 0 0 2px rgba(0,123,255,0.5); /* Fügt einen blauen Focus-
Rahmen hinzu */
}
```

Listing 4.5 CSS-Code zum Buttondesign eines »div«

Der rechte Button, ein nativer Button in HTML, wird durch das HTML-Element `<button>` erzeugt: `<button >Mein 2. Button</button>`. Dieser zweite Button könnte später ebenfalls per CSS optisch angepasst werden. Hier gilt jedoch für das Design: Alles kann, nichts muss.

Mittels JavaScript kann dem selbst programmierten »Fake«-Button Leben eingehaucht werden. So kann z. B. bei einem Klick auf den Button der Text von »Mein Button« auf »geklickt« geändert werden. Dafür wird z. B. der JavaScript-Code in Listing 4.6 eingesetzt.

```
document.getElementById('meinButton').addEventListener('click', function() {
    this.textContent = 'geklickt';
});
```

Listing 4.6 JavaScript-Code für eine Klick-Aktion

Außerdem müsste das Buttonelement aus Listing 4.4 um die `id` erweitert werden. Listing 4.7 zeigt die Definition der `id` zusammen mit der CSS-Klasse.

```
<div id="meinButton" class="button-style">Mein Button</div>
```

Listing 4.7 Erweiterung des Buttons um die ID

Diese Anpassung bewirkt, dass der Button klickbar ist und eine Änderung der Beschriftung erzeugt. Da der Fake-Button nicht über die klassischen Eigenschaften, wie z. B. Fokussierbarkeit und Tastaturbedienbarkeit, verfügt, müssen weitere Anpassungen über HTML und JavaScript vorgenommen werden. Über das HTML-Attribut `tabindex="0"` könnte z. B. die Fokussierbarkeit über die Tastatur erzeugt werden, dennoch ist der Button in seiner Funktionalität zunächst nicht mit dem echten Button gleichzusetzen. Weiterhin musste mittels JavaScript der Klick abgefangen (EventListener) und mit einer Aktion verknüpft werden. Abbildung 4.7 zeigt, dass die beiden Buttons optisch wie zwei Buttons aussehen – optisch verschieden, beide funktional wie ein Button.

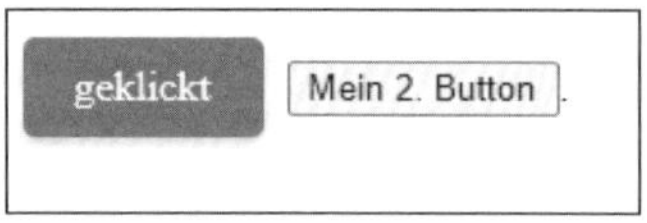

Abbildung 4.7 Fake-Button und echter Button

Sie sehen hier das perfekte Zusammenspiel von HTML, CSS und JavaScript. Weitere Anpassungen in HTML und JavaScript würden aus dem Fake-Button einen brauchbaren echten Button machen. Aber wie sieht es mit der Barrierefreiheit aus? Damit der Button auch mit assistiven Technologien effektiv und effizient genutzt werden kann, müssen WAI-ARIA-Attribute (wie z. B. `role="button"`) in das HTML eingefügt werden. Vermeiden Sie daher die Kombination von Techniken. Greifen Sie lieber auf das native HTML-Element eines Buttons zurück und stylen Sie diesen mit CSS.

4.2.2 Idealtypischer Einsatz der Techniken

HTML liefert den Inhalt sowie die Semantik, CSS stellt den Inhalt visuell dar, macht das Ganze »hübsch«. JavaScript ermöglicht weitere Interaktionsmöglichkeiten für Nutzende, wodurch Seiten mit dynamischen Inhalten ausgestattet werden können, was neben der Ladegeschwindigkeit auch Aspekte der Interaktion optimiert. Über WAI ARIA können spezifische Informationen für Screenreader zur Verfügung gestellt werden. Abbildung 4.8 zeigt das Zusammenspiel der Techniken (Details zu ARIA in Abschnitt 4.4).

In den folgenden Abschnitten dieses Kapitels werden die Zusammenhänge der Techniken näher erläutert, wobei der Schwerpunkt auf WAI ARIA liegt.

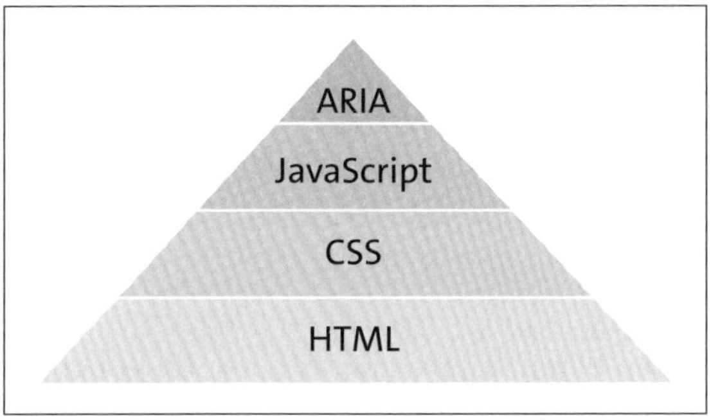

Abbildung 4.8 Zusammenspiel der Techniken

4.3 JavaScript

JavaScript ist eine weitverbreitete und einflussreiche Programmiersprache. Wenn JavaScript im Webbrowser ausgeführt wird, bedeutet dies, dass der Code auf den Computern der Nutzenden ausgeführt wird, wodurch interaktive Webseiten und Webanwendungen erstellt werden können, ohne dass eine serverseitige Verarbeitung erforderlich ist. Die Seiten werden nicht neu geladen. JavaScript lässt sich nahtlos in HTML und CSS integrieren und ermöglicht so die Erstellung interaktiver und dynamischer Webseiten. JavaScript wird insbesondere für ereignisbasierte Programmierung verwendet, bei der dynamisch auf Benutzeraktionen wie Mausklicks oder Tastatureingaben reagiert werden soll. JavaScript kann um Bibliotheken und Frameworks wie jQuery, React, Angular und Vue.js erweitert werden, um die Entwicklung komplexer Webanwendungen zu erleichtern.

Client-seitige Änderungen mit JavaScript können mehrere Probleme in Bezug auf Barrierefreiheit verursachen:

1. Wenn JavaScript verwendet wird, um dynamische Änderungen an einer Webseite vorzunehmen, sollten Entwickelnde sicherstellen, dass es alternative Darstellungen oder Beschreibungen für diese Änderungen gibt und dass der Screenreader diese Änderungen verarbeiten kann.
2. Komplexe JavaScript-Interaktionen können dazu führen, dass Nutzende die Fähigkeit zur Tastaturnavigation verlieren. Beispielsweise werden gerne `<div>` eingesetzt, um sie dann per JavaScript klickbar zu machen. Dies ist ein Problem für Nutzende, die keine Maus verwenden können oder wollen. Daher sollte grundsätzlich dafür gesorgt werden, dass solche Elemente per Tastatur nutzbar sind (z. B. in JavaScript durch die Verbindung der Funktion `getElementById()` mit der Methode `.focus()`).

JavaScript bietet Vorteile bei der Formulargestaltung im Hinblick auf Barrierefreiheit, wenn es korrekt und barrierefrei eingesetzt wird:

- Dynamische Validierung: Mit JavaScript können Formulareingaben in Echtzeit validiert werden, bevor die Daten an den Server gesendet werden. Dadurch ist es möglich, Nutzende auf fehlerhafte Eingaben hinzuweisen und sofortiges Feedback zur Korrektur der Fehler zu geben.
- Vervollständigung (»Suggest«): JavaScript kann verwendet werden, um Vervollständigungsfunktionen in Formularen bereitzustellen. So können direkt bei der Eingabe in einem Suchformular passende Produkte bzw. Kategorien angezeigt werden (siehe Abbildung 4.9). Dadurch können alle Nutzenden Daten schneller und einfacher eingeben.

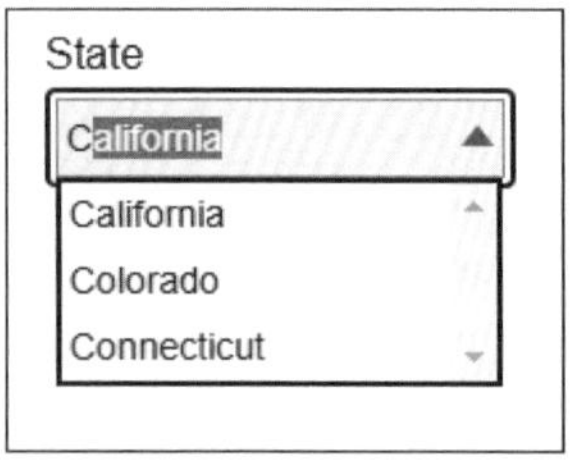

Abbildung 4.9 Kombinationsfeld mit Eingabevervollständigung
(Quelle und weitere Codebeispiele: *https://www.w3.org/WAI/ARIA/apg/patterns/combobox/examples/combobox-autocomplete-both*)

Entwickelnde müssen sicherstellen, dass sie JavaScript in einer barrierefreien Weise verwenden. Dies bedeutet, dass sie sicherstellen müssen, dass Formulare auch ohne JavaScript funktionieren und dass sie im Bedarfsfall ARIA-Rollen und -Eigenschaften verwenden, um die Zugänglichkeit zu verbessern. Es ist auch wichtig, die Validierung von Formularen sowohl auf der Client- als auch auf der Serverseite durchzuführen, um die Sicherheit zu gewährleisten und um sicherzustellen, dass Nutzende das Formular auch dann verwenden können, wenn JavaScript deaktiviert ist.

4.4 WAI ARIA

ARIA steht für Accessible Rich Internet Applications und ist eine Sammlung von Techniken und Regeln der Web Accessibility Initiative (WAI) des W3C (daher WAI ARIA), um interaktive Webanwendungen barrierefreier zu gestalten (siehe *https://www.w3.org/WAI/standards-guidelines/aria/*). WAI ARIA wird vor allem dann als Ergänzung zu semantischem HTML gesehen, wenn die Standard-HTML-Tags nicht ausreichen, um Barrierefreiheit zu gewährleisten oder interaktive Anwendungen zu unterstützen. WAI ARIA definiert eine Reihe von Attributen, die dazu dienen, funktionale Lücken in HTML zu füllen, um eine zugänglichere Erfahrung für Nutzende von assistiven Technologien zu schaffen. Benutzerdefinierte Steuerelemente (wie Carousel, Dropdown-Menüs und Dialogfenster), die mit JavaScript erstellt wurden, können so barrierefrei gestaltet werden. Darüber hinaus bietet ARIA Mechanismen wie ARIA-Liveregionen, um assistive Technologien über dynamische Inhaltsänderungen zu informieren, was ohne ARIA nur schwer möglich wäre.

WAI ARIA verändert die Darstellung Ihrer Website nicht, es sei denn, Sie fügen spezielle Stile in Ihr CSS ein, die auf WAI ARIA abzielen. Das bedeutet, dass niemand außer den Nutzenden assistiver Technologien (und den Geräten selbst) Unterschiede zwischen einer Webseite oder Anwendung mit und ohne WAI ARIA wahrnehmen wird. ARIA hat keinen Einfluss auf das DOM und führt daher zu keiner Veränderung im Aussehen und Verhalten der Webseite für den User. Generell gilt: Verwenden Sie ARIA nur, wenn es keine Alternative im Standard-HTML gibt!

Hinweis: Falsche Anwendung von ARIA

Beispiele für negative Auswirkungen einer falschen Anwendung von ARIA finden Sie unter *https://www.oidaisdes.org/de/common-aria-mistakes.de/*.

4.4.1 ARIA-Komponenten: Roles, States und Properties

Die aktuelle Version 1.2 von ARIA (*https://www.w3.org/TR/wai-aria-1.2/*) wurde im Juni 2023 veröffentlicht, die Vorgängerversion 1.1 stammt noch aus dem Dezember 2017. ARIA erweitert die Möglichkeiten von HTML durch die Definition zusätzlicher Rollen (*Roles*), Zustände (*States*) und Eigenschaften (*Properties*):

- **Rollen (Roles)**: Rollen informieren assistive Technologien über den Typ oder die Funktion eines Elements. Sie definieren den Typ eines Objekts, z. B. einen Button, einen Link, ein Tab oder einen Tooltip.
- **Zustände (States):** Zustände beschreiben den aktuellen Zustand eines Elements, der sich während der Interaktion ändern kann, wie z. B. »ausgewählt«, »fokussiert« oder »deaktiviert«.
- **Eigenschaften (Properties):** Eigenschaften geben zusätzliche Informationen über das Verhalten und die Beziehungen von Elementen, wie z. B., ob ein Element als erforderlich gekennzeichnet ist.

Die WAI-ARIA-Rollen sind in sechs Kategorien unterteilt, die jeweils spezifische Funktionen innerhalb der Benutzeroberfläche einer Webseite erfüllen. Tabelle 4.1 zeigt die sechs Rollenkategorien und ihre Beschreibung.

Rollenkategorie	Beschreibung
abstrakte Rollen	Diese Rollen dienen als Basis für andere Rollen und sind nicht für die direkte Verwendung in HTML vorgesehen. Sie sind konzeptionell und dienen als Grundlage für die Erstellung spezifischerer Rollen. Beispiele für abstrakte Rollen sind `roletype`, `structure`, `widget`.
Widget-Rollen	Widget-Rollen beschreiben interaktive Elemente einer Benutzeroberfläche. Diese Rollen sind direkt implementierbar und werden verwendet, um den Zustand und die Funktionalität interaktiver Elemente zu spezifizieren. Beispiele sind `button`, `checkbox`, `slider` und `progressbar`. Sie sind entscheidend, um komplexe Widgets für assistive Technologien wie Screenreader zugänglich zu machen.
Dokumentstruktur-Rollen	Diese Rollen definieren die Struktur innerhalb von Dokumenten, die nicht notwendigerweise interaktiv sind, aber für das Verständnis und die Navigation des Inhalts wichtig sind. Dazu gehören Rollen wie `article`, `list`, `heading` und `img`. Sie helfen bei der Strukturierung des Inhalts und verbessern die Navigation innerhalb einer Webseite.
Landmark-Rollen	Landmark-Rollen bieten eine Möglichkeit, die großen Bereiche einer Seite (Landmark) zu identifizieren, die für eine schnelle Navigation innerhalb des Webdokuments wichtig sind. Die acht Landmark-Rollen ermöglichen es, zwischen wichtigen Bereichen der Seite zu springen.
Liveregion-Rollen	Diese Rollen werden verwendet, um Bereiche einer Anwendung zu kennzeichnen, die dynamisch aktualisiert werden. Assistive Technologien können diese Aktualisierungen erkennen und den Nutzenden eine sofortige Rückmeldung geben, ohne dass sie die Seite neu laden müssen. Beispiele hierfür sind `alert` und `status`. Diese Rollen sind essenziell, um die Nutzenden in Echtzeit über Änderungen zu informieren.
Window-Rollen	Window-Rollen sind spezialisierte Rollen, die verwendet werden, um das Vorhandensein und das Verhalten von Fensterelementen in Webanwendungen zu beschreiben. Beispiele sind `dialog` und `alertdialog`. Diese Rollen sind wichtig, um modale oder nichtmodale Dialoge zugänglich zu machen.

Tabelle 4.1 ARIA-Rollen und ihr Einsatz

Dynamische Zustände sind auf modernen Webseiten Standard. Nutzende können z. B. in einem Webshop über einen Schalter B2B-Preise (ohne MwSt.) ein- und ausschalten (es werden dann B2C-Preise mit MwSt, angezeigt). Dazu wird typischerweise JavaScript verwendet. Für Screenreader-Nutzende ist dieser Zustand von großer Bedeutung. Daher muss der aktuelle Zustand eines UI-Elements mittels ARIA-States an assistive Technologien kommuniziert werden. Diese Zustände sind dynamisch und können sich während der Interaktion eines Users mit der Webseite ändern. Sie sind entscheidend, damit Nutzende von assistiven Technologien verstehen, wie sich ein Element verhält und wie sie damit interagieren können. Ein Beispiel soll dies verdeutlichen: Stellen Sie sich einen einfachen Schalter (Toggle Button) vor, den Sie wie einen Lichtschalter ein- und ausschalten können. Dieser Schalter zur Auswahl von B2B-Preisen könnte mit HTML, JavaScript und ARIA wie in Listing 4.8 implementiert werden.

```
<button aria-pressed="false"
onclick="toggleButton(this)">B2B-Preise</button>
```

Listing 4.8 Toggle Button mit ARIA-Eigenschaft

Der ARIA-Status `aria-pressed` gibt an, ob der Schalter (Toggle Button) gedrückt ist oder nicht. Der Wert `false` zeigt an, dass der Schalter momentan nicht gedrückt ist. Wenn die Nutzenden auf den Button klicken, ruft das `onclick`-Ereignis die Funktion `toggleButton` auf, die den Zustand des Schalters ändert. Die Funktion könnte mit JavaScript wie in Listing 4.9 implementiert werden.

```
function toggleButton(element) {
    const isPressed = element.getAttribute('aria-pressed') === 'true';
    element.setAttribute('aria-pressed', isPressed ? 'false' : 'true');
}
```

Listing 4.9 Funktion zur Änderung des ARIA-Zustandes

Diese Funktion überprüft den aktuellen Zustand des Schalters durch Zugriff auf das Attribut `aria-pressed`. Sie invertiert den Zustand (`true` zu `false` oder `false` zu `true`) abhängig vom aktuellen Wert. Der aktualisierte Zustand wird dann wieder dem Attribut zugewiesen, wodurch sich der visuelle Zustand des Schalters und die für assistive Technologien bereitgestellten Informationen ändern. Abbildung 4.10 zeigt den Accessibility Tree des Schalters (Button) mit ARIA-Attributen. Dieses Beispiel zeigt, wie ARIA-Zustände verwendet werden können, um die Barrierefreiheit interaktiver Elemente zu verbessern. Durch die Verwendung von `aria-pressed` können Nutzende assistiver Technologien darüber informiert werden, ob der Schalter betätigt ist, was ohne dieses ARIA-Attribut nicht erfassbar wäre. Solche dynamischen Zustandsinformationen sind besonders nützlich für Elemente, die häufig ihren Status ändern, ohne dass die Seite neu geladen werden muss. Unter *https://www.w3.org/TR/wai-aria-1.2/#state_prop_def* sind alle ARIA-Zustände und Eigenschaften abrufbar, Abbildung 4.11 zeigt einen Ausschnitt.

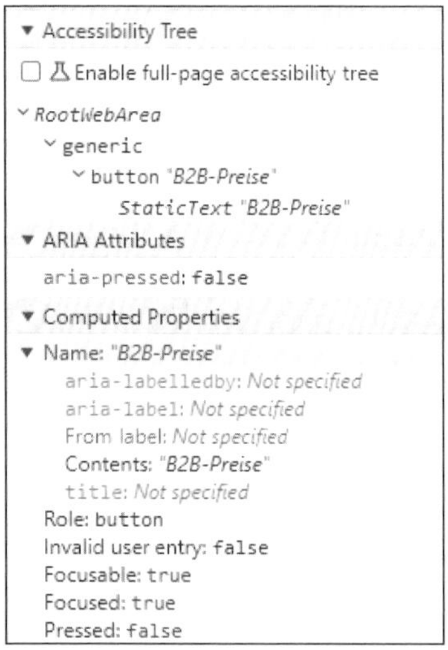

Abbildung 4.10 ARIA-Attribut des Schalters

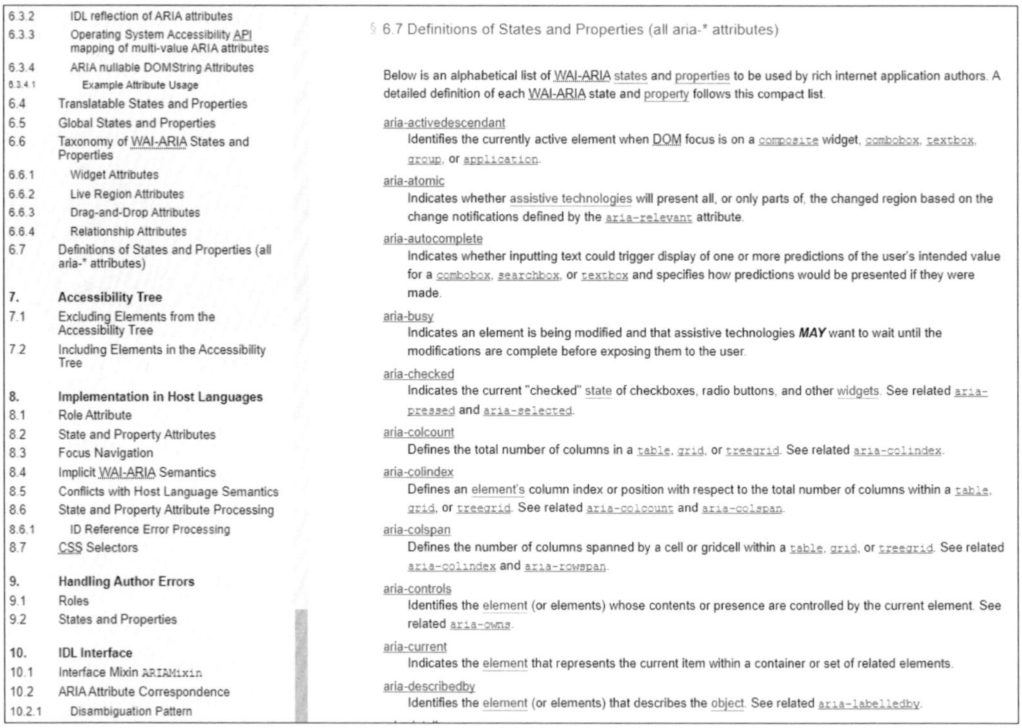

Abbildung 4.11 Definitionen der ARIA-Zustände (States) und Eigenschaften (Properties)

Tipp: W3C-Empfehlung zu ARIA

Da nicht alle Rollen, Zustände und Eigenschaften auf alle HTML-Elemente angewendet werden können, lohnt sich bei der Programmierung ein Blick in die W3C-Empfehlung bezüglich ARIA in HTML (*https://www.w3.org/TR/html-aria/*). Ein Auszug der erlaubten Kombinationen von ARIA in HTML ist in Abbildung 4.12 dargestellt.

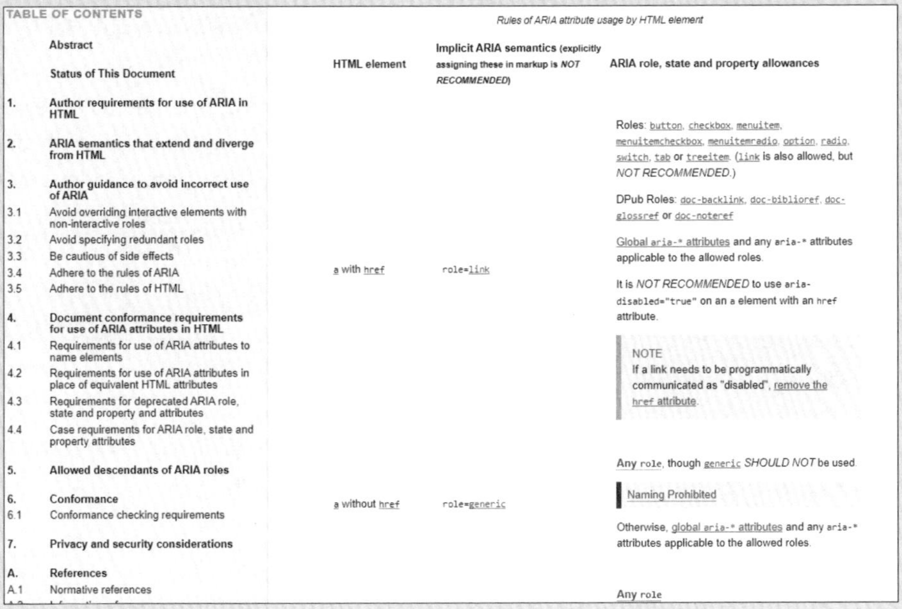

TABLE OF CONTENTS

Abstract
Status of This Document
1. Author requirements for use of ARIA in HTML
2. ARIA semantics that extend and diverge from HTML
3. Author guidance to avoid incorrect use of ARIA
3.1 Avoid overriding interactive elements with non-interactive roles
3.2 Avoid specifying redundant roles
3.3 Be cautious of side effects
3.4 Adhere to the rules of ARIA
3.5 Adhere to the rules of HTML
4. Document conformance requirements for use of ARIA attributes in HTML
4.1 Requirements for use of ARIA attributes to name elements
4.2 Requirements for use of ARIA attributes in place of equivalent HTML attributes
4.3 Requirements for deprecated ARIA role, state and property and attributes
4.4 Case requirements for ARIA role, state and property attributes
5. Allowed descendants of ARIA roles
6. Conformance
6.1 Conformance checking requirements
7. Privacy and security considerations
A. References
A.1 Normative references

Rules of ARIA attribute usage by HTML element

HTML element	Implicit ARIA semantics (explicitly assigning these in markup is *NOT RECOMMENDED*)	ARIA role, state and property allowances
a with href	role=link	Roles: button, checkbox, menuitem, menuitemcheckbox, menuitemradio, option, radio, switch, tab or treeitem. (link is also allowed, but *NOT RECOMMENDED*.) DPub Roles: doc-backlink, doc-biblioref, doc-glossref or doc-noteref Global aria-* attributes and any aria-* attributes applicable to the allowed roles. It is *NOT RECOMMENDED* to use aria-disabled="true" on an a element with an href attribute. NOTE If a link needs to be programmatically communicated as "disabled", remove the href attribute.
a without href	role=generic	Any role, though generic *SHOULD NOT* be used. Naming Prohibited Otherwise, global aria-* attributes and any aria-* attributes applicable to the allowed roles.
		Any role

Abbildung 4.12 ARIA in Kombination mit HTML-Elementen

4.4.2 Die zwei Prinzipien der ARIA-Nutzung

»No ARIA is better than Bad ARIA!« (W3C)

Die Verwendung von WAI ARIA ist knifflig – es ermöglicht, HTML-Elementen eine Bedeutung zu geben, um sie an assistive Technologien weiterzugeben und letztlich nutzbar zu machen. Gleichzeitig müssen diese individuell und fehlerfrei eingebunden werden, da sie sonst die Zugänglichkeit erschweren. Wenn Sie ARIA verwenden, sollten Sie dies insofern mit großer Sorgfalt tun, da der falsche Einsatz von ARIA gravierende Probleme schaffen kann. Aus diesem Grund hat das W3C zwei Prinzipien und fünf Regeln für die Verwendung von ARIA veröffentlicht (*https://www.w3.org/TR/using-aria/*):

1. Prinzip: Eine Rolle ist ein Versprechen!

```
<div role="button">Bestellung aufgeben</div>
```

Listing 4.10 Beispiel für die Integration einer Rolle

Der obige Code ist ein Versprechen, dass neben diesem `<div>` auch JavaScript integriert wird, um die für den Button erwartete Tastaturinteraktion bereitzustellen. Im Gegensatz zu HTML-Eingabeelementen bewirken ARIA-Rollen nicht, dass Browser Tastaturverhalten oder Stile bereitstellen. Eine Rolle zu verwenden, ohne das zu tun, was die Rolle verspricht, ist vergleichbar mit der Anzeige eines »Bestellung aufgeben«-Buttons, der eine Bestellung abbricht und den Warenkorb leert.

2. Prinzip: ARIA kann sowohl verbergen als auch verstärken, was sowohl Macht als auch Gefahr schafft.

   Das zweite Prinzip zeigt die Dualität von ARIA: Es kann die Zugänglichkeit verbessern, indem es wichtige Informationen für assistive Technologien bereitstellt, aber es kann auch die ursprüngliche Bedeutung eines Elements verbergen oder verändern, wenn es nicht korrekt verwendet wird. Dies führt zu potenzieller Verwirrung für Nutzende assistiver Technologien, wenn die implementierte Semantik nicht mit der erwarteten Funktion übereinstimmt.

```
<a role="menuitem">Nutzende von assistiven Technologien nehmen dieses
Element als ein Menüelement wahr, nicht als Link.</a>

<a aria-label="Nutzende von assistiven Technologien können nur den Inhalt
dieses aria-label vermittelt bekommen, jedoch nicht den Linktext">Link-
text</a>
```

Listing 4.11 Dualität von ARIA

4.4.3 Erste Regel der ARIA-Nutzung: Bevorzuge natives HTML

»Verwende, wenn möglich, ein natives HTML-Element oder -Attribut mit der Semantik und dem Verhalten, das du benötigst.«

Es ist immer besser, ein natives HTML-Element zu verwenden, als ein Element für andere Zwecke zu verwenden und es mit ARIA-Rollen, -Zuständen oder -Attributen für die Zugänglichkeit anzupassen. Dies gewährleistet eine bessere Unterstützung und reduziert die Komplexität der Implementierung.

Unter welchen Umständen ist dies nicht möglich?

- Verfügbarkeit im HTML-Standard, aber keine Implementierung in Browsern: Die Funktion ist in HTML verfügbar, aber noch nicht implementiert oder es fehlt die Unterstützung für die Barrierefreiheit.
- Einschränkungen durch visuelles Design: Die Verwendung eines bestimmten nativen Elements ist aufgrund visueller Designanforderungen nicht möglich, da das Element nicht entsprechend gestaltet werden kann.
- Fehlen der Funktion in HTML: Die benötigte Funktion ist derzeit in HTML nicht verfügbar.

Native HTML-Elemente wie `<button>` und `<a>` haben bereits eingebaute semantische Bedeutungen und interaktives Verhalten, die von assistiven Technologien wie Screenreadern verstanden werden. Diese Elemente unterstützen standardmäßig Tastaturinteraktionen und haben implizite ARIA-Rollen. Die Nicht-Nutzung nativer HTML-Elemente macht den Einsatz zusätzlicher ARIA-Attribute notwendig, was den Code komplexer und schwer wartbar macht. Dies erhöht auch das Risiko von Fehlern, die bei der Implementierung von Zugänglichkeitsfunktionen auftreten können.

4.4.4 Zweite Regel der ARIA-Nutzung: Ändere keine nativen Semantiken

»Ändere keine nativen Semantiken, es sei denn, es ist wirklich notwendig.«

Diese Regel betont die Wichtigkeit der Erhaltung der ursprünglichen, nativen Semantik von HTML-Elementen beim Hinzufügen von ARIA-Attributen. Die Kernaussage ist, dass die grundlegenden semantischen Informationen, die von HTML-Elementen bereitgestellt werden, nicht verändert werden sollten, da dies die Zugänglichkeit und die Benutzererfahrung beeinträchtigen könnte.

Dazu ein Beispiel: Angenommen, Sie möchten eine Überschrift erstellen, die auch als Tab (Registerkarte) fungiert.

- Problematischer Ansatz:

  ```
  <h2 role="tab">Überschrift Tab</h2>
  ```

  Listing 4.12 Änderung der Semantik durch Rollenzuweisung

  In Listing 4.12 wird dem `<h2>`-Element die Rolle `tab` zugewiesen. Dies ist problematisch, da sich dadurch die ursprüngliche Semantik des `<h2>`-Elements ändert. `<h2>` ist semantisch als Überschrift definiert und durch die Zuweisung der Rolle `tab` werden assistive Technologien fehlgeleitet. Dieses Element ist damit keine Überschrift mehr, was zu Verwirrung und Zugänglichkeitsproblemen führen kann.

- Besserer Ansatz:

  ```
  <div role="tab"><h2>Überschrift tab</h2></div>
  ```

  Listing 4.13 Beibehaltung der Semantik bei Rollenzuweisung

  In der Struktur in Listing 4.13 wird ein `<div>`-Element verwendet, um die Rolle `tab` zu definieren, während das `<h2>`-Element seine Rolle als Überschrift beibehält. Dieser Ansatz behält die ursprüngliche Semantik des `<h2>` Elements bei und fügt mit dem umgebenden `<div>` eine neue, zusätzliche Semantik hinzu. Diese Methode stellt sicher, dass assistive Technologien sowohl die Funktion des Tabs als auch die Bedeutung der Überschrift erkennen können. Auf diese Weise werden die Anforderungen an die Barrierefreiheit besser erfüllt, ohne die grundlegenden semantischen Eigenschaften zu beeinträchtigen.

Die zweite Regel für die Verwendung von ARIA empfiehlt, die native Semantik von HTML-Elementen nicht zu verändern, es sei denn, es gibt keine andere Möglichkeit. Die Verwendung von umschließenden Containern wie `<div>` oder `<span>` für die Zuweisung von ARIA-Rollen, anstatt die Rollen direkt den semantisch relevanten Elementen zuzuweisen, ist eine effektive Strategie, um Konflikte zwischen der nativen Semantik und ARIA-Semantik zu vermeiden.

4.4.5 Dritte Regel der ARIA-Nutzung: Alles mit der Tastatur nutzbar

»Tastaturbedienbarkeit interaktiver ARIA-Steuerungen«

Alle interaktiven ARIA-Steuerungen müssen mit der Tastatur bedienbar sein. Die Möglichkeit der (ausschließlichen) Tastaturnutzung ist ein WCAG-Erfolgskriterium (WCAG 2.1.1, »Tastatur« Level A, bzw. 2.1.3, »Tastatur (keine Ausnahme)« Level AAA), das als einer der größten Hebel für die Barrierefreiheit von Websites gilt. Wenn Sie ein Widget erstellen, das Nutzende anklicken, berühren, ziehen, ablegen, schieben oder scrollen können, müssen die Nutzenden auch in der Lage sein, zum Widget zu navigieren und die entsprechende Aktion mit der Tastatur auszuführen. Alle interaktiven Widgets müssen so programmiert sein, dass sie auf standardmäßige Tastatureingaben oder Tastenkombinationen reagieren. Wird z. B. die Rolle `role=button` verwendet, muss das Element fokussierbar sein und Nutzende müssen in der Lage sein, die zugehörige Aktion sowohl mit der [↵]-Taste (unter Windows) als auch mit der [↵]-Taste (unter macOS) und der Leertaste zu aktivieren.

Die dritte Regel der ARIA-Nutzung betont die Bedeutung der Tastaturzugänglichkeit für interaktive Elemente. Damit wird sichergestellt, dass Nutzende, die nicht mit der Maus interagieren können oder wollen, vollen Zugriff auf alle Funktionalitäten einer Website haben. Konkret bedeutet dies:

1. Tastaturfokus: Interaktive Elemente müssen in der Lage sein, den Tastaturfokus zu erhalten. Das bedeutet, dass Nutzende mit den Tabulatortasten und anderen navigierenden Tastaturbefehlen zu jedem interaktiven Element navigieren können.
2. Tastaturaktivierung: Nicht nur die Navigation zu einem interaktiven Element ist wichtig, sondern auch die Möglichkeit, es über die Tastatur zu aktivieren. Für viele Standardaktionen, wie z. B. das Aktivieren eines Buttons, sollte die Aktivierung sowohl mit der [↵]-Taste als auch mit der Leertaste möglich sein.
3. Tastaturgesteuerte Interaktionen: Für komplexere Widgets wie Schieberegler sind Standardtastenkombinationen definiert, die den Zugriff und die Interaktion ermöglichen. Dies können z. B. die Pfeiltasten zur Navigation in einer Liste oder die [Esc]-Taste zum Schließen eines Dropdown-Menüs sein.

4.4.6 Vierte Regel der ARIA-Nutzung: Vermeide »aria-hidden="true"« und »role="presentation"« bei fokussierbaren Elementen

»Verwende nicht »role="presentation"« oder »aria-hidden="true"« für fokussierbare Elemente.«

Die Verwendung von `role="presentation"` oder `aria-hidden="true"` für ein fokussierbares Element führt dazu, dass einige Nutzende auf »nichts« fokussieren. Das Objekt ist im DOM vorhanden und entsprechend fokussiert, aber das assistive System hat keine Information über das Objekt, da es im Accessibility Tree nicht vorhanden ist. Dies kann besonders für Nutzende von assistiven Technologien verwirrend sein, wenn sie ein Element fokussieren, das keine interaktiven oder zugänglichen Informationen bietet.

- Problematischer Ansatz:

  ```
  <button role="presentation">Drück mich</button>
  ```

  Listing 4.14 Problematische Verwendung von »role=presentation«

  Der Code in Listing 4.14 macht das Element (Button) fokussierbar. Dennoch wird es durch `role="presentation"` für Screenreader als bedeutungslos dargestellt, was zu einem inkonsistenten und verwirrenden Erlebnis führt.

- Problematischer Ansatz:

  ```
  <button aria-hidden="true">Drück mich</button>
  ```

  Listing 4.15 Problematischer Einsatz von »aria-hidden=true«

  Auch in Listing 4.15 wird das fokussierbare Element für assistive Technologien unsichtbar gemacht, was dazu führt, dass Nutzende, die auf das Element fokussieren, keine Rückmeldung erhalten.

  Wenn `aria-hidden="true"` auf einen übergeordneten Container angewendet wird, werden alle darin enthaltenen interaktiven Elemente ebenfalls ausgeblendet, was wiederum zu Zugänglichkeitsproblemen führt (siehe Listing 4.16).

  ```
  <div aria-hidden="true">
      <button>Drück mich</button>
  </div>
  ```

  Listing 4.16 Problematische Verwendung von »aria-hidden=true« in übergeordneten Containern

Die vierte Regel unterstreicht die Bedeutung der korrekten Verwendung von ARIA-Attributen, um sicherzustellen, dass die Barrierefreiheit für alle Nutzenden konsistent und effektiv ist.

4.4.7 Fünfte Regel der ARIA-Nutzung: Zugängliche Namen für interaktive Elemente

»Alle interaktiven Elemente müssen einen zugänglichen Namen haben.«

Ein interaktives Element hat nur dann einen zugänglichen Namen, wenn die zugängliche Namenseigenschaft in der Accessibility-API einen Wert hat.

Im folgenden Codebeispiel in Listing 4.17 hat das Eingabeelement vom Typ `text` ein sichtbares Label »Nutzende Name«, aber keinen zugänglichen Namen.

```
<span>Nutzende Name</span> <input type="text">
```

Listing 4.17 Label ohne zugänglichen Namen

Im Vergleich dazu hat das Eingabeelement vom Typ `text` in Listing 4.18 sowohl ein sichtbares Label »Nutzende Name« als auch einen zugänglichen Namen, da das `label`-Element korrekt verwendet wird, um den Labeltext mit dem Eingabeelement zu verknüpfen.

```
<input type="text" aria-label="Nutzende Name">
```

oder

```
<span id="p1">Nutzende Name</span> <input type="text" aria-labelledby="p1">
```

Listing 4.18 Label mit barrierefreien Namen

Das Beispiel in Listing 4.18 bezieht sich auf ARIA-Widgets. Für normale HTML-Eingaben befolgen Sie die erste Regel von ARIA und verwenden das `label`-Element mit einem `for`-Attribut, um Beschriftungen mit Eingabeelementen zu verknüpfen.

Die fünfte Regel der ARIA-Nutzung betont die Notwendigkeit, dass alle interaktiven Elemente, die eine Interaktion des Users ermöglichen oder erfordern, mit einem zugänglichen Namen versehen werden müssen. Dieser Name wird von Screenreadern und anderen assistiven Technologien verwendet, um den Nutzenden mitzuteilen, was das Element macht oder welche Informationen es enthält.

4.4.8 ARIA-Beispiele – Best Practices

Für den Fall, dass Sie sich bei der Implementierung von ARIA an Best Practices orientieren möchten, stellt das W3C eine umfassende Sammlung (Leitfaden) mit verschiedenen User-Interface-(UI-)Elementen zur Verfügung. Der *ARIA Authoring Practices Guide* (APG) ist unter *https://www.w3.org/WAI/ARIA/apg/patterns/* verfügbar. Diese Sammlung erweitert bestehende HTML-Elemente wie einen klassischen Button um spezifische Ausprägungen eines Buttons (z. B. Toggle-Button). Zusätzlich bietet sie für neue UI-Elemente wie Accordion und Breadcrumb detaillierte Anleitungen zur barrierefreien Umsetzung. Abbildung 4.13 zeigt den Einstieg in die Patterns des APGs.

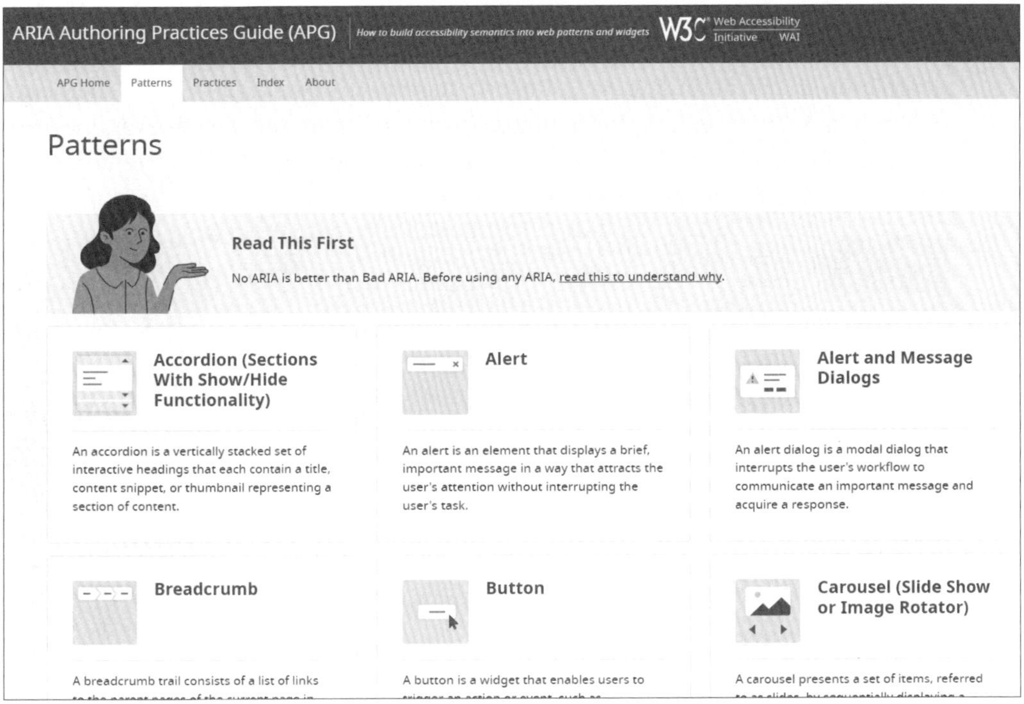

Abbildung 4.13 ARIA Authoring Practices Guide mit diversen Best Practices

Die Sammlung enthält neben einer beispielhaften Darstellung eines UI-Elements die vollständige Dokumentation für die Umsetzung mit einer barrierefreien Kombination aus HTML, CSS, JavaScript und ARIA. Die entsprechenden Rollen und Attribute sind ausführlich dargestellt und dokumentiert. Für die Programmierung ist es also eine gute Ressource, um sich mit ARIA näher zu befassen. Trotzdem sollte die Umsetzung mit der unterstützenden Technologie getestet werden, bevor Code aus der Sammlung in die Produktionsumgebung übernommen wird. Der Leitfaden enthält weder Informationen zu der Kompatibilität der Beispiele mit mobilen Browsern oder Touchinterfaces noch bietet er einen standardisierten Ansatz für Touchinteraktionen bei verschiedenen mobilen Browsern. Es wird daher nochmals empfohlen, so weit wie möglich auf native HTML-Elemente zurückzugreifen, da eine unangemessene Verwendung von ARIA schädlicher sein kann als der Verzicht auf ARIA. Dieser Ansatz gewährleistet eine robustere Barrierefreiheit durch die Verwendung etablierter HTML-Semantik.

4.4.9 ARIA-Landmarks – Bereiche auszeichnen

Sehende Menschen können sich schnell auf einer Webseite zurechtfinden, da sie Bereiche schnell unterscheiden können. Nutzende, die auf assistive Technologien angewiesen sind, haben durch Landmarks ebenfalls die Möglichkeit, schnell auf Bereiche oder Regionen zuzugreifen und dorthin zu navigieren. Diese Bereiche werden häufig durch definierte ARIA-Rollen oder durch spezifische HTML5-Elemente definiert, die semantische Informationen über den Inhalt und die Struktur der Webseite bereitstellen. Abbildung 4.14 zeigt die Aufteilung einer Webseite in definierte Landmarks, wie z. B. `navigation` und `banner`.

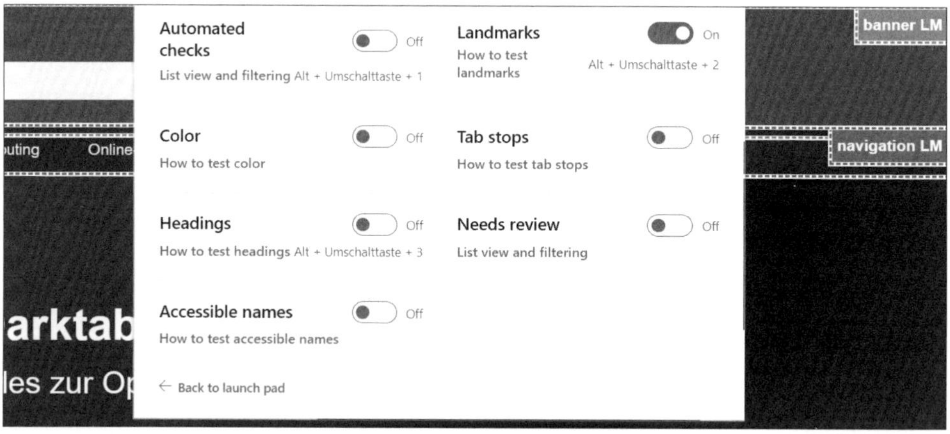

Abbildung 4.14 Einteilung einer Webseite mit Landmarks
(Quelle: *https://www.w3.org/WAI/ARIA/apg/patterns/landmarks/examples/main.html*)

Derzeit gibt es acht HTML-Landmarks, die in Tabelle 4.2 beschrieben sind. Es ist wichtig zu verstehen, dass bestimmte HTML-Strukturelemente (z. B. `main`, `nav`, `aside`) standardmäßig ARIA-Landmarks definieren. Das heißt, wenn Sie das entsprechende HTML-Element verwenden, wird die korrespondierende Landmark automatisch gesetzt. Auch hier zeigt sich die Bedeutung der semantischen Verwendung von HTML.

Landmark	Typisches HTML-Element	Beschreibung
`banner`	`<header>`	Definiert den Bereich, der in der Regel die globale Kopfzeile einer Seite umfasst, oft mit Titel, Logo und grundlegender Navigation.
`navigation`	`<nav>`	Bereiche, die primäre Navigationselemente wie Menüleisten oder Linklisten enthalten.

Tabelle 4.2 Landmarks und ihre Definition sowie Bedeutung

Landmark	Typisches HTML-Element	Beschreibung
`main`	`<main>`	Enthält den Hauptinhalt der Webseite, der einzigartig und wesentlich für das Verständnis der gesamten Seite ist.
`complementary`	`<aside>`	Enthält Inhalte, die den Hauptinhalt ergänzen, jedoch nicht unbedingt für das Verständnis der Hauptinformation notwendig sind, wie Werbung oder zusätzliche Links.
`contentinfo`	`<footer>`	Bezeichnet den Bereich am Ende einer Seite, der Informationen über den Inhalt enthält, wie Kontaktinformationen oder Links zu Datenschutzbestimmungen.
`form`	`<form>`	Markiert einen Abschnitt, der ein oder mehrere Elemente zur Dateneingabe enthält, wie in einem Log-in- oder Kontaktdatenformular.
`search`	`<search>`	Identifiziert einen Bereich, der ausschließlich der internen Suche der Webseite dient.
`region`	`<section>` alternativ z. B. `<div>` mit einer expliziten Beschriftung durch `aria-labelledby` oder `aria-label`	Definiert einen Bereich mit einem sichtbaren Label, der thematisch von anderen Bereichen unterscheidbar ist. Wird von Ihnen definiert und ist einzusetzen, wenn die anderen sieben Landmarks nicht passend sind.

Tabelle 4.2 Landmarks und ihre Definition sowie Bedeutung (Forts.)

Aufgrund der Komplexität heutiger Webinhalte sollten bei der Verwendung von Landmarks alle wahrnehmbaren Inhalte in je einer semantisch sinnvollen Landmark platziert werden. Damit soll sichergestellt werden, dass der Inhalt von Nutzenden nicht übersprungen wird.

Wenn Sie Landmarks einsetzen, wird folgendes Vorgehen empfohlen (weitere Details unter *https://www.w3.org/WAI/ARIA/apg/patterns/landmarks/examples/general-principles.html*):

1. **Identifizieren Sie die logische Struktur Ihrer Website**

   Die Seite sollte in wahrnehmbare Bereiche unterteilt werden, die oft visuell durch die Ausrichtung und den Abstand der Inhalte dargestellt werden. Diese Bereiche können bei Bedarf in weitere logische Unterbereiche unterteilt werden.

2. **Weisen Sie jedem Bereich Landmark-Rollen zu**

   Jedem Bereich sollte eine Landmark-Rolle zugewiesen werden, die auf der Art des Inhalts basiert. Die Rollen `banner`, `main`, `complementary` und `contentinfo` sollten als oberste Landmark fungieren. Landmark-Rollen können verschachtelt werden, um Eltern-Kind-Beziehungen der präsentierten Informationen zu identifizieren. Es ist jedoch nicht sinnvoll, den Inhalt eines modalen Dialogs (Pop-up) in einem Landmark-Bereich einzuschließen, da eine Landmark, die modale Inhalte enthält, nur dann nützlich ist, wenn das Modal geöffnet ist.

3. **Beschriften Sie jeden Bereich**

   Wenn eine spezifische Landmark-Rolle mehr als einmal auf einer Webseite verwendet wird, sollte sie eine einzigartige Beschriftung haben. Beginnt ein Bereich mit einem Überschriftenelement (z. B. `h1` bis `h6`), kann dieses mit dem Attribut `aria-labelledby` als Beschriftung für den Bereich verwendet werden. Wenn ein Bereich kein Überschriftenelement hat, sollte eine Beschriftung mit dem Attribut `aria-label` bereitgestellt werden.

Dabei ist zu beachten, dass einzelne Landmarks mehrfach, andere nur einmalig vorkommen können. Es kann mehrere Navigationsbereiche geben (Breadcrumb, horizontale Navigation), während der Hauptinhalt (`main`-Landmark) nur einmal ausgezeichnet werden sollte. Angenommen, Sie haben eine Website mit einer Hauptnavigation und einer Nebennavigation für weitere Links, dann sollte jedes dieser Navigationselemente eindeutig beschriftet werden, um seine Funktion und seinen Inhalt für alle Nutzenden klarzumachen. Die Verwendung von `aria-labelledby` und `aria-label` in diesem Kontext hat den Vorteil, dass die verschiedenen Navigationsbereiche der Seite eindeutig identifiziert werden können. Dies hilft Nutzenden von assistiven Technologien, auf der Seite effizient zu navigieren und die verschiedenen Bereiche klar voneinander zu unterscheiden. Sie sollten wie folgt gekennzeichnet werden:

- Hauptnavigation (`<nav aria-label="Hauptnavigation">`): Diese Navigation wird mit dem `aria-label`-Attribut gekennzeichnet, das den Zweck direkt beschreibt. Es ist für die primären Links der Website zuständig, wie z. B. Startseite, Dienstleistungen etc.
- Zusätzliche Navigation (`<nav aria-label="Sekundäre Navigation">`): Diese Navigation befindet sich z. B. innerhalb eines `aside` und beinhaltet ebenfalls ein `aria-label`-Attribut.

Listing 4.19 zeigt eine strukturierte Webseite mit den typischen Landmarks für Header, Hauptnavigation, interne Suche, Hauptinhalt der Webseite sowie Footer.

```
<!DOCTYPE html>
<html lang="de">
<head>
    <meta charset="UTF-8">
    <meta name="viewport" content="width=device-width, initial-scale=1.0">
    <title>Beispiel mit zwei Navigationselementen</title>
</head>
<body>
    <!-- Hauptnavigation -->
    <header>
        <nav aria-label="Hauptnavigation">
            <ul>
                <li><a href="#startseite">Startseite</a></li>
                <li><a href="#dienstleistungen">Dienstleistungen</a></li>
                <li><a href="#kontakt">Kontakt</a></li>
            </ul>
        </nav>
    </header>

    <!-- Hauptinhalt -->
    <main>
        <section id="startseite">
            <h1>Willkommen auf unserer Webseite</h1>
            <p>Hier finden Sie alle Informationen zu unseren Angeboten.</p>
        </section>

        <section id="dienstleistungen">
            <h2>Unsere Dienstleistungen</h2>
            <p>Wir bieten eine Vielzahl an Leistungen, die Ihren Bedürfnissen
gerecht werden.</p>
        </section>

        <section id="kontakt">
            <h2>Kontakt</h2>
           <p>Kontaktieren Sie uns über unser Formular oder telefonisch unter
0123 456 789.</p>
        </section>
    </main>

    <!-- Seitenleisten-Navigation -->
    <aside>
        <nav aria-label="Sekundäre Navigation">
            <ul>
```

```
                <li><a href="#impressum">Impressum</a></li>
                <li><a href="#datenschutz">Datenschutz</a></li>
                <li><a href="#hilfe">Hilfe</a></li>
            </ul>
        </nav>
    </aside>

    <!-- Footer -->
    <footer>
        <section id="impressum">
            <h2>Impressum</h2>
            <p>Informationen über das Unternehmen und rechtliche Hinweise.</p>
        </section>

        <section id="datenschutz">
            <h2>Datenschutz</h2>
            <p>Wie wir Ihre Daten schützen und verwenden.</p>
        </section>

        <section id="hilfe">
            <h2>Hilfe</h2>
            <p>Häufig gestellte Fragen und Unterstützung.</p>
        </section>
    </footer>
</body>
</html>
```

Listing 4.19 Beispiel für eine strukturierte Webseite mit Landmarks

Listing 4.19 erzeugt die Webseite in Abbildung 4.15.

Abbildung 4.15 Strukturierte Webseite mit typischen Inhalten

Tipp: Prüfung mittel Bookmarklets

Prüfen Sie die korrekte Implementierung mit dem Bookmarklet »Landmarks« (Verwendung von Bookmarklets siehe Abschnitt 1.7.3 bzw. *https://tollwerk.github.io/a11y-bookmarklets*). Abbildung 4.16 zeigt die visuelle Ausgabe der Anwendung des Bookmarklets.

Abbildung 4.16 Prüfung und Ausgabe der Landmarks mit Bookmarklet

4.5 Kompatibilität mit aktuellen und zukünftigen assistiven Technologien gewährleisten

Das Robustheitsprinzip der WCAG soll sicherstellen, dass Inhalte von einer Vielzahl von Benutzeragenten (einschließlich assistiver Technologien) interpretiert werden können. Dies erhöht die Zugänglichkeit und Kompatibilität von Inhalten der Website in verschiedenen Umgebungen. Im Mittelpunkt steht daher die Kompatibilität mit aktuellen und zukünftigen Technologien, d. h., die Inhalte sollten so gestaltet sein, dass sie von verschiedenen Benutzeragenten (Browsern, Screenreadern etc.) korrekt interpretiert werden können. Dies erfordert die Einhaltung von Webstandards wie HTML und CSS. Darüber hinaus muss der Code robust genug sein, um auch bei kleinen Fehlern oder Abweichungen noch einwandfrei zu funktionieren. Dies hilft, die Interoperabilität über verschiedene Plattformen hinweg zu gewährleisten.

4.5.1 Validierung von HTML

Die Validierung von HTML-Dokumenten ist ein wichtiger Schritt in der Webentwicklung, um sicherzustellen, dass Webseiten korrekt strukturiert sind und den vom W3C festgelegten Standards entsprechen. Die Validierung von HTML-Dokumenten ist aus mehreren Gründen wichtig:

- Cross-Browser-Kompatibilität: Validiertes HTML stellt sicher, dass eine Webseite auf verschiedenen Browsern und Geräten konsistent dargestellt wird. Browser folgen den W3C-Standards, um Webinhalte zu interpretieren und darzustellen. Durch die Einhaltung dieser Standards kann die Wahrscheinlichkeit von Darstellungsproblemen in unterschiedlichen Browserumgebungen verringert werden.
- Barrierefreiheit: Die Einhaltung von Webstandards verbessert die Barrierefreiheit, da validiertes HTML sicherstellt, dass Strukturelemente korrekt verwendet werden, was assistiven Technologien wie Screenreadern die Interpretation der Inhalte erleichtert.
- Suchmaschinenoptimierung (SEO): Suchmaschinen bevorzugen gut strukturierte und fehlerfreie Webseiten. Validiertes HTML erleichtert Suchmaschinen das Crawlen und Indexieren von Webseiten, was zu einer besseren Platzierung in den Suchergebnissen führen kann.
- Fehlerbehebung: Validierung kann helfen, Fehler im Markup zu identifizieren und zu korrigieren, die sonst schwer zu entdecken wären. Dazu gehören sowohl einfache Fehler wie fehlende Tags oder Attribute als auch komplexere Probleme, die die Funktionalität beeinträchtigen können.

Es gibt verschiedene Tools und Dienste (*https://www.w3.org/WAI/test-evaluate/tools/list/*), wie z. B. den W3C Validator (kostenlos, siehe Abbildung 4.17) oder den Total Validator (kostenpflichtig). Sie überprüfen das Markup gegen die aktuellen HTML-Spezifikationen.

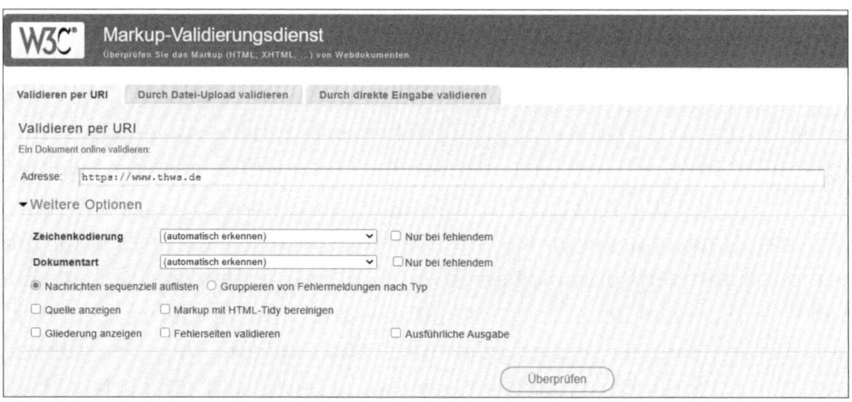

Abbildung 4.17 Automatische HTML-Validation
(Quelle: *https://validator.w3.org*)

Diese Tools melden Fehler oder Warnungen, die behoben werden sollten bzw. müssen, und unterstützen die Entwickler und Entwicklerinnen bei der Validierung ihrer HTML-Dokumente. Abbildung 4.18 zeigt einen Auszug der automatischen Prüfung mit entsprechenden Verweisen bei Fehlern im HTML.

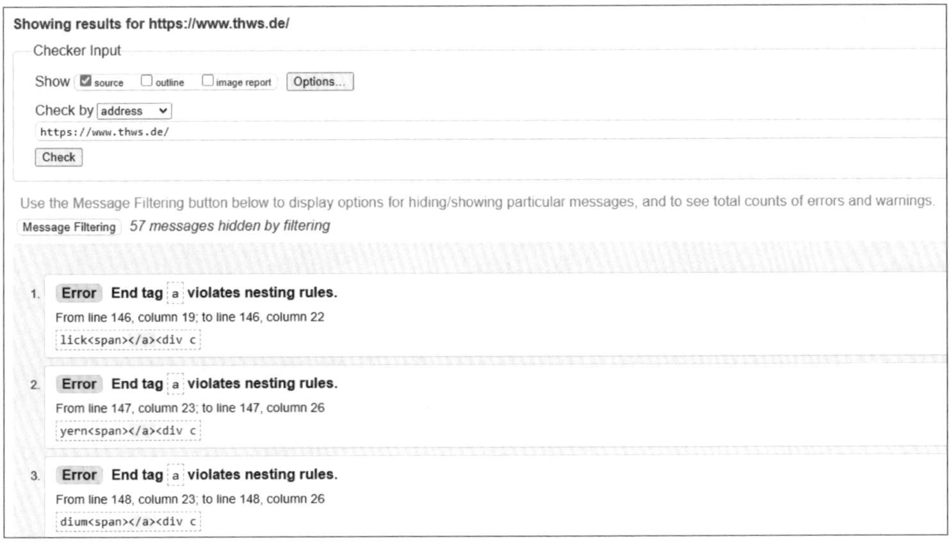

Abbildung 4.18 Auszug aus dem Ergebnis einer HTML-Validation

Bis zur Version 2.2 war die Prüfung der Validierung ein Teil der WCAG (WCAG 4.1.1, »Syntaxanalyse«, Level A), wurde nun aber aus dem Prüfkatalog entfernt. Dieses Kriterium wurde ursprünglich eingeführt, um Probleme zu lösen, die bei der direkten Analyse von HTML durch assistive Technologien auftraten. Diese Technologien müssen HTML nicht mehr direkt parsen, daher sind diese Probleme nicht mehr vorhanden oder durch andere Kriterien gelöst. Dieses Kriterium hat demzufolge keinen Nutzen mehr und wurde dadurch gestrichen. Dennoch lässt sich sagen, dass die Validierung von HTML-Dokumenten ein wesentlicher Bestandteil der Webentwicklung ist, der nicht nur technische Vorteile bietet, sondern zur allgemeinen Qualität und Professionalität von Webprojekten beiträgt.

4.5.2 Name, Rolle, Wert

WCAG 4.1.2, »Name, Rolle, Wert« (Level A), ist eine wichtige Richtlinie, die sich mit der Zugänglichkeit von UI-Komponenten und interaktiven Elementen befasst. Sie besagt, dass für alle UI-Komponenten eines Webinhalts Name, Rolle und Wert von Nutzenden programmgesteuert bestimmt werden können und dass Änderungen dieser drei Aspekte an assistive Technologien (wie Screenreader) gemeldet werden müssen. Ziel ist es, sicherzustellen, dass Menschen, die assistive Technologien nutzen, auf Informationen aus interaktiven Elementen zugreifen können. Dies beinhaltet, dass sie verstehen können,

- was das Element ist (Rolle/Funktion),
- wie es identifiziert wird (Name) und
- welchen Status oder Wert es hat (Wert).

Wenn z. B. eine E-Commerce-Website eine Dropdown-Liste anbietet, in der die Nutzenden die Menge eines ausgewählten Produkts wählen können, müssen die entsprechenden Informationen zur Verfügung gestellt werden, bevor die Produkte in den Warenkorb gelegt werden.

Listing 4.20 zeigt den HTML-Code einer Dropdown-Liste mit beispielhaften ARIA-Attributen, um sie barrierefrei zu gestalten:

```
<label for="quantity">Menge:</label>
<select id="quantity" name="quantity" aria-describedby="quantityDescription"
onchange="updateValue()">
  <option value="1">1</option>
  <option value="2">2</option>
  <option value="3">3</option>
</select>

<script>
function updateValue() {
  // Hier können Sie die gewünschte Logik für den Warenkorb hinzufügen
  console.log('Menge aktualisiert:',
document.getElementById('quantity').value);
}
</script>
```

Listing 4.20 Dropdown-Feld mit Mengenauswahl

Das Ereignis `onchange` in Listing 4.20 ruft eine Funktion auf, die notwendige Aktionen ausführt, wie z. B. das Aktualisieren des Warenkorbes und das Melden der Änderung an assistive Technologien (Statusmeldungen, siehe Abschnitt 4.5.3). Weiterhin werden folgende Informationen definiert:

- **Rolle**: Die Rolle des `<select>`-Elements ist implizit im HTML-Element selbst enthalten. Standardmäßig wird es als Dropdown-Liste (Auswahlmenü) erkannt.
- **Name**: Der Name des Dropdown-Menüs wird durch das `<label>`-Element bereitgestellt, das eindeutig angibt, worauf sich die Auswahl bezieht (die Menge des Produkts).
- **Wert**: Der Wert ist der ausgewählte Eintrag im Dropdown-Menü, der den aktuellen Status des Elements widerspiegelt.

4.5.3 Statusmeldungen

Die WCAG 4.1.3 »Statusmeldungen« (Level AA) befasst sich mit der barrierefreien Implementierung von Statusmeldungen auf Webseiten. Ziel dieser Richtlinie ist es, sicherzustellen, dass Statusmeldungen so präsentiert werden, dass sie von assistiven Technologien wahrgenommen werden können, ohne den aktuellen Fokus oder die aktuellen Einstellungen zu ändern. Dies bedeutet, dass Informationen über Erfolgsmeldungen, Fehler, den Fortschritt eines Prozesses oder andere Rückmeldungen für alle Nutzenden klar und zugänglich sind.

Wenn auf der E-Commerce-Website aus dem Beispiel in Listing 4.20 ein Artikel in den Warenkorb gelegt wird, wird normalerweise eine Nachricht auf dem Bildschirm angezeigt: »Artikel XY wurde zum Warenkorb hinzugefügt.« Die Nutzenden mit assistiven Technologien könnten diese Meldung verpassen. Um die Nutzenden über die Änderung oder die Erfolgsmeldung zu informieren, könnte die Webseite ARIA-Liveregion implementieren, um die Meldung »Artikel zum Warenkorb hinzugefügt« so zu markieren, dass sie automatisch von Screenreadern ausgegeben wird, sobald sie auftritt. Listing 4.21 zeigt einen Code mit ARIA-Liveunterstützung beim Hinzufügen von Artikeln zum Warenkorb.

```
<div aria-live="polite" aria-atomic="true" class="visually-hidden" id="cart-
status">
  <!-- Statusmeldung hier einfügen -->
</div>

<!-- Skript, das ausgelöst wird, wenn der "Zum Warenkorb hinzufügen"-Button
gedrückt wird -->
<script>
function addToCart(item) {
  // Logik, um Artikel zum Warenkorb hinzuzufügen
  // ...

  // Aktualisiere die Liveregion mit der Statusmeldung
  document.getElementById('cart-status').textContent =
 item.name + ' wurde zum Warenkorb hinzugefügt.';
}
</script>
```

Listing 4.21 ARIA-Livemeldung bei Statusänderung

In Listing 4.21 ermöglicht die Anweisung `aria-live="polite"` dem Screenreader, die Meldung vorzulesen, wenn gerade keine andere Ausgabe erfolgt. Dadurch werden Unterbrechungen der aktuellen Ausgabe des Screenreaders vermieden. Die Anweisung `aria-atomic="true"` stellt sicher, dass die gesamte Region als Ganzes vorgelesen wird und nicht nur die Änderungen darin. Die Verwendung von ARIA-Liveregionen ermöglicht es, wichtige Statusinformationen in Echtzeit zu erhalten. Die Nutzenden können auf Änderungen aufmerksam gemacht werden, ohne aktiv nach diesen Informationen suchen zu müssen, was die Interaktion mit der Website erleichtert.

4.6 KoliBri – die Komponentenbibliothek für die Barrierefreiheit

Das Informationstechnikzentrum der Bundesrepublik Deutschland (*https://www.itz-bund.de/*) stellt eine umfassende Sammlung von Open-Source-Komponenten zur Wiederverwendung und Weiterentwicklung zur Verfügung. Alle basieren auf HTML, sodass Sie im Idealfall ganz auf ARIA verzichten können. Wenn Sie also barrierefreie Elemente wie ein Accordion oder eine Breadcrumb-Navigation auf Ihrer Website implementieren wollen, können Sie den Code samt Dokumentation und vielen Anwendungsbeispielen unter *https://public-ui.github.io/* herunterladen. Frameworks wie Angular, React, Preact und Solid werden entsprechend unterstützt. Abbildung 4.19 zeigt die Definition und Konstruktion eines Accordions in KoliBri.

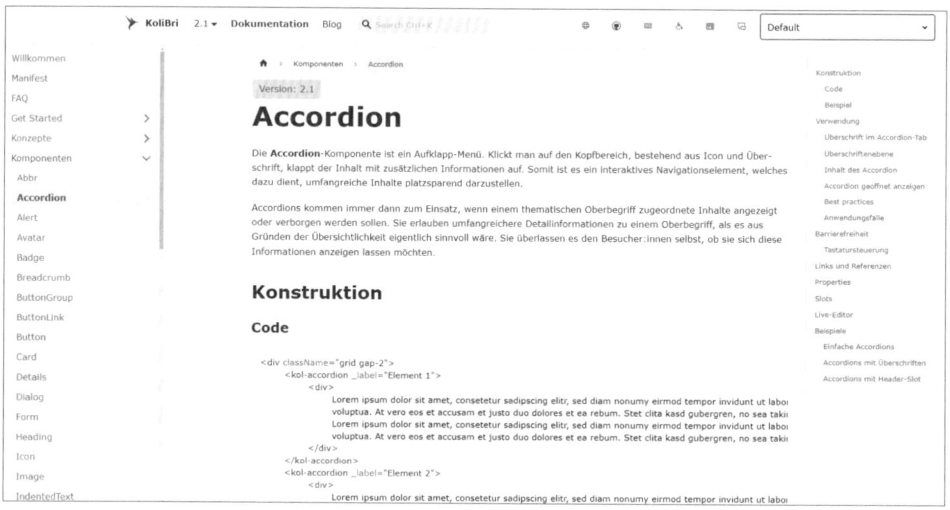

Abbildung 4.19 Umsetzung eines barrierefreien Accordions mittels Codes von KoliBri

> **Tipp: Nutzung von Design-Frameworks**
>
> Neben KoliBri stehen weitere Design-Frameworks zur Verfügung, die ebenfalls auf Barrierefreiheit ausgerichtet sind. Das Open-Source-Designsystem *Material Design* von Google, das weltweit in der Praxis eingesetzt wird, bietet eine detaillierte Erläuterung für Komponenten wie Button, Karussell, Menü etc. Erreichbar ist es in der aktuellen Version Material 3 unter *https://m3.material.io/components*.

4.7 Tools zur Optimierung

In Abschnitt 1.7 wurden bereits Browser-Plug-ins vorgestellt, die zur Analyse von Webseiten hilfreich sind. Die folgenden Abschnitte greifen weitere Tools auf, die Sie im Prozess der Prüfung und Optimierung der Barrierefreiheit unterstützen.

4.7.1 WAVE (Web Accessibility Evaluation Tool)

WAVE ist ein von WebAIM.org entwickeltes Tool zur Bewertung der Zugänglichkeit von Webseiten. Es gibt ein visuelles Feedback zur Zugänglichkeit der geprüften Webinhalte, indem es Symbole und Indikatoren direkt in Ihre Seite einfügt und so direkt auf Fehler oder mögliche Fehler hinweist.

Downloaden können Sie das Tool für Chrome unter *https://chromewebstore.google.com/detail/wave-evaluation-tool/jbbplnpkjmmeebjpijfedlgcdilocofh*. Abbildung 4.20 zeigt einen Ausschnitt einer Webseite mit gefundenen Fehlern und möglichen Optimierungen.

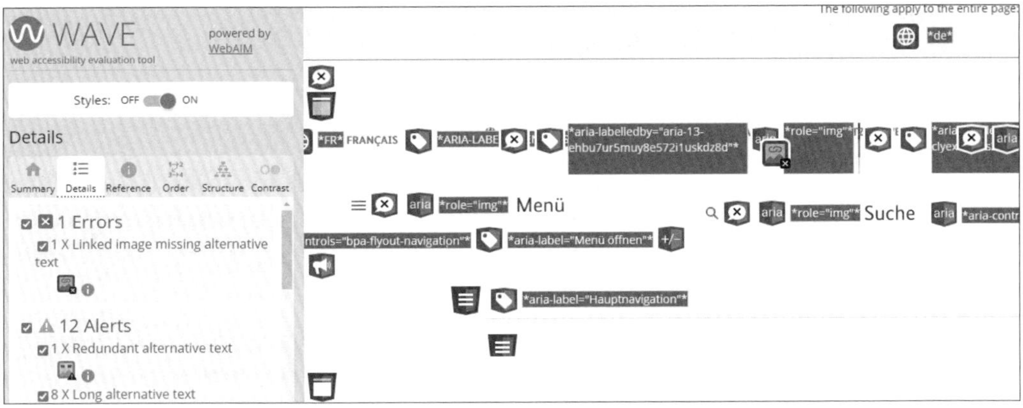

Abbildung 4.20 WAVE-Plug-in als Unterstützung der Prüfung

Anhand der visuellen Hervorhebungen können Sie viel über Ihre Website aus technischer Sicht erfahren und gegebenenfalls Optimierungsbedarf erkennen. Ist alles korrekt ausgezeichnet? Sind die Alternativtexte sinnvoll und für die relevanten Bilder vorhanden? Wurden die Farbkontraste beachtet? Antworten auf diese Fragen erhalten Sie, wenn Sie sich die Ergebnisse ansehen, teilweise vollständig, teilweise als Hilfestellung. Abbildung 4.21 zeigt das einwandfreie Ergebnis einer Kontrastprüfung einer Webseite (keine Fehler, alle geforderten Kontrastverhältnisse wurden übertroffen).

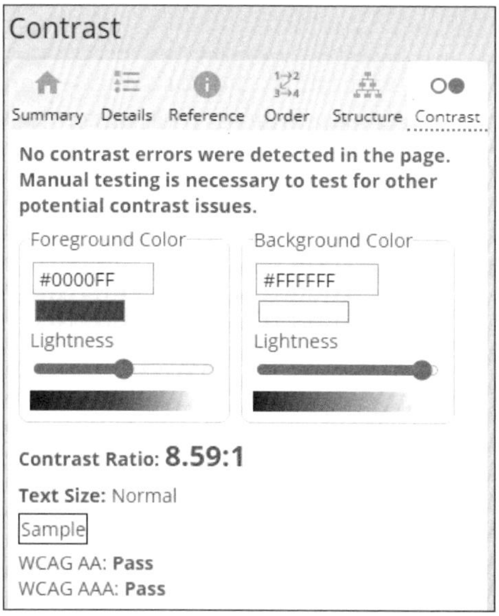

Abbildung 4.21 Kontrastprüfung von Bildern mit entsprechenden Werten und Bezug zur WCAG

4.7.2 ARC Toolkit

Das ARC Toolkit ist eine Sammlung von Barrierefreiheitstools, die Ihnen helfen, Zugänglichkeitsprobleme und -merkmale für WCAG und EN 301 549 zu identifizieren. Sie sind über die Entwicklungskonsole zugänglich (UNTERSUCHEN im Chrome Browser) und führen verschiedene Tests direkt auf der Webseite aus.

Downloaden können Sie das ARC Toolkit für Chrome unter *https://chromewebstore.google.com/detail/arc-toolkit/chdkkkccnlfncngelccgbgfmjebmkmce.*

Das Toolkit ist so konzipiert, dass es in automatisierte und manuelle Zugänglichkeitstests integriert werden kann, um sich wiederholende Aufgaben zu vereinfachen und Zugänglichkeitsmerkmale und -probleme interaktiv zu untersuchen. Abbildung 4.22 zeigt diverse Fehler auf einer Beispielwebseite. Die entsprechenden Fehler und Meldungen können direkt angesprungen und überprüft werden.

Interessant ist hier die visuelle Möglichkeit bzw. Unterstützung bei der Suche nach Optimierungen. Aspekte der Barrierefreiheit wie Zeichenabstand oder Überschriftenreihenfolge können Sie per Mausklick auswählen und direkt auf der Webseite darstellen. Abbildung 4.23 zeigt das Ergebnis der Vergrößerung des Zeichenabstandes sowie die Visualisierung der H-Überschriftenlogik einer Beispielwebseite.

Abbildung 4.22 ARC Toolkit für Tests über die Entwicklungskonsole

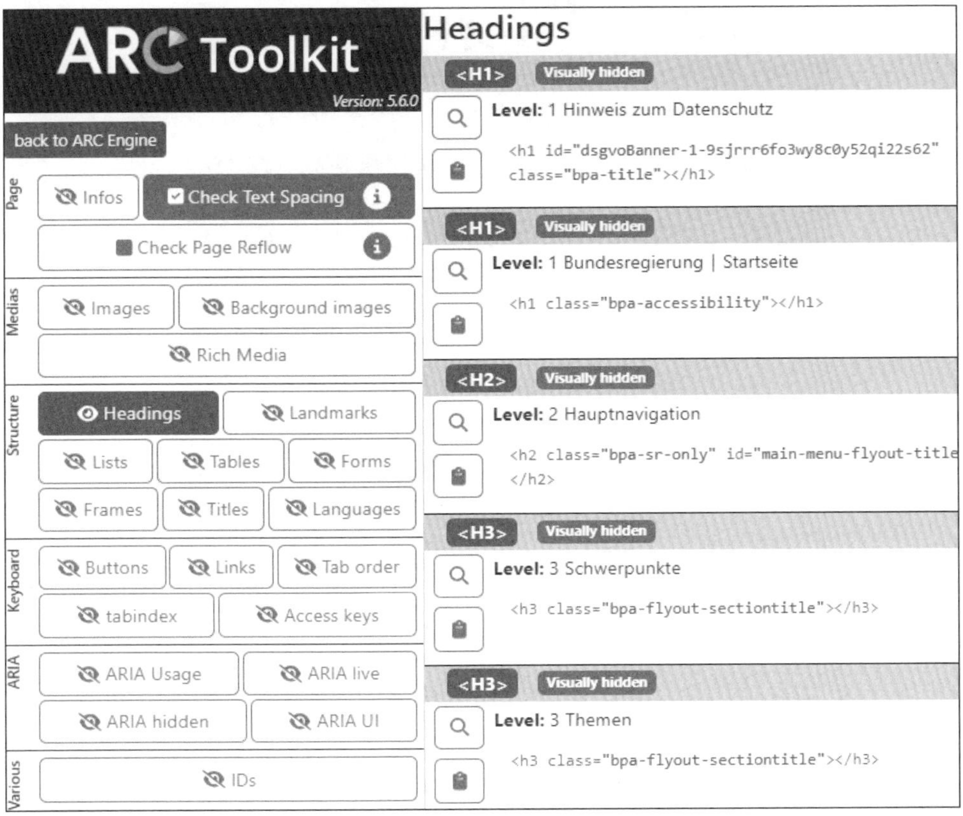

Abbildung 4.23 Erhöhung des Zeichenabstandes sowie Visualisierung der H-Überschriftenlogik

4.7.3 Fontanello

Fontanello (Download für Chrome unter *https://chromewebstore.google.com/detail/fontanello/jdlhfjlpaijjhklfadlhbbmpjfddkglc*) ist eine sehr nützliche Browsererweiterung, die Ihnen ermöglicht, die grundlegenden typografischen Stile eines Textes durch einen Klick mit der rechten Maustaste anzuzeigen. Mit Fontanello können Sie die Typografie einer Webseite auf einfache Weise überprüfen. Fontanello zeigt Ihnen Informationen zu Schriftart, Gewicht, Größe sowie Farbe von Texten an, wie Sie in Abbildung 4.24 sehen können. Zusätzlich werden Informationen zu Kontrast sowie Konformität des ausgewählten Textes angezeigt.

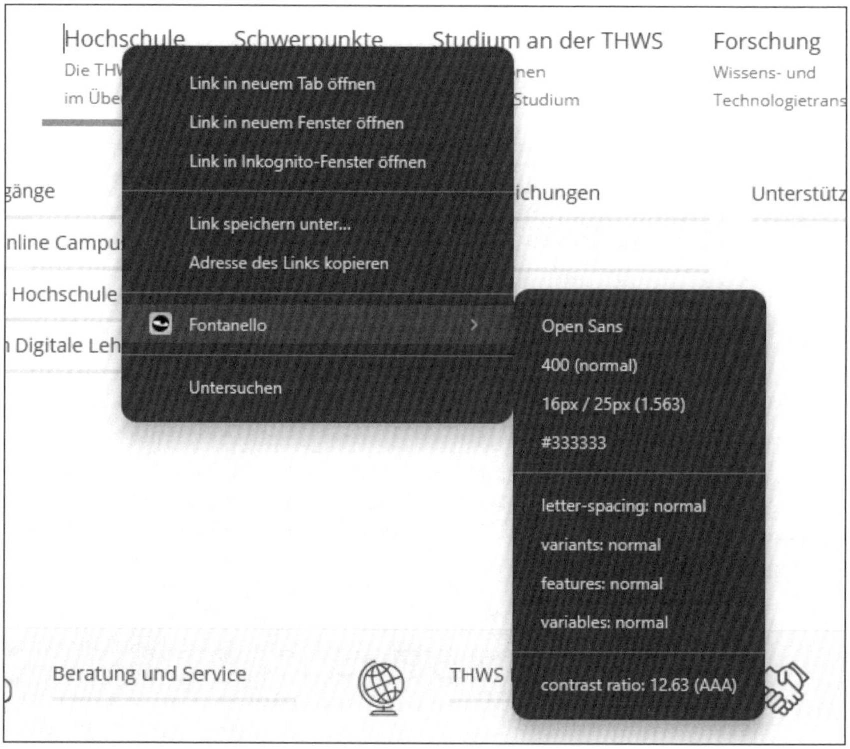

Abbildung 4.24 Anzeige der Schrifteigenschaften mittels Fontanello

4.8 Zusammenfassung des Kapitels

Hier sind noch einmal die wichtigsten Punkte dieses Kapitels im Überblick:

- CSS ermöglicht die Trennung von Design und Inhalt: Mithilfe von CSS können Inhalte unabhängig von der HTML-Struktur formatiert werden. HTML liefert den Inhalt und die Semantik, CSS stellt das visuelle Design bereit und JavaScript ermöglicht Interaktionen.

- CSS bietet verschiedene Ebenen der Formatierung: Elemente können einerseits individuell formatiert werden oder es können andererseits globale Stile für alle Seiten angewendet werden (z. B. Einbinden externer CSS-Dateien, was zentrale Änderungen erleichtert).
- CSS unterstützt sowohl absolute Maßeinheiten wie Pixel als auch relative wie em und rem, die besonders im responsiven Design nützlich sind.
- Natives HTML, wie das `<button>`-Element, bietet von Haus aus Funktionalität und Barrierefreiheit. Ein Fake-Button, der nur mit HTML und CSS erstellt wurde, benötigt zusätzliche Anpassungen mit JavaScript und WAI-ARIA-Attributen, um funktional gleichwertig und barrierefrei zu sein.
- Für assistive Technologien können WAI-ARIA-Attribute hinzugefügt werden, um nichtnative Elemente wie Fake-Buttons zugänglich zu machen. Jedoch sollten Sie möglichst auf native HTML-Elemente setzen, um Fehler und erhöhten Aufwand zu vermeiden.
- JavaScript ermöglicht dynamische, ereignisbasierte Webseiten, aber Entwickelnde müssen sicherstellen, dass Screenreader und Tastaturnavigation unterstützt werden, um Barrierefreiheitsprobleme zu vermeiden.
- JavaScript verbessert die Formularnutzung durch Echtzeitvalidierung, Autovervollständigung, Fokussteuerung und interaktive Elemente wie Datumsauswahl. Dies kann insbesondere Nutzenden mit Behinderungen helfen.
- WAI ARIA ergänzt HTML bezüglich der Barrierefreiheit: ARIA ermöglicht, benutzerdefinierte Steuerelemente/Widgets zugänglich zu machen. Es sollte nur eingesetzt werden, wenn Standard-HTML-Tags nicht ausreichen, um Barrierefreiheit zu gewährleisten.
- Prinzipien und Regeln der ARIA-Nutzung:

  Bevorzugen Sie natives HTML: Verwenden Sie, wenn möglich, native HTML-Elemente, um Barrierefreiheit sicherzustellen.

  Ändern Sie keine nativen Semantiken: Verändern Sie die Semantik von HTML-Elementen nur, wenn es unbedingt nötig ist.

  Alles muss mit der Tastatur nutzbar sein: Interaktive Elemente müssen vollständig tastaturbedienbar sein.

  Vermeiden Sie `aria-hidden` und `role="presentation"` bei fokussierbaren Elementen: Dies könnte zu Zugänglichkeitsproblemen führen.

  Alle interaktiven Elemente müssen einen zugänglichen Namen haben.
- Rollen, Zustände und Eigenschaften von ARIA: Rollen beschreiben die Funktion eines Elements, z. B. Button oder Slider. Zustände kommunizieren dynamische Änderungen, z. B., ob ein Schalter aktiviert ist. Eigenschaften geben zusätzliche Informationen über Elemente, z. B., ob ein Dropdown geöffnet ist.

- Das Informationstechnikzentrum der Bundesrepublik Deutschland (ITZBund) bietet eine Sammlung von Open-Source-Komponenten zur barrierefreien Webentwicklung an, basierend auf HTML, und unterstützt Frameworks wie Angular, React, Preact und Solid. Der Code ist mit Dokumentation und Anwendungsbeispielen unter *https://public-ui.github.io/* verfügbar.

Zusammenfassung Webtechnologien

- HTML: Strukturiert die Inhalte. (Was ist auf der Seite?)
- CSS: Gestaltet die Seite. (Wie sieht die Seite aus?)
- JavaScript: Fügt Interaktivität hinzu. (Wie reagiert die Seite auf Benutzeraktionen?)
- ARIA: Macht benutzerdefinierte Widgets barrierefrei. (Wie wird die Seite für Menschen mit Behinderungen zugänglich?)

TEIL III

Barrierefreie Inhalte – die Basis Ihrer Website

Kapitel 5
Texte und Inhalte auf Website und App zielgruppengerecht aufbereiten

Letztlich kommt es auf den Inhalt an!

Die Themen im Überblick:

- Visuelle Informationen und kognitive Leichtigkeit
- Texte zielgruppenkonform gestalten – Verständlichkeit und Lesbarkeit erhöhen
- Prinzipien der Leichten Sprache
- Prinzipien der Einfachen Sprache
- Optimierung der Aussprache von Texten in Screenreadern
- Zusammenfassung des Kapitels

Die folgenden beiden Kapitel 6 und Kapitel 7 werden Ihnen aufzeigen, wie Inhalte formatiert bzw. ausgezeichnet sein müssen, damit sie zugänglich sind. In den folgenden Abschnitten werden Ihnen dagegen Aspekte erläutert, mit deren Hilfe Sie Ihre Texte und Inhalte zielgruppengerecht aufbereiten können, denn der Inhalt ist später das Wichtigste.

5.1 Visuelle Informationen und kognitive Leichtigkeit

Content ist das Fundament von Websites und Apps. Google bewertet Webseiten und führt Nutzende zum vermeintlich besten Inhalt der individuellen Suchanfrage. Daher ist es wichtig, Content (insbesondere Texte und Bilder) für Mensch und Maschine optimal aufzubereiten und somit zugänglich zu machen. Texte spielen bei der Informationsbereitstellung, der Nutzerführung und der Suchmaschinenoptimierung eine zentrale Rolle. Sie sind das Medium, das von verschiedenen assistiven Technologien am einfachsten verarbeitet werden kann. Screenreader, Braillezeilen und andere Sprachausgabesysteme sind darauf angewiesen, dass Texte auf einer Website strukturiert vorliegen. Gut strukturierte Texte, die mit HTML-Tags wie Überschriften (`<h1>`, `<h2>` etc.), Listen (`<ul>`, `<ol>`) und Absätzen (`<p>`) versehen sind, verbessern nicht nur das Verständnis des Inhalts, sondern erleichtern auch die Navigation auf der Website (siehe Kapitel 3, »Das Fundament barrierefreier Websites – HTML und der Accessibility Tree«). Da Texte leicht in andere Formate (z. B. gesprochene Sprache) umgewandelt werden können, sind sie nicht nur für sehbehinderte Menschen von Vorteil, sondern auch für Menschen mit Lernschwierigkeiten und Aufmerksamkeitsdefiziten. Auch Menschen, deren Muttersprache nicht die jeweilige Landessprache ist, profitieren davon. Diese Anpassungsfähigkeit macht Texte zu einem vielseitigen Instrument der Informationsvermittlung.

Bei der Suchmaschinenoptimierung werden vereinzelt zusätzliche Informationen für die Suchmaschine bereitgestellt (»SEO-Texte«), in der Hoffnung, dass die Suchmaschine dadurch relevante Nutzende auf die eigene Website lenkt. Inzwischen verstehen Suchmaschinen den Inhalt, den Content einer Webseite. Daher sollte Content in der heutigen Zeit für den Menschen und weniger für die Maschine geschrieben werden. Das ist eine Herausforderung, denn es geht nicht darum, Keywords aus einem Tool wie dem Google Keyword Planner zu optimieren, die mittelbar Umsatz oder Leads bringen. Es geht darum, den individuellen Hintergrund bzw. die Suchintention der Menschen herauszufinden und befriedigen. Im Idealfall kennen Sie die Fragen der Nutzenden und erstellen entsprechende Inhalte. Vor dem Hintergrund der Barrierefreiheit sollte neben dem Aspekt der Relevanz von Inhalten auch die Verständlichkeit im Vordergrund stehen. Ist ein relevanter Inhalt unnötig komplex verfasst (Schachtelsätze, Fachbegriffe, Fremdwörter, Abkürzungen, Füllwörter etc.), so verliert er an Potenzial.

Ein Experiment: Können Sie diesen Text lesen und verstehen?

Bfereiirarheeti ist enie wtcighei Ahnlgeeigte, die dfaür sghort, dsas alel Mesnehcn, uhnaägbign von iehrn körperhlicen oder genistigen Eacgnkinshurenön, Zugnag zu Irafomitonen und Tecnohglein hbean. Dsiee Atfrduferneong eodrfert, dsas Webseietn, Adewnunng und oeffniltche Räume so getlasett weerdn, dsas sie von jedem lcieht genuztt wreedn knönen. Es ist von esetnsiler Bltedueung, dsas die Etntsceidrnurhägem beim Deegsin bzatcehern weerdn, um Sichsehletrit zu gnerietarne und die Ntuuzng von deigialtn Inhtelan zu evöreanchnf.

Verblüffend, wie das Gehirn fehlerhafte Informationen ergänzt oder korrigiert. Das bedeutet, dass Menschen Inhalt erschließen können und kontinuierlich auf Muster zurückgreifen. Das gilt für alle Menschen – Fehler werden »on the fly« ersetzt. Eine sehr große Herausforderung stellt der Text dar, wenn er ausschließlich per Screenreader oder per Braillezeile ausgegeben wird. Gibt es eine Alternative, die den Inhalt adäquat über Videos, Infografiken oder Audio vermittelt, können die Herausforderungen des Textlesens bzw. der Textinterpretation gelöst werden. Dies setzt allerdings voraus, dass die Informationen in vielfältiger Form zur Verfügung gestellt werden, da sonst keine Barrierefreiheit vorhanden ist.

Die visuelle Informationssuche im Web verläuft typischerweise in drei Phasen:

1. In der *Skimming*-Phase werden die Informationen schnell nach Schlüsselwörtern ober -informationen durchsucht. Es geht darum, die Hauptideen und Hauptpunkte eines Textes zu erfassen, ohne jedes Wort zu lesen. Das heißt, bei der Suche nach »Schuhe online kaufen«, wird der Text überflogen, um einen Überblick über die Suchergebnisse zu erhalten. Werden beim schnellen Überfliegen die Schlüsselwörter in den Suchergebnissen erkannt (im Idealfall durch Fettung hervorgehoben), ist dies der erste Anknüpfungspunkt für das Scanning.
2. Im weiteren Verlauf werden Texte quergelesen (*Scanning*), d. h., um die Ergebnisse des Überfliegens herum werden weitere Informationen in Fragmenten gelesen und bezüglich ihrer Relevanz beurteilt – es wird gezielt nach Informationen gesucht und diese werden punktuell gelesen.
3. Sofern eine Information aufgrund der (vermeintlichen) Passung die Aufmerksamkeit erregt, werden im weiteren Verlauf die Detailinformationen ausführlich gelesen. Die Entscheidung zum Klick bzw. zur Interaktion ist ein mehrstufiger Prozess, der nach Relevanz und Einfachheit getroffen wird.

Ist eine visuelle Informationssuche nicht möglich, wird dennoch nach ähnlichen Mustern vorgegangen. Die Ausgabe der Hauptüberschrift vermittelt eine erste Indikation über den Inhalt der Webseite. Die weiteren Überschriften sowie der gezielte Aufruf von Formularen und Tabellen vervollständigen den Eindruck und den Inhalt.

Das heißt, damit Sie möglichst viele Menschen erreichen, sollten Sie den Inhalt auf mehreren Wegen (z. B. Podcast und Transkription) zur Verfügung stellen, gängige Konventionen berücksichtigen und technische/semantische Aspekte beachten. Wo würden Sie den Warenkorb auf einer Website suchen? Typischerweise oben rechts, oder? Das heißt, Nutzende vermuten Objekte an einer bestimmten Stelle, wenn sie danach suchen. Wenn die Position geändert wurde, versuchen sie sehr schnell, einen Hinweis darauf zu bekommen, wo sich das Objekt befindet. Wenn Ihr Supermarkt die Produkte im Laden umplatziert, führt das zu Stress und Frustration. Icons helfen online und offline, sich sehr schnell zurechtzufinden, im Idealfall sind Icons selbsterklärend. Das Icon für SPEICHERN in Microsoft Office ist eine kleine Diskette, da ursprünglich eine Diskette zum Speichern benötigt wurde. Heute ist das natürlich anders, aber das entsprechende Icon ist seit Jahren etabliert, eine Veränderung würde stören und würde mentale Anpassungsprozesse erfordern. Das Papierkorbsymbol ist ebenfalls ein Sinnbild für die reale Welt, da Sie ein Dokument temporär in einen Papierkorb legen und jederzeit wieder herausnehmen können.

Beim Designprinzip des *Skeuomorphismus* werden bei Objekten digitale Attribute oder Erscheinungsformen von realen Objekten übernommen, um deren Funktion oder Nutzung zu verdeutlichen. Diese Nachahmung realer Objekte soll Nutzenden eine vertraute Umgebung bieten und die Nutzung intuitiver und verständlicher machen. Das heißt, dass im Idealfall jedes Icon komplett selbstbeschreibend ist und einen klaren Hinweis darauf gibt, was bei seiner Verwendung tatsächlich geschieht. In diesem Zusammenhang wird von *Affordance* gesprochen. Das bedeutet, dass ein Objekt anzeigt, wie es verwendet werden soll. Don Norman beschreibt in seinem Buch »Design of Everyday Things«, dass z. B. der Henkel einer Tasse eine klare Handlungsaufforderung ist, wie dieses Objekt benutzt werden soll. Menschen sollten also in der Lage sein, den Inhalt zu konsumieren und die Website oder App mit einer kognitiven Leichtigkeit zu bedienen. Kognitive Leichtigkeit beschreibt, wie mühelos und schnell Informationen von unserem Gehirn verarbeitet werden. Sind Informationen leicht zu verarbeiten, erleben wir kognitive Leichtigkeit; sind sie schwer zu verarbeiten, erleben wir kognitive Anstrengung. Der Psychologe und Nobelpreisträger Daniel Kahneman unterscheidet in seinem Buch »Schnelles Denken, langsames Denken« zwischen zwei Denkweisen des menschlichen Gehirns:

- System 1 (»schnelles Denken«): Dieses System arbeitet automatisch und schnell, mit wenig oder keinem Aufwand. Es ist intuitiv, emotional und nutzt Heuristiken, um schnelle Entscheidungen zu treffen. Das Beispiel der Preisberechnung von Kahneman zeigt: Wenn ein Schläger und ein Ball zusammen 1,10 € kosten und der Schläger 1 € mehr kostet als der Ball, wie viel kostet dann der Ball?
- System 2 (»langsames Denken«): Dieses System ist langsam, bewusst, anstrengend und kontrolliert. Es wird aktiviert, wenn eine tiefere, analytische Verarbeitung notwendig ist. Wenn Sie das Ergebnis von 23 × 21 im Kopf ausrechnen, spüren Sie die Wirkung von System 2.

Apropos Ergebnis, der Ball kostet 0,05 € und der Schläger 1,05 €. Wenn Sie mit 0,10 € gerechnet haben, dann hat Ihnen Ihr System 1 einen Streich gespielt. Rechnen Sie das gerne noch mal nach.

Bei kognitiver Leichtigkeit ist in der Regel System 1 aktiv. Die Informationen sind leicht verständlich und vertraut, was zu schnellen und automatischen Reaktionen führt. Die Verarbeitung schwieriger oder komplexer Informationen wird von System 2 übernommen, was bewusste Anstrengung und analytisches Denken erfordert. Eine Website, die kognitive Leichtigkeit fördert, ist einfacher und intuitiver zu bedienen, was besonders für Menschen mit kognitiven Beeinträchtigungen wichtig ist. Konsistenz im Design (z. B. gleiche Symbole für gleiche Funktionen) reduziert die kognitive Belastung. Kurze, klare Sätze und eine verständliche Sprache erleichtern die Informationsverarbeitung. Der Einsatz von visuellen, auditiven und haptischen Hinweisen kann die Informationsverarbeitung unterstützen.

5.2 Texte zielgruppenkonform gestalten – Verständlichkeit und Lesbarkeit erhöhen

Die Inhalte Ihrer Website sollten von Ihrer Zielgruppe verstanden werden und gleichzeitig aktivierend wirken, damit nach der Resonanz eine Reaktion erfolgt. Um kognitive Leichtigkeit zu gewährleisten, sollte der Text so gestaltet sein, dass bei schwierigen oder komplexen Themen zusätzliche Inhalte zur Verfügung stehen, die das Verständnis erleichtern. Im Idealfall sollte Ihr Text so einfach wie möglich geschrieben sein. Studien zeigen, dass Autoren als intelligenter wahrgenommen werden, wenn der Inhalt in einfachen Worten vermittelt wird. Das heißt, Kompetenz wird nicht durch komplexe Texte vermittelt, sondern durch die Vermittlung komplexer Inhalte auf verständlichem Niveau. Im Idealfall passiert das in einer leicht lesbaren Schrift.

»The secret of impressive writing? Keep it plain and simple.«[1]

5.2.1 Das Hamburger Verständnismodell

Das Hamburger Verständnismodell, das Anfang der 1970er Jahre von den Psychologen Reinhard Tausch, Inghard Langer und Friedemann Schulz von Thun an der Universität Hamburg entwickelt wurde, umfasst vier Ebenen, die bei optimaler Umsetzung zu einem höheren Textverständnis führen. Die vier zentralen Textmerkmale Einfachheit, Gliederung/Ordnung, Kürze/Prägnanz und zusätzliche Anregungen sollen Ihnen helfen, Ihre Texte so zu gestalten, dass sie von Ihrer Zielgruppe besser verstanden werden.

Die vier Merkmale der Verständlichkeit:

1. **Einfachheit**: Nutzen Sie geläufige, konkrete und anschauliche Wörter. Ungewöhnliche Ausdrücke und Abkürzungen werden erklärt, Sätze sind kurz. Verwenden Sie wenige oder keine Fremdwörter.
2. **Gliederung/Ordnung**: Jeder Text benötigt eine Struktur, d. h. eine klare Darstellung des Themas zu Beginn des Textes und eine sinnvolle Reihenfolge der Gesichtspunkte. Verdeutlichen Sie den Zusammenhang bzw. die Struktur zwischen den Sätzen durch eine visuelle und hierarchische Gliederung (Absätze, Zwischenüberschriften, Hervorhebungen, Zusammenfassungen).
3. **Kürze/Prägnanz**: Was ist für das Verständnis zwingend notwendig? Überfrachten Sie die Menschen nicht, lassen Sie Randinformationen weg. Eine gewisse Redundanz kann jedoch hilfreich sein, um die Verständlichkeit zu erhöhen.

1 Consequences of Erudite Vernacular Utilized Irrespective of Necessity: Problems with Using Long Words Needlessly (Daniel. Oppenheimer, *https://doi.org/10.1002/acp.1178*); A rose in any other font would not smell as sweet: Effects of perceptual fluency on categorization (Daniel Oppenheimer, Michael Frank, *https://doi.org/10.1016/j.cognition.2007.05.010*)

4. **Anregende Zusätze/Stimulanz**: Verwenden Sie Grafiken, Bilder, Storytelling-Elemente, die den Text lebendiger machen und das Interesse am Lesen fördern, ohne das Wesentliche zu überlagern.

Bei der Erstellung von Texten für Webseiten sollten Sie deshalb die folgenden Punkte beachten:

1. Klare und einfache Sprache: Achten Sie auf eine einfache Sprache. Verwenden Sie kurze Sätze, keine langen Schachtelsätze. Vermeiden Sie Fachjargon und komplizierte Ausdrücke. Erklären Sie notwendige Fachbegriffe und reduzieren Sie diese auf ein Minimum.
2. Struktur und Layout: Verwenden Sie aussagekräftige Überschriften und Zwischenüberschriften, um den Text zu gliedern und den Nutzenden die Navigation zu erleichtern. Gliedern Sie die Inhalte in klar definierte Abschnitte und verwenden Sie Listen (Aufzählungen oder Nummerierungen), um die Informationen übersichtlich darstellen. Schriftarten, die aufgrund ihrer Komplexität schwer lesbar sind, sollten vermieden werden. Zudem ist darauf zu achten, dass der Text auch bei Vergrößerung oder auf kleineren Bildschirmen lesbar bleibt.
3. Verlinkungen: Verwenden Sie aussagekräftige Linktexte, die den Zweck des Links beschreiben (z. B. »Weitere Informationen zur Barrierefreiheit« statt »Hier klicken«). Achten Sie darauf, dass Links deutlich erkennbar sind (z. B. durch Unterstreichung und eine andere kontrastreiche Farbe).
4. Formulare: Kennzeichnen Sie alle Formularfelder deutlich. Beschriften Sie Felder (Labels) und vermeiden Sie Zeitlimits, die die Nutzenden nicht anpassen können.
5. Medien: Fügen Sie Untertitel für Videos Transkriptionen für Audioinhalte hinzu. Achten Sie darauf, dass interaktive Inhalte auch ohne Maus bedienbar sind (Tastaturzugänglichkeit).

5.2.2 Optimierung der Lesbarkeit von Texten

Die Schriftart spielt eine wichtige Rolle, da sie die Lesegeschwindigkeit beeinflusst. Ein schwer lesbares Schriftbild führt zu einer negativen Einschätzung der Intelligenz des Autors. Die WCAG 3.1.5, »Leseniveau« (Level AAA), bezieht sich explizit auf das Leseniveau der Sekundarstufe I (7–9 Jahre Schulbildung): Wenn der Text nach der Entfernung von Eigennamen und Titeln Lesefähigkeiten erfordert, die über das Niveau der Sekundarstufe I hinausgehen, sollten ergänzende Inhalte oder eine Version, die an das Niveau der Sekundarstufe I angepasst ist, zur Verfügung gestellt werden. Ebenfalls auf Level AAA bezieht sich WCAG 3.1.3, »Ungewöhnliche Worte«, auf die Verständlichkeit von ungewohnten Wörtern: Es gibt einen Mechanismus, um spezifische Definitionen von Wörtern oder Ausdrücken zu identifizieren, die auf ungewöhnliche oder restriktive Weise verwendet werden, einschließlich Redewendungen und Jargon. Da die

WCAG überprüfbar bzw. messbar sein sollen, wird durch die Bezugnahme auf die Sekundarstufe I ein Maß definiert, das angibt, wann zusätzliche Inhalte erforderlich sind. Je nach Zielgruppe und Marktsegment werden komplexe Texte benötigt (z. B. für einen B2B-Anbieter von Windkraftanlagen). Daher mag die Forderung nach AAA-Level etwas praxisfremd klingen. Letztlich sollte auch hier gelten: Schreiben Sie die Texte so, dass sie verständlich sind.

Microsoft Word bietet Dokumentstatistiken an, die Informationen zur Lesbarkeit liefern (erreichbar über Start • Editor • Insights). Ein Kapitel in diesem Buch enthält die in Abbildung 5.1 dargestellten Statistiken zu Sätzen pro Absatz, Wörtern pro Satz sowie Zeichen pro Wort.

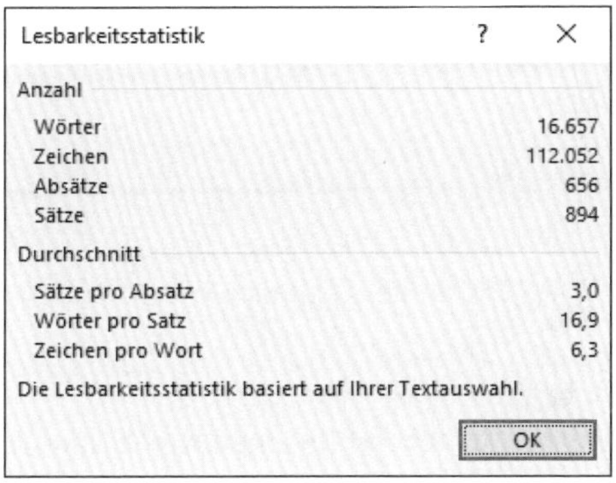

Abbildung 5.1 Lesbarkeitsstatistiken in Word

Es gibt diverse Tests, die anhand der Satzlänge sowie der Silbenanzahl pro Wort die Lesbarkeit mathematisch ermitteln. Für englischsprachige Texte bieten sich der Flesch-Kincaid-Grade-Level-Test, der Flesch-Reading-Ease (FRE) sowie der Gunning-Fog-Index an, für deutschsprachige Texte die Wiener Sachtextformel oder der adaptierte FRE. Allen Tests ist gemeinsam, dass die Anzahl der Wörter pro Satz bzw. die Anzahl der Silben pro Wort möglichst gering sein sollte.

Der wohl bekannteste Test ist der Flesch-Reading-Ease (Rudolf Flesch, »How to write plain English«), der von Toni Amstad für deutsche Texte angepasst wurde, da die Wörter im Deutschen länger sind als im Vergleich im Englischen. Die deutsche Formel lautet:

FRE (deutsch) = 180 – durchschnittliche Satzlänge – (58,5 × durchschnittliche Silbenanzahl pro Wort)

Ein FRE von < 30 bedeutet eine sehr schwere Lesbarkeit (»geeignet für Akademiker«), 60–70 mittlere Lesbarkeit (Standard) und 90–100 sehr leichte Lesbarkeit. Tabelle 5.1 zeigt die Einstufung des Punktewertes nach Lesbarkeit.

Flesch-Reading-Ease-Score	Lesbarkeit	Verständlich für
0–30	sehr schwer	Akademiker
30–50	schwer	
50–60	mittelschwer	
60–70	mittel	13–15-jährige Schüler
70–80	mittelleicht	
80–90	leicht	
90–100	sehr leicht	11-jährige Schüler

Tabelle 5.1 Einteilung des Flesch-Reading-Ease

Empfehlungen der WCAG

Um Texte einfacher zu gestalten, empfiehlt die WCAG in der Technik G153 folgende Aspekte.

- Entwickeln Sie ein einziges Thema oder Unterthema pro Absatz, d. h., strukturieren Sie den Text mithilfe von in sich sinnvollen und abgeschlossenen Aspekten.
- Verwenden Sie möglichst kurze Sätze. Die Wortliga empfiehlt maximal 15–20 Wörter pro Satz (*https://wortliga.de/glossar/satzlaenge/*). Unterteilen Sie längere Sätze in zwei oder mehr Sätze.
- Stellen Sie einen logischen Zusammenhang zwischen Absätzen oder Textabschnitten her.
- Vermeiden Sie Fachjargon, Umgangssprache oder Ausdrücke mit einer speziellen Bedeutung, die für einen Laien möglicherweise unverständlich sind.
- Ersetzen Sie lange oder unbekannte Wörter durch kürzere, geläufige Begriffe. Synonyme können dabei hilfreich sein.
- Streichen Sie redundante bzw. überflüssige Wörter, d. h. solche, die den Sinn des Satzes nicht verändern.
- Verwenden Sie Aufzählungen oder nummerierte Listen anstelle von Absätzen, die lange, durch Kommas getrennte Folgen oder Sätze enthalten.
- Verwenden Sie Namen und Bezeichnungen einheitlich.

Außerdem sollte in der westlichen Welt, in der von links nach rechts gelesen wird, der Text auf Webseiten linksbündig ohne Blocksatz dargestellt werden. Im Usability-Labor zeigt sich immer wieder, dass der linksbündige Flattersatz die einfachste Möglichkeit ist, Texte schnell und verständlich zu lesen. Zentrierte Texte haben das Problem, dass das Auge am Zeilenende den Anfang der neuen Zeile suchen muss und dabei abrutschen kann. Viele Menschen mit kognitiven Behinderungen haben große Schwierigkeiten mit Textblöcken, die im Blocksatz (linksbündig und rechtsbündig ausgerichtet) geschrieben sind. Durch die Abstände zwischen den Wörtern entstehen »weiße Flüsse«, die die Seite hinunterlaufen, was das Lesen des Textes für manche Menschen erschweren kann (G169 WCAG). Dieses Problem lässt sich am besten dadurch vermeiden, dass das Textlayout nicht vollständig im Blocksatz erstellt wird. Außerdem haben viele Menschen mit kognitiven Behinderungen Schwierigkeiten beim Lesen von Text mit einfachem Zeilenabstand. Eine Schaltfläche, die die Zeilenhöhe erhöht, erleichtert ihnen das Lesen des Inhalts. Um die Trennung zwischen den Absätzen beizubehalten, sollte auch der Abstand zwischen den Absätzen vergrößert werden, sodass er mindestens das 1,5-Fache des Zeilenabstandes beträgt (G188 WCAG).

Tipp: Optimierung von Texten mittels Textanalysen

Die Website *https://www.fleschindex.de/* berechnet kostenlos den deutschen Flesch-Index für eigene Texte. Außerdem bietet die Wortliga unter *https://wortliga.de/textanalyse* eine Textanalyse mit Optimierung.

5.2.3 Erläuterung von Abkürzungen

Verwenden Sie Abkürzungen in Ihrem privaten und beruflichen Umfeld? Die Verwendung von Abkürzungen ist ein wesentlicher Bestandteil unserer Sprache. Beispiele sind Akronyme wie HTML oder WHO. Auf Webseiten werden Abkürzungen häufig verwendet und als bekannt vorausgesetzt, was nicht immer der Fall ist. Außerdem können Abkürzungen schwer verständlich sein, insbesondere für Menschen mit kognitiven oder lehrbezogenen Einschränkungen. Um dies zu verbessern, fordert WCAG 3.1.4, »Abkürzungen« (Level AAA), dass die Bedeutung oder die vollständige Form von Abkürzungen auf Webseiten entweder beim ersten Auftreten, wie z. B. »Dieser Laptop verfügt über 16 GB RAM (Random Access Memory, auch Arbeitsspeicher genannt)« oder auf eine andere leicht zugängliche Weise bereitgestellt werden (z. B. über ein Glossar, das Abkürzungen erklärt und über einen leicht zugänglichen Link in der Nähe erreichbar ist). Damit soll sichergestellt werden, dass alle Nutzenden die auf der Webseite verwendeten Abkürzungen verstehen.

Abbildung 5.2 zeigt die Darstellung des Einsatzes des `<abbr>`-Tags.

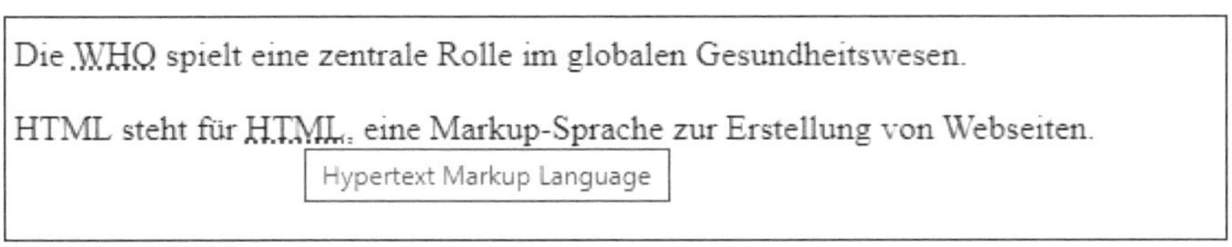

Abbildung 5.2 Auswirkung des <abbr>-Tags in HTML

Die Verwendung der Abkürzung im Text ist vorteilhafter als die Verwendung des auf diversen Websites eingesetzten <abbr>-Tags, da die Abkürzungen für alle Nutzenden von Vorteil sind, insbesondere wenn diese nur mit der Abkürzung nicht vertraut sind.

5.2.4 Redewendungen und Metaphern

In zwischenmenschlichen Dialogen spielen Redewendungen und Metaphern eine subtile, aber wichtige Rolle. Bei »Wer wird Millionär« sind Redewendungen oft der Grund, warum Menschen schon bei den ersten Fragen scheitern. Wissen Sie z. B., wie die Redewendung »Klappe zu, Affe ...« weitergeht?

Während Redewendungen in der Alltagssprache dazu dienen, komplexe Ideen verständlicher zu machen, können sie für manche Menschen zum Hindernis werden. Beispiele für Redewendungen, die unter dem Gesichtspunkt der Barrierefreiheit problematisch sein können:

- »Das steht auf einem anderen Blatt«: Dieser Ausdruck wird verwendet, um anzudeuten, dass ein Thema komplexer ist und eine separate Betrachtung erfordert. Menschen mit kognitiven Beeinträchtigungen könnten diese Metapher wörtlich nehmen und Schwierigkeiten haben, die eigentliche Bedeutung zu verstehen.
- »Das Kind mit dem Bade ausschütten«: Diese Redewendung wird verwendet, um anzudeuten, dass etwas Gutes wegen einiger weniger negativer Aspekte aufgegeben wird. Für Menschen mit Sprach- oder Lernschwierigkeiten kann diese metaphorische Formulierung schwer verständlich sein.

Diese Beispiele sollen veranschaulichen, wie Redewendungen und Metaphern potenzielle Barrieren für Menschen mit unterschiedlichen Fähigkeiten und Einschränkungen darstellen können. Es ist wichtig, alternative Formulierungen zu verwenden, die klar, präzise und frei von Interpretationen sind, um die Zugänglichkeit in der Kommunikation zu verbessern. Das Problem bei der Verwendung von Redewendungen und Metaphern ist, dass sie oft auf implizitem Vorwissen oder kulturellen Konventionen basieren. Menschen mit kognitiven Beeinträchtigungen oder Lernschwierigkeiten können Schwierigkeiten haben, metaphorische Sprache zu verstehen oder metaphorische Verbindungen herzustellen.

Gerade auf Webseiten werden Redewendungen und Metaphern eingesetzt, die dazu dienen, komplexe Konzepte zu veranschaulichen und den Leserinnen und Lesern ein besseres Verständnis zu ermöglichen. Obwohl Metaphern dazu beitragen können, abstrakte Ideen greifbarer zu machen, bergen sie auch potenzielle Fallstricke. Sie sollten deshalb sicherstellen, dass Ihre Sprache so klar und präzise wie möglich ist, insbesondere wenn Sie komplexe oder abstrakte Konzepte erklären. Wenn Metaphern verwendet werden, sollten sie sorgfältig ausgewählt und klar erklärt werden, um sicherzustellen, dass sie von allen verstanden werden. By the way: »Klappe zu, Affe tot« bedeutet, eine Sache ist abgeschlossen. Diese Redewendung scheint ihren Ursprung in den Anfängen des Zirkusgewerbes zu haben. Denn wenn der Affe, der die Kunststücke zeigte, starb, konnte keine Vorstellung mehr stattfinden.

5.3 Prinzipien der Leichten Sprache

Leichte Sprache ist eine spezielle Form der Sprache, die Texte besonders klar und verständlich machen soll. Auf Webseiten von öffentlichen Stellen (z. B. Kommunen, Regierung) sieht die BITV vor, dass Inhalte auch in Leichter Sprache angeboten werden (das BFSG sieht das nicht vor). Sie wird verwendet, um Informationen für Menschen zugänglich zu machen, die Schwierigkeiten beim Lesen und Verstehen von Standardtexten haben. Dazu gehören insbesondere Menschen mit Lernschwierigkeiten oder kognitiven Behinderungen.

Der Text in Tabelle 5.2 zeigt die Übersetzung eines Beispieltextes in Leichter Sprache.

Ursprungstext	Leichte Sprache
Die Registrierung auf unserer Webseite ermöglicht Ihnen den Zugang zu einer Vielzahl von Ressourcen, die speziell darauf ausgerichtet sind, Ihre individuellen Bedürfnisse zu erfüllen.	Sie können sich auf unserer Webseite anmelden. Dann können Sie viele Dinge nutzen. Diese werden Ihnen helfen.

Tabelle 5.2 Gegenüberstellung eines Standardtextes mit einem in Leichter Sprache

Es gibt derzeit noch keine Norm für die deutsche Leichte Sprache, obwohl ein Entwurf bereits existiert (DIN SPEC 33429:2023-04). Das heißt, in Zukunft wird eine entsprechende Standardisierung erfolgen. Das Netzwerk Leichte Sprache (*https://www.leichte-sprache.org/leichte-sprache/die-regeln/*) bietet umfassende Informationen und detaillierte Regeln für Leichte Sprache. Dies sind unter anderem die folgenden.

- **Merkmale für Wörter:**
  - Benutzen Sie einfache Wörter (erlauben statt genehmigen).
  - Benutzen Sie beschreibende Wörter (Bus und Bahn statt Öffentlicher Personennahverkehr).
  - Benutzen Sie bekannte Wörter, keine Fremdwörter (Arbeitsgruppe statt Workshop).
  - Benutzen Sie kurze Wörter (Auto statt Automobil).
  - Benutzen Sie keine Abkürzungen (das heißt statt d. h.).
  - Benutzen Sie eine positive Sprache (»Das war gut« statt »Das war nicht schlecht«).

- **Merkmale für Sätze:**
  - Benutzen Sie kurze Sätze (»Auf dem Tisch liegt ein Buch. Ich habe das Buch schon gelesen.« statt »Das Buch, das auf dem Tisch liegt, habe ich schon gelesen.«).
  - Benutzen Sie einen einfachen Satzbau (»Frau Weber bezahlt die Rechnung.« statt »Die Rechnung bezahlt Frau Weber.«).
  - Trennen Sie lange Sätze (»In der Suppe ist zu viel Salz. Deshalb schmeckt die Suppe schlecht.« statt »Die Suppe schmeckt schlecht, weil in der Suppe zu viel Salz ist.«).
- **Merkmale für Text:**
  - Sprechen Sie die Leser und Leserinnen persönlich an (»Sie dürfen morgen wählen.« statt »Morgen ist die Wahl.«).
  - Vermeiden Sie Fragen im Text.
  - Schreiben Sie alles zusammen, was zusammengehört (»In Heft 3 steht mehr dazu.« statt »siehe Heft 3«).
  - Sie dürfen einen Text beim Schreiben in Leichter Sprache verändern. Inhalt und Sinn müssen aber stimmen.
- **Merkmale für Gestaltung und Bilder:**
  - Benutzen Sie eine einfache Schrift (z. B. Calibri, Open Sans, Verdana).
  - Benutzen Sie eine große Schrift (Schriftgröße 14 oder größer).
  - Lassen Sie genug Abstand zwischen den Zeilen (1,5-facher Abstand).
  - Schreiben Sie immer linksbündig.
  - Schreiben Sie jeden neuen Satz in eine neue Zeile.
  - Trennen Sie keine Wörter am Ende einer Zeile.
  - Heben Sie wichtige Dinge hervor.
  - Benutzen Sie Bilder.
  - Benutzen Sie Bilder nicht als Hintergrund. Dann kann man den Text schlecht lesen.

Mittlerweile gibt es Versuche, Texte mittels KI in Leichte Sprache übersetzen zu lassen. Die Qualität dieser automatisierten Texte reicht aber (noch) nicht an die Ergebnisse heran, die speziell ausgebildete Fachübersetzende und Prüfende für Leichte Sprache formulieren.

5.4 Prinzipien der Einfachen Sprache

Während Leichte Sprache Regeln für reduzierte Wortwahl, Satzbau und Gestaltung befolgt, ist Einfache Sprache dagegen eine vereinfachte Form der (deutschen) Sprache und daher vom angestrebten Verständnisniveau her weniger komplex. Sie zielt darauf ab, Texte für eine breitere Zielgruppe verständlich zu machen, ohne dabei so stark zu vereinfachen wie Leichte Sprache. Einfache Sprache richtet sich primär an Menschen, die Schwierigkeiten haben, komplexe Texte zu verstehen. Die Zielgruppen umfassen daher insbesondere Menschen mit geringeren Lese- und Schreibkompetenzen sowie Nicht-Muttersprachler und Sprachlernende.

Im Gegensatz zur Leichten Sprache existiert für die Einfache Sprache eine internationale Norm (DIN ISO 24495-1:2023, Einfache Sprache – Teil 1: Grundsätze und Leitlinien). Das Ziel der Norm ist es, verständliche Texte für eine breite Zielgruppe bereitzustellen, wobei die Zielgruppe Einfacher Sprache ausdrücklich nicht Leser oder Leserinnen mit kognitiven Beeinträchtigungen sind. Dabei stehen vier Grundsätze im Mittelpunkt:[2]

- **Grundsatz 1**: Die Leser und Leserinnen erhalten, was sie brauchen (Relevanz).
- **Grundsatz 2**: Die Leser und Leserinnen können leicht finden, was sie brauchen (Auffindbarkeit).
- **Grundsatz 3**: Die Leser und Leserinnen können leicht verstehen, was sie finden (Verständlichkeit).
- **Grundsatz 4**: Die Leser und Leserinnen können die Informationen leicht verwenden (Anwendbarkeit).

Mit der DIN 8581-1:2024 (Einfache Sprache – Anwendung für das Deutsche) existiert eine weitere DIN-Norm zur Einfachen Sprache. Sie konkretisiert und ergänzt die Empfehlungen aus der ISO 24495-1 für die deutsche Sprache. Die DIN umfasst Empfehlungen und Anforderungen zur Einfachen Sprache auf Textebene, Sachebene, Wortebene und zur Gestaltung.

Wenn Sie sich ausführlich mit der Einfachen Sprache beschäftigen möchten, sollten Sie DIN 8581-1 erwerben (kostenpflichtig). Einen Überblick über die Grundregeln der Einfachen Sprache stellt die Website »Einfache Sprache Bonn« zur Verfügung (*https://einfachesprachebonn.de/grundregeln_einfache_sprache.html*) sowie das »Infoportal Einfache Sprache« (*https://portaleinfach.org/abc-der-einfachen-sprache*).

- **Merkmale für einfache Wörter:**
  - Verwenden Sie möglichst keine Fremdwörter oder erklären Sie sie gegebenenfalls.
  - Verwenden Sie verständliche Wörter, d. h. Grundwortschatz, und möglichst keine Abkürzungen (eher ausschreiben) und keine Fachbegriffe.
  - Nutzen Sie einfache Wortformen, d. h. starke Verben statt Substantiv plus schwaches Verb.

2 *https://www.din.de/de/din-und-seine-partner/presse/mitteilungen/erste-din-normen-fuer-einfache-sprache-veroeffentlicht--1090866*

  - Nutzen Sie möglichst das Aktiv statt das Passiv und nur selten den Konjunktiv.
  - Vermeiden Sie Sprichwörter, Ironie und Metaphern.
  - Verwenden Sie kurze Wörter und vermeiden Sie lange. Lösen Sie zusammengesetzte Wörter möglichst auf oder setzen Sie Bindestriche, wo üblich.
  - Vermeiden Sie Verneinungen (Negationen).
  - Vermeiden Sie Synonyme und bleiben Sie bei einem Begriff.
- **Merkmale für einfache Sätze und Texte:**
  - Ein Satz sollte nicht mehr als 15 bis maximal 20 Wörter umfassen, d. h., wählen Sie kurze Sätze mit einfacher Struktur.
  - In einem Satz sollte möglichst nur ein Komma stehen. Reduzieren Sie Nebensätze und vermeiden Sie Schachtelsätze.
  - Achten Sie auf ein gut lesbares Schriftbild, d. h., wählen Sie eine größere Schrift und einen größeren Zeilenabstand.
  - Fotos und Illustrationen, die zum Text passen, erleichtern das Verständnis.
- Gestalten Sie den Text übersichtlich, d. h., gliedern Sie ihn in Absätze. Verwenden Sie Zwischenüberschriften und Hervorhebungen (Fettdruck).

5.5 Optimierung der Aussprache von Texten in Screenreadern

Um eine optimale Usability und User Experience für alle Menschen zu erzielen, sollten die Texte so einfach wie möglich gehalten werden. Für assistive Technologien ist darüber hinaus die korrekte Aussprache von großer Bedeutung.

5.5.1 Festlegung der Sprache sowie Aussprache von Teilen in einer Fremdsprache

Sie erinnern sich wahrscheinlich an eine Situation, in der ein englisches Wort auf Deutsch ausgesprochen wurde. Das klang gegebenenfalls auffallend komisch. Das `lang`-Attribut in HTML wird verwendet, um die Sprache des Inhalts eines Elements oder einer Webseite anzugeben. Es ist für die Barrierefreiheit von Bedeutung, da es die Sprachausgabe des Screenreaders definiert und bei falscher Sprachdefinition zu gegebenenfalls unverständlicher Aussprache führt (WCAG 3.1.1, »Sprache der Seite«, Level A). Um die Sprache z. B. auf Deutsch festzulegen, ist die Anweisung aus Listing 5.1 in HTML notwendig.

```
<html lang="de">
```

Listing 5.1 Definition der Sprache der Webseite, hier Deutsch

Auf vielen Webseiten werden in den Texten sowohl deutsche als auch englische Wörter verwendet. Wenn ein deutsches Wort mit einem englischen Akzent vorgelesen wird, kann dies verwirrend oder sogar sinnverfremdend wirken. Die WCAG 3.1.2, »Sprache von Teilen« (Level AA), legt fest, dass Teile des Inhalts einer Webseite, die eine andere Sprache als die Hauptsprache verwenden, eindeutig gekennzeichnet sein müssen. Dies ist wichtig für die Barrierefreiheit, da es Screenreadern ermöglicht, den Text korrekt vorzulesen. Dadurch werden Verständnisprobleme bei den Nutzenden vermieden, insbesondere bei Menschen mit Lernschwierigkeiten.

Das Hauptziel von WCAG 3.1.2 ist es, die Zugänglichkeit von Webinhalten zu verbessern, indem sichergestellt wird, dass Änderungen in der Sprache des Inhalts erkannt werden. Ein Beispiel hierfür ist eine Reisewebseite, die Informationen über verschiedene Länder in deutscher Sprache anbietet, daneben aber einige Zitate oder Ausdrücke in anderen Sprachen enthält. Um die Anforderungen von WCAG 3.1.2 zu erfüllen, könnte diese Webseite gemäß Listing 5.2 gestaltet werden.

```
<!DOCTYPE html>
<html lang="de">
<head>
    <meta charset="UTF-8">
    <title>Barrierefreie Reisewebseite</title>
</head>
<body>
    <h1>Reisetipps für Frankreich</h1>
    <p>Frankreich ist ein Land, dessen Gebiet sich von Westeuropa bis zu
mehreren Überseegebieten und -territorien erstreckt.</p>
    <p><strong>Hinweis:</strong> Wenn Sie in Frankreich sind, könnte Ihnen
folgender Ausdruck nützlich sein:</p>
    <p lang="fr">Bonjour, pouvez-vous m’aider?</p>
    <p>Übersetzung: Hallo, können Sie mir helfen?</p>
</body>
</html>
```

Listing 5.2 Webseite mit einem französischen Zitat in einem deutschen Text

Das Hauptdokument ist auf Deutsch (`<html lang="de">`), was Screenreadern mitteilt, dass die primäre Sprache (Hauptsprache) der Seite Deutsch ist. Das französische Zitat (`<p lang="fr">Bonjour, pouvez-vous m’aider?</p>`) hat ein `lang`-Attribut, das den Wechsel zur französischen Sprache anzeigt. Das bedeutet, dass ein Screenreader, der diesen Abschnitt liest, automatisch auf die richtige Sprachausgabe umschalten und die Aussprache entsprechend anpassen sollte.

Leider sind die Stimmen in der Sprachausgabe der Screenreader in der Regel unterschiedlich. Das heißt, bei der Screenreader-Nutzung wird von den Nutzenden oft nur eine Sprachausgabe eingestellt, weil etwa die englische Sprachausgabe einen anderen Klang (z. B. weibliche Stimme) hat als die deutsche Sprachausgabe (z. B. männliche Stimme). Der Wechsel wird von vielen Screenreader-Nutzenden als unangenehm empfunden. Daher sollte es Aufgabe der Sprachausgaben-Hersteller sein, Stimmen zu schaffen, die mehrere Sprachen können, sodass nicht die Sprachausgabe umgeschaltet werden muss, sondern innerhalb einer Stimme nur andere Phoneme genutzt werden. Auf das zu verwendende `lang`-Attribut hätte das keinen Einfluss.

5.5.2 Anglizismen und Fachbegriffe sowie deren Aussprache

Im Bereich der Barrierefreiheit können Anglizismen zu erheblichen Problemen führen, insbesondere für Menschen, deren Muttersprache nicht Englisch ist oder die mit der englischen Sprache nicht vertraut sind. Anglizismen sind Wörter oder Ausdrücke aus der englischen Sprache, die in andere Sprachen übernommen wurden und häufig in digitalen Kontexten verwendet werden, um moderne Technologien oder Konzepte zu beschreiben. Problematisch wird es, wenn diese Anglizismen für bestimmte Nutzergruppen unverständlich oder verwirrend sind. Ein Beispiel dafür ist der Begriff »tweeten«, der verwendet wird, um das Erstellen einer Nachricht im Dienst X (früher bekannt als Twitter) zu beschreiben. Für Nutzende, die mit dem Begriff nicht vertraut sind oder seine Bedeutung nicht verstehen, kann dies zu Verwirrung oder Unsicherheit führen.

Das Problem mit Anglizismen im Zusammenhang mit der digitalen Barrierefreiheit liegt darin, dass sie Sprachbarrieren schaffen und den Zugang zu digitalen Inhalten erschweren können. Insbesondere für Menschen mit geringen Sprachkenntnissen oder Lernschwierigkeiten können Anglizismen ein Hindernis für das Verständnis und die Nutzung digitaler Technologien darstellen. Um dieses Problem anzugehen und die Zugänglichkeit zu verbessern, ist es wichtig, alternative Beschreibungen und Erklärungen bereitzustellen, die klar und verständlich sind und keine spezifische Sprache erfordern. Statt Anglizismen sollten klare und leicht verständliche Begriffe verwendet werden, um sicherzustellen, dass digitale Inhalte für alle Nutzende unabhängig von ihren Sprachkenntnissen oder ihrem kulturellen Hintergrund zugänglich sind.

Generell können Fachbegriffe in unterschiedlichen Kontexten verschiedene Bedeutungen haben. Um Missverständnisse zu vermeiden und die Kommunikation zu verbessern, ist es daher wichtig, solche Begriffe bei ihrer Verwendung zu erläutern. Dies gilt insbesondere für Menschen, die mit einem bestimmten Fachgebiet nicht vertraut sind, für Menschen mit kognitiven Einschränkungen, für Menschen, deren Muttersprache nicht Deutsch ist, oder für Menschen, die Schwierigkeiten mit der deutschen Sprache haben. Menschen mit Lernschwierigkeiten oder kognitiven Einschränkungen profitieren von klaren und präzisen Erklärungen, da sie oft Schwierigkeiten haben, komplexe oder abstrakte Begriffe zu verstehen. Eine verständliche Sprache erleichtert es diesen Usern, die Inhalte zu erfassen und zu verarbeiten. Auch Screenreader sind nicht immer in der Lage, Fachbegriffe korrekt zu interpretieren und auszusprechen. Durch die Bereitstellung von Erläuterungen oder die Verwendung einfacherer Begriffe kann die Verständlichkeit für Nutzende verbessert werden, die auf assistive Technologien angewiesen sind.

Auf Level AAA zielt WCAG 3.1.6, »Aussprache«, darauf ab, die korrekte Aussprache von Wörtern in Webinhalten sicherzustellen. Viele Wörter können auf unterschiedliche Weise ausgesprochen werden, was nicht immer durch die Schreibweise allein erkennbar ist, sondern durch den Kontext bestimmt wird. Ein Beispiel aus der deutschen Sprache ist das Wort »umfahren«, das sowohl »jemanden anfahren« als auch »etwas umfahren« bedeuten kann. Je nachdem, wie das Wort ausgesprochen wird, ob die erste oder die zweite Silbe betont wird, ändert sich die Bedeutung grundlegend. Wenn die richtige Aussprache nicht kenntlich gemacht wird, kann dies zu Verwirrung oder Missverständnissen bei den Nutzenden führen, die auf Screenreader oder andere unterstützende Technologien angewiesen sind. Die strenge WCAG 3.1.6 verlangt daher, dass für Inhalte, bei denen die Aussprache für das Verständnis entscheidend ist, Mechanismen zur Verfügung gestellt werden, um den Nutzenden die korrekte Aussprache mitzuteilen. Dies kann z. B. durch zusätzliche Informationen im HTML-Code wie das `ruby`-Tag, die Verwendung des Attributs `lang` oder durch eine verknüpfte Audiodatei geschehen. Das `ruby`-Tag fügt eine Annotation oder alternative Leseweise für den Text hinzu, die z. B. in asiatischen Sprachen verwendet wird, um die Lautsprache anzuzeigen. Im Kontext der WCAG kann es auch verwendet werden, um Aussprachehinweise für schwierige oder fremdsprachige Begriffe anzuzeigen. Listing 5.3 zeigt zwei Möglichkeiten zur korrekten Aussprache einer französischen Weinmarke.

```
<ruby>Château Margaux<rt>[ʃato maʁgo]</rt></ruby>
<p lang="fr">Château Margaux</p>
```

Listing 5.3 Auszeichnungsmöglichkeiten für die korrekte Aussprache

5.6 Zusammenfassung des Kapitels

Hier sind noch einmal die wichtigsten Punkte dieses Kapitels im Überblick:

- Gut strukturierte Texte verbessern nicht nur die Zugänglichkeit, sondern auch die Navigation auf Websites.
- Websites sollten so gestaltet sein, dass sie kognitive Leichtigkeit fördern, indem sie Informationen klar und intuitiv darstellen. Konsistenz im Design und die Verwendung bekannter Symbole und Icons erleichtern die Bedienung und reduzieren die kognitive Belastung.

- Skimming, Scanning und Detaillesen: Nutzende durchlaufen verschiedene Phasen bei der Informationssuche – vom schnellen Überfliegen über gezieltes Scannen bis hin zum detaillierten Lesen.
- Texte sollten einfach und verständlich geschrieben sein, um die Lesbarkeit zu erhöhen und eine positive Reaktion der Zielgruppe zu fördern. Komplexe Texte sollten durch zusätzliche Erklärungen oder vereinfachte Versionen unterstützt werden.
- Verschiedene Tests, wie etwa der Flesch-Reading-Ease oder die Wiener Sachtextformel, messen die Lesbarkeit von Texten anhand der Satzlänge und der Silbenzahl. Kurze Sätze, eine klare Struktur und das Vermeiden von Fachjargon tragen zur besseren Verständlichkeit bei.
- Texte sollten linksbündig ohne Blocksatz und mit ausreichendem Zeilenabstand formatiert werden, um Leseschwierigkeiten zu minimieren.
- Leichte Sprache zielt auf Verständlichkeit ab. Sie soll Menschen unterstützen, die Schwierigkeiten beim Lesen und Verstehen haben, wie Menschen mit Lernschwierigkeiten oder geringen Sprachkenntnissen. Es werden einfache, kurze Wörter und Sätze verwendet, positive Formulierungen bevorzugt und komplizierte Begriffe vermieden.
- Vermeiden Sie für die Einfache Sprache Fremdwörter, Synonyme, Sprichwörter, Ironie und Metaphern; erklären Sie schwierige Wörter und verwenden Sie klare, eindeutige Begriffe. Halten Sie Sätze kurz (15–20 Wörter), vermeiden Sie Schachtelsätze und Passivkonstruktionen und setzen Sie möglichst nur ein Komma pro Satz.
- Die richtige Verwendung von HTML-Attributen wie `lang` sorgt für eine korrekte Aussprache fremdsprachiger Teile bei der Nutzung von Screenreadern, was die Barrierefreiheit von Webseiten erhöht.
- Anglizismen und komplizierte Fachbegriffe vermeiden oder erklären, um keine Verwirrung zu stiften und den Zugang zu digitalen Inhalten für alle Nutzende zu erleichtern.

Kapitel 6

Texte und Inhalte auf Website und App barrierefrei gestalten

»If you think good design is expensive, you should look at the cost of bad design.«
Ralf Speth, CEO of Jaguar Land Rover

Die Themen im Überblick:

- Einsatz von Farbe
- Wie ist das notwendige Kontrastverhältnis?
- Schriftart und Schriftgröße
- Abstände und Schreibweisen
- Zoom und Anpassung von Textabständen
- Bilder eines Textes (Schriftgrafik)
- Auszeichnung der Überschriften im Text (H1–H6)
- Fettungen und kursive Wörter
- Auszeichnung von Tabellen
- Auszeichnung von Listen
- Zitate barrierefrei auszeichnen
- Kontaktinformationen (Adresse, Telefonnummer)
- Textausrichtung im internationalen Umfeld definieren
- Zusammenfassung des Kapitels

In den folgenden Abschnitten werden Ihnen konkrete Optimierungen erläutert, damit Texte und Inhalte perfekt umgesetzt und erweitert werden können.

6.1 Einsatz von Farbe

Farbe spielt eine entscheidende Rolle in der visuellen Wahrnehmung und Kommunikation. Sie kann Aufmerksamkeit erregen, Stimmungen erzeugen, Informationen hervorheben und zur Identifizierung von Objekten beitragen. Die Farbwahl hat einen großen Einfluss auf das Nutzerverhalten. Bereits binnen 50 Millisekunden haben

Menschen einen ersten Eindruck gewonnen, ob ihnen die Webseite gefällt und sie weiter surfen wollen.[1] Dieser erste Eindruck ist von besonderer Bedeutung und wird stark vom impliziten Design beeinflusst. Die Farbe Schwarz wird z. B. mit Luxus assoziiert, weshalb viele Marken diese Farbwelt verwenden. Farben transportieren unterschwellig Botschaften und lösen dabei positive und negative Emotionen aus, die im Idealfall die Aussagen unterstützen und nicht verfälschen. Da Farben eine Verarbeitung von Lichtwellenlängen sind, die durch das persönliche Erleben interpretiert werden, sind sie mit Werten und Emotionen besetzt und nie neutral.

Tipp: Visueller Eindruck von CSS in der Anwendung

Ein sehr schönes Beispiel ist die Website *https://www.csszengarden.com*, die mithilfe von CSS einen Text in strukturiertem HTML unterschiedlich visualisiert. Je nach Farbwahl, wirkt der identische Inhalt unterschiedlich auf Rezipienten.

Allerdings nehmen nicht alle Menschen Farben auf die gleiche Weise wahr. Menschen mit Farbsehschwäche oder Farbenblindheit (z. B. Deuteranopie oder Protanopie) können Schwierigkeiten haben, bestimmte Farben zu unterscheiden, was die Zugänglichkeit und Nutzbarkeit von Webinhalten beeinträchtigen kann. Im Hinblick auf die Barrierefreiheit ist neben dem Kontrast insbesondere auf Farbschwächen (z. B. Rot und Grün) zu achten (siehe Abschnitt 1.3.2, »Rot-Grün-Schwäche bzw. Farbenblindheit«). Darüber hinaus sollten alle Informationen über mehrere Sinneswahrnehmungen vermittelt werden.

Stellen Sie sich vor, eine Webseite verwendet ein Formular, in dem die Pflichtfelder ausschließlich rot gekennzeichnet sind. Nutzende mit einer Rot-Grün-Sehschwäche könnten Schwierigkeiten haben, diese Felder als Pflichtfelder zu erkennen, da die rote Markierung für sie nicht deutlich sichtbar ist. Infolgedessen könnten Nutzende Informationen übersehen oder Fehler beim Ausfüllen des Formulars machen. Wie können Sie dieses Formular so gestalten, dass es für alle Nutzenden zugänglich ist? WCAG 1.3.3, »Sensorische Eigenschaften« (Level A), bezieht sich darauf, dass Informationen und Komponenten innerhalb einer Webseite so gestaltet werden sollten, dass sie für Nutzende mit unterschiedlichen sensorischen Fähigkeiten zugänglich sind. Insbesondere soll sichergestellt werden, dass Inhalte nicht ausschließlich von einer einzigen Sinneswahrnehmung abhängig sind (z. B. »Klicken Sie auf den blauen Button zum Absenden«), es sei denn, diese Wahrnehmung ist für den Inhalt oder die Funktion der Webseite wesentlich. Abbildung 6.1 zeigt, wie die WCAG 1.3.3, »Sensorische Eigenschaften«, und WCAG 1.4.1, »Benutzung von Farbe« (Level A), in der Praxis angewendet werden können. WCAG 1.4.1 besagt, dass Informationen nicht allein durch die Verwendung von Farbe vermittelt werden dürfen. Um die Anforderungen zu erfüllen

1 Attention web designers: You have 50 milliseconds to make a good first impression«
(Gitte Lindgaard, Gary Fernandes, Cathy Dudek und J. Brown)

und die Zugänglichkeit zu verbessern, könnte die Webseite zusätzlich zur Farbcodierung andere visuelle Hinweise verwenden, wie z. B. Symbole (Hinzufügen eines Sternsymbols *) oder Textlabels (»Pflichtfeld«). Da das Buch schwarzweiß gedruckt ist, haben Sie den identischen Effekt – ohne Stern (*) ist nicht erkennbar, was ein Pflichtfeld ist.

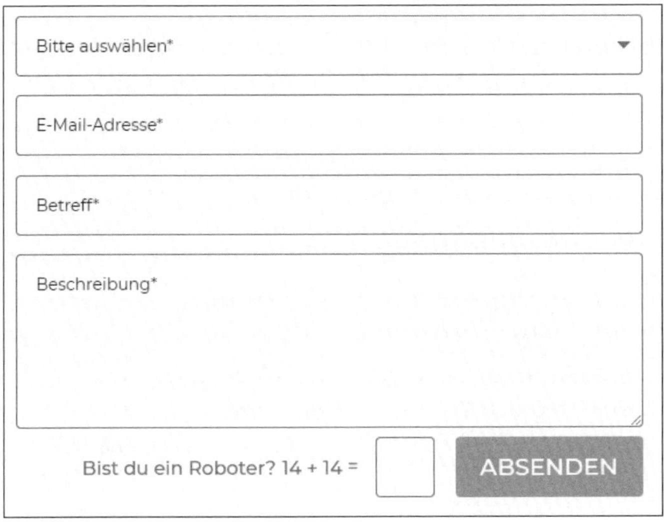

Abbildung 6.1 Pflichtfelder sind mit roten Rahmen und * gekennzeichnet.

Neben den Symbolen (*) oder dem Wort neben den Pflichtfeldern können Texturen oder Muster zusätzlich zur Farbe verwendet werden, um Pflichtfelder zu kennzeichnen und Farbschwächen durch eine weitere Möglichkeit auszugleichen. Listing 6.1 verwendet einen roten Stern (*) als Farbhinweis, aber die Information, dass es sich beim Namen um ein Pflichtfeld handelt, wird auch textuell durch »Pflichtfeld« vermittelt.

```
<style>
    .required-star {
        color: red;
    }
    .required-description {
        font-size: 0.9em;
        color: #666666;
    }
</style>

<form>
    <div class="required-description">
        <span class="required-star">*</span> Pflichtfeld
```

```
    </div>
    <label for="name">Name<span class="required-star">*</span></label>
    <input type="text" id="name" name="name" required>
</form>
```

Listing 6.1 Auszeichnung eines Pflichtfeldes nebst Farbcodierung

Abbildung 6.2 zeigt das Ergebnis von Listing 6.1, bei dem die Information über ein Pflichtfeld sowohl über die Farbe als auch über das Sternsymbol kommuniziert wird.

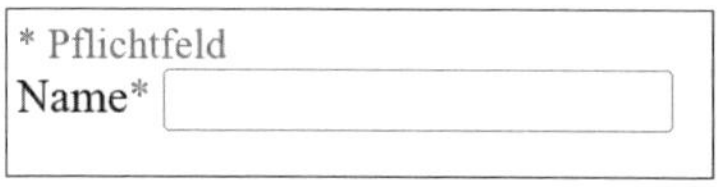

Abbildung 6.2 Kommunikation über Farbe und Symbole

Tipp: Darstellung ohne Farbnutzung

Testen Sie Ihre Webseiten, ob sie auch komplett ohne Farben (nur schwarz und weiß bzw. in Grautönen) funktionieren würden. Das geht z. B. mit dem Plug-in von silktide auf Knopfdruck (Beispiel einer Webseite mit simulierter Farbenblindheit siehe Abbildung 6.3).

Abbildung 6.3 Simulation von Farbsehbehinderungen bei einer Webseite

Zum Schluss dieses Abschnitts noch ein Hinweis auf eine Website, die sehr viele Beispiele und Simulatoren zur Verfügung stellt: *https://www.farbsehschwaeche.de*. Hier finden sich viele Beispiele aus dem Alltag, die bei Farbschwäche zu Herausforderungen führen – sei es auf der Toilette der ausschließliche Farbcode Rot für besetzt und Grün für frei, bei dem keine weitere Möglichkeit der Unterscheidung, wie z. B. mit Text, angeboten wird oder warum Fußballspieler auf die Kontrastfarbe zur gegnerischen Mannschaft angewiesen sind. Sie können auch eigene Fotos und Screenshots hochladen und mit einem Slider visualisieren, wie sich eine Farbschwäche kontrastiert. Abbildung 6.4 veranschaulicht die Mechanik an einem Beispielbild.

Abbildung 6.4 Kontrast zwischen vollständigem Sehen und Farbenblindheit

6.2 Wie ist das notwendige Kontrastverhältnis?

Je höher der Kontrast, desto besser ist die Erkennbarkeit von Inhalten in hellen bis grellen Umgebungen. Abbildung 6.5 zeigt einen Text mit dem geringen Kontrastverhältnis von 2,7 : 1 im Vergleich mit einem Text mit einem hohen Kontrastverhältnis.

Die Wahl des optimalen Kontrasts ist daher ein wesentlicher Hebel zur Schaffung von Barrierefreiheit. Nicht nur für seheingeschränkte Nutzende, sondern für alle unter ungünstigen Umgebungsbedingungen. Wenn Sie das Smartphone z. B. im prallen Sonnenlicht nutzen, sind Kontraste schwerer zu erkennen. Abbildung 6.6 zeigt einen Text in grauer Schriftfarbe (Hex #767676) auf weißem Hintergrund (#FFFFFF). Die RGB-Werte für Grau sind R:118, G:118, B:118 und für Weiß R:255, G:255, B:255. Das Kontrastverhältnis von 4,54 : 1 erfüllt gerade das Minimum für normalen Text gemäß WCAG 1.4.3, »Kontrast (Minimum)«.

Beispiel: Ausreichende Kontraste

Nicht bestanden ✕	Bestanden ✓
Lorem ipsum dolor sit amet consectetur. Parturient commodo tristique nisl id. Egestas sociis pellentesque pellentesque aliquam enim vel diam potenti faucibus. Metus pellentesque scelerisque mollis dictum varius adipiscing risus tincidunt eget. Congue euismod at tellus dictumst id dui sagittis turpis. Id sollicitudin turpis nulla.	Lorem ipsum dolor sit amet consectetur. Parturient commodo tristique nisl id. Egestas sociis pellentesque pellentesque aliquam enim vel diam potenti faucibus. Metus pellentesque scelerisque mollis dictum varius adipiscing risus tincidunt eget. Congue euismod at tellus dictumst id dui sagittis turpis. Id sollicitudin turpis nulla.

Abbildung 6.5 Text mit geringem Kontrast (2,7 : 1) gegenüber einem mit hohem Kontrast (21 : 1)

Beispiel einer Überschrift

Beispiel einer Überschrift

Abbildung 6.6 Kontrastverhältnis von 4,5 : 1 gegenüber 7 : 1

Kontrastverhältnisse nach WCAG

Die WCAG 1.4.3 (AA) fordert ein minimales Kontrastverhältnis von:

- 3 : 1 für großen Text (mindestens 18 pt = 24 px)
- 3 : 1 für gefetteten Text (mindestens 14 pt = 18,7 px fett)
- 4,5 : 1 für normalen Text (d. h. < 18 pt und/oder nicht gefettet)

Die WCAG 1.4.6 (AAA) fordert ein höheres minimales Kontrastverhältnis von:

- 7 : 1 für normalen Text
- 4,5 : 1 für großen Text (mindestens 18 pt = 24 px oder 14 pt = 18,7 px fett)

Für eine optimale Lesbarkeit für alle Nutzenden, insbesondere für Menschen mit Sehbehinderung, ist dies jedoch möglicherweise nicht ideal. Besser wäre #595959, was zu einem dunkleren Grau mit einem Kontrastverhältnis von 7 : 1 führt, womit sogar Level AAA erfüllt wäre (WCAG 1.4.6, »Kontrast (erhöht)«).

6.2.1 Das notwendige Kontrastverhältnis nach WCAG 2.2

Das Kontrastverhältnis zwischen Text und Hintergrund auf Webseiten ist eines der wichtigsten Kriterien für die Zugänglichkeit, das in WCAG 1.4.3, »Kontrast (Minimum)« (Level AA), spezifiziert ist. Das Kontrastverhältnis gibt an, wie sich die Helligkeit (Luminanz) der Vergleichsfarben zueinander verhält, d. h. wie stark sich der Text vom Hintergrund abhebt, was durch das Verhältnis der Textfarbe zur Hintergrundfarbe bestimmt werden kann. Das Kontrastverhältnis wird mathematisch ermittelt und kann Werte von 1 : 1 (kein Kontrast) bis 21 : 1 (maximaler Kontrast, z. B. weißer Text auf schwarzem Hintergrund) annehmen. Die Formel zur Berechnung des Kontrastverhältnisses auf Basis des Luminance Contrast Ratios lautet:

Kontrastverhältnis = (L1 + 0,05)/(L2 + 0,05)

Dabei ist L1 die relative Leuchtdichte (Luminanz) des helleren Farbwertes (Text) und L2 die relative Leuchtdichte des dunkleren Farbwertes (Hintergrund). Die relative Leuchtdichte wird bestimmt, indem die RGB-Werte der Farben in spezifische Leuchtdichtewerte umgerechnet werden, die ein Maß für die visuelle Helligkeit darstellen.

Tipp: Kontrastprüfungen mittels Colour Contrast Analyser (CCA)

Durch Eingabe des Farbcodes können die Kontrastverhältnisse direkt gemessen werden (online z. B. unter *https://webaim.org/resources/contrastchecker/*). Ein nützliches, lokal installierbares Programm ist der kostenlose *Colour Contrast Analyser* von TPGi (*https://www.tpgi.com/color-contrast-checker/*), der die entsprechenden Tests direkt anzeigt und die Farben mittels Color Picker (Pipettensymbol) auswählen lässt.

Abbildung 6.7 zeigt das Ergebnis einer Kontrastprüfung sowie die Ergebnisse der jeweiligen WCAG.

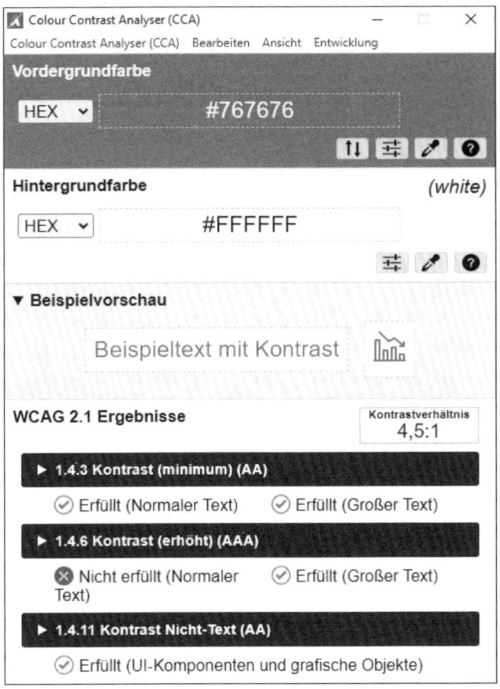

Abbildung 6.7 Colour Contrast Analyser von TPGi

Text oder Schriftgrafiken, die rein dekorativ, nicht sichtbar oder unwesentlicher Teil eines Bildes sind, dessen informativer Inhalt bereits über einen ausreichenden Kontrast verfügt, müssen keinen Mindestkontrast aufweisen. Text, der Teil eines Logos oder Markennamens ist, muss ebenfalls keinen Mindestkontrast aufweisen. Steuerelemente, die sichtbar sind, aber nicht für Benutzerinteraktionen zur Verfügung stehen (z. B. ein deaktiviertes Steuerelement in HTML), müssen die Kontrastanforderungen ebenfalls nicht erfüllen. Abbildung 6.8 zeigt z. B. einen deaktivierten Button zum Absenden am unteren Rand eines Formulars. Dieser ist zwar sichtbar, kann aber erst aktiviert werden, wenn alle Pflichtfelder des Formulars ausgefüllt sind.

Abbildung 6.8 Deaktivierter Button mit Kontrast von 2 : 1

Tipp: Definition einer eigenen, kontrastreichen Farbpalette

Mit dem *Accessible color palette builder* können Sie Ihre eigene Farbpalette auf ihren Kontrast in Kombination mit der Schriftfarbe testen. Abbildung 6.9 zeigt eine Kombination von sechs Farben (verfügbar unter *https://toolness.github.io/accessible-color-matrix/*), wobei unterschiedliche Kombinationen nicht die Mindestkontraste erfüllen und deshalb nicht geeignet sind.

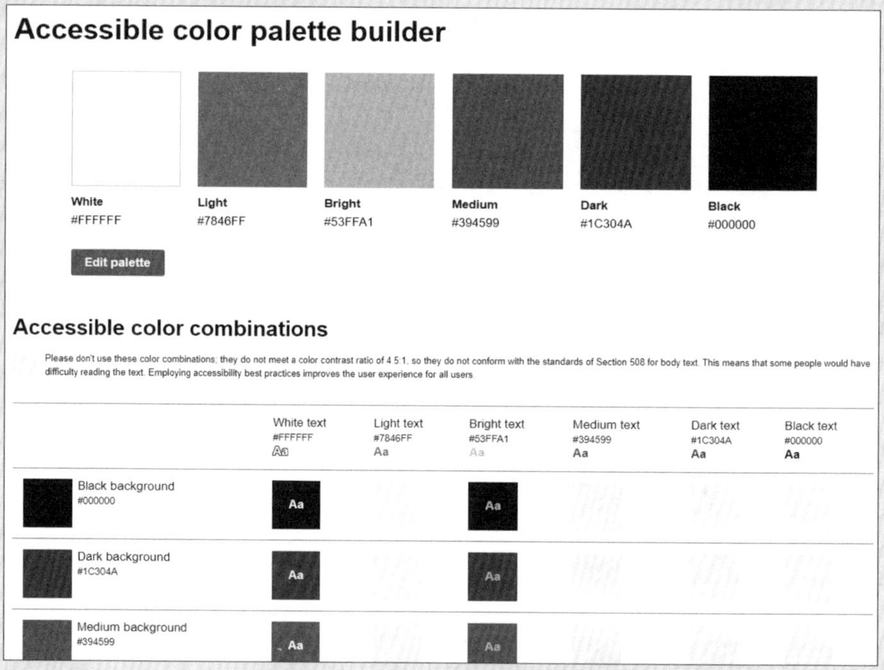

Abbildung 6.9 Accessible color palette builder (Quelle: *https://toolness.github.io/accessible-color-matrix/*)

Sofern Sie in der Designentwicklung mit Figma arbeiten, bietet sich das Figma-Plug-in *Stark – Contrast & Accessibility Checker* an (*https://www.figma.com/community/plugin/732603254453395948/stark-contrast-accessibility-checker*), mit dem verschiedene Aspekte der Barrierefreiheit direkt getestet werden können. Neben Kontrasten können Sie auch Alt-Text, Fokusreihenfolge und Landmarks direkt in der Designphase berücksichtigen.

6.2.2 APCA, voraussichtlich ab WCAG 3.0

Eine Änderung, die sich mit WCAG 3.0 (also voraussichtlich erst in einigen Jahren) ergeben könnte, ist die Änderung des Verfahrens zur Kontrastmessung. APCA (Advanced Perceptual Contrast Algorithm) ist ein moderner Ansatz zur Messung des Kontrasts zwischen Text und Hintergrund, der speziell für digitale Displays entwickelt wurde. APCA unterscheidet sich von traditionelleren Kontrastmessverfahren, wie dem Luminance Contrast Ratio (LCR) in folgenden Punkten:

- Berücksichtigung der menschlichen Wahrnehmung: APCA basiert auf einem Modell der menschlichen Wahrnehmung, das besser darstellt, wie Menschen Kontraste in realen Anwendungsfällen wahrnehmen. Im Gegensatz dazu verwendet der traditionelle LCR-Ansatz eine mathematische Formel, die auf der physikalischen Luminanz (Leuchtdichte) basiert, ohne die menschliche Wahrnehmungspsychologie zu berücksichtigen.
- Skalierung basiert auf Textgröße und Gewicht: Der Algorithmus berücksichtigt auch die Größe und das Gewicht des Textes. Größere und dickere Texte erscheinen in der Regel kontrastreicher. APCA passt seine Bewertung entsprechend der Größe und dem Gewicht der Schriftgröße an, was beim LCR-Ansatz nicht der Fall ist.

Diese Änderung der WCAG könnte dazu führen, dass heute angemessene Kontraste in Zukunft nicht mehr ausreichen. Es gibt verschiedene Webseiten im Internet, mit deren Hilfe Sie die neuen Kontrastwerte berechnen können (z. B. *https://www.achecks.org/apca-wcag-3-accessible-colour-contrast-checker/*).

Die Kombination in Abbildung 6.10 entspricht derzeit mit einem Verhältnis von 5,1 : 1 der WCAG 1.4.3. Sobald die neue Berechnungsmethode angewendet wird, entspricht sie nicht mehr den Anforderungen der potenziell möglichen WCAG 3.0. Nicht nur aus rechtlicher Sicht empfiehlt es sich, bereits heute die Kontraste mit APCA zu überprüfen, sondern auch aus dem einfachen Grund der besseren Lesbarkeit.

Abbildung 6.11 verdeutlicht den Unterschied und die Vorteile der neuen Bewertung. Während bei WCAG 2.2 nur das Kontrastverhältnis berücksichtigt wird und z. B. bei 4,5 : 1 keine Mindestschriftgröße für AA notwendig ist, werden bei APCA die Schriftgrößen berücksichtigt. Kleine Schriften erfordern entweder einen höheren Kontrast (Steigerung Lc) oder eine größere Schriftstärke (Steigerung Font-Weight).

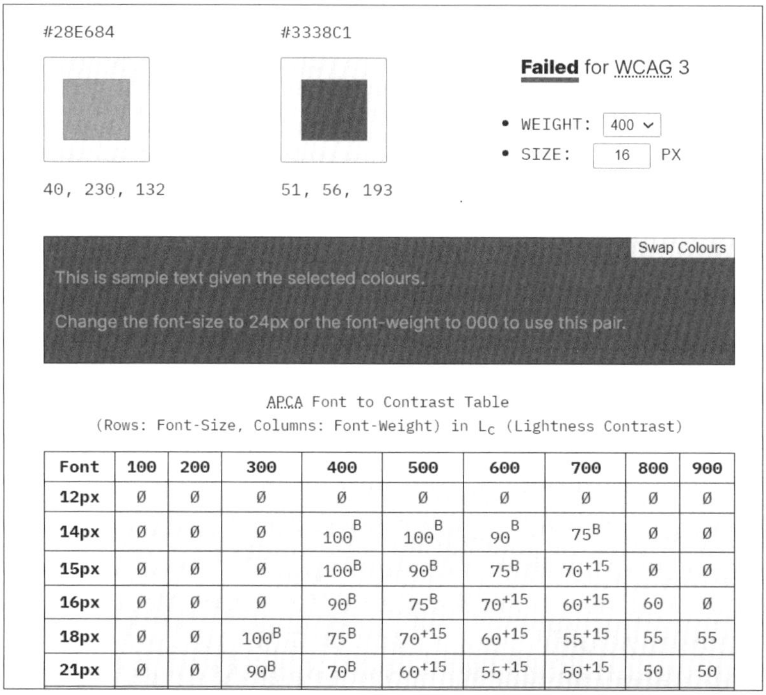

Font	100	200	300	400	500	600	700	800	900
12px	Ø	Ø	Ø	Ø	Ø	Ø	Ø	Ø	Ø
14px	Ø	Ø	Ø	100^B	100^B	90^B	75^B	Ø	Ø
15px	Ø	Ø	Ø	100^B	90^B	75^B	70^{+15}	Ø	Ø
16px	Ø	Ø	Ø	90^B	75^B	70^{+15}	60^{+15}	60	Ø
18px	Ø	Ø	100^B	75^B	70^{+15}	60^{+15}	55^{+15}	55	55
21px	Ø	Ø	90^B	70^B	60^{+15}	55^{+15}	50^{+15}	50	50

Abbildung 6.10 Messung des Kontrasts auf Basis von APCA (Quelle: *https://www.achecks.org/apca-wcag-3-accessible-colour-contrast-checker*)

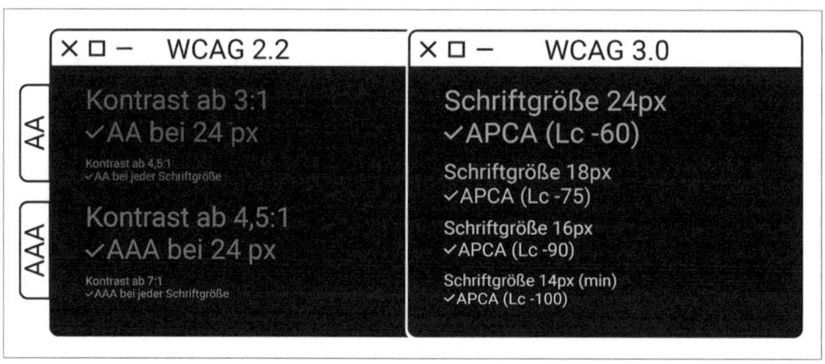

Abbildung 6.11 Vergleich von WCAG 2.2 und 3.0 in Bezug auf Kontraste

6.3 Schriftart und Schriftgröße

Welche Schriftart verwenden Sie standardmäßig auf Ihrer Website? Haben Sie sogar eine Lieblingsschriftart? Schriftarten sind so individuell wie wir Menschen. Sie sind das Salz in der Suppe bei der Gestaltung von Webseiten. Die Wahl der Schriftart spielt eine wesentliche Rolle bei der Barrierefreiheit von Websites und Apps. Dabei sind drei zentrale Konzepte zu beachten:

- **Lesbarkeit**: Wie leicht ist es, Buchstaben zu erkennen und zu unterscheiden? Die Lesbarkeit bezieht sich auf die Klarheit und Unterscheidbarkeit einzelner Zeichen und Buchstaben in einer Schriftart (z. B. eine klare Unterscheidung zwischen I, l und 1).
- **Lesefreundlichkeit**: Die Lesefreundlichkeit bezieht sich auf die Leichtigkeit, mit der ein Text als Ganzes gelesen und verstanden werden kann. Sie umfasst die Gestaltung des Textes, einschließlich Schriftart, Schriftgröße, Zeilenabstand und Layout.
- **Beliebtheit**: Wie angenehm und ansprechend ist die Schrift für die User? Die ästhetische Attraktivität und die subjektive Beliebtheit einer Schrift sind hier entscheidend. Eine ästhetisch ansprechende Schrift kann die Benutzererfahrung verbessern, indem sie die Lesemotivation erhöht.

Die Auswahl der richtigen Schriftart und Schriftgröße für eine barrierefreie Website sollte die folgenden Anforderungen erfüllen:

1. Wählen Sie Schriften, die klar und leicht zu erkennen sind.
2. Achten Sie auf eine gute Textgestaltung und -struktur, um das Lesen zu erleichtern.
3. Berücksichtigen Sie den ästhetischen Reiz, um das Nutzungserlebnis positiv zu beeinflussen.

6.3.1 Schriftart

Erkennbarkeit, Unterscheidbarkeit, Offenheit und Strichstärkenkontrast sind die entscheidenden Faktoren bei der Auswahl der Schriftart (weitere Details siehe *https://www.leserlich.info*).

Grundsätzlich gibt es drei große Gruppen von Schriftarten, die in Abbildung 6.12 am Beispiel der Schriftart Roboto mit Roboto Serif, Roboto Slab Serif und Roboto Sans Serif, dargestellt sind.

Abbildung 6.12 Drei Schriftarten: Serif, Slab Serif und Sans Serif (Quelle: *https://fonts.google.com*)

Serifenschriften, serifenlose Schriften (Sans Serif) und Slab-Serif-Schriften

Es gibt drei Hauptkategorien von Schriften:

1. Serifenschriften zeichnen sich durch kleine Striche oder Verzierungen an den Enden der Buchstabenstriche (»Füßchen«) aus. Diese Schriften (z. B. Times New Roman) sind in gedruckter Form besonders gut lesbar, da die Serifen die Buchstaben optisch miteinander verbinden. Das erleichtert das Lesen längerer Texte. Auf Bildschirmen mit niedriger Auflösung können Serifen jedoch unscharf und kontrastarm wirken, was die Lesbarkeit beeinträchtigt.
2. Slab-Serif-Schriften, wie z. B. Rockwell, sind eine Unterkategorie der Serifenschriften und zeichnen sich durch dicke, blockartige Serifen aus. Slab-Serif-Schriften sind sehr markant und gut lesbar, besonders in Überschriften und kurzen Texten, und vermitteln einen soliden Eindruck. Aufgrund ihres massiven Erscheinungsbildes sind sie jedoch für längere Lesetexte weniger geeignet.
3. Serifenlose Schriften (Sans-Serif-Schriften) wie Arial oder Verdana haben glatte, unverzierte Buchstabenenden und oft gleichmäßige Strichstärken. Dadurch wirken sie modern. Serifenlose Schriften sind vor allem in digitalen Medien, insbesondere bei niedrigen Auflösungen, besser lesbar. Bei längeren Texten in gedruckter Form können sie jedoch anstrengender zu lesen sein, da die Buchstaben weniger zusammenhängend erscheinen.

Wie Abbildung 6.12 verdeutlicht, haben Strichstärke, Schriftweite und Zeichenabstand einen großen Einfluss auf die Wahrnehmbarkeit und Lesbarkeit. Betrachten Sie die persönliche Handschrift in Abbildung 6.13, so lassen sich die Aspekte einer optimalen Schriftart sehr gut veranschaulichen.

Abbildung 6.13 Handschrift eines Vornamens

Damit das Wort gelesen werden kann, müssen die Zeichen erkannt werden. Je weiter sich der geschriebene Buchstabe von den Konventionen entfernt (in Abbildung 6.13 z. B. das o und b), desto schwieriger wird es, ihn zu erkennen und von anderen zu unterscheiden (hier z. B. a und s). Gerade bei schlechter Druckqualität oder ungünstigen Lichtverhältnissen ist die Offenheit der Formen (z. B. der Unterschied zwischen c, e, o) von Bedeutung. Bei schlechter Druckqualität und geringem Kontrast ist ebenfalls eine deutliche Unterscheidbarkeit zwischen Grund- und Haarstrichen (z. B. die beiden vertikalen dicken Striche beim Buchstaben H im Gegensatz zum horizontalen dünnen Querstrich im H) wichtig für die Lesbarkeit. Der Grundstrich ist der kräftige, tragende Strich eines Buchstabens, während der Haarstrich der feinere, kontrastierende Strich ist. Diese Unterschiede tragen wesentlich zur Lesbarkeit, Ästhetik und Wirkung einer Schrift bei.

Die Bundesregierung stellt einen Styleguide zur Verfügung, der insbesondere auf die Leserlichkeit von Schriften eingeht. Hier werden unter anderem die Vorzüge der Schrift BundesSans im Vergleich zu anderen Schriften dargestellt (Auszug siehe Abbildung 6.14) – ein Blick in den Styleguide lohnt sich, da viele Hintergrundinformationen zur Leserlichkeit zur Verfügung gestellt werden.

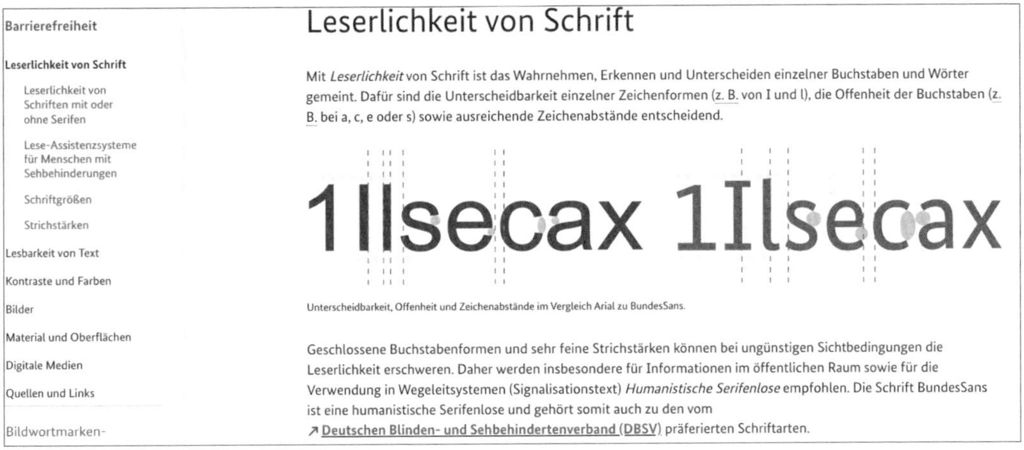

Abbildung 6.14 Leserlichkeit der BundesSans (Quelle: *https://styleguide.bundesregierung.de/sg-de/hilfsmittel/barrierefreiheit/leserlichkeit-von-schrift*)

Sehr deutlich wird die Komplexität bzw. Unschärfe bei den Buchstaben I und l sowie bei der Ziffer 1. Der Beispieltext »Das Buch 1 der Illuminati« sieht je nach gewählter Schriftart sehr unterschiedlich aus. Die sehr populären Schriften in Abbildung 6.15 nutzen Serifen. Obwohl traditionell angenommen wurde, dass Serifenschriften nur in gedruckten Werken besser lesbar sind, haben verbesserte Bildschirmauflösungen und Displaytechnologien dazu geführt, dass Serifenschriften auch in digitalen Medien weitverbreitet sind.

Abbildung 6.16 zeigt die massiven Unterschiede innerhalb der Gruppe der serifenlosen Schriften. Der Deutsche Blinden- und Sehbehindertenverband e. V. empfiehlt unter *https://www.leserlich.info/* humanistische serifenlose Schriftarten (auch dynamische Grotesk oder serifenlose Renaissance-Antiqua genannt) wie Calibri, Verdana, Noto Sans, Open Sans sowie weitere kostenpflichtige Schriften, wie z. B. Frutiger. Dies entspricht der DIN 16518, die gut leserliche Schriftarten in Gruppen einteilt.

Abbildung 6.15 Google Fonts mit Serifen
(Quelle: *https://fonts.google.com*)

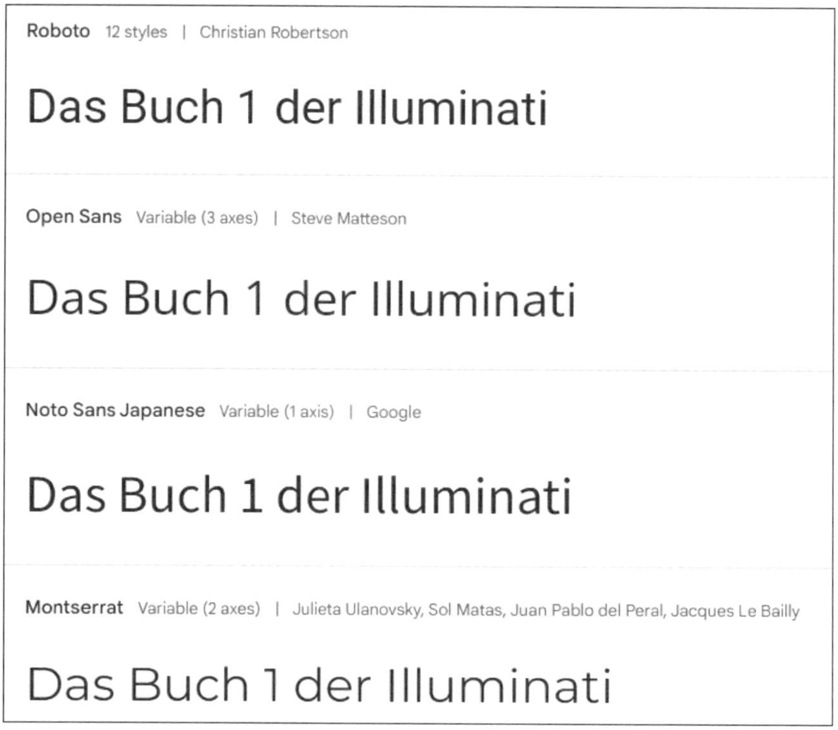

Abbildung 6.16 Google Fonts ohne Serifen
(Quelle: *https://fonts.google.com*)

Tipp: Drei besonders gut lesbare Schriften

Testen Sie für Ihre Zwecke die Schriftarten Atkinson Hyperlegible Font (*https://braille-institute.org/freefont*), Lexend (*https://www.lexend.com*) oder Open Dyslexic (*https://opendyslexic.org*), da diese eine sehr gute Lesbarkeit für Lesende mit Sehschwäche gewährleisten. Diese Schriften bieten eine sehr gute visuelle Unterscheidung von Buchstaben untereinander sowie Ziffern und Buchstaben (Beispiel für Atkinson siehe Abbildung 6.17, auswählbar bei Google Fonts).

Abbildung 6.17 Atkinson Hyperlegible Font mit klarer Unterscheidung der kritischen Zeichen
(Quelle: *https://fonts.google.com*)

Grundsätzlich ist keine Schriftart in den WCAG explizit verboten, d. h., Sie haben die freie Wahl aus allen verfügbaren Schriften.

Tipp: Hilfe bei der Schriftartauswahl

Auf der Website *https://pimpmytype.com/* sind umfassende Hinweise und Ideen zur Auswahl der optimalen Schriftart abrufbar. Oliver Schöndorfer diskutiert zusätzlich in diversen YouTube-Videos und #FontFriday die Vor- und Nachteile unterschiedlicher Schriftarten. Lassen Sie sich inspirieren.

6.3.2 Schriftgröße

Die WCAG schreiben grundsätzlich auch keine Mindestschriftgröße vor, sondern nur bestimmte Kontraste abhängig von der Schriftgröße. Das heißt, Sie können den Text so groß gestalten, wie es Ihnen gefällt. Dennoch stellt sich die Frage, was die Einflussfaktoren für eine optimale Schriftgröße sind. Um es vorwegzunehmen, es sollten mindestens 16 px sein. Die »optimale« Schriftgröße auf Webseiten hängt von verschiedenen Faktoren ab, unter anderem vom Zweck der Webseite, der Zielgruppe und den Anforderungen an die Barrierefreiheit. Es gibt jedoch allgemeine Richtlinien und Best Practices, die dabei helfen, den Text auf Webseiten für die Mehrheit der Nutzenden lesbar und zugänglich zu machen.

Neben der Empfehlung von mindestens 16 px gibt es die DIN EN ISO 9241-303:2012, die die Anforderungen an elektronische optische Anzeigen regelt. Basierend auf dem Abstand von Device und Mensch (Desktop ca. 70 cm) und der Vorgabe von 20–22 Bogenminuten ergibt sich eine Schriftgröße in Millimetern, die im nächsten Schritt anhand definierter Buchstabenhöhen der zu verwendenden Schrift berechnet werden kann. Die Bildschirmauflösung führt dann zur Schriftgröße. Typischerweise ergeben sich hier sehr große Schriftgrößen von > 24 px.

Die optimale Schriftgröße hängt in erster Linie vom Betrachtungsabstand zum Objekt (Text) ab. Das Smartphone wird mit ca. 30 cm Abstand nah an die Augen gehalten, während ein Bildschirm (Monitor, Notebook) im Durchschnitt ca. 70 cm entfernt ist. Neben der Entfernung ist die individuelle Sehschärfe (Visus, lt. DIN 1450 mit > 70 % angenommen; sehbehinderte Menschen und Senioren zwischen 40 und 50 %) ein wichtiger Aspekt bei der Wahl der Schriftgröße. Zusätzlich spielen die jeweiligen Umgebungsbedingungen (Kontrast, Beleuchtung) eine entscheidende Rolle.

In der Webentwicklung wird die Textgröße üblicherweise in relativen Einheiten wie Prozent (%), em, rem oder in absoluten Einheiten wie Pixel (px) und Punkt (pt) gemessen. Angenommen, die Basisschriftgröße für eine Webseite ist auf 16 px gesetzt, dann entspricht dies 1 em (siehe Listing 6.2). 16 px sind ein weitverbreiteter Standard für die Desktop-Variante, da 16 px gut lesbar und Browserstandard sind. Mittlerweile geht der Trend in Richtung 18–24 px als Standard, abhängig von der verwendeten Schriftart, um eine gute Lesbarkeit zu gewährleisten (siehe Schriftgrößenrechner in Abbildung 6.18 mit der Empfehlung von 22 px für Desktop für Lesetext). Für Smartphones liegt der Standard ebenfalls bei 16 px, teilweise wird auf das Minimum von 14 px reduziert, was jedoch nicht empfehlenswert ist.

```
body {
    font-size: 16px; /* Basisschriftgröße */
}
p {
    font-size: 1em; /* Gleich der Basisschriftgröße */
}
```

Listing 6.2 Definition der Schriftgrößen in Pixel (px) und em

Tipp: Schriftgrößenrechner

Der Deutsche Blinden- und Sehbehindertenverband e. V. (DBSV) bietet einen Schriftgrößenrechner (*https://www.leserlich.info/werkzeuge/schriftgroessenrechner/index.php*) in Anlehnung an DIN 1450 an, der die optimale Schriftgröße ermittelt (Beispiel siehe Abbildung 6.18). DIN 1450 ist die deutsche Norm für die Lesbarkeit von Texten. Sie definiert Anforderungen an die Gestaltung von Schriftzeichen und deren Anwendung, um die Lesbarkeit zu optimieren. Die Norm berücksichtigt verschiedene Aspekte wie Schriftgröße, Strichstärke, Zeichenabstand und Kontrast.

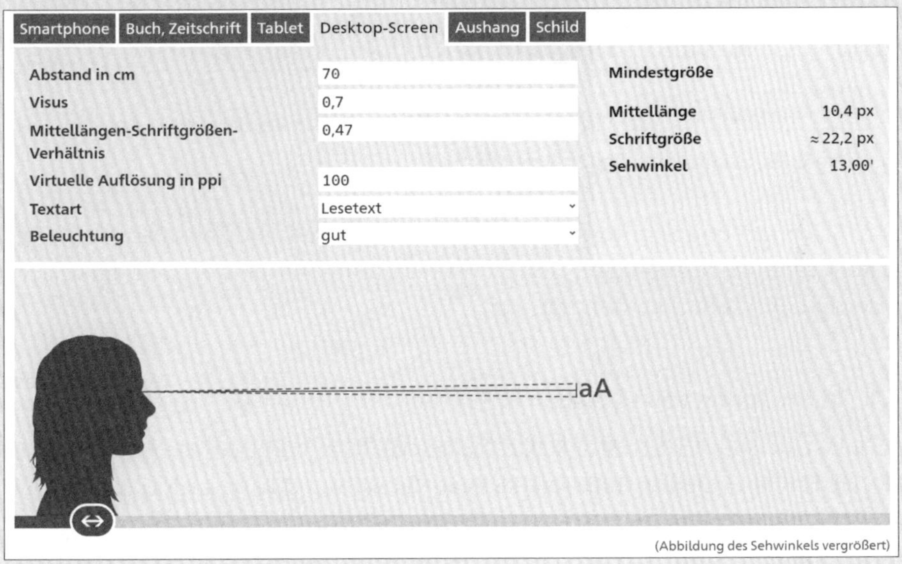

Abbildung 6.18 Schriftgrößenrechner des DBSV

Für Überschriften werden größere Schriftgrößen empfohlen, um eine klare Hierarchie auf der Seite zu schaffen. Ausgehend von einem Absatztext (Paragraph Text) mit 16 px (= 1 em) würde bei einem Faktor von 1,25 die H4 20 px (1,25 em), die H3 25 px (1,563 em), die H2 31 px (1,953 em) und die H1 39 px (2,441 em) betragen. Sofern mit einer H5 und H6 gearbeitet wird, verschiebt sich diese Berechnung entsprechend dem Beginn der H6 anstelle der H4.

Tipp: Maßstäbe optisch erfahren

Die Seite *https://www.modularscale.com/* bietet eine visuelle Darstellung der Ebenen (Hx) abhängig vom Faktor (üblicherweise 1,2–1,5).

6.4 Abstände und Schreibweisen

Schriften zeichnen sich insbesondere durch ihre unterschiedlichen Höhen innerhalb der einzelnen Schriftbestandteile aus. Je nach Ausgestaltung der einzelnen Kleinbuchstabenhöhen ergibt sich eine spezifische Mittellänge pro Schrift. Diese Längen bzw. Linien sind in Abbildung 6.19 dargestellt und beeinflussen andere Faktoren wie Zeichen- und Zeilenabstände.

Abbildung 6.19 Linien und Längen bei Schriften

Neben Schriftart und Schriftgröße spielen Zeilenabstand und Zeilenlänge eine wichtige Rolle für die Lesbarkeit von Texten. Weiterhin sind Aspekte der Schreibweise und der Zeichenabstände zu beachten.

6.4.1 Vermeidung von Versalien in Texten

TEXTE IN GROSSBUCHSTABEN SOLLTEN VERMIEDEN WERDEN, DA SIE SICH WENIGER DEUTLICH IN DER SCHREIBWEISE VON KLEINBUCHSTABEN UNTERSCHEIDEN.

Hatten Sie Schwierigkeiten, den Text zu lesen? Das liegt wahrscheinlich daran, dass Menschen nicht geübt sind, alles in Großbuchstaben (Versalien) zu lesen. Das heißt, sowohl aus Sicht der Usability als auch aus Sicht der Barrierefreiheit sollte auf die ausschließliche Verwendung von Großbuchstaben verzichtet werden (auch wenn diese in der Praxis auf vielen Webseiten verwendet werden). Der DBSV weist ebenfalls darauf hin, dass die für das Lesen wichtigeren oberen Bereiche der Buchstaben bei Großbuchstaben (Majuskeln) verwechselbarer sind als bei Kleinbuchstaben (Minuskeln). Weitere Details dazu finden Sie unter *https://www.leserlich.info/kapitel/zeichen/schreibweise.php*. Abbildung 6.20 zeigt das erschwerte Lesen beim Blick auf den oberen Teil des Wortes.

Abbildung 6.20 Versalien vs. gemischte Schreibweise

6.4.2 Zeilenabstand, Zeilenlänge und Zeichenabstand

Die Ober- und Unterlängen der Schrift (siehe Abbildung 6.19) sollen sich nicht berühren. Ein Zeilenabstand von mindestens 120 % der Schriftgröße ist hierfür geeignet. Außerdem sollte der Zeilenabstand umso größer sein, je länger die Zeilen sind, damit das Auge am Zeilenende problemlos zum Zeilenanfang springen kann. Kürzere Zeilen erleichtern dem Auge das Zurückfinden zum Anfang der nächsten Zeile. Das bedeutet, dass der Zeilenabstand bei Smartphones aufgrund der geringen Displaybreite bzw. Zeilenlänge im Vergleich zum Desktop reduziert werden kann. Die empfohlene maximale Zeichenanzahl für Texte auf Desktop-Bildschirmen beträgt 80 Zeichen pro Zeile, einschließlich Leerzeichen. Zu lange Zeilen stören den Lesefluss und lassen die Augen schneller ermüden. Es ist wichtig, die Zielgruppe und den Kontext der Website oder Anwendung zu berücksichtigen, da bestimmte Benutzergruppen (z. B. ältere Menschen oder Menschen mit Dyslexie) von kürzeren oder längeren Zeilenlängen profitieren können.

Diese Empfehlungen decken sich weitgehend mit der strengen (Level AAA) WCAG 1.4.8, »Visuelle Präsentation«, die darauf abzielt, die Lesbarkeit und den visuellen Komfort von Texten auf Webseiten zu verbessern. Die Richtlinie umfasst die folgenden spezifischen Anforderungen:

- Kontrast: Vorder- und Hintergrundfarbe sollten für die Nutzenden wählbar sein (Dark Mode).
- Textblockbreite/Zeilenlänge: Die Textbreite sollte 80 Zeichen oder Glyphen (Buchstaben, Zahlen, Symbole usw.) pro Zeile nicht überschreiten.
- Ausrichtung: Der Text sollte nicht im Blocksatz ausgerichtet werden, da dies zu großen Lücken zwischen den Wörtern führen kann, die das Lesen erschweren.
- Vorlauf/Abstand: Der Zeilenabstand (Vorlauf) beträgt mindestens anderthalb Leerzeichen innerhalb eines Absatzes, der Absatzabstand ist mindestens 1,5-mal so groß wie der Zeilenabstand.
- Kein horizontales Scrollen: Die Textgröße kann ohne Hilfsmittel um bis zu 200 % verändert werden, ohne dass die Nutzenden horizontal scrollen müssen, um eine Textzeile im Vollbildmodus lesen zu können.

Text sollte nicht im Blocksatz dargestellt werden, da Blocksatz die Zeichen in den Wörtern auseinanderzieht und damit das Lesen erschwert. Nach DIN 1450 sollte der Zeichenabstand bei hellem Text auf dunklem Hintergrund um ca. 2 % vergrößert werden. Für eine optimale Lesbarkeit sollte der Zeichenabstand 35 % der Mittellänge betragen (weitere Tipps, Hinweise und Details siehe *https://www.leserlich.info*).

6.4.3 Vermeiden Sie leere <p>-Elemente auf Ihrer Webseite

Absätze sollten in einem HTML-Dokument das semantische HTML-Element <p> verwenden, damit sie von Screenreadern optimal verarbeitet werden können. Dieses Element steht für *paragraph* (engl. für Absatz oder Abschnitt) und wird verwendet, um Textabschnitte voneinander abzugrenzen. Durch die Verwendung von <p>-Tags in Listing 6.3 kann der Screenreader die Absätze im Dokument besser erkennen und entsprechend ausgeben.

```
<!DOCTYPE html>
<html lang="de">
[...]
<body>
    <p>Dies ist der erste Absatz.</p>
    <p>Dies ist der zweite Absatz.</p>
    <p>Und hier ist ein weiterer Absatz.</p>
</body>
</html>
```

Listing 6.3 Verwendung des <p>-Tags in HTML

Wenn ein <p>-Element in HTML leer ist, also keinen Text oder anderen Inhalt enthält, wird es trotzdem vom Browser und vom Screenreader interpretiert und ausgegeben. Dies kann von Screenreader zu Screenreader unterschiedlich sein, aber im Allgemeinen wird der Screenreader eine kurze Pause oder eine »Leerzeile« anzeigen, um darauf hinzuweisen, dass es einen Absatz gibt, der jedoch keinen Text enthält. Dies kann zu Verwirrung bei den Nutzenden führen.

6.5 Zoom und Anpassung von Textabständen

Die vorangegangenen Abschnitte haben gezeigt, dass das Lesen von Text auf Webseiten aus verschiedenen Gründen schwierig sein kann, z. B. wegen zu kleiner oder zu großer Schriftgröße, zu geringer Zeilenhöhe, schwer lesbarer Schriftarten oder schlecht erkennbarer Farben. In diesem Abschnitt geht es darum, wie Inhalte gestaltet werden sollten, damit die Nutzenden die zur Verfügung stehenden Inhalte ohne Informationsverlust individuell anpassen können.

6.5.1 Individuelle Anpassung von Text

Für Menschen mit Wahrnehmungs- und Lernschwierigkeiten ist es essenziell, Webseiten über Browsersteuerelemente oder benutzerdefinierte Stylesheets anpassen zu können. Sie sollten in der Lage sein, Schriftarten, Text- und Hintergrundfarben, Zeilenabstände und Seitenränder ihren Bedürfnissen anzupassen. Damit diese Anpassungen möglich sind, muss die Website entsprechend barrierefrei gestaltet sein. Ist die Schrift auf einer Webseite zu klein gewählt, greifen die Nutzenden sehr schnell zum Zoom. Gängige Browser erlauben es z. B., die Seiten auf bis zu 500 % zu zoomen, sodass auch kleine Details groß dargestellt werden. Daher zielt die WCAG 1.4.4, »Textgröße ändern« (Level AA), darauf ab, die Zugänglichkeit von Text und Formularinhalten zu verbessern, indem sichergestellt wird, dass Text auf bis zu 200 % vergrößert werden kann. Ziel ist es, dass die Nutzenden die Textgröße ohne Verlust von Inhalt oder Funktionalität vergrößern können. Abbildung 6.21 zeigt die Änderung der Zoomstufe auf 200 % im Chrome-Browser. Horizontales Scrollen sollte möglichst vermieden werden, da die Nutzenden sonst in beide Richtungen scrollen müssen (WCAG 1.4.8, »Visuelle Präsentation«, Level AAA).

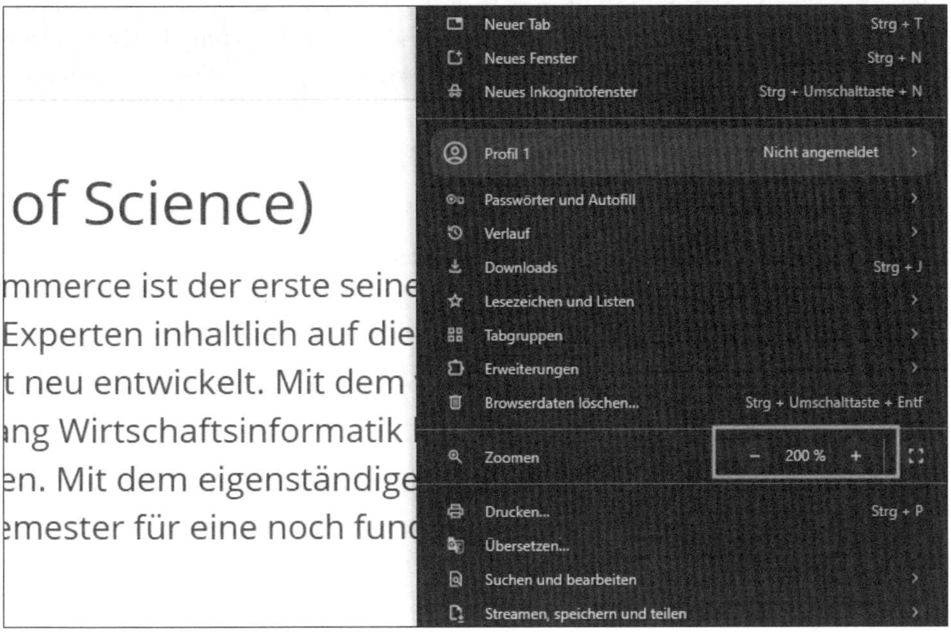

Abbildung 6.21 Zoom auf 200 % im Browser Chrome

Angenommen, eine Webseite bietet Informationen, die von allen Nutzenden gelesen werden sollten (z. B. über ein medizinisches Produkt). Um die WCAG 1.4.4 zu erfüllen, muss die Webseite so gestaltet sein, dass die Texte ohne spezielle Software zur Textvergrößerung – also z. B. mit der Zoomfunktion des Browsers – auf bis zu 200 % vergrößert werden können, ohne dass die Informationen auf der Webseite oder Bedienelemente wie Buttons etc. unzugänglich werden.

Moderne Websites sind in der Regel responsiv, d. h., sie passen sich der Bildschirmgröße an und ordnen den Content jeweils passend für die Bildschirmgröße neu an.

Die Desktop-Version einer Webseite, die z. B. Texte in Blöcken nebeneinander darstellt, wird auf Smartphones die Textblöcke untereinander darstellen. Dadurch wird horizontales Scrollen proaktiv verhindert. Die WCAG 1.4.10, »Umfluss (Reflow)« (Level AA), fordert, dass Webinhalte so gestaltet sein müssen, dass sie ohne Scrollen zweidimensional bis zu einer Vergrößerung von 400 % gelesen werden können. Ziel ist es, Webseiten so zu gestalten, dass sich die Inhalte bei einer Vergrößerung von bis zu 400 % visuell anpassen (typischerweise responsives Design). Die Nutzenden müssen also nur in einer Dimension (horizontal oder vertikal) scrollen, um die gewünschten Inhalte lesen oder navigieren zu können. Dies reduziert die Notwendigkeit, in beide Richtungen zu scrollen, was besonders für Nutzende von Bildschirmvergrößerern mühsam sein kann. Die WCAG 1.4.10 legt daher fest, dass Text auf mobilen Displays bei 320 (horizontal) × 256 (vertikal) CSS-Pixeln umbrochen werden oder ohne horizontales Scrollen lesbar sein sollte. Versucht man dies auf einem Desktop zu »emulieren«, indem man den Inhalt eines 1.280 breiten und 1.024 hohen Browserfensters auf 400 % zoomt (wie es die WCAG in 1.4.10 beschreiben), führt dies oft zu anderen Darstellungen als auf mobilen Endgeräten. Aus praktischer Sicht ist es daher besser, sich eine Webseite auf dem Smartphone anzuschauen und die WCAG 1.4.10 auf dieser Basis zu beurteilen, als im Browser auf 400 % zu zoomen. Dies ist auch dann besser, wenn das Smartphone eine etwas andere Auflösung hat. In diesem Zusammenhang kann auch die horizontale und vertikale Ausrichtung der Inhalte auf dem Smartphone überprüft werden. Die Nutzenden sollen die Möglichkeit haben, die für sie am besten geeignete Ausrichtung zu wählen, ohne dass Funktionalität oder Inhalt verloren gehen (WCAG 1.3.4, Details siehe Abschnitt 8.5.10, »Orientierung – Hochformat vs. Querformat in der mobilen Nutzung«), d. h., die Inhalte sollten sowohl im Hochformat als auch im Querformat zugänglich sein.

Sehbehinderte Nutzende verwenden zum Teil eigene Stylesheets und nehmen damit visuelle Veränderungen in der Textdarstellung vor. Damit haben sie die Möglichkeit, bestimmte Texteigenschaften anzupassen, die ihre Informationsaufnahme verbessern bzw. die Lesbarkeit des Textes überhaupt erst ermöglichen. Die WCAG 1.4.12, »Textabstand« (Level AA), unterstützt dieses Vorgehen und fordert, dass dabei keine Inhalte oder Funktionalitäten verloren gehen dürfen. Die Anpassungen umfassen konkret:

- Zeilenhöhe (Zeilenabstand) auf mindestens das 1,5-Fache der Schriftgröße
- Abstand nach Absätzen auf mindestens 2-fache Schriftgröße
- Zeichenabstand (Laufweite) auf mindestens 0,12-fache Schriftgröße
- Wortabstand auf mindestens 0,16-fache Schriftgröße

Diese Anforderungen stellen sicher, dass die Texte auch dann lesbar bleiben, wenn die Nutzenden Anpassungen vornehmen, um die Lesbarkeit zu verbessern. Durch die Vergrößerung der Zeilen- und Absatzabstände sowie der Buchstaben- und Wortabstände können Nutzende mit Dyslexie oder anderen Leseschwierigkeiten den Text besser erfassen. Nutzende mit geringem Sehvermögen oder diejenigen, die spezifische visuelle Präferenzen haben, können Texteigenschaften ihren Bedürfnissen anpassen, ohne die Funktionalität der Website zu beeinträchtigen.

Tipp: Simulation von Textabständen

Mit dem Bookmarklet TEXTABSTÄNDE (*https://bitvtest.de/test-methodik/web/werkzeugliste*) können Sie die Anpassungen der Textabstände simulieren, wie in Abbildung 6.22 dargestellt.

Abbildung 6.22 Änderung der Textabstände (unten) mittels Bookmarklet

6.5.2 Das Meta-Tag »viewport«

Das `viewport`-Meta-Tag ist ein wichtiger Bestandteil des HTML-Dokumenten-Headers, der steuert, wie Webseiten auf verschiedenen Geräten angezeigt werden, insbesondere auf mobilen Geräten. Sie können damit das Layout Ihrer Seiten optimieren und sicherstellen, dass sie auf allen Bildschirmgrößen und -auflösungen korrekt dargestellt werden. In Listing 6.4 sorgt das `viewport`-Meta-Tag zusammen mit dem `content`-Attribut dafür, dass die Webseite die gesamte Breite des Geräts einnimmt und auf eine Anfangsskalierung von `1.0` gesetzt wird. Dies bedeutet, dass die Webseite beim ersten Laden nicht vergrößert oder verkleinert wird.

```
<!DOCTYPE html>
<html lang="de">
<head>
    <meta charset="UTF-8">
    <title>Beispielseite</title>
    <meta name="viewport" content="width=device-width, initial-scale=1.0">
</head>
<body>
    <h1>Willkommen auf meiner Webseite</h1>
    <p>Dies ist ein Beispieltext, der auf allen Geräten gut lesbar sein
sollte.</p>
</body>
</html>
```

Listing 6.4 Das Tag »viewport« spielt den Inhalt auf der ganzen Seitenbreite aus.

Da ein responsives Design sicherstellt, dass alle Inhalte auf verschiedenen Geräten und Bildschirmgrößen zugänglich sind, können Nutzende mit Sehbehinderungen die Seite flexibel anpassen (z. B. durch Vergrößerungstools). Die Nutzenden sollten die Möglichkeit haben, Inhalte nach Bedarf zu vergrößern oder zu verkleinern. Vermeiden Sie deshalb feste Zoomstufen oder die Deaktivierung des Zooms. WCAG 1.4.10 sowie WCAG 1.4.4 werden durch ein korrekt konfiguriertes `viewport`-Meta-Tag maßgeblich unterstützt.

6.6 Bilder eines Textes (Schriftgrafik)

Für die visuelle Gestaltung werden Texte teilweise als Bilder in Webseiten integriert. Wenn Schriftgrafiken vergrößert werden, werden sie in der Regel verpixelt dargestellt, sodass sie für Menschen mit Sehbehinderungen nicht oder nur schwer erkennbar sind. Der Text in Abbildung 6.23 ist direkt in die Grafik eingebettet und nicht separat auswählbar (z. B. über die Tastenkombination `Strg` + `A` markierbar).

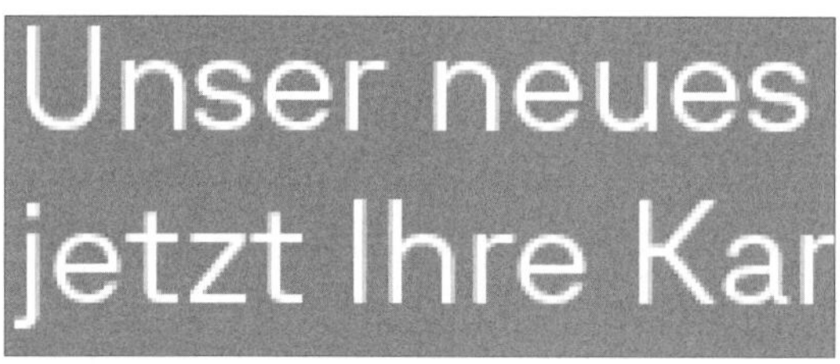

Abbildung 6.23 Text in Bildern – bei Vergrößerung schwer zu lesen

Die Verwendung von Text in grafischer Form (z. B. Bilder von Text) sollte vermieden werden, da sie einige Nachteile in Bezug auf die Barrierefreiheit mit sich bringt:

1. Schriftgrafiken können aufgrund ihrer kreativen und dekorativen Gestaltung die Lesbarkeit für Menschen mit Sehbehinderungen oder eingeschränktem Sehvermögen beeinträchtigen. Screenreader erkennen Schriftgrafiken nicht als Text.
2. Wenn sie stark verkleinert oder vergrößert werden, kann die Qualität leiden (sie werden »pixelig«), was die Lesbarkeit für alle Menschen beeinträchtigt. Dies gilt insbesondere für Schriftarten mit ungewöhnlichen Formen. Bei individueller Einstellung des Zeichen- und Zeilenabstandes folgen Schriftgrafiken nicht dieser Anpassung. Weiterhin werden Schriftgrafiken nicht umbrochen.
3. Kontraste können eine Herausforderung bei der Verwendung von Schriftgrafiken darstellen. Prüfen Sie daher die Kontrastverhältnisse. Die Empfehlung lautet 7 : 1 bzw. 4,5 : 1 bei Bildern mit großflächigem Text, siehe WCAG 1.4.6, »Kontrast (erhöht)« (Level AAA). Schriftgrafiken passen sich nicht den individuellen Einstellungen von Vorder- und Hintergrundfarbe an. Weiterhin können Schriftgrafiken mit transparentem Hintergrund bei individueller Einstellung der Hintergrundfarbe zu kontrastarm werden.
4. Schriftgrafiken werden häufig für Links verwendet. Die entsprechende Verwendung eines aussagekräftigen `alt`-Attributs ist daher unerlässlich. Die Darstellung dieser Links ist meist nicht konsistent mit der Darstellung von Textlinks, was die Erkennbarkeit beeinträchtigt.

Die Grafik erschwert die Lesbarkeit des Textes bei Vergrößerung. WCAG 1.4.5, »Bilder eines Textes« (Level AA), fordert für Text, dass mit Ausnahme von Beschriftungen und Textabbildungen die Größe von Text ohne Hilfsmittel um bis zu 200 % verändert werden kann, ohne dass Inhalt oder Funktionalität verloren gehen. Daher sollten Schriftgrafiken auch bei 200 % noch gut lesbar sein. Zusätzlich sollte ein aussagekräftiges `alt`-Attribut für die Schriftgrafik definiert werden. Wichtige Informationen sollten daher als Text dargestellt und mittels CSS gestaltet werden. WCAG 1.4.5 weist daher auf Folgendes hin: Wenn die verwendeten Technologien eine visuelle Darstellung ermöglichen, wird Text anstelle von Textbildern (Schriftgrafiken) verwendet, um Informationen zu übermitteln, außer in den folgenden Fällen:

- Die Schriftgrafiken können visuell den Bedürfnissen der Nutzenden angepasst werden.
- Eine bestimmte Textdarstellung ist für die zu vermittelnde Information wesentlich.

Tipp: Das <picture>-Element passt Bilder an

Das HTML-Element `<picture>` ermöglicht es, verschiedene Versionen eines Bildes bereitzustellen, die je nach Bildschirmgröße, Pixelverhältnis oder anderen Kriterien angezeigt werden. Im Hinblick auf die Barrierefreiheit kann das `<picture>`-Element eine wichtige Rolle spielen, indem es die Anpassung von Bildern an verschiedene Geräte ermöglicht.

Schriftgrafiken können sich negativ auf die Suchmaschinenoptimierung auswirken, da Suchmaschinen Textinhalte indexieren, um Suchergebnisse zu generieren. Text in Schriftgrafiken wird von Suchmaschinenalgorithmen derzeit nicht optimal erkannt, was das Ranking einer Website beeinträchtigen kann. Für die visuelle Darstellung sollten Sie immer auf CSS zurückgreifen. Für die Konformität AAA legt WCAG 1.4.9, »Bilder eines Textes (keine Ausnahme)«, fest, dass Schriftgrafiken nur zu rein dekorativen Zwecken verwendet werden dürfen oder wenn eine besondere Darstellung des Textes für die zu vermittelnde Information wesentlich/unerlässlich ist. Logotypen (Text, der Teil eines Logos oder Markennamens ist) werden als wesentlich angesehen und dürfen aus diesem Grund genutzt werden. Daher sollten Schriftgrafiken mit Ausnahme des Logos des Unternehmens vermieden werden.

6.7 Auszeichnung der Überschriften im Text (H1–H6)

HTML sieht für die Textauszeichnung die Ebenen H1 bis H6 vor. Diese Strukturierung ermöglicht nicht nur der Suchmaschine, die Texte zu verstehen (vom Allgemeinen zum Spezifischen), sondern stellt auch für den Menschen eine hierarchische Struktur dar. Das Ziel der Textauszeichnung ist es, sicherzustellen, dass die Abschnitte Überschriften haben, die sie identifizieren. Die WCAG 1.3.1, »Info und Beziehungen« (Level A), verlangt, dass Überschriften so gekennzeichnet werden, dass sie programmatisch identifiziert werden können. Um die Navigation und das Verständnis der gesamten Dokumentstruktur zu erleichtern, sollten Sie daher Überschriften verwenden, die korrekt verschachtelt sind (z. B. `h1` gefolgt von `h2`, `h2` gefolgt von `h2` oder `h3`, `h3` gefolgt von `h3` oder `h4` etc.). Sprünge zwischen Überschriftenebenen (z. B. von H2 nach H4) führen insbesondere bei blinden Menschen zu Irritationen, da Zweifel aufkommen können, ob eine H3 »übersprungen« wurde. Unproblematisch sind dagegen Sprünge von niedrigeren zu höheren Ebenen, z. B. von H5 auf H2. Die Empfehlung »nur eine H1 auf jeder Seite« muss nicht eingehalten werden, wenn eine Seite viele unterschiedliche Themen beinhaltet. In diesem Fall können mehrere H1-Überschriften durchaus sinnvoll sein.

Hinweis: H-Struktur prüfen

Überprüfen Sie die H-Struktur Ihrer Webseiten. Die erwähnten Plug-ins *Web Developer* (siehe Abbildung 6.24) oder *headingsMap* (siehe Abbildung 6.25) zeigen die entsprechende Auszeichnung bzw. Reihenfolge direkt an.

Abbildung 6.24 Anzeige der H-Struktur mit dem Plug-in Web Developer

Auch dieses Buch ist in Kapitel sowie zugehörige Abschnitte gegliedert, die durch entsprechende Nummerierungen gekennzeichnet sind. In ähnlicher Weise benötigt eine Webseite die HTML-Auszeichnung der jeweiligen Überschriften. Beim schnellen Überfliegen des Textes bleiben die Augen an den jeweiligen Überschriften hängen und erfassen so sehr schnell, worum es in diesem Text geht. Screenreader übernehmen die Übersetzung der visuellen Strukturierung in Form von Vorlesen bzw. Ausgabe der jeweiligen Überschriftenebene. Das heißt, die Nutzenden lassen sich zuerst die H1 dann die entsprechenden H2 ausgeben. Stimmt die Reihenfolge im HTML nicht, kann dies zu einem negativen Textverständnis führen. Optisch kann alles passen, aber aufgrund fehlerhafter Auszeichnung zu einer anderen Vorlesereihenfolge im Screenreader führen.

Abbildung 6.25 Fehlerhafte Verwendung der H-Struktur

Nutzen Sie daher HTML für die grundlegende Semantik und Struktur, CSS für das Design. Abbildung 6.25 zeigt, dass für das Styling des Textes H6 fehlerhaft verwendet wurde.

6.8 Fettungen und kursive Wörter

Um Fettungen, Hervorhebungen und kursive Wörter in HTML für Screenreader barrierefrei auszuzeichnen, müssen die HTML-Elemente <strong> bzw. <b>, <em> bzw. <i> korrekt und trennscharf verwendet werden. Das <strong>-Element kommt zum Einsatz, wenn ein Text als besonders wichtig oder semantisch stark gekennzeichnet werden soll, während das <b>-Element (von engl. *bold* für fett) gesetzt wird, um Text ohne semantische Bedeutung optisch fett darzustellen. In diesem Zusammenhang spricht man daher häufig von semantischer vs. physikalischer Zeichenformatierung.

Ähnlich verhält es sich mit dem <em>-Element, das verwendet wird, um Text als betont oder phonetisch hervorgehoben zu kennzeichnen. Das <i>-Element sorgt schließlich dafür, Text kursiv darzustellen. Listing 6.5 verwendet die jeweiligen HTML-Elemente, was zur Darstellung in Abbildung 6.26 führt.

```
<!DOCTYPE html>
<html lang="de">
<head>
    <meta charset="UTF-8">
    <meta name="viewport" content="width=device-width, initial-scale=1.0">
    <title>Fettungen / Hervorhebungen / Kursive Wörter Beispiel</title>
</head>
<body>
    <p>Ein <strong>wirklich wichtiges</strong> Detail wurde <b>hervorgehoben
</b>.</p>

    <p>Der Text ist <em>betont</em> und hebt sich ab.</p>

    <p>Ein <i>kursiver</i> Text wird verwendet.</p>
</body>
</html>
```

Listing 6.5 Hervorhebungen und Betonungen mittels HTML

In diesem Beispiel werden wichtige Details mit dem <strong>-Element hervorgehoben, betonte Textstellen mit dem <em>-Element. Visuell gibt es keinen Unterschied zu fettem Text mit dem <b>-Element bzw. kursivem Text mit dem <i>-Element (siehe Abbildung 6.26).

Ein **wirklich wichtiges** Detail wurde **hervorgehoben**.

Der Text ist *betont* und hebt sich ab.

Ein *kursiver* Text wird verwendet.

Abbildung 6.26 Visuell identisch, für assistive Aussagen unterschiedlich

Es zeigt sich, dass die Semantik und damit die Ausgabe von assistiven Technologien vom bewussten Einsatz des HTML-Elements abhängt.

6.9 Auszeichnung von Tabellen

Tabellen auf Webseiten oder in der App erleichtern das Verständnis komplexer Daten durch die visuelle Gliederung in Zeilen und Spalten. Sie sind besonders nützlich, um Vergleiche, Statistiken oder zusammenhängende Informationen kompakt darzustellen. Abbildung 6.27 zeigt eine Übersicht akademischer Abschlüsse mit Langform, englischer und deutscher Abkürzung.

Langform	englische Abkürzung (ohne Leerzeichen	deutsche Abkürzung (mit Leerzeichen)
Bachelor of Arts	B.A.	B. A.
Bachelor of Education	B.Ed.	B. Ed.
Bachelor of Engineering	B.Eng.	B. Eng.
Bachelor of Fine Arts	B.F.A.	B. F. A.
Bachelor of Laws	LL.B.	LL. B.
Bachelor of Science	B.Sc.	B. Sc.
Bachlor of Music	B.Mus.	B. Mus.
Master of Arts	M.A.	M. A.
Master of Business Administration	MBA	MBA
Master of Education	M.Ed.	M. Ed.
Master of Engineering	M.Eng.	M. Eng.
Master of Fine Arts	M.F.A.	M. F. A.
Master of Laws	LL.M.	LL. M.
Master of Science	M.Sc.	M. Sc.
Master of Music	M.Mus.	M. Mus.

Abbildung 6.27 Übersicht akademischer Abschlüsse mit Langform, englischer sowie deutscher Abkürzung
(Quelle: *https://www.thws.de/beratung-und-service/thws-glossar-und-stilrichtlinien/tabellen-thws-glossar*)

Um eine Tabelle zu nutzen, müssen die Betrachtenden die Kopfzeilen kennen und die Inhalte der Detailzeilen den jeweiligen Spaltenüberschriften (»Spaltenköpfen«) zuordnen können. Dabei führt das Auge verschiedene Bewegungen aus, um den Inhalt richtig zu interpretieren. Die gleichen Informationen benötigen die Nutzenden von assistiven Technologien.

Websites wie Amazon verwenden Tabellen, um Produkte zu vergleichen, damit die Konsumenten und Konsumentinnen schnell die Unterschiede zwischen den Produkten erkennen und die beste und schnellste Entscheidung treffen können. Tabellen bieten folgende Vorteile für alle Nutzenden:

- Tabellen ermöglichen eine klare und logische Strukturierung von Daten, was sowohl das Verständnis als auch die Analyse erleichtert.
- Darüber hinaus ermöglichen sie den direkten Vergleich von Datenpunkten, indem sie Informationen nebeneinander darstellen.
- Tabellen können komplexe Informationen kompakt und effizient darstellen, ohne dass lange Textblöcke notwendig sind.
- Schließlich können die Nutzenden leicht durch die Daten navigieren und schnell die gewünschten Informationen finden.

6.9.1 Zeilen und Spalten in Tabellen für Screenreader auszeichnen

Um die HTML-Struktur einer einfachen Datentabelle zu erläutern, wird als Beispiel ein Rezept mit tabellarischer Angabe der Zutaten gewählt. Abbildung 6.28 zeigt das Rezept für Spaghetti Carbonara in tabellarischer Form mit den Zutaten, der benötigten Menge und eventuellen Anmerkungen zu jeder Zutat.

Zutaten für Spaghetti Carbonara

Zutat	Menge	Anmerkungen
Spaghetti	400g	
Pancetta oder Speck	150g	In Würfel geschnitten
Eier	4	Mittelgroße Eier
Parmesan	100g	Gerieben
Schwarzer Pfeffer	Nach Geschmack	Grob gemahlen
Salz	Nach Geschmack	

Abbildung 6.28 Spaghettirezept in Tabellenform

Die Tabelle in Abbildung 6.28 wird mit dem Inhalt des HTML-Codes in Listing 6.6 erzeugt.

```
<table>
  <caption>Zutaten für Spaghetti Carbonara</caption>
  <thead>
    <tr>
      <th>Zutat</th>
```

```
      <th>Menge</th>
      <th>Anmerkungen</th>
    </tr>
  </thead>
  <tbody>
    <tr>
      <td>Spaghetti</td>
      <td>400g</td>
      <td></td>
    </tr>
    <tr>
      <td>Pancetta oder Speck</td>
      <td>150g</td>
      <td>In Würfel geschnitten</td>
    </tr>
    <tr>
      <td>Eier</td>
      <td>4</td>
      <td>Mittelgroße Eier</td>
    </tr>
    <tr>
      <td>Parmesan</td>
      <td>100g</td>
      <td>Gerieben</td>
    </tr>
    <tr>
      <td>Schwarzer Pfeffer</td>
      <td>Nach Geschmack</td>
      <td>Grob gemahlen</td>
    </tr>
    <tr>
      <td>Salz</td>
      <td>Nach Geschmack</td>
      <td></td>
    </tr>
  </tbody>
</table>
```

Listing 6.6 Auszeichnung einer Tabelle in HTML

Die Tabelle enthält verschiedene HTML-Elemente, die die Semantik transportieren und visuell kennzeichnen. Tabelle 6.1 erläutert die verwendeten Elemente und ihre spezifische Funktion.

Element	Funktion
<table>	Definiert den Container der Tabelle.
<caption>	Gibt eine Überschrift für die Tabelle an, die den Inhalt beschreibt, in diesem Fall die Zutaten für Spaghetti Carbonara.
<thead>	Enthält die Kopfzeile der Tabelle, die die Spaltenüberschriften definiert. Wird optisch hervorgehoben.
<tbody>	Enthält die eigentlichen Daten der Tabelle, hier die Zutatenliste.
<tr>	Definiert eine Zeile oder einen Datensatz in der Tabelle
<th>	Definiert eine Kopfzelle in der Tabelle, die eine Spaltenüberschrift enthält. Diese Elemente sind wichtig für die semantische Struktur und helfen assistiven Technologien, die Tabelle zu interpretieren.
<td>	Definiert eine Standardzelle, die die eigentlichen Daten enthält, in diesem Fall die Zutaten, ihre Mengen oder Anmerkungen.

Tabelle 6.1 HTML-Elemente für eine Tabelle

Wenn sich die Werte in einer Tabelle über mehre Spalten oder Zeilen erstrecken, werden in HTML die Attribute `rowspan` und `colspan` benötigt. Mit dem `rowspan`-Attribut können vertikal benachbarte Zellen innerhalb einer Spalte, mit dem `colspan`-Attribut horizontal benachbarte Zellen innerhalb einer Zeile zusammenfasst werden. Diese Technik kann verwendet werden, um Tabellen visuell übersichtlicher zu gestalten oder um anzuzeigen, dass sich bestimmte Daten über mehrere Zeilen oder Spalten erstrecken. Abbildung 6.29 zeigt für die Zubereitungsschritte zusammenhängende, verbundene Zellen, die sich über mehrere Zeilen erstrecken.

Zutaten und Zubereitung für Spaghetti Carbonara

Zutat	Menge	Anmerkungen
Spaghetti	400g	
Pancetta oder Speck	150g	In Würfel geschnitten
Eier	4	Mittelgroße Eier
Parmesan	100g	Gerieben
Schwarzer Pfeffer	Nach Geschmack	Grob gemahlen
Salz	Nach Geschmack	
Zubereitung		
Schritt 1	Die Spaghetti in gesalzenem Wasser kochen, bis sie al dente sind.	
	Währenddessen den Speck in einer Pfanne knusprig braten.	
Schritt 2	In einer Schüssel die Eier mit dem geriebenen Parmesan und einer Prise Pfeffer verquirlen.	
	Eine Kelle Nudelwasser zu der Ei-Parmesan-Mischung hinzufügen und gut vermischen.	
Schritt 3	Die gekochten Spaghetti in die Pfanne zum Speck geben und gut vermischen.	
	Die Ei-Parmesan-Mischung über die heißen Spaghetti geben und schnell umrühren, damit die Eier nicht stocken.	
Schritt 4	Mit zusätzlichem Parmesan und Pfeffer nach Belieben servieren.	

Abbildung 6.29 Verbundene Zellen innerhalb einer Tabelle

Das Attribut colspan wurde hier verwendet, um Überschriften über mehrere Spalten zu erstrecken, und rowspan, um anzuzeigen, dass bestimmte mehreren Zutaten in einem Schritt verwendet werden.

Das verwendete Kochrezept, das nicht nur die Zutaten und Mengen auflistet, erzeugt die verbundenen Zubereitungsschritte für die verschiedenen Phasen auf der Basis von Listing 6.7.


```
<table border="1">
  <caption>Zutaten und Zubereitung für Spaghetti Carbonara</caption>
  <thead>
    <tr>
      <th>Zutat</th>
      <th>Menge</th>
      <th>Anmerkungen</th>
    </tr>
  </thead>
  <tbody>
    <tr>
      <td>Spaghetti</td>
      <td>400g</td>
      <td></td>
    </tr>
    <tr>
      <td>Pancetta oder Speck</td>
      <td>150g</td>
      <td>In Würfel geschnitten</td>
    </tr>
    <tr>
      <td>Eier</td>
      <td>4</td>
      <td>Mittelgroße Eier</td>
    </tr>
    <tr>
      <td>Parmesan</td>
      <td>100g</td>
      <td>Gerieben</td>
    </tr>
    <tr>
      <td>Schwarzer Pfeffer</td>
      <td>Nach Geschmack</td>
      <td>Grob gemahlen</td>
    </tr>
```

```
    <tr>
      <td>Salz</td>
      <td>Nach Geschmack</td>
      <td></td>
    </tr>
    <!-- Hier beginnt der Bereich für die Zubereitung -->
    <tr>
      <td colspan="3" style="text-align: center; font-weight:
bold;">Zubereitung</td>
    </tr>
    <tr>
      <td rowspan="2">Schritt 1</td>
      <td colspan="2">Die Spaghetti in gesalzenem Wasser kochen, bis sie al
dente sind.</td>
    </tr>
    <tr>
      <td colspan="2">Währenddessen den Speck in einer Pfanne knusprig
braten.</td>
    </tr>
    <tr>
      <td rowspan="2">Schritt 2</td>
      <td colspan="2">In einer Schüssel die Eier mit dem geriebenen Parmesan
und einer Prise Pfeffer verquirlen.</td>
    </tr>
    <tr>
      <td colspan="2">Eine Kelle Nudelwasser zu der Ei-Parmesan-Mischung
hinzufügen und gut vermischen.</td>
    </tr>
    <tr>
      <td rowspan="2">Schritt 3</td>
      <td colspan="2">Die gekochten Spaghetti in die Pfanne zum Speck geben
und gut vermischen.</td>
    </tr>
    <tr>
      <td colspan="2">Die Ei-Parmesan-Mischung über die heißen Spaghetti geben
und schnell umrühren, damit die Eier nicht stocken.</td>
    </tr>
    <tr>
      <td>Schritt 4</td>
      <td colspan="2">Mit zusätzlichem Parmesan und Pfeffer nach Belieben
servieren.</td>
```

```
    </tr>
  </tbody>
</table>
```

Listing 6.7 HTML über verbundene Zellen innerhalb einer Tabelle

Die in Listing 6.7 verwendeten Attribute sowie deren Funktion sind in Tabelle 6.2 aufgelistet.

Attribut	Funktion
`colspan="3"`	Der Titel »Zubereitung« wurde über alle drei Spalten verteilt, um den Zubereitungsteil optisch von den Zutaten zu trennen.
`rowspan="2"`	Jeder Zubereitungsschritt ist in zwei Zeilen unterteilt. Der erste Schritt hat `rowspan="2"`, da er zwei Zeilen für detaillierte Anweisungen benötigt. Das Gleiche gilt für die nachfolgenden Schritte.

Tabelle 6.2 HTML-Attribute »colspan« und »rowspan«

Die Verwendung von `rowspan` und `colspan` kann Tabellen zwar flexibler und ihren Inhalt aussagekräftiger machen. Da verbundene Zellen aber zu Orientierungs- und Bedienproblemen mit assistiven Technologien führen können, wird der Einsatz nicht empfohlen. Es ist wichtig, diese Attribute sorgfältig zu verwenden, um die Lesbarkeit und Zugänglichkeit der Tabelle zu gewährleisten.

Die Tabellen können dann mit CSS modifiziert werden, um ihr Aussehen den Bedürfnissen der Webseite anzupassen. Durch die Trennung von HTML und CSS wird die Barrierefreiheit nicht beeinträchtigt.

6.9.2 Komplexe Tabellen und Layouttabellen

Neben der Möglichkeit, Zellen miteinander zu verbinden, können komplexere Informationen durch eine Tabelle mit mehreren Segmenten dargestellt werden. Durch die Verwendung der Attribute `scope`, `headers` und `id` sowie `rowspan` und `colspan` kann die Zugänglichkeit und Struktur der Tabelle verbessert werden. Diese Elemente helfen, die Beziehungen zwischen Kopfzellen und Datenzellen für Screenreader-Nutzende zu verdeutlichen. Abbildung 6.30 zeigt ein Rezept für eine komplexere Lasagne mit mehreren Schritten und Zutatenlisten für die Bolognesesoße, die Béchamelsoße und die Lasagne selbst.

Lasagne-Rezept

Zutat	Menge	für	Zubereitungsschritte
Bolognesesoße			
Hackfleisch	500g	Bolognese	Alle Zutaten für die Bolognesesoße in einem Topf bei mittlerer Hitze kochen, bis das Fleisch braun ist.
Tomaten (gehackt)	800g	Bolognese	
Zwiebel (gewürfelt)	1	Bolognese	
Béchamelsoße			
Butter	50g	Béchamel	Butter in einem Topf schmelzen, Mehl hinzufügen und langsam Milch einrühren, bis die Soße dick wird.
Mehl	50g	Béchamel	
Milch	500ml	Béchamel	
Lasagne-Zusammenbau			
Lasagneblätter	12 Blätter	Lasagne	Schichten Sie abwechselnd Bolognesesoße, Béchamelsoße und Lasagneblätter in eine Backform. Backen bei 180°C für 45 Minuten.

Abbildung 6.30 Komplexe Tabelle mit Segmenten

Abbildung 6.30 basiert auf dem HTML in Listing 6.8.

```
<table border="1">
  <caption>Lasagne-Rezept</caption>
  <thead>
    <tr>
      <th scope="col" id="zutat">Zutat</th>
      <th scope="col" id="menge">Menge</th>
      <th scope="col" id="fuer">für</th>
      <th scope="col" id="schritte">Zubereitungsschritte</th>
    </tr>
  </thead>
  <tbody>
    <tr>
      <th scope="rowgroup" colspan="4">Bolognesesoße </th>
    </tr>
    <tr>
      <td headers="zutat">Hackfleisch</td>
      <td headers="menge">500g</td>
      <td headers="fuer">Bolognese</td>
      <td headers="schritte" rowspan="3">Alle Zutaten für die Bolognesesoße in einem Topf bei mittlerer Hitze kochen, bis das Fleisch braun ist.</td>
    </tr>
    <tr>
      <td headers="zutat">Tomaten (gehackt)</td>
      <td headers="menge">800g</td>
      <td headers="fuer">Bolognese</td>
    </tr>
    <tr>
      <td headers="zutat">Zwiebel (gewürfelt)</td>
      <td headers="menge">1</td>
      <td headers="fuer">Bolognese</td>
    </tr>
```

```
    <tr>
      <th scope="rowgroup" colspan="4">Béchamelsoße</th>
    </tr>
    <tr>
      <td headers="zutat">Butter</td>
      <td headers="menge">50g</td>
      <td headers="fuer">Béchamel</td>
      <td headers="schritte" rowspan="3">Butter in einem Topf schmelzen, Mehl
hinzufügen und langsam Milch einrühren, bis die Soße dick wird.</td>
    </tr>
    <tr>
      <td headers="zutat">Mehl</td>
      <td headers="menge">50g</td>
      <td headers="fuer">Béchamel</td>
    </tr>
    <tr>
      <td headers="zutat">Milch</td>
      <td headers="menge">500ml</td>
      <td headers="fuer">Béchamel</td>
    </tr>
    <tr>
      <th scope="rowgroup" colspan="4">Lasagne-Zusammenbau</th>
    </tr>
    <tr>
      <td headers="zutat">Lasagneblätter</td>
      <td headers="menge">12 Blätter</td>
      <td headers="fuer">Lasagne</td>
      <td headers="schritte" colspan="3">Schichten Sie abwechselnd
Bolognesesoße, Béchamelsoße und Lasagneblätter in eine Backform. Backen bei
180°C für 45 Minuten.</td>
    </tr>
  </tbody>
</table>
```

Listing 6.8 HTML-Code für eine komplexe Tabelle mit Segmenten

Die in Listing 6.8 verwendeten Attribute und Erläuterungen der Funktionen sind Tabelle 6.3 entnommen.

Attribut	Funktion
scope	Gibt den Geltungsbereich einer Kopfzelle an. scope="col" bedeutet, dass die Zelle eine Spaltenüberschrift ist, während scope="rowgroup" eine Gruppenüberschrift für alle folgenden Zeilen ist. Dasselbe gilt für scope="row" und scope="colgroup" für Zeilenüberschriften und Gruppenüberschriften für Spalten.
headers und id	Das headers-Attribut in <td>-Elementen verweist auf die id des entsprechenden <th>-Elements, um eine Beziehung zwischen der Datenzelle und der Kopfzelle herzustellen.

Tabelle 6.3 HTML-Attribute »headers« und »id«

Die Entscheidung, ob in HTML-Tabellen das scope-Attribut oder die Kombination aus headers und id verwendet wird, hängt von der Komplexität der Tabelle und den spezifischen Bedürfnissen an die Zugänglichkeit ab. Beide Methoden werden verwendet, um die Beziehung zwischen Kopfzellen und Datenzellen zu definieren. Für komplexe Tabellen mit einer klaren Zeilen- und Spaltenstruktur, bei der jede Kopfzelle eindeutig einer Spalte oder Zeile zugeordnet ist, bietet das scope-Attribut eine einfache und effektive Methode, diese Beziehungen zu definieren. Bei einfachen Tabellen ist das scope-Attribut nicht notwendig, hier sind <th> und <td> ausreichend. Die Kombination des headers-Attributs in Datenzellen (<td>) mit dem id-Attribut in Kopfzellen (<th>) ermöglicht eine detailliertere Definition der Beziehung zwischen einzelnen Daten und bestimmten Kopfzellen. Jede Datenzelle kann über das headers-Attribut auf eine oder mehrere Kopfzellen referenzieren, indem sie die id-Werte der entsprechenden Kopfzellen angibt. Bei Tabellen mit komplexen Strukturen, mehreren Ebenen von Kopfzellen oder wenn Datenzellen auf mehrere Kopfzellen verweisen, bietet die headers-id-Kombination eine genauere Kontrolle. In der Praxis kann es vorkommen, dass beide Methoden in derselben Tabelle verwendet werden, um die Zugänglichkeit und Verständlichkeit zu maximieren, insbesondere in Situationen, in denen verschiedene Teile der Tabelle unterschiedliche Komplexitätsgrade aufweisen.

6.10 Auszeichnung von Listen

Um Nutzenden einen schnellen Überblick über Inhalte oder Funktionalitäten zu verschaffen, werden auf Webseiten Listen eingesetzt. Diese sollten Sie auch im HTML (semantisch) als Listen kennzeichnen (siehe WCAG 1.3.1, »Info und Beziehungen«, Level A). In den meisten Fällen ist die Navigation selbst eine Liste. Abbildung 6.31 gibt einen Überblick über die in HTML verwendeten Listentypen.

Abbildung 6.31 Übersicht verschiedener Listentypen

Es gibt drei Hauptarten von Listen in HTML:

1. Ungeordnete Liste (`<ul>`): Eine Liste von Elementen ohne spezifische Reihenfolge. Jedes Element wird standardmäßig durch einen Punkt oder ein anderes Symbol vor dem Text gekennzeichnet.
2. Geordnete Liste (`<ol>`): Eine Liste von Elementen mit einer bestimmten Reihenfolge. Jedes Element wird standardmäßig durch eine numerische (1, 2, 3, ...) oder alphanumerische (a, b, c, ...) Nummerierung vor dem Text gekennzeichnet.
3. Definitionsliste (`<dl>`): Eine Liste von Begriffen und ihren Definitionen. Jedes Element besteht aus einem Begriff (`<dt>`, engl. *definition term*) und seiner zugehörigen Definition (`<dd>`, engl. *definition description*) bzw. Definitionen (mehrere `<dd>`-Elemente).

Verwenden Sie daher `<ul>` und `<ol>` für Listen, die aus mehreren Elementen bestehen, um eine klare Struktur zu definieren. Das `li`-Element ist ein einzelnes Element innerhalb einer Liste. Listing 6.9 ist ein Beispiel für eine ungeordnet Liste.

```
<ul>
    <li>BWL</li>
    <li>Informatik</li>
    <li>Gestaltung</li>
</ul>
```

Listing 6.9 Ungeordnete Liste mit drei Einträgen

Für Listen, bei denen jedem Element eine oder mehrere Definitionen zugeordnet sind, wird <dl> verwendet. Dadurch wird die Beziehung zwischen Begriffen und Definitionen deutlich. Wie immer gilt: Benutzen Sie CSS, um das Aussehen der Listen nach Bedarf anzupassen, aber achten Sie darauf, dass die visuelle Darstellung die logische Struktur der Liste nicht verfälscht.

Listing 6.10 erzeugt die drei in Abbildung 6.31 dargestellten Listentypen.

```
<!DOCTYPE html>
<html lang="de">
<head>
    <meta charset="UTF-8">
    <meta name="viewport" content="width=device-width, initial-scale=1.0">
    <title>Listen Beispiel</title>
</head>
<body>
    <h1>Listen Beispiele</h1>
    <h2>Ungeordnete Liste:</h2>
    <ul>
        <li>BWL</li>
        <li>Informatik</li>
        <li>Gestaltung</li>
    </ul>
    <h2>Geordnete Liste:</h2>
    <ol>
        <li>Erster Punkt</li>
        <li>Zweiter Punkt</li>
        <li>Dritter Punkt</li>
    </ol>
    <h2>Definitionsliste:</h2>
    <dl>
        <dt>HTML</dt>
        <dd>HyperText Markup Language</dd>
        <dt>CSS</dt>
        <dd>Cascading Style Sheets</dd>
```

```
        <dt>JS</dt>
        <dd>JavaScript</dd>
    </dl>
</body>
</html>
```

Listing 6.10 HTML für die Erzeugung der drei Listenarten

Hinweis: Das Bookmarklet »Lists« hilft beim Prüfen der Auszeichnungen

Das Bookmarklet Lists (*https://bitvtest.de/test-methodik/web/werkzeugliste*) zeigt die verwendeten Listendefinitionen direkt an, wie in Abbildung 6.32 beispielhaft dargestellt.

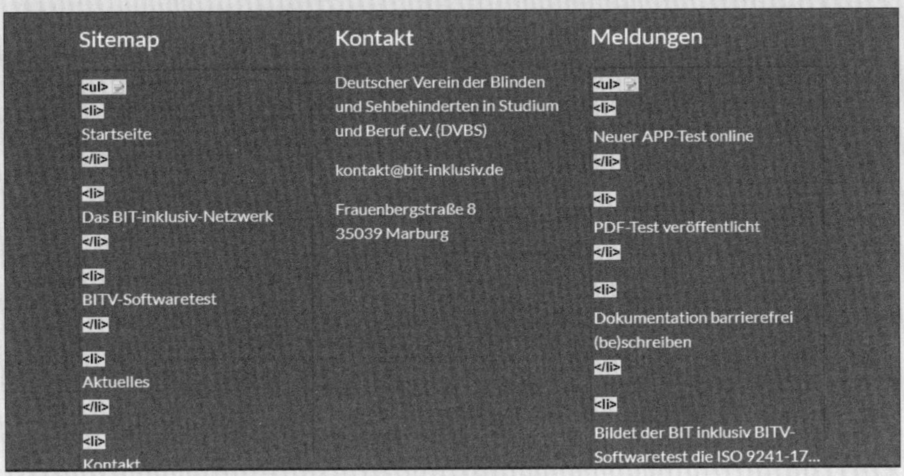

Abbildung 6.32 Prüfung der korrekten Auszeichnung von Listen

6.11 Zitate barrierefrei auszeichnen

Um Zitate in HTML für Screenreader barrierefrei zugänglich zu machen, sollten Sie das semantische HTML-Element `<blockquote>` bzw. `<q>` nutzen. Das `blockquote`-Element wird verwendet, um längere Zitate oder Textabschnitte zu markieren, die aus anderen Quellen stammen. Zusätzlich können Sie das `<cite>`-Element verwenden, um den Titel eines kreativen Werkes (z. B. eines Buches oder eines wissenschaftlichen Werkes) zu kennzeichnen.

In Listing 6.11 wird ein Zitat mit dem `<blockquote>`-Element gekennzeichnet. Das `<cite>`-Element wird zusätzlich verwendet, um den Titel des kreativen Werkes anzugeben.

```
<html lang="de">
<head>
    <meta charset="UTF-8">
    <meta name="viewport" content="width=device-width, initial-scale=1.0">
    <title>Zitat Beispiel</title>
</head>
<body>
    <blockquote>
        Mein Lieblingsbuch ist <cite>Der kleine Prinz</
cite>, geschrieben von Antoine de Saint-Exupéry.
    </blockquote>
    sagte ein Schüler.
</body>
</html>
```

Listing 6.11 Auszeichnung eines Zitats in HTML

Dies führt zu einer entsprechenden Formatierung (Kursivschrift), wie in Abbildung 6.33 dargestellt.

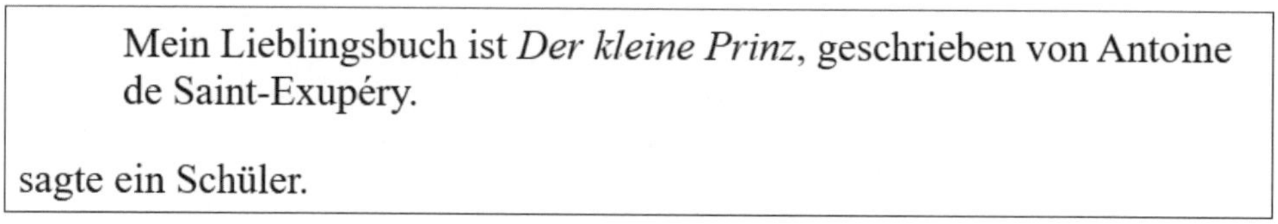

Abbildung 6.33 Zitate mittels HTML auszeichnen

6.12 Kontaktinformationen (Adresse, Telefonnummer)

Das `<address>`-Element in HTML wird verwendet, um Kontaktinformationen anzugeben, die mit dem Autor bzw. der Autorin eines Dokuments oder eines spezifischen Abschnitts des Inhalts verknüpft sind. Es ist ein semantisches Element und wird häufig verwendet, um Adressen, E-Mail-Adressen, Telefonnummern oder Links zu sozialen Medien darzustellen. In Listing 6.12 werden alle Elemente, die die Kontaktadresse bilden, innerhalb des `<address>`-Elements gruppiert.

```
<p>Kontaktieren Sie den Autor dieses Beitrags unter:</p>

<address>
  <p> <a href="mailto:autor@beispiel.de">autor@beispiel.de</a></p>
  <p> <a href="tel:+490123456789">+49 0123-456789</a></p>
</address>
```

Listing 6.12 Auszeichnung einer Adresse mit »<address>«

Das `<address>`-Element hat in der Regel eine Standarddarstellung, bei der der Text kursiv formatiert wird (siehe Abbildung 6.34).

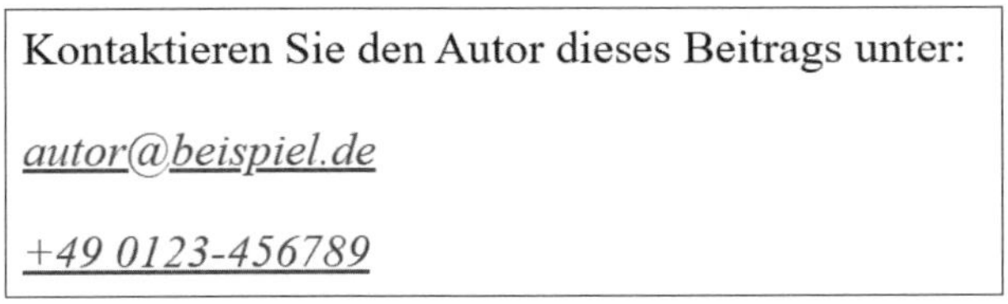

Abbildung 6.34 Darstellung der Kontaktinformationen über »<address>«

Diese Formatierung kann und sollte mithilfe von CSS angepasst werden.

6.13 Textausrichtung im internationalen Umfeld definieren

Arabische oder hebräische Texte werden z. B. von rechts nach links gelesen. Interessant wird es, wenn beide Richtungen in einem Dokument vorkommen, wie in Abbildung 6.35 dargestellt.

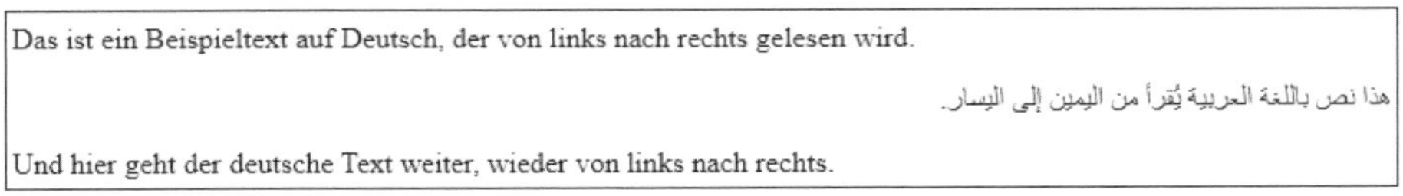

Abbildung 6.35 Textausrichtungen von links nach rechts bzw. von rechts nach links

Das `dir`-Attribut in HTML wird verwendet, um die Textausrichtung innerhalb eines Elements anzugeben. Es kann besonders nützlich sein, um die Leserichtung von Texten zu definieren, die von rechts nach links (z. B. in arabischen Sprachen) oder von links nach rechts (wie in den meisten westlichen Sprachen) verlaufen. Das Attribut unterstützt mehrere Werte, darunter `ltr` (left to right), `rtl` (right to left) und `auto`, wobei der Browser versucht, die Richtung automatisch anhand des Inhalts des Elements zu bestimmen. Angenommen, Sie haben einen deutschen Text, der standardmäßig von links nach rechts gelesen wird, und Sie möchten in diesen Text eine Passage auf Arabisch einfügen, die von rechts nach links gelesen wird, gehen Sie vor wie in Listing 6.13.

```
<!DOCTYPE html>
<html lang="de">
<head>
    <meta charset="UTF-8">
    <title>Beispiel für das dir-Attribut</title>
</head>
```

```
<body>
    <p>Das ist ein Beispieltext auf Deutsch, der von links nach rechts gelesen
wird.</p>
    <p dir="rtl">هذا نص باللغة العربية يُقرأ من اليمين إلى اليسار.</p>
    <p>Und hier geht der deutsche Text weiter, wieder von links nach rechts.
    </p>
</body>
</html>
```

Listing 6.13 Änderung der Textausrichtung

Das mittlere `<p>`-Tag enthält arabischen Text, eine Sprache, die von rechts nach links gelesen wird. Das Setzen des `dir`-Attributs auf `rtl` stellt sicher, dass der Text korrekt von rechts nach links angezeigt wird. Laut ChatGPT bedeutet der arabische Text übersetzt: »Dies ist ein Text in arabischer Sprache, der von rechts nach links gelesen wird.«

6.14 Zusammenfassung des Kapitels

Hier sind noch einmal die wichtigsten Punkte dieses Kapitels im Überblick:

- Farbwirkung: Farben haben einen großen Einfluss auf die visuelle Wahrnehmung und Kommunikation. Sie erregen Aufmerksamkeit, transportieren Emotionen und unterstützen die Identifizierung von Objekten oder Informationen. Schwarz wird z. B. oft mit Luxus assoziiert.
- Schnelle Entscheidungen: Menschen entscheiden in den ersten 50 Millisekunden, ob ihnen eine Webseite gefällt. Diese Entscheidung basiert häufig auf der Farbwahl und dem Design, was den ersten visuellen Eindruck prägt.
- Farbenblindheit: Menschen mit Farbsehschwächen (z. B. Deuteranopie oder Protanopie) haben Schwierigkeiten, bestimmte Farben wie Rot und Grün zu unterscheiden. Dies kann die Zugänglichkeit und Nutzbarkeit von Webinhalten beeinträchtigen.
- Mehrfache Wahrnehmung: Informationen sollten nie ausschließlich durch Farben vermittelt werden, da sie für Menschen mit Sehbehinderungen schwer zu erkennen sein könnten. Es ist wichtig, zusätzliche Hinweise wie Symbole, Textlabels oder Muster zu verwenden, um sicherzustellen, dass Inhalte für alle zugänglich sind.
- Barrierefreie Formulare: Pflichtfelder sollten nicht nur durch Farbe gekennzeichnet werden, sondern auch durch visuelle Hinweise wie ein Sternsymbol (*) oder Textlabels (»Pflichtfeld«), um sicherzustellen, dass die Nutzenden mit Farbsehschwäche keine wichtigen Informationen übersehen.

- Kontrastverhältnisse: Ein optimales Kontrastverhältnis ist entscheidend für die Lesbarkeit von Texten, insbesondere für die Nutzenden mit Sehbehinderungen oder in hellen Umgebungen. WCAG-Richtlinien definieren Mindestanforderungen an den Kontrast (z. B. 4,5 : 1 für normalen Text und 3 : 1 für großen oder »fetten« Text).
- APCA und WCAG 3.0: Der APCA-Algorithmus in der kommenden WCAG 3.0 wird die menschliche Wahrnehmung besser berücksichtigen, indem er Textgröße und -gewicht in die Kontrastbewertung einbezieht. Dies führt zu genaueren Bewertungen der Lesbarkeit auf digitalen Displays.
- Schriftartenwahl: Es gibt drei Hauptkategorien von Schriftarten: Serifenschriften, serifenlose Schriften und Slab-Serif-Schriften. Serifenlose Schriften wie Arial und Verdana sind besonders in digitalen Medien gut lesbar, während Serifenschriften wie Times New Roman für gedruckte Texte besser geeignet sind.
- Lesbarkeit von Schriften: Die Wahl der Schriftart sollte auf Erkennbarkeit, Lesefreundlichkeit und ästhetische Attraktivität abzielen, um die Benutzerfreundlichkeit zu maximieren. Schriftarten wie Calibri, Open Sans oder Verdana sind für die Barrierefreiheit geeignet.
- Schriftgröße: Die empfohlene Mindestschriftgröße beträgt 16 px, um eine gute Lesbarkeit zu gewährleisten. Abhängig vom Verwendungszweck und der Zielgruppe können auch größere Schriftgrößen von Vorteil sein.
- Zeilen- und Zeichenabstände: Ein angemessener Zeilenabstand (mindestens 120 % der Schriftgröße) ist wichtig, um die Lesbarkeit von Texten zu verbessern, insbesondere bei längeren Texten. Ein zu geringer Zeichenabstand erschwert das Erkennen von Buchstaben.
- Vermeidung von Großbuchstaben: Texte in Großbuchstaben (Versalien) sollten Sie vermeiden, da sie schwerer lesbar sind und die Unterscheidung zwischen Buchstaben erschweren. Kleinbuchstaben sind für das Auge leichter zu erfassen.
- Vermeidung von Schriftgrafiken: Texte sollten nicht als Bilder eingebettet werden, da sie bei Vergrößerung verpixelt und schwer lesbar werden. Stattdessen sollte echter Text verwendet werden, den Nutzende ihren individuellen Bedürfnissen anpassen können.
- Tabellen für Screenreader optimieren: Tabellen sollten korrekt ausgezeichnet werden, damit Screenreader sie optimal vorlesen können. Elemente wie `scope`, `headers`, `colspan` und `rowspan` helfen, die Struktur einer Tabelle klar zu definieren.
- Listenstruktur: Listen sollten korrekt als geordnete oder ungeordnete Listen ausgezeichnet werden (`<ol>`, `<ul>`, `<li>`), um die Hierarchie der Inhalte zu verdeutlichen und die Navigation zu erleichtern.

- Zitate richtig kennzeichnen: Verwenden Sie das `<blockquote>`-Element für längere Zitate und das `<q>`-Element für kurze Zitate. Dies hilft nicht nur beim Styling, sondern macht Zitate auch für Screenreader verständlich.
- Textausrichtung: Mit dem `dir`-Attribut kann die Leserichtung von Texten (z. B. Arabisch von rechts nach links) festgelegt werden. Dies ist besonders wichtig, wenn mehrere Sprachen mit unterschiedlichen Leserichtungen in einem Dokument vorkommen.

Kapitel 7
Visuelles und auditives Design barrierefrei umsetzen

»Eine Benutzeroberfläche ist wie ein Witz. Wenn man sie erklären muss, ist sie nicht besonders gut.«
Martin LeBlanc

Die Themen im Überblick:

- Barrierefreie Grafiken und Bilder – Alt-Texte, Title und Bildlinks korrekt einsetzen
- Flackern und Blinken
- Barrierefreie Integration von iFrames
- CAPTCHAs im Hinblick auf Barrierefreiheit
- Integrierte Barrierefreiheitsfunktionen (Kontrasterhöhungen, Schriftgröße) sowie konforme alternative Version
- Audio auf Websites barrierefrei implementieren
- Video auf Websites
- Zusätzliche Video- und Audiofähigkeiten nach der EN 301 549 Kapitel 7
- Zusammenfassung des Kapitels

Barrierefreies Webdesign ist unerlässlich, um sicherzustellen, dass alle Nutzenden, unabhängig von ihren sensorischen, physischen oder kognitiven Fähigkeiten, auf Inhalte zugreifen und mit ihnen interagieren können.

In diesem Kapitel werden Sie wichtige Aspekte der sensorischen Fähigkeiten kennenlernen, wie z. B. den Umgang mit Bildern. Die Gestaltung einer barrierefreien Website ist deshalb nicht nur eine Frage der technischen Konformität, sondern auch eine Frage der Nutzerorientierung und sozialen Verantwortung, um eine inklusive digitale Umgebung zu fördern.

7.1 Barrierefreie Grafiken und Bilder – Alt-Texte, Title und Bildlinks korrekt einsetzen

Barrierefreiheit in der digitalen Welt bedeutet, dass alle Inhalte, die zum Verständnis notwendig sind, sinnesunabhängig zur Verfügung stehen. Wer also z. B. ausschließlich tasten kann (z. B. wenn jemand taub und blind ist), sollte genau die gleichen Informationen erhalten wie jemand, der sehen, hören und sprechen kann. Stellen Sie sich ein Formular mit Eingabefeldern, Checkboxen und Auswahllisten vor. Und stellen Sie sich vor, ein blinder Mensch würde über eine Braillezeile für jedes dieser Formularfelder nur »Eingabefeld. Bitte Text eingeben« übermittelt bekommen. So etwas ist bei browserbasierten Fachanwendungen keine Seltenheit. Hier ist also bei der Programmierung etwas schiefgelaufen. Teilweise wurden nicht die richtigen Tags oder Attribute für die Formularfelder gesetzt. Dabei können Sie in HTML fast alles gestalten, was Sie auf dem Bildschirm darstellen möchten. Um Webinhalte für Menschen mit unterschiedlichen Behinderungen zugänglich und verständlich zu machen, fordert WCAG 1.1.1, »Nicht-Text-Inhalt« (Level A), dass alle nicht textuellen Inhalte einer Webseite oder App, wie Bilder, Grafiken, Diagramme oder Videos, eine Textalternative haben. Dies ermöglicht die Nutzung alternativer Ausgaben durch assistive Technologien wie Screenreader und Braillezeile. Abbildung 7.1 zeigt, wie eine Webseite mit deaktivierten Bildern und eingeblendeten Alt-Attributen aussieht.

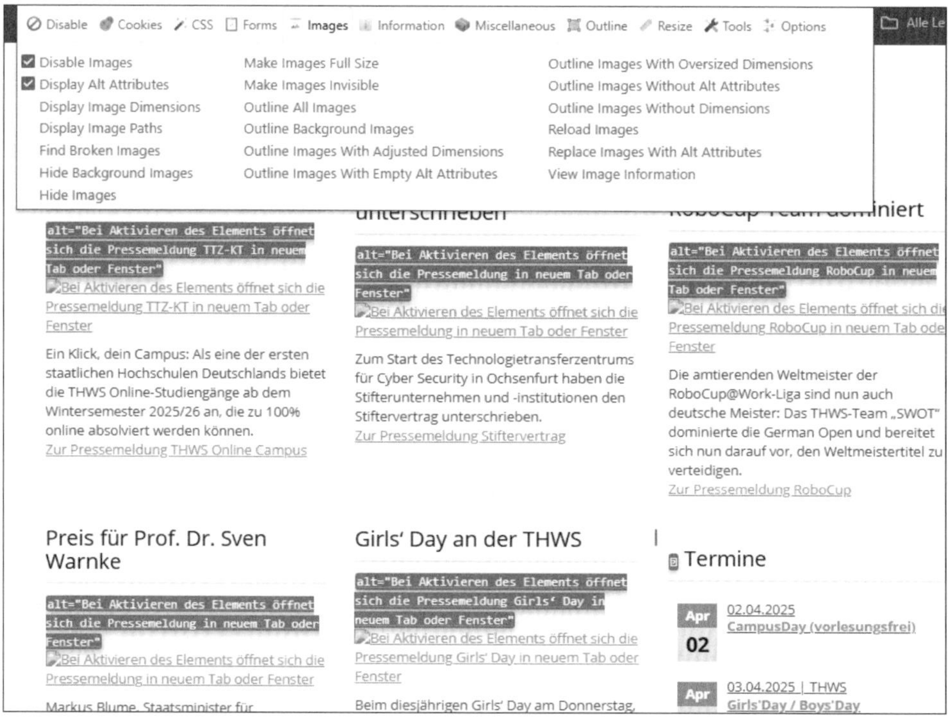

Abbildung 7.1 Webseite mit ausgeblendeten Bildern

Das Plug-in Web Developer in Chrome ermöglicht diese Ansicht mit einem Klick (Disable Images, Display Alt Attributes), probieren Sie es direkt auf Ihrer Seite aus. Auch wenn Sie in dem Beispiel in Abbildung 7.1 die Bilder damit nicht sehen können, ermöglicht die Sprachausgabe bzw. die visuelle Darstellung bei einer sehr langsamen Internetverbindung (der ursprüngliche Zweck des `alt`-Attributs) dennoch das Verständnis des Inhalts der Webseite.

Gemäß WCAG 1.1.1 sollte jedes Bild eine Textalternative haben, die den Inhalt und die Funktion des Bildes beschreibt, falls das Bild nicht dargestellt werden kann oder für die Nutzenden nicht sichtbar ist. Eine Ausnahme bilden dekorative Bilder (»Schmuckgrafiken«). Dann sollte die Textalternative leer sein und von den assistiven Technologien ignoriert werden (Details siehe nächster Abschnitt).

Eine barrierefreie Gestaltung ermöglicht allen Nutzenden, die Webinhalte zu verstehen. Darüber hinaus helfen Textalternativen bei der Suchmaschinenoptimierung und stellen sicher, dass bei langsamen Internetverbindungen oder technischen Problemen mit Bildern die Nutzenden dennoch eine Beschreibung des nicht sichtbaren Bildes erhalten. Neben Bildern gilt diese Richtlinie auch für andere nicht textuelle Inhalte, z. B. für:

- Videos durch die Bereitstellung von Untertiteln oder einer Audiobeschreibung sowie einer technischen Alternative, falls das Video nicht geladen werden kann
- Gebärdensprachvideos oder Audiodateien durch die Bereitstellung von Texttranskriptionen (Für Gebärdensprachvideos ist in Regel keine zusätzliche Alternative nötig, da bereits die Videos selbst eine Alternative darstellen.)
- für Grafiken und Diagramme durch die Bereitstellung einer detaillierten Textbeschreibung der dargestellten Daten

7.1.1 Eigenschaften und Vorteile barrierefreier Grafiken

Ein Bild kann mehr als tausend Worte sagen oder auch nur schmückendes Beiwerk sein. Bilder spielen eine entscheidende Rolle für das Verständnis und die Benutzererfahrung auf Webseiten. Im Hinblick auf die Barrierefreiheit ist es daher wichtig, dass das, was Sie mit einem Bild vermitteln wollen, auch in die Semantik des Quelltextes integriert wird.

Tabelle 7.1 zeigt positive Eigenschaften von Bildern, die aus Sicht der Barrierefreiheit erhalten bleiben sollten.

Vorteil	Hintergrund	Zusätzliche Aspekte der Barrierefreiheit
Verbesserung der Verständlichkeit	Bilder können komplexe Informationen vereinfachen und verständlicher machen.	Informationsgrafiken benötigen umfassende Textalternativen bis hin zu ergänzenden Inhalten wie Tabellen, Listen oder Langbeschreibungen.
Erhöhung der Aufmerksamkeit	Visuelle Inhalte ziehen die Aufmerksamkeit der Nutzenden schneller auf sich als reiner Text.	bei korrekter HTML-Auszeichnung mit Screenreadern und Co. zugänglich (bei dekorativen Grafiken `alt=""`)
Verbesserung der Zugänglichkeit	Für Menschen mit bestimmten Lernschwierigkeiten oder kognitiven Einschränkungen können Bilder eine wichtige Rolle spielen, indem sie Textinhalte ergänzen oder ersetzen und so das Verständnis erleichtern.	Wenn Texte mit Bildern und Grafiken angereichert werden, sind meist schon doppelte Informationen vorhanden und zusätzlicher Alternativtext unnötig (`alt=""`).
Unterstützung der Navigation	Bilder können als intuitive Wegweiser dienen, die Nutzenden helfen, sich auf einer Website zurechtzufinden.	Zusätzliche Icons und grafische Elemente können die Navigation verbessern und die Benutzerfreundlichkeit erhöhen.
Unterstützung des Lernens	Menschen verarbeiten visuelle Informationen schneller als Text.	Ergänzende Bilder können das Lernen unterstützen und dazu beitragen, dass Informationen besser behalten werden.
emotionale Wirkung	Bilder haben die Kraft, Emotionen zu wecken und einen persönlichen Bezug zum Inhalt herzustellen.	knappe Beschreibung der Situation im `alt`-Attribut, keine Aufzählung von Stichwörtern/Keywords, keine emotionalen Ausschweifungen

Tabelle 7.1 Bilder und ergänzende Aspekte der Barrierefreiheit

Die in Tabelle 7.1 genannten positiven Eigenschaften von Bildern müssen in der Regel über einen zweiten Sinneskanal kommuniziert werden, typischerweise über die Sprache des Screenreaders oder die Ausgabe auf der Braillezeile. Dabei ist zu unterscheiden, ob die Grafik

- für das Verständnis zwingend wahrgenommen werden muss (informative Grafik),
- zusätzliche Informationen liefert (Illustration) oder
- eine dekorative Funktion hat (Schmuckgrafik).

Es ist also immer wichtig, sich vorher zu überlegen, was Sie mit einer Grafik oder einem Bild ausdrücken wollen. Wenn ein Bild rein illustrativ ist und den dazugehörenden Text nur ergänzt, können Sie den Alternativtext getrost leer lassen (`alt=""`). Dekorative Grafiken (»Schmuckgrafiken«) können Sie wie illustrative Grafiken ohne zusätzlichen Informationsgehalt behandeln und mit einem leeren Alternativtext versehen. Grafiken ohne zusätzlichen Informationsgehalt können auch per CSS eingebunden werden.

Illustrationen dienen in der Regel dazu, Textinhalte zu ergänzen, aufzulockern oder zu veranschaulichen. Illustrationen können auch dazu dienen, komplexe Inhalte verständlicher zu machen. Informative Grafiken hingegen dienen dazu, Daten, Statistiken, Prozesse oder Zusammenhänge anschaulich zu visualisieren. Ihr Hauptziel ist es, Informationen leicht verständlich und schnell erfassbar zu vermitteln. Sie helfen, komplexe Informationen oder große Datenmengen zu strukturieren und auf das Wesentliche zu reduzieren. Informative Grafiken erleichtern das Verständnis und die Erinnerung an die präsentierten Informationen. Beide Arten der visuellen Darstellung müssen barrierefrei kommuniziert werden. Abbildung 7.2 zeigt die typische Häufigkeit von Grafiken auf Webseiten sowie deren Anforderungen an Textalternativen: Meist sind auf einer Webseite viele dekorative Grafiken vorhanden, die einen leeren `alt`-Text benötigen (`alt=""`). Auf der anderen Seite kommt meist nur eine geringe Zahl an Infografiken vor, die aufgrund der hohen Dichte an Information eine umfassende Textalternative benötigen.

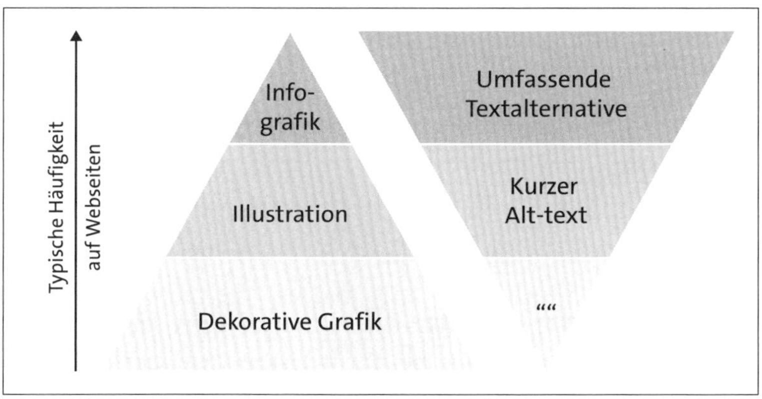

Abbildung 7.2 Visuelle Form und Textalternative

Wenn Sie eine Grafik verlinken, sollten Sie prüfen, ob der Link die einzige Information ist, die für das Verständnis des Inhalts wichtig ist, oder ob das Bild noch zusätzliche Informationen liefert. In den meisten Fällen ist die Verlinkung, der eigentliche Link, die wichtigste Information. Er sollte daher im Alternativtext an erster Stelle stehen, eventuell gefolgt von einer Information zum Inhalt des Bildes, z. B. »zur Webseite des Bundestages, Debatte zum Thema 123, Minister ABC in Erklärungsnot«.

7.1.2 Das alt-Attribut – alternative Texte für Ihre Bilder

Wenn von Barrierefreiheit die Rede ist, wird meist schnell das Alternativattribut genannt. Sofern Bilder nicht geladen (technische Probleme) oder Bilder nicht gesehen werden (visuelle Einschränkungen), muss und kann der Inhalt über das sogenannte `alt`-Attribut (Alternative) vermittelt werden. Im HTML-Element `img` ist die Angabe eines Alternativtextes neben dem Speicherpfad des Bildes das einzige Pflichtelement. Das `alt`-Attribut ermöglicht es Screenreadern und anderen assistiven Technologien, den Inhalt eines Bildes in Textform auszugeben. Es hat folgende Struktur: `alt="Alternativer Text, der den Inhalt beschreibt und angezeigt bzw. vorgelesen wird"`. Für das `alt`-Attribut sollte immer gelten: so kurz wie möglich, so lang wie nötig!

Ein Beispiel für ein `alt`-Attribut (oft auch als »Alt-Tag« bezeichnet, obwohl es technisch gesehen ein Attribut ist) könnte die Beschreibung eines Bildes auf einer Hundefriseur-Webseite sein (z. B. bei »Die Fellfriseure«). In Abbildung 7.3 wird die Notwendigkeit eines Friseurbesuchs aufgrund eines kontinuierlichen Haarwuchses in der Augenpartie dargestellt.

Abbildung 7.3 Bild eines kleinen Hundes mit vom eigenen Fell verdeckten Auge

Angenommen, das Bild zeigt einen Hund und das Bild ist auf der konkreten Webseite nicht nur dekorativ, dann könnte das `alt`-Attribut wie in Listing 7.1 aussehen:

```
<img src="hund.jpg" alt="kleiner Hund mit vom eigenen Fell verdecktem Auge">
```

Listing 7.1 Alt-Attribut für ein illustratives Bild

In diesem Beispiel beschreibt der alternative Text (»kleiner Hund mit vom eigenen Fell verdeckten Auge«) den Inhalt des Bildes präzise und liefert Kontext. Dies ist hilfreich für Nutzende und bietet gleichzeitig Suchmaschinen relevante Informationen über das Bild.

Im Zeitalter der künstlichen Intelligenz können Sie sich Unterstützung holen und automatisch Vorschläge für Alt-Texte generieren lassen. Das Unternehmen Ahrefs bietet hierfür z. B. ein kostenloses Tool an (*https://ahrefs.com/de/writing-tools/img-alt-text-generator*). Sie können unterschiedliche Tonalitäten auswählen und angeben, wie viele Textvarianten erzeugt werden sollen. Abbildung 7.4 zeigt den automatischen Vorschlag des Tools für das Hundebild.

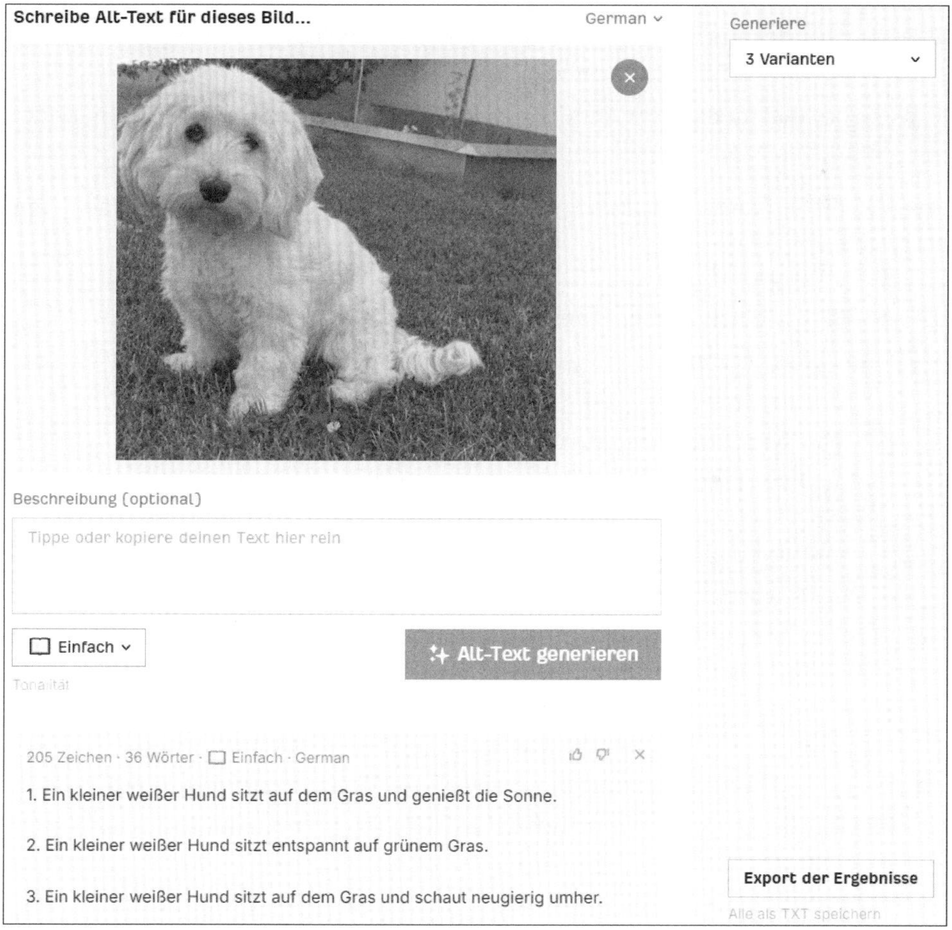

Abbildung 7.4 Automatische Alt-Text-Generierung mit einfacher Tonalität (Quelle: *https://ahrefs.com/de/writing-tools/img-alt-text-generator*)

Bei ChatGPT haben Sie ebenfalls die Möglichkeit, Bilder hochzuladen und den Alt-Text zu erzeugen. Das Hundebild wird wie folgt beschrieben:

> *»Ein weißer, flauschiger Hund sitzt auf grünem Gras und schaut direkt in die Kamera. Der Hund hat lockiges Fell, eine schwarze Nase und große, dunkle Augen. Er wirkt aufmerksam und freundlich. Im Hintergrund sind eine Hauswand und einige Pflanzen zu sehen.«*

Diese Beschreibung zeigt, wie detailreich Bilder erkannt werden und wie sehr ChatGPT die Texte aus Sicht von Sehenden und nicht aus Sicht von Blinden (so kurz wie möglich, so lang wie nötig) generiert.

Generell sollte jedes Bild die folgenden Fragen beantworten:

1. Ist das Bild dekorativ oder für das Verständnis notwendig? Wenn es dekorativ ist, dann bleibt es ohne Auszeichnung.
2. Wenn das Bild für das Verständnis notwendig ist, welche expliziten Informationen vermittelt es?

Das W3C bietet hierfür eine sehr gute Entscheidungshilfe an, die in folgendem Tipp dargestellt ist.

Tipp: Alt-Attribut-Entscheidungshilfe

- Enthält das Bild Text?
  - ... und der Text ist auch als richtiger Text in der Nähe vorhanden: `alt=""`
  - ... und der Text wird nur für visuelle Effekte dargestellt: `alt=""`
  - ... und der Text hat eine bestimmte Funktion, beispielsweise handelt es sich um ein Icon: `alt="[Funktion des Bildes]"`
  - ... und der Text im Bild kommt sonst nirgends vor: `alt="[Text aus dem Bild wiederholen]"`
- Wird das Bild in einem Link oder Button verwendet?
  - Wäre es schwer oder unmöglich zu verstehen, was der Link oder Button tut, wenn das Bild fehlen würde? `alt="[Ziel des Links oder die Aktion kommunizieren]"`
- Trägt das Bild zur Bedeutung der aktuellen Seite oder des aktuellen Zusammenhangs bei?
  - ... und es ist eine einfache Grafik oder ein Foto: `alt="[Kurze Beschreibung des Bildes, die dessen Bedeutung vermittelt]"`
  - ... und es ist ein Graph oder stellt eine komplexe Information dar: Vermitteln Sie die Information aus dem Bild auch an anderer Stelle der Seite.
  - ... und es zeigt Inhalt, der in richtigem Text in der Nähe enthalten ist: `alt=""`
- Ist das Bild rein dekorativ oder nicht für die Nutzenden gedacht? `alt=""`

Beschreiben Sie das Bild konkret im Alternativtext und beantworten Sie die folgenden Fragen (siehe G95 der WCAG):

1. Warum ist dieser Nicht-Text-Inhalt (das Bild) hier?
2. Welche Informationen stellt das Bild dar?
3. Welchen Zweck erfüllt das Bild?
4. Wenn ich das Bild nicht verwenden könnte, welche Wörter würde ich verwenden, um dieselbe Funktion und/oder Information zu vermitteln?

Best Practices für das alt-Attribut von Bildern

- Beschreibend und präzise: Der alternative Text sollte den Inhalt und die Funktion des Bildes genau beschreiben. Vermeiden Sie allgemeine Beschreibungen wie »Bild«.
- Kurz und prägnant: Halten Sie den Text kurz und bringen Sie den Inhalt auf den Punkt. Es gibt keine feste Regel für die maximale Länge des `alt`-Attributs, aber 100 bis 125 Zeichen sind ein guter Ausgangspunkt. Diese Länge bietet genügend Details, um das Bild zu beschreiben, ohne dabei zu lang für Screenreader-Nutzende zu sein.
- Verwenden Sie Keywords: Wenn es natürlich und relevant ist, können Keywords in den alternativen Text aufgenommen werden, um die SEO zu verbessern. Übertreiben Sie es jedoch nicht mit der Keyword-Füllung (»Keyword Stuffing!«), da dies kontraproduktiv für das Ranking bei Suchmaschinen sein kann.

Um eine detaillierte Beschreibung von Bildern zu ermöglichen, die über die Möglichkeiten des `alt`-Attributs hinausgeht, wurde initial das `longdesc`-Attribut in HTML entwickelt, was mittlerweile jedoch nicht mehr genutzt werden sollte und veraltet ist. Heute werden alternative Methoden bevorzugt, um detaillierte Bildbeschreibungen zur Verfügung zu stellen, wie z. B.:

- Einbindung von zusätzlichen Beschreibungstexten direkt auf der Seite, in der Nähe des Bildes (siehe G73 der WCAG)
- Verwendung von ARIA-Attributen (`aria-describedby`), um auf detaillierte Beschreibungen zu verweisen

In der Praxis ist die Hinterlegung des alternativen Textes über das CMS relativ einfach. WordPress bietet direkt in der Mediathek ein entsprechendes Feld für den alternativen Text an, wie in Abbildung 7.5 dargestellt ist. Einmal hinterlegt, wird dieser Text bei jeder Verwendung des Bildes auf der Website eingetragen.

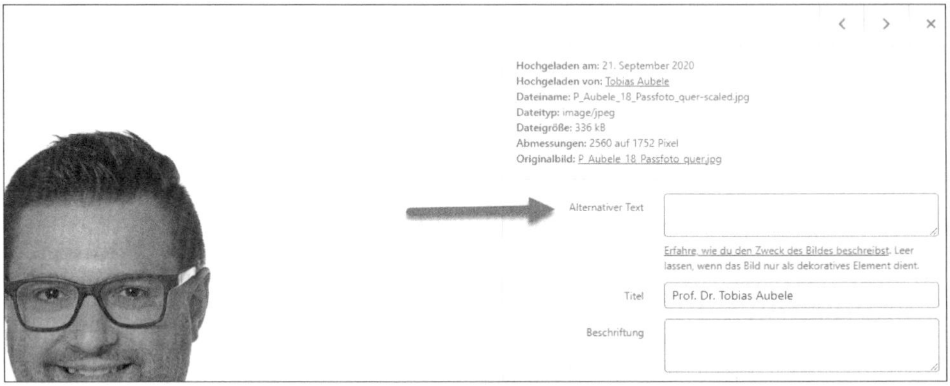

Abbildung 7.5 Feld für alternativen Text in WordPress

7.1.3 Auszeichnung dekorativer Elemente (dekorativer Bilder)

Der Umgang mit dekorativen Grafiken in Bezug auf die Barrierefreiheit ist wichtig, da diese Grafiken oft keinen informativen Zweck haben und für sehbehinderte oder blinde Nutzende keine relevanten Informationen bieten. Ziel ist es, sicherzustellen, dass diejenigen, die auf assistive Technologien angewiesen sind, nicht unnötig durch dekorative Grafiken »gestört« werden. Damit Screenreader dekorative Bilder ignorieren und keine Alternative ausgeben, muss das Pflichtattribut `alt` des `img`-Elements mit leerem Inhalt versehen oder das Bild per CSS als Hintergrundbild eingebunden werden. In HTML erfolgt das Ignorieren durch doppelte Anführungszeichen ohne Inhalt (kein Leerzeichen). Beispielsweise sollte ein dekoratives Blumenbild (»blume.jpg«) mit `<img src="blume.jpg" alt="">` ausgezeichnet werden. Das `title`-Attribut sollte ebenfalls nicht verwendet werden.

Tabelle 7.2 fasst die Vor- und Nachteile der unterschiedlichen Auszeichnungsmöglichkeiten für dekorative Bilder zusammen.

Methode	Vorteile	Nachteile
leeres `alt`-Attribut	Standard, einfach zu implementieren, kombinierbar	–
CSS-Hintergrundbilder	Flexibilität im Design, moderne Screenreader verstehen dies.	kein semantischer Wert, Komplexität bei responsivem Design

Tabelle 7.2 Vor- und Nachteile der Auszeichnung von dekorativen Bildern

Falls das Bild Teil eines Links ist (verlinktes Bild), ist zu prüfen, ob der Link bereits einen Linktext hat. Wenn ein Linktext vorhanden ist und das Bild eher dekorativ ist, sollte auf den Inhalt des alt-Attributs verzichtet werden. Der Screenreader liest dann den Linktext vor. Wenn kein Linktext vorhanden ist, ist ein handlungsorientierter, aussagekräftiger Text im alt-Attribut nötig, da der Screenreader diesen vorliest. Zeigt der Hundefriseur »Die Fellfriseure« ein entsprechendes Logo mit dem Namen und ist dies gleichzeitig der Link zur Startseite, dann sollte alt-Attribut z. B. mit »Die Fellfriseure Startseite« ausgezeichnet werden.

7.1.4 Title-Attribut

In der Praxis wird teilweise auch das title-Attribut des Bildes gepflegt. Der Zweck dieses Attributs ist die Anzeige von Text (Tooltip), wenn über das Bild gehovert wird. Listing 7.2 wurde um den Title erweitert:

```
<img src="hund.jpg" alt="Hund mit eingeschränktem Blickfeld aufgrund zu langen
Fells" title="Bild zeigt einen Hund mit einem eingeschränkten Blickfeld mit
Fellwachstum über die Augen.">
```

Listing 7.2 Alt-Attribut für ein illustratives Bild mit title-Ergänzung

Bei der Verwendung von title-Attributen für Bilder ist zu beachten, dass Screenreader das alt-Attribut verwenden, um blinden oder sehbehinderten Nutzenden den Bildinhalt zu übermitteln. Der Nachteil des title-Attributs ist, dass zwingend die Maus verwendet werden muss. Das heißt, diese Informationen sind bei der mobilen Nutzung wertlos, da ein Hovern auf einem Smartphone nicht möglich ist. Um Tooltips auch für Tastaturnutzer zugänglich zu machen, ist es daher wichtig, dass sie nicht nur auf Hover-Ereignisse, sondern auch auf Fokusereignisse reagieren. Für Tooltips sind die Attribute aria-describedby und aria-label in Kombination mit JavaScript besonders nützlich. Per CSS sollte der Tooltip dann sichtbar werden, wenn das Element fokussiert ist.

7.2 Flackern und Blinken

Flackern (Blitzen) ist ein Effekt, der auftritt, wenn sich die Helligkeit eines Lichts oder eines visuellen Signals in kurzen Zeitabständen schnell ändert. Sie werden das aus der Disco/dem Club kennen. Beim Blinken wird zwischen zwei oder mehreren visuellen Zuständen hin und her gewechselt, um die Aufmerksamkeit des Nutzenden zu erregen. Obwohl weltweit nur sehr wenige Fälle bekannt sind, kann Flackern und Blinken auf Websites bei Menschen mit fotosensitiver Epilepsie zu einem lebensgefährlichen Anfall führen. Die meisten Menschen merken erst, dass sie an Epilepsie leiden, wenn es zu einem Anfall kommt. So wurden 1997 in Japan mehr als 700 Kinder im Krankenhaus behandelt, nachdem sie einen Zeichentrickfilm im Fernsehen gesehen haben, darunter etwa 500 mit Anfällen.

Eine sich schnell ändernde Bildsequenz ist gemäß WCAG 2.3.1, »Grenzwert von dreimaligem Blitzen oder weniger« (Level A), unter der folgenden Bedingung zu vermeiden: Webseiten enthalten nichts, was mehr als dreimal in innerhalb 1 Sekunde aufblitzt, oder der Blitz liegt unterhalb der allgemeinen Grenzwerte für Blitze und rote Blitze. Der Grenzwert ist dabei unter anderem folgendermaßen zu verstehen:

- Alternativ darf der kombinierte Bereich der gleichzeitig auftretenden Blitze insgesamt 0,006 Steradiant innerhalb eines 10-Grad-Sehfeldes auf dem Bildschirm (25 % eines 10-Grad-Sehfeldes auf dem Bildschirm) bei typischem Betrachtungsabstand nicht überschreiten.
- Für allgemeine Software- oder Webinhalte bietet die Verwendung eines Rechtecks von 341 × 256 px an einer beliebigen Stelle des angezeigten Bildschirmbereichs bei einer Auflösung von 1.024 × 768 px eine gute Schätzung eines Gesichtsfeldes von 10 Grad für Standardbildschirmgrößen und -entfernungen (z. B. 15–17 Zoll Bildschirm bei 22–26 Zoll).

Dies zu berechnen ist eine Herausforderung, daher ist die strengere Auslegung (WCAG 2.3.2) einfacher und gleichzeitig sinnvoller. Es dürfen nicht mehr als dreimaliges Flackern (Blitzen) und/oder nicht mehr als dreimaliges Blinken innerhalb 1 Sekunde auftreten (WCAG 2.3.2, »Drei Blitze«, Level AAA). Während das Erfolgskriterium 2.3.1 Ausnahmen zulässt, wenn es sich um eine ausreichend kleine Fläche handelt, erlaubt das Erfolgskriterium 2.3.2 kein Blinken mit mehr als drei Blitzen pro Sekunde, unabhängig von Helligkeit oder Größe. Infolgedessen würde selbst ein einziges blinkendes Pixel gegen dieses Kriterium verstoßen.

Das folgende Beispiel soll dies verdeutlichen: Ein Unternehmen plant und gestaltet eine Website für ein Onlinemusikevent. Ursprünglich war geplant, auf der Hauptseite ein animiertes Video mit schnellen Lichtblitzen und Farbwechseln einzubinden, um Aufmerksamkeit zu erregen und die Dynamik des Events zu vermitteln. Um die WCAG 2.3.1 zu erfüllen und Menschen vor einer möglichen Fotosensitivitätsepilepsie zu schützen, muss sichergestellt werden, dass das Video oder andere Animationen (z. B. GIF-Dateien) auf der Webseite keine blitzenden Inhalte enthält, die schneller als dreimal pro Sekunde blinken oder flackern.

Hinweis: Photosensitive Epilepsy Analysis Tool

Obwohl das Photosensitive Epilepsy Analysis Tool (PEAT, *https://trace.umd.edu/peat*) nur das AVI-Format kennt, hilft es Ihnen, herauszufinden, ob Animationen oder Videos in Ihren Inhalten Anfälle auslösen können (Überblick der Software in Abbildung 7.6). Wenn Sie Ihre Datei in das AVI-Format konvertieren, ist die Analyse immer noch möglich.

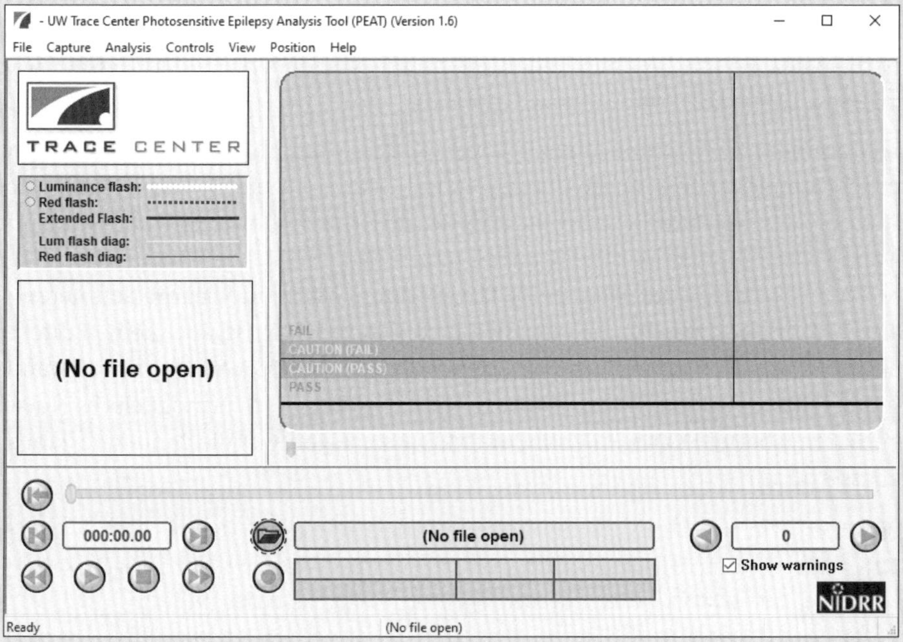

Abbildung 7.6 Photosensitive Epilepsy Analysis Tool (PEAT)

7.3 Barrierefreie Integration von iFrames

iFrames (Inline Frames) ermöglichen Ihnen, eine externe Webseite innerhalb einer Ihrer Webseiten anzuzeigen. Sie werden häufig verwendet, um Inhalte wie Videos (insbesondere YouTube und Vimeo), Karten (z. B. Google Maps), Cookie-Banner oder externe Dokumente einzubetten. Für eine barrierefreie Integration von iFrames in ein HTML-Dokument ist das `title`-Attribut zu verwenden, um sicherzustellen, dass alle Nutzenden auf die Inhalte zugreifen können.

Listing 7.3 zeigt die grundlegende Integration eines iFrames mit Quelle und Titel des iFrames.

```
<iframe src="https://www.beispiel.de" title="Beschreibender Titel des
Inhalts"></iframe>
```

Listing 7.3 Grundlegende Integration eines iFrames

Das `title`-Attribut ist entscheidend für die Barrierefreiheit von iFrames. Es bietet Screenreadern eine Beschreibung des Inhalts, der in den iFrame geladen wird. Der Titel sollte präzise und informativ sein, um den Nutzenden zu helfen, Zweck und Inhalt des iFrames zu verstehen, ohne ihn visuell zu sehen. Für den Fall, dass der iFrame nicht geladen werden kann (z. B. aufgrund von Netzwerkproblemen) oder er von der assistiven Technologie nicht unterstützt wird, sollten alternative Inhalte zur Verfügung gestellt werden. Dies kann durch die Platzierung von Text oder Links innerhalb des iFrame-Tags geschehen, die für die Nutzenden sichtbar werden, wenn der iFrame selbst nicht angezeigt werden kann.

Angenommen, Sie möchten eine Karte von Google Maps in Ihre Webseite einbetten, um den Standort Ihres Geschäfts in Deutschland anzuzeigen. Das `title`-Attribut (»Standort des Geschäfts auf Google Maps«) in Listing 7.4 informiert die Nutzenden über den Inhalt des iFrames (siehe auch Technik H64 der WCAG, *https://www.w3.org/WAI/WCAG22/Techniques/html/H64*). Die Attribute `width` und `height` definieren die Größe des iFrames, was für die visuelle Darstellung wichtig ist, aber keinen direkten Einfluss auf die Barrierefreiheit hat. Das Attribut `style="border:0"` wird verwendet, um den Rahmen zu entfernen. Das Attribut `allowfullscreen` ermöglicht es Nutzenden, die eingebettete Karte im Vollbildmodus anzuzeigen, was die Benutzererfahrung verbessern kann.

```
<iframe src="https://www.google.com/maps/embed?pb=[Key]" width="600" height=
"450" style="border:0;" allowfullscreen="" title="Standort auf Google Maps">
    <p>Die Karte kann nicht geladen werden. Bitte besuchen Sie <a href=
"https://maps.google.com">Google Maps</a>, um den Standort anzuzeigen.</p>
</iframe>
```

Listing 7.4 iFrame zur Integration von Google Maps

Wenn Sie diese Aspekte berücksichtigen, können iFrames so in Webseiten integriert werden, dass sie für alle Benutzerinnen und Benutzer zugänglich sind.

7.4 CAPTCHAs im Hinblick auf Barrierefreiheit

Ein CAPTCHA (Completely Automated Public Turing test to tell Computers and Humans Apart) ist heutzutage auf vielen Webseiten zu finden. Ist die Aufgabe in Abbildung 7.7 für Sie leicht zu lösen? Ist das letzte Zeichen eine Null oder der Buchstabe O? Sehende Menschen haben hier möglicherweise schon eine gewisse Herausforderung, für blinde Menschen ist die Lösung ohne Alternative (z. B. Audio) unmöglich.

Abbildung 7.7 Negatives CAPTCHA-Beispiel ohne Audioalternative

Die Idee von CAPTCHAs ist gut. Sie werden eingesetzt, um sicherzustellen, dass ein Mensch und nicht ein automatisiertes Programm (Bot) eine bestimmte Aufgabe ausführt oder Zugang zu bestimmten Informationen erhält. Ein CAPTCHA besteht aus einer Aufgabe, die für Menschen relativ einfach zu lösen sein sollte, aber für Computer schwierig sein kann – was im Zeitalter der KI immer mehr verschwimmt.

Die Frage ist nur: Was ist eine einfache Aufgabe? Das Produkt aus 3 und 4 zu berechnen, mag einfach erscheinen, kann aber für Menschen mit Legasthenie/Dyslexie (Lese- und Schreibschwäche) oder Dyskalkulie (Verständnis von Zahlen, mathematischen Konzepten und mathematischen Operationen ist beeinträchtigt) eine unlösbare Aufgabe darstellen. Andere traditionelle CAPTCHA-Methoden basieren auf visuellen Aufgaben, wie dem Erkennen von verzerrten Buchstaben oder Bildern, und können für Menschen mit Sehproblemen oder Sehbehinderungen schwierig oder unmöglich zu lösen sein. Ein `alt`-Attribut kann nicht verwendet werden, da die Funktion sonst ihren Sinn verfehlt, daher sollte im `alt`-Attribut der Hinweis erfolgen, dass es sich um ein CAPTCHA handelt und welche Alternative zur visuellen Variante zur Verfügung steht.

Im Sinne der Barrierefreiheit sind alternative Methoden zur Identifizierung von Menschen (und zur Vermeidung von Bots) erforderlich, die für alle Nutzenden zugänglich sind. Wenn schon CAPTCHA, dann im Idealfall ein unsichtbares CAPTCHA. Dabei handelt es sich um Mechanismen, die automatisch zwischen Menschen und Bots unterscheiden, ohne dass explizite Tests wie Bildererkennung oder Texteingabe durchgeführt werden müssen. Unsichtbare CAPTCHAs analysieren das Verhalten der Nutzenden auf der Website. Dazu gehören Mausbewegungen, Klickmuster, die Geschwindigkeit von Tastatureingaben und die Verweildauer auf der Seite. Darüber hinaus analysieren diese CAPTCHAs, wie die Nutzenden mit Formularen und anderen interaktiven Elementen umgehen. Natürliche Bewegungen und Interaktionen weisen auf einen menschlichen Nutzenden hin. Zusätzlich werden Machine-Learning-Algorithmen eingesetzt, um ständig neue Aspekte des Verhaltens zu erlernen und die Erkennungsgenauigkeit zu verbessern. Googles reCAPTCHA v3 analysiert das Verhalten der Nutzenden und vergibt einen Score zwischen 0 und 1. Das Unternehmen kann festlegen, ab welchem Score eine zusätzliche Verifizierung (wie eine traditionelle CAPTCHA-Herausforderung) erforderlich ist (Details siehe *https://developers.google.com/recaptcha/docs/v3*). Alternativ werden auf Websites zu diesen reCAPTCHAs auch sogenannte »Honeypots« eingesetzt. Dabei handelt es sich um unsichtbare Eingabefelder in Formularen, die für menschliche Nutzende nicht sichtbar sind. Bots, die alle Formularfelder automatisiert ausfüllen, werden dadurch automatisch erkannt.

Zusammenfassend lässt sich sagen, dass WCAG 1.1.1 (Level A) die Bereitstellung von Alternativen vorsieht, die den Zweck von CAPTCHAs identifizieren und beschreiben. Darüber hinaus sollten alternative Formen von CAPTCHAs bereitgestellt werden, die Tests für verschiedene Arten der Sinneswahrnehmung verwenden, um unterschiedliche Behinderungen zu berücksichtigen. Dies bedeutet in jedem Fall, dass auf CAPTCHAs verzichtet werden sollte, die ausschließlich auf visuellen Elementen basieren. Die Nutzenden sind nicht der Feind, daher sollte Technik mit Technik bekämpft werden und es sollten entsprechende Spamfilter und technische Schutzschilde eingerichtet werden. Der Faktor Mensch zur Vermeidung von Spamproblemen sollte als letztes Mittel eingesetzt werden.

7.5 Integrierte Barrierefreiheitsfunktionen (Kontrasterhöhungen, Schriftgröße) sowie konforme alternative Version

»Laut unserer Corporate Identity muss der Button blau sein mit dem exakt definierten Farbcode #0000ff, das wurde konzernweit festgelegt!« Aussagen wie diese kennen Sie vielleicht. Was tun, wenn diese Vorgaben der Barrierefreiheit entgegenstehen? Um Nutzenden einen zusätzlichen Service zu bieten und den Kontrast von Links und Buttons zu erhöhen, werden Barrierefreiheitsfunktionen in Webseiten integriert. Diese Funktionen, wie z. B. Kontrasterhöhung, Änderungsmöglichkeit für die Schriftgröße oder Aktivierung der Vorlesefunktion, müssen von der Nutzergruppe, die sie benötigt, selbstständig aktiviert werden können und damit selbst barrierefrei sein. Andernfalls machen diese zusätzlichen Funktionen auch keinen Sinn! Das bedeutet, dass die Bedienelemente zur Aktivierung dieser Funktionen gut erkennbar und zugänglich sein müssen (Kriterium 5.2 der EN 301 549, nicht Teil der WCAG). Abbildung 7.8 zeigt einen Ausschnitt dieser Funktionen, insbesondere die Aktivierung der Kontrasterhöhung mittels Umschalter.

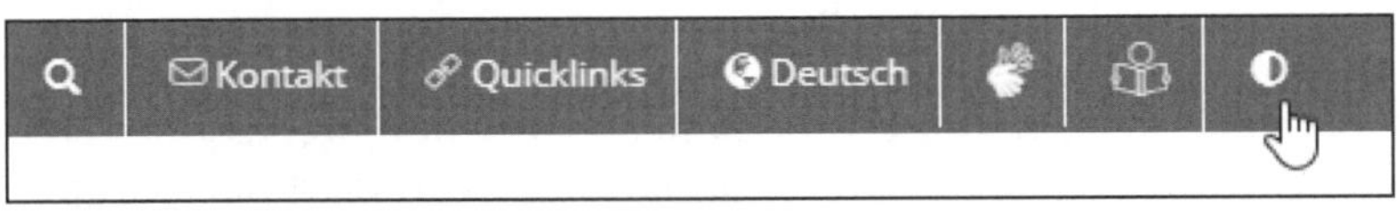

Abbildung 7.8 Aktivierung von Kontrasten in Links und Überschriften mittels Umschalter (Quelle: *https://www.thws.de*)

Wenn eine sehbehinderte Person eine Webseite besucht und den Kontrastmodus aktivieren möchte, muss der Schalter für den Kontrastmodus ebenfalls barrierefrei sein, d. h. zugänglich, gut sichtbar und eindeutig beschriftet. Nur so ist gewährleistet, dass er ohne Schwierigkeiten gefunden und aktiviert werden kann.

Die Überwachungsstelle des Bundes für Barrierefreiheit von Informationstechnik weist darauf hin, dass eine konforme Alternativversion zur Verfügung gestellt werden sollte, sofern die Anwendung nicht alle Anforderungen an die Barrierefreiheit erfüllt. Dabei gelten Anforderungen, wie z. B., dass die konforme Alternativversion alle Anforderungen erfüllen, d. h. vollständig barrierefrei und hinsichtlich aller Inhalte und Funktionen äquivalent zu der nicht barrierefreien Version sein sollte. Weiterhin muss die konforme Alternativversion auf barrierefreie Weise erreicht werden können. Ein typischer Anwendungsfall für eine konforme alternative Version ist, wenn die Standardversion der Webanwendung aufgrund des Corporate Designs die Kontrastanforderungen für Text oder grafische Inhalte nicht erfüllt. In diesem Fall kann die konforme alternative Version eine CSS-Auszeichnung verwenden, die für ausreichende Kontraste sorgt (weitere Details siehe *https://handreichungen.bfit-bund.de/barrierefreie-uie/0.4/konforme_alternative_version.html*).

7.6 Audio auf Websites barrierefrei implementieren

In der heutigen digitalen Welt sind multimediale Inhalte wie Video und Audio immer häufiger auf Webseiten zu finden. Um diese Inhalte allen Nutzenden zugänglich zu machen, ist es wichtig, alternative Formate anzubieten. In den WCAG ist immer wieder von zeitbasierten Medien die Rede. Dies sind Inhalte, die zeitlich gesteuert ablaufen und daher nur über einen bestimmten Zeitraum hinweg wahrgenommen werden können. Dazu gehören folgende Arten:

- Audio-only-Inhalte: Reine Audiodateien ohne visuelle Komponenten, wie Podcasts, Radio oder Musik. Audio ist in Form der Integration von Podcasts auf Websites ein wachsendes Thema.
- Video-only-Inhalte: Videos ohne Audiospur, wie stumme Erklärvideos oder Animationen
- Audiovisuelle Inhalte: kombinierte Audio- und Videodateien, wie Filme, Tutorials oder Webinare
- Interaktive Medien: Multimediainhalte, die Benutzerinteraktionen erfordern, wie interaktive Videos oder Simulationen
- Liveaudio oder -video: Liveübertragungen, wie z. B. Webinare, Livestreams oder Onlinekonferenzen, die in Echtzeit ablaufen

Es gibt vier Hauptmethoden, um Alternativen zu zeitbasierten Medien (multimedialen Inhalten) anzubieten:

1. Untertitel bzw. Captions bieten eine textbasierte Darstellung des gesprochenen Inhalts sowie relevanter nichtsprachlicher Informationen, die synchron zum Audio- und Videomaterial ablaufen.
2. Transkriptionen hingegen bieten eine vollständige textbasierte Wiedergabe aller gesprochenen Inhalte und beschreiben wesentliche auditive Informationen eines Audio- oder Videobeitrags.
3. Audiodeskriptionen ergänzen das Video durch zusätzliche Erläuterungen, die visuelle Elemente und Handlungen beschreiben und so blinden und sehbehinderten Nutzende den Zugang erleichtern.

4. Gebärdensprache: Videoinhalte können auch um Einblendungen von Gebärdensprachübersetzungen ergänzt werden, um gehörlosen und schwerhörigen Nutzenden den Zugang zu ermöglichen.

Achtung: Unterschiede zwischen Untertitel, Caption und Transkription

Die Begriffe »Untertitel«, »Caption« und »Transkription« werden oft verwechselt, obwohl es sich um unterschiedliche Konzepte handelt:

- Untertitel sind synchronisierte Texte, die dem gesprochenen Wort in einem Video entsprechen. Dies ist meist bei englischsprachigen Filmen mit deutschen Untertiteln der Fall. Untertitel dienen häufig auch als Hilfstexte für Menschen, die zwar den Ton hören können, aber möglicherweise das Gesagte nicht verstehen. Sei es wegen undeutlicher Aussprache oder weil die Sprache nicht bekannt ist.
- Captions können als Transkription des Dialogs für Gehörlose oder schwerhörige Menschen betrachtet werden. Sie enthalten nicht nur das gesprochene Wort, sondern auch relevante nichtsprachliche Informationen wie Hintergrundgeräusche oder die Identifikation der Sprechenden.
- Transkriptionen stellen eine essenzielle textuelle Ergänzung (z. B. ein Dokument) zu multimedialen Inhalten dar. Sie bieten nicht nur eine schriftliche Wiedergabe des gesprochenen Wortes, wie dies bei Captions der Fall ist, sondern erhöhen die Informationsdichte durch die Einbeziehung relevanter akustischer und visueller Elemente. Dies umfasst beispielsweise die detaillierte Beschreibung von Hintergrundgeräuschen oder die Darstellung signifikanter Szenen und Gesten, die für das Verständnis des Kontextes entscheidend sein können.

Untertitel sind für alle von Vorteil. Mehr als 100 empirische Studien belegen, dass die Untertitelung eines Videos das Verständnis, die Aufmerksamkeit und die Erinnerung an das Video verbessert. Untertitel sind besonders vorteilhaft für Personen, die Videos nicht in ihrer Muttersprache ansehen, für Kinder und Erwachsene, die lesen lernen, und für gehörlose oder schwerhörige Personen.[1]

7.6.1 Audio-Autostart

Für viele Nutzende – wahrscheinlich für alle – ist der automatische Start von Musik oder gesprochenem Text eine negative User Experience. Insbesondere dann, wenn die Nutzungsumgebung nicht mit einer Audioausgabe vereinbar ist (Großraumbüro, Straßenbahn). Menschen, die Screenreader verwenden, werden gegebenenfalls durch überlappende Audiospuren gestört, was das Verständnis der Inhalte massiv erschweren kann. Im Sinne der Barrierefreiheit sollte daher auf automatisch abgespielte

1 Morton Ann Gernsbacher, Video Captions Benefit Everyone: *https://www.ncbi.nlm.nih.gov/pmc/articles/PMC5214590/*

Inhalte verzichtet werden. WCAG 1.4.2, »Audio-Steuerelement« (Level A), greift dies auf: Wenn ein Ton auf einer Webseite länger als 3 Sekunden automatisch abgespielt wird, muss entweder ein Mechanismus vorhanden sein, um den Ton anzuhalten oder zu stoppen, oder es muss ein Mechanismus vorhanden sein, um die Lautstärke des Tons unabhängig von der Gesamtlautstärke des Systems zu regeln. Das heißt, es muss ein Button vorhanden sein, mit dem der Ton sofort ausgeschaltet werden kann.

Angenommen, eine Nachrichtenwebseite spielt automatisch ein Video mit Ton ab, sobald die Seite besucht wird. Dies könnte störend sein, da sich die Nutzenden auf den Textinhalt konzentrieren möchten. Daher sollte die Webseite die folgenden Anpassungen vornehmen:

- Steuerelemente für das Abspielen bereitstellen: Auf der Webseite müssen Steuerelemente für das Video angezeigt werden, die es den Nutzenden ermöglichen, das Video zu pausieren oder die Lautstärke anzupassen.
- Automatisches Abspielen vermeiden: Das Video startet nicht automatisch mit Ton, sondern erfordert eine bewusste Handlung der Nutzenden, um den Ton zu aktivieren.

Daher sollte Audio (Ton), wenn überhaupt, nur kurz automatisch abgespielt werden. Sowohl aus Sicht der Usability als auch aus Sicht der Barrierefreiheit sollte dies gänzlich vermieden werden.

7.6.2 Hintergrund-Audioinhalt

Insbesondere bei Schwerhörigkeit oder Hörbehinderung ist es schwierig, die Hintergrundgeräusche von Vordergrundgeräuschen zu trennen. Im Idealfall werden Hintergrundgeräusche bei aufgezeichneten Audioaufnahmen minimiert oder entfernt, um das bestmögliche Verständnis zu gewährleisten. Wenn Hintergrundgeräusche dennoch integriert werden, müssen sie mindestens 20 dB leiser sein als die Sprache oder Geräusche im Vordergrund. Die WCAG 1.4.7, »Leiser oder kein Hintergrund-Audioinhalt« (Level AAA), sieht für voraufgezeichnete reine Audioinhalte zusätzlich zur 20-dB-Regel die Bedingung der Abschaltbarkeit von Hintergrundgeräuschen vor. Diese Richtlinie findet keine Anwendung auf Audio-CAPTCHAs.

7.6.3 Audiodeskription

Eine Audiodeskription (Audiobeschreibung) auf einer Webseite ist eine spezielle Form der Beschreibung, die in einem Audioformat verfügbar ist und dazu dient, visuelle Informationen in einem Video mit synchroner Bild- und Tonspur, einer Animation oder einem anderen visuellen Medium für Menschen mit Sehbehinderungen zugänglich zu machen (WCAG 1.2.3, »Audiodeskription oder Medienalternative (aufgezeichnet)«, mit Level A und WCAG 1.2.5, »Audiodeskription (aufgezeichnet)«, mit

Level AA). Eine Audiodeskription beschreibt in gesprochener Form, was auf dem Bildschirm geschieht, einschließlich wichtiger visueller Elemente, Handlungen, Gesten, Umgebungen und anderer visueller Informationen. Diese Beschreibungen werden in den Lücken zwischen dem gesprochenen Dialog oder den relevanten Audioinhalten eingeblendet (»platziert«), sodass sie das Hörerlebnis nicht stören. Wenn die Pausen im Audio nicht ausreichen, um den Sinn des Videos zu vermitteln, wird eine erweiterte Audiodeskription für alle Videoinhalte in synchronisierten Medien bereitgestellt (WCAG 1.2.7, »Erweiterte Audiodeskription (aufgezeichnet)«, mit Level AAA). Abbildung 7.9 zeigt ein Video mit Audiodeskription und Transkription auf YouTube).

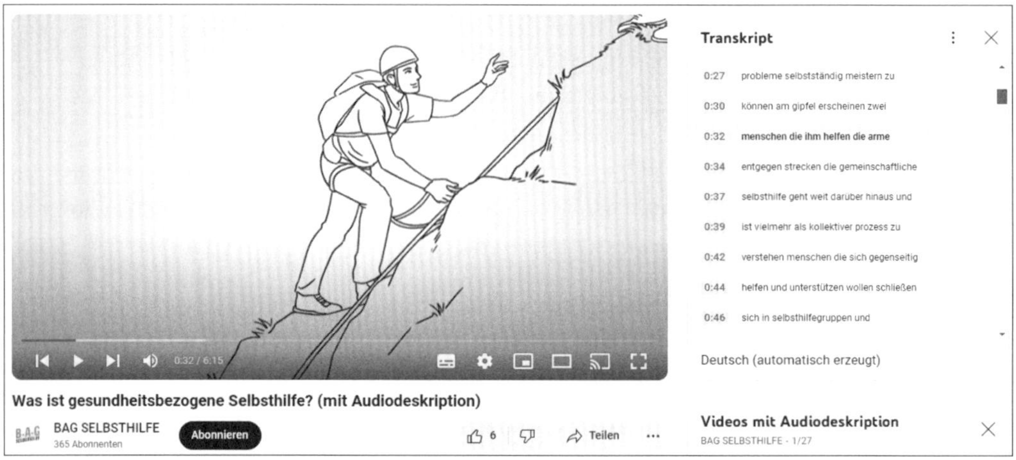

Abbildung 7.9 Video mit Audiotranskription bzw. Transkription bei YouTube (Quelle: *https://www.youtube.com/watch?v=Pjth1mxdGkg*)

Um die Anforderungen von WCAG 1.2.3 zu erfüllen, können mehrere Zugänglichkeitsoptionen angeboten werden. Ein Bespiel: eine Bildungseinrichtung bietet einen Onlinekurs an, der ein vorproduziertes Video als Lernressource verwendet. Das Video enthält wichtige grafische Elemente und Demonstrationen, die für das Verständnis des Kursmaterials wichtig sind. Das Video könnte dann eine Audiobeschreibung enthalten, die auf einer separaten Audiospur verfügbar ist. Diese Beschreibung würde wichtige visuelle Elemente des Videos beschreiben, wie z. B. Aktionen, Gesten, Szenenwechsel und visuell dargestellte Informationen. Die Nutzenden könnten zwischen der normalen Audiospur und der Tonspur mit Audiobeschreibung wählen. Zusätzlich oder alternativ könnte das Institut ein schriftliches Transkript oder eine detaillierte Textbeschreibung des Videos anbieten. Dieses Dokument würde nicht nur den gesprochenen Inhalt wiedergeben, sondern auch visuelle Informationen und den Kontext beschreiben, um ein vollständiges Verständnis zu gewährleisten. Es ist wichtig zu beachten, dass die Erstellung von Audiodeskriptionen eine sorgfältige Planung und Bearbeitung erfordert, um sicherzustellen, dass die Beschreibungen präzise, verständlich und zeitlich korrekt sind.

7.7 Video auf Websites barrierefrei implementieren

Lesen Sie gerne Texte oder sehen Sie sich lieber Videos an? Viele Menschen bevorzugen Videos, wenn es um komplexe Themen geht. Videos sind heute ein typischer Bestandteil von Websites. Gerade auf Landingpages, also der ersten Seite, die Nutzende beim Besuch einer Website aufrufen, z. B. als Zielseite einer Werbekampagne wie Google Ads, werden neben Text und Bild verstärkt Videos eingesetzt, um Menschen vom Angebot zu überzeugen. Ein Bild sagt mehr als tausend Worte, ein Video multipliziert das Ganze und bietet somit diverse Vorteile:

- Ein entscheidender Vorteil von Videos ist die Reduktion von Komplexität. Da sie Informationen in Bild und Ton darstellen, können sie visuell und akustisch erklärt bzw. präsentiert werden. Dies ist insbesondere bei der Vermittlung von Handlungsanweisungen von Vorteil, da diese z. B. in einer Videoanleitung leichter zu verstehen sind als in einer langen Text- oder Bildfolge. Nicht jede Beschreibung ist so optimiert wie die IKEA-Aufbauanleitung.
- Die Erhöhung des Verständnisses ist ein wesentlicher Vorteil von Videos. Sie können eine optimale Ergänzung zu Text sein oder sogar die einzige Möglichkeit für eine Vielzahl von Nutzenden, Inhalte zu konsumieren, darunter Kleinkinder, Analphabeten und Menschen mit Lese- und Schreibschwäche. Auch Gebärdensprache kann mithilfe von Videos als Textalternative in Webseiten integriert werden.
- Videos können in ihrer Geschwindigkeit angepasst werden, was eine weitere Anpassung an die individuellen Bedürfnisse der Nutzenden ermöglicht. Dadurch können sehr viele (oder sehr wenige) Informationen pro Zeiteinheit verarbeitet werden. Unser Gehirn stellt sich in der Regel sehr schnell auf die jeweilige Situation ein. Geübte Hörbuchkonsumierende lauschen häufig mit einer höheren Vorlesegeschwindigkeit.

Video hat aber auch Nachteile:

- Ladezeiten: Videos haben eine höhere Dateigröße, was bedeutet, dass der Server sehr schnell bzw. die Downloadgeschwindigkeit entsprechend hoch sein muss. Dies ist im mobilen Umfeld nicht immer gegeben. Viele Webseiten binden daher Anbieter wie YouTube oder Vimeo ein, um von deren schnellem Content Delivery Network zu profitieren. Das Video wird parallel von den nächstliegenden Servern in der optimalen Größe für das Endgerät aus der Cloud geladen, was die Ladezeiten verkürzt.
- Einbindung: Die Verlagerung von Inhalten auf Cloud-Anbieter wie YouTube führt zur Notwendigkeit der Einbindung (meist per iFrame, siehe Abschnitt 7.3) in die eigene Website. Die Barrierefreiheit und Anpassbarkeit der eingebetteten Inhalte dieser Anbieter sowie die Einbindung selbst hängen von der Barrierefreiheit und Anpassbarkeit dieser Anbieter ab. Insbesondere die Notwendigkeit der ausschließlichen Bedienung über die Tastatur ist bei eingebundenen Diensten zu beachten.

- Datenschutz: Sofern das Video nicht selbst gehostet wird, ist eine datenschutzkonforme Einbindung erforderlich. Meist wird dies über ein Cookie-Banner gelöst, das von den Nutzenden akzeptiert werden muss.

Der Grundsatz der vielfältigen Zugangsmöglichkeiten gilt insbesondere für Videos. Wenn das Video nicht gesehen oder gehört werden kann, muss eine Alternative geschaffen werden. Die Richtlinie 1.2 der WCAG (»Zeitbasierte Medien«) definiert Aspekte der barrierefreien Alternative einer Videointegration. Dabei ist zu unterscheiden, ob es sich um ein Video mit oder ohne Audio handelt (mit Audio ist es ein synchronisiertes Medium). Weiterhin ist zu unterscheiden, ob es live oder aufgezeichnet ist. Tabelle 7.3 zeigt Videoalternativen und entsprechende Konformitätslevel.

Ebene	WCAG	Level	Inhalt/Alternative für Video
Video	1.2.1 Video aufgezeichnet	A	Text- oder Audioalternative
Video	1.2.3 synchronisiertes Medium aufgezeichnet	A	Text- oder Audioalternative für Videoinhalte (Es sei denn, das Video ist eine Alternative für Text und dafür eindeutig gekennzeichnet.)
Audio	1.2.2 synchronisiertes Medium aufgezeichnet	A	Untertitel (Es sei denn, das Video ist eine Alternative für Text und dafür eindeutig gekennzeichnet.)
Audio	1.2.5 synchronisiertes Medium aufgezeichnet	AA	Audiodeskription (synchronisiert)
Audio	1.2.6 synchronisiertes Medium aufgezeichnet	AAA	Gebärdensprache
Audio	1.2.7 synchronisiertes Medium aufgezeichnet	AAA	erweitere Audiodeskription (mit Pausen, falls notwendig, um zusätzliche Audioinformationen zu integrieren)
Video	1.2.8 Video aufgezeichnet	AAA	Alternative für Audio/Video für alle aufgezeichneten Videos und synchronisierte Medien vorhanden
Audio	1.2.4 Audio/Video live	AA	Untertitel

Tabelle 7.3 Videoalternativen und Konformitätslevel

Die WCAG 1.2.1, »Reine Audio- und Videoinhalte (aufgezeichnet)« (Level A), bezieht sich auf Mediendateien, die auf einer Webseite bereitgestellt werden. Diese Richtlinie soll sicherzustellen, dass Inhalte, die in Audio- oder Videoform ohne begleitenden

Text bereitgestellt werden, für alle Nutzenden zugänglich sind. Das Hauptziel von WCAG 1.2.1 ist es, die Zugänglichkeit von reinen Audio- oder Videoinhalten zu verbessern, indem alternative Inhalte für diejenigen bereitgestellt werden, die diese nicht hören oder sehen können. Dazu folgendes Beispiel: Eine Bildungs-Website bietet eine Reihe von aufgezeichneten Vorlesungen an, die als Videoinhalte ohne ergänzende Informationen zur Verfügung gestellt werden. Diese Videos enthalten wichtige Informationen, die visuell präsentiert werden, wie z. B. Grafiken und Texttafeln, die der Dozent während der Vorlesung zeigt. Um die Inhalte barrierefrei zu vermitteln, könnte die Webseite wie folgt angepasst werden:

1. Texttranskript: Für jedes Video wird ein vollständiges Texttranskript bereitgestellt, das alle gesprochenen Informationen und Beschreibungen der visuellen Inhalte enthält. Nutzende können das Transkript lesen (oder sich vorlesen lassen), um die im Video präsentierten Informationen zu erfassen.
2. Audiodeskription: Eine zusätzliche Audiospur kann bereitgestellt werden, die Beschreibungen der visuellen Informationen enthält, sodass Nutzende mit Sehbehinderungen die Inhalte durch Zuhören verstehen können.

In Listing 7.5 bietet eine Webseite einen direkten Link zu einem Texttranskript an, das sicherstellt, dass der Inhalt auch für Nutzende zugänglich ist, die das Video nicht sehen oder hören können. Das Videoelement enthält auch eine `<track>`-Komponente für die Audiodeskription, die von den Nutzenden aktiviert werden kann, wenn sie Unterstützung benötigen.

```
<!DOCTYPE html>
<html lang="de">
<head>
  <meta charset="UTF-8">
  <title>Vorlesung über Webzugänglichkeit</title>
</head>
<body>

<article>
  <h1>Vorlesung über Webzugänglichkeit</h1>
  <!-- Das Video der Vorlesung -->
  <video controls>
    <source src="vorlesung.mp4" type="video/mp4">
    <!-- Textspur für Audiodeskription (falls verfügbar) -->
    <track kind="descriptions" src="audiodeskription.vtt" srclang="de" label=
"Deutsch">
    Ihr Browser unterstützt das Video-Tag nicht.
  </video>
```

```
  <!-- Link zum Texttranskript der Vorlesung -->
  <a href="transkript.html">Texttranskript der Vorlesung</a>
</article>

</body>
</html>
```

Listing 7.5 Bereitstellung einer Audiodeskription und eines Texttranskripts

Kapitel 7 der EN 301 549 fordert darüber hinaus, dass Audiodeskription, Untertitel und Gebärdensprache bei einem Export oder einer Formatumwandlung erhalten bleiben. Die Synchronizität wird ebenfalls in Abschnitt 7 der EN 301 549 geregelt: Bei Audiodeskription muss sie erhalten bleiben, bei Untertiteln darf die Abweichung nicht mehr als 100 Millisekunden betragen.

Auf Konformitätslevel AAA besagt die WCAG 1.2.8, »Medienalternative (aufgezeichnet)«, dass für alle aufgezeichneten synchronisierten Medien und Video-only-Medien eine textbasierte Alternative zur Verfügung gestellt werden muss. Dies hilft Menschen mit Seh- und Hörbehinderungen, den Inhalt vollständig zu erfassen. Die textbasierte Alternative beschreibt visuelle Elemente, Aktionen und Dialoge im Detail, sodass der Inhalt wie ein Buch gelesen werden kann. Ein Schulungsvideo, das z. B. den Einsatz einer neuen Technologie demonstriert, wird um eine vollständige, sequenzielle textbasierte Beschreibung ergänzt, die sowohl visuelle als auch auditive Informationen wiedergibt. Ebenfalls auf Level AAA ergänzt die WCAG 1.2.6, »Gebärdensprache (aufgezeichnet)«, dass für alle voraufgezeichneten Audioinhalte in synchronisierten Medien eine Übersetzung in Gebärdensprache zur Verfügung gestellt werden muss, um den Zugang für gehörlose oder schwerhörige Menschen zu ermöglichen, deren primäre Sprache die Gebärdensprache ist. Damit wird sichergestellt, dass alle, die auf Gebärdensprache angewiesen sind, die Inhalte vollständig verstehen können.

7.7.1 Untertitel

Die WCAG 1.2.2, »Untertitel (aufgezeichnet)« (Level A), konzentriert sich auf die Bereitstellung von Untertiteln für alle aufgezeichneten audiovisuellen Inhalte. Die ist ein kritischer Aspekt für der Barrierefreiheit, da es sicherstellt, dass die Nutzenden, die gehörlos oder schwerhörig sind oder aus anderen Gründen keine Audiosignale wahrnehmen können, dennoch Zugang zu audiovisuellen Informationen haben. Das umfasst nicht nur Menschen mit Hörbehinderungen, sondern auch Personen, die sich in einer lauten Umgebung befinden oder eine andere Sprache sprechen und die gesprochenen Worte im Video nicht verstehen.

Angenommen, eine E-Learning-Plattform bietet eine Reihe von Bildungsvideos an. Diese Videos enthalten gesprochenes Wort und wichtige auditive Informationen, die für das Verständnis des Inhalts entscheidend sind (z. B., indem etwas gezeigt, aber nicht darüber gesprochen wird). Jedes Video sollte mit Untertiteln versehen werden, die den gesprochenen Inhalt und relevante Audioinformationen (wie Hintergrundgeräusche oder Musik, die für das Verständnis wichtig sind) textlich wiedergeben.

Untertitel für ein Video können auf verschiedene Weise erstellt werden. Die folgenden Methoden können Sie zur Erstellung von Untertitel verwenden:

1. Manuelle Transkription: Sie transkribieren selbst oder verwenden eine Transkriptionssoftware.
2. Automatische Spracherkennung mit Tools: Plattformen wie YouTube bieten automatische Transkriptionsdienste an. Diese Tools sind praktisch, aber nicht immer genau und sollten überprüft und nachbearbeitet werden, um die beste Qualität zu erzielen. Es gibt weiterhin spezialisierte Softwarelösungen, die automatische Spracherkennung nutzen, um Audio in Text umzuwandeln (z. B. VEED, Filmora).
3. Professionelle Transkriptionsservices: Es gibt viele Onlinedienste, bei denen Sie professionelle Transkriptionen in Auftrag geben können.

Bei der manuellen Transkription werden Untertitel für Videos auf Webseiten erzeugt, indem Textdateien erstellt werden, die den gesprochenen Inhalt und die relevanten Geräusche im Video beschreiben. Sie werden dann mithilfe von HTML und dem `<track>`-Tag in das Videoelement eingebettet.

1. Untertiteldatei erstellen: Zuerst erstellen Sie eine Untertiteldatei, normalerweise im WebVTT-Format (Dateiendung *.vtt*). Diese Datei beinhaltet die Zeitcodes für jeden gesprochenen Teil und die entsprechenden Untertitel. Listing 7.6 zeigt ein Beispiel für eine WebVTT-Datei.

```
WEBVTT
1
00:00:01.000 --> 00:00:05.000
Willkommen zu unserer Videodemonstration über Barrierefreiheit.
2
00:00:05.500 --> 00:00:10.000
In diesem Video zeigen wir Ihnen, wie man Untertitel hinzufügt.
```

Listing 7.6 Beispiel einer WebVTT-Datei

2. HTML-Element `<video>` einrichten: Verwenden Sie das `<video>`-Element in Ihrem HTML-Dokument, um das Video einzubinden, und fügen Sie ein `<track>`-Element hinzu, um auf die Untertiteldatei zu verweisen.

3. CSS für die Darstellung der Untertitel: Die Untertitel werden im Standardstil angezeigt. Sie können jedoch CSS verwenden, um das Aussehen der Untertitel anzupassen.
4. Untertitel anzeigen: Moderne Browser unterstützen das WebVTT-Format und zeigen die Untertitel automatisch über dem Video an, wenn das `<track>`-Element korrekt eingefügt wurde. Nutzende können die Untertitel in den Videosteuerelementen aktivieren oder deaktivieren.

Stellen Sie daher sicher, dass die Untertitel klar und gut lesbar sind. Verwenden Sie einen ausreichenden Kontrast zwischen Text und Hintergrund und achten Sie darauf, dass die Untertitel nicht zu schnell ablaufen und genügend Zeit zum Lesen lassen.

Achtung: Synchronisation von Wort und Text für das Lippenlesen

Für Lippenlesende ist es wichtig, dass das gesprochene Wort und der Text im Untertitel synchron sind. Wenn der Text »hinterherhinkt«, ist das sehr ablenkend, so als würde man die Tonspur hören, aber 1 oder 2 Sekunden nach dem visuellen Inhalt.

Tipp: YouTube zur Generierung von Untertiteln nutzen

Verwenden Sie YouTube, um Untertitel zu erstellen. Es stehen Ihnen verschiedene Optionen zur Verfügung – vom Hochladen einer Datei mit Texten für die Untertitel über das manuelle Eintippen der Inhalte bis hin zu automatischen Untertiteln. Automatisch generierte Untertitel können im weiteren Verlauf bearbeitet werden. Details dazu finden Sie im YouTube Studio (*https://studio.youtube.com/*) oder in der Hilfe unter *https://support.google.com/youtube/answer/2734796*.

7.7.2 Liveübertragung mit Untertiteln

WCAG 1.2.4, »Untertitel (Live)« (Level AA), behandelt die Bereitstellung von Untertiteln für alle live übertragenen audiovisuellen Inhalte. Diese Richtlinie ist von entscheidender Bedeutung, um sicherzustellen, dass gehörlose oder hörbehinderte Menschen sowie Nutzende, die aus anderen Gründen keine Audiospur hören können, Zugang zu live übertragenen Inhalten haben. Liveaudioinhalte sollten durch Untertitel allen Nutzenden zugänglich gemacht werden. Untertitel müssen alle gesprochenen Wörter und wichtigen Geräusche synchron zum Audio wiedergeben, damit gehörlose und hörbehinderte Menschen dem Inhalt folgen können. Eine Nachrichten-Website könnte z. B. eine Pressekonferenz der Regierung live übertragen und in Echtzeit Untertitel anbieten, die alle gesprochenen Inhalte und wichtigen akustischen Signale der Pressekonferenz wiedergeben. Für Liveuntertitelung ist ein spezieller Prozess erforderlich, oft in Form von professionellen Untertitelungsdiensten, die in Echtzeit arbeiten.

Das Erfolgskriterium WCAG 1.2.9, »Reiner Audioinhalt (Live)« (Level AAA), verlangt, dass ein Textäquivalent für Liveaudioinhalte bereitgestellt wird, um diese für Menschen zugänglich zu machen, die nicht hören können. Ein Beispiel wäre eine Liveradiosendung, für die gleichzeitig ein Transkript oder eine Liveuntertitelung bereitgestellt wird. Dies ist besonders wichtig für Inhalte, die keinen visuellen Kontext haben und daher für Menschen mit Hörbehinderungen schwer zugänglich sind. Bevorzugt wird die Liveuntertitelung durch geschulte Mitarbeitende.

7.8 Zusätzliche Video- und Audiofähigkeiten nach der EN 301 549 Kapitel 7

Zusätzlich zu den Erfolgskriterien der WCAG muss eine Website weitere Kriterien der EN 301 549 in Bezug auf Videos berücksichtigen. Wenn Sie also keine Videos auf Ihren Webseiten implementiert haben, können Sie diesen Buchabschnitt überspringen.

Das relevante Kapitel 7 der EN 301 549 behandelt Anforderungen an Videofunktionalitäten, insbesondere in Bezug auf Untertitelung und Audiodeskription. Damit soll sichergestellt werden, dass Videos mit synchronisiertem Audio mittels Untertiteln barrierefrei zugänglich sind. Im Folgenden werden die Erfolgskriterien kurz zusammengefasst:

- 7.1.1 Wiedergabe von Untertiteln: Die Website muss die Möglichkeit bieten, verfügbare Untertitel anzuzeigen, wenn Videos mit synchronisiertem Audio abgespielt werden. So sollte z. B. ein Videoplayer auf einer Lernplattform es den Nutzenden ermöglichen, Untertitel für Vorlesungen einzublenden, um Hörgeschädigten das Verständnis der Inhalte zu erleichtern. Untertitel enthalten Zeit-, Farb- und Positionsinformationen zur Synchronisierung und Sprecheridentifikation. Braillegeräte sollten in der Lage sein, Untertitel auszugeben. Die Prüfung bezieht sich nur auf die Verfügbarkeit eines Bedienelements zum Ein- und Ausblenden von Untertiteln.
- 7.1.2 Synchronisation der Untertitel: Die Synchronisation der Untertitel mit Audio (Ton) muss möglichst zeitgleich erfolgen. Die Untertitelung muss eindeutig dem Gesprochenen zuzuordnen sein. Folgende Synchronisierungen sind zu gewährleisten:
  - Bei aufgezeichnetem Material: Anzeige des Untertitels innerhalb von 100 Millisekunden des Zeitstempels der Untertitel
  - Für Liveuntertitel: Ebenfalls innerhalb von 100 Millisekunden der Verfügbarkeit der Untertitel für den Player. Das bedeutet, dass eine Nachrichtenseite sicherstellen muss, dass die Untertitel für Liveübertragungen innerhalb von 100 Millisekunden synchronisiert werden, um eine Echtzeitkommunikation zu gewährleisten.

- 7.1.3 Erhaltung der Untertitel: Beim Übertragen, Konvertieren oder Aufzeichnen von Videos mit synchronisiertem Audio müssen Untertitel und Synchronität erhalten bleiben. Darstellungsaspekte des Textes wie Position, Farben und Schriftarten dürfen nicht verändert werden, um Bedeutungsveränderungen zu vermeiden. Das heißt, wenn ein Unternehmen beispielsweise ein Schulungsvideo von einem Format in ein anderes konvertiert, müssen die Untertitel in ihrer ursprünglichen Form erhalten bleiben.
- 7.1.4 Anpassungen von Untertiteln: Die Website muss den Nutzenden die Möglichkeit bieten, die Anzeigeeigenschaften von Untertiteln ihren individuellen Bedürfnissen anzupassen, es sei denn, die Untertitel werden dauerhaft angezeigt. Anpassungen können die Hintergrund- und Vordergrundfarbe, die Schriftart, die Größe und die Deckkraft des Hintergrundes umfassen. Beispielsweise könnte ein Streamingdienst den Nutzenden ermöglichen, die Schriftart und -größe der Untertitel zu ändern, um die Lesbarkeit zu verbessern.
- 7.1.5 Gesprochene Untertitel: Wenn die Website Videos mit ein- und ausblendbaren Untertiteln anbietet, muss eine Funktion zur Sprachausgabe der verfügbaren Untertitel vorhanden sein, es sei denn, der Inhalt der Untertitel ist integraler Bestandteil des Videos. Die Sprachwiedergabe sollte unabhängig von der allgemeinen Sprachwiedergabe des Geräts gesteuert werden können.
- 7.2.1 Wiedergabe der Audiodeskription: Wenn die Website Videos mit Audiodeskription zur Verfügung stellt, muss sie die Möglichkeit bieten, die verfügbare Audiodeskription als Tonspur auszuwählen und abzuspielen. Ein Videoplayer sollte z. B. eine Möglichkeit bieten, um zwischen verschiedenen Audiotracks zu wechseln, einschließlich einer Spur mit Audiodeskription.
- 7.2.2 Synchronisation der Audiodeskription: Die Website muss sicherstellen, dass die Synchronisation zwischen dem Audio/visuellen Inhalt und der Audiodeskription erhalten bleibt. Ein Filmplayer muss die Audiodeskription genau mit den visuellen Szenen synchronisieren, sodass die Beschreibung passend zum Bild abgespielt wird.
- 7.2.3 Erhaltung der Audiodeskription: Wenn die Website die Übertragung, Konvertierung oder Aufnahme von Video mit synchronisiertem Audio ermöglicht, muss sie die Audiodeskriptionsdaten so erhalten, dass sie gemäß Abschnitt 7.7.1, »Untertitel«, und Abschnitt 7.7.2, »Liveübertragung mit Untertiteln«, abgespielt werden können. Mit anderen Worten muss ein Videobearbeitungsprogramm sicherstellen, dass die Audiodeskription beim Export eines Videos intakt bleibt und synchronisiert wird.
- 7.3 Steuerelement für Untertitel und Audiodeskription: Die Website muss Nutzenden Steuerungen zur Aktivierung von Untertiteln und Audiodeskriptionen auf der gleichen Interaktionsebene (gleiche Anzahl an Schritten) wie die Hauptmedien-

steuerungen anbieten. Beispielsweise bietet ein Streamingdienst auf der gleichen Menüebene, auf der auch die Play-/Pause-Steuerung ist, Optionen zum Aktivieren von Untertiteln und Audiodeskriptionen an.

7.9 Zusammenfassung des Kapitels

Hier sind noch einmal die wichtigsten Punkte dieses Kapitels im Überblick:

- Barrierefreiheit erfordert, dass alle notwendigen Inhalte unabhängig von der Sinneswahrnehmung zugänglich sind. Nicht-Text-Inhalte wie Bilder und Grafiken müssen um Textalternativen ergänzt werden, um für alle Nutzenden verständlich zu sein.
- Informative Bilder sollten mit aussagekräftigen `alt`-Attributen versehen werden, die den Inhalt und die Funktion des Bildes beschreiben und somit assistiven Technologien zugänglich machen. Dekorative Bilder sollten ein leeres `alt`-Attribut (`alt=""`) haben, damit sie von Screenreadern ignoriert werden und die Nutzenden nicht unnötig ablenken.
- Flackernde oder blinkende Inhalte können bei Menschen mit fotosensitiver Epilepsie Anfälle auslösen. Daher müssen Webseiten sicherstellen, dass solche Effekte vermieden oder auf ein sicheres Maß begrenzt werden. Inhalte (insbesondere Animationen und Videos) sollten nicht mehr als dreimal pro Sekunde blinken oder flackern, um gesundheitliche Risiken zu minimieren und die WCAG-Richtlinien zu erfüllen.
- iFrames ermöglichen das Einbetten externer Inhalte in eine Webseite. Für die Barrierefreiheit ist es wichtig, dass diese korrekt ausgezeichnet werden. Das `title`-Attribut eines iFrames sollte einen präzisen und informativen Titel enthalten, der den eingebetteten Inhalt beschreibt.
- Traditionelle CAPTCHAs stellen oft Barrieren für Menschen mit Behinderungen dar. Es ist wichtig, alternative Methoden zu nutzen, die für alle zugänglich sind. Verzichten Sie auf CAPTCHAs, die ausschließlich auf visuellen oder auditiven Aufgaben basieren, um allen Nutzenden den Zugang zu ermöglichen.
- Setzen Sie auf unsichtbare CAPTCHAs oder technische Lösungen zur Bot-Erkennung, um die Sicherheit zu gewährleisten, ohne die Barrierefreiheit zu beeinträchtigen.
- Zusätzliche Barrierefreiheitsfunktionen sollten den Nutzenden helfen, ohne neue Hindernisse zu schaffen. Bedienelemente zur Aktivierung von Barrierefreiheitsfunktionen müssen selbst barrierefrei sein, damit sie von allen Nutzenden problemlos gefunden und genutzt werden können.

- Auditive Inhalte müssen so gestaltet sein, dass sie für alle Nutzenden zugänglich sind, unabhängig von deren Fähigkeiten. Automatisch abspielendes Audio sollte vermieden werden, um eine Überforderung zu verhindern und die Kontrolle den Nutzenden zu überlassen.
- Stellen Sie Texttranskriptionen oder Untertitel für Audioinhalte bereit, um Menschen mit Hörbehinderungen den Zugang zu ermöglichen.
- Videos sind effektive Kommunikationsmittel, die jedoch barrierefrei gestaltet werden müssen, um allen Nutzenden zugänglich zu sein. Stellen Sie Untertitel für Videos bereit, um gehörlosen oder schwerhörigen Menschen den Inhalt zugänglich zu machen und das Verständnis zu fördern. Bieten Sie Audiodeskriptionen an, um visuelle Informationen für blinde oder sehbehinderte Menschen hörbar zu machen.
- Untertitel sind entscheidend für die Zugänglichkeit von Videoinhalten und verbessern das Verständnis für viele Nutzende. Untertitel sollten synchron zum gesprochenen Wort sein und alle relevanten Informationen enthalten, einschließlich Sprecheridentifikation und Hintergrundgeräuschen. Die Lesbarkeit der Untertitel muss gewährleistet sein, durch ausreichenden Kontrast und angemessene Schriftgröße.
- Die EN 301 549 ergänzt die WCAG und legt zusätzliche Anforderungen für audiovisuelle Inhalte fest. Untertitel und Audiodeskriptionen müssen bei Konvertierungen und Formatänderungen erhalten bleiben, um die Barrierefreiheit kontinuierlich sicherzustellen. Ermöglichen Sie die Anpassbarkeit der Untertitel, damit die Nutzenden Schriftgröße, Farbe und andere Anzeigeeigenschaften nach ihren Bedürfnissen einstellen können.

Kapitel 8

Bedienbarkeit? Menschen zum Ziel führen

»Don't make me think.«
Steve Krug

Die Themen im Überblick:

- Was ist bei der Navigation auf Websites zu beachten?
- Wie ist die optimale Nutzung von Tastatureingaben?
- Notwendige Zielgrößen von Interaktionselementen (Buttons)
- Zeitlich limitierte Interaktionen
- Ein Navigationskonzept barrierefrei umsetzen
- Zusammenfassung des Kapitels

Es ist vielleicht zu wenig bekannt, dass die Unterstützung der Tastaturnavigation auf Websites ein, wenn nicht sogar der wichtigste Aspekt der Barrierefreiheit ist. Es kann sehr frustrierend sein, einen Button auf dem Bildschirm zu sehen, den Sie nicht aktivieren können, weil Sie ihn nicht mit der Tastatur fokussieren oder aktivieren können. Die Steuerung über die Tastatur ermöglicht es den Nutzenden, die aufgrund einer körperlichen Behinderung, einer Sehbehinderung oder aus anderen Gründen keine Maus verwenden können, die Webinhalte vollständig und effizient zu nutzen. Es ist wichtig, dass alle interaktiven Elemente (Links, Buttons, Formularfelder, benutzerdefinierte Widgets usw.) mit der Tastatur fokussiert und bedient werden können. Dies bedeutet, dass Nutzende in der Lage sein sollten, z. B. mit der Tabulatortaste (⇆) durch die Elemente einer Webseite zu navigieren und Aktionen mit der ↵-Taste oder der Leertaste auszuführen. Stellen Sie sicher, dass Nutzende nicht in einem Teil der Webseite »gefangen« sind, aus dem sie nicht mithilfe der Tastatur herausnavigieren können. Dies kann z. B. bei modalen Dialogen (Pop-up-Fenstern), Lightboxes oder bestimmten Widget-Typen der Fall sein. Leider endet die User Journey manchmal bereits mit der (Nicht-)Aktivierung des Cookie-Banners. Wenn ein Cookie-Banner permanent den Zugriff auf die Website bzw. das Betrachten der Website verhindert, ist dies nicht nur eine sehr schlechte User Experience, sondern ein echter Showstopper für Menschen mit Behinderung.

8.1 Was ist bei der Navigation auf Websites zu beachten?

Wir lernen in der Regel sehr schnell, wie eine Website aufgebaut ist, indem wir uns an Mustern und Konventionen orientieren. Navigationsleisten bzw. Navigationselemente, die sich auf jeder Seite wiederholen, erleichtern die Nutzung, da wir die Mechanik schnell durchschauen. Für die Nutzenden von Screenreadern, die jede Webseite per Sprachausgabe und/oder Braillezeile vermittelt bekommen, ist es daher wichtig, dass die Navigation konsistent bleibt. Die WCAG 3.2.3, »Konsistente Navigation« (Level AA), besagt, dass auf Webseiten, die aus mehreren Seiten bestehen, wiederkehrende Navigationsmechanismen in der gleichen relativen Reihenfolge erscheinen sollen, es sei denn, dies wird von den Nutzenden geändert. Das bedeutet, dass Elemente wie Menüs, Links und Buttons, die auf mehreren Seiten einer Website vorkommen, immer an der gleichen Stelle und in der gleichen Reihenfolge erscheinen sollten. Betrachten wir als Beispiel eine Website, die aus mehreren Seiten besteht, darunter die Startseite, Produktkategorien, »Über uns« und eine Kontaktseite. In diesem Beispiel wäre die Navigation WCAG-3.2.3-konform, wenn das Hauptmenü auf allen Seiten an der gleichen Stelle wäre. Die Startseite enthält z. B. ein Hauptmenü am oberen Seitenrand mit Links zu Startseite, Kategorien, »Über uns« und Kontakt. Jede weitere Seite (Kategorieseite, Kontakt etc.) verwendet das gleiche Hauptmenü am oberen Seitenrand mit den gleichen Links in derselben Reihenfolge. Nutzende, die sich mit der Navigation auf einer Seite vertraut gemacht haben, können dieses Wissen auf alle anderen Seiten der Website übertragen, was die Benutzerfreundlichkeit und Zugänglichkeit verbessert.

Eine konsistente Navigation ist wichtig, da die Nutzenden Erwartungen bezüglich der Position und Funktion der Navigationsmechanismen entwickeln. Konsistenz in der Navigation erfüllt diese Erwartungen und reduziert die Verwirrung. Sobald die Nutzenden gelernt haben, wo sich die Navigationselemente befinden, können sie sich schneller auf der Website bewegen. Menschen mit kognitiven Einschränkungen oder die Nutzenden von assistiven Technologien profitieren besonders von einer konsistenten Navigation, da sie sich auf wiederkehrende Muster oder die gleiche Reihenfolge verlassen können, um Inhalte zu finden und mit ihnen zu interagieren.

8.1.1 Links mit und ohne separate Fenster

Das Internet lebt von der Interaktion und Verlinkung zwischen Webseiten und Websites. In HTML werden Links verwendet, um die Nutzenden zu Seiten oder direkt zu bestimmten Abschnitten einer Webseite zu führen. Sie werden normalerweise mit dem `<a>`-Element (das für Hyperlinks steht) und dem `href`-Attribut erstellt. Links sollten grundsätzlich für sich selbst sprechen. Wenn sie das tun, vermitteln sie einen unmittelbaren Eindruck vom Inhalt der Zielseite. Anker auf Webseiten sind nützlich, um lange Webseiten zu strukturieren und die Navigation zu erleichtern. Abbildung 8.1 zeigt eine strukturierte Webseite mit Ankerpunkten in HTML und entsprechenden Links zu den korrespondierenden Ankern (Abschnitten).

Abbildung 8.1 Interne Links mit Ankerpunkten

Listing 8.1 definiert zwei Abschnitte mit Überschriften (`<h2>`) und Ankerlinks (`<a>`-Elemente) mit jeweils einer eindeutigen `id`.

```
<!DOCTYPE html>
<html>
<head>
    <title>Beispielanker</title>
</head>
<body>
    <h1>Überschrift 1</h1>
    <p>Dies ist ein Abschnitt des Textes.</p>
    <h2><a id="anker1">Abschnitt 1</a></h2>
    <p>Dies ist der erste Abschnitt des Textes.</p>
    <h2><a id="anker2">Abschnitt 2</a></h2>
    <p>Dies ist der zweite Abschnitt des Textes.</p>
    <!-- Ein Link, der zu einem Anker führt -->
    <p><a href="#anker1">Zum ersten Abschnitt springen</a></p>
    <p><a href="#anker2">Zum zweiten Abschnitt springen</a></p>
</body>
</html>
```

Listing 8.1 Webseite mit Beispielankern zur Navigation

Mit Ankerlinks können Sie die Navigation auf Ihrer Webseite verbessern, indem Sie es den Nutzenden ermöglichen, schnell zu bestimmten Teilen des Inhalts zu springen, insbesondere auf langen Seiten oder in umfangreichen Dokumenten. Die Ankerlinks verweisen auf das `id`- und `href`-Attribut. Wenn die Nutzenden auf diese Links klicken, wird die Seite automatisch zum entsprechenden Abschnitt gescrollt bzw. dieser Abschnitt rückt in den sichtbaren Bereich. Es ist daher wichtig sicherzustellen, dass die `id`-Attribute auf der Seite eindeutig sind, um Konflikte zu vermeiden.

HTML-Links können zusätzliche Informationen (Parameter) enthalten, wie das Öffnen des Links in einem neuen Fenster/Tab oder das Hinzufügen eines Titles zur Linkbeschreibung (siehe Listing 8.2).

```
<a href="https://www.example.com" target="_blank" title="Example.com in einem
neuen Fenster öffnen">Besuchen Sie Example.com</a>
```

Listing 8.2 Code für das Öffnen des Links in einem neuen Fenster

In diesem Beispiel wird der Link in einem neuen Browserfenster/Tab geöffnet (Parameter `target`). Zusätzlich wird ein Tooltip mit dem Titel »Example.com in einem neuen Fenster öffnen« angezeigt, wenn die Nutzenden den Mauszeiger über den Link bewegen (Parameter `title`). Häufig wird ein neues Fenster/Tab bei einem Link auf eine weiterführende, externe Website geöffnet, was zu weiteren Einschränkungen im Nutzungsverhalten führt, wie z. B. dem fehlenden Zurück-Button und dem zusätzlichen Fenster/Tab, das später zusätzlich geschlossen werden muss. Deshalb sollte dies nicht nur aus Usability-, sondern auch aus Barrierefreiheitssicht restriktiv eingesetzt werden.

Weiterhin ist die Kommunikation der Linkeigenschaft sowohl durch Farbe als auch durch einen anderen visuellen Hinweis notwendig, da farbige Links in Texten für Nutzende mit geringer Farbwahrnehmung problematisch sein können. Durch die Kombination von Farbe und Unterstreichung oder durch eine andere Schriftgröße oder Fettschrift werden Links besser erkennbar und einfacher nutzbar, wie Abbildung 8.2 zeigt.

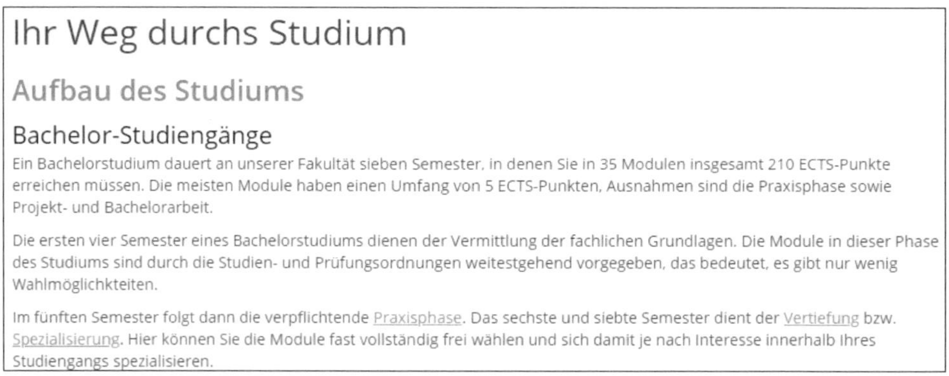

Abbildung 8.2 Link im Text über Farbe und Unterstreichung kenntlich

Der Zweck jedes Links sollte aus dem Linktext allein oder aus dem Linktext zusammen mit dem Linkkontext bestimmt werden (WCAG 2.4.4, »Linkzweck (im Kontext)« Level A). Links sollten generell so gestaltet sein, dass die Nutzenden den Zweck des Links verstehen können, ohne auf den Link klicken zu müssen. Dies ist besonders wichtig für Nutzende, die Screenreader verwenden oder kognitive Einschränkungen haben, da sie sich oft auf den Linktext verlassen, um zu entscheiden, ob sie dem Link folgen wollen oder nicht. Wenn z. B. eine Nachrichten-Website Artikel mit Verweisen auf externe Quellen und weitere Informationen veröffentlicht, könnten mehrere Links mit dem unspezifischen Text »Klicken Sie hier« eingefügt werden. Dies ist in Bezug auf den Zweck des Links nicht aussagekräftig und somit nicht barrierefrei. Daher sollten Sie, zumindest im Kontext, spezifische und informative Texte verwenden, die den Zweck des Links deutlich angeben, wie »Lesen Sie den vollständigen Bericht über den Klimawandel« anstelle von »Klicken Sie hier« (siehe Listing 8.3).

```
<p>Um mehr über die Auswirkungen des Klimawandels zu erfahren, <a href=
"bericht.pdf" aria-label="Lesen Sie den vollständigen Bericht über den
Klimawandel">lesen Sie den vollständigen Bericht</a>.</p>
```

Listing 8.3 Verlinkung mit »aria-label«

Im Beispiel in Listing 8.3 ist der Linktext »lesen Sie den vollständigen Bericht« spezifisch und beschreibend. Die Nutzenden wissen, was sie erwartet, wenn sie auf den Link klicken. Durch die zusätzliche Nutzung von `aria-label` wird der Zweck des Links weiter spezifiziert, was vor allem für Screenreader-Nutzende hilfreich ist. WCAG 2.4.9, »Linkzweck (reiner Link)« (Level AAA), ist noch strenger und verlangt, dass der Zweck eines jeden Links allein anhand des Linktextes zu erkennen ist, es sei denn, der Zweck des Links wäre für die Nutzenden im Allgemeinen unklar. Daraus folgt, dass ein barrierefreier Link von allen Menschen leicht wahrgenommen, verstanden und verwendet werden kann.

Prüfen Sie, ob die Navigationspunkte in den Navigationsmenüs ebenfalls selbsterklärend sind. Eine Kategorie in einem Onlineshop für Babyartikel könnte z. B. »Auf Achse« heißen. Was erwarten Sie, wenn Sie auf diesen Navigationspunkt klicken? Kinderwagen? Autositze? Aus eigener Erfahrung ist es sinnvoller, beide Kategorien »Kinderwagen« und »Autositze« anzubieten, als sie unter dem Navigationspunkt »Auf Achse« zusammenzufassen. Was logisch erscheinen mag, da beides auf Achse ist, ist weder intuitiv noch vollständig gebrauchstauglich. Letztlich führt dies zu Absprüngen, also zum vorzeitigen Verlassen der Webseite. Eine Methode der Nutzungsforschung wäre das *Card Sorting*, bei dem mit potenziellen Nutzenden untersucht wird, wie sie die einzelnen Seiten zu Kategorien clustern und gegebenenfalls selbst benennen.

Folgende Aspekte sollten Sie bei Links berücksichtigten:

1. Linktext: Der Linktext sollte präzise und beschreibend sein. Er sollte den Zweck des Links deutlich machen, damit die Nutzenden wissen, wohin sie gelangen, wenn sie auf den Link klicken. Vermeiden Sie allgemeine Phrasen wie »Klicken Sie hier« oder »Weitere Informationen«. Stattdessen sollte der Linktext den Kontext der verlinkten Seite oder des Ziels wiedergeben. Wenn der Link auf eine Datei (z. B. ein PDF-Dokument) verweist, sollte der Linktext den Dateinamen und das Dateiformat enthalten, damit die Nutzenden wissen, dass sie eine Datei herunterladen werden.
2. Linkformatierung: Der Linktext sollte sich optisch vom umgebenden Text abheben. Dies wird in der Regel durch Unterstreichung, eine andere Textfarbe, Hervorhebung oder durch ein kleines Symbol hinter dem Link erreicht. Die Formatierung sollte einheitlich sein, damit die Nutzenden Links unabhängig von ihren Sehfähigkeiten leicht erkennen können.
3. Alternativer Text für Bilder in Links: Wenn ein Link ein Bild enthält, sollte das Bild mit einem alternativen Text (`alt`-Text) versehen werden. Der `alt`-Text beschreibt das Ziel und den Zweck des Links. Wenn das Bild der einzige Inhalt ist, muss sein Alternativtext Ziel und Zweck kommunizieren (der Bildinhalt ist dabei nachrangig).
4. Tastaturbedienbarkeit: Links sollten mit der Tastatur erreichbar und bedienbar sein. Dies bedeutet, dass die Nutzenden den Fokus auf den Link setzen und ihn aktivieren können, ohne eine Maus verwenden zu müssen.

Die Benennung der Verlinkung ist sowohl für Maschinen (SEO, Screenreader) als auch für den Menschen von großer Bedeutung. Darüber hinaus sollte die Identifikation von Seiten (Komponenten im Allgemeinen) konsistent sein. WCAG 3.2.4, »Konsistente Erkennung« (Level AA), verlangt, dass Komponenten, die innerhalb einer Reihe von Webseiten die gleiche Funktionalität aufweisen, einheitlich identifiziert werden. Das heißt, »Mein Konto« wird immer mein »Mein Konto« genannt und nicht zwischenzeitlich »Mein Bereich« oder »MyFirma«.

Tipp: Linkliste im Screenreader NVDA prüfen

Im Screenreader NVDA kann eine Liste der auf der Webseite enthaltenen Links angezeigt werden (siehe Abbildung 8.3). Die Nutzenden bewegen sich mit dem Screenreader je nach Suchintention von Link zu Link. Daher können Sie mit der Liste überprüfen, ob die Links verständlich sind oder ob es ich um eine Ansammlung von »hier entdecken«-Links handelt.

Abbildung 8.3 Linkliste in NVDA (erreichbar über NVDA-Taste + F7)

8.1.2 Bereiche überspringen

Bereiche wie Navigation und interne Suche sind in der Regel auf jeder Webseite vorhanden. Damit diese Bereiche nicht bei jedem Seitenaufruf erneut durchlaufen und (vor-)gelesen werden müssen, sollte eine Möglichkeit zum Überspringen dieser Bereiche vorhanden sein. Für ein gutes Nutzungserlebnis kann es hilfreich sein, am Anfang einer Seite einen Link »Zum Hauptinhalt springen« einzufügen, der bei der Verwendung der ⭾-Taste angezeigt wird (wie in Abbildung 8.4 mit INHALT dargestellt), sobald sich das Element im Tastaturfokus befindet. Dieser Link sollte die Nutzenden an den Anfang des Hauptinhalts führen, sodass nicht alle Navigationslinks durchlaufen werden müssen.

Abbildung 8.4 Per Tab-Taste zum Inhalt springen

WCAG 2.4.1, »Blöcke umgehen« (Level A), zielt darauf ab, die Zugänglichkeit von Webinhalten zu verbessern, indem sichergestellt wird, dass die Nutzenden die Möglichkeit haben, wiederkehrende Inhaltsblöcke zu umgehen, die auf mehreren Webseiten einer Website erscheinen (siehe Abschnitt 4.4.9, »ARIA-Landmarks – Bereiche auszeichnen«). Angenommen, eine Website hat auf jeder Seite ein umfangreiches Hauptmenü, das Links zu verschiedenen Unternehmensbereichen enthält. Um direkt zum Hauptinhalt zu gelangen, kann ein unsichtbarer »Inhalt«-Button am Anfang jeder Seite implementiert werden (Code in Listing 8.4). Dazu wird am Anfang des HTML-Dokuments, direkt nach dem öffnenden `<body>`-Tag, ein Link eingefügt, der mit einem Ankerpunkt (`#maincontent`) am Beginn des Hauptinhaltsbereichs verknüpft ist.

```
<body>
  <a href="#maincontent" class="skip-link">Inhalt</a>
  <!-- Navigationsmenü -->
  <nav>
    <!-- Menülinks -->
  </nav>
  <!-- Hauptinhalt -->
  <main id="maincontent">
    <!-- Inhalt der Seite -->
  </main>
</body>
```

Listing 8.4 Bereiche im Dokument überspringen

Der Link ist in der Regel unsichtbar und wird erst bei Fokussierung oder Aktivierung (z. B. durch Tastaturnavigation) per CSS sichtbar gemacht. Darüber hinaus helfen Überschriften (H1–H6, siehe Abschnitt 6.7), Formulare, Listen, semantische Elemente (`header`, `main`, `nav`, `aside`, `footer`), WAI-ARIA-Landmarks (siehe Abschnitt 4.4.9) und die Auszeichnung von iFrames bei der weiteren Navigation. HTML5 hat die Webentwicklung durch die Einführung semantischer Elemente, die den Seitenaufbau sinnvoll strukturieren, deutlich optimiert. Tabelle 8.1 zeigt die zentralen semantischen Elemente zur Auszeichnung von Bereichen in HTML5.

Element	Beschreibung	Zugänglichkeit
`<header>`	Definiert den Kopfbereich einer Seite oder eines Abschnitts. Enthält häufig Titel, Logo und Navigationslinks.	Ermöglicht Screenreader-Nutzenden, den Beginn einer Seite oder eines wichtigen Abschnitts zu erkennen.

Tabelle 8.1 Semantische HTML-Elemente

Element	Beschreibung	Zugänglichkeit
<nav>	Kennzeichnet einen Navigationsbereich und wird für Hauptnavigationslinks verwendet.	Hilft bei der Identifizierung von Navigationsbereichen auf der Seite, was die Orientierung und Navigation für die Nutzenden von assistiven Technologien erleichtert.
<main>	Repräsentiert den Hauptinhalt der Seite und sollte für jede Seite eindeutig sein. Dieses Element hilft, den Hauptteil des Inhalts von anderen Bereichen wie Kopfzeile, Navigation oder Fußzeile zu unterscheiden.	Ermöglicht es Screenreader-Nutzenden, direkt zum Hauptinhalt zu springen, was die Navigation auf der Seite verbessert.
<aside>	Wird für Inhalte verwendet, die indirekt mit dem Hauptinhalt in Verbindung stehen, wie z. B. Sidebars, Werbung oder Zusatzinformationen.	Durch die Abgrenzung von sekundären Inhalten können die Nutzenden von assistiven Technologien diese bei Bedarf leichter überspringen.
<footer>	Definiert die Fußzeile einer Seite oder eines Abschnitts und enthält häufig Kontaktinformationen, Urheberrechtsangaben oder Links zu rechtlichen Informationen.	Vereinfacht das Auffinden von Kontaktinformationen und anderen wesentlichen Elementen am Ende von Seiten.

Tabelle 8.1 Semantische HTML-Elemente (Forts.)

8.1.3 Konsistente Bezeichnung von Bedienelementen

WCAG 2.5.3, »Beschriftung (Label) im Namen« (Level A), zielt darauf ab, die Zugänglichkeit für die Nutzenden zu verbessern, die Sprachbefehle verwenden oder assistive Technologien einsetzen. Diese Technologien sind auf Textlabels angewiesen, um Elemente auf einer Webseite zu verstehen und zu bedienen. Das bedeutet, dass der Text, den die Nutzenden sehen, mit dem Text übereinstimmen sollte, den assistive Technologien wie Screenreader »lesen« und ausgeben können. Wenn der sichtbare Text und der programmatische Name übereinstimmen, können die Nutzenden die Steuerelemente intuitiver bedienen, insbesondere wenn sie durch die Seite navigieren oder Elemente per Sprachbefehl aktivieren möchten. Ein programmatischer Name ist die Bezeichnung oder der Name eines Elements auf einer Webseite, der von assistiven Technologien ausgelesen und erkannt wird. Er wird meist im HTML-Code durch Attribute wie `aria-label`, `aria-labelledby`, oder den Textinhalt von beschriftenden HTML-Elementen wie `<label>` definiert.

Eine Webseite hat z. B. einen Button zum Absenden eines Formulars, der visuell mit »Senden« beschriftet ist. Daher sollte der programmatische Name, der von assistiven Technologien wie Screenreadern gelesen wird, ebenfalls »Senden« beinhalten bzw. mit »Senden« beginnen (kein `aria-label` notwendig, siehe Listing 8.5).

```
<button type="submit" >Senden</button>
```

Listing 8.5 Bezeichnung und programmatischer Name im Einklang

In der Praxis findet man oft ein unnötiges `aria-label`, das dafür sorgt, dass der Name nicht im Einklang mit der sichtbaren Beschriftung ist (wie in Listing 8.6 implementiert). Dies kann zu Fehlern bei der Steuerung per Spracheingabe führen.

```
<button type="submit" aria-label="Formular abschicken">Senden</button>
```

Listing 8.6 Fehler – Bezeichnung und programmatischer Name nicht im Einklang

Im Codebeispiel ist der sichtbare Text des Buttons »Senden« und das `aria-label` (das von Screenreadern gelesen wird und als programmatischer Name dient) ist ebenfalls »Senden«. Dies sorgt für Konsistenz und hilft den Nutzenden, die das Element mit Sprachbefehlen bedienen, zu wissen, was sie sagen sollen, und Nutzenden, die auf einen Screenreader angewiesen sind, zu verstehen, was das Element macht. Die Nutzenden, die aufgrund physischer Einschränkungen auf Sprachsteuerung angewiesen sind, profitieren davon, dass sie die gleichen Wörter verwenden können, die sie auf dem Bildschirm sehen, um ein Steuerelement zu bedienen. Das Gleiche gilt für Links: Der sichtbare Linktext sollte sich auch im gegebenenfalls längeren Text des ARIA-Labels wiederfinden.

8.1.4 Pausieren, Beenden und Ausblenden von dynamischen Elementen wie einem Bilderkarussell

Bei der Conversion-Optimierung wird die Aufmerksamkeit z. B. durch sich bewegende oder blinkende Elemente auf der Webseite geweckt. Bei booking.com werden z. B. immer wieder neue Informationen eingeblendet (»zehn Nutzende aus England schauen sich gerade das Hotel an«), was dazu führt, dass der Blick auf diese sich bewegenden Elemente fällt. Dies ist evolutionär bedingt, da Bewegung mit Gefahr assoziiert und deshalb mit Aufmerksamkeit reagiert wird. Darüber hinaus werden Karussells (engl. *carousel*) auf Websites eingesetzt, die in kurzer Zeit viel Information bzw. Inspiration liefern sollen und sich deshalb schnell austauschen bzw. wechseln.

Diese dynamischen Elemente stellen für viele Menschen eine Barriere dar. WCAG 2.2.2, »Pausieren, beenden, ausblenden« (Level A), befasst sich mit dem Faktor Zeit, der den Nutzenden zur Verfügung steht. Für alle sich bewegenden, blinkenden oder scrollenden Informationen, die

1. automatisch starten,
2. länger als 5 Sekunden dauern und
3. parallel zu anderen Inhalten dargestellt werden,

muss es einen Mechanismus (Steuerelement) geben, mit dem die Nutzenden sie anhalten, stoppen oder ausblenden können. Einzige Ausnahme: Das Bewegen, Blinken oder Scrollen ist Teil einer Aktivität, für die es unerlässlich ist (z. B. Counter beim Onlinebanking für automatisches Ausloggen). Diese Richtlinie ist besonders wichtig für Menschen, die abgelenkt werden oder Schwierigkeiten haben, sich auf bewegte Inhalte zu konzentrieren, wie dies bei bestimmten kognitiven Einschränkungen, Aufmerksamkeitsdefizit-/Hyperaktivitätsstörungen (ADHS) oder Fotosensibilität der Fall sein kann.

Wenn z. B. eine Nachrichtenwebseite ein automatisch ablaufendes Bilderkarussell mit den neuesten Nachrichten anzeigt und jedes Bild im Karussell alle 5 Sekunden wechselt, müssen die folgenden Anforderungen der WCAG 2.2.2 erfüllt sein:

- Pause-/Wiedergabe-Button: Ein deutlich sichtbarer Pause-Button wird über oder unter dem Karussell bereitgestellt. Wenn die Nutzenden auf diesen Button klicken, wird die automatische Rotation angehalten. Der Button ändert sich dann in einen Wiedergabe-Button, mit dem die Rotation bei Bedarf erneut gestartet werden kann.
- Stopp-Button: Zusätzlich zum Pause-Button muss ein Stopp-Button bereitgestellt werden, der die automatische Rotation dauerhaft stoppt, bis die Nutzenden die Seite neu laden oder die Wiedergabe explizit wieder starten.

8.2 Wie ist die optimale Nutzung von Tastatureingaben?

Alle Nutzenden, unabhängig von ihren Fähigkeiten oder der von ihnen verwendeten Technologie, sollten Zugang zu den Informationen und Funktionen der Website oder App haben. Dabei spielt die Tastaturbedienbarkeit eine zentrale Rolle, insbesondere für diejenigen, die aufgrund körperlicher Einschränkungen keine Maus verwenden können oder aus anderen Gründen (z. B. Sehbehinderung) auf die ausschließliche Tastaturnavigation angewiesen sind. Die WCAG bieten spezifische Anforderungen, um die Tastaturbedienbarkeit zu gewährleisten. Wesentliche Kriterien sind in diesem Zusammenhang die WCAG 2.1.1, »Tastatur« (Level A), bzw. WCAG 2.1.3, »Tastatur (keine Ausnahme)« (Level AAA), sowie WCAG 2.1.2, »Keine Tastaturfalle« (Level A), die sicherstellen sollen, dass Websites vollständig mit der Tastatur bedienbar sind, ohne dass eine Maus benötigt wird:

- WCAG 2.1.1, »Tastatur« (Level A): Alle Funktionen der Website müssen über die Tastatur zugänglich sein, ohne spezifische Zeitvorgaben für einzelne Tastenanschläge.

Dies ermöglicht Nutzenden, auf der Website mit alternativen Eingabemethoden wie Tastatur, Tastaturemulatoren oder Sprachbefehlsystemen zu navigieren. Stellen Sie sicher, dass interaktive Elemente (Links, Formularfelder, Buttons usw.) mit der [⇆]-Taste erreicht und aktiviert werden können. Vermeiden Sie die Verwendung von Elementen, die mit Mausbewegungen aktiviert werden (z. B. Hover-Menüs), ohne eine tastaturbasierte Alternative anzubieten. Stellen Sie sicher, dass alle interaktiven Elemente (Links, Formularfelder, Buttons etc.) einen sichtbaren Fokuszustand haben, sodass alle Nutzenden leicht erkennen können, wo sie sich befinden, während sie mit der Tastatur durch die Seite navigieren.

- WCAG 2.1.3, »Tastatur (keine Ausnahme)« (Level AAA): Die Nutzenden müssen in der Lage sein, jedes Element der Website, das sie mit der Tastatur betreten haben, auch wieder zu verlassen: »alles kann mit der Tastatur gemacht werden«. Das bedeutet, dass die Nutzenden in der Lage sein müssen, sich in alle Richtungen durch den Inhalt zu bewegen und den Bereich, in dem sie sich befinden, zu verlassen, ohne auf die Maus angewiesen zu sein. Das Level AAA zeigt bereits, dass es sich um eine Vertiefung der WCAG 2.1.1 handelt.
- WCAG 2.1.2, »Keine Tastaturfalle« (Level A): Bei der Benutzung von Webseiten und Anwendungen kann gelegentlich ein Problem auftreten, das als »Tastaturfalle« bezeichnet wird. Dies bedeutet, dass die Nutzenden den Fokus nicht mehr von einem bestimmten Element wegbewegen können, nachdem sie es aktiviert haben. Ein klassisches Beispiel hierfür ist das Aktivieren eines Dialogfeldes oder eines Cookie-Banners, wobei der Fokus auf dem initialen, möglicherweise nicht mehr sichtbaren Inhalt verbleibt oder das Schließen des Dialogfeldes über die Tastatur nicht möglich ist. In solchen Fällen befinden sich die Nutzenden in einer »Falle«. Dies stellt insbesondere für Menschen, die aufgrund körperlicher oder visueller Einschränkungen auf die ausschließliche Nutzung der Tastatur angewiesen sind, eine erhebliche Barriere dar.

Testen Sie Ihre Website sorgfältig, um sicherzustellen, dass es keine Bereiche gibt, die nicht mit der Tastatur genutzt werden können. Bei Komponenten wie modalen Dialogen, benutzerdefinierten Dropdown-Menüs oder Slideshows sollten Sie sicherstellen, dass die Nutzenden sie betreten und verlassen können, indem Sie klare Schließen- oder Verlassen-Mechanismen bereitstellen, die mit der Tastatur bedient werden können. Verwenden Sie das `tabindex`-Attribut mit Bedacht oder meiden Sie es ganz, um die natürliche Tab-Reihenfolge beizubehalten oder zu verbessern, ohne unbeabsichtigte Tastaturfallen zu schaffen.

Hinweis: Testvoraussetzungen

Testen Sie Ihre Website unter ausschließlicher Verwendung der Tastatur und starten Sie den Browser im Inkognito-Modus, d. h., ohne Cookies zu akzeptieren. Sie werden überrascht sein, wie sich Ihre Website verhält.

Checkliste für die Nutzbarkeit per Tastatur

- Erreichbarkeit aller Inhalte mit der [Tab]-Taste: Stellen Sie sicher, dass alle Inhalte durch wiederholtes Drücken der [Tab]-Taste erreichbar sind.
- Tabulatorreihenfolge: Die Tabulatorreihenfolge sollte der logischen Lesereihenfolge folgen. Für Sprachen, die von links nach rechts gelesen werden (überwiegend im westlichen Raum), bedeutet dies eine Reihenfolge von oben nach unten und von links nach rechts.
- Visueller Fokus: Der Fokus sollte beim »Durchtabben« der Elemente klar erkennbar sein. Das heißt, es sollte erkennbar sein, welches Element gerade fokussiert ist, z. B. durch eine Umrandung oder eine Hervorhebung (siehe Abbildung 8.5).
- Verlassen mit der [Tab]-Taste: Überprüfen Sie, ob Sie von jedem Element, das Sie mit der [Tab]-Taste erreichen können, auch wieder »wegtabben« können. Achten Sie dabei auch auf Tastaturfallen (z. B. in einem Karussell).
- Funktionalität ausschließlich über die Tastatur: Stellen Sie sicher, dass alle Aktionen und Funktionen, einschließlich der Aktivierung von Optionen und sichtbaren Änderungen, ausschließlich über die Tastatur ausgeführt werden können. Ein häufiges Problem ist, dass einige Funktionen nur verfügbar sind, wenn sie mit der Maus fokussiert, aber nicht, wenn sie mit der Tastatur fokussiert werden (z. B. Megamenüs mit mehreren Ebenen von Menüpunkten und gegebenenfalls ergänzenden visuellen Elementen).

Bei der Anwendung bzw. Prüfung muss jederzeit klar sein, wo sich der Fokus gerade befindet. Dies ist für die Orientierung bzw. Nutzung unerlässlich. Wenn Sie die Maus benutzen, können Sie sie über die Seite bewegen und sehen, wie sich der Pfeil in eine Hand verwandelt, wenn Sie den Mauszeiger über aktivierbare Elemente bewegen, um anzuzeigen, dass sie aktiviert werden können. Dasselbe sollte für Tastaturbenutzende gelten. Zeigen Sie jederzeit klar und deutlich an, wo sich die Nutzenden befinden und was aktiviert ist. Abbildung 8.5 zeigt den aktuellen Tastaturfokus auf dem Logo (gepunktete Umrandung) sowie der derzeit ausgewählten Kategorie »Mitgliedschaft«.

Abbildung 8.5 Fokussierung des ausgewählten Elements

WCAG 2.4.7, »Fokus sichtbar« (Level AA), fordert, dass jedes Element der Benutzeroberfläche, das mit der Tastatur bedienbar ist, auch einen sichtbaren Tastaturfokus haben muss. Dies bedeutet, dass es für die Nutzenden jederzeit erkennbar sein muss, auf welchem Element sich der Tastaturfokus gerade befindet, wenn sie durch eine Webseite oder Webanwendung navigieren (siehe Abbildung 8.5). Nach WCAG 2.4.7 muss, wenn die Nutzenden die [⇆]-Taste verwenden, um von einem Element (Link, Eingabefeld etc.) zum nächsten zu wechseln, jederzeit erkennbar sein, welches Element gerade fokussiert ist (auf einen Kontrast von 3 : 1 achten, siehe WCAG 1.4.11, »Nicht-Text-Kontrast«, Level AA). Dies kann durch eine Änderung des Aussehens des Feldrahmens (z. B. farbige Umrandung), durch eine Änderung der Hintergrundfarbe oder durch andere visuelle Mittel, die den Fokus deutlich machen, erreicht werden.

Die sichtbare Fokusindikation bietet eine wesentliche visuelle Orientierungshilfe, die es den Nutzenden ermöglicht, ihre Position innerhalb der Webseite oder Webanwendung nachzuvollziehen. Sie unterstützt nicht nur motorisch eingeschränkte, sondern auch kognitiv eingeschränkte Nutzende, indem sie ihnen hilft, den Überblick über ihre Interaktionen zu behalten.

In der Praxis ist es außerdem wichtig, dass z. B. beim Tabben durch eine Website Elemente wie Menülinks oder Formularfelder nicht durch überlappende Inhalte wie fixe Fußzeilen oder Kopfzeilen verdeckt werden. Die Nutzenden müssen immer sehen können, was fokussiert ist. WCAG 2.4.11, »Fokus nicht verdeckt (Minimum)«, stellt sicher, dass ein interaktives Element, wenn es den Tastaturfokus erhält, nicht vollständig von anderen Inhalten verdeckt wird. Die Nutzenden, die eine Tastatur oder ein anderes Tastatureingabegerät verwenden, müssen jederzeit erkennen können, welches Element gerade fokussiert ist. Dies ist entscheidend für die Orientierung und Interaktion mit der Seite. Wenn Elemente wie Dialogfenster oder Benachrichtigungen Teile der Webseite überlagern, muss sichergestellt werden, dass sie den Fokus nicht in einer Weise verdecken, die die Erkennbarkeit für die Nutzenden einschränkt. Auf Level AAA (WCAG 2.4.12, »Fokus nicht verdeckt (Erweitert)«) müssen interaktive Elemente auf einer Webseite nach dem Fokussieren vollständig sichtbar bleiben. Die Anforderung ist damit noch restriktiver.

8.2.1 Fokusreihenfolge

Im Gegensatz zu Google, das den Fokus direkt auf das Eingabefeld (»Suchschlitz«) setzt, sobald man die Seite aufruft, muss oft zunächst (mühsam) zum gewünschten Ziel navigiert werden. Die normale Tabulatorreihenfolge, d. h. die Reihenfolge, in der die Elemente beim Tabben fokussiert werden, folgt der Reihenfolge ihres Auftretens im HTML-Dokument. Interaktive Elemente wie Links, Formulareingabefelder und Buttons werden in der Reihenfolge fokussiert, in der sie im Quelltext erscheinen. Diese natürliche Tab-Reihenfolge entspricht in der Regel der visuellen Anordnung der

Elemente und ist damit intuitiv. Dies ist besonders wichtig für die Nutzenden von Vergrößerungssoftware.

Auf einer typischen Webseite erwarten wir daher, dass die Reihenfolge mit der Kopfzeile beginnt, gefolgt von der Hauptnavigation, dem Hauptinhalt und schließlich der Fußzeile (siehe Abbildung 8.6,visualisiert mit dem Silktide-Browser-Plug-in und der Funktion FOCUS ORDER). Die Fokusreihenfolge sollte jeden Link korrekt Spalte für Spalte durchlaufen. Öffnet sich der Artikel z. B. als Pop-up oder modaler Dialog, so muss der Tastaturfokus unbedingt auch auf das neue Element gesetzt werden, da es sonst nicht unmittelbar nutzbar bzw. erreichbar ist.

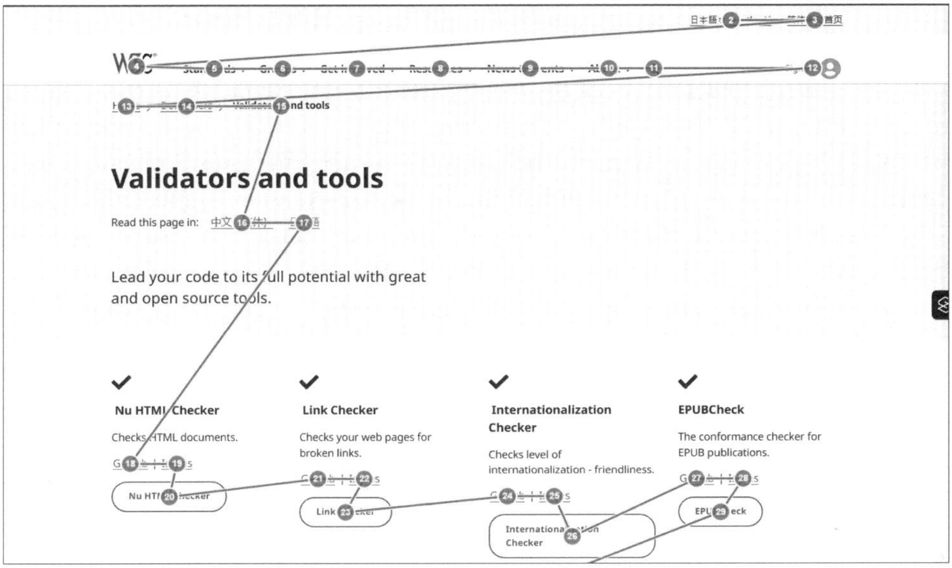

Abbildung 8.6 Fokusreihenfolge

WCAG 2.4.3, »Fokus-Reihenfolge« (Level A), besagt, dass, wenn eine Webseite über die Tastatur bedient werden kann, die Reihenfolge, in der der Fokus von einem Element zum nächsten wechselt (also die Tab-Reihenfolge), sinnvoll und intuitiv sein muss. Dies bedeutet, dass die Elemente in einer Reihenfolge fokussiert werden sollten, die der Reihenfolge entspricht, in der die Informationen auf der Webseite präsentiert werden. Angenommen, Sie haben eine Webseite mit einem einfachen Anmeldeformular, das aus zwei Eingabefeldern für die E-Mail-Adresse und das Passwort sowie einem Anmeldebutton besteht, wäre die visuell logische Reihenfolge, zuerst die E-Mail-Adresse einzugeben, dann das Passwort und schließlich den Anmeldebutton zu betätigen. In diesem Szenario sollte die Tab-Reihenfolge dem visuellen Layout folgen, d. h., wenn die Nutzenden die [⇆]-Taste verwenden, sollte der Fokus zuerst auf das E-Mail-Eingabefeld, dann auf das Passwortfeld und schließlich auf den Anmeldebutton springen.

Sofern das `tabindex`-Attribut in HTML verwendet wird, kann die Reihenfolge angepasst werden. Um es vorwegzunehmen: Bitte verwenden Sie `tabindex`, wenn überhaupt, nur mit größter Vorsicht, um Chaos zu vermeiden. In Listing 8.7 wird der Link zur Startseite zuerst fokussiert (`tabindex="1"`), wenn die Nutzenden die [Tab]-Taste verwenden, gefolgt vom »Mehr lesen«-Button (`tabindex="2"`) und schließlich dem Link »Über uns«, entsprechend den absoluten Werten des `tabindex`-Attributs.

```
<a href="https://beispiel.de" tabindex="1">Startseite</a>
<a href="https://beispiel.de/wir" tabindex="3">Über uns</a>
<button type="button" tabindex="2">Mehr lesen</button>
```

Listing 8.7 Umsetzung des »tabindex« für die Festlegung der Reihenfolge

Das `tabindex`-Attribut kann auch verwendet werden, um Elemente fokussierbar zu machen, die normalerweise nicht fokussierbar sind (`tabindex="0"`), oder um die Reihenfolge zu ändern, in der Elemente bei der Nutzung der [Tab]-Taste durchlaufen werden. Positive Werte im `tabindex` definieren eine explizite Tab-Reihenfolge und sollten sehr sparsam verwendet werden. Da die positiven `tabindex`-Werte absolut interpretiert werden, führt das dazu, dass ein Element mit `tabindex` > 0 unweigerlich zum ersten, fokussierbaren Element im ganzen Dokument wird – völlig ungeachtet seiner Position. Dies führt zu Unwägbarkeit und Fehlern. Die Nutzung von `tabindex="0"` fügt Elemente in der Reihenfolge ihres Vorkommens im Quelltext in die Tab-Reihenfolge ein. Der negative Wert –1 entfernt Elemente aus der Tab-Reihenfolge, erlaubt aber eine programmatische Fokussierung mittels JavaScript.

Obwohl der `tabindex` nützlich sein kann, um Barrierefreiheitsprobleme zu lösen, kann dies zu einer verwirrenden Navigation führen, wenn die Tab-Reihenfolge nicht der visuellen Anordnung auf der Seite entspricht. Die Verwendung hoher oder negativer `tabindex`-Werte kann dazu führen, dass bestimmte Inhalte regelmäßig übersprungen werden, was die Zugänglichkeit und Usability beeinträchtigt. Außerdem ist eine Webseite, die den `tabindex` intensiv für die Navigation nutzt, schwieriger zu warten, insbesondere wenn kontinuierlich Inhalte hinzugefügt, entfernt oder umstrukturiert werden. Die Notwendigkeit, `tabindex`-Werte ständig anzupassen, erhöht die Komplexität und die Fehleranfälligkeit. Die beste Umsetzung in der Praxis ist es, eine logische und vorhersehbare Tab-Reihenfolge durch sorgfältige Planung des Seitenlayouts und der Struktur des HTML-Markups sicherzustellen, anstatt sich auf `tabindex` zu verlassen.

8.2.2 Event-Handler – Hovern oder Fokus

Vermutlich kennen Sie den Hover-Effekt bei der Benutzung einer Webseite mit der Maus. Sobald mit der Maus über ein Bild oder einen Button gefahren wird, verändert sich das Design. Der Button ändert gegebenenfalls den Text und animiert zu einem weiteren Klick. WCAG 1.4.13, »Inhalt bei Hover oder Fokus« (Level AA), beleuchtet die Zugänglichkeit und User Experience von zusätzlichen Inhalten, die erscheinen, wenn die Maus über ein Element bewegt wird (Hover) oder der Fokus auf einem Element liegt. Bei den zusätzlichen Inhalten kann es sich um Tooltips, Dropdown-Menüs oder Arten von Pop-ups handeln. Die Richtlinie soll sicherstellen, dass alle Nutzenden, einschließlich denjenigen, die assistive Technologien verwenden, auf diese Inhalte zugreifen und sie problemlos nutzen können.

Die Anforderungen der WCAG 1.4.13 sind folgende:

- Zusätzliche Inhalte, die bei Hover oder Fokus erscheinen, müssen ohne Bewegung der Maus oder Änderung des Fokus geschlossen werden können, es sei denn, dies führt zu einem Informations- oder Funktionsverlust.
- Wenn der zusätzliche Inhalt durch Hovering über einem Element erscheint, muss der zusätzliche Inhalt sichtbar bleiben, auch wenn die Nutzenden die Maus vom auslösenden Element zum zusätzlichen Inhalt bewegen.
- Der zusätzliche Inhalt muss sichtbar bleiben, solange er fokussiert ist oder die Nutzenden mit dem Inhalt interagieren, bis der Inhalt geschlossen wird, die Interaktion an einen anderen Ort verlagert wird oder der Inhalt ungültig ist.

Beispiel: Eine E-Commerce-Website zeigt Produktinformationen in einem Tooltip an, wenn die Nutzenden den Mauszeiger über den Produktnamen bewegen.

- Der Tooltip mit den Produktinformationen muss geschlossen werden können, ohne dass die Nutzenden die Maus bewegen müssen (z. B. [Esc]-Taste).
- Der Tooltip muss sichtbar bleiben, solange die Nutzenden mit ihm interagieren, z. B., indem sie die Produktinformationen lesen oder auf einen Link im Tooltip klicken. Das heißt, der Inhalt darf nicht nach einer bestimmten Zeit verschwinden. Dies kann erreicht werden, indem eine Logik implementiert wird, die den Tooltip offenhält, bis die Nutzenden explizit außerhalb des Tooltips klicken oder einen Schließen-Button im Tooltip verwenden.

In der heutigen mobilen Welt ist zu prüfen, ob durch das Fehlen der Maus auf dem Smartphone elementare Informationen verloren gehen. Neben den mausabhängigen Event-Hander (unter anderem `onmouseover`, `onclick`, `onmouseout`) gibt es das Pendant bei der Nutzung der Tastatur. Tastaturabhängige Event-Handler in HTML sind wie die mausabhängigen Event-Handler JavaScript-Event-Listener, die auf Tastaturaktionen reagieren. Sie ermöglichen die Erstellung interaktiver und barrierefreier Webanwendungen, indem sie mittels JavaScript auf bestimmte Tastendrücke oder Tastenkombinationen reagieren. Bitte beachten Sie, dass das Ereignis `onclick` geräteunabhängig ist. Während `onclick` so klingt, als sei es an die Maus gebunden, wird das Ereignis nicht nur aufgerufen, wenn die Nutzenden das Element mit der Maus anklicken, sondern auch, wenn das Element fokussiert ist und die ↵-Taste oder die Leertaste gedrückt wird.

Tabelle 8.2 zeigt die wichtigsten tastaturabhängigen Event-Handler an.

Event-Handler	Beschreibung	Beispiel
onkeydown	Wird ausgelöst, wenn eine Taste gedrückt wird.	<input type="text" onkeydown="myFunction()"> Dies kann verwendet werden, um eine Funktion aufzurufen, wenn die Nutzenden beginnen, in ein Textfeld zu tippen.
onkeyup	Wird ausgelöst, wenn eine Taste losgelassen wird.	<input type="text" onkeyup="myFunction()"> Dies kann nützlich sein, um Eingaben zu validieren oder Vorschläge zu machen, nachdem die Nutzenden eine Eingabe gemacht haben.
oninput	Wird ausgelöst, wenn der Wert eines Eingabefeldes geändert wird.	<input type="text" oninput="myFunction()"> Ist nützlich, um Eingaben in Echtzeit zu validieren oder dynamisch Updates vorzunehmen, während die Nutzenden den Text eingeben oder ändern.
onfocus	Wird ausgelöst, wenn ein Element den Fokus erhält.	<input type="text" onfocus="myFunction()"> Kann verwendet werden, um eine Aktion auszuführen oder einen visuellen Hinweis zu geben, wenn ein Eingabefeld fokussiert wird.
onblur	Wird ausgelöst, wenn ein Element den Fokus verliert.	<input type="text" onblur="myFunction()"> Ist ideal, um Validierungen durchzuführen oder Feedback zu geben, nachdem die Nutzenden die Eingabe in einem Feld abgeschlossen und den Fokus verschoben haben.

Tabelle 8.2 Event-Handler bei Tastaturnutzung

Die Event-Handler onfocus und onblur sind für das Fokusmanagement in Webanwendungen von zentraler Bedeutung. Sie ermöglichen die Kontrolle und Verbesserung der Benutzerinteraktionen, indem sie Feedback geben oder bestimmte Aktionen auslösen, wenn Elemente fokussiert oder entfokussiert werden. Der Einsatz von onfocus kann z. B. dazu verwendet werden, visuelle Hinweise zu geben, die den Nutzenden helfen, ihre Position in einem Formular oder auf einer Seite zu erkennen. In diesem Zusammenhang ist WCAG 3.2.2, »Bei Eingabe« (Level A), von Bedeutung. Sie fordert, dass sich der Kontext durch die Interaktion mit einem Element nicht wesentlich ändern darf, es sei denn, die Nutzenden werden darüber informiert. Das Ziel dieser Richtlinie ist es, sicherzustellen, dass die Nutzenden nicht durch unerwartete Änderungen des Inhalts oder des Verhaltens einer Webseite verwirrt oder desorientiert werden, insbesondere wenn solche Änderungen durch einfache Aktionen wie das Eingeben von Daten in ein Feld oder das Bewegen des Tastaturfokus ausgelöst werden. Stellen Sie sich eine Webseite vor, auf der Informationen über verschiedene Dienstleistungen angeboten werden. Jeder Dienstleistungsbereich auf der Seite enthält ein Dropdown-Menü, aus dem weitere Details ausgewählt werden können. Gemäß WCAG 3.2.2 sollte das Aufklappen dieses Dropdown-Menüs oder das Auswählen einer Option darin nicht zu einer sofortigen wesentlichen Änderung der Seite führen, wie z. B. dem automatischen Neuladen der Seite oder dem Öffnen eines neuen Fensters, ohne dass die Nutzenden darüber informiert werden oder diese Aktion explizit angefordert haben. Listing 8.8 zeigt ein entsprechendes Beispiel.

```
<label for="service-select">Wählen Sie einen Service:</label>
<select id="service-select" name="service" onchange="confirmAction()">
  <option value="service1">Service 1</option>
  <option value="service2">Service 2</option>
  <option value="service3">Service 3</option>
</select>
<script>
function confirmAction() {
  if (confirm('Möchten Sie die Seite neu laden, um mehr über diesen Service zu
erfahren?')) {
    // Code zum Neuladen der Seite oder zur Durchführung einer anderen Aktion
  }
}
</script>
```

Listing 8.8 Event »onchange« zur Aktivierung eines Bestätigungsdialogs

In Listing 8.8 wird das onchange-Event des <select>-Elements verwendet, um eine Funktion aufzurufen, die einen Bestätigungsdialog anzeigt. Die Nutzenden werden gefragt, ob die Seite neu geladen werden soll, um weitere Informationen zu erhalten.

Eine wesentliche Änderung (in diesem Fall das Neuladen der Seite) findet nur statt, wenn die Nutzenden zustimmen. Auf diese Weise wird die Kontextänderung nicht automatisch bei Eingabe ausgelöst, sondern erfordert eine bewusste Entscheidung der Nutzenden, was der Richtlinie WCAG 3.2.2 entspricht.

In Verbindung mit WCAG 3.2.2 steht WCAG 3.2.1, »Bei Fokus« (Level A), und betrifft die Vorhersehbarkeit der Navigation und Interaktion auf Webseiten. Sie verlangt, dass keine unerwarteten Kontextänderungen auftreten, wenn eine Komponente den Fokus erhält. Das bedeutet, dass die Aktivierung eines Elements nicht automatisch zu einer Änderung des Kontextes führen sollte, wie z. B. dem Öffnen eines neuen Fensters oder dem Verschieben des Fokus auf ein anderes Element, es sei denn, die Nutzenden werden darüber informiert. Stellen Sie sich ein Webformular vor, das einen Button »Senden« enthält. Wenn die Nutzenden mit der ⇆-Taste durch die Formularelemente navigieren und der Button den Fokus erhält, sollte die Seite nicht automatisch gesendet werden oder der Button seine Funktion ändern. Es sollte lediglich visuell angezeigt werden, dass der Button fokussiert ist, z. B. durch eine Umrandung.

WCAG 3.2.5, »Änderung auf Anfrage« (Level AAA), geht einen Schritt weiter und stellt sicher, dass die Nutzenden die volle Kontrolle über Interaktionen mit der Benutzeroberfläche haben. Sie zielt darauf ab, unbeabsichtigte Änderungen des Kontextes zu vermeiden, vor allem für die Nutzenden mit kognitiven Einschränkungen, motorischen oder visuellen Behinderungen, indem sie die Kontrolle über unerwartete Aktionen sicherstellt. Die spezifischen Anforderungen der strengen WCAG 3.2.5 besagen, dass Kontextänderungen nur auf ausdrückliche Anforderung der Nutzenden erfolgen dürfen. Eine Kontextänderung bezieht sich auf signifikante Änderungen der Seite, wie z. B. die automatische Navigation zu einer anderen Seite, das Öffnen neuer Fenster oder die Änderung des Fokus auf eine andere Stelle der Seite. Solche Änderungen dürfen nicht unerwartet erfolgen, sondern nur, wenn sie von den Nutzenden explizit ausgelöst werden.

8.3 Notwendige Zielgrößen von Interaktionselementen (Buttons)

Haben Sie sich auch schon einmal verklickt, weil ein Button zu klein war, insbesondere am Smartphone? Interaktive Elemente auf Oberflächen (UI) müssen daher gemäß WCAG 2.5.8, »Zielgröße (Minimum)« (Level AA), für die Bedienung per Maus oder Touchscreen eine Mindestgröße von 24 × 24 CSS-Pixeln haben. Damit soll sichergestellt werden, dass sie von den Nutzenden leicht aktivierbar sind, insbesondere für Menschen, die mit Touchscreens interagieren oder motorische Einschränkungen haben. Abbildung 8.7 zeigt die notwendige Mindestgröße im Kontext zu anderen Elementen. Sofern der Button kleiner ist, muss ein ausreichender Abstand zwischen den Elementen bestehen. Konkret heißt das, wenn interaktive Elemente kleiner als 24 × 24

CSS-Pixel sind, darf ein fiktiver Kreis mit einem Durchmesser von 24 CSS-Pixeln, zentriert auf das Ziel, nicht mit anderen Zielen oder deren Kreisen überlappen. Zum Beispiel könnten mehrere Buttons, die jeweils 20 × 20 CSS-Pixel groß sind, durch einen Abstand von 4 CSS-Pixeln voneinander getrennt sein (siehe Abbildung 8.7).

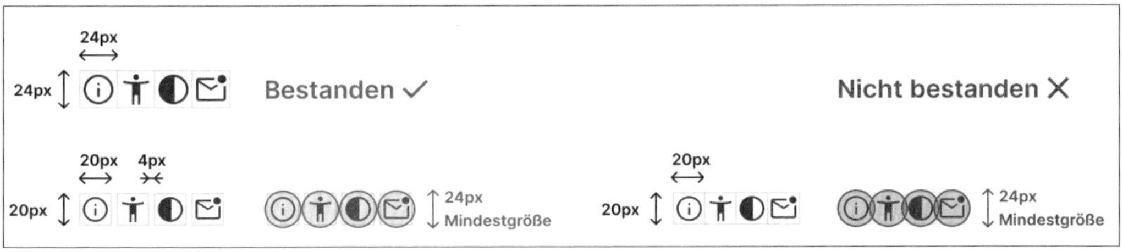

Abbildung 8.7 Mindestgröße von Interaktionselementen
(Quelle/weitere Beispiele: *https://www.w3.org/WAI/WCAG22/Understanding/target-size-minimum.html*)

Unter den weiteren Bedingungen kann von der 24-×-24-Regel abgewichen werden:

- Wenn ein interaktives Element die Mindestgröße nicht erfüllt, sollte eine alternative Bedienoption zur Verfügung stehen, die größer ist und die gleiche Funktion auf derselben Seite bietet.
- Ziele, die in Fließtext eingebettet sind, können kleiner sein, wenn ihre Größe durch die Zeilenhöhe des umgebenden, nicht interaktiven Textes begrenzt wird. Ein Beispiel hierfür wäre ein Textlink innerhalb eines Absatzes.
- Ausnahme: Die spezifische Größe oder Darstellung eines Elements ist notwendig oder aus rechtlichen Gründen vorgeschrieben.

Hauptziel dieser Richtlinie ist es, die Bedienbarkeit und Zugänglichkeit von interaktiven Elementen wie Buttons, Links und Formularelementen zu verbessern. Eine ausreichend große Zielgröße reduziert die Wahrscheinlichkeit von Fehlbedienungen. Abbildung 8.8 zeigt die erforderlichen Mindestgrößen für Dropdown-Menüs.

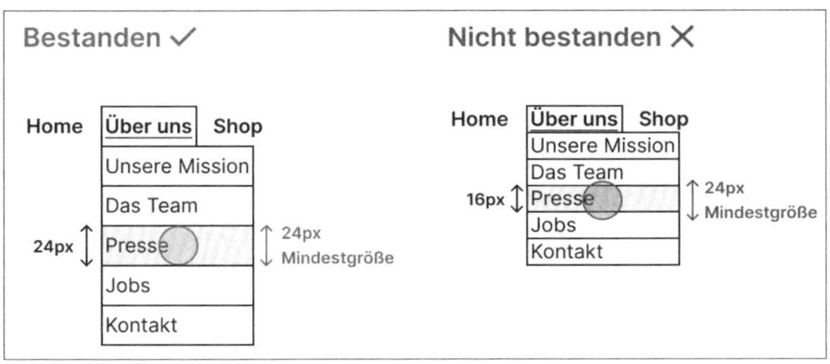

Abbildung 8.8 Mindestgrößen bei Dropdown-Menüs
(Quelle: *https://www.w3.org/WAI/WCAG22/Understanding/target-size-minimum.html*)

Vorteile einer Mindestgröße von Buttons:

- Eine angemessene Zielgröße ermöglicht es den Nutzenden mit unterschiedlichsten Fähigkeiten, interaktive Elemente zuverlässig(er) zu aktivieren.
- Eine Mindestzielgröße trägt zur Usability der Website bei, indem sie die Interaktion intuitiver und weniger fehleranfällig macht. Abbildung 8.9 zeigt die Herausforderung, wenn klickbare Elemente zu nahe beieinander liegen und es dadurch zu »Fehlklicks« kommen kann.

Abbildung 8.9 Mindestgrößen von Elementen
(Quelle: *https://www.w3.org/WAI/WCAG22/Understanding/target-size-minimum.html*)

Im Idealfall sind Interaktionselemente mit 44 × 44 CSS-Pixeln oder größer entsprechend WCAG 2.5.5, »Zielgröße (erweitert)« (Level AAA), definiert. WCAG 2.5.5. fordert, dass das »Ziel«, also klickbare oder berührbare Elemente wie Buttons, Links oder Menüpunkte, eine Mindestgröße von 44 × 44 CSS-Pixeln haben sollten. In einem typischen E-Commerce-Shop sollten interaktive Elemente wie Produktbilder, der »In den Warenkorb«-Button und Navigationsmenüs diese Mindestgrößen aufweisen. Die Nutzenden mit eingeschränkter Fingerbeweglichkeit oder Zittern (Tremor) werden kleine Ziele nicht präzise treffen können, was zu Frustration und einer negativen Benutzererfahrung führt. Diese Anpassung verbessert nicht nur die Barrierefreiheit, sondern auch die allgemeine Benutzerfreundlichkeit für eine breitere Zielgruppe, wie z. B. ältere Nutzende oder Nutzende von Touchscreen-Geräten.

Die Richtlinie erlaubt gewisse Ausnahmen, z. B.:

- Gleichwertige Funktionalität: Das Ziel ist durch eine gleichwertige Funktionalität über eine andere Eingabemethode zugänglich.
- Inline-Ziele: Das Ziel ist ein Link oder ein Kontrollfeld im Fließtext.
- Essenzielle Ausnahme: Eine bestimmte Darstellung des Inhalts ist für die Informationen erforderlich und eine größere Zielgröße würde diese Darstellung verändern oder einschränken.

8.4 Zeitlich limitierte Interaktionen (»nur noch X Minuten«)

Wir kennen zeitliche Verknappung (»Angebot nur noch 03:23 Minuten für Sie reserviert!«) und klassische, schnell wechselnde Karussells auf Webseiten, die viel Information in kurzer Zeit vermitteln sollen. Bieten diese Techniken den Menschen die Zeit, die sie individuell benötigen, um die Inhalte zu verstehen oder mit ihnen zu interagieren? Mit dieser Frage befasst sich die WCAG-Richtlinie 2.2, »Ausreichend Zeit«, die sicherstellt, dass die Nutzenden genügend Zeit haben, um Inhalte zu nutzen oder Aufgaben ohne unnötigen Zeitdruck zu erledigen. Stellen Sie sich eine Situation vor, in der Nutzende einen Text auf einer Webseite lesen und genau in dem Moment, in dem sie den letzten Satz erreicht haben, wird die Seite unerwartet geschlossen. Diese plötzliche Unterbrechung kann nicht nur zu erheblicher Verwirrung führen, sondern auch zum Verlust wichtiger, ungesicherter Arbeit. In vielen Fällen implementieren Webseiten aus Sicherheitsgründen eine automatische Abmeldefunktion, die nach einer bestimmten Zeit der Inaktivität aktiv wird. Wenn die Nutzenden jedoch nicht über die Dauer dieser Zeitspanne informiert werden und keine Möglichkeit haben, diesen Zeitraum zu verlängern, kann dies zu zusätzlicher Unsicherheit und Frustration führen.

Verschiedene Websites und Anwendungen verwenden Zeitlimits für bestimmte Aktionen. Ein Onlineformular für eine Banküberweisung setzt standardmäßig ein Zeitlimit von X Minuten, bevor es aus Sicherheitsgründen zurückgesetzt wird. Um die Erfolgskriterien der WCAG 2.2 zu erfüllen, könnte die Bank verschiedene Anpassungen vornehmen, z. B. vor Ablauf des Zeitlimits eine Warnung ausgeben, die die Nutzenden darüber informiert, dass die Sitzung bald abläuft. Diese Warnung gibt den Nutzenden typischerweise die Möglichkeit, das Zeitlimit zu verlängern. Während solche Zeitlimits aus verschiedenen Gründen sinnvoll sein können, z. B. aus Sicherheitsgründen oder zur Steuerung der Serverlast (limitierte Konzerttickets), stellen sie für bestimmte Nutzergruppen eine Barriere dar. Menschen mit Leseschwierigkeiten, kognitiven Einschränkungen, Sehbehinderungen oder motorischen Behinderungen benötigen oft mehr Zeit, um Texte zu lesen, Anweisungen zu verstehen oder Eingaben zu tätigen. Die verbleibende Zeit bis zum Log-out oder bis zur Möglichkeit, ein limitiertes Konzertticket zu kaufen, sollte z. B. als Statusinformation für Screenreader immer abrufbar sein, z. B. bei NVDA durch den Befehl zum Ausgeben der Statuszeile (`Einf` + `⇧` + `Ende`). Wenn nur noch zwei oder weniger Minuten bis zum automatischen Log-out verbleiben, sollte über `aria-live` eine Meldung erfolgen, die dann auch automatisch per Screenreader ausgegeben wird. Dazu folgendes Beispiel: Eine Bank-Website bietet ein Onlineformular für Überweisungen an, das aus Sicherheitsgründen ein Zeitlimit von 10 Minuten für die Eingabe vorsieht. Das klingt auf den ersten Blick sehr lang, ist aber für viele Menschen sehr kurz. Die WCAG 2.2.1, »Zeiteinteilung anpassbar« (Level A), und WCAG 2.2.3, »Keine Zeiteinteilung« (Level AAA), befassen sich mit der Handhabung von Zeitlimits auf Webseiten.

Um sicherzustellen, dass alle Nutzenden genügend Zeit haben, um Inhalte zu lesen oder Aufgaben auf einer Webseite zu erfüllen, fordert WCAG 2.2.1, dass Zeitlimits von den Nutzenden angepasst, verlängert oder deaktiviert werden können. Konkret gibt es folgende Möglichkeiten:

- Ausschalten: Die Nutzenden können das Zeitlimit ausschalten, bevor es abläuft.
- Anpassen: Den Nutzenden ist es gestattet, das Zeitlimit auf mindestens das Zehnfache der Standardeinstellung anzupassen.
- Verlängern: Die Nutzenden werden vor Ablauf der Zeit gewarnt und haben mindestens 20 Sekunden Zeit, um das Zeitlimit mit einer einfachen Aktion (z. B. »die Leertaste drücken«) zu verlängern. Die Nutzenden können das Zeitlimit mindestens zehnmal verlängern.
- Ausnahme bei Echtzeitereignissen: Das Zeitlimit ist ein erforderlicher Bestandteil eines Echtzeitereignisses (z. B. Wettquoten) und eine Alternative zum Zeitlimit ist nicht möglich.
- Wesentliche Ausnahme: Das Zeitlimit ist wesentlich und eine Verlängerung würde die Aktivität ungültig machen (Auktionen wie bei eBay).
- 20-Stunden-Ausnahme: Das Zeitlimit ist länger als 20 Stunden.

Zusammengefasst bedeutet dies, dass Informationen im Idealfall nicht zeitlich begrenzt sein sollten (Time-out) und Inhalte nicht unbewusst neu geladen werden. Das automatische Ende von Sessions ist ebenfalls im Kontext von Barrierefreiheit zu berücksichtigen. So kann das HTML-Attribut `http-equiv="refresh"` verwendet werden, um eine Webseite nach einer bestimmten Zeit automatisch zu aktualisieren oder auf eine andere URL umzuleiten. Obwohl dies für bestimmte Anwendungsfälle nützlich sein kann, ist seine Verwendung aus der Perspektive der Barrierefreiheit und Benutzerfreundlichkeit problematisch.

Das Tag in Listing 8.9 bewirkt, dass die aktuelle Seite nach 30 Sekunden (Inhalt von `content`) automatisch an die angegebene URL (`https://example.com`) weitergeleitet wird.

```
<meta http-equiv="refresh" content="30; url=https://example.com">
```

Listing 8.9 Struktur des Meta-Tags »refresh«

Automatische Aktualisierungen oder Weiterleitungen können Menschen verwirren, die möglicherweise mehr Zeit benötigen, um den Inhalt zu lesen oder zu verstehen. Plötzliche Änderungen können die Orientierung auf der Webseite erschweren. Beim Ausfüllen von Formularen kann eine automatische Aktualisierung dazu führen, dass die eingegebenen Daten verloren gehen, bevor die Möglichkeit besteht, die Eingaben zu überprüfen oder abzusenden. Aus diesem Grund ist die Verwendung von `http-equiv="refresh"` für automatische Aktualisierungen nur dann konform mit WCAG

2.2.1, wenn `content="0"` ist und somit keine Aktualisierung stattfindet oder eine unmittelbare Weiterleitung beim Seitenaufruf erfolgt.

WCAG 2.2.3, »Keine Zeiteinteilung« (Level AAA), geht noch einen Schritt weiter und verlangt, dass Inhalte ohne zeitliche Begrenzung genutzt werden können. Beide Kriterien zielen darauf ab, die Barrierefreiheit zu verbessern, indem sie sicherstellen, dass Menschen, die eine langsame Lesegeschwindigkeit haben oder mehr Zeit benötigen, um Informationen zu verarbeiten, auch zeitlich befristete Informationen verfügbar gemacht werden.

8.5 Ein Navigationskonzept barrierefrei umsetzen

Die Navigation auf Websites oder Apps ist sehr individuell. In Usability-Tests werden zielgruppentypische Aufgaben gestellt, wie z. B. »Kaufen Sie einen Artikel Ihrer Wahl und durchlaufen Sie den Check-out-Prozess.« Dabei werden sie in ihrem Verhalten beobachtet und ermutigt, durch lautes Denken (»Thinking-aloud-Methode«) die Testenden an ihren Gedanken- bzw. Verhaltensgängen teilnehmen zu lassen. Spannend ist dabei, dass die Nutzenden die Website unterschiedlich verwenden und die identische Aufgabe auf unterschiedliche Weise lösen. Grundsätzlich kann zwischen »linkdominanten« und »suchdominanten« Nutzenden unterschieden werden. Linkdominante Nutzende folgen Links bzw. treffen ihre Auswahl über die Hauptnavigationspunkte. Sie orientieren sich also an den angebotenen Begriffen bzw. Links. »Suchdominate« Nutzende verlassen sich primär auf die Vorteile der internen Suche. Selbst typische Navigationspunkte, wie z. B. das Abonnieren eines Newsletters (»Newsletter«) werden nicht über Links im Footer oder Header angesteuert, sondern über die Eingabe des Suchbegriffs »Newsletter« im Suchschlitz. Weiterhin ist zu beobachten, dass bei unzureichender interner Suche auf Suchmaschinen wie Google zurückgegriffen wird (z. B. mit dem Suchbegriff »Newsletter Unternehmen XY«). Die (oft erfüllte) Hoffnung ist dabei, dass der Begriff bei Google ein besseres Suchergebnis liefert und die direkte Unterseite in der Liste erscheint.

Aus diesem Grund ist die Optimierung der internen Suche und der Informationsarchitektur über Navigationspunkte für alle Nutzenden von Bedeutung.

8.5.1 Informationsarchitektur

Eine Website besteht in der Regel aus mehreren Webseiten, d. h., die Nutzenden benötigen eine Möglichkeit, einfach und schnell zur gewünschten Seite zu gelangen. Die Informationsarchitektur befasst sich mit dem Prozess der Organisation und Strukturierung aller Webseiten und ihrer Zugänglichkeit für die Nutzenden. In der Konzeptionsphase wird die Navigation in der Regel mithilfe der Methode des *Card Sortings* unter Einbeziehung potenzieller und aktueller Nutzender festgelegt. Beim

Card Sorting werden alle Webseiten durch die Nutzenden inhaltlich in Hauptkategorien eingeordnet bzw. klassifiziert. Das heißt, die Studienteilnehmenden erhalten alle Webseiten auf Karten/Post-its (jede Seite entspricht einer Karte), die sie anschließend frei (offenes Card Sorting) oder fest vorgegebenen Kategorien (geschlossenes Card Sorting) zuordnen. Dies hat den Vorteil, dass sich die Kategorien nach dem mentalen Modell und dem entsprechenden Wortgebrauch der Nutzenden ergeben. Die finale Zuordnung wird mittels *Treetesting* überprüft. Hierbei erhalten die Nutzenden eine Situation oder einen Begriff und müssen dann aus dem entsprechenden Navigationsbaum auswählen, wo sie die Antwort auf die jeweilige Frage vermuten bzw. wo sie die entsprechende Webseite vermuten.

Die Konzeption der Navigation ist eine Herausforderung, insbesondere wenn die Website sehr viele Einzelseiten umfasst. Durch eine primäre und gegebenenfalls sekundäre Navigation sollen die Nutzenden ohne Nachdenken zum Ziel gelangen. Zur Orientierung eignet sich auch eine Breadcrumb-Navigation, die den Nutzenden den konkreten Pfad aufzeigen, ähnlich den Brotkrumen, die symbolisch verstreut werden, um wieder auf den Hauptpfad zurückzufinden. Insbesondere durch effiziente Onlinemarketing-Maßnahmen (vor allem SEO und bezahltes Suchmaschinenmarketing) startet nur ein kleiner Teil der Nutzenden auf der Startseite. Sie beginnen ihre Customer Journey vielmehr auf einer in der Baumstruktur tieferen Seitenebene (z. B. auf der Kategorie T-Shirts). Die Breadcrumb-Navigation bietet eine klare Orientierung und gibt Hinweise auf mögliche übergeordnete Kategorien.

Grundsätzlich hat eine Website einen strukturierten Aufbau, der es den Nutzenden ermöglicht, sich schnell zu orientieren und zurechtzufinden. Schauen Sie sich doch einmal den visuellen Aufbau der Webseite in Abbildung 8.10 an. Was kommt Ihnen hier bekannt vor?

Abbildung 8.10 Visueller Aufbau einer Webseite

Die interne Suche hat ihren festen Platz, typischerweise auf jeder Seite der Website. Header, Navigationsmenü und Footer sind ebenfalls auf allen Seiten wiederzufinden. Auf verschiedenen Seitentypen kommt gegebenenfalls noch die Newsletterbox sowie eine sekundäre Navigation hinzu. Was für sehende Nutzende selbstverständlich ist, ist für blinde Nutzende eine Herausforderung: Was ist der Hauptinhalt der Webseite und wie können bereits besuchte Elemente wie eine Navigationsleiste schnell übersprungen werden? Im Zeitalter von KI und SEO werden Webseiten länger, da ein holistischer, ganzheitlicher Anspruch an die Inhalte gestellt wird. Um allen Nutzenden eine schnelle Orientierung zu bieten, sollten Inhaltsverzeichnisse in die Webseite integriert werden, die direkt zu den jeweiligen Inhalten führen. Wikipedia löst die Aufgabe, die Nutzenden schnell ans Ziel zu bringen, durch integrierte Inhaltsverzeichnisse in der Desktop-Version bzw. Akkordeons in der mobilen Variante. Die H1 enthält die Überschrift der Webseite, das erste H2-Element ist das Inhaltsverzeichnis, das von den Nutzenden im weiteren Verlauf mittels Screenreader genutzt werden kann. Dieses Inhaltsverzeichnis gibt es zusätzlich zur bestehenden HTML-Struktur, es bietet somit einen weiteren Zugang für alle Nutzenden. Das Inhaltsverzeichnis kann auch bei langen FAQ-Listen und z. B. Glossaren eingesetzt werden, um die Nutzenden schnell zum Ziel zu bringen.

8

Tipp: H-Struktur jeder Website per HeadingsMap anzeigen

Das Browser-Plug-in *HeadingsMap* zeigt die H-Struktur einer Website direkt an. Abbildung 8.11 zeigt die korrekte Überschriftenstruktur einer Wikipedia-Seite.

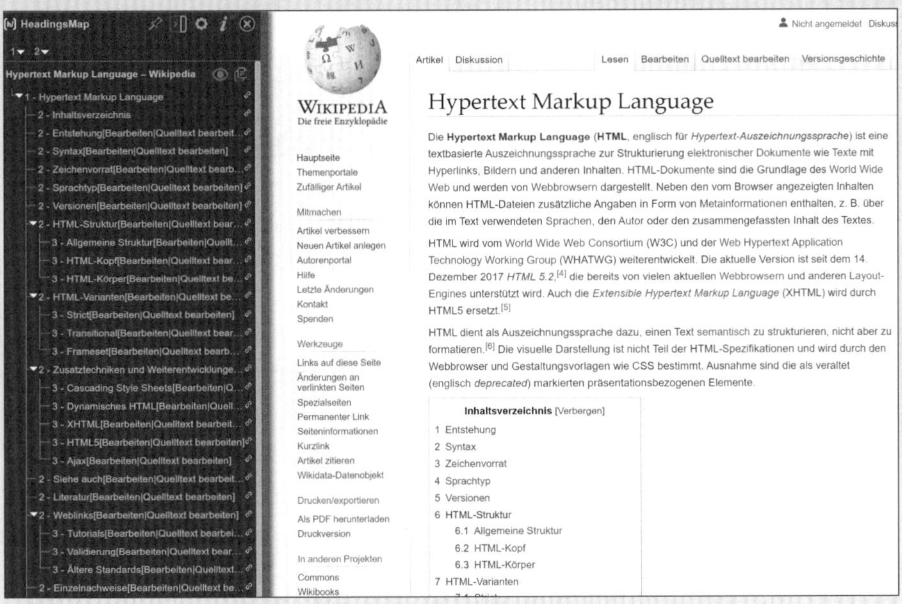

Abbildung 8.11 Integriertes Inhaltsverzeichnis in der Desktop-Variante

Insgesamt ist es für die Informationsarchitektur wichtig, dass den Nutzenden mehrere Wege (WCAG 2.4.5, »Verschiedene Methoden«, Stufe AA) zur Navigation angeboten werden (z. B. Navigationsmenü und interne Suche). Dies bedeutet, dass es mehr als einen Weg gibt, eine Webseite innerhalb einer Reihe von Webseiten zu finden, es sei denn, die Webseite ist das Ergebnis oder ein Schritt in einem Prozess. Das Ziel besteht darin, den Nutzenden die Möglichkeit zu geben, Inhalte auf eine Art und Weise zu finden, die ihren Bedürfnissen am besten entspricht. Selbst eine kleine Website sollte den Nutzenden mehrere Orientierungshilfen bieten. Nutzende könnten Schwierigkeiten haben, die gewünschten Informationen über ein traditionelles Navigationsmenü zu finden, insbesondere wenn sie eine motorische Beeinträchtigung haben und eine Tastatur anstelle einer Maus verwenden oder wenn sie Screenreader benutzen. Die Webseite könnte daher eine Kombination aus den folgenden Navigationsmethoden implementieren:

- Suchfunktion: Eine Suchleiste auf jeder Seite ermöglicht es Nutzenden, Bücher oder Artikel durch Eingabe von Schlüsselwörtern zu finden.
- Sitemap: Eine Sitemap im Footer der Webseite enthält die Links zu allen Hauptseiten und Abschnitten der Website.
- Inhaltsverzeichnis: Seiten mit längeren Inhalten enthalten ein Inhaltsverzeichnis mit Ankern, die zu den verschiedenen Abschnitten der Seite führen.
- Breadcrumb-Navigation: Eine Breadcrumb-Navigation auf jeder Seite hilft den Nutzenden zu verstehen, wo innerhalb der Website-Struktur sie sich befinden, und entsprechend zu navigieren.

Prüfen Sie daher folgende Punkte für eine optimierte Navigationsstruktur:

- Welche Begriffe werden in der internen Suche gesucht? Tools wie Google Analytics ermöglichen die Messung der internen Suchbegriffe in Kombination mit dem Verhalten innerhalb der Suche.
- Bei welchen internen Suchbegriffen springen die Nutzenden ab? Welche Suchbegriffe werden nochmals verfeinert, weil das Ergebnis gegebenenfalls nicht zufriedenstellend ist?
- Verstehen die Nutzenden die Navigationspunkte in der Hauptnavigation? Was verbirgt sich konkret hinter den jeweiligen Bezeichnungen/Begriffen? Was vermuten die Nutzenden auf der Zielseite?
- Wo würden die Nutzenden elementare Funktionen bzw. Aufgaben suchen bzw. starten? Was wäre in diesem Zusammenhang der erste Klick in der Navigation?
- Wird auf den Webseiten intensiv gescrollt und gegebenenfalls über die Footer-Navigation auf weitere Seiten verlinkt?

- Sind am Ende eines Blogbeitrags oder einer Webseite relevante weiterführende Verlinkungen?
- Gibt es auf jeder Webseite klare Handlungsaufforderungen, wie z. B. Call-to-Action (CTA, ein Button mit einer Klickaufforderung) oder passende Formulare?
- Schicken Sie die Nutzenden in eine Sackgasse, sodass nach oben gescrollt oder der Zurück-Button betätigt werden muss? Tools wie Google Analytics bieten neben dem Tracking des Scrollverhaltens auch die Möglichkeit der individuellen Pfadanalyse der Nutzenden.

8.5.2 Navigation per Tastatur – Tastaturkurzbefehle modifizieren

Wie bereits erwähnt: Die Bedienung Ihrer Website muss ausnahmslos über die Tastatur möglich sein. Tastaturfallen beim Tabben werden immer als Barriere bewertet, auch wenn es eventuell Tastenkombinationen (Shortcuts, wie z. B. [Strg] + [Alt] + [N] oder Ähnliches) gibt, die diese Tastaturfallen umgehen. Der Grund dafür liegt in der Usability: Es kann nicht erwartet werden, dass Nutzende alle Tastenkombinationen auswendig lernen, bevor sie die Anwendung nutzen. Häufiger Mangel bei der Nutzung mit Screenreadern: Unsicherheit darüber, ob die Pfeiltasten oder die [⇆]-Taste zu verwenden sind. Die Ursache hierfür ist, dass es keine eindeutige Elementrolle gibt oder Standardelemente nicht erwartungskonform implementiert sind. Die Prüfpraxis zeigt, dass gewöhnliche Dropdown-Listen nicht mit [Alt] + [↓] geöffnet werden können und dass die Liste nicht mit den Pfeiltasten (Nutzungsgewohnheit), sondern mit der [⇆]-Taste bedient werden können muss. Außerdem kommt es häufig vor, dass geöffnete Listen oder Menüs nicht mit [Esc] geschlossen werden können.

In Programmen wie Microsoft Excel sind Power User mit der ausschließlichen Nutzung der Tastatur in der Regel schneller als mit einem ständigen Wechsel zwischen Tastatur und Maus. Der Verzicht auf die Maus ist daher keine Ausnahme in der Nutzungspraxis. Neben der [⇆]-Taste, mit der Link für Link auf einer Webseite angesprungen werden kann, bieten Screenreader Möglichkeiten, Elemente direkt anzuspringen. Auch hier ist die Struktur in HTML die Grundvoraussetzung für die effektive und effiziente Nutzung dieser Funktionalitäten in Screenreadern. Alternativen oder Ergänzungen lassen sich mit ARIA realisieren. Klare und beschreibende Überschriften erleichtern das Auffinden der gesuchten Informationen und das Verständnis der Zusammenhänge zwischen den verschiedenen Inhaltsteilen (Abbildung 8.12 zeigt eine Übersicht der in NVDA erkannten Überschriften).

Abbildung 8.12 Elementliste Überschrift im Screenreader NVDA

Beschreibende Beschriftungen (Labels) helfen Nutzenden, bestimmte Komponenten innerhalb des Contents der Webseite zu identifizieren. WCAG 2.4.6, »Überschriften und Beschriftungen (Labels)« (Level AA), formuliert das so: Überschriften und Beschriftungen beschreiben das Thema oder den Zweck. Das Hauptziel besteht darin, die Navigation und das Verständnis von Webinhalten zu erleichtern, indem Nutzenden klare und aussagekräftige Hinweise zur Struktur und dem Inhalt der Seite gegeben werden. Aussagekräftige Überschriften und Beschriftungen sollen helfen, Inhalte oder Formularfelder schneller zu finden und zu verarbeiten, was insbesondere für Menschen mit eingeschränktem Sehvermögen oder kognitiven Einschränkungen wichtig ist. Beschriftungen und Überschriften müssen nicht lang sein. Ein Wort oder sogar ein einzelnes Zeichen kann ausreichen, wenn es einen geeigneten Hinweis zum Auffinden und Navigieren des Inhalts liefert. Abbildung 8.13 zeigt, wie Überschriften, Abstände und eine eindeutige Zuordnung von Bildern eine schnelle Orientierung ermöglichen. Dies steht im Einklang mit der WCAG 2.4.10, »Abschnittsüberschriften« (Level AAA): Verwenden Sie Überschriften, um verschiedene Abschnitte auf einer Webseite zu gruppieren.

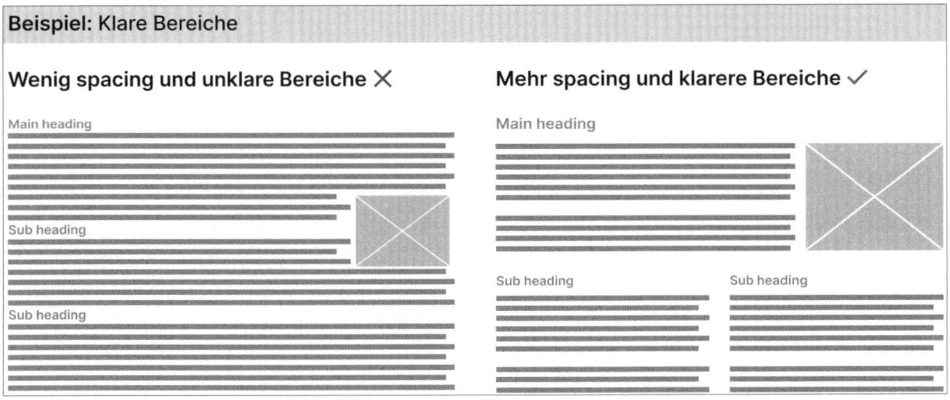

Abbildung 8.13 Struktur und Abstände ermöglichen Orientierung.

> **Hinweis: Weitere Hinweise zum Design beim W3C**
> Das W3C stellt unter *https://www.w3.org/WAI/tips/designing/* weitere Hinweise für das Design zur Verfügung.

Da Screenreader über Tastenkombinationen gesteuert werden, können benutzerdefinierte Tastenkombinationen zu unerwarteten Ergebnissen führen, die ein negatives Nutzungserlebnis oder den Verlust des Nutzungskontextes zur Folge haben können. WCAG 2.1.4, »Zeichentastenbefehle« (Level A), konzentriert sich auf die Bereitstellung von Mechanismen, um Konflikte zwischen benutzerdefinierten Tastenkombinationen einer Webseite und denen assistiver Technologien oder Browser zu vermeiden. Das Hauptziel von WCAG 2.1.4 ist es, sicherzustellen, dass Webseiten nicht ausschließlich auf Tastenkombinationen angewiesen sind, die nur Buchstaben (einschließlich Groß- und Kleinschreibung), Satzzeichen, Zahlen oder Symboltasten verwenden, es sei denn, die Tastenkombination kann von Nutzenden deaktiviert oder umkonfiguriert werden. Wenn beispielsweise eine E-Learning-Plattform die Taste [H] verwendet, um den Fortschritt eines Kurses zu speichern, kann diese mit einer Tastenkombination kollidieren, die die Screenreader-Nutzenden verwenden, um auf eine bestimmte Funktion zuzugreifen (im Screenreader kann mit [H] direkt die nächste Überschrift ausgegeben werden bzw. schnell zur Überschrift navigiert werden). Bieten Sie daher eine Option in den Einstellungen an, die es den Nutzenden ermöglicht, benutzerdefinierte Tastenkombinationen zu deaktivieren, zu ersetzen oder zu ändern, wenn diese mit ihren assistiven Technologien kollidieren. Stellen Sie sicher, dass alle Funktionen, die über Tastenkombinationen zugänglich sind, auch über die Benutzeroberfläche erreichbar sind, z. B. über Buttons oder Menüoptionen.

Listing 8.10 zeigt ein Beispiel für die Deaktivierung von Tastenkombinationen.

```
<!-- Option in den Benutzereinstellungen, um Tastenkombinationen zu
deaktivieren -->
<label for="disable-shortcuts">Tastenkombinationen deaktivieren:</label>
<input type="checkbox" id="disable-shortcuts" name="disable_shortcuts">

<!-- Alternative Methode zum Speichern des Fortschritts -->
<button onclick="saveProgress()">Fortschritt speichern</button>

<script>
document.getElementById('disable-shortcuts').addEventListener('change',
function(e) {
  if (e.target.checked) {
    // Deaktivieren der Tastenkombinationen
    document.removeEventListener('keydown', handleShortcuts);
  } else {
    // Reaktivieren der Tastenkombinationen
    document.addEventListener('keydown', handleShortcuts);
  }
});

function handleShortcuts(e) {
  // Logik zum Erkennen und Handhaben von Tastenkombinationen
}

function saveProgress() {
  // Logik zum Speichern des Fortschritts
}
</script>
```

Listing 8.10 Umgang mit Tastenkombinationen im HTML

8.5.3 Einsatz von WAI ARIA in der Navigation

Wie bereits in Abschnitt 4.4.9, »ARIA-Landmarks – Bereiche auszeichnen«, erläutert, sind ARIA-Landmarks spezielle HTML-Attribute, die dazu dienen, verschiedene Bereiche einer Webseite zu markieren und zu beschreiben. Durch die Verwendung von ARIA-Landmarks in HTML wird die Navigation auf der Webseite einfacher und effizienter. Es ist jedoch wichtig, ARIA-Landmarks korrekt zu implementieren und sicherzustellen, dass sie in Kombination mit semantischem HTML und korrekten Zugänglichkeitsattributen verwendet werden. Um z. B. eine Breadcrumb-Navigation barrierefrei zu gestalten, sollten semantisches HTML und gegebenenfalls ARIA-Label verwendet werden. Listing 8.11 zeigt, wie Sie eine barrierefreie Breadcrumb-Navigation in HTML erstellen können.

```
<nav aria-label="Pfadnavigation">
  <ol>
    <li><a href="/">Startseite</a></li>
    <li><a href="/kategorie/">Kategorie</a></li>
    <li><a href="/kategorie/produkt/">Produkt</a></li>
    <li>Aktuelle Seite</li>
  </ol>
</nav>
```

Listing 8.11 Auszeichnung der Breadcrumb-Navigation mit ARIA

Die Bezeichnung »Pfadnavigation« für die Auszeichnung der Breadcrumb-Navigation ist besonders treffend, weil sie die Funktion klar beschreibt, selbsterklärend ist und sich gut in die deutsche Fachsprache einfügt.

Bitte beachten Sie in diesem Zusammenhang folgende Punkte:

1. `<nav>`-Element: Verwenden Sie das `<nav>`-Element, um die Breadcrumb-Navigation zu umschließen. Verwenden Sie das `aria-label`-Attribut, um eine eindeutige Bezeichnung für die Navigation anzugeben.
2. `<ol>`-Element: Verwenden Sie für die Breadcrumb-Navigation eine geordnete Liste (`<ol>`), um die Hierarchie darzustellen. Listen sind für Screenreader gut interpretierbar.
3. `<li>`-Elemente: Jeder Schritt in der Breadcrumb-Navigation wird durch ein `<li>`-Element dargestellt. Verwenden Sie `<a>`-Elemente für verlinkte Schritte und einfache Textelemente (`<li>`) für den aktuellen Schritt, der nicht verlinkt ist.
4. `aria-current`-Attribut: Wenn Sie den aktuellen Schritt anzeigen, verwenden Sie das `aria-current`-Attribut, um diesen Schritt zu kennzeichnen. Zum Beispiel: `<li aria-current="page">Aktuelle Seite</li>`. Dies hilft assistiven Technologien, den aktuellen Schritt zu identifizieren. Das letzte Glied in der Breadcrumb-Navigation sollte nicht verlinkt sein (Links auf die aktuelle Seite sollten vermieden werden). Stattdessen sollte es ein Placeholder-Link sein, also `<a>` ohne `href`-Attribut.
5. Aussagekräftige Linktexte: Stellen Sie sicher, dass die Linktexte in den `<a>`-Elementen beschreibend und verständlich sind, damit die Nutzenden mit Behinderungen den Pfad leicht verstehen können.

8.5.4 Seitentitel

Elementar für eine Webseite ist der Seitentitel. Das `title`-Element im `<head>`-Bereich enthält den Seitentitel eines Dokuments und sollte kurz und prägnant das Thema der Seite beschreiben. Der `title` sollte mit Bedacht gewählt werden, da er für Mensch und

Maschine (SEO) wichtig ist. Der Mensch sieht den Text in der Tab-Leiste und bekommt ihn von einem Screenreader ausgegeben (vorgelesen). Außerdem wird der Title als Bookmark (Lesezeichen) verwendet. Suchmaschinen zeigen den Titel im Idealfall in den Suchergebnisseiten (SERP) an, was Suchende zum Klicken einladen soll. Der Titel jeder Webseite sollte also das Thema der Webseite identifizieren und auch dann einen Sinn ergeben, wenn er ohne Kontext gelesen wird. Listing 8.12 zeigt den `title` der Homepage des Rheinwerk Verlags.

```
<title>Rheinwerk - Der Verlag für IT, Design und Fotografie</title>
```

Listing 8.12 Beispiel eines Seitentitels in HTML

Dies hilft den Nutzenden, sich schnell auf der Website zurechtzufinden, ohne zuerst den Hauptteil der Seite lesen zu müssen. Leider wird der Title aus SEO-Gründen oft mit einer Aneinanderreihung von Keywords versehen, was für die Nutzenden suboptimal ist. Typischerweise sind Suchmaschinen daran interessiert, die Nutzenden zufrieden zu stellen, daher ist dies langfristig eher nicht optimal.

WCAG 2.4.2, »Seite mit Titel versehen« (Level A), verlangt daher, dass Webseiten Titel haben, die das Thema oder den Zweck der Seite beschreiben. Nutzende von Screenreadern verlassen sich oft auf Seitentitel, um schnell durch geöffnete Tabs oder Lesezeichen in ihrem Browser zu navigieren. Ein präziser und aussagekräftiger Titel hilft ihnen, die gewünschte Seite ohne unnötigen Aufwand zu finden. Stellen Sie sich eine E-Commerce-Website vor, die verschiedene Produktkategorien wie »Bücher«, »Elektronik« und »Küchengeräte« anbietet. Jede Kategorie hat typischerweise eine eigene Seite auf der Website und sollte einen eindeutigen und beschreibenden Titel haben, der im `<title>`-Tag im `head`-Bereich des HTML-Dokuments angegeben wird. Der Titel der Homepage könnte »Startseite – Galeria Elektronikmarkt« lauten. Dies gibt Nutzenden sofort eine Vorstellung davon, wo sie sich befinden (Startseite) bzw. was das Hauptthema der Seite ist und wessen Website sie besuchen.

Bei einer Website mit informativem Charakter, wie z. B. der eines Unternehmens oder einer öffentlichen Einrichtung, sollte die Startseite den Namen der Organisation tragen. Die jeweiligen Unterseiten den jeweiligen Namen der Seite mit angehängtem Namen der Organisation (der im Tab aufgrund der Länge meist nicht sichtbar ist, von assistiven Systemen jedoch ausgegeben wird). Abbildung 8.14 zeigt den kompletten Seitentitel der Startseite einer Hochschule sowie Beispiele für Seitentitel der Unterseiten.

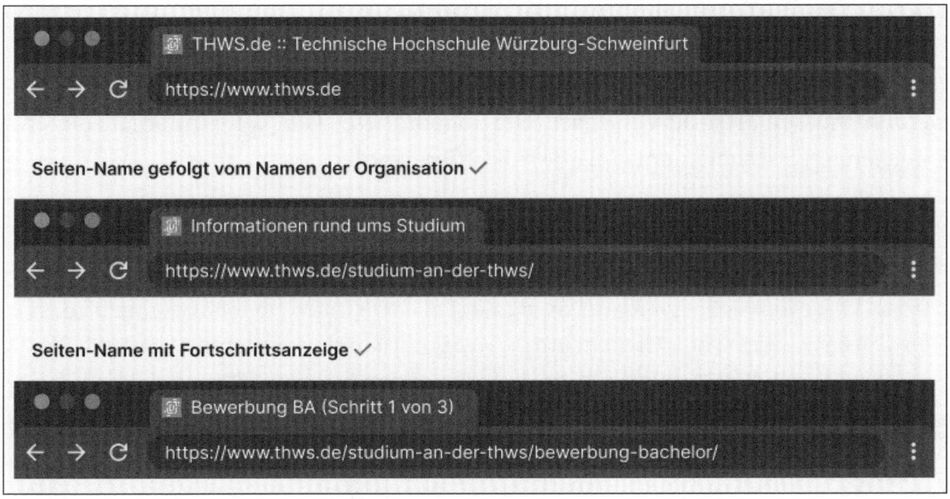

Abbildung 8.14 Beispiele von Seitentiteln einer Website

8.5.5 Navigationskonzept sowie Breadcrumbs

Eine barrierefreie Navigation sollte semantisch korrekt sein und die Bedürfnisse von Nutzenden mit unterschiedlichen Fähigkeiten berücksichtigen. Listing 8.13 zeigt ein einfaches Beispiel für eine barrierefreie Navigation mit vier Menüpunkten.

```
<head>
    <title>Barrierefreie Navigation</title>
    <style>
        /* Fügen Sie hier Ihr CSS für die Navigation hinzu */
    </style>
</head>
<body>
    <header>
        <h1>Meine Webseite</h1>
        <nav> aria-label="Hauptnavigation"
            <ul>
                <li><a href="/">Startseite</a></li>
                <li><a href="/ueber-uns">Über uns</a></li>
                <li><a href="/dienstleistungen">Dienstleistungen</a></li>
                <li><a href="/kontakt">Kontakt</a></li>
            </ul>
        </nav>
    </header>
```

Listing 8.13 Struktur für ein Navigationskonzept in HTML

Die Navigation ist in einem <nav>-Element enthalten, das dazu dient, die Navigation der Seite zu kennzeichnen. Es verwendet eine ungeordnete Liste (<ul>) mit verknüpften Listenelementen (<li>) und klickbaren Links (<a>). Sollen Untermenüs integriert werden, müssen diese als verschachtelte ungeordnete Liste (<ul>) innerhalb des entsprechenden Listenelements (<li>) strukturiert werden.

Tipp: Aussagekräftige Navigationsauszeichnungen

Meist gibt es mehrere <nav>-Elemente auf einer Seite, daher sollten aussagekräftige `aria-label` verwendet werden. Das `aria-label="Hauptnavigation"` beschreibt, dass es sich bei diesem <nav>-Element um die Hauptnavigation der Webseite handelt. Dies erleichtert die Orientierung für die Nutzenden von Screenreadern. Abbildung 8.15 zeigt ein Menü mit Untermenü.

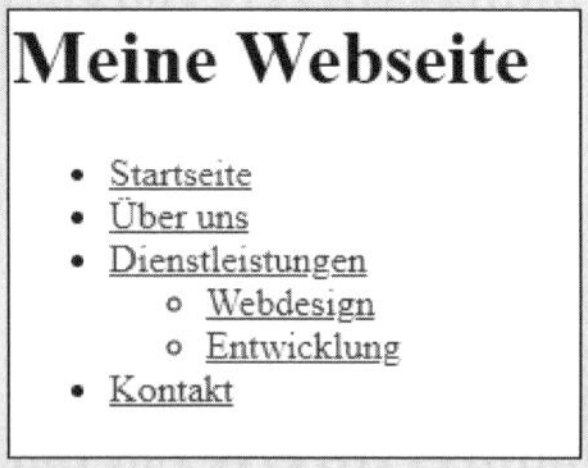

Abbildung 8.15 Navigation mit Untermenü

Listing 8.14 zeigt die Ergänzung des Untermenüs.

```
<nav>
    <ul>
        <li><a href="/">Startseite</a></li>
        <li><a href="/ueber-uns">Über uns</a></li>
        <li><a href="/dienstleistungen">Dienstleistungen</a>
            <ul>
                <li><a href="/webdesign">Webdesign</a></li>
                <li><a href="/entwicklung">Entwicklung</a></li>
            </ul>
        </li>
        <li><a href="/kontakt">Kontakt</a></li>
    </ul>
</nav>
```

Listing 8.14 Integration eines Untermenüs

Um die Markierung der aktuellen Seitenposition in einer HTML-Navigationsleiste zu implementieren, können Sie einen visuellen Hinweis oder eine Markierung hinzufügen, die den aktuellen Navigationspunkt hervorhebt. Dies kann z. B. durch das Hinzufügen einer CSS-Klasse oder durch das Ändern des Styles des aktuellen Menüelements erreicht werden. Listing 8.15 zeigt ein CSS-Beispiel, wie Sie die Hervorhebung implementieren können. Diese Anpassung ist dann aber nur visuell und per Screenreader nicht erfassbar. Deshalb braucht es zusätzlich ein `aria-current="true"`-Attribut, das in Abschnitt 8.5.3, »Einsatz von WAI ARIA in der Navigation«, erläutert wird. Generell gilt, dass Links auf die aktuelle Seite vermieden werden, da dies zu Irritationen bei den Nutzenden führt. Stattdessen sollte es ein Placeholder-Link sein, also `<a>` ohne `href`-Attribut.

```
/* Beispiel für die Hervorhebung des aktuellen Menüpunktes */
nav ul li.current a {
    font-weight: bold;
    background-color: #ffcc00;
    color: #333;
}
```

Listing 8.15 CSS für die Hervorhebung des aktuellen Menüpunktes

In diesem Beispiel wird die aktuelle Position hervorgehoben, indem dem Listenelement (`<li>`), das den aktuellen Menüpunkt enthält, die CSS-Klasse `current` hinzugefügt wird. Sie können die `current`-Klasse dynamisch auf der Serverseite oder per JavaScript hinzufügen, je nachdem, wie Ihre Website funktioniert. Dies ist nützlich, um die WCAG 2.4.8, »Position« (Level AAA), zu erfüllen, die verlangt, dass Informationen über die Position der Nutzenden innerhalb einer Gruppe von Webseiten verfügbar sind. Ziel dieses Erfolgskriteriums ist es, Nutzenden die Möglichkeit zu bieten, sich innerhalb einer Gruppe von Webseiten, einer Website oder einer Webanwendung zu orientieren und verwandte Informationen zu finden. Dieses Erfolgskriterium ist hilfreich für Menschen mit einer kurzen Aufmerksamkeitsspanne, die durch eine lange Reihe von Navigationsschritten auf einer Website verwirrt werden können. Es ist auch hilfreich, wenn Nutzende einem Link direkt zu einer Seite innerhalb einer Reihe von Webseiten folgen und innerhalb dieser Website navigieren müssen, um den Inhalt dieser Seite zu verstehen oder weitere verwandte Informationen zu finden. Realistischerweise ist die Navigation sehr dynamisch, sodass aus Performancegründen JavaScript in Betracht gezogen werden sollte. Listing 8.16 zeigt, wie eine barrierefreie Navigation mit JavaScript erstellt werden kann.

```
<head>
    <meta charset="UTF-8">
    <meta name="viewport" content="width=device-width, initial-scale=1.0">
    <title>Barrierefreie Navigation mit JavaScript</title>
    <script src="navigation.js"></script>
</head>
```

JavaScript (*navigation.js*):

```
document.addEventListener("DOMContentLoaded", function() {
    var navList = document.getElementById("nav-list");
    var navItems = navList.getElementsByTagName("li");

    for (var i = 0; i < navItems.length; i++) {
        var navItem = navItems[i];
        navItem.addEventListener("click", function() {
            // Entfernen Sie zuerst die Markierung von allen Menüpunkten
            for (var j = 0; j < navItems.length; j++) {
                navItems[j].classList.remove("current");
            }

            // Fügen Sie die Markierung dem ausgewählten Menüpunkt hinzu
            this.classList.add("current");
        });

        navItem.addEventListener("keydown", function(event) {
            if (event.keyCode === 13 || event.keyCode === 32) {
                // Wenn die Eingabetaste oder die Leertaste gedrückt wird,
behandeln Sie den Klick
                this.click();
                event.preventDefault();
            }
        });
    }
});
```

Listing 8.16 JavaScript für die barrierefreie Navigation

In Listing 8.16 wird JavaScript verwendet, um die Markierung des ausgewählten Menüpunktes zu steuern. Das Skript fügt dem ausgewählten Listenelement die Klasse `active` hinzu und entfernt sie von den anderen Elementen. Es ermöglicht auch die Auswahl des Menüpunktes über die Tastatur durch Drücken der [↵]-Taste oder der Leertaste.

Die Breadcrumb-Navigation ermöglicht es, den Pfad (Weg) zu verfolgen, den die Nutzenden theoretisch auf der Website zurückgelegt haben (siehe Abbildung 8.16). Sie dient der Orientierung. Bei Onlineshops bietet die Breadcrumb-Navigation die Möglichkeit, zur nächsthöheren Kategorie zu wechseln, falls das gerade ausgewählte Produkt nicht den Wünschen entspricht.

Abbildung 8.16 Breadcrumb-Navigation

Tipp: Nutzen Sie Auszeichnungen von »schema.org«

Wenn Sie strukturierte Daten (Schema-Markup, Details unter *https://schema.org*) verwenden, um Ihre Breadcrumbs zu kennzeichnen, können Suchmaschinen diese Informationen verwenden, um Ihre Website besser zu verstehen und möglicherweise *Rich Snippets* in den Suchergebnissen anzuzeigen. Dies kann Ihre Sichtbarkeit erhöhen und dazu beitragen, dass Ihre Website in den Suchergebnissen hervorgehoben wird.

8.5.6 Interne Suche

Wie bereits in Abschnitt 8.1, »Was ist bei der Navigation auf Websites zu beachten?«, erwähnt, gibt es Nutzende, die primär über die interne Suche der Website nach Informationen suchen. Beeinflusst durch die guten Suchergebnisse von Amazon und Co. greifen sie primär auf die Suchergebnisse zurück und nicht auf die (kategoriale) Navigation. Teilweise ist dies auch die letzte Möglichkeit bzw. Hoffnung der Nutzenden, wenn z. B. die Kategorien nicht auf die Zielintention schließen lassen. Suchmaschinen wie Google zeigen, was eine gute interne Suche leisten sollte:

- »on the fly« Ergebnisse bzw. Vervollständigungen der Suchphrase (Google Suggest)
- Rechtschreibkorrekturen (»meinten Sie ...«)
- phonetische Korrekturen (»Fotograf« vs. »Photograph«)
- Unabhängigkeit von der Reihenfolge der Wörter in der Suche (»schwarze Schuhe« vs. »Schuhe in Schwarz«)
- Synonyme (»Auto« vs. »PKW«)
- Semantik (»vegetarisches Essen« vs. »fleischlose Rezepte«)
- Begriffe in unterschiedlichen Sprachen (z. B. Amp statt Verstärker)

Das Anbieten von alternativen Schreibweisen oder Korrekturen ist besonders wichtig für Nutzende mit Rechtschreibschwierigkeiten. Seien wir ehrlich, letztlich ist eine gute interne Suche für alle Nutzenden nützlich – schreibe ich jetzt »Inbusschlüssel« oder »Imbusschlüssel«? Egal, Hauptsache das Suchergebnis liefert das richtige Ergebnis für meine Suchintention. Darüber hinaus bieten Suchmaschinen oder Assistenten wie Siri durch die Spracheingabe eine weitere Möglichkeit der Suchintention, die die Anwendung für alle Nutzenden vereinfacht.

Neben den funktionalen Aspekten einer internen Suche muss auch die Barrierefreiheit gewährleistet sein. Das Lupenelement in Abbildung 8.17 sollte mit dem `alt`-Attribut »Suche starten« ausgezeichnet werden, damit die Nutzenden wissen, dass der entsprechende Klick die interne Suche startet.

Abbildung 8.17 Interne Suche (Suchbox) mit Lupensymbol

Je intelligenter die Suchfunktion, desto häufiger und intensiver wird sie genutzt. Wir nutzen Google, weil die Suchergebnisse wahrscheinlich die besten sind und nicht, weil wir keine Alternative haben. Google optimiert kontinuierlich seinen Suchalgorithmus, um den Menschen die besten Ergebnisse für ihre Suchphrasen zu liefern. In den letzten Jahren sind immer wieder Anpassungen hinzugekommen, die sehr komplexe linguistische Modelle beinhalten (RankBrain, Bard). Dadurch »versteht« Google die natürliche Sprache. Wenn Sie beispielsweise fleischlose Gerichte suchen, versteht Google, dass damit auch vegetarische Gerichte gemeint sind. Menschen lösen dies meist intuitiv, weil wir semantische Beziehungen herstellen, wir wissen, dass Auto, Pkw, Personenkraftwagen und »Spritfresser« gefühlt das Gleiche sind und je nach Kontext verwendet werden können. Die Entwicklungen von Suchmaschinen wie Google und Co. sind daher für alle Nutzenden von großem Vorteil, da letztlich aus der wachsenden Menge an Informationen, die für die Nutzenden besten bzw. relevantesten zur Verfügung gestellt werden. Aus Sicht der Barrierefreiheit ist dies ein großer Vorteil, da z. B. Nutzende mit Lese- und Rechtschreibschwäche optimierte Ergebnisse erhalten.

Man kann sogar noch einen Schritt weitergehen: Bei der Implementierung kann das `autocomplete`-Attribut in HTML verwendet werden, um die Autovervollständigung im Browser zu aktivieren oder zu deaktivieren. Standardmäßig ist die Autovervollständigung für Suchfelder deaktiviert (`autocomplete="off"`), um spezifische Vorschläge oder historische Daten zu vermeiden, die für die aktuelle Suche nicht relevant sind. Um dynamische Suchvorschläge hinzuzufügen, kann JavaScript verwendet werden, um Eingaben zu überwachen und relevante Vorschläge anzuzeigen. Um Screenreader über Änderungen zu informieren, werden ARIA-Attribute (`aria-live`) verwendet.

Wenn sich die Vorschlagsliste ändert, muss sichergestellt werden, dass diese Änderungen korrekt kommuniziert werden. Das `aria-live`-Attribut teilt Screenreadern mit, dass der Inhalt eines Elements dynamisch aktualisiert wird und dass Änderungen angekündigt werden sollen. Das `aria-relevant`-Attribut gibt an, welche Änderungen relevant sind (z. B. Hinzufügungen, Löschungen, Textänderungen). Listing 8.17 zeigt, wie mit `aria-live="polite"` dem Screenreader mitgeteilt wird, dass Änderungen an diesem Element angekündigt werden sollen, wenn Nutzende inaktiv sind. Die Auszeichnung mit `aria-relevant="additions"` stellt sicher, dass nur neue Elemente angekündigt werden.


```
<ul id="suggestions" role="listbox" aria-live="polite" aria-relevant=
"additions"></ul>
```

Listing 8.17 Dynamische Informationen an den Screenreader mittels ARIA

Die Verwendung von `autocomplete` in der internen Suche kann um ARIA-Attribute wie `aria-autocomplete`, `aria-controls`, `aria-expanded`, `aria-live` und `aria-relevant` erweitert werden, um sicherzustellen, dass der Screenreader über Änderungen informiert wird und Nutzende die Vorschläge richtig interpretieren können.

8.5.7 Konsistente Hilfe

Erleichtern Sie es Ihren Nutzenden, Hilfe und Unterstützung zu finden, indem Sie die Hilfe immer an derselben Stelle Ihrer Website platzieren, wenn sie sich über mehrere Seiten erstreckt. WCAG 3.2.6, »Konsistente Hilfe« (Level A), verlangt, dass Webseiten konsistente Mechanismen zur Bereitstellung von Hilfe anbieten. Wenn eine Webseite Hilfeoptionen wie Kontaktinformationen, Chattools, eine Hilfeseite oder FAQs anbietet, sollten diese konsistent verfügbar sein und an der gleichen relativen Position auf verschiedenen Seiten erscheinen, um die Orientierung zu erleichtern. Die Nutzenden sollen Unterstützung finden, wenn sie sie benötigen, indem Hilfe in vorhersehbarer Weise angeboten wird. Dies ist besonders nützlich für Menschen mit kognitiven Einschränkungen, Lernbehinderungen oder Sehbehinderungen, die möglicherweise mehr Schwierigkeiten haben, die benötigten Informationen zu finden, wenn die Platzierung der Hilfeoptionen auf einer Webseite inkonsistent ist.

Ein Onlineshop platziert daher im Idealfall einen Chatbutton für den Kundenservice in der unteren rechten Ecke jeder Seite, sodass er leicht auffindbar ist und beim Wechsel von einer Seite zur nächsten erwartet wird. In diesem Beispiel ist der Chatbutton ein permanentes Element, das den Nutzenden kontinuierlich zur Verfügung steht. Durch die Verwendung der CSS-Eigenschaft `position: fixed` bleibt der Button sichtbar und zugänglich, selbst wenn die Nutzenden durch die Seite scrollen. Die konsistente Platzierung von Hilfeoptionen auf einer Webseite fördert die Vorhersehbarkeit und erleichtert es den Nutzenden, sich auf der Website zu orientieren und bei Bedarf

Hilfe zu erhalten. Befindet sich z. B. ein Mechanismus oder ein Link in der Kopf- oder Fußzeile einer Webseite, so ist er leichter zu finden, wenn er sich auch in der Kopf- bzw. Fußzeile anderer Seiten befindet. Der Hilfemechanismus, z. B. eine Kontakttelefonnummer, kann direkt auf der Seite angegeben oder als direkter Link zu einer Kontaktseite eingefügt werden. Unabhängig davon, welcher Ansatz gewählt wird, muss der Mechanismus auf jeder Seite innerhalb der Seitengruppe in der gleichen relativen Reihenfolge angeordnet werden. Abbildung 8.18 zeigt die Angabe verschiedener Kontaktinformationen einer Hochschule im Footer.

Abbildung 8.18 Angabe von Kontakt im Footer

8.5.8 Gesten und Bewegungen zur Eingabe sowie deren Alternativen

Berührungsempfindliche Endgeräte wie Smartphones und Tablets bieten eine Vielzahl sensorischer Informationen und Interaktionsmöglichkeiten, die sich von denen herkömmlicher Desktop-PCs unterscheiden. Touchgeräte bieten ein haptisches Feedback in Form von Vibrationen oder taktilem Feedback, wenn die Nutzenden mit dem Bildschirm interagieren. Dies kann dazu beitragen, die Wahrnehmung von Handlungen zu verstärken.

Smartphones bieten neue Möglichkeiten der Interaktion. Wenn Sie Ihr iPhone schütteln, wird je nach Kontext z. B. die aktuell aufgerufene E-Mail oder SMS gelöscht. Die Interaktionen werden durch Sensoren ausgelöst, die direkt auf Bewegungen wie Gesten, Neigen oder Schütteln des Geräts reagieren. Heutige Kommunikationsgeräte verfügen über Sensoren, die als Eingaben dienen können, wie z. B. Beschleunigungsmesser und Gyroskop Sensoren in einem Telefon oder Tablet. Diese Sensoren ermöglichen es den Nutzenden, etwas zu steuern, indem sie einfach die Ausrichtung ändern oder das Gerät auf bestimmte Weise bewegen. WCAG 2.5.4, »Auslösen durch Bewegung« (Level A), besagt, dass Funktionen einer Webseite, die durch eine Bewegungsgeste gesteuert werden können, auch durch einfaches Klicken, Fokussieren und Auswählen von Komponenten bedient werden können sollten, es sei denn, die Bewegung ist für die Funktion (z. B. Schrittzähler) oder die verwendete Umgebung essenziell. Damit soll sichergestellt werden, dass die Nutzenden, die aufgrund motorischer Einschränkungen wie Tremor (Zittern) oder Lähmung nicht in der Lage sind, präzise Gesten auszuführen, dennoch alle Funktionen einer Webseite nutzen können. Zusätzlich sollten diese Eingabemöglichkeiten deaktivierbar sein, da es sonst zu unbeabsichtigten Interaktionen kommen kann (z. B. im Zusammenhang mit Tremor). Gesten wie Schwenken, Schütteln, Neigen eines Geräts oder komplexe Berührungen wie Mehrfingergesten sollten nicht die einzige Methode zur Bedienung einer Webseite oder App sein.

Ein Slider ermöglicht es z. B., durch Bilder zu blättern, indem man mit zwei Fingern auf einem Touchscreen nach links oder rechts streicht. Für die Nutzenden, die Schwierigkeiten mit solchen Gesten haben, wird diese Art der Navigation problematisch sein. Alternativ könnten Buttons angeboten werden, die mit dem Finger, mit der Maus oder der Tastatur bedient werden können, um durch die Bilder zu navigieren.

In diesem Zusammenhang ist auch die WCAG 2.5.1, »Zeigergesten« (Level A), von Bedeutung, die einfache und reduzierte Alternativen für komplexe Gestensteuerung bieten soll. Sie können komplexe Wege (Pfade) in Ihren Gesten verwenden, wie z. B. erst nach links und dann nach oben fahren, oder Sie können Gesten mit zwei oder drei Fingern ausführen. Dies deutet bereits darauf hin, dass aus Sicht der Barrierefreiheit Alternativen erforderlich sind. Es soll sichergestellt werden, dass Funktionen, die auf Gesten wie Wischen, Ziehen oder Drücken angewiesen sind, auch für die Menschen zugänglich sind, die diese Gesten nicht ausführen können. Zu dieser Nutzergruppe können Personen mit motorischen Einschränkungen, ältere Menschen oder Personen mit vorübergehenden Verletzungen gehören. Das Hauptziel von WCAG 2.5.1 ist es, die Bedienbarkeit für alle Nutzenden sicherzustellen, indem einfache Aktionen wie Tippen oder Klicken als Alternative zu komplexen Zeigergesten bereitgestellt werden.

Letztendich soll allen Nutzenden ermöglicht werden, mehr als einen Eingabemechanismus parallel zu verwenden. Die Webseite oder Anwendung sollte unabhängig von der verwendeten Eingabemethode konsistent funktionieren. Wenn die Nutzenden z. B. eine Aktion mit der Maus beginnen und dann zur Tastatur wechseln, sollte der Kontext der Interaktion erhalten bleiben. Dies bedeutet, dass man während der Nutzung einer Webseite oder eine Anwendung zwischen verschiedenen Eingabegeräten (wie Tastatur, Maus, Touchscreen, Sprachsteuerung usw.) wechseln können muss, ohne dass dies zu einer Funktionsstörung oder zum Kontextverlust führt. Dies wird durch WCAG 2.5.6, »Gleichzeitig verfügbare Eingabemechanismen« (Level AAA), gewährleistet. Menschen mit unterschiedlichen Fähigkeiten oder Einschränkungen dürfen nicht benachteiligt werden, wenn sie verschiedene Eingabemethoden kombinieren müssen, um eine Webseite oder Anwendung zu bedienen. Ein Beispiel: Nutzende besuchen einen Onlineshop, um Kleidung zu kaufen. Die Nutzenden könnten zuerst die Suchleiste verwenden, um ein Kleidungsstück zu finden, indem sie den Suchbegriff über die Tastatur eingeben. Sobald die Suchergebnisse angezeigt werden, wechseln sie zur Maus, um eine Filterfunktion zu verwenden, z. B., um nach Preis oder Farbe zu sortieren. Schließlich verwenden sie eine Touchgeste auf einem Touchscreen, um durch die Produktliste zu scrollen. Gemäß WCAG 2.5.6 muss die Anwendung so gestaltet sein, dass der Wechsel zwischen Tastatur, Maus und Touchscreen nahtlos und ohne Probleme funktioniert.

8.5.9 Eingabegesten abbrechen

Damit eine Berührung des Touchscreens (Klick) auch eine bewusste Entscheidung der Nutzenden ist (»einem Link folgen«), sollte eine versehentliche Berührung nicht sofort zu einer Interaktion führen. In der Regel kann ein Klick abgebrochen werden, wenn die gedrückte Maustaste bzw. der Touch in einen Bereich außerhalb des Interaktionselements bewegt wird. Dies ist insbesondere für Menschen mit motorischen Einschränkungen eine schwierige, gegebenenfalls unmögliche Lösung. Die WCAG 2.5.2, »Zeigeraufhebung« (Level A), besagt, dass für Funktionalitäten, die mit einem einfachen Zeigergerät (wie Maus oder Touchscreen) bedient werden können, mindestens eine der folgenden Bedingungen erfüllt sein muss:

- Kein alleiniges Down-Event: Die Funktion wird nicht allein durch das Herunterdrücken der Maustaste oder durch ein entsprechendes Ereignis bei Touchscreens oder Stiften ausgelöst (`mousedown`, `touchstart`, `pointerdown`).
- Abbrechen bzw. Undo (rückgängig machen): Bei Funktionen, die mit dem Herunterdrücken ausgelöst werden, muss es eine Möglichkeit geben, die Aktion abzubrechen oder rückgängig zu machen, ohne dass dadurch ein Kontextwechsel erfolgt.
- Essenziell: Die Aktion ist so wesentlich, dass sie das Herunterdrücken erfordert, und es gibt keine andere Möglichkeit, die Aktion durchzuführen (z. B. das Zeichnen einer Linie auf dem Bildschirm).

Wenn die Nutzenden z. B. Informationen in ein Onlineformular auf einer Webseite eingeben und abschicken müssen, muss sichergestellt werden, dass das Formular nicht versehentlich abgeschickt wird, nur weil die Nutzenden einen Button berühren. Ein übliches Element in solchen Formularen ist ein »Senden«-Button. Stellen Sie sicher, dass die Aktion erst dann ausgeführt wird, wenn die Nutzenden die Maustaste loslassen oder bei Touchscreens den Finger vom Bildschirm nehmen.

8.5.10 Orientierung – Hochformat vs. Querformat in der mobilen Nutzung

Das Smartphone ist unser täglicher Begleiter. Immer mehr Menschen nutzen das Smartphone nicht nur im Hochformat, sondern drehen es ins Querformat, um z. B. Videos besser anschauen zu können. Auch Texte können so oft besser gelesen werden, da mehr Zeichen in eine Zeile passen. WCAG 1.3.4, »Orientierung« (Level AA), bezieht sich auf die Freiheit, die Ausrichtung (Hoch- oder Querformat) zu verwenden, die individuell am besten geeignet ist, ohne dass Funktionalität oder Inhalt verloren gehen. Diese Richtlinie ist besonders wichtig für Menschen mit Behinderungen, die möglicherweise nicht in der Lage sind, ihr Gerät physisch zu drehen, oder für Nutzende, deren Geräte festmontiert sind, z. B. an einem Rollstuhl oder an der Theke eines Restaurants. Das Ziel der WCAG 1.3.4. ist es, sicherzustellen, dass Inhalte nicht auf eine bestimmte Bildschirmausrichtung beschränkt sind, es sei denn, eine bestimmte Bildschirmausrichtung ist unerlässlich. Also, schnappen Sie sich Ihr Smartphone und prüfen Sie, ob Ihre Website sowohl im Hoch- als auch im Querformat nutzbar ist und keine Inhalte dadurch verdeckt werden oder gar fehlen.

Tipp: Simulation unterschiedlicher Device-Größen

Die Chrome-Entwicklungskonsole (UNTERSUCHEN oder F12) bietet die Möglichkeit, unterschiedliche Typen von Smartphones sowie die Orientierung und Ladegeschwindigkeit zu simulieren. Dadurch können Sie frühzeitig Optimierungen bereits am Desktop entdecken. Abbildung 8.19 zeigt die Simulation der Darstellung der Webseite auf einem iPhone 14 Pro Max im Querformat.

Abbildung 8.19 Simulation der Darstellung der Webseite auf einem iPhone im Querformat

8.6 Zusammenfassung des Kapitels

Hier sind noch einmal die wichtigsten Punkte dieses Kapitels im Überblick:

- Konsistente Navigation sicherstellen: Wiederkehrende Navigationsmechanismen sollten auf allen Seiten an der gleichen Position und in der gleichen Reihenfolge erscheinen (WCAG 3.2.3). Dies erleichtert Nutzenden die Orientierung und verbessert die Zugänglichkeit.

- Beschreibende und verständliche Links verwenden: Linktexte sollten präzise und aussagekräftig sein, um den Zweck des Links ohne zusätzliche Kontextinformationen verständlich zu machen (WCAG 2.4.4). Vermeiden Sie unspezifische Phrasen wie »Klicken Sie hier«.
- Links optisch hervorheben: Links sollten nicht nur durch Farbe, sondern auch durch Unterstreichung oder andere visuelle Merkmale erkennbar sein, um auch Nutzenden mit eingeschränkter Farbwahrnehmung die Navigation zu ermöglichen.
- Volle Tastaturbedienbarkeit gewährleisten: Alle Funktionen der Website müssen ohne Maus vollständig über die Tastatur erreichbar und bedienbar sein (WCAG 2.1.1, 2.1.3). Vermeiden Sie Tastaturfallen, aus denen Nutzende nicht herausnavigieren können (WCAG 2.1.2).
- Sichtbaren Fokusindikator bereitstellen: Der aktuelle Tastaturfokus sollte jederzeit klar erkennbar sein, damit Nutzende wissen, welches Element gerade fokussiert ist (WCAG 2.4.7).
- Logische Fokusreihenfolge einhalten: Die Tabulatorreihenfolge sollte der visuellen und logischen Struktur der Seite folgen, um eine intuitive Navigation zu ermöglichen (WCAG 2.4.3). Vermeiden Sie unnötige Veränderungen der natürlichen Tab-Reihenfolge durch das `tabindex`-Attribut.
- Mindestgröße für Interaktionselemente einhalten: Buttons, Links und andere interaktive Elemente sollten mindestens 24 × 24 CSS-Pixel groß sein, um eine leichte Bedienbarkeit zu gewährleisten (WCAG 2.5.8). Wenn möglich, sollten Interaktionselemente eine Größe von 44 × 44 CSS-Pixeln haben, um die Bedienbarkeit für alle Nutzenden zu maximieren (WCAG 2.5.5).
- Ausreichenden Abstand zwischen Elementen sicherstellen: Genügend Abstand zwischen interaktiven Elementen verhindert Fehlbedienungen und erleichtert die Nutzung, besonders auf Touchscreens.
- Anpassbare Zeitlimits bereitstellen: Ermöglichen Sie Nutzenden, Zeitlimits zu deaktivieren, zu verlängern oder anzupassen, damit sie genügend Zeit für die Nutzung der Inhalte haben (WCAG 2.2.1).
- Warnungen vor Ablauf von Zeitlimits anzeigen: Informieren Sie Nutzende rechtzeitig vor Ablauf eines Zeitlimits und bieten Sie einfache Möglichkeiten, die Zeit zu verlängern, um Datenverlust oder Unterbrechungen zu vermeiden.
- Automatische Aktualisierungen vermeiden: Unterlassen Sie automatische Seitenaktualisierungen oder Weiterleitungen ohne Nutzerinteraktion, um Verwirrung und potenziellen Informationsverlust zu verhindern (WCAG 2.2.3).
- Interne Suche und Informationsarchitektur optimieren: Stellen Sie sicher, dass beide für alle Nutzenden effektiv funktionieren. Verwenden Sie gegebenenfalls

Card Sorting und ordnen Sie Webseiten zusammen mit Nutzenden, um eine nutzerzentrierte Struktur zu schaffen.

- Anpassungsfähigkeit sicherstellen: Ihre Website muss im Hoch- und Querformat ohne Inhaltsverlust funktionieren (WCAG 1.3.4). Vermeiden Sie feste Ausrichtungen, es sei denn, sie sind funktional notwendig.
- Aussagekräftige Titel verwenden: Das `<title>`-Tag sollte das Thema der Seite klar beschreiben (WCAG 2.4.2).
- Keyword-Stuffing vermeiden: Titel sollten für die Nutzenden verständlich und nicht nur für SEO getextet sein.
- Kennzeichnen Sie Suchsymbole korrekt und nutzen Sie ARIA für dynamische Inhalte.
- Nutzerverhalten analysieren: Nutzen Sie Tools wie Google Analytics zur kontinuierlichen Verbesserung.
- Hilfeoptionen einheitlich platzieren: Stellen Sie sicher, dass Unterstützung stets an derselben Stelle verfügbar ist (WCAG 3.2.6). Konsistenz hilft Nutzenden, schnell benötigte Hilfe zu finden.
- Alternativen zu komplexen Gesten anbieten: Funktionen sollten auch per Klick oder Tastatur bedienbar sein (WCAG 2.5.1). Vermeiden Sie ungewollte Aktionen durch Bewegungen (WCAG 2.5.4).
- Versehentliche Eingaben verhindern: Aktionen sollten nicht nur durch Drücken allein ausgelöst werden. Bieten Sie eine Möglichkeit zum Abbrechen (WCAG 2.5.2). Erlauben Sie es Nutzenden, Aktionen ohne Kontextverlust zu annullieren.

Kapitel 9
Formulare – barrierefrei erstellt

»Accessible design is good design.«
Steve Ballmer

Die Themen im Überblick:

- Grundstruktur eines barrierefreien Formulars
- Eingabeelemente und mobile Tastaturlayouts in Formularen
- Beschriftungen von Formularelementen
- Unsichtbare Beschriftungen – z. B. interne Suche
- Reihenfolge und Gruppierung von Formularfeldern
- Auszeichnung von Pflichtfeldern – »required« vs. »aria-required«
- Umgang mit der Autokorrektur in Formularfeldern
- Autocomplete
- Button und Buttongestaltung (Kontrast)
- Fehlerbehandlung in Formularen
- Spezifische Eigenschaften der Eingabefelder
- Hilfestellungen
- Zusammenfassung des Kapitels

Von der Wiege bis zur Bahre – Formulare. Von der elektronischen Geburtsanzeige über die Umzugsmeldung bis hin zur Sterbeurkunde endet nahezu jeder Prozess im E-Commerce oder E-Government mit dem Ausfüllen eines Formulars. Allen gemeinsam ist, dass Daten erfasst, validiert, verarbeitet und ausgegeben werden müssen. E-Commerce-Unternehmen wollen aus den Nutzenden ihrer Website möglichst viele Kundinnen und Kunden generieren, benötigen Adressdaten und verarbeiten gegebenenfalls sensible Zahlungsinformationen. Sofern der Abschluss offline oder zu einem späteren Zeitpunkt erfolgt (Lead-Generierung), werden Kontaktdaten über ein Formular erfasst. Auch nichtkommerzielle Websites oder Blogs enthalten in der Regel interaktive Elemente wie Suchformulare oder Eingabefelder, die Informationen von den Nutzenden abfragen.

Insbesondere im E-Government (bei digitalen Behördengängen) müssen die Nutzenden über einen Identifikationsprozess eindeutig verifiziert werden, sollen Daten möglichst keine Redundanzen aufweisen (Stichwort Datensparsamkeit) und sollen weiterführende Prozesse miteinander verknüpft werden (»einer für alle« lautet ein Grundsatz des E-Governments). Bei sensiblen Prozessen wie der fristgemäßen Kündigung eines Abonnements oder E-Government-Dienstleistungen wie dem Einbürgerungsantrag ist die Sorge der Nutzenden, einen Fehler zu machen, der für sie nachhaltig negative Folgen haben könnte, groß. In Usability-Tests sind immer wieder die gleichen Aussagen zu hören: »Wenn ich meine Einbürgerung elektronisch durchführe, darf ich ja keinen Fehler machen! Sonst kann das Strafen für mich bedeuten.« Die typische Behördensprache oder Warnungen vor rechtlichen Konsequenzen verstärken diese Ängste. Auf der anderen Seite sollen die Bürgerinnen und Bürger verstärkt elektronische Dienstleistungen in Anspruch nehmen können und entsprechende Angebote geschaffen werden. Da sich diese an alle richten, müssen die Formulare und Prozesse möglichst verständlich und einfach sein, was durch barrierefreie Formulare gefördert wird.

In den Bereichen SEO, Usability und Conversion wurden in den letzten Jahren weitreichende Optimierungen und Erfolge erzielt. Was würden Sie an dem Formular in Abbildung 9.1 ändern, damit es von mehr Menschen zufriedenstellend genutzt werden kann?

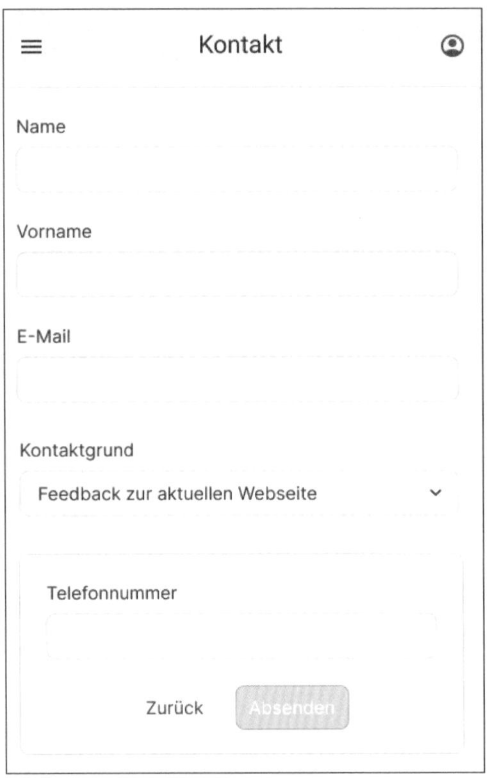

Abbildung 9.1 Beispielhaftes Kontaktformular mit Optimierungspotenzial

Interessant wird es, wenn die Sicht sowohl der Usability als auch der Barrierefreiheit einfließt.

Abbildung 9.2 zeigt potenzielle Fragen von Nutzenden aus Sicht der Usability und aus Sicht der Barrierefreiheit, die sich optimal ergänzen.

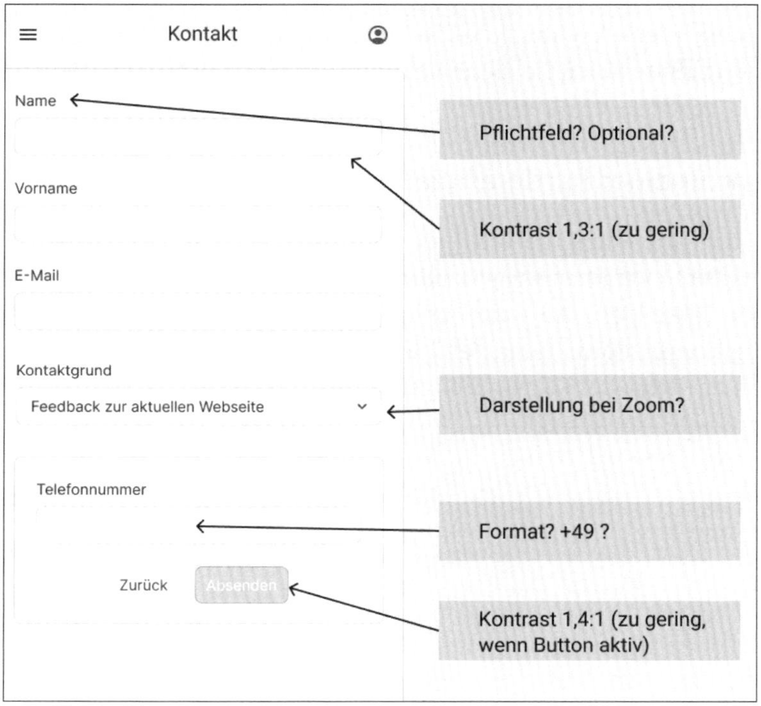

Abbildung 9.2 Optimierungen des Formulars aus Sicht der Usability und Barrierefreiheit

Folgende Optimierungen ergeben sich daraus:

- Der Kontrast des Rahmens bei den Eingabefeldern ist zu gering. Dies führt für Menschen mit einer Sehbehinderung zu Problemen.
- Im Formular sind Pflichtfelder nicht entsprechend hervorgehoben. Nutzende werden sich die Frage stellen, welche von den Feldern nun Pflichtfelder sind und welche nicht. Screenreader übermitteln die Information eines Pflichtfeldes durch das Attribut `required`.
- Sofern die Nutzenden einen Zoom aufgrund einer Sehbehinderung eingestellt haben, wird der Inhalt des Feldes »Kontaktgrund« nicht mehr lesbar sein, da der Inhalt »Feedback zur aktuellen Webseite« die vorgegebene Breite des Feldes überschreiten wird.
- Ein Eingabeformat der Telefonnummer sollte vorgegeben oder die Eingabe so unterstützt werden, dass keine Fehleingabe möglich ist. So könnten z. B. das Leerzeichen oder der Schrägstrich im Feld zugelassen werden.

- Fehlermeldungen durch Fehleingaben oder nicht ausgefüllte Formularfelder müssen so dargestellt werden, dass sie sowohl für Menschen mit Sehbehinderung direkt nach Abschicken des Formulars im Fokus sind als auch für Screenreader-Nutzende ebenfalls nach dem Abschicken des Formulars unmittelbar ausgegeben werden.
- Des Weiteren müssen Fehlermeldungen für alle Menschen verständlich formuliert sein. Eine Meldung »Bitte füllen Sie dieses Feld aus!« ist dafür nicht ausreichend.

9.1 Grundstruktur eines barrierefreien Formulars

Ein Formular ermöglicht die Eingabe von Daten, die anschließend in der Regel an einen Server zur weiteren Verarbeitung gesendet werden. Es besteht aus verschiedenen Elementen wie Textfeldern, Auswahlmenüs, Buttons und anderen Eingabefeldern, die es ermöglichen, Informationen an die Website-Betreiber zu übermitteln. Abbildung 9.3 zeigt ein einfaches Registrierungsformular.

Abbildung 9.3 Einfaches Registrierungsformular

Das Formular hat in HTML die folgende Grundstruktur:

1. `<form>`-Element: Dieses Element umschließt alle Komponenten des Formulars. Attribute wie `action` (die URL, an die die Formulardaten gesendet werden) und `method` (die Methode zum Senden der Daten, üblicherweise `GET` oder `POST`) definieren, wie und wohin die Formulardaten übermittelt werden.
2. Eingabefelder (`<input>`, `<textarea>`, `<select>` etc.): Diese Elemente ermöglichen den Nutzenden die Eingabe von Daten. Der Typ des `<input>`-Elements (z. B. `text`, `email`, `password`) bestimmt das Aussehen und welche Art von Daten eingegeben werden können.

3. Beschriftungen (<label>): Für jedes Eingabefeld sollte es eine Beschriftung geben, die deutlich macht, welche Information in diesem Feld erwartet wird. Das for-Attribut des <label>-Elements muss mit der id des zugehörigen Eingabefeldes übereinstimmen, um eine eindeutige Verbindung zwischen beiden Elementen zu schaffen und so die Zugänglichkeit zu verbessern.
4. Absende-Button (<input type="submit"> oder <button type="submit">): Dieses Element sendet die in das Formular eingegebenen Daten an den Server.

Listing 9.1 zeigt den Code für die grundsätzliche Struktur des HTML-Formulars. Der <input type="submit">-Button am Ende des Formulars ermöglicht das Absenden des Formulars. Das <fieldset> mit seinem <legend>-Element gruppiert zusammengehörige Bereiche und gibt dem Formular in Abbildung 9.3 eine Struktur, die sowohl die visuelle Darstellung als auch die Zugänglichkeit verbessert.


```
<!DOCTYPE html>
<html lang="de">
<head>
    <meta charset="UTF-8">
    <title>Registrierungsformular</title>
    <style>
        form {
            max-width: 400px;
            margin: 0 auto;
        }
        label, input {
            display: block;
            width: 100%;
            margin-bottom: 1em;
        }
        input[type="submit"] {
            width: auto;
            margin-top: 1em;
        }
    </style>
</head>
<body>
<form action="/registrierung" method="post">
    <fieldset>
        <legend>Registrierung</legend>
        <label for="name">Name:</label>
        <input type="text" id="name" name="name" required>
        <label for="email">E-Mail:</label>
        <input type="email" id="email" name="email" required>
```

```
        <label for="passwort">Passwort:</label>
        <input type="password" id="passwort" name="passwort" required>
        <label for="passwortBestaetigen">Passwort bestätigen:</label>
        <input type="password" id="passwortBestaetigen" name=
"passwortBestaetigen" required>
        <input type="submit" value="Registrieren">
    </fieldset>
</form>
</body>
</html>
```

Listing 9.1 Registrierungsformular mit grafischen Anpassungen

In den folgenden Abschnitten werden die Struktur und die Elemente erläutert, die zur Erstellung eines benutzerfreundlichen und zugänglichen Formulars verwendet werden.

9.2 Eingabeelemente und mobile Tastaturlayouts in Formularen

In Formularen haben Sie verschiedene Möglichkeiten, die gewünschten Daten ihrer Nutzenden in einem spezifischen Format abzufragen. Das `<input>`-Element ist eines der vielseitigsten Elemente in HTML-Formularen. Es unterstützt verschiedene `type`-Attribute, die definieren, welche Art von Daten eingegeben werden können. Abbildung 9.4 zeigt ein Formular mit verschiedenen Eingabeelementen, wie z. B. Radiobutton, Checkbox oder Passwortfeld.

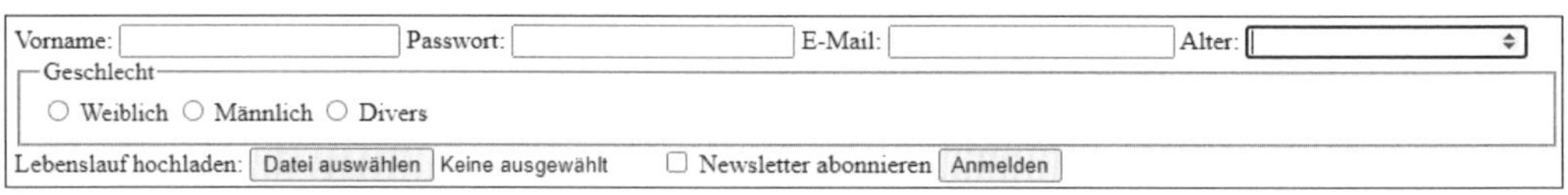

Abbildung 9.4 Formular mit unterschiedlichen Eingabeelementen

Tabelle 9.1 zeigt die gängigsten `<input>`-Typen für ein Formular.

Input-Typ	Zweck	Beispiel
`text`	Erlaubt die Eingabe einer einzelne Zeile Text.	`<input type="text" id="vorname" name="vorname">`
`password`	ein Textfeld, das die Eingabe verdeckt (Anzeige *), geeignet für Passwörter	`<input type="password" id="password" name="passwort">`

Tabelle 9.1 Grundlegende <input>-Typen

Input-Typ	Zweck	Beispiel
email	ein Textfeld mit Validierung der Struktur für E-Mail-Adressen. Prüft nicht, ob es die E-Mail tatsächlich gibt.	<input type="email" id="email" name="email">
checkbox	ein Kästchen, das markiert werden kann, z. B. für Zustimmungen	<input type="checkbox" id="agree" name="Newsletter abonnieren">
number	ein Eingabefeld für numerische Werte mit optionalen Attributen wie min, max und step	<input type="number" id="alter" name="alter" min="18" step="1">
date	ein Eingabefeld zur Auswahl eines Datums	<input type="date" id="date" name="date">
radio	Radiobuttons, aus denen die Nutzenden eine Option auswählen können	<input type="radio" id="gender_female" name="gender" value="Weiblich"> <input type="radio" id="gender_male" name="gender" value="Männlich"> ...
file	ein Button, um eine oder mehrere Dateien hochzuladen	<input type="file" id="lebenslauf" name="lebenslauf" accept=".pdf">
submit/ reset/ button	ein Button, um das Formular zu übermitteln bzw. abzubrechen	<input type="submit" value="Anmelden">

Tabelle 9.1 Grundlegende <input>-Typen (Forts.)

Ein großes Usability-Problem ist die richtige Tastatur im mobilen Umfeld. Wenn die Nutzenden auf ihrem Smartphone pro Formularfeld zur »richtigen« Tastatur wechseln müssen, ist das nicht nur nervig, sondern auch eine Barriere. Bei der Eingabe einer E-Mail-Adresse sollte z. B. eine Tastatur angezeigt werden, die das @-Zeichen enthält, wie in Abbildung 9.5 dargestellt.

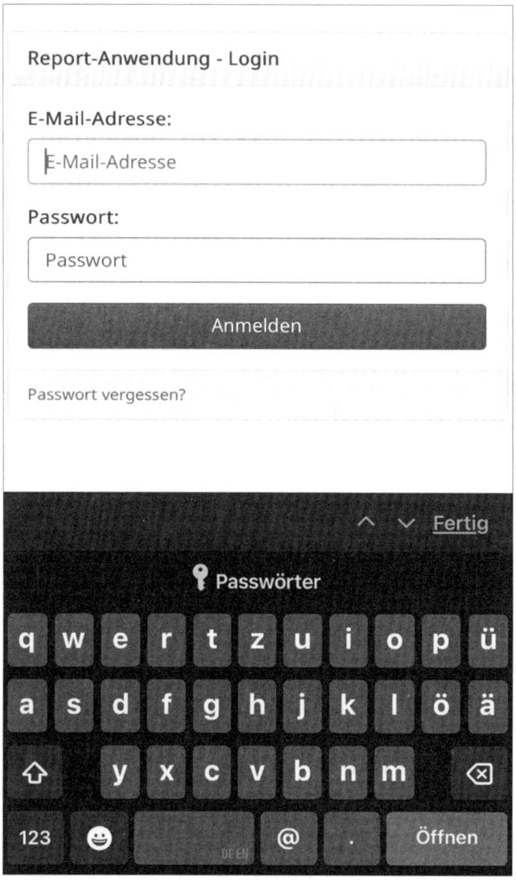

Abbildung 9.5 Richtige Tastaturauswahl je nach Eingabefeld – hier die E-Mail-Adresse

Für die Eingabe von Zahlen sollte eine numerische Tastatur eingeblendet werden. So können die Nutzenden schnell und einfach durch das Formular geführt werden. Das `<input>`-Element in HTML-Formularen beeinflusst das Layout der Tastatur auf Smartphones und Tablets. Dadurch wird die Dateneingabe erleichtert und die Benutzererfahrung verbessert. Der Browser kann dann ein angepasstes Tastaturlayout anzeigen, das für die Eingabe dieser spezifischen Art von Daten optimiert ist. Tabelle 9.2 zeigt, wie verschiedene `type`-Werte das Tastaturlayout beeinflussen.

Type-Attribut	Auswirkung
`type="text"`	Zeigt eine Standardtastatur für die Texteingabe an. Dies ist das grundlegendste Layout, geeignet für allgemeine Texteingaben.

Tabelle 9.2 Das Attribut »type« im Formularfeld und seine Auswirkung auf das Tastaturlayout

Type-Attribut	Auswirkung
`type="tel"`	Zeigt eine Tastatur mit einem Zahlenlayout an, das für die Eingabe von Telefonnummern optimiert ist. Diese Tastatur enthält Ziffern und Symbole wie Klammern und das Pluszeichen für internationale Telefonnummern.
`type="number"`	Aktiviert eine Tastatur, die hauptsächlich Zahlen und eine begrenzte Anzahl von Symbolen wie das Dezimaltrennzeichen anzeigt. Diese Tastatur ist ideal für die Eingabe numerischer Werte.
`type="email"`	Diese Tastatur enthält zusätzlich zu den Buchstaben und Zahlen spezielle Tasten für Symbole, die häufig in E-Mail-Adressen verwendet werden, wie z. B. @ und ».«. Dies erleichtert die Eingabe von E-Mail-Adressen.
`type="url"`	Zeigt eine Tastatur mit speziellen Tasten für die Eingabe von Webadressen, einschließlich einer ».com«-Taste und anderer nützlicher Symbole wie »/«, um die Eingabe von URLs zu vereinfachen.
`type="search"`	Zeigt eine Tastatur mit einer dedizierten »Suchen«-Taste, die das Absenden einer Suchanfrage vereinfacht, anstatt die [↵]-Taste verwenden zu müssen.
`type="date"`, `type="time"`, `type="datetime-local"`	Anstelle einer Tastatur kann eine Datums- oder Zeitauswahl angezeigt werden, um die Eingabe von Datum und/oder Uhrzeit zu erleichtern. Diese Bedienelemente sind speziell für die Auswahl von Datum und Uhrzeit optimiert und verwenden Scrollräder oder Kalender-Widgets

Tabelle 9.2 Das Attribut »type« im Formularfeld und seine Auswirkung auf das Tastaturlayout (Forts.)

Die Anpassung des Tastaturlayouts auf der Grundlage des Eingabetyps verbessert nicht nur die Benutzerfreundlichkeit, sondern trägt auch zur Verringerung von Eingabefehlern bei. Wählen Sie daher das `type`-Attribut sorgfältig aus, um sicherzustellen, dass Ihre Nutzenden die bestmögliche Tastatur für die jeweilige Eingabe erhalten.

Tipp: Tastaturprüfung auf dem Smartphone

Prüfen Sie auf Ihrem Smartphone oder Tablet, welche Tastatur für das jeweilige Formularfeld angezeigt wird, und passen Sie diese unbedingt an – in einer mobilen Welt sollte dies der Standard sein.

9.3 Beschriftungen von Formularelementen

Die Beschriftung von Steuerelementen in HTML-Formularen ist ein wesentlicher Aspekt der Zugänglichkeit und Gebrauchstauglichkeit von Webseiten. Die Richtlinie WCAG 3.3.2, »Beschriftungen (Labels) oder Anweisungen«, besagt, dass Labels oder Anweisungen zur Verfügung gestellt werden müssen, wenn der Inhalt Eingaben von Nutzenden erfordert. Dies hilft allen Nutzenden zu verstehen, welche Eingaben in Formularfeldern erwartet werden. Labels sind nicht nur für die Barrierefreiheit wichtig, sondern verbessern auch die allgemeine Benutzererfahrung, indem sie die Lesbarkeit und Verständlichkeit von Formularen erhöhen. Abbildung 9.6 zeigt ein einfaches Beispiel für ein Formular, das die Anforderungen von WCAG 3.3.2 erfüllt.

Abbildung 9.6 Feld mit verpflichtender Eingabe

Gegebenenfalls ist Ihnen beim Betrachten der Abbildung aufgefallen, dass die Anordnung und die Fehlermeldung nicht gut sind, dazu mehr in Abschnitt 9.10, »Fehlerbehandlung in Formularen«. Jedes Formulareingabeelement hat ein zugehöriges <label>, das durch das for-Attribut mit der id des Eingabeelements verknüpft ist (siehe Listing 9.2).

```
<form>
    <label for="username">Benutzername:</label>
    <input type="text" id="username" name="username" required>
    <label for="password">Passwort:</label>
    <input type="password" id="password" name="password" required">
    <button type="submit">Einloggen</button>
</form>
```

Listing 9.2 Beschriftung von Formularfeldern (Label) mittels for-Attribut

Die for-Verbindung ermöglicht Screenreadern die korrekte Zuordnung des Labels zum Eingabefeld. Dies erleichtert es den Nutzenden zu verstehen, was in jedes Feld eingegeben werden muss. Die Labels »Benutzername:« und »Passwort:« dienen als klare Anweisungen, was in die Felder eingegeben werden muss. Das required-Attribut signalisiert auch den assistiven Technologien, dass das Feld erforderlich ist. Es ergänzt die visuelle Anzeige der Erforderlichkeit (z. B. durch ein Sternchen*) in einer für Screenreader lesbaren Form. Gleichzeitig wird ein Standardfehler vom Browser und den assistiven Technologien ausgegeben, wenn das Feld nicht ausgefüllt ist.

Zusammenfassend lassen sich folgende Empfehlungen für die Beschriftung von Steuerelementen geben:

1. Klare Bezeichnungen: Verwenden Sie präzise und klare Bezeichnungen, die genau beschreiben, welche Information oder Eingabe erwartet wird.
2. Verknüpfung von Label und Eingabeelement: Stellen Sie sicher, dass jedes `<input>`-Element mit einem `<label>` verknüpft ist. Verwenden Sie das `for`-Attribut des `<label>`-Elements, um es mit der `id` des entsprechenden `<input>`-Elements zu verbinden.
3. Direkte Nähe: Platzieren Sie Labels in unmittelbarer Nähe zu ihren Eingabeelementen, um die visuelle Zuordnung für alle Nutzenden zu erleichtern (»Gesetz der Nähe« in der Gestaltung), insbesondere für Menschen mit kognitiven oder visuellen Einschränkungen.
4. Zusätzliche Anweisungen: Wenn spezielle Formate oder Einschränkungen für die Eingabe gelten (z. B. ein bestimmtes Datumsformat wie TT.MM.JJJJ oder Passwortregeln), geben Sie klare Anweisungen, entweder direkt bei dem Label oder in der Nähe des Eingabeelements. Eingabehinweise müssen programmatisch mit dem Eingabefeld assoziiert werden, z. B. als (Teil des) `<label>`, per `aria-describedby`.

Testen Sie die Zugänglichkeit Ihrer Formulare mit verschiedenen assistiven Technologien (mindestens Screenreader) und Benutzereingabemethoden (mindestens Spracheingabe und ausschließliche Tastaturnutzung), um sicherzustellen, dass alle Nutzenden sie effektiv ausfüllen können.

9.4 Unsichtbare Beschriftungen – z. B. interne Suche

Um ein internes Suchfeld so zu beschriften, dass es für assistive Technologien gut zugänglich ist, sollte sichergestellt werden, dass das Suchfeld ein eindeutig identifizierbares Label hat. Wenn die Beschriftung aus Gründen der intuitiven Bedienbarkeit nicht sichtbar sein soll (z. B. bei Suchfeldern), kann dies über CSS geändert werden. Für Screenreader sollten jedoch ARIA-Attribute (`aria-label`, `aria-labelledby`, `aria-describedby`) verwendet werden, um die Zugänglichkeit zu verbessern. Listing 9.3 zeigt eine Auszeichnung mittels ARIA.

```
<!-- Wenn ein sichtbares Label nicht geeignet ist -->
<input type="search" id="site-search" name="q" aria-label="Website
durchsuchen">
<!-- Verwendung von aria-labelledby und aria-describedby für zusätzlichen
Kontext -->
<label id="searchLabel" class="visually-hidden">Suche</label>
```

```
<input type="search" aria-labelledby="searchLabel" aria-describedby=
"searchTip" name="q">
<div id="searchTip">Geben Sie Stichworte ein, um die Website zu durchsuchen</
div>
```

Listing 9.3 Auszeichnung von Feldern mit ARIA

Die Verwendung von ARIA-Attributen kann zusätzliche kontextuelle oder beschreibende Informationen liefern, insbesondere wenn eine visuelle Beschriftung das Design beeinträchtigt oder schwierig zu implementieren ist (wie in Abschnitt 4.4, »WAI ARIA«, erläutert):

- `aria-label` bietet eine unsichtbare Beschriftung, die nur von assistiven Technologien (Screenreadern) gelesen werden kann. Sie ist nützlich, wenn keine sichtbare Beschriftung vorhanden ist (d. h., wenn aus dem optischen Kontext eindeutig erkennbar ist, was in das Feld eingegeben wird, wie z. B. die PLZ für die Suche nach der nächstgelegenen Serviceniederlassung).
- `aria-labelledby` verweist auf die ID eines anderen Elements, das als Label verwendet wird. Es sind auch mehrere IDs zulässig, jeweils getrennt durch Leerzeichen.
- `aria-describedby` kann verwendet werden, um auf ein Element zu verweisen, das eine Beschreibung des Suchfeldes enthält, falls zusätzliche Anweisungen erforderlich sind. Auch hier sind mehrere IDs zulässig, jeweils getrennt durch Leerzeichen.

Für die Zugänglichkeit eines Suchfeldes ist es entscheidend, dass es korrekt beschriftet ist und von assistiven Technologien leicht erkannt werden kann. Die Kombination aus visueller Beschriftung (`<label>`), gegebenenfalls klarem `placeholder`-Text und ARIA-Attributen (`aria-label`, `aria-labelledby`, `aria-describedby`) stellt sicher, dass alle Nutzenden das Suchfeld effektiv nutzen können.

9.5 Reihenfolge und Gruppierung von Formularfeldern

Die Reihenfolge, in der Formularfelder in Formularen angeordnet sind, spielt eine wichtige Rolle für die Benutzerfreundlichkeit und Zugänglichkeit. Sie bestimmt, wie die Nutzenden mit und ohne assistive Technologien durch ein Formular navigieren. Eine logische und intuitive Anordnung der Felder kann die Formulareingabe beschleunigen, Missverständnisse reduzieren und die Usability verbessern.

Wie in Abschnitt 3.4, »DOM und Accessibility Tree«, erläutert, ergibt sich die Reihenfolge der Formularfelder aus ihrer Position im HTML-Code, genauer gesagt im DOM. Browser und assistive Technologien folgen dieser Reihenfolge, wenn sie den Inhalt eines Formulars anzeigen oder wenn die Nutzenden die [Tab]-Taste verwenden, um von einem Feld zum nächsten zu springen. Die folgenden Best Practices sollten Sie daher berücksichtigen:

- Natürlicher Fluss: Ordnen Sie die Formularfelder in einer Reihenfolge an, die einem natürlichen Konversationsfluss entspricht. Zum Beispiel sollten persönliche Informationen wie Name und Adresse vor Kontaktinformationen wie E-Mail und Telefonnummer stehen.
- Sequenzielle Navigation: Achten Sie darauf, dass die Tab-Reihenfolge der logischen Anordnung der Formularelemente entspricht. In der Regel bedeutet dies, dass die Reihenfolge der Elemente im HTML-Code die Reihenfolge bestimmt, in der die Nutzenden mit der ⭾-Taste durch die Felder navigieren.
- Gruppieren Sie zusammengehörige Informationen: Verwenden Sie `<fieldset>` und `<legend>`, um verwandte Elemente zu gruppieren und zu bezeichnen (z. B. Lieferinformationen im Check-out-Prozess). Dies hilft den Nutzenden, die Informationen im Kontext zu verstehen.

Die Gruppierung von Formularinhalten in HTML ist eine effektive Methode, um zusammengehörige Informationen in einem Formular zu organisieren und die Benutzerführung zu verbessern. Abbildung 9.7 zeigt die visuelle Trennung von persönlichen Informationen und Kontaktinformationen.

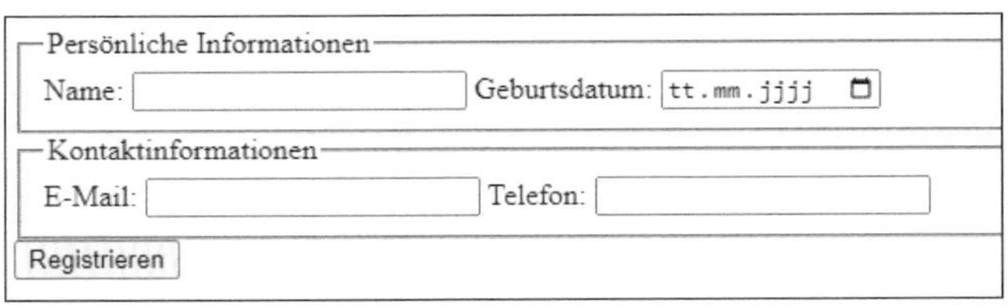

Abbildung 9.7 Gruppierung von Inhalten

Die Hauptelemente für die Gruppierung von Formularinhalten sind `<fieldset>` und `<legend>`. Das Element `<fieldset>` in Listing 9.4 wird verwendet, um eine Gruppe von Formularelementen zu bilden. Es hilft nicht nur visuell durch die Gruppierung von Elementen, sondern auch Screenreadern, die Zusammengehörigkeit von Elementen zu erkennen. Das `<legend>`-Element gibt eine Überschrift für die `<fieldset>`-Gruppe an. Es bietet Kontext und erleichtert damit das Verständnis der Gruppe von Formularelementen für alle Nutzenden.

```
<form>
    <fieldset>
        <legend>Persönliche Informationen</legend>
        <label for="name">Name:</label>
        <input type="text" id="name" name="name" required>
```

```
        <label for="birthdate">Geburtsdatum:</label>
        <input type="date" id="birthdate" name="birthdate" required>
    </fieldset>

    <fieldset>
        <legend>Kontaktinformationen</legend>
        <label for="email">E-Mail:</label>
        <input type="email" id="email" name="email" required>

        <label for="phone">Telefon:</label>
        <input type="tel" id="phone" name="phone">
    </fieldset>

    <button type="submit">Registrieren</button>
</form>
```

Listing 9.4 Gruppierung von Inhalten mittels »fieldset« und »legend«

Eine Gruppenbeschriftung ist zwingend erforderlich für Gruppen von Auswahlschaltern (Radiobuttons) und gegebenenfalls sinnvoll bei Gruppen von Kontrollkästchen (Checkboxen).

9.6 Auszeichnung von Pflichtfeldern – »required« vs. »aria-required«

Bei Formularen ist die Frage spannend, welche Elemente obligatorisch und welche optional (freiwillig) sind. Hier gibt es unterschiedliche Ansätze und Meinungen in den Unternehmen. Ist die Angabe der Telefonnummer bei einer Bestellung zwingend notwendig oder optional? Dient die Telefonnummer der Bonitätsprüfung und wird deshalb abgefragt? Wie verhält es sich, wenn die Nutzenden die Zahlart PayPal wählen, dann wird sie im Prinzip gar nicht mehr benötigt – dennoch sammeln?

Wenn ein `<input>`-Element in HTML mit dem Attribut `required` versehen ist, wird das optionale Eingabefeld zu einem Pflichtfeld. Das Formular wird nicht abgeschickt, wenn dieses Feld nicht ausgefüllt wurde. Der Browser zeigt normalerweise eine Meldung an, die den Nutzenden auffordert, das Pflichtfeld auszufüllen. Da in der Regel auf dem Server nochmals eine Validierung stattfindet, verzichten viele Websites auf die Validierung direkt im Browser. Der Unterschied zwischen `required` und `aria-required` in HTML-Formularen liegt hauptsächlich in ihrer Funktion und Anwendung. Das Attribut `aria-required` signalisiert assistiven Technologien, dass ein Feld erforderlich ist. Im Gegensatz zum Attribut `required`, das eine eingebaute Validierungsfunktion in Browsern auslöst, dient `aria-required` ausschließlich dazu, die Zugänglichkeitsinformationen zu verbessern, ohne automatische Validierung oder Fehlermeldungen bereitzustellen. `aria-required="true"` teilt assistiven Technologien explizit mit, dass ein Feld ausgefüllt werden muss. Dies ist besonders in Situationen nützlich, in denen die Verwendung des `required`-Attributs nicht möglich oder nicht erwünscht ist, z. B. bei nicht standardmäßigen Formularelementen, die mit JavaScript erstellt wurden. In der Praxis wird empfohlen, das `required`-Attribut zu verwenden, um von der nativen Browserunterstützung zu profitieren, und `aria-required` nur in spezifischen Anwendungsfällen zu nutzen, um die Zugänglichkeit zu erhöhen.

9.7 Umgang mit der Autokorrektur in Formularfeldern

Bei E-Mail-Adressen müssen zwangsläufig Namen verwendet werden, die im Idealfall nicht durch die Autokorrektur des mobilen Browsers verändert werden sollten. (tobaub wird nach Eingabe zu Autobahn korrigiert, obwohl *tobaub@domain.de* eine valide E-Mail-Adresse sein kann. So etwas ist ärgerlich.) Zur Steuerung steht in Formularen das standardisierte HTML5-Attribut `spellcheck` zur Verfügung, das angibt, ob der Inhalt eines Elements auf Rechtschreibfehler überprüft werden soll oder nicht. Im Gegensatz zu `autocorrect` in iOS (Safari) führt `spellcheck` keine automatische Korrektur durch, sondern hebt potenzielle Rechtschreibfehler hervor, um die Aufmerksamkeit der Nutzenden auf diese zu lenken. Das Attribut `spellcheck` kann auf `spellcheck="true"` oder `spellcheck="false"` gesetzt werden, um die Rechtschreibprüfung für das Element zu aktivieren bzw. zu deaktivieren. Die tatsächliche Darstellung und Funktionsweise kann je nach Browser und Betriebssystem variieren. Die Verwendung von `autocorrect` auf iOS-Geräten reduziert Tippfehler, indem Wörter, die auf der Grundlage des Wörterbuches des Geräts oder der aktuellen Spracheinstellung als falsch geschrieben erkannt werden, automatisch korrigiert werden.

In Listing 9.5 ist die automatische Korrektur für das `<textarea>`-Element deaktiviert (`autocorrect="off"`), während die Rechtschreibprüfung aktiviert ist (`spellcheck="true"`).

```
<textarea autocorrect="off" spellcheck=
"true">Hier können Sie Ihren Text eingeben...</textarea>
```

Listing 9.5 Autokorrektur und Rechtschreibeprüfung im Formular

Dies könnte in einem Kontext nützlich sein, in dem die Nutzenden genauere Kontrolle über ihre Texteingabe haben möchten, ohne durch automatische Korrekturen gestört zu werden, aber dennoch von Hinweisen auf mögliche Rechtschreibfehler profitieren möchten.

9.8 Autocomplete

Angemessene sichtbare Beschriftungen und Anweisungen können den Nutzenden helfen, den Zweck von Eingabefeldern in Formularen zu verstehen. Alle Nutzenden können jedoch von semantisch eindeutigen und sprachunabhängigen Felddefinitionen profitieren, sodass Felder automatisch ausgefüllt werden können, wenn dies gewünscht wird. Das heißt, wenn sich Felder auf persönliche Daten (Name, Telefonnummer etc.) beziehen, können Browsertools wie *Autofill* verwendet werden, um

- die Felder automatisch auszufüllen (autocomplete) oder
- zusätzliche Informationen wie Bilder über spezielle Plug-ins anzuzeigen.

Für einige Eingabefelder bietet das Attribut type bereits eine Möglichkeit, die Art der erwarteten Eingabe grob anzugeben, z. B. <input type="email">. Dies sind jedoch nur sehr grobe Kategorien, die den Typ der Eingabe beschreiben, aber nicht unbedingt den Zweck, insbesondere bei benutzerspezifischen Eingabefeldern. Das autocomplete-Attribut akzeptiert nur bestimmte Werte. Dies ermöglicht eine feinere Definition oder Identifizierung des Zwecks als es das type-Attribut vermag, z. B. durch die Möglichkeit, einen spezifischen Typ von Namen anzugeben:

- Nachname (autocomplete="name"),
- Vorname (autocomplete="given-name"),
- Familienname (autocomplete="family-name"),
- Benutzername (autocomplete="username")

WCAG 1.3.5, »Identifizierung des Eingabezwecks« (Level AA), zielt darauf ab, die Zugänglichkeit und zugleich die Benutzerfreundlichkeit von Webformularen zu verbessern, indem gefordert wird, dass der Zweck von Eingabefeldern programmatisch bestimmbar sein muss. Dies ermöglicht assistiven Technologien und automatisierten Hilfsmitteln, Nutzenden bei der Eingabe von Informationen zu unterstützen, indem sie beispielsweise vorausgefüllte Daten anbieten oder spezifische Eingabeanforderungen verstehen. Abbildung 9.8 zeigt die Möglichkeit des Ausfüllens mit dem individuellen Vornamen.

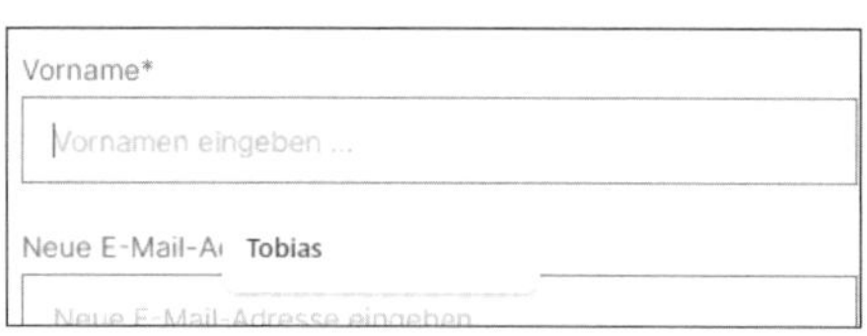

Abbildung 9.8 Autocomplete mit dem Vornamen

Listing 9.6 zeigt den Code für ein Registrierungsformular für neue Nutzende. Um WCAG 1.3.5 zu entsprechen, verwendet die Website Formularfeldattribute, um den Zweck jedes Eingabefeldes anzugeben.

```
<form>
  <label for="first-name">Vorname:</label>
  <input type="text" id="first-name" name="given-name" autocomplete="given-
name">

  <label for="email">E-Mail:</label>
  <input type="email" id="email" name="email" autocomplete="email">

  <label for="new-password">Passwort erstellen:</label>
  <input type="password" id="new-password" name="new-password" autocomplete=
"new-password">

  <button type="submit">Registrieren</button>
</form>
```

Listing 9.6 Integration von »autocomplete« zur Optimierung der Eingabe

In diesem Beispiel verwendet jedes `<input>`-Element das `autocomplete`-Attribut mit einem spezifischen Wert, der den Zweck des Feldes identifiziert (z. B. `given-name` für den Vornamen, `email` für die E-Mail-Adresse und `new-password` für das neue Passwort). Diese Kennzeichnung ermöglicht es assistiven Technologien und Browsern, die Felder korrekt zu identifizieren und gegebenenfalls automatisch auszufüllen.

9.9 Button und Buttongestaltung (Kontrast)

Am Ende des Formulars befinden sich typischerweise ein oder mehrere Buttons (Schaltflächen), um das Formular abzuschicken oder zu verlassen. Das `<button>`-Element kann zum Absenden von Formularen, zum Zurücksetzen von Formulardaten oder für allgemeine Aktionen verwendet werden, die über JavaScript gesteuert werden. Mit `<input type="button">`, `<input type="submit">` oder `<input type="reset">` bietet das `<button>`-Element umfassende gestalterische Freiheiten, da es nicht nur Text, sondern auch HTML-Inhalte wie Bilder oder Formatierungen enthalten kann. Abbildung 9.9 zeigt ein HTML-Formular mit Buttons zum Absenden (`submit`), Zurücksetzen (`reset`) oder klassischen Anklicken (`button`).

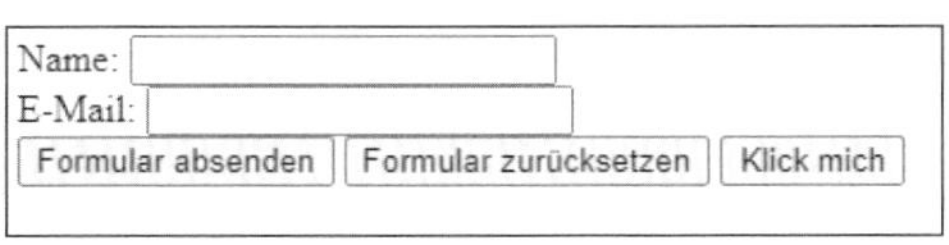

Abbildung 9.9 Beispiel für Buttons in Formularen

Listing 9.7 zeigt die unterschiedliche Konfiguration der jeweiligen Aktionen der Buttons aus Abbildung 9.9.

```
<form action="/submit-form" method="post">
    <div>
        <label for="name">Name:</label>
        <input type="text" id="name" name="name">
    </div>
    <div>
        <label for="email">E-Mail:</label>
        <input type="email" id="email" name="email">
    </div>
    <!-- Submit Button -->
    <button type="submit">Formular absenden</button>
    <!-- Reset Button -->
    <button type="reset">Formular zurücksetzen</button>
    <!-- Allgemeiner Button -->
    <button type="button" onclick="alert('Hallo Welt!')">Klick mich</button>
</form>
```

Listing 9.7 Buttons in Formularen und deren Definition

Der Submit-button (`<button type="submit">`) wird verwendet, um das Formular zu übermitteln. Zum Abbrechen kann der Reset-Button (`<button type="reset">`) verwendet werden, der alle Eingabefelder des Formulars auf ihre ursprünglichen Werte zurücksetzt. Dies ist nützlich, wenn die Nutzenden von vorn beginnen möchten. Der Standardbutton (`<button type="button">`) dient als allgemeiner Button für verschiedene Zwecke. In diesem Beispiel wird JavaScript (`onclick`-Attribut) verwendet, um eine einfache Aktion auszulösen, wenn der Button angeklickt wird (hier Anzeigen einer Mitteilung in Form einer Alert-Box). Das `<button>`-Element kann mit CSS gestaltet werden, um das Aussehen der Buttons individuell anzupassen. Achten Sie darauf, dass alle Buttons eine klare Beschreibung ihres Zwecks enthalten, sodass die Nutzenden mit assistiven Technologien sie problemlos verwenden können.

Für die Darstellung der Buttons gibt es eine Kontrastvorgabe über die WCAG 1.4.3, »Kontrast (Minimum)« (Level AA), sowie WCAG 1.4.11, »Nicht-Text-Kontrast« (Level AA). Das Erfolgskriterium 1.4.11 befasst sich mit dem visuellen Kontrast von UI-Elementen (außer Text) und grafischen Objekten. Das Hauptziel besteht darin, einen ausreichenden Kontrast zwischen den visuellen Elementen einer Oberfläche und ihrem Hintergrund zu gewährleisten. Dazu gehören Bedienelemente (z. B. Buttons und Formularfelder), grafische Objekte (z. B. Diagramme und Icons) und Teile von Grafiken, die für das Verständnis des Inhalts oder der Bedienung wesentlich sind. Für grafische Objekte und Benutzeroberflächenelemente gilt ein Mindestkontrastverhältnis von 3 : 1.

Bei der Tastaturnutzung erhält der Button in Abbildung 9.10 den sichtbaren Fokus (WCAG 2.4.7, »Fokus sichtbar«, Level AA), was zur Folge hat, dass auch hier das Kontrastverhältnis von 3 : 1 gegeben sein muss. Abbildung 9.10 zeigt, dass der externe (gelbe) Rahmen des zweiten Buttons nicht kontrastreich zum weißen Hintergrund des (blauen) Buttons ist (Kontrastverhältnis 2 : 1). Dies erfordert eine Anpassung der Farbe, um die Barrierefreiheit zu gewährleisten. Stünde der gelbe Rahmen innerhalb des Buttons mit einem Abstand zum Rand, wäre das Kriterium bestanden. Daher lautet die Empfehlung, zwischen Button und Fokusrahmen eine helle »Lücke« zu lassen, aber darauf zu achten, dass der Kontrast zum Hintergrund ebenfalls ausreichend ist.

Abbildung 9.10 Zu wenig Kontrast bei der Fokussierung des Buttons

Wird die Farbe des Fokus auf Schwarz eingestellt (wie in Abbildung 9.11), ist der Kontrast mit 21 : 1 maximal und damit ausreichend. Für weitere Beispiele siehe *https://www.w3.org/WAI/WCAG21/Understanding/non-text-contrast.html*.

Abbildung 9.11 Kontrastreicher Button bei Fokussierung

Verwenden Sie daher einen Fokusindikator in ausreichender Größe und mit ausreichendem Kontrast. Ein sehr guter Richtwert ist die strenge WCAG 2.4.13, »Erscheinungsbild des Fokus« (Level AAA), die auf das sichtbare Erscheinungsbild des Tastaturfokus abzielt. Ein Bereich des Fokusindikators muss bei aktivem Tastaturfokus ein Kontrastverhältnis von mindestens 3 : 1 aufweisen. Darüber hinaus muss der Fokusindikator eine Umrandung von mindestens 2 CSS-Pixel Dicke um das fokussierte Element aufweisen.

9.10 Fehlerbehandlung in Formularen

Menschen werden Fehler machen. Das lässt sich nicht verhindern. Sie sollten aber erfahren können, was sie im Falle eines Fehlers tun können oder, besser noch, was sie tun können, um Fehler zu vermeiden. Abbildung 9.12 zeigt eine Fehlermeldung, sofern der gewählte Nutzername bereits vorhanden ist, sowie eine Fehlermeldung bei einem Passwort ohne Zahl, bei dem laut Passwortregel eine enthalten sein muss.

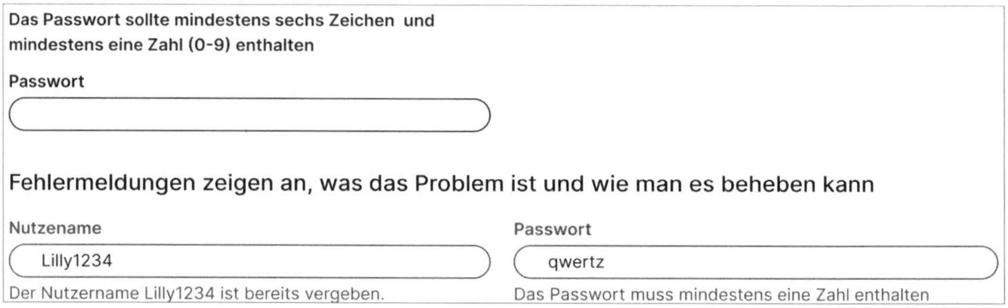

Abbildung 9.12 Fehlermitteilung nebst Behebung

Die 10 Heuristiken von Nielsen und Molich (*https://www.nngroup.com/articles/ten-usability-heuristics/*) befassen sich bereits seit 1994 aus Usability-Sicht mit der Bedeutung von Fehlern bei der Nutzung von Websites und dem Umgang damit. In Usability-Tests wird immer wieder festgestellt, dass z. B. Kreditkartennummern in Viererblöcken (wie auf der Kreditkarte eingeprägt) eingegeben werden. Ebenso werden bei Telefonnummern Vorwahl und Rufnummer durch einen Schrägstrich getrennt oder mit vorangestelltem +49 eingegeben (also Zeichen statt ausschließlich Ziffern). Im Idealfall »verzeiht« das Formular diese Eingaben und verarbeitet die Daten entsprechend.

Kontextuelle Hilfe in Formularen bietet Nutzenden proaktiv zusätzliche Informationen oder Anleitungen zum Ausfüllen eines Formularfeldes. Diese Hilfe kann in verschiedenen Formen angeboten werden, z. B. als Tooltips, als beschreibender Text direkt unter den Eingabefeldern oder als Hilfesymbol, das weitere Informationen anzeigt, wenn die Nutzenden mit der Maus darüberfahren oder daraufklicken. Die kontextuelle Hilfe ist für die Barrierefreiheit und Benutzerfreundlichkeit besonders wichtig, da sie hilft, Eingabefehler zu vermeiden und den Nutzenden klarzumachen, welche Art von Information erwartet wird.

WCAG 3.3.5, »Hilfe« (Level AAA), verlangt, dass den Nutzenden bei Bedarf Hilfe zur Verfügung gestellt wird. Das kann durch verschiedene Mechanismen erfolgen, einschließlich kontextueller Hilfe. Das Ziel besteht darin, sicherzustellen, dass alle Nutzenden Formulare erfolgreich ausfüllen können, indem sie Zugang zu notwendigen Informationen erhalten, wann immer es nötig ist.

Listing 9.8 zeigt die Anforderungen an ein Passwort in einem Registrierungsformular. Kontextuelle Hilfe könnte verwendet werden, um die spezifischen Anforderungen an das Passwort zu erläutern (mindestens 8 Zeichen etc.).

```
<label for="password">Passwort</label>
<input type="password" id="password" name="password" aria-describedby=
"passwordHelp">
<div id="passwordHelp" class="help-text">
    Ihr Passwort muss mindestens 8 Zeichen lang sein, einen Großbuchstaben,
eine Zahl und ein Sonderzeichen enthalten.
</div>
```

Listing 9.8 Hinweis zu den Anforderungen des Passwortes

In Listing 9.8 wird das `aria-describedby`-Attribut verwendet, um das Passworteingabefeld mit einem Beschreibungstext (`<div id="passwordHelp" class="help-text">`) zu verknüpfen. Dieser Text erläutert die Anforderungen an die Passworteingabe. Für die Nutzenden von Screenreadern wird dieser Beschreibungstext nach dem Fokussieren auf das Passwortfeld ausgegeben, was ihnen sofortigen Zugriff auf die Anforderungen bietet. Zusätzlich können Links auf Hilfeseiten angeboten werden, die gegebenenfalls sehr ausführliche Anleitungen bieten (z. B. zum Ausfüllen des Formulars zur neuen Bemessungsgrundlage der Grundsteuer). Natürlich muss dieser Hilfetext mittels CSS an der richtigen Stelle im Layout platziert und richtig formatiert werden.

WCAG 3.3.3, »Fehlerempfehlung« (Level AA), fordert das Angebot eines Vorschlags zur Korrektur des Fehlers, wenn ein automatischer Fehler bei der Eingabe erkannt wird und die Korrektur des Fehlers bekannt ist – es sei denn, dies würde die Sicherheit oder den Zweck des Inhalts gefährden. Google zeigt visuell passende Vorschläge (früher »Meinten Sie ...«) an, wenn die Nutzenden das Wort falsch geschrieben haben und bietet zusätzlich die Möglichkeit, nach der vermeintlich falschen Schreibweise zu suchen. Ziel ist es, den Nutzenden zu helfen, Fehler in ihren Eingaben zu korrigieren, indem konkrete Vorschläge zur Behebung des Problems angeboten werden. Dies trägt dazu bei, Frustrationen zu vermeiden, die Benutzerfreundlichkeit zu verbessern und sicherzustellen, dass alle Nutzenden erfolgreich mit Webinhalten interagieren können. Die Praxis der Bereitstellung von Fehlerhinweisen und Korrekturvorschlägen ist für die Barrierefreiheit besonders wichtig, weil es den Nutzenden ermöglicht, Fehler zu korrigieren, ohne raten zu müssen, was falsch ist. Geben Sie Rückmeldungen zu Interaktionen, indem Sie beispielsweise die erfolgreiche Formularübermittlung bestätigen, die Nutzenden auf Fehler hinweisen oder über Änderungen auf der Seite informieren. Anweisungen sollten leicht erkennbar sein. Wichtige Rückmeldungen, die eine Aktion der Nutzenden erfordern, sollten auffällig gestaltet werden (siehe Abbildung 9.12).

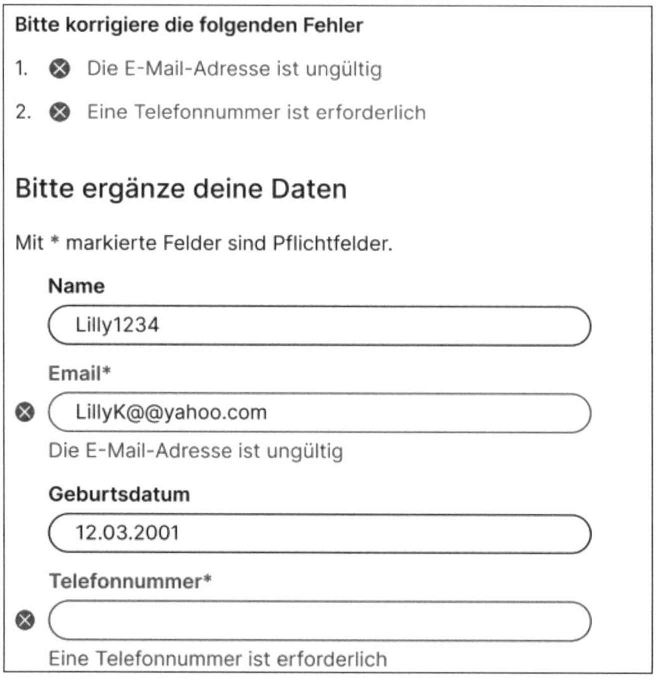

Abbildung 9.13 Kommunikation über und Darstellung eines Eingabefehlers (Quelle/weitere Tipps: *https://www.w3.org/WAI/tips/designing*)

Es ist unvermeidbar, dass die Nutzenden bei der Eingabe Fehler machen (Murphys Gesetz!) und z. B. Pflichtfelder übersehen oder Daten im »falschen« Format eingeben (Geburtsdatum mit vierstelliger Jahreszahl). Daher ist sowohl aus Usability- als auch aus Sicht der Barrierefreiheit wichtig, dass die Nutzenden auf die Fehler aufmerksam gemacht werden und die Fehlermeldung in den aktiven Fokus gerückt wird. Die Fehlermeldung sollte eine konkrete Abhilfe beinhalten (»Eine Telefonnummer ist erforderlich«) und nicht nur einen allgemeinen Hinweis (»Das ist ein Pflichtfeld«). Hilfreich sind sogenannte Inline-Validierungen, d. h., jedes Feld wird unmittelbar nach der Eingabe überprüft und gegebenenfalls visuell mit einem grünen Häkchen bestätigt. So wird zum einen die Eingabe positiv unterstützt (virtuelles »Schulterklopfen«) und zum anderen findet keine demotivierende Fehleraggregation nach Absenden des Formulars statt. WCAG 3.3.1, »Fehlererkennung« (Level A), fordert, dass bei der automatischen Erkennung eines Eingabefehlers den Nutzenden der Fehler deutlich gemacht und die Fehlerstelle (»Anrede fehlt«) mitgeteilt wird. Darüber hinaus soll Nutzenden nach Möglichkeit ein Vorschlag zur Behebung des Fehlers gemacht werden (WCAG 3.3.3, »Fehlerempfehlung«, Level AA). Damit sollen die Nutzenden sofort verstehen, wenn ein Fehler in den von ihnen eingegebenen Daten vorliegt, worin genau dieser Fehler besteht und wie sie ihn korrigieren können.

Abbildung 9.14 zeigt die Umsetzung der WCAG 3.3.1 in einem Anmeldeformular, in das die Nutzenden ihre E-Mail-Adresse und ihr Passwort eingeben müssen. Wenn sie eine ungültige E-Mail-Adresse eingeben und versuchen, das Formular abzusenden, wird eine Fehlermeldung angezeigt, die das Problem klar identifiziert und einen Vorschlag zur Korrektur anbietet.

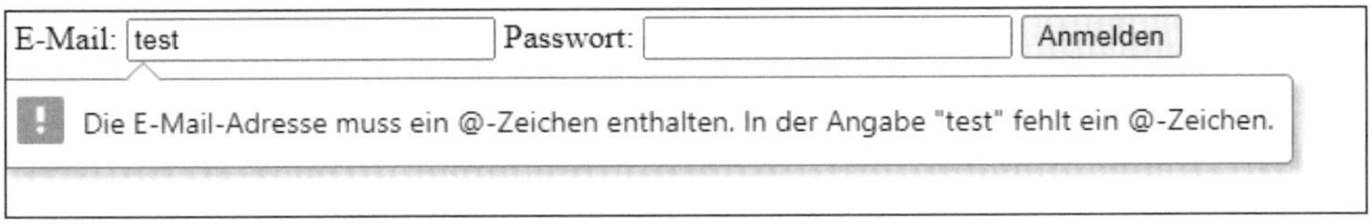

Abbildung 9.14 Fehlermeldung bei Prüfung auf fehlendes @-Zeichen

Listing 9.9 zeigt den Code für das Formular einschließlich der Gültigkeitsprüfung.

```
<form id="loginForm">
    <label for="email">E-Mail:</label>
    <input type="email" id="email" name="email" aria-describedby="emailError"
required>
    <span id="emailError" class="error" style="display: none;" role=
"alert">Bitte geben Sie eine gültige E-Mail-Adresse ein.</span>

    <label for="password">Passwort:</label>
    <input type="password" id="password" name="password" required>

    <button type="submit">Anmelden</button>
</form>

<script>
document.getElementById('loginForm').addEventListener('submit',
function(event) {
    var email = document.getElementById('email');
    var error = document.getElementById('emailError');

    // Überprüfung auf E-Mail-Gültigkeit
    var emailPattern = /^[^\s@]+@[^\s@]+\.[^\s@]+$/; // Regulärer Ausdruck für
einfache E-Mail-Validierung
    if (!emailPattern.test(email.value)) {
        error.style.display = 'block';  // Fehlermeldung anzeigen
        email.setAttribute('aria-invalid', 'true'); // Markiere das Feld als
ungültig
        email.focus(); // Fokus auf das fehlerhafte Feld setzen
        event.preventDefault(); // Verhindert das Absenden des Formulars
    } else {
```

```
        error.style.display = 'none'; // Fehlermeldung ausblenden
        email.removeAttribute('aria-invalid'); // Entferne die
Ungültigkeitsmarkierung
    }
});
</script>
<style>
/* Verbesserte Darstellung von Fehlermeldungen */
.error {
    color: red;
    font-size: 0.9em;
}
</style>
```

Listing 9.9 Fehlermeldung bei Prüfung auf fehlendes @-Zeichen

Leider validieren noch nicht alle Browser (Safari) automatisch bei `input type="email"`. In Listing 9.9 wird deshalb JavaScript verwendet, um unter anderem zu prüfen, ob die E-Mail-Adresse ein @-Zeichen enthält. Wenn die E-Mail-Adresse ungültig ist, wird das Absenden des Formulars verhindert, ein Fehlerhinweis erscheint und die Nutzenden erhalten eine klare Anweisung, was korrigiert werden muss. Die Fehlermeldung ist dabei direkt mit dem Eingabefeld verknüpft, sodass das Problem leicht lokalisiert werden kann.

Besonders wichtig ist die Reduzierung von Fehlern, die erhebliche negative Auswirkungen auf die Nutzenden haben. »Aus Versehen« ein langfristiges Abonnement abgeschlossen zu haben, ist nicht nur ärgerlich, sondern kann auch schwerwiegende finanzielle Folgen haben. Daher zielt die WCAG 3.3.4, »Fehlervermeidung (Rechtlich, Finanziell, Daten)« (Level AA), darauf ab, zusätzliche Unterstützung zu geben und die Möglichkeit zu bieten, Eingaben in Formularen zu überprüfen, zu korrigieren und zu bestätigen, bevor endgültige Aktionen durchgeführt werden, die rechtliche oder finanzielle Konsequenzen haben können oder die persönlichen Daten betreffen. Damit sollen Fehler minimiert und den Nutzenden mehr Kontrolle über ihre Aktionen gegeben werden. Daher gilt mindestens eine der folgenden Bestimmungen:

1. Reversibel: Versendete Daten sind umkehrbar.
2. Geprüft: Von den Nutzenden eingegebene Daten werden auf Eingabefehler hin überprüft und sie erhalten die Möglichkeit, diese zu korrigieren.
3. Bestätigt: Es gibt einen Mechanismus, Formulardaten zu überprüfen, zu bestätigen und zu korrigieren, bevor sie endgültig abgesendet werden.

Stellen Sie sich ein Onlinebanking-Formular vor, mit dem die Nutzenden Geldbeträge überweisen können. In diesem Prozess wird man nach dem Absenden des Formulars auf eine Seite geleitet, auf der alle Eingaben aufgeführt und zur Überprüfung angezeigt werden, bevor die Nutzenden die Möglichkeit haben, die Transaktion endgültig zu bestätigen oder zurückzugehen und Fehler zu korrigieren. Diese Vorgehensweise ist besonders wichtig für diejenigen, bei denen die Gefahr besteht, dass sie Fehler beim Ausfüllen von Formularen übersehen, z. B. ältere Menschen, Menschen mit kognitiven Einschränkungen oder die Nutzenden von assistiven Technologien.

Die strengere WCAG 3.3.6, »Fehlervermeidung (Alle)« (Level AAA), betont die Bedeutung der Fehlervermeidung für alle Arten von Benutzereingaben in Formularen oder bei der Übermittlung von Daten im Allgemeinen. Ziel ist es, sicherzustellen, dass Menschen vor potenziellen Fehlern geschützt werden, indem der Prozess redundante Überprüfungen anbietet und allen die Möglichkeit gibt, Eingaben zu widerrufen und zu korrigieren, bevor sie endgültig abgeschickt werden. WCAG 3.3.6 geht über die Anforderungen von WCAG 3.3.4 hinaus, da sie sich auf alle Benutzereingaben und -interaktionen bezieht und nicht nur auf die rechtlich und finanziell relevanten.

Die Reduzierung von Fehleingaben ist für eine effiziente und benutzerfreundliche Erfahrung entscheidend. Fehleingaben können Frustration verursachen, zu Abbrüchen führen und die Datenqualität beeinträchtigen. Die folgenden Best Practices sollen dazu beitragen, Fehleingaben zu minimieren und die Benutzerinteraktion mit Formularen zu verbessern:

- Klare und eindeutige Beschriftungen: Verwenden Sie eindeutige, präzise Beschriftungen für jedes Eingabefeld. Stellen Sie sicher, dass die Nutzenden verstehen, welche Informationen angefordert werden. Verwenden Sie sprachlich einfache Anweisungen.
- Sinnvoller Einsatz von Platzhaltern: Verwenden Sie Platzhaltertexte, um Beispiele oder das erwartete Format (z. B. für Datumsangaben) zu illustrieren. Beachten Sie jedoch, dass Platzhalter nicht als Ersatz für Beschriftungen (Labels) dienen sollten. Außerdem ist auf die Mindestkontraste zu achten.
- Fehlermeldungen und Validierung: Implementieren Sie eine Echtzeitvalidierung mit sofortigem Feedback. Klare und verständliche Fehlermeldungen helfen den Nutzenden, Eingabefehler schnell zu identifizieren und an der richtigen Stelle zu korrigieren. Stellen Sie sicher, dass Fehlermeldungen spezifisch sind und Vorschläge zur Fehlerbehebung enthalten.
- Hilfetexte und Tipps: Bieten Sie Hilfetexte oder Tipps für komplexere Eingabefelder an. Diese können zusätzliche Informationen oder Anleitungen zum Ausfüllen des Formulars enthalten.
- Autovervollständigung: Nutzen Sie standardkonforme Möglichkeiten der Autovervollständigung (z. B. `autocomplete`), um die Eingabe häufig verwendeter, personenbezogener Daten wie Namen, Adressen oder E-Mail-Adressen zu beschleunigen und Fehler zu reduzieren. Achten Sie darauf, dass das Label sichtbar ist. Bei

automatischem Browser-Fill-In von Informationen muss dem Nutzenden klar sein, welche Informationen in dem Feld erwartet werden.

- Bestätigung der Eingaben: Bei kritischen oder ungewöhnlichen Datenabfragen bitten Sie die Nutzenden, ihre Eingaben zu bestätigen (z. B. durch erneute Eingabe von E-Mail-Adressen oder Passwörtern). Eine abschließende Übersicht der Daten (z. B. in Form einer Bestellübersicht) verringert Fehleingaben.
- Mobilfreundliche Formulare: Stellen Sie sicher, dass Formulare auf mobilen Endgeräten gut nutzbar sind, indem Sie responsive Designs verwenden. Größere Formularelemente und ausreichende Abstände zwischen den Feldern können die Eingabe auf Touchscreens erleichtern.
- Begrenzte Eingabeoptionen: Vermeiden Sie zu komplexe Auswahlmöglichkeiten. Verwenden Sie Dropdown-Menüs, Radiobuttons oder Checkboxen, um die Anzahl der möglichen Eingaben zu begrenzen und Fehler zu minimieren.
- Benutzerführung und Fortschrittsanzeige: Verwenden Sie bei längeren Formularen eine Fortschrittsanzeige und gliedern Sie das Formular in logische Abschnitte. Dies hilft den Nutzenden, den Überblick zu behalten und das Formular Schritt für Schritt auszufüllen. Vor dem Löschen oder Zurücksetzen der eingegebenen Informationen sollte erneut die Zustimmung eingeholt werden.

9.11 Spezifische Eigenschaften der Eingabefelder

Neben der Grundstruktur sind bei einzelnen Eingabefeldern spezifische Aspekte der Barrierefreiheit und Usability zu berücksichtigen.

9.11.1 Dropdown-Felder und Eingabe von Mehrfachauswahlen

Eine Besonderheit in Formularen sind Dropdown-Felder. Sie ermöglichen es Nutzenden, eine Auswahl aus einer vordefinierten Menge zu treffen. Ein `<select>`-Element in HTML-Formularen ermöglicht die Auswahl aus mehreren vordefinierten Optionen und enthält mehrere `<option>`-Elemente, die die verfügbaren Optionen repräsentieren, aus denen die Nutzenden auswählen können. Optional kann ein `<optgroup>`-Element verwendet werden, um verwandte Optionen in Gruppen zu unterteilen. Abbildung 9.15 zeigt ein Formular eines Lieferservice, in dem die Nutzenden ihr Lieblingsobst auswählen sollen, wobei sie genau ein Obst auswählen können (Code siehe Listing 9.10).

```
<label for="frucht">Wählen Sie Ihr Lieblingsobst:</label>
<select id="frucht" name="frucht" required>
    <option value="">--Bitte wählen--</option>
    <optgroup label="Kernobst">
```

```
        <option value="apple">Apfel</option>
        <option value="pear">Birne</option>
    </optgroup>
    <optgroup label="Steinobst">
        <option value="peach">Pfirsich</option>
        <option value="plum">Pflaume</option>
    </optgroup>
</select>
```

Listing 9.10 Definition eines Dropdown-Feldes mit einer Auswahl

Die erste `<option>` im `<select>`-Menü sollte eine Handlungsaufforderung oder eine Anleitung sein, wie z. B. »Bitte wählen«. Diese Option kann leer sein (`value=""`) und sollte in der Regel so eingestellt sein, dass sie nicht auswählbar ist, wenn bereits andere Optionen ausgewählt wurden. Wenn das Auswahlmenü viele Optionen enthält, kann das `<optgroup>`-Element verwendet werden, um diese in logische Gruppen zu unterteilen. Jede `<optgroup>` hat ein `label`-Attribut, das die Gruppe beschreibt. Dies kann die Navigation innerhalb der Liste für die Nutzenden mit Screenreadern erleichtern, da die Struktur des Menüs klarer wird.

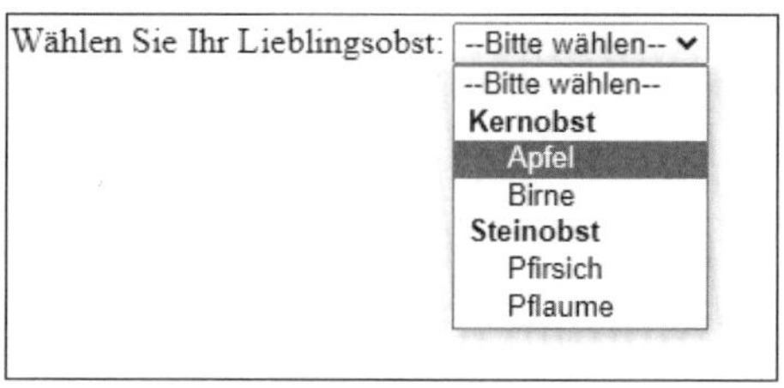

Abbildung 9.15 Auswahl von Alternativen

Eine Mehrfachauswahlliste (oder Multiselect-Liste) in einem HTML-Formular erweitert die Funktionalität des klassischen `<select>`-Elements, indem sie es den Nutzenden ermöglicht, mehr als eine Option aus der Liste auszuwählen. Diese Art von Auswahl ist in Situationen nützlich, in denen eine einfache Auswahl (Single Select) nicht ausreicht, weil die Nutzenden mehrere Elemente aus einer Reihe von Optionen wählen müssen oder dürfen. Die Implementierung und die Aspekte der Barrierefreiheit unterscheiden sich etwas von denen eines Single-Select-`<select>`-Elements. Abbildung 9.16 zeigt die Möglichkeit der Mehrfachauswahl von Obstsorten (Code siehe Listing 9.11).

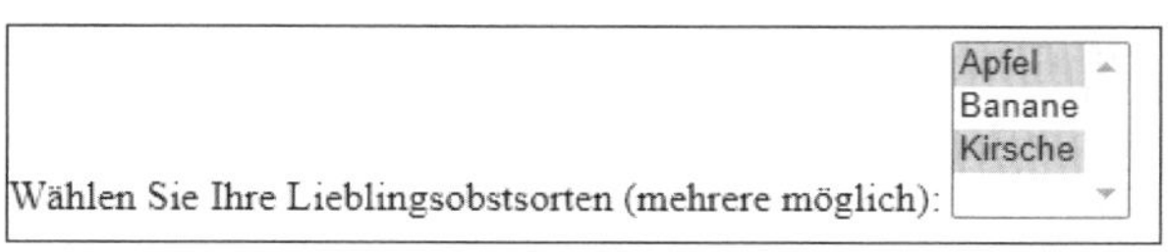

Abbildung 9.16 Mehrfachauswahl im Feld

```
<label for="fruits">Wählen Sie Ihre Lieblingsobstsorten (mehrere möglich):
</label>
<select id="fruits" name="fruits" multiple>
    <option value="apple">Apfel</option>
    <option value="banana">Banane</option>
    <option value="cherry">Kirsche</option>
    <!-- Weitere Optionen -->
</select>
```

Listing 9.11 Mehrfachauswahl in einer Dropdown-Liste

Die Nutzenden können mehrere Optionen gleichzeitig auswählen, indem sie die Ctrl/Strg-(Windows/Linux) oder Cmd-Taste (Mac) gedrückt halten, während sie auf die Optionen klicken. Bei der reinen Tastaturbedienung muss man dafür die Ctrl/Strg-Taste (oder Cmd) gedrückt halten, während man mit den Pfeiltasten zu den Elementen geht, die dann mit der Leertaste ausgewählt werden können. Durch das Hinzufügen des Attributs multiple zum <select>-Element wird dem Browser (und den Nutzenden) signalisiert, dass Mehrfachauswahlen möglich sind. Durch die zusätzliche Tastenkombination ist dies aus Sicht der Barrierefreiheit nicht optimal, da neben der Auswahl gleichzeitig die Strg/Cmd-Taste gehalten werden und gegebenenfalls der Modus im Screenreader angepasst werden muss.

9.11.2 Drag-and-Drop-Aktionen

WCAG 2.5.7, »Ziehbewegungen« (Level AA), befasst sich mit alternativen Methoden für Drag-and-Drop-Aktionen, die nicht auf komplexen Bewegungen oder Gesten basieren. Webinhalte sollten so gestaltet sein, dass Funktionen, die normalerweise durch Ziehen erreicht werden, auch durch einfaches Klicken oder Tastatureingaben genutzt werden können. Dies wird z. B. in WordPress durch den zusätzlichen Button in Abbildung 9.17 umgesetzt.

Abbildung 9.17 Upload von Dateien in WordPress per Ziehbewegung und Button

Die Usability des Datei-Uploads in WordPress ist auf den ersten Blick in Abbildung 9.17 durch eine einfache Ziehbewegung (Drag and Drop) ausreichend sichergestellt.

Das heißt, Sie ziehen »einfach« die Datei in den Upload-Bereich, und schon wird die Datei hochgeladen. Dasselbe gilt z. B. für intuitive Gestaltungslösungen wie Schiebeschalter (Ein/Aus) bzw. Zeigerelemente wie eine Preisspanne von – bis auf Hotelbuchungsseiten. Unter dem Gesichtspunkt der Barrierefreiheit muss der Upload auch für Menschen mit motorischen Einschränkungen möglich sein, die Schwierigkeiten haben, eine Maus zu steuern oder eine Berührungsgeste auf einem Touchscreen auszuführen. Gegebenenfalls wird die Webseite über Sprachbefehle gesteuert.

9.11.3 Redundante Eingaben

WCAG 3.3.7, »Redundante Eingabe« (Level AA), zielt darauf ab, die Nutzenden davor zu bewahren, Informationen innerhalb eines Vorgangs erneut eingeben zu müssen, wenn sie diese Informationen bereits einmal eingegeben haben. Das ist besonders wichtig für die Nutzenden mit kognitiven, sprachlichen und/oder lernbezogenen Behinderungen, die möglicherweise Schwierigkeiten haben, sich an Informationen zu erinnern (insbesondere Kurzzeitgedächtnis) oder diese bei jeder Nutzung erneut einzugeben. Der Ausfüllprozess soll dadurch vereinfacht werden, es sei denn, dass die mehrfache Eingabe aus Sicherheitsgründen notwendig ist (z. B. bei der Passworteingabe).

Ein häufiges Beispiel für die Anwendung dieser Richtlinie ist ein Onlinebestellformular. Stellen Sie sich vor, die Nutzenden müssen während eines Bestellvorgangs zuerst die Lieferadresse und dann die Rechnungsadresse eingeben. Um die Anforderungen von WCAG 3.3.7 zu erfüllen, könnte das Formular die Option enthalten, die Lieferadresse in die Rechnungsadresse zu übernehmen, wie in Abbildung 9.18 dargestellt.

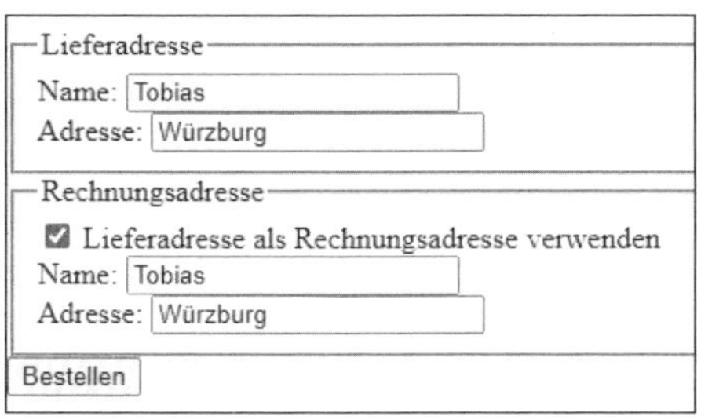

Abbildung 9.18 Optionale Übernahme der Lieferadresse

Die Nutzenden könnten das Kontrollkästchen aktivieren, um die bereits eingegebene Lieferadresse automatisch in das Feld Rechnungsadresse zu kopieren. Listing 9.12 zeigt den entsprechenden Code mit dem notwendigen `onclick`-Ereignis.

```
<!DOCTYPE html>
<html lang="de">
<head>
```

```
    <meta charset="UTF-8">
    <title>Bestellformular</title>
    <script>
        function copyAddress() {
            if (document.getElementById('sameAddress').checked) {
                document.getElementById('billingName').value =
document.getElementById('shippingName').value;
                document.getElementById('billingAddress').value =
document.getElementById('shippingAddress').value;
                // Weitere Felder kopieren...
            }
        }
    </script>
</head>
<body>
    <form>
        <fieldset>
            <legend>Lieferadresse</legend>
            <label for="shippingName">Name:</label>
            <input type="text" id="shippingName" name="shippingName"
required><br>
            <label for="shippingAddress">Adresse:</label>
            <input type="text" id="shippingAddress" name="shippingAddress"
required><br>
        </fieldset>

        <fieldset>
            <legend>Rechnungsadresse</legend>
            <input type="checkbox" id="sameAddress" name="sameAddress"
onclick="copyAddress()">
            <label for="sameAddress">Lieferadresse als Rechnungsadresse
verwenden</label><br>
            <label for="billingName">Name:</label>
            <input type="text" id="billingName" name="billingName"
required><br>
            <label for="billingAddress">Adresse:</label>
            <input type="text" id="billingAddress" name="billingAddress"
required><br>
        </fieldset>

        <input type="submit" value="Bestellen">
```

```
    </form>
</body>
</html>
```

Listing 9.12 Übernahme der Adressen – einmaliges Eingeben

Die Richtlinie WCAG 3.3.7 ermöglicht einen effizienten und flüssigen Prozess, der es den Nutzenden erlaubt, Aufgaben schneller und mit weniger Aufwand zu erledigen. Darüber hinaus reduziert sie die kognitive Last und potenzielle Frustration für alle Nutzenden, insbesondere für diejenigen mit Gedächtnis- oder Konzentrationsschwierigkeiten.

9.11.4 Authentifizierung leicht gemacht

WCAG 3.3.8, »Zugängliche Authentifizierung (Minimum)« (Level AA), bezieht sich auf die Möglichkeit für die Nutzenden mit unterschiedlichen Fähigkeiten, sich sicher und effizient anzumelden oder zu authentifizieren. Authentifizierungsverfahren, wie z. B. die Anmeldung mit Benutzername und Passwort, sollten so gestaltet sein, dass sie für Menschen mit Behinderungen zugänglich sind, ohne dass sie kognitive Funktionen oder physische Fähigkeiten benötigen, die über das übliche Maß hinausgehen. Es sollten alternative Authentifizierungsmethoden angeboten werden, die keine komplexe Gedächtnisleistung oder komplexe Berechnungen erfordern.

Ein gutes Beispiel, das WCAG 3.3.8 entspricht, ist ein zweistufiges Authentifizierungsverfahren, das neben einem herkömmlichen Passwort auch die Möglichkeit bietet, sich über einen (Magic-)Link in einer E-Mail oder per SMS zu authentifizieren. Dadurch wird es Menschen, die Schwierigkeiten mit visuellen Captchas oder komplexen Passwörtern haben, möglich, sich dennoch relativ sicher zu authentifizieren.

WCAG 3.3.9, »Zugängliche Authentifizierung (erweitert)« (Level AAA), geht restriktiver vor. Dieses Kriterium stellt sicher, dass kein Schritt im Authentifizierungsprozess einen kognitiven Funktionstest erfordert, es sei denn, es wird eine alternative Methode oder Unterstützung angeboten. Dieses Erfolgskriterium soll sicherstellen, dass es eine zugängliche, einfach zu bedienende und sichere Methode gibt, sich anzumelden, auf Inhalte zuzugreifen und Aufgaben auszuführen. Dieses Kriterium entspricht WCAG 3.3.8, jedoch ohne die Ausnahmen für Objekte und Inhalte, die vom Nutzenden bereitgestellt werden.

Jeder erforderliche Schritt des Authentifizierungsprozesses darf demnach

- weder eine Auswahl von Bildern, Videos oder Audioclips anzeigen, bei denen die Nutzenden das von ihnen bereitgestellte Bild auswählen müssen,
- noch eine Auswahl von Bildern anzeigen, bei denen die Nutzenden die Bilder auswählen müssen, die ein bestimmtes Objekt enthalten, z. B. ein Auto.

9.12 Hilfestellungen

Typischerweise benutzen wir Menschen eine Website oder eine Anwendung allein, niemand schaut zu und hilft bei Problemen. Bei Usability-Tests fällt manchmal auf, dass bestimmte Aspekte nicht verstanden werden (Fachbegriffe, mehrdeutige Interpretationsmöglichkeiten etc.) oder dass Abläufe unklar sind. Aus Usability-Sicht ist es am besten, wenn das System keine zusätzlichen Erklärungen benötigt. Es kann jedoch notwendig sein, eine Dokumentation bereitzustellen, damit die Nutzenden verstehen, wie sie ihre Aufgaben erledigen können (10. Heuristik »Hilfe und Dokumentation« von Nielsens Usability-Heuristiken für die Gestaltung von Benutzeroberflächen)[1]. Also nennen Sie nie allein die Fehlermeldung, sondern geben Sie immer auch Korrekturhilfen.

WCAG 3.3.5, »Hilfe« (Level AAA), greift das Thema Hilfe ebenfalls auf und fordert kontextsensitive Hilfe, damit die Nutzenden Fehler vermeiden können. Mit kontextsensitiver Hilfe kann herausgefunden werden, wie eine Operation durchgeführt werden kann, ohne den Überblick zu verlieren. Kontextsensitive Hilfe sollte nur dann angeboten werden, wenn die Beschriftung nicht ausreicht, um alle Funktionen verständlich zu beschreiben. Das Vorhandensein von kontextsensitiver Hilfe sollte für alle Nutzenden offensichtlich sein; sie sollte verfügbar sein, wann immer sie benötigt wird.

Insbesondere für Formulare sollte Folgendes gegeben sein:

- Unterstützung durch Assistenten wie Chatbots (Diese müssen selbst barrierefrei sein.)
- eine Rechtschreibprüfung und Vorschläge für Texteingaben
- Textanweisungen am Anfang eines Formulars oder eine Reihe von Feldern, die die erforderlichen Eingaben beschreiben
- das erwartete Datenformat im Fall von File-Uploads und entsprechende Beispiele

9.13 Zusammenfassung des Kapitels

Hier sind noch einmal die wichtigsten Punkte dieses Kapitels im Überblick:

- Verwenden Sie semantisch korrekte HTML-Strukturen wie `<form>`, `<input>`, `<label>`, `<fieldset>` und `<legend>`.
- Wählen Sie passende `<input>`-Typen (z. B. `type="email"`) für die erwarteten Daten, um mobile Tastaturen optimal anzupassen.

1 *https://www.nngroup.com/articles/ten-usability-heuristics/*

- Verwenden Sie für jedes Eingabefeld ein sichtbares `<label>`, das mit dem `for`-Attribut an das entsprechende Feld gebunden ist. Platzieren Sie Labels in unmittelbarer Nähe zu ihren Eingabefeldern für eine bessere Verständlichkeit.
- Nutzen Sie ARIA-Attribute wie `aria-label` oder `aria-labelledby` für Felder ohne sichtbare Labels, um die Zugänglichkeit sicherzustellen. Kombinieren Sie unsichtbare Beschriftungen mit CSS, um visuelle Designs zu erhalten, ohne die Barrierefreiheit zu beeinträchtigen.
- Ordnen Sie Formularfelder in einer logischen und intuitiven Reihenfolge an, die dem natürlichen Nutzungsfluss entspricht. Achten Sie auf eine konsistente Tab-Reihenfolge zur Unterstützung der Tastaturnavigation.
- Nutzen Sie das `required`-Attribut für Pflichtfelder, um eine native Browservalidierung und Fehlermeldungen zu aktivieren.
- Deaktivieren Sie die Autokorrektur bei Eingabefeldern wie E-Mail-Adressen. Vermeiden Sie dadurch unerwünschte automatische Anpassungen, die zu Eingabefehlern führen können.
- Implementieren Sie das `autocomplete`-Attribut mit spezifischen Werten (z. B. `autocomplete="given-name"`), um die Autovervollständigung bei personenbezogenen Angaben zu unterstützen.
- Stellen Sie einen ausreichenden Kontrast (mindestens 3 : 1) für Buttons und Fokusindikatoren sicher. Sorgen Sie für sichtbare Fokuszustände bei Tastaturnavigation und für klare Beschriftungen der Buttons.
- Bieten Sie eine Echtzeitvalidierung und sofortiges Feedback bei Eingabefehlern. Geben Sie klare, spezifische Fehlermeldungen mit Korrekturvorschlägen.
- Ermöglichen Sie Nutzenden, Eingaben zu überprüfen und zu korrigieren, besonders bei kritischen Aktionen (WCAG 3.3.4 und 3.3.6).
- Bieten Sie alternative Bedienmöglichkeiten zu Drag and Drop, z. B. durch zusätzliche Buttons. Stellen Sie sicher, dass alle Funktionen auch ohne komplexe Gesten oder Bewegungen nutzbar sind (WCAG 2.5.7).
- Vermeiden Sie doppelte Dateneingaben, indem Sie Optionen zur Datenübernahme anbieten (z. B. Checkbox für gleiche Rechnungsadresse).
- Implementieren Sie zugängliche Authentifizierungsmethoden ohne komplexe kognitive Anforderungen. Bieten Sie Alternativen zu Passwörtern und Captchas, wie z. B. Magic Links oder biometrische Verfahren (WCAG 3.3.8 und 3.3.9).
- Stellen Sie kontextsensitive Hilfe bereit, z. B. durch Hilfetexte, Tooltips oder Chatbots.
- Bieten Sie klare Anweisungen und Beispiele für komplexe Eingaben oder Formate. Unterstützen Sie Nutzende durch Rechtschreibprüfungen und Eingabevorschläge, um Fehler zu vermeiden.

TEIL IV

Barrierefreie Social-Media- und PDF-Dokumente

Kapitel 10
Inhalte auf Social-Media-Plattformen

»People ignore design that ignores people.«
Frank Chimero, Designer

Die Themen im Überblick:

- Text, Sprache, Emojis und Hashtags
- Bilder in Social Media
- Audio und Video
- Checkliste für Social Media
- Zusammenfassung des Kapitels

Bei der Erstellung von Social-Media-Beiträgen ist es entscheidend, dass die Inhalte für alle Nutzenden zugänglich sind. Grundsätzlich gelten die gleichen Richtlinien wie für die eigenen Websites, mit dem Unterschied, dass Sie die Inhalte auf Instagram, Facebook, LinkedIn und Co. bereitstellen. Sie sind der Produzent bzw. die Produzentin der Beiträge und sollten daher die Aspekte der Barrierefreiheit berücksichtigen, um möglichst viele Menschen mit Ihrer Nachricht zu erreichen. Leider sind die Möglichkeiten dadurch begrenzt, wie viel Barrierefreiheit der jeweilige Anbieter in die Plattform integriert hat. Deshalb ist es wichtig, diese möglichst effizient auszunutzen.

10.1 Text, Sprache, Emojis und Hashtags

Die Verwendung einer klaren und einfachen Sprache macht die Inhalte für ein breites Publikum zugänglich. Komplizierte Sätze und Fachjargon sollten vermieden werden. Stattdessen sollten Texte gut strukturiert und leicht lesbar sein, indem Absätze, Listen und klare Überschriften verwendet werden. Dies erleichtert nicht nur Menschen mit kognitiven Beeinträchtigungen das Verständnis, sondern verbessert die allgemeine Nutzungserfahrung.

10.1.1 Emojis sparsam einsetzen

Emojis können die Verständlichkeit von Texten beeinträchtigen, insbesondere wenn sie übermäßig verwendet werden. Zu viele Emojis können für die Nutzenden von

Screenreadern störend sein, da jedes Emoji einzeln beschrieben wird. Daher ist es ratsam, Emojis sparsam und strategisch einzusetzen, vorzugsweise am Ende eines Satzes, um die Lesbarkeit zu verbessern.

Sind Sie bereit für das folgende Experiment? Wenn ein Screenreader Ihnen das Folgende vorliest, verstehen Sie dann wirklich, worum es geht?

»Erstauntes Gesicht entwickle digitale Lösungen für eins Taste drei Taste Mio. Menschen in Bayern überwältigt.

Bewirb dich ok Zeichen jetzt und setz den nächsten Grundstein Gesicht mit Dollarzeichen für deine Karriere lächelndes Gesicht mit Sonnenbrille.

In dem drei Taste monatigen Trainingsprogramm hast du die einmalige zusammengelegte Handflächen Chance, an realen Projekten zu arbeiten und selbst bei der Digitalisierung mitzuwirken zwei erhobene Handflächen.

Gesucht werden Talente aus den Bereichen Design Magier Magierin, Testentwicklung Detektiv und Projektmanagement Top Pfeil.«

Der Text ist die Ausgabe des Screenreaders des LinkedIn-Beitrags in Abbildung 10.1.

Abbildung 10.1 Social-Media-Post mit Emojis

Der inhaltliche Unterschied zwischen dem visuellen Beitrag und der Ausgabe über die assistiven Technologien ist sehr groß. Setzen Sie daher Emojis mit Bedacht ein.

10.1.2 Keine Textformatierung über Unicode

Der Kreativität in der visuellen Gestaltung von Texten sind auf den Social-Media-Plattformen Grenzen gesetzt – sehr zum Leidwesen vieler Nutzenden. Dennoch finden sich in den Beiträgen immer wieder Texte, die formatiert sind, wie in Abbildung 10.2 dargestellt.

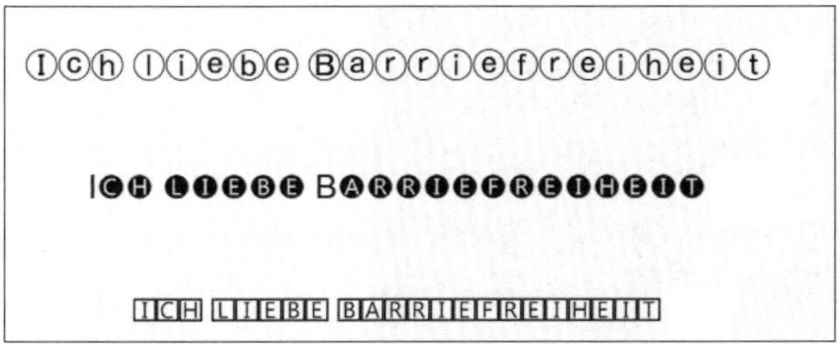

Abbildung 10.2 Textdarstellung mittels Unicode-Zeichen

Wie wird dies erzeugt? Die Antwort ist, dass Textkonverter (gibt es im Internet in großer Zahl frei zugänglich) einen Text bzw. Buchstaben in Unicode-Zeichen »übersetzen«, die aussehen wie Buchstaben oder Wörter, die aber letztlich keine sind. Die Verwendung von Unicode in Social-Media-Beiträgen kann dadurch mehrere Probleme verursachen:

- Screenreader können Unicode-Zeichen nicht richtig vorlesen. Texte in Unicode werden oft nicht als Text erkannt.
- Manche Unicode-Zeichen sind schwer lesbar, besonders für Menschen mit Sehbehinderungen.
- Verschiedene Plattformen stellen Unicode-Zeichen unterschiedlich dar.
- Unicode-Zeichen können von Suchmaschinen oder internen Suchfunktionen nicht richtig erkannt werden.

Vermeiden Sie daher die Textformatierung über Unicode.

10.1.3 Hashtags

Was ist eine Eistichsuppe? Was ist ein Altbaucharme? Wörter, die man mehrfach lesen muss, um sie zu verstehen. Das sollte bei einem Hashtag nicht passieren. Um die Lesbarkeit zu verbessern, sollten Hashtags daher in CamelCase geschrieben werden (z. B. #BarrierefreierContent statt #barrierefreiercontent). Anstelle von CamelCase wird auch der Begriff PascalCase verwendet. Der Unterschied ist, dass bei PascalCase der erste Buchstabe großgeschrieben wird, bei CamelCase nicht. Diese Schreibweise erleichtert es Screenreadern, die einzelnen Wörter richtig zu interpretieren und auszugeben. Keine Sorge, Sie verlieren keine Nutzenden, wenn Sie nach einem Hashtag suchen. Hashtags sind case-insensitive, d. h., Groß-/Kleinschreibung wird nicht berücksichtigt und Sie werden bei einer Suche nach #barrierefreiercontent auch mit #BarrierefreierContent gefunden.

Hashtags sollten von Menschen und Maschine nicht »missverständlich« interpretiert werden (siehe Abbildung 10.3).

Abbildung 10.3 Optimierungswürdiges Hashtag in X
(Quelle: *https://x.com/GeorgeTakei/status/272831169559674880*)

10.2 Bilder in Social Media

Social Media lebt von Bildern, das ist die DNA von Instagram. Daher gibt es einige Aspekte, die bei der Verwendung von Bildern in Social Media beachtet werden müssen, damit alle Nutzenden den bestmöglichen Nutzen daraus ziehen können.

10.2.1 Alt-Text bzw. Bildbeschreibungen

Viele Social-Media-Plattformen wie LinkedIn, Instagram oder Facebook bieten mittlerweile die Möglichkeit, den hochgeladenen Bildern einen Alt-Text hinzuzufügen (siehe Abbildung 10.4 für LinkedIn). Das heißt, wenn Sie ein Bild auf LinkedIn posten, sollte es einen geeigneten Alt-Text zur Verfügung stellen.

Abbildung 10.4 Erstellung eines Alt-Textes für ein hochgeladenes Bild

Verlassen Sie sich hier nicht auf die umfassende Power der künstlichen Intelligenz (KI) bei den Social-Media-Plattformen, die zu suggerieren versucht, dass Bilder automatisch erkannt und optimal beschrieben werden – das ist leider (noch) Zukunftsmusik. Bei Facebook erschien zum Bild in Abbildung 10.4 etwa der Alt-Text: »Ist möglicherweise ein Bild von Nudeln.« Daran hat sich, trotz der rasanten Entwicklung von KI in den letzten ca. vier Jahren, in genau diesem Zeitraum so gut wie nichts geändert.

Tipp: Bildbeschreibung von Social-Media-Beiträgen

Ergänzen Sie Social-Media-Posts am Ende um eine Bildbeschreibung. Diese darf umfassender sein als der typische Alt-Text und bietet mehr Kontext für sehbehinderte Menschen und Screenreader-Nutzende.

10.2.2 Texte auf Bildern

Wenn ein Bild Text beinhaltet bzw. das gesamte Bild ein sehr langer Text ist, kann es sein, dass der Screenreader den Text nicht oder nur unzureichend ausgibt. Das hängt davon ab, wie gut die Plattform den Text abstrahieren kann. Facebook macht das derzeit gut, ist aber fehleranfällig. Daher kann es sinnvoller sein, den Hauptaspekt auf dem Bild anzuteasern und den restlichen Inhalt in den Beitrag zu packen.

10.2.3 Kontrastreiche Farben und Hintergründe

Die Wahl kontrastreicher Farben für Text und Hintergrund ist wichtig, um die Lesbarkeit für alle Nutzenden zu gewährleisten. Die Farben sollten so gewählt werden, dass sie auch von Menschen mit Farbsehschwäche unterschieden werden können. Tools wie der *Colour Contrast Analyzer* können dabei helfen, sicherzustellen, dass die verwendeten Farben den Anforderungen der WCAG entsprechen.

10.2.4 Keine ASCII-Kunst

Sehen Sie sich das ASCII-Kunstwerk in Listing 10.1 an, das ChatGPT in Sekundenschnelle für Sie erstellen kann. Sicher, es ist kreativ, aber für Screenreader und viele Menschen nicht verständlich und daher für Kampagnen nicht zu empfehlen.

```
 _     _        _ _
| |   | |      | | |
| |__| | ___| | | ___
|  __  |/ _ \ | |/ _ \
| |   | |  __/ | | (_) |
|_|   |_|\___|_|_|\___/
```

Listing 10.1 ASCII-Darstellung des Wortes »Hello«

10.2.5 GIFs und Blinken

GIFs dürfen weder blinkende noch blitzende Aspekte beinhalten (fotosensitive Epilepsie, siehe Abschnitt 7.2, »Flackern und Blinken«) und müssen die Bewegungen nach spätestens 5 Sekunden stoppen bzw. die Möglichkeit der Pausierung anbieten. Im Idealfall vermeiden Sie animierte GIFs vollständig.

10.3 Audio und Video

Je nachdem, welcher Studie Sie Glauben schenken wollen, schauen 69–85 % der Nutzenden Videos auf Social Media *ohne* Ton an. Studierende können dies sicherlich bestätigen, da während der Vorlesung das eine oder andere Video parallel angeschaut wird. Weitere Gründe für den Konsum von Videos ohne Ton sind z. B. Umgebungen, in denen man nicht allein ist (Bahn, Bibliothek) oder Fremdsprache und Akzent. Daher sind Untertitel nicht nur für die Barrierefreiheit von Videos unerlässlich, sondern insbesondere im Social-Media-Umfeld für alle (situativ) sinnvoll. Plattformen wie YouTube und Facebook bieten eine automatische Erstellung von Untertiteln an, die überprüft und gegebenenfalls korrigiert werden sollte. Für maximale Genauigkeit und Verständlichkeit ist es jedoch oft besser, Untertitel manuell zu erstellen, insbesondere bei spezifischen Fachbegriffen oder Namen.

10.4 Checkliste für Social Media

Die englischsprachige Website *https://www.accessible-social.com/* bietet umfassende Informationen zur Erstellung barrierefreier Social-Media-Inhalte. Neben einem kostenlosen E-Book werden verschiedene Videos und Kampagnenbeispiele erläutert und kommentiert – eine wirklich gute Wissensquelle. Auch die folgende Checkliste ist teilweise daraus übernommen:

1. **Text und Formatierungsrichtlinien**
   - Mehrteilige Hashtags werden korrekt formatiert (CamelCase).
   - Hashtags werden in Maßen verwendet.
   - Hashtags werden, wenn möglich, am Ende von Beiträgen und Tweets platziert.
   - Verwenden Sie keine Tabs oder Leerzeichen, um die Formatierung des geschriebenen Inhalts zu manipulieren.
   - Vermeiden Sie die Verwendung von Alternating Caps (abwechselnd große und kleine Buchstaben = aLtErNaTiNg CaPs).
   - Schreiben Sie in Einfacher Sprache.

- Lesen in GROSSBUCHSTABEN fällt vielen Menschen schwerer, deshalb sollten Sie ganze Sätze in Großbuchstaben vermeiden.
- Verwenden Sie Emojis in Maßen.
- Verwenden Sie keine Emojis als Aufzählungszeichen.
- Überprüfen Sie Emoji-Beschreibungen vor der Verwendung (*https://emojipedia.org/*).
- Nutzen Sie keine alternativen Zeichen, um den Text in unterschiedlichen Schriftstärken, Stilen oder Schriftarten erscheinen zu lassen.
- Verwenden Sie keine ASCII-Kunst.

2. **Bilder und visuelle Inhalte**
   - Verfassen Sie für Bilder, einschließlich GIFs, geeignete Alt-Texte.
   - Fügen Sie in den Bildern enthaltenen Text in die Bildbeschreibung ein.
   - Wenn ein Bild übermäßig viel eingebetteten (grafischen) Text enthält, wie eine offizielle Erklärung oder ein Update einer Organisation, verlinken Sie aus dem Beitrag oder Tweet auf eine Webseite, auf der die vollständige Erklärung als lesbarer Text verfügbar ist, und fügen Sie den entsprechenden Alt-Text dem Bild hinzu.
   - Stellen Sie sicher, dass alle Grafiken geeignete Kontrastfarben haben, damit der Text gut lesbar ist.
   - Achten Sie auf Farbschwächen (insbesondere Rot und Grün).
3. **Audio und Video**
   - Stellen Sie sicher, dass Videos untertitelt sind, die Dialoge und/oder informative Audios enthalten.
   - Beschreiben Sie die visuellen Elemente der Videos entweder durch Text oder Audio, wann immer möglich.
   - Machen Sie eine Liveuntertitelung für alle Livevideos oder -streams verfügbar.
   - Vermeiden Sie Blitzlichter oder Strobe-Effekte in Videos.
   - Stellen Sie Transkripte für alle Audioinhalte ohne Video zur Verfügung.

10.5 Zusammenfassung des Kapitels

Hier sind noch einmal die wichtigsten Punkte dieses Kapitels im Überblick:

- Vermeiden Sie komplizierte Sätze und Fachjargon; nutzen Sie Absätze, Listen und klare Überschriften zur Verbesserung der Lesbarkeit.
- Eine gute Struktur erleichtert für Menschen mit kognitiven Beeinträchtigungen das Verständnis und verbessert die allgemeine Nutzungserfahrung.

- Die übermäßige Verwendung von Emojis kann die Verständlichkeit beeinträchtigen und für Screenreader-Nutzende störend sein. Verwenden Sie Emojis daher mit Bedacht. Verwenden Sie Emojis vorzugsweise am Satzende, um die Lesbarkeit zu erhöhen.
- Schreiben Sie Hashtags in CamelCase (z. B. #BarrierefreierContent), um die Lesbarkeit zu erhöhen und Screenreadern die korrekte Interpretation zu ermöglichen.
- Achten Sie darauf, dass Hashtags klar und nicht missverständlich sind.
- Vermeiden Sie die Formatierung von Texten über Unicode.
- Da Bilder in sozialen Medien eine zentrale Rolle spielen, müssen sie für alle Nutzenden zugänglich gestaltet werden. Nutzen Sie Alt-Texte, kontrastreiche Farben und vermeiden Sie problematische Farbkombinationen wie Rot-Grün.
- Nutzen Sie die vorgesehene Felder für Alt-Texte auf Plattformen wie LinkedIn, Instagram und Facebook, um Bilder mit aussagekräftigen Alt-Texten zu versehen. KI-generierte Alt-Texte sind oft unzuverlässig; verfassen Sie eigene Beschreibungen.
- Da Screenreader den Text auf Bildern möglicherweise nicht lesen können, sollte der Hauptinhalt im Beitragstext stehen. Reduzieren Sie Text auf Bildern und bieten Sie alternative Textversionen an.
- Verwenden Sie kontrastreiche Farben für Text und Hintergrund, um die Lesbarkeit zu gewährleisten. Wählen Sie Farben, die auch von Menschen mit Farbsehschwäche unterschieden werden können; vermeiden Sie problematische Kombinationen wie Rot-Grün.
- Verzichten Sie auf ASCII-Kunst, Solche Darstellungen sind für Screenreader und viele Nutzenden unverständlich und sollten daher nicht verwendet werden.
- Vorsicht mit animierten Inhalten: Vermeiden Sie GIFs mit blinkenden oder blitzenden Effekten, um Risiken für Menschen mit fotosensitiver Epilepsie zu minimieren. Animierte Inhalte sollten nach 5 Sekunden stoppen oder die Möglichkeit zum Pausieren bieten.
- Da viele Nutzende Videos ohne Ton ansehen, sind Untertitel für die Barrierefreiheit und allgemeine Nutzbarkeit essenziell. Nutzen Sie automatische Untertitel, aber korrigieren Sie eventuelle Fehler manuell.

Kapitel 11
Barrierefreie PDFs erstellen und einsetzen

»We need to make every single thing accessible to every single person with a disability.«
Stevie Wonder

11

Die Themen im Überblick:

- Warum auch PDF-Dokumente barrierefrei sein sollten
- PDF-Tags – die Basis barrierefreier PDF-Dokumente
- Schritt für Schritt: Barrierefreies PDF mit Microsoft Word
- Prüfung der Barrierefreiheit eines PDFs
- Reihenfolgen für das Vorlesen definieren und prüfen
- Zusammenfassung des Kapitels

Sofern Ihr Webshop barrierefrei ist, haben Sie einen großen Beitrag für viele Menschen geleistet (und nebenbei etwaige gesetzliche Anforderungen erfüllt). Damit sich die Barrierefreiheit bis zum Ende der Customer Journey fortsetzt, muss auch die weitere Kommunikation zwischen Ihnen und den Nutzenden barrierefrei sein. Barrierefreie PDF-Dokumente leisten hier einen wichtigen Beitrag. Es wäre doch schade, wenn der Shop die Inhalte für alle perfekt zur Verfügung stellt, ob mit oder ohne Einschränkung, und dann die am Ende des Bestellprozesses generierte Bestellübersicht oder Widerrufsbelehrung im PDF-Format doch nicht barrierefrei sind.

11.1 Warum auch PDF-Dokumente barrierefrei sein sollten

Wenn man an PDF denkt, kommt einem schnell Adobe in den Sinn, da der Adobe Acrobat Reader in direktem Zusammenhang mit PDF (Portable Document Format) angeboten wird. Obwohl von Adobe entwickelt, ist ISO 32000 inzwischen ein internationaler Standard, der die Spezifikationen für PDF festlegt. Ursprünglich von Adobe Systems entwickelt und als PDF 1.7 veröffentlicht, wurde diese Spezifikation von der Internationalen Organisation für Normung (ISO) als offener Standard übernommen. Dieser Schritt ermöglichte es anderen Unternehmen, PDF-kompatible Software zu entwickeln. ISO 32000 wurde später durch ISO 32000-2:2017 aktualisiert, auch bekannt als PDF 2.0. Mit dieser Version wurden zahlreiche Verbesserungen und neue Funktionen eingeführt, darunter erweiterte Verschlüsselungsmöglichkeiten und eine bessere Unterstützung von Multimediaelementen. PDF wird typischerweise verwendet, wenn Inhalte geschützt werden müssen (digitale Signatur oder »unveränderliche« Dokumente wie Rechnungen). Ein weiterer Vorteil von PDF ist, dass es auf allen Endgeräten gleich aussieht. Teilen sich mehrere Personen eine identische Word-Datei, so sieht diese auf den Endgeräten – je nach individueller Einstellung von Word bzw. des hinterlegten Druckers – (leicht) unterschiedlich aus. Die verfügbaren Schriftarten unterscheiden sich von Installation zu Installation und von Betriebssystem zu Betriebssystem, was zuverlässig für Darstellungsfehler sorgt.

Vorteile von PDF:

- Konsistente Anzeige: PDF-Dokumente sehen auf allen Betriebssystemen und Endgeräten gleich aus.
- Interaktivität: PDF unterstützt interaktive Funktionen wie Hyperlinks, Bilder, Videos und Formulare.
- Sicherheit: Der Standard bietet verschiedene Sicherheitsoptionen wie Passwortschutz, Verschlüsselung, digitale Signaturen und Zugriffskontrollen, um vertrauliche Informationen zu schützen.
- Kompaktheit: PDF-Dokumente können komprimiert werden oder bieten bereits im Standard optimierte Dateigrößen.
- Zugänglichkeit: PDF ermöglicht Barrierefreiheit durch Tags, die dem PDF-Dokument Struktur- und Eigenschaftsinformationen geben, die von Hilfsmittelsoftware zum systematischen Erfassen des Inhalts genutzt werden können.

Den Vorteilen stehen auch einige Nachteile gegenüber:

- Sobald die Nutzenden von einer Webseite auf ein PDF zugreifen, befinden sie sich in einer »Sackgasse«. Weiterführende Links oder Informationen sind nur schwerer realisierbar, von responsivem Design ganz zu schweigen.
- Aspekte der Webanalyse sind ebenfalls nicht realisierbar, d. h., Trackingtools wie Google Analytics sind bei PDF-Dokumenten nutzlos, der Inhalt des PDFs ist nicht trackbar (es sei denn, die Links aus dem PDF werden mit entsprechenden Tracking-Parametern versehen).

Wo immer möglich, sollte daher auch im Sinne der Barrierefreiheit auf die Verwendung von PDF auf Websites verzichtet und stattdessen HTML, also klassische Webseiten, angeboten werden. Seien wir ehrlich, wenn wir aus einem Word-Dokument ein PDF erstellen, haben wir in der Regel Aspekte der Barrierefreiheit, wie z. B. die Strukturierung des Dokuments mit Überschriftenvorlagen, nicht berücksichtigt. Die Speisekarte eines Restaurants ist dann eine endlose Liste, statt einer strukturierten Karte mit getrennten Bereichen für Vorspeise, Hauptspeise und Dessert – für Sehende schnell nutzbar, für blinde Gäste eine Geduldsprobe. Sofern Bilder oder eingescannte Inhalte eingefügt werden, ist das PDF für Screenreader nur mittels Texterkennungssoftware (OCR) nutzbar. Es sind daher Anpassungen erforderlich, die in den folgenden Abschnitten erläutert werden. Für E-Books wird (abgesehen von Amazons Kindle) in der Regel das ePub-Format verwendet. Es ermöglicht durch seine XML-Basis ein hohes Maß an Barrierefreiheit.

Tipp: PDF-Dokumente mit PAC auf Barrierefreiheit hin prüfen

Lassen Sie eines Ihrer PDF-Dokumente mit dem kostenlosen PAC (PDF Accessibility Checker, mehr Details siehe Abschnitt 11.4.2, »Möglichkeiten der maschinellen Prüfung mit PAC (PDF Accessibility Checker)«) überprüfen. Sie werden überrascht sein, wie viele Anpassungen für die Barrierefreiheit notwendig sind.

Vergleichbar mit den WCAG für Webcontent wurde auch für PDF ein Standard entwickelt, der die Zugänglichkeit und Nutzbarkeit von PDF-Dokumenten für Menschen mit Behinderungen erleichtern soll. Der ISO-Standard 14289, besser bekannt als PDF/UA (PDF/Universal Accessibility), definiert die spezifischen Anforderungen für die Erstellung barrierefreier PDF-Dokumente. Die aktuelle Version UA-2 wurde im März 2024 veröffentlicht und wird voraussichtlich noch einige Jahre gültig sein.

PDF/UA: Die ISO 14289

PDF/UA definiert die technischen Anforderungen an die Barrierefreiheit von PDF-Dokumenten auf Basis der ISO 32000. Ziel ist es, zu gewährleisten, dass alle durch den Standard ISO 32000 definierten Anforderungen in barrierefreier Form umgesetzt werden können. Der Standard definiert technische Spezifikationen, um sicherzustellen, dass Inhalte von Screenreadern und anderen Hilfstechnologien korrekt interpretiert und angezeigt werden. Dazu gehören insbesondere Strukturierung, entsprechende Tags, Alternativtexte für Bilder und die korrekte Verwendung von Metadaten.

Wesentliche Inhalte der ISO 14289 (PDF/UA):

- Tagging: PDF/UA verlangt, dass PDF-Dokumente strukturierende Tags enthalten, die beschreiben, wie der Inhalt zu interpretieren ist. Durch verschiedene Tag-Sets ist auch das Tagging von EPUB und anderen strukturierten Formaten möglich. Das Dokument »Well-Tagged PDF« (*https://pdfa.org/wtpdf/*) bietet umfassende Informationen zur Implementierung.
- Navigation: Der Standard stellt sicher, dass PDF-Dokumente effektive Navigationshilfen wie Lesezeichen und Links bieten, die es den Nutzenden ermöglichen, durch das Dokument zu navigieren, ohne dem linearen Textfluss folgen zu müssen.

- Alternative Textbeschreibungen: Für alle nichttextuellen Elemente wie Bilder oder Grafiken müssen Alternativtexte zur Verfügung stehen.
- Interoperabilität: PDF/UA-konforme Dokumente sollen in unterschiedlichen technologischen Umgebungen funktionieren und mit einer Vielzahl von Soft- und Hardware kompatibel sein.

Last but not least ist auf eine korrekte Konvertierung zu achten, denn die EN 301 549 fordert in Kapitel 5 die Beibehaltung der Barrierefreiheitsinformationen bei einer Konvertierung (Prüfschritt 5.4 der EN 301 549). Das heißt, wenn Inhalte auf der Webseite barrierefrei sind, z. B. durch korrekte Auszeichnung von Überschriften und Verwendung von Alternativtexten, müssen diese Informationen bei der Konvertierung in PDF-Dokumente erhalten bleiben. Wenn Sie z. B. die Ausgabe von Produktdatenblättern auf einer Produktdetailseite auch als PDF »live« erzeugen, sollten die Tabellen, Überschriften und Bilder auch im PDF durch entsprechendes Tagging vom Screenreader gelesen werden können. Sobald das PDF anderweitig vorbereitet wurde und nur zum Download angeboten wird, greift dieses spezifische Kriterium nicht. Natürlich sollten Download-PDF-Dateien barrierefrei/getaggt sein.

11.2 PDF-Tags – die Basis barrierefreier PDF-Dokumente

HTML gibt dargestellten Elementen eine semantische Bedeutung. Wie in HTML dienen auch in PDF-Dokumenten sogenannte Tags der Strukturierung der Inhalte. Abbildung 11.1 zeigt die Tags eines PDF-Dokuments.

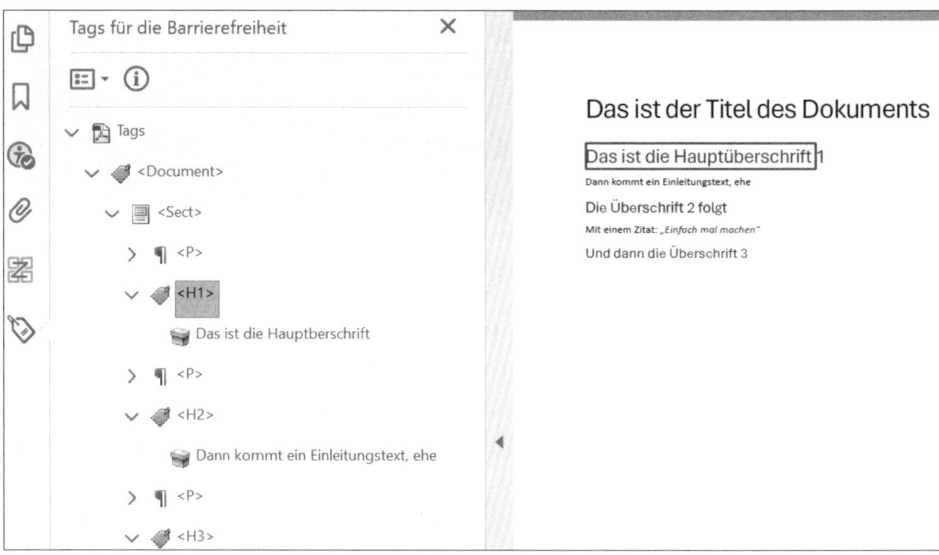

Abbildung 11.1 Tags für die Barrierefreiheit in PDF-Dokumenten

Sofern Sie die Tags in Adobe Acrobat nicht sehen, können Sie diese über Anzeige • Ein-/Ausblenden • Navigationsfenster anzeigen lassen.

Ein Tag im PDF ist also wieder ein Element, das Auskunft über die Art des Inhalts und dessen Bedeutung innerhalb des Dokuments gibt – vergleichbar mit einem Etikett an einem Kleidungsstück, das Angaben zu Preis und Waschhinweisen enthält. Tags in PDFs helfen, die informatorische bzw. hierarchische Struktur des Dokuments zu definieren. Sofern das PDF-Dokument die Tags sowie weitere Eigenschaften wie Titel und Thema enthält, werden diese in den Eigenschaften gespeichert und können über assistive Techniken abgerufen werden. Das heißt, wenn Ihr Dokument nicht den Hinweis PDF mit Tags: Ja enthält (siehe Abbildung 11.2), ist es nicht barrierefrei.

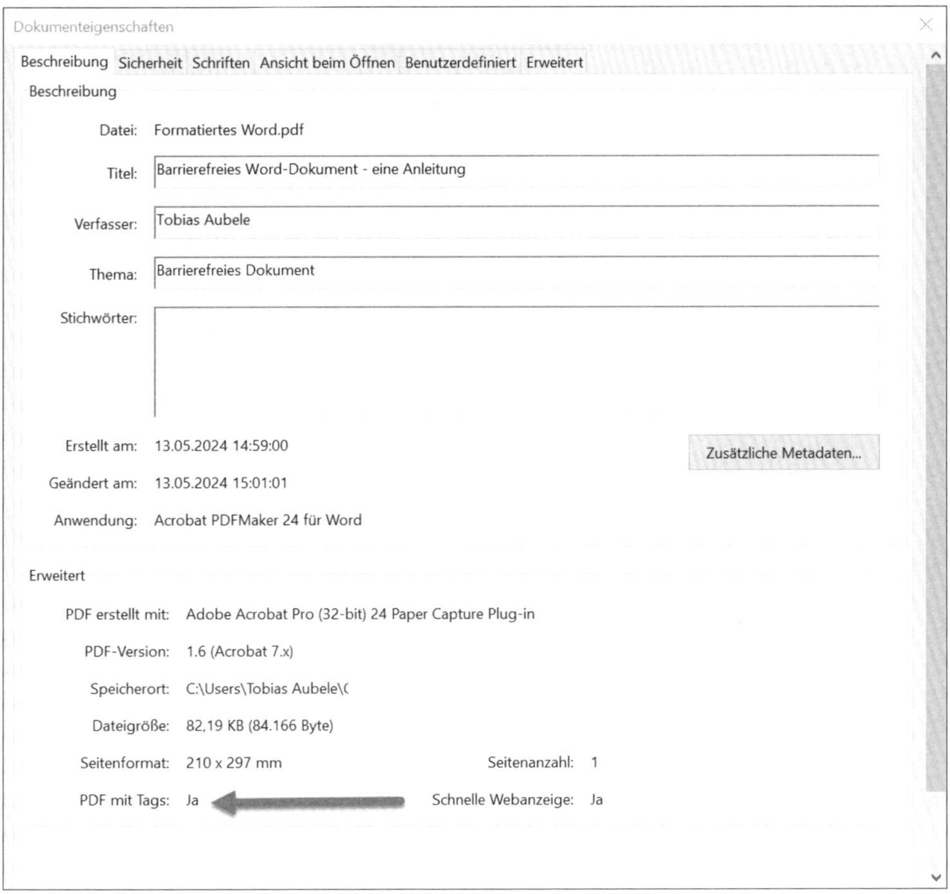

Abbildung 11.2 Dokumenteigenschaften mit Hinweisen zu Tags

Tabelle 11.1 gibt eine Übersicht über typische Tags innerhalb eines PDF-Dokuments.

Kategorie	Tag	Beschreibung
Dokumentstruktur	<Document>	Repräsentiert das gesamte Dokument.
	<Part>	größerer Abschnitt des Dokuments, ein Kapitel
	<Art>	in sich geschlossener Textteil innerhalb eines Dokuments oder einer Seite
	<Sect>	gruppierte Inhaltsteile bzw. Abschnitte innerhalb des Dokuments
	<Div>	allgemeines Blockelement zur Gruppierung, ohne semantische Bedeutung
Überschriften	<H1>–<H6>	Überschriften, die die Hierarchie des Inhalts definieren
Textstruktur	<P>	Absatz
	<Span>	Textbereich innerhalb eines Absatzes
	<Quote>	Zitat oder Blockzitat
	<Note>	End- oder Fußnote
Listen	<L>	Liste
	<LI>	Listenelement
	<Lbl>	Label eines Listenelements
	<LBody>	Inhalt eines Listenelements
Tabellen	<Table>	Tabelle
	<TR>	Tabellenreihe
	<TH>	Tabellenkopfzelle
	<TD>	Tabellenzelle
Links und Anker	<Link>	Hyperlink
	<Annot>	Annotation, z. B. Kommentare oder Verweise
grafische, symbolische und interaktive Elemente	<Figure>	grafisches Element wie ein Bild oder Diagramm
	<Formula>	mathematische Formel
	<Form>	Formularfeld innerhalb des PDFs

Tabelle 11.1 Standard-Tags innerhalb eines PDF-Dokuments

11.2.1 Gliederung bzw. Strukturierung eines PDF-Dokuments mit Tags

Mithilfe der Tags und deren Reihenfolge können Sie jedes PDF-Dokument gliedern und strukturieren. Abbildung 11.3 zeigt ein PDF-Dokument, das verschiedene Überschriften, Textabschnitte und im weiteren Verlauf auch Bilder enthält. Die Überschriften wurden wie in HTML mit `<H1>` bzw. `<H2>` (für Haupt- und Unterüberschriften) gekennzeichnet. Unformatierter Text wurde als `<P>` für Paragraph (Absatz) interpretiert.

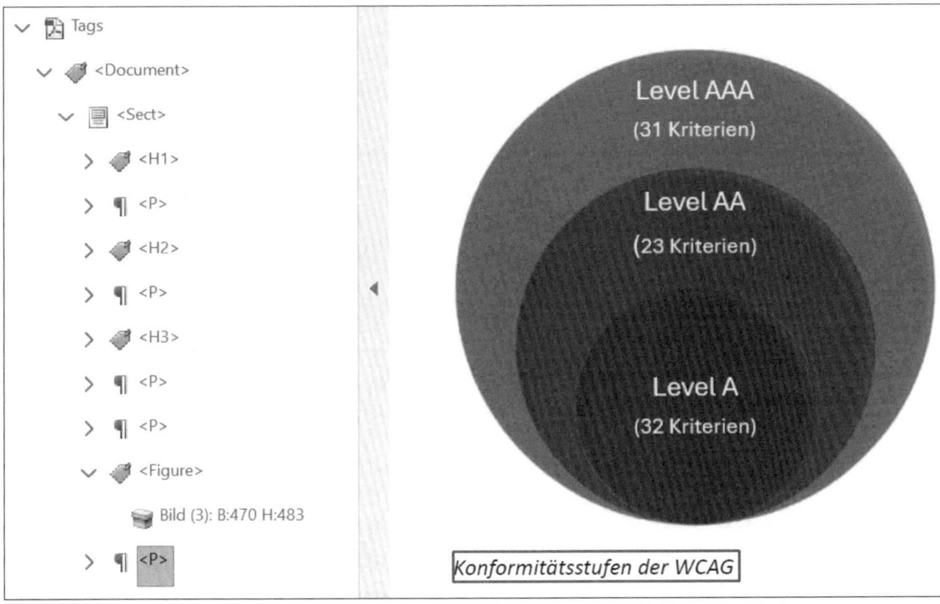

Abbildung 11.3 Gliederung und Änderung der Tags

Wenn z. B. in den Formatvorlagen von Microsoft Word die Überschrift mit Überschrift 1 versehen wurde, wird im PDF daraus automatisch ein `<H1>`-Tag, das ein Screenreader versteht. Ohne dieses Tag würde der Screenreader die Überschrift nur als normalen Text vorlesen, ohne die Bedeutung bzw. den Kontext hervorzuheben.

Außerdem kann jedes Tag in Adobe Acrobat Pro geändert, ergänzt oder gelöscht werden. Dazu kann das Tag angeklickt und direkt als Standard-Tag markiert werden. Außerdem können über das Kontextmenü die Eigenschaften angepasst werden. Die Bildunterschrift in der vorherigen Abbildung wurde als Absatz (`<P>`) definiert, semantisch korrekt müsste es eine Bildunterschrift (`<Caption>`) sein. Diese und weitere Eigenschaften wie die Sprache können angepasst werden (siehe Abbildung 11.4). Gerade bei der Sprache ist das wichtig, da pro Tag eine andere Sprache definiert werden kann, die bei der Aussprache im Screenreader berücksichtigt wird. Die global festgelegte Sprache für das PDF-Dokument kann somit individuell modifiziert werden.

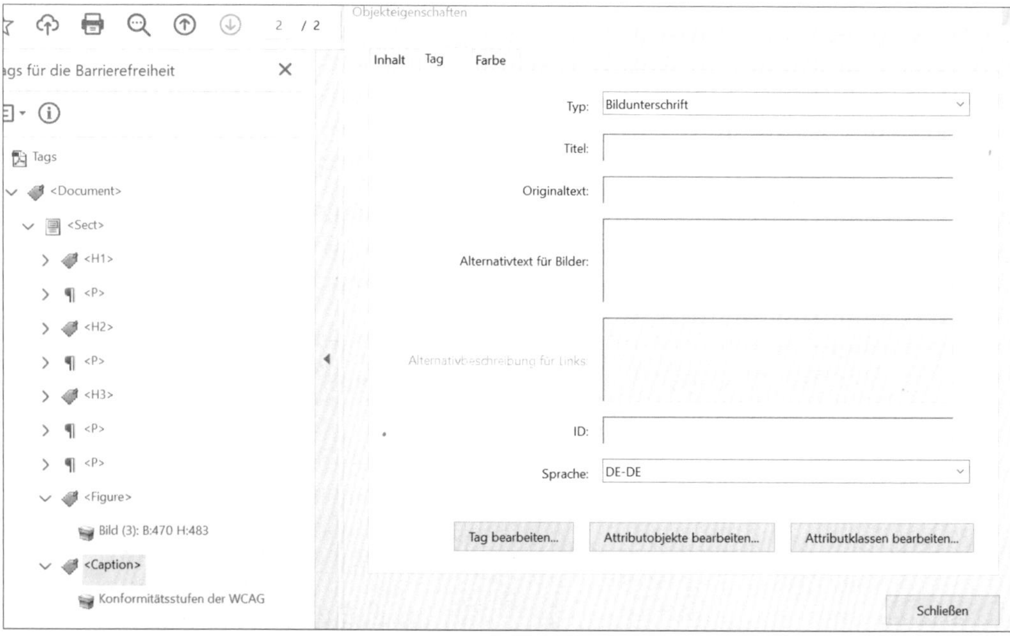

Abbildung 11.4 Eigenschaften eines Tags individuell anpassen

11.2.2 Lesezeichen

Tags eröffnen eine weitere Möglichkeit, die Navigation in einem PDF-Dokument zu verbessern, indem automatisch Lesezeichen erzeugt werden. Lesezeichen ermöglichen eine schnelle und einfache Navigation innerhalb eines PDF-Dokuments. Insbesondere bei umfangreichen Dokumenten, ausführlichen Berichten oder Handbüchern können die Nutzenden schnell zu bestimmten Kapiteln, Abschnitten oder Seiten springen, ohne durch das gesamte Dokument scrollen zu müssen (siehe Abbildung 11.5). Lesezeichen können in Adobe Acrobat Pro erstellt, bearbeitet und gelöscht werden.

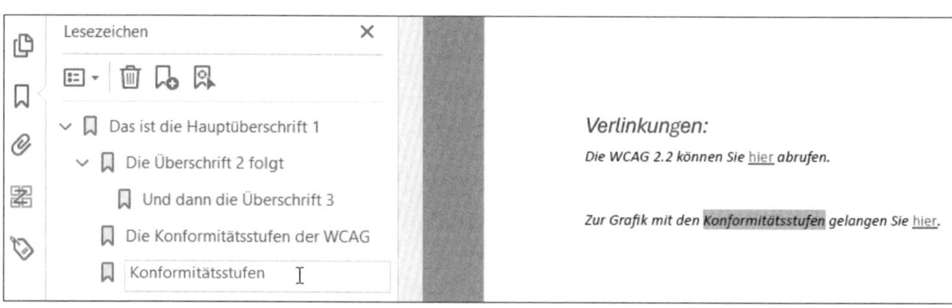

Abbildung 11.5 Lesezeichen in PDF-Dokumenten

Gerade bei längeren Dokumenten sind Lesezeichen essenziell. Sie können daher für das Dokument festlegen, wie die Ansicht beim Öffnen des einzelnen PDFs angepasst werden soll – bei langen Dokumenten mit einem Lesezeichenfenster und gegebenenfalls einer Anpassung an die Fensterbreite (siehe Abbildung 11.6).

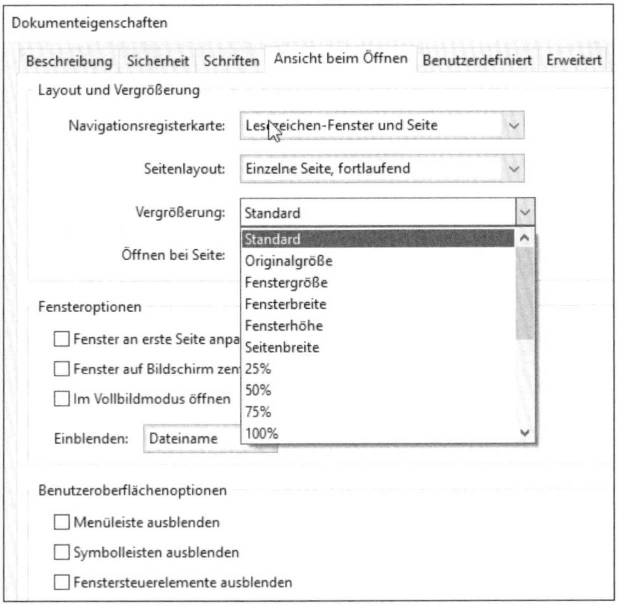

Abbildung 11.6 Festlegen von Dokumenteigenschaften

11.2.3 Alternativtexte für Bilder

Alternativtexte in PDF-Dokumenten sind genauso zu gestalten wie auf einer Webseite, d. h., wenn es für das Verständnis notwendig ist, muss zwingend ein Alternativtext eingefügt werden. Sofern es sich um ein dekoratives Bild handelt, ist das Feld VERZIERUNG zu aktivieren (siehe Abbildung 11.7).

In Adobe Acrobat erfolgt dies für das gesamte Dokument wie folgt:

1. Gehen Sie zu TOOLS • BARRIEREFREIHEIT.
2. Wählen Sie ALTERNATIVTEXT FESTLEGEN.
3. Adobe zeigt alle Bilder im Dokument an, die keinen Alt-Text haben.
4. Geben Sie einen prägnanten, beschreibenden Alternativtext ein, der den Inhalt und Zweck des Bildes erklärt. Für dekorative Bilder aktivieren Sie VERZIERUNG.
5. Wiederholen Sie diesen Vorgang für alle relevanten Bilder im Dokument.

Alternativ können Sie auf das Bild (`<Figure>`-Tag) klicken und den Alternativtext in den Eigenschaften des Tags festlegen.

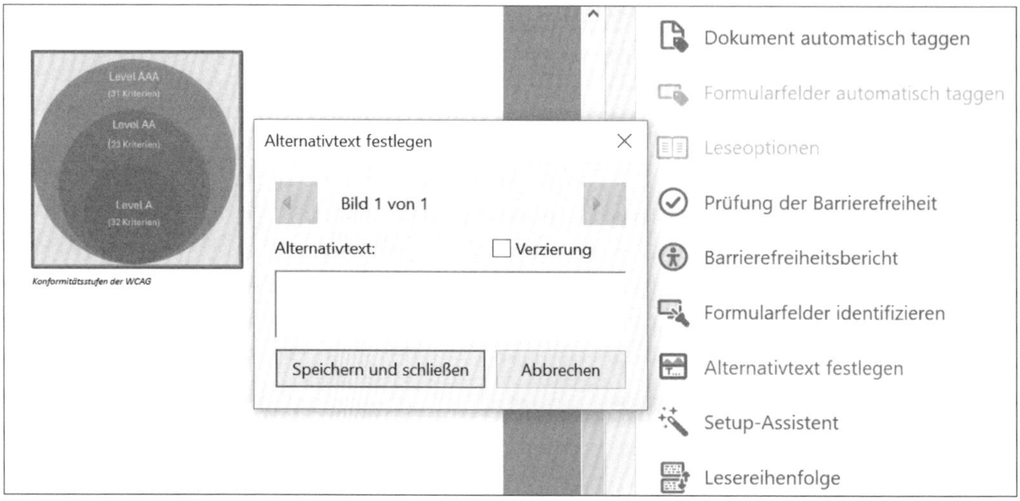

Abbildung 11.7 Alternativtexte in Adobe Acrobat definieren

11.2.4 Verlinkungen (intern/extern)

Verschiedene Arten von internen und externen Links können in PDF-Dokumente eingefügt werden, um die Navigation und Interaktion mit den Nutzenden zu verbessern. Links können neben URLs, die zu einer Webseite oder einem Onlinedokument führen, auch Telefonnummern und E-Mail-Adressen enthalten. Diese Links wählen die Telefonnummer oder öffnen das eigene Standard-E-Mail-Programm und erstellen eine neue E-Mail. Interne Links können zur Navigation innerhalb eines PDF-Dokuments verwendet werden. Sie können zu einer bestimmten Seite, einem bestimmten Abschnitt oder einem Lesezeichen im Dokument springen.

JavaScript-Links führen ein JavaScript aus, das eine bestimmte Aktion innerhalb des PDF-Dokuments ausführt, z. B. die Anpassung von Formulareigenschaften. Links können in Adobe Acrobat Pro über das Kontextmenü LINK ERSTELLEN erstellt und konfiguriert werden (siehe Abbildung 11.8, die die Änderung eines bestehenden Links zeigt). Technisch geschieht dabei Folgendes: Das `<OBJR>`-Tag, auch bekannt als Object Reference Tag, wird bei der Erzeugung der Verlinkungen in PDF-Dokumenten generiert. Es wird verwendet, um einen Verweis auf ein interaktives Formularfeld, eine Annotation oder ein anderes interaktives Objekt innerhalb des PDF-Dokuments zu erstellen.

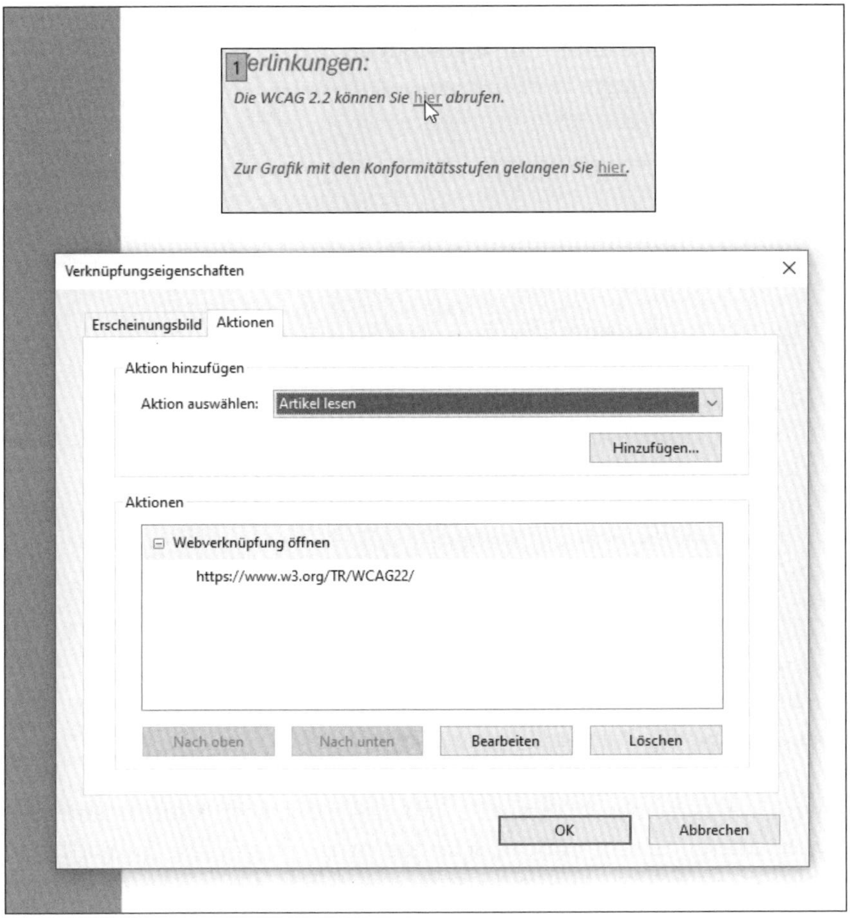

Abbildung 11.8 Externe Verlinkungen im PDF-Dokument anpassen

11.3 Schritt für Schritt: Barrierefreies PDF mit Microsoft Word

Im Idealfall erzeugen Sie ein konformes PDF direkt aus den jeweiligen Anwendungen heraus. Microsoft Word, PowerPoint und Co. erzeugen dann automatisch die entsprechenden Tags. Eine nachträgliche Bearbeitung eines gänzlich ungetaggten Dokuments kann aufwendig sein. Die im Barrierefreiheitstool von Adobe Acrobat implementierte Funktion DOKUMENT AUTOMATISCH TAGGEN ist erfahrungsgemäß schlechter als die initiale Erzeugung innerhalb der Anwendung (Word und Co).

11.3.1 Inhalte mittels Formatvorlagen strukturieren

Word bietet eine hervorragende Möglichkeit, Formate über Formatvorlagen im gesamten Dokument zu vereinheitlichen. In Textverarbeitungs- oder DTP-Programmen ist eine Formatvorlage (auch Stilvorlage genannt) eine Kombination beliebiger Formatierungsmerkmale, die unter einem gemeinsamen Namen abgespeichert und bei Bedarf in einem Schritt einem Textteil zugewiesen werden können. Abbildung 11.9 zeigt Formatvorlagen in Word.

Abbildung 11.9 Formatvorlagen in Word (Menü Start)

Angenommen, Sie entscheiden, in Ihrem Dokument die Überschrift der ersten Ebene wie folgt zu formatieren: Schriftgröße 18, Schriftart Arial, kursiv. Diese Formatierung verwenden Sie mehrfach im Dokument, z. B. wird in diesem Buch jedes Kapitel mit der Überschrift 1 ausgezeichnet und sieht somit überall gleich aus. Nachdem Sie das Dokument vollständig geschrieben haben, stellen Sie fest, dass Sie die Schriftgröße auf 20 erhöhen und den kursiven durch einen fetten Schriftschnitt ersetzen sollten. Wenn Sie für die Formatierung der Überschrift eine eigene Formatvorlage erstellt haben, müssen Sie lediglich die Formatvorlage anpassen und schon ist das Design im gesamten Dokument ersetzt bzw. identisch (siehe Abbildung 11.10). Wenn Sie keine Formatvorlagen verwendet haben, kann diese Änderung zahlreiche Anpassungen im Dokument erfordern.

Mit diesen Formatvorlagen können Sie Ihr Dokument umfassend strukturieren und ebenfalls eine Semantik erzeugen. Wenn Sie z. B. mehrere Überschriften bzw. Überschriftenebenen definieren, können Sie das Pendant zu einer H1–H6 in HTML im Word-Dokument bereitstellen. Neben der visuell unterschiedlichen Gestaltung der Überschriften ergibt sich dadurch eine Gliederung Ihres Dokuments. Wie auf Webseiten werden Sie wahrscheinlich keine Sprünge in den Ebenen vollziehen (z. B. von 2.1 zu 2.1.1.1, sondern nur zu 2.1.1). Die Gliederungsansicht in Word in Abbildung 11.11 zeigt Ihnen die entsprechende konsistente Logik.

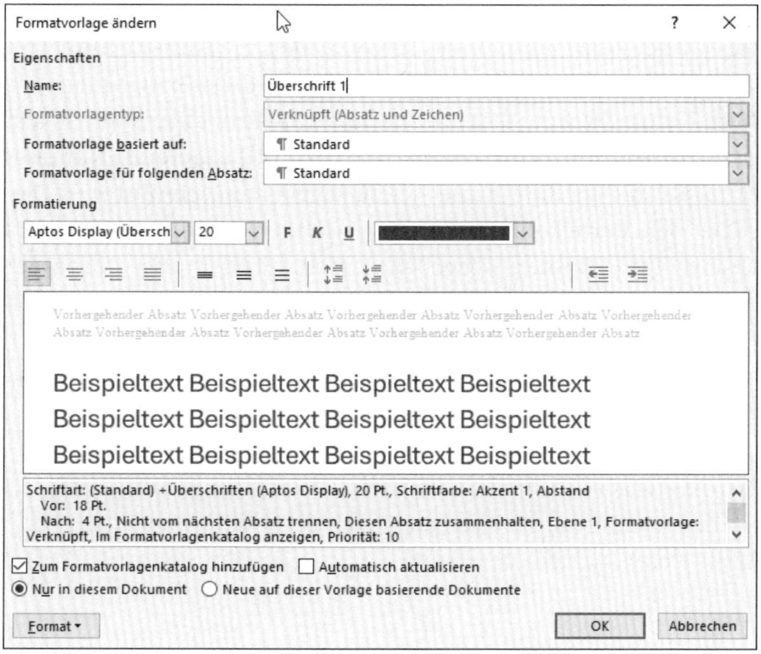

Abbildung 11.10 Formatvorlagen erstellen und ändern

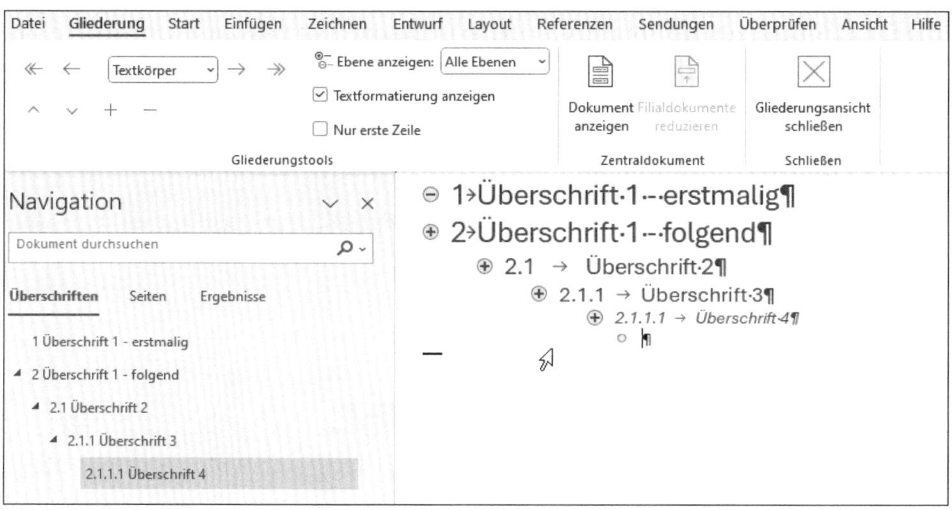

Abbildung 11.11 Gliederungsansicht in Word

Die folgenden Tastaturkürzel sind für eine schnelle Formatierung hilfreich:

- Alt + 1: Überschrift 1
- Alt + 2: Überschrift 2
- Alt + 3: Überschrift 3
- Strg + ⇧ + N: Standard

Fußnoten werden bei der Konvertierung mit Word oder Acrobat so umgewandelt, dass das so erzeugte PDF bei Verwendung eines Screenreaders die Fußnote immer an der Stelle im Text ausgibt, an der auf die Fußnote verwiesen wird. Das kostenpflichtige Programm axesWord (*https://www.axes4.com/de/software-services/axesword*) löst das Problem so, dass der Verweis als Link auf die Fußnote und die laufende Nummer der Fußnote wiederum als Link auf die entsprechende Textstelle ausgeführt wird. Diese Vorgehensweise hat den Vorteil, dass man bei Verwendung eines Screenreaders die Wahl hat, ob die jeweilige Fußnote ausgegeben werden soll oder nicht. Die bei der Konvertierung mit Word oder Acrobat Pro verwendete Variante bietet diese Wahlmöglichkeit nicht.

Tipp: Keine wichtigen Informationen in die Kopf- oder Fußzeile

Schreiben Sie keine wichtigen Informationen in die Kopf- oder Fußzeile, da diese bei der Konvertierung in das PDF-Format für Screenreader unsichtbar gemacht werden. Der Grund ist ganz einfach: Die Ausgabe von Kopf- oder Fußzeilen würde in Screenreadern den Lesefluss stören.

11.3.2 Bilder mit Alternativtexten versehen

Bilder und Grafiken benötigen zum Verständnis kurze und prägnante Alternativtexte (maximal 150 Zeichen, besser weniger). Hier gilt wieder: so wenig wie möglich, so viel wie nötig. Nach dem Einfügen eines Bildes kann der maschinell ermittelte Alternativtext übernommen oder sinnvoll angepasst werden (siehe Abbildung 11.12).

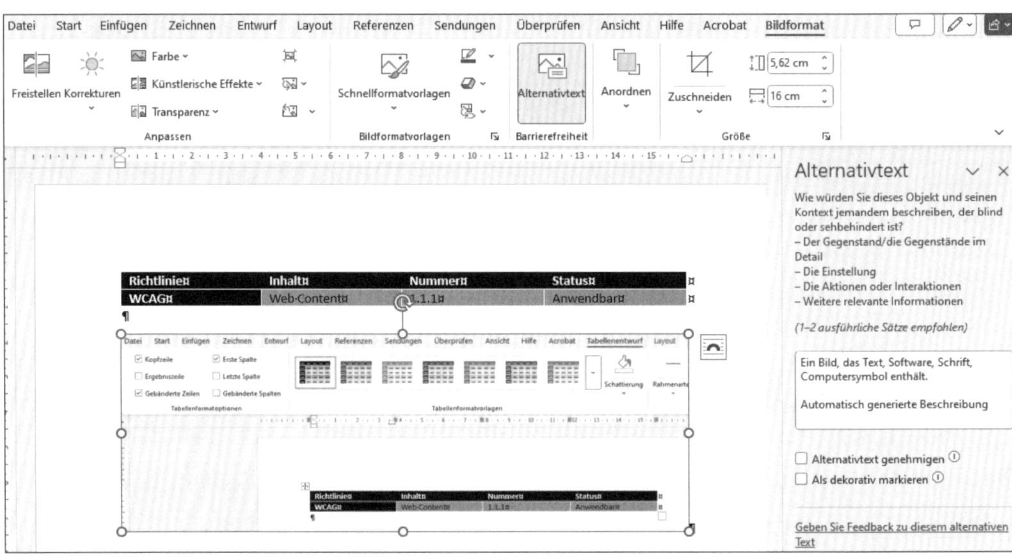

Abbildung 11.12 Dialog zum Erstellen von Alternativtexten für Bilder in MS Word

Ebenso kann das Bild als dekorativ gekennzeichnet werden und somit vom Screenreader ignoriert werden (Häkchen vor ALS DEKORATIV MARKIEREN setzen in Microsoft Word 365).

11.3.3 Umbrüche und Leerzeichen korrekt einsetzen

Umbrüche in Textverarbeitungsanwendungen betreffen meist die Absatzmarke, den Zeilenumbruch sowie den Seitenwechsel. Zeilenumbrüche sollten dann eingesetzt werden, wenn innerhalb eines Absatzes ein neues Unterthema begonnen wird. Absatzmarken lassen sich durch einfaches Drücken der ↵-Taste einfügen, Zeilenumbrüche (auch weicher Zeilenumbruch genannt) mit der Tastenkombination ⇧ + ↵-Taste (siehe Abbildung 11.13). Seitenwechsel sollten immer mit Strg + ↵ erzeugt werden und niemals durch mehrmaliges Drücken der ↵-Taste, da die dadurch entstehenden leeren Absätze von Screenreadern als »leer, leer, leer, ...« ausgegeben werden, was nicht nur zu Irritationen, sondern auch zu Missverständnissen führen kann, z. B. könnte irrtümlich angenommen werden, das Dokument sei an dieser Stelle zu Ende.

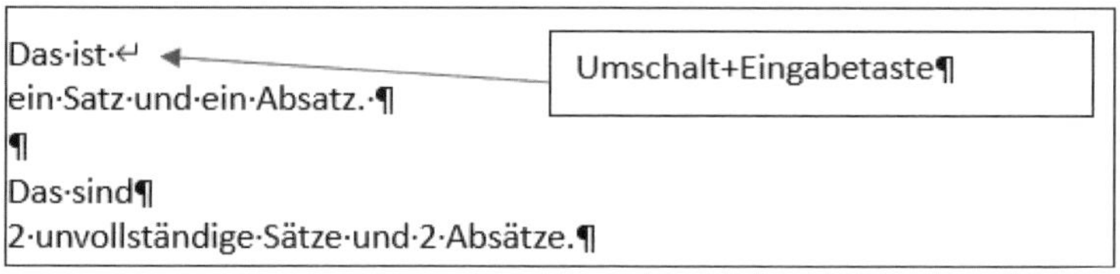

Abbildung 11.13 Absatzmarker für Zeilenumbrüche

Vermeiden Sie überflüssige Leerzeichen und Leerzeilen. Auch leere Absätze sollten grundsätzlich vermieden werden. Wenn leere Absätze vorhanden sind, können diese leicht mit der Funktion »Suchen und Ersetzen« entfernt werden. Rufen Sie dazu den Suchen-und-Ersetzen-Dialog auf (Tastenkombination Strg + H) und geben Sie im Feld »Suchen nach« die Zeichenfolge »^p^p« ein. Das ^-Symbol befindet sich direkt unter der Esc-Taste. Es muss gefolgt von der Leertaste eingegeben werden, damit es nicht über dem »p« erscheint. Geben Sie in das Feld »Ersetzen durch« die Zeichenfolge »^p« ein und drücken Sie danach den Button ALLE ERSETZEN. Es erscheint eine Anzeige, die Auskunft darüber gibt, wie viele Vorkommen dieses Typs ersetzt wurden.

Für die Silbentrennung kann in Word die automatische Silbentrennung aktiviert und gegebenenfalls um manuell eingefügte Silbentrennungen (Strg + -) ergänzt werden. Da die Silbentrennung in älteren Word- und Screenreader-Versionen Probleme erzeugt, wird von der Nutzung abgeraten. Prüfen Sie ansonsten bei der Verwendung der Silbentrennung, ob der Screenreader die Silbentrennung korrekt erkennt. Alternativ benötigen Sie kostenpflichtige Programme, wie z. B. Adobe Acrobat Pro oder die Erweiterungen von axes4 (*https://www.axes4.com/de*).

11.3.4 Verwendung von Farbe und Kontrasten

Generell sollten wichtige Informationen nicht ausschließlich über Farbe transportiert werden. Gegebenenfalls wird das Dokument schwarzweiß gedruckt und die Information geht dadurch für alle verloren. Daher sollten Sie nur geprüfte Hintergrundfarben mit kontrastreicher Schrift verwenden (auf Rot-Grün verzichten). Im Zweifelsfall können Sie auch für Textdokumente den Colour Contrast Analyser oder ein ähnliches Tool verwenden und darauf achten, dass der Kontrast zwischen Vorder- und Hintergrund bei Schriften mindestens 4,5 : 1 und bei Symbolen und Flächen mindestens 3 : 1 beträgt. Mit dem Umschalter NUR HOHER KONTRAST kann die Auswahl der geeigneten kontrastreichen Farben eingeschränkt werden (siehe Abbildung 11.14).

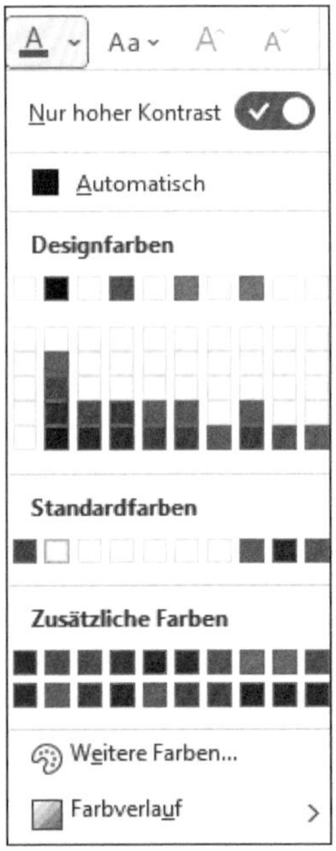

Abbildung 11.14 Reduzierung auf kontrastreiche Farben in MS Word

11.3.5 Hyperlinks

Hyperlinks sollten Sie eindeutig beschriften. Dazu beschreiben Sie das Ziel des Hyperlinks, d. h., Sie nutzen sprechende Links, wie z. B. »zur Startseite der THWS« statt »mehr« oder »weiter« (Rechtsklick auf den Link • HYPERLINK BEARBEITEN • ANZUZEIGENDER TEXT ändern und/oder kürzen oder besser lesbar machen). URL-Schreibweisen von Hyperlinks (z. B. in der Form *https://irgendeine-webseite.de*) werden automatisch in aktive Hyperlinks umgewandelt, wenn die Autokorrektur von Word nicht ausgeschalten wurde. Diese URL wird dann vom Screenreader vorgelesen, was eine negative Nutzererfahrung ist. Links sollte daher immer mit aussagekräftigem Text beschriftet werden.

11.3.6 Tabellen

Damit der Screenreader den Inhalt von Tabellen korrekt ausgeben kann, muss ein logischer Zusammenhang zwischen Zeilen- und/oder Spaltenköpfen und den dazugehörenden Datenzellen bestehen. Da Tabellen über die Screenreader komplexer als Fließtext zu verstehen sind, sollten unnötige Tabellen vermieden werden. Tabellen, die inhaltlich keinen Sinn ergeben und nur der Gestaltung dienen, sind daher zu vermeiden (z. B. bei Adressen). Kopfzeile, Spalten und Zeilen müssen klar erkennbar sein. Verwenden Sie im Zweifelsfall den Colour Contrast Analyser. Der Mindestkontrast sollte 4,5 : 1 betragen. Nachdem die Tabelle eingefügt und gegebenenfalls formatiert wurde, ist die Definition bzw. Information der Kopfzeile erforderlich. Zusätzlich muss die Checkbox ERSTE SPALTE aktiviert werden, je nachdem, ob die Tabelle neben der Kopfzeile (d. h. der ersten Zeile) noch eine Kriterienspalte (erste Spalte) hat oder nicht (siehe Abbildung 11.15).

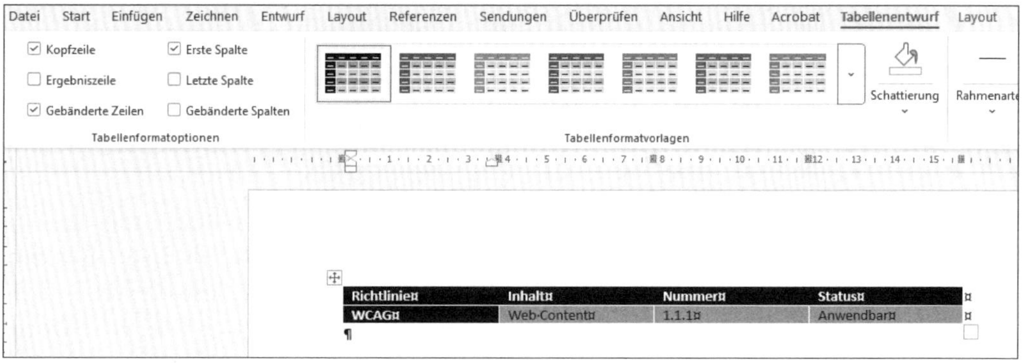

Abbildung 11.15 Tabellendefinitionen

Eine weitere Empfehlung für barrierefreie Tabellen ist die Deaktivierung des Zeilenwechsels auf Seiten, wodurch Zellen nicht mehr aufgeteilt werden. Dafür gehen Sie wie folgt vor:

1. Wählen Sie nach einem Rechtsklick in der Tabelle die TABELLENEIGENSCHAFTEN im Kontextmenü aus (oder LAYOUT • EIGENSCHAFTEN im Bereich TABELLE).
2. Wählen Sie die Registerkarte ZEILE.
3. Deaktivieren Sie ZEILENWECHSEL AUF SEITEN ZULASSEN.

Hinweis: Hilfreiches Tool für Tabellen und Formeln

Wenn Sie in Ihrem Dokument viele Tabellen verwenden, Formeln optimal auszeichnen wollen usw., kann die bereits angesprochene kostenpflichtige Erweiterung *axesWord* (*https://www.axes4.com/de/software-services/axesword*) eine sinnvolle Investition sein.

11.3.7 Weitere typografische Konventionen

Die Fernuni in Hagen stellt eine sehr umfassende Erläuterung hinsichtlich der Erstellung von Inhalten und barrierefreien PDF-Dokumenten zur Verfügung (*https://www.fernuni-hagen.de/barrierefrei/pdfunddokumente.shtml*):

- Stellen Sie Zitate nicht nur fett oder kursiv dar, sondern kennzeichnen Sie sie durch Anführungszeichen: »Hier steht das Zitat.« Bei einem Zitat in einem Zitat werden doppelte Anführungszeichen in Kombination mit einfachen Anführungszeichen verwendet: »Zitatbeginn ›Zitat im Zitat‹ Zitatende.«
- Verwenden Sie den Punkt als Gliederungszeichen zur besseren Lesbarkeit bei langen Zahlenfolgen, z. B. 100.000.000,00 €.
- Setzen Sie Leerzeichen links und rechts von Auslassungspunkten. Beispiel: Satzbeginn ... Satzende.
- Setzen Sie dagegen kein Leerzeichen bei Wortteilauslassungen. Beispiel: Satzanfang und Satz...
- Verzichten Sie auf Leerzeichen bei Schrägstrichen, die sich beidseitig nur auf ein Wort beziehen, z. B. und/oder.[1]

11.3.8 Spezifische Einstellungen am Dokument

Der Titel eines Dokuments wird von Screenreadern beim Aufruf als Erstes ausgegeben. Daher gilt: Je aussagekräftiger der Titel einer PDF-Datei ist, desto besser. Außerdem ist der Titel für Suchmaschinen relevant (Stichwort SEO). Den Titel Ihres Word-Dokuments können Sie unter Datei • Informationen hinterlegen (siehe Abbildung 11.16).

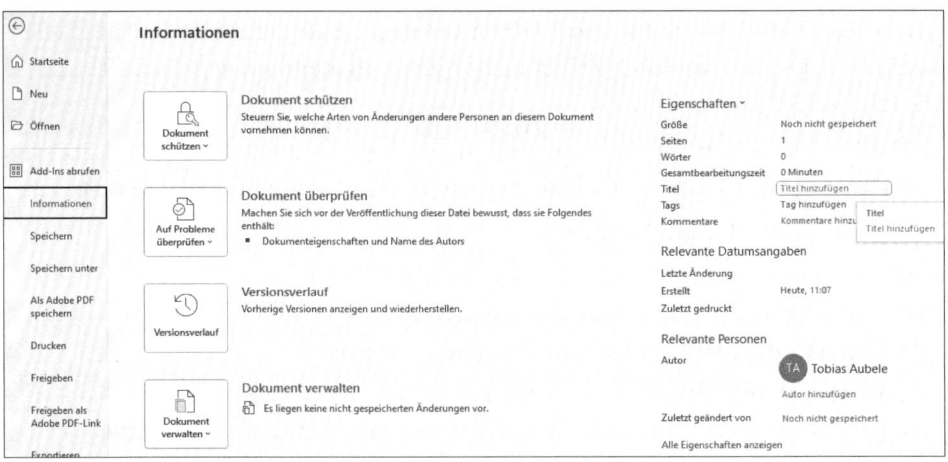

Abbildung 11.16 Dokumenttitel in Word

1 *https://www.fernuni-hagen.de/barrierefrei/docs/untersuchung_barrierefreie_pdf.pdf*

Besonders wichtig für die Nutzbarkeit der späteren PDF-Datei mit Screenreadern ist die Festlegung der Dokumentsprache. Damit wird sichergestellt, dass Screenreader nicht plötzlich auf eine »falsche« Sprachausgabe umschalten, die nicht der Sprache des Textes in der Datei entspricht (Einstellung in den OPTIONEN von Word, siehe Abbildung 11.17).

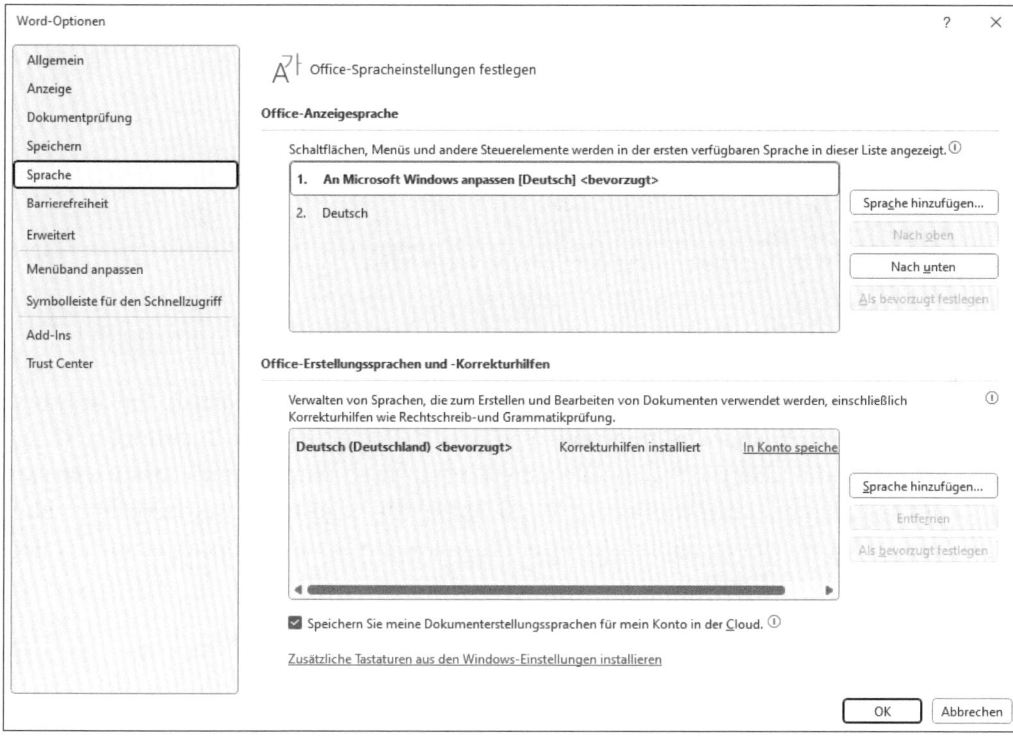

Abbildung 11.17 Definition der Dokumentsprache

Bei fremdsprachigen Absätzen (z. B. Englisch) kann die korrekte Aussprache von Screenreadern erzeugt werden. Dazu sind folgende Schritte erforderlich: Markieren Sie den entsprechenden Absatz und klicken Sie im Menü ÜBERPRÜFEN auf SPRACHE • SPRACHE FÜR DIE KORREKTURHILFEN FESTLEGEN..., um den Dialog aus Abbildung 11.18 zu öffnen. Alternativ können Sie in der unteren Leiste (Statusleiste) den markierten Text auf die gewünschte Sprache umschalten (besser nicht bei einzelnen Wörtern, da Screenreader beim Wechsel der Sprachausgabe »Kunstpausen« machen, die den Arbeitsfluss stören).

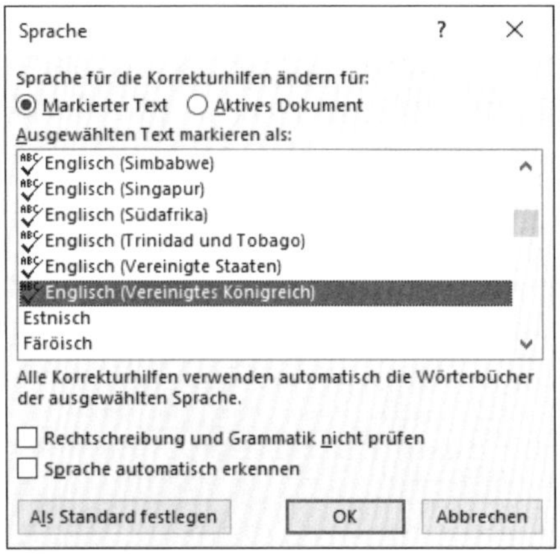

Abbildung 11.18 Kennzeichnung der Sprache von Texten

11.3.9 Prüfung der Barrierefreiheit in Word

Word bietet eine automatische Überprüfung der Barrierefreiheit an. Ein Assistent zeigt die wichtigsten Optimierungen an oder meldet, dass alles in Ordnung ist. Die Prüfung kann über die Statuszeile, über DATEI • INFORMATIONEN • AUF PROBLEME ÜBERPRÜFEN oder direkt über das Menü ÜBERPRÜFEN gestartet werden (siehe Abbildung 11.19). Im Untermenü stehen weitere Auswahlpunkte zur Optimierung der Barrierefreiheit zur Verfügung.

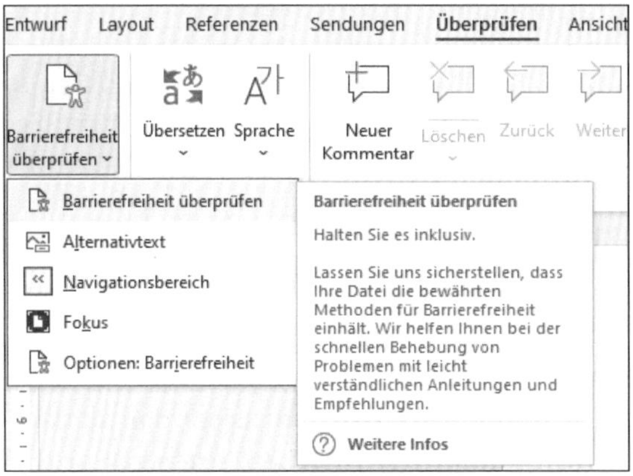

Abbildung 11.19 Barrierefreiheitstest in Word aktivieren

Bearbeiten Sie das Dokument, bis es keine Fehler mehr enthält (siehe Abbildung 11.20).

Der Assistent springt ansonsten beim Anklicken des Hinweises an die entsprechende Stelle und bietet Lösungen an, z. B. ein Bild als »dekorativ« zu kennzeichnen (siehe Abbildung 11.21).

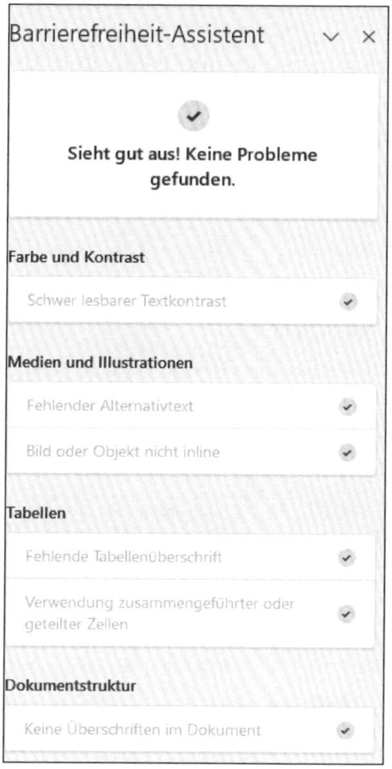

Abbildung 11.20 Ergebnis des Barrierefreiheitstests in MS Word

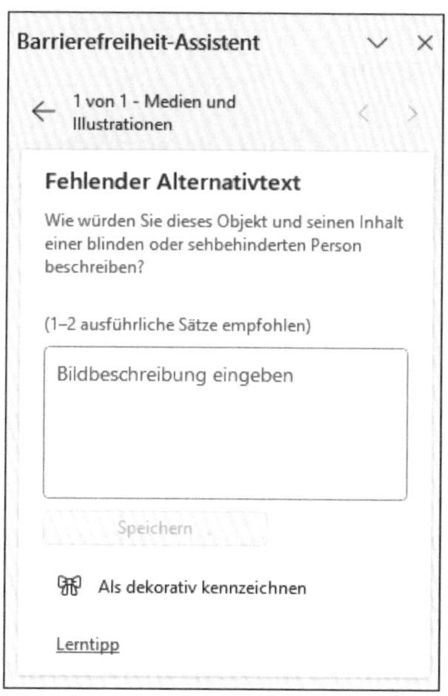

Abbildung 11.21 Hinweis zur Optimierung

11.3.10 PDF-Dokument erzeugen

Die Tags in PDF-Dokumenten sind Strukturinformationen, ohne diese könnten Abschnittsarten wie Überschriften, Absätze, Listen etc. von Screenreadern nicht unterschieden werden. Sofern Sie die kostenpflichtigen Programme Acrobat Pro oder axesWord installiert haben, kann die Erstellung über die jeweiligen Menüs (z. B. bei Adobe MENÜ • PDF ERSTELLEN) aktiviert werden. Mit Bordmitteln von Word unter Windows, d. h. ohne Acrobat Pro, sieht der Workflow wie folgt aus:

SPEICHERN UNTER > als Dateityp PDF auswählen (siehe Abbildung 11.22). Alternativ auch DATEI • EXPORTIEREN • PDF/XPS-DOKUMENT ERSTELLEN.

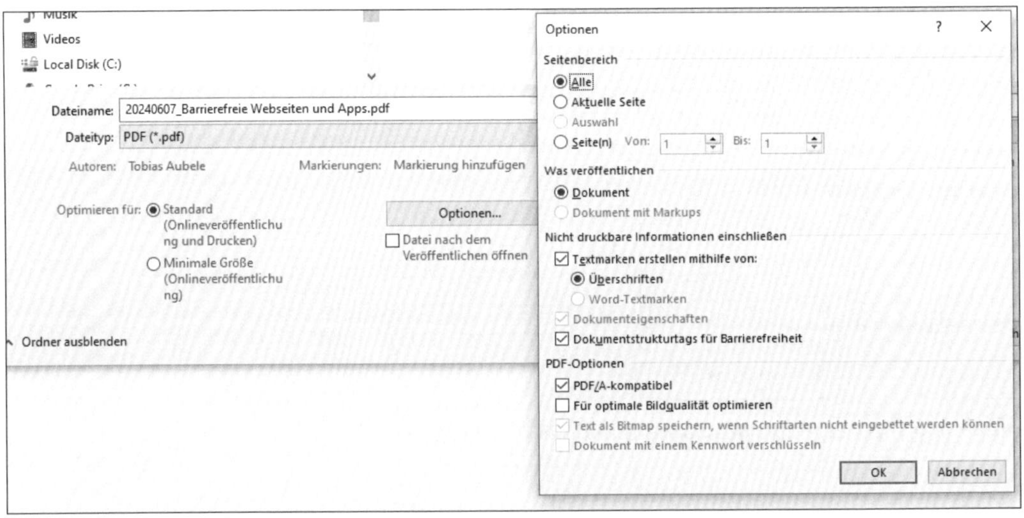

Abbildung 11.22 PDF erzeugen und weiterführende Optionen

Bitte stellen Sie sicher, dass der Radiobutton STANDARD (ONLINEVERÖFFENTLICHUNG UND DRUCKEN) ausgewählt ist. Anschließend bestätigen Sie SPEICHERN. Wählen Sie auf keinen Fall MINIMALE GRÖSSE (ONLINEVERÖFFENTLICHUNG), da sonst keine Tags im PDF erzeugt werden, wodurch sämtliche Strukturinformationen für Screenreader fehlen würden. Zur Sicherheit können Sie in den OPTIONEN überprüfen, ob die Checkbox DOKUMENTSTRUKTURTAGS FÜR BARRIEREFREIHEIT aktiviert ist.

Anschließend kann der finale Test mit PAC erfolgen (siehe Abschnitt 11.4.2, »Möglichkeiten der maschinellen Prüfung mit PAC (PDF Accessibility Checker)«): PAC testet diejenigen Kriterien des PDF/UA-Standards, die sich in automatisierter Form prüfen lassen. PAC kann keine Aussage über die Qualität von Alternativtexten machen oder ob in Tabellen die richtigen Tags verwendet wurden. Sobald aber z. B. in Tabellen TH-Tags (für Tabellenüberschriften) verwendet wurden, prüft PAC automatisch, ob auch ein dazugehörender »Umfang« (engl. *Scope*) definiert wurde, also ein Bezug auf die darunterliegenden Zellen (`scope="col"`) oder die rechts danebenliegenden Zellen (`scope="row"`).

Neben dem zusammenfassenden Ergebnis kann in PAC auch die Screenreader-Vorschau angezeigt werden. Hier kann mit einfachen Mitteln überprüft werden, ob die Elemente des Dokuments mit den entsprechenden Tags versehen wurden und ob das Dokument in dieser Hinsicht verständlich ist.

Tipp: Tutorial zur Erstellung von barrierefreien Dokumenten

Die Überwachungsstelle des Bundes für Barrierefreiheit von Informationstechnik hat eine sehr umfassende Handreichung für die Erstellung von barrierefreien Dokumenten veröffentlich, die unter *https://handreichungen.bfit-bund.de/bf-dokumente-lern-kontext/1.2/* abrufbar ist. Neben MS Word werden z. B. Besonderheiten von MS PowerPoint und Adobe InDesign vorgestellt und mit weiterführenden Links zu Anleitungen und Checklisten versehen.

11.4 Prüfung der Barrierefreiheit eines PDFs

Ist der Text in Abbildung 11.23 gut lesbar? Ja, oder? Ist er auch barrierefrei?

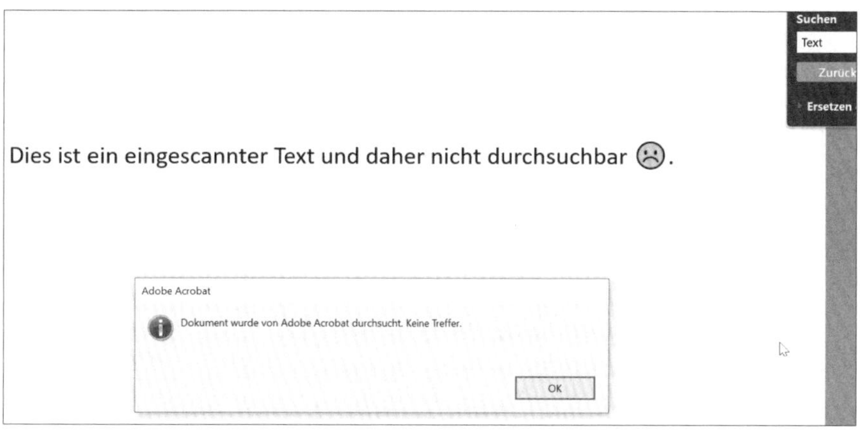

Abbildung 11.23 Text als Bild in einem PDF – negativ aus Sicht der Barrierefreiheit

Der Hinweis auf »Keine Treffer« in der internen Suche nach dem Wort »Text« deutet jedoch darauf hin, dass es sich nicht um echten Text, sondern um ein eingescanntes Fragment handelt. Die Verwendung von eingescanntem Text oder das Einfügen von Text als Bild ist in PDFs keine Seltenheit, geht aber zulasten der Barrierefreiheit und Usability, denn er ist für Screenreader nicht lesbar und für alle nicht durchsuchbar. Die folgenden Abschnitte erläutert daher den Prozess der Prüfung eines PDFs auf Barrierefreiheit.

11.4.1 Matterhorn-Protokoll: Prüfkriterien der Barrierefreiheit von PDFs

Das Matterhorn-Protokoll steht in engem Zusammenhang mit der Barrierefreiheit von PDF-Dokumenten und dient als praktischer Leitfaden, um die Einhaltung des ISO-Standards 14289-1 (PDF/UA) zu gewährleisten. Es schlägt eine Brücke zwischen den Anforderungen dieses speziellen Standards für PDF-Dokumente und den allgemeineren Prinzipien der WCAG. Das Protokoll können Sie unter *https://pdfa.org/resource/the-matterhorn-protocol/* herunterladen. Während sich die WCAG allgemein auf Webinhalte beziehen, konzentriert sich das Matterhorn-Protokoll auf technische Tests und Checklisten für barrierefreie PDFs, die wesentlich spezifischer sind.

Das Matterhorn-Protokoll umfasst eine Checkliste von Fehlerbedingungen, die in einem PDF-Dokument auftreten können, und macht damit indirekt Vorschläge, wie diese Fehler im Hinblick auf die Barrierefreiheit behoben werden können. Das Protokoll besteht aus 31 Checkpunkten, die auf den Anforderungen von PDF/UA basieren, und umfasst insgesamt 136 konkrete Fehlerbedingungen, die in einem PDF überprüft werden sollten. 87 Bedingungen können maschinell erkannt werden, 47 Bedingungen erfordern die Beurteilung einer menschlichen Prüfperson, für die verbleibenden zwei Bedingungen sind keine spezifischen Tests vorgesehen. Dort geht es um digitale Signaturen (23-001) und die Navigation (27-001). Obwohl das Matterhorn-Protokoll speziell für PDF-Dokumente entwickelt wurde und sich auf PDF/UA konzentriert, ergänzt es die WCAG, indem es die Umsetzung ihrer allgemeinen Prinzipien in die spezifische Welt der PDF-Dokumente erleichtert. Die »PDF Techniques« der WCAG sind unter *https://www.w3.org/WAI/WCAG22/Techniques/#pdf* abrufbar.

Der Zusammenhang zwischen WCAG und PDF/UA zeigt sich in folgenden Punkten:

- Wahrnehmbarkeit: Beide Richtlinien fordern, dass Informationen und Benutzeroberflächen so präsentiert werden, dass sie von Nutzenden wahrgenommen werden können. Das Matterhorn-Protokoll betont ebenso die Bedeutung von Tags und Alternativtexten für Bilder.
- Bedienbarkeit: Wie die WCAG verlangt auch das Matterhorn-Protokoll, dass Benutzeroberflächen und Navigation bedienbar sein müssen. Dies beinhaltet die Forderung, dass alle Funktionen über die Tastatur erreichbar sein müssen und keine Tastaturfallen vorhanden sein dürfen.
- Verständlichkeit: Beide Richtlinien fordern, dass Informationen und die Bedienung der Benutzeroberfläche verständlich sein müssen. Das Matterhorn-Protokoll unterstützt dies durch Richtlinien zum logischen Aufbau und zur Konsistenz von PDF-Dokumenten.
- Robustheit: Sowohl die WCAG als auch das Matterhorn-Protokoll verlangen, dass Inhalte so robust sein müssen, dass sie von einem breiten Spektrum an Nutzenden zuverlässig interpretiert werden können, einschließlich der Nutzung durch assistive Technologien.

Das Matterhorn-Protokoll dient als spezifischer Leitfaden für die Erstellung barrierefreier PDF-Dokumente und ergänzt die WCAG, indem es deren breitere Richtlinien in die spezifischen Anforderungen für PDF-Dokumente übersetzt (siehe Tabelle 11.2).

Bedingung	Prüfschritt	Beispiel für eine Fehlerbedingung
01	getaggter realer Inhalt	Artefakte sind als realer Inhalt getaggt.
02	Rollenzuordnung	Die Zuordnung mindestens eines nicht vordefinierten Tags endet nicht bei einem vordefinierten Strukturtyp.
03	Flimmer-, Blink- oder Blitzeffekte	Mindestens eine Aktion führt zu Flimmer-, Blink- oder Blitzeffekten (Flickering).
04	Farbe und Kontraste	Informationen werden ausschließlich durch Kontrast, Farbe, Formatierung, Layout oder durch deren Kombination vermittelt und der Inhalt ist dabei nicht getaggt, um die Bedeutung, die durch Kontrast, Farbe, Formatierung, Layout oder durch deren Kombination vermittelt wird, wiederzugeben.
05	Töne	Medienannotationen sind vorhanden, die per Ton übermittelten Informationen sind nicht in einer anderen Form verfügbar.
06	Metadaten	Das Dokument enthält keinen XMP-Metadata-Datenstrom.
07	Dictionary	Das ViewerPreferences-Dictionary des Catalog-Dictionarys enthält keinen Schlüssel DisplayDocTitle.
08	OCR-Validierung	Text, der über OCR erstellt wurde, enthält signifikante Fehler.
09	geeignete Tags	Die Anordnung der Tags ist nicht in der logischen Lesereihenfolge.
10	Zeichencodierungen	Zu einem Zeichencode ist keine Unicode-Entsprechung vorhanden.
11	ausgewiesene natürliche Sprache	Die natürliche Sprache für Text im Seiteninhalt kann nicht ermittelt werden.

Tabelle 11.2 Matterhorn-Fehlerbedingungen mit Beispielen (Quelle: *https://pdfa.org/wp-content/uploads/2016/08/MatterhornProtokoll_1-02-2016-06-29.pdf*)

Bedingung	Prüfschritt	Beispiel für eine Fehlerbedingung
12	streckbare Zeichen	Streckbare Zeichen sind nicht in geeigneter Form repräsentiert.
13	Grafiken	Grafikobjekte, bei denen es sich weder um Textobjekte noch um Artefakte handelt, sind nicht als Figure getaggt.
14	Überschriften	Überschriften sind nicht getaggt.
15	Tabellen	Eine Zeile hat eine Überschriftenzelle, die nicht als TH-Zelle getaggt ist.
16	Listen	Bei einer nummerierten Liste ist für das List-Numbering-Attribut kein Wert eingetragen.
17	mathematische Ausdrücke	Inhalt stellt einen mathematischen Ausdruck dar, der jedoch nicht als Formula getaggt ist.
18	Kopfzeile und Fußzeile auf Seiten	Kopf- und Fußzeilen sind nicht als Artefakte des Typs Pagination gekennzeichnet.
19	Fußnoten/Endnoten und Verweise	Fußnoten, Endnoten sowie deren Nummerierungszeichen (Labels) sind nicht als Note getaggt.
20	Optional Content	In einem Optional Content Configuration Dictionary im Configs-Eintrag im OCProperties-Eintrag im Catalog Dictionary fehlt der Name-Eintrag oder dessen Wert ist ein leerer Text.
21	eingebettete Dateien	Das Dateispezifikations-Dictionary für eine eingebettete Datei enthält keine F- und UF-Schlüssel.
22	Lesereihenfolge Artikelabschnitte	Die Abschnitte der Artikellesereihenfolge spiegelt nicht die logische Lesereihenfolge wider.
23	digitale Signaturen	Digitale Signaturen betreffend sind keine besonderen Prüfungen erforderlich, andere Bestimmungen lassen sich jedoch anwenden (Formularfelder).

Tabelle 11.2 Matterhorn-Fehlerbedingungen mit Beispielen (Quelle: *https://pdfa.org/wp-content/uploads/2016/08/MatterhornProtokoll_1-02-2016-06-29.pdf*) (Forts.)

Bedingung	Prüfschritt	Beispiel für eine Fehlerbedingung
24	nicht interaktive Formularfelder	Nicht interaktive Formularfelder sind nicht mit dem Attribut PrintField getaggt.
25	XFA	Die Datei enthält ein dynamicRender-Element mit dem Wert `required`.
26	Sicherheit	Die Datei ist verschlüsselt und enthält keinen P-Schlüssel in ihrem Verschlüsselungs-Dictionary (Encryption Dictionary).
27	Navigation	Die Navigation betreffend sind keine besonderen Prüfungen erforderlich; das Verwenden geeigneter semantischer Informationen ist genügend.
28	Annotationen	Eine Annotation ist nicht in der korrekten Lesereihenfolge positioniert.
29	Aktionen	Ein Skript erfordert bestimmte Tastenanschläge innerhalb einer festgelegten zeitlichen Vorgabe.
30	XObjects	Ein Reference XObject ist vorhanden.
31	Schriften	In einem Type-0-Schrift-Dictionary, dessen Codierung von Identity-H und Identity-V abweicht, sind die Registry-Werte in beiden CIDSystemInfo-Dictionaries nicht identisch.

Tabelle 11.2 Matterhorn-Fehlerbedingungen mit Beispielen (Quelle: *https://pdfa.org/wp-content/uploads/2016/08/MatterhornProtokoll_1-02-2016-06-29.pdf*) (Forts.)

11.4.2 Möglichkeiten der maschinellen Prüfung mit PAC (PDF Accessibility Checker)

PDF-Dokumente können mit dem kostenfreien Programm PAC (PDF Accessibility Checker) auf die technischen Prüfkriterien des Matterhorn-Protokolls hin überprüft werden. Das Unternehmen axes4 (*https://pac.pdf-accessibility.org/de*) stellt mit PAC 2024 eine entsprechende Software kostenlos zur Verfügung. Damit können ca. 2/3 der Prüfkriterien maschinell geprüft werden, für die verbleibenden 1/3 ist eine manuelle Prüfung notwendig. Neben der Prüfung auf PDF/UA steht auch eine Prüfung auf Basis der WCAG zur Verfügung (siehe Abbildung 11.24 des PAC 2024). Der kostenpflichtigen Adobe Acrobat Pro bietet ebenfalls eine eigene Prüfung an, die jedoch nicht den kompletten Umfang des Matterhorn-Protokolls abdeckt.

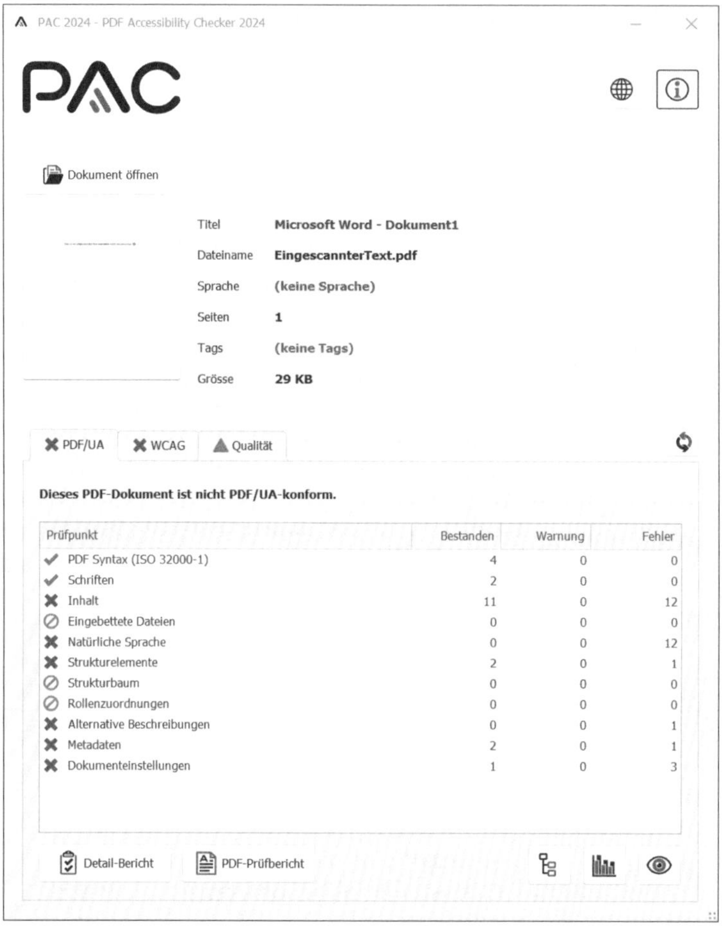

Abbildung 11.24 PAC-Prüfbericht hinsichtlich der Barrierefreiheit einer PDF-Datei

Sie können die Prüfung durchführen, indem Sie das zu prüfende Dokument auswählen. Die entsprechenden Berichte zeigen die jeweiligen Schwachstellen Ihres PDF auf und geben damit entsprechende Hinweise für die Optimierung. Das Prüftool ist jedoch nicht dazu geeignet, Fehler zu beheben. Dies muss über die ursprüngliche Quelle (z. B. Microsoft Word) oder über die kostenpflichtige Version von Adobe Acrobat Pro erfolgen.

Hinweis: Onlineprüftool

Falls Sie kein lokales Programm installieren wollen oder dürfen oder technische Einschränkungen bestehen, bietet die axes4 GmbH ein Onlineprüftool für PDF-Barrierefreiheit an. Unter *https://check.axes4.com/de* kann das PDF hochgeladen werden und wird automatisch geprüft (Beispiel siehe Abbildung 11.25). Beachten Sie bitte den Datenschutz hinsichtlich Ihrer Dokumente.

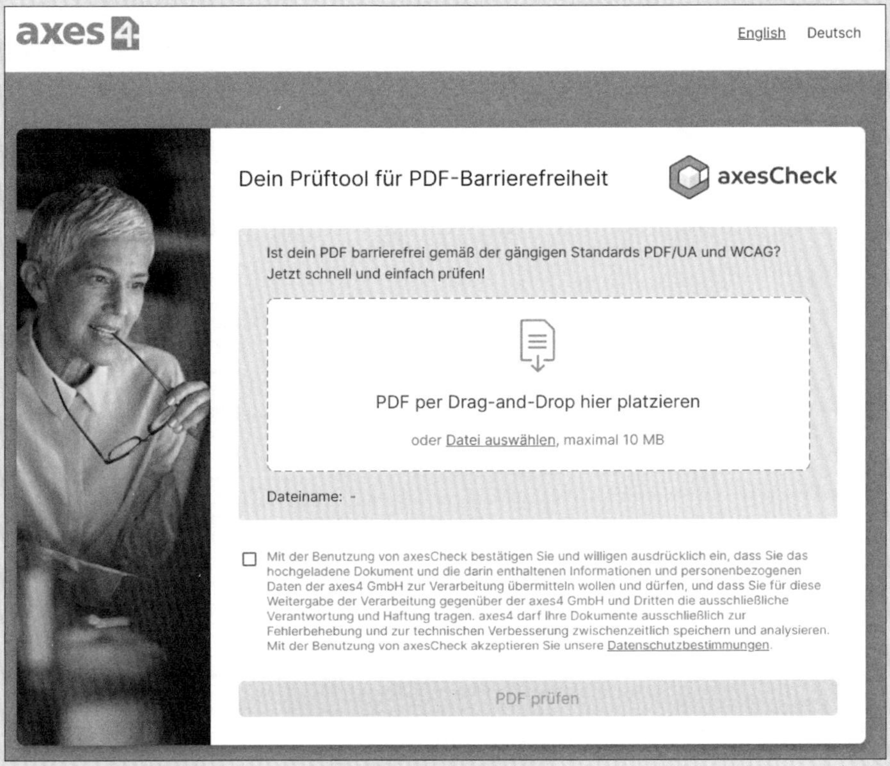

Abbildung 11.25 Onlinetool zur Prüfung der Barrierefreiheit (Quelle: *https://check.axes4.com/de*)

Das entsprechende Ergebnis zeigt, welche Kriterien nicht bestanden wurden, bietet aber im Vergleich zum PAC nur einen reduzierten Detailgrad (siehe Abbildung 11.26).

Abbildung 11.26 axesCheck-Bericht

11.4.3 Möglichkeiten der maschinellen Prüfung mit Adobe Acrobat Pro

Den kostenlosen Adobe Reader zur Ansicht von PDF-Dokumenten kennen Sie wahrscheinlich bereits. Die kostenpflichtige Alternative bzw. funktionale Erweiterung ist Adobe Acrobat, mit dem PDF-Dokumente und PDF-Formulare erstellt werden können. Abbildung 11.27 zeigt, wie über den Aktionsassistenten BARRIEREFREI MACHEN verschiedene Einstellungen des PDF-Dokuments vorgenommen und mit der abschließenden Prüfung Fehler und manuelle Prüfvorschläge beschrieben werden.

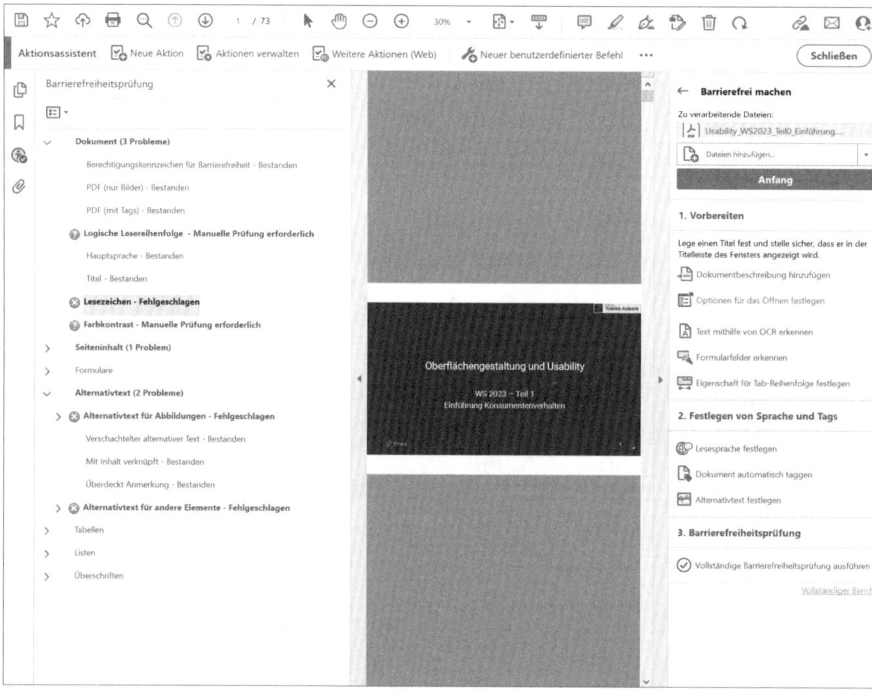

Abbildung 11.27 Aktionsassistent von Adobe Acrobat für die Barrierefreiheit

Bei der Aufbereitung eines barrierefreien Dokuments werden Texte mittels OCR (Optical Character Recognition, d. h. optische Zeichenerkennung) sowie Formularfelder erkannt. Sie werden anschließend mit Tags versehen sowie Bilder mit Alternativtexten versehen. Die visuelle Anordnung eines Dokuments entspricht nicht immer der optimalen Reihenfolge für die Vorlesefunktion. Acrobat ermöglicht es, die Lesereihenfolge anzupassen, ohne die eigentliche visuelle Darstellung zu verändern. Außerdem können mit Acrobat interaktive, barrierefreie Formulare erstellt werden. Für PDFs, die Audio- oder Videodateien enthalten, können Untertitel und andere Zugänglichkeitsfunktionen implementiert werden.

Adobe Acrobat verfügt über eine integrierte Funktion zur Überprüfung der Barrierefreiheit, mit der ein PDF-Dokument automatisch auf mögliche Zugänglichkeitsprobleme hin überprüft werden kann und die mögliche Fehler behebt. Diese Funktion liefert einen detaillierten Bericht (siehe Abbildung 11.28) und Hinweise zu den gefundenen Problemen. Korrekturen auf Basis des Adobe-Kriterienkatalogs werden nicht nur erkannt und vorgeschlagen, sondern auch direkt umgesetzt, um die Barrierefreiheit zu verbessern. Im Idealfall werden direkt im Quelldokument wie z. B. Word, die korrekten Formatvorlagen etc. verwendet, was die nachträgliche Bearbeitung in Adobe Acrobat vermeidet bzw. zumindest verringert.

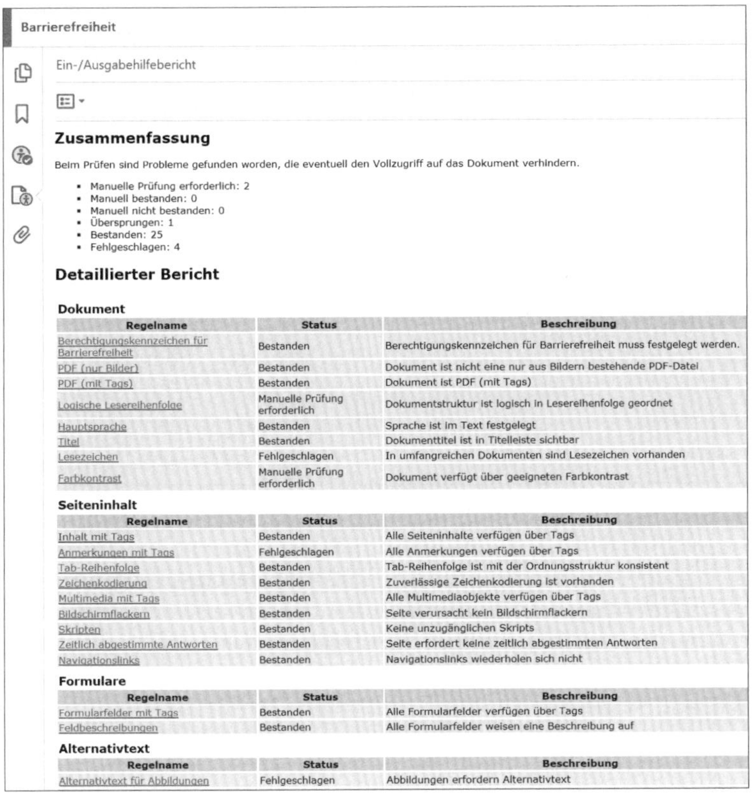
Barrierefreiheit

Ein-/Ausgabehilfebericht

Zusammenfassung

Beim Prüfen sind Probleme gefunden worden, die eventuell den Vollzugriff auf das Dokument verhindern.

- Manuelle Prüfung erforderlich: 2
- Manuell bestanden: 0
- Manuell nicht bestanden: 0
- Übersprungen: 1
- Bestanden: 25
- Fehlgeschlagen: 4

Detaillierter Bericht

Dokument

Regelname	Status	Beschreibung
Berechtigungskennzeichen für Barrierefreiheit	Bestanden	Berechtigungskennzeichen für Barrierefreiheit muss festgelegt werden.
PDF (nur Bilder)	Bestanden	Dokument ist nicht eine nur aus Bildern bestehende PDF-Datei
PDF (mit Tags)	Bestanden	Dokument ist PDF (mit Tags)
Logische Lesereihenfolge	Manuelle Prüfung erforderlich	Dokumentstruktur ist logisch in Lesereihenfolge geordnet
Hauptsprache	Bestanden	Sprache ist im Text festgelegt
Titel	Bestanden	Dokumenttitel ist in Titelleiste sichtbar
Lesezeichen	Fehlgeschlagen	In umfangreichen Dokumenten sind Lesezeichen vorhanden
Farbkontrast	Manuelle Prüfung erforderlich	Dokument verfügt über geeigneten Farbkontrast

Seiteninhalt

Regelname	Status	Beschreibung
Inhalt mit Tags	Bestanden	Alle Seiteninhalte verfügen über Tags
Anmerkungen mit Tags	Fehlgeschlagen	Alle Anmerkungen verfügen über Tags
Tab-Reihenfolge	Bestanden	Tab-Reihenfolge ist mit der Ordnungsstruktur konsistent
Zeichenkodierung	Bestanden	Zuverlässige Zeichenkodierung ist vorhanden
Multimedia mit Tags	Bestanden	Alle Multimediaobjekte verfügen über Tags
Bildschirmflackern	Bestanden	Seite verursacht kein Bildschirmflackern
Skripten	Bestanden	Keine unzugänglichen Skripts
Zeitlich abgestimmte Antworten	Bestanden	Seite erfordert keine zeitlich abgestimmten Antworten
Navigationslinks	Bestanden	Navigationslinks wiederholen sich nicht

Formulare

Regelname	Status	Beschreibung
Formularfelder mit Tags	Bestanden	Alle Formularfelder verfügen über Tags
Feldbeschreibungen	Bestanden	Alle Formularfelder weisen eine Beschreibung auf

Alternativtext

Regelname	Status	Beschreibung
Alternativtext für Abbildungen	Fehlgeschlagen	Abbildungen erfordern Alternativtext

Abbildung 11.28 Detailbericht der Barrierefreiheitsprüfung in Acrobat

11.4.4 Aspekte der manuellen Prüfung

Die manuelle Überprüfung von PDF-Dokumenten auf Barrierefreiheit ist ein wichtiger Schritt, um sicherzustellen, dass die Inhalte wirklich zugänglich sind. Der maschinelle Test kann z. B. das Vorhandensein von Alternativtexten prüfen, aber ob diese sinnvoll sind, muss von Menschen beurteilt werden. Idealerweise sollte ein PDF-Dokument auch von echten Nutzenden mit unterschiedlichen Behinderungen oder assistiven Technologien (insbesondere Screenreadern) getestet werden, um Feedback zur Benutzerfreundlichkeit und Barrierefreiheit zu erhalten. Dies kann Hinweise auf Probleme geben, die bei technischen Prüfungen möglicherweise nicht erkannt werden.

Tabelle 11.3 zeigt die Schritte, die für eine manuelle Prüfung sinnvoll sind.

Was	Was tun?	Beispiel
Dokumentstruktur	Überprüfen Sie, ob das Dokument korrekt getaggt ist (Tags für Überschriften, Absätze, Listen, Tabellen und andere Strukturelemente).	Öffnen Sie das PDF in Adobe Acrobat Pro und verwenden Sie das Tags-Fenster, um die Tag-Struktur zu überprüfen. Stellen Sie sicher, dass Überschriften mit den richtigen Heading-Tags (H1, H2, H3 usw.) versehen sind und dass der Inhalt in einer logischen Reihenfolge angeordnet ist.
Lesereihenfolge	Stellen Sie sicher, dass die Lesereihenfolge der Tags der visuellen Reihenfolge entspricht.	Verwenden Sie die Lesereihenfolge-Werkzeuge in Acrobat Pro, um die Reihenfolge des Inhalts zu überprüfen und anzupassen. Ziehen Sie die Elemente gegebenenfalls in die richtige Reihenfolge.
Alternativtexte für visuelle Elemente	Überprüfen Sie, ob alle relevanten Bilder, Grafiken und visuellen Elemente einen aussagekräftigen Alternativtext haben. Dekorative Bilder erhalten ein leeres Alt-Attribut.	Klicken Sie auf jedes Bild im PDF und überprüfen Sie im Eigenschaften-Dialog, ob ein Alternativtext vorhanden ist, der das Bild adäquat beschreibt.
Farbkontrast prüfen	Überprüfen Sie, ob der Text einen ausreichenden Kontrast zum Hintergrund hat.	Verwenden Sie Kontrastprüfer oder spezielle Software wie das Tool Colour Contrast Analyser, um die Farbwerte von Text und Hintergrund zu messen.
Überprüfung von Links und interaktiven Elementen	Stellen Sie sicher, dass alle Links und interaktiven Elemente korrekt ausgezeichnet und eindeutig beschrieben sind.	Prüfen Sie alle Links im Dokument, um sicherzustellen, dass sie zum richtigen Ziel führen und dass der Linktext beschreibt, wohin der Link führt.

Tabelle 11.3 Ausgewählte Prüfungen von PDF-Dokumenten

Was	Was tun?	Beispiel
Zugänglichkeit von Formularen	Überprüfen Sie, ob Formulare im PDF zugänglich sind. Jedes Formularfeld sollte korrekt getaggt sein und Hilfetexte enthalten.	Überprüfen Sie, ob jedes Formularfeld Labels enthält und ob diese Labels sichtbar mit den Feldern verknüpft sind. Nutzen Sie die Formularwerkzeuge in Acrobat Pro, um die Einstellungen zu überprüfen und anzupassen.
Überprüfung von Multimediainhalten	Wenn das PDF multimediale Inhalte enthält, stellen Sie sicher, dass diese barrierefrei sind (z. B. durch Untertitel oder Audiodeskription).	Überprüfen Sie Videoinhalte auf Untertitel und Audiobeschreibungen, um sicherzustellen, dass sie für Menschen mit Hörbehinderungen zugänglich sind.

Tabelle 11.3 Ausgewählte Prüfungen von PDF-Dokumenten (Forts.)

Hinweis: Leitfaden zur Prüfung der Barrierefreiheit von PDF-Dokumenten

BIT-Inklusiv stellt einen strukturierten Leitfaden zur Prüfung der Barrierefreiheit von PDF-Dokumenten auf Basis der EN 301 549 (Kapitel 10) und der ISO 14289-1 unter *https://pdftest.bit-inklusiv.de/* kostenlos zur Verfügung. Abbildung 11.29 zeigt beispielhaft die Dokumentation für die Prüfung von Untertiteln für aufgezeichnete Videos in PDF-Dokumenten.

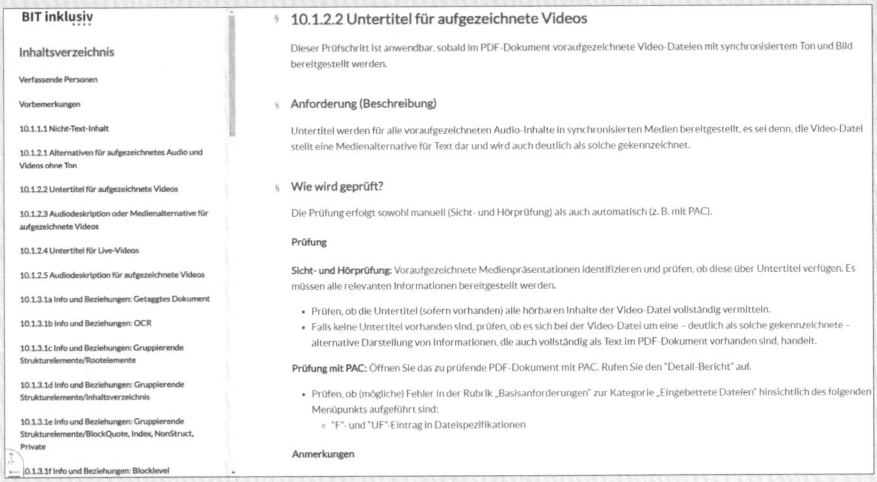

Abbildung 11.29 Prüfschritt barrierefreie PDF-Dokumente (Quelle: *https://pdftest.bit-inklusiv.de*)

11.4.5 PDF-Dokumente schützen inklusive des Zugriffs für Screenreader

Eine sehr positive Eigenschaft von PDF-Dokumenten ist, dass sie umfassend limitiert bzw. geschützt werden können. Sie können z. B. das Drucken eines PDF-Dokuments einschränken, sodass keine Vervielfältigung mit Bordmittel des Browsers oder der Anwendung möglich ist. Ermöglichen Sie aber zumindest dem Screenreader den Textzugriff, da sonst die Inhalte nicht mehr zugänglich sind (siehe Abbildung 11.30).

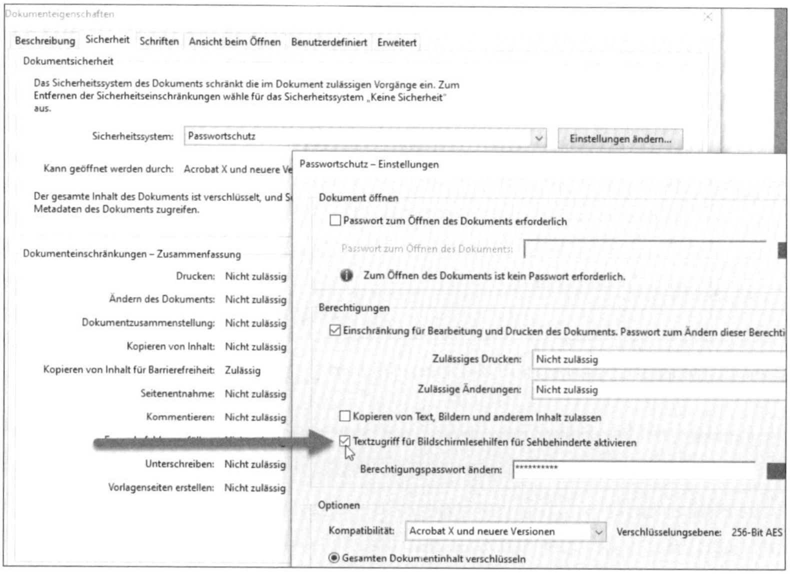

Abbildung 11.30 Dokumenteigenschaften und Sicherheitseinstellungen

11.5 Reihenfolgen für das Vorlesen definieren und prüfen

Für die Barrierefreiheit und Benutzerfreundlichkeit von PDF-Dokumenten sind die Lesereihenfolge und die Umbruchreihenfolge von entscheidender Bedeutung. Sie bestimmen, wie der Inhalt von Screenreadern vorgelesen und auf verschiedenen Geräten angezeigt wird.

11.5.1 Lesereihenfolge (Reading Order)

Die Darstellung der Lesereihenfolge in Acrobat Pro hat keinen Einfluss auf die Ausgabereihenfolge des Screenreaders. Screenreader orientieren sich ausschließlich an der Reihenfolge der Tags in PDF-Dokumenten. Die Lesereihenfolge ist ausschließlich für die Darstellung im Umfließen-Modus. Mehr dazu im folgenden Abschnitt 11.5.2. Sie ermöglicht die Strukturierung von Informationen über das gesamte Dokument hinweg, d. h. die Vorlesereihenfolge kann bei Bedarf von der visuellen Darstellung abweichen.

Angenommen, ein Dokument enthält einen Titel, eine Überschrift, gefolgt von einem Bild und einem Textabsatz. Die gewünschte Lesereihenfolge soll sein: Zuerst der Titel, dann die Überschrift, dann der Text. Die folgenden Schritte sind notwendig, um die Vorlesereihenfolge zu überprüfen und anzupassen:

1. Navigieren Sie zu TOOLS • BARRIEREFREIHEIT.
2. Wählen Sie den Menüpunkt LESEREIHENFOLGE.
3. Das Tool zeigt die aktuelle Lesereihenfolge des Dokuments an. Jedes Element ist mit einer Nummer versehen, die die Lesereihenfolge angibt.
4. Um die Reihenfolge zu ändern, können Sie die Elemente im Dokument klassifizieren, die Nummern in die gewünschte Reihenfolge ziehen oder die Elemente per Drag and Drop verschieben (siehe Abbildung 11.31).

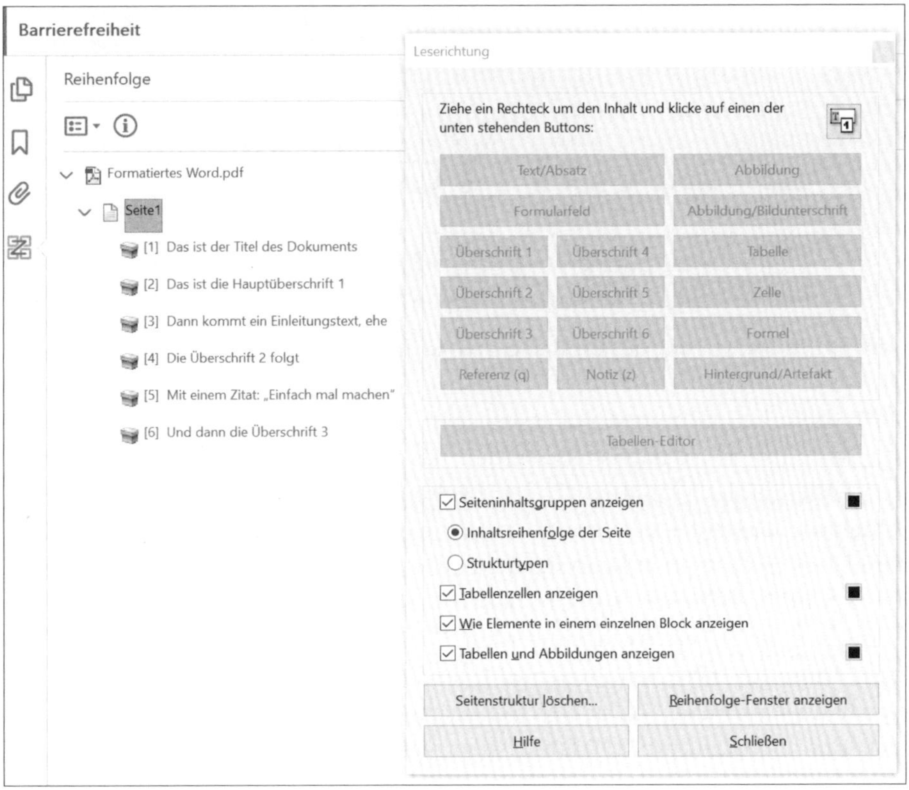

Abbildung 11.31 Anpassung der Lesereihenfolge im PDF-Dokument

11.5.2 Umfließen-Reihenfolge (Reflow Order)

Sie können den Inhalt eines PDF-Dokuments so formatieren, dass er vorübergehend als einspaltiger Text in der Breite des Dokumentfensters angezeigt wird. Diese »Umfließen-Darstellung« erleichtert die Lesbarkeit von Dokumenten auf kleinen

Bildschirmen (mobile Geräte) oder bei starker Vergrößerung auf Standardmonitoren, ohne dass für jede Zeile horizontal gescrollt werden muss. Sofern die Lesereihenfolge definiert oder überprüft wurde, sollte der Text beim Zoomen entsprechend angepasst werden (siehe Abbildung 11.32).

Abbildung 11.32 Aktivierung des Umfließens in Acrobat

Das PDF sollte beim Zoomen gut lesbar sein. Ein zweispaltiger Text sollte in der »Umfließen-Ansicht« so dargestellt werden, dass der Text in der ersten Spalte zuerst gelesen wird, gefolgt vom Text in der zweiten Spalte. Durch die Anpassung der Ansichten wird sichergestellt, dass der Inhalt in der richtigen Reihenfolge dargestellt wird und dass das Layout auf verschiedenen Geräten und Bildschirmgrößen korrekt angezeigt wird. Ein Nachteil des Umfließen-Modus in Acrobat Reader und Acrobat Pro sollte hier nicht verschwiegen werden: Sobald sich auf einer Seite eine Tabelle befindet, muss für diese Seite waagrecht gescrollt werden, weil kein Umbruch am rechten Rand stattfindet. Das ist eine technische Limitierung des Umfließen-Modus, der sich innerhalb der letzten 20 Jahre leider nicht geändert hat.

11.6 Zusammenfassung des Kapitels

Hier sind noch einmal die wichtigsten Punkte dieses Kapitels im Überblick:

- Barrierefreie PDFs gewährleisten den Zugang zu wichtigen Dokumenten wie Bestellübersichten, AGB und Widerrufsbelehrungen für alle Nutzenden.

- Der ISO-Standard 14289 (PDF/UA) definiert spezifische Anforderungen an barrierefreie PDFs, unter anderem korrekte Tag-Struktur, Alternativtexte und Navigationselemente.
- Bei der Konvertierung von Webinhalten in PDFs müssen die Barrierefreiheitsinformationen erhalten bleiben, um den Anforderungen der EN 301 549 zu entsprechen.
- Tags in PDFs sind essenziell für die semantische Strukturierung und ermöglichen Screenreadern die korrekte Interpretation des Inhalts. Ein PDF ohne Tags ist nicht barrierefrei. Prüfen Sie daher in den Dokumenteigenschaften, ob Tags vorhanden sind.
- Verwenden Sie Tags wie `<H1>` bis `<H6>` für Überschriften und `<P>` für Absätze, um Inhalte logisch zu gliedern. Tags können individuell angepasst werden, z. B., um die Sprache für bestimmte Abschnitte festzulegen, was die Barrierefreiheit erhöht.
- Lesezeichen erleichtern die Navigation in umfangreichen PDFs und ermöglichen den schnellen Zugriff auf bestimmte Abschnitte.
- Bilder benötigen prägnante Alternativtexte, um von Screenreadern erkannt und vorgelesen zu werden. Kennzeichnen Sie dekorative Bilder entsprechend, damit sie von Screenreadern ignoriert werden.
- Interne und externe Links verbessern die Interaktion und ermöglichen den Zugang zu weiteren Informationen.
- Nutzen Sie die Funktionen von Word, um PDFs direkt barrierefrei zu erstellen, anstatt sie nachträglich zu taggen. Strukturieren Sie Inhalte mit Formatvorlagen, um semantische Bedeutung zu erzeugen und die Barrierefreiheit zu gewährleisten.
- Platzieren Sie wichtige Informationen nicht in Kopf- oder Fußzeilen, da diese von Screenreadern oft ignoriert werden. Verwenden Sie Absatz- und Zeilenumbrüche korrekt, um Irritationen beim Vorlesen durch Screenreader zu vermeiden.
- Achten Sie auf einen hohen Kontrast zwischen Text und Hintergrund (mindestens 4,5 : 1). Vermitteln Sie Informationen nicht ausschließlich über Farbe, um sie für alle Nutzenden zugänglich zu machen.
- Verwenden Sie klare und verständliche Beschreibungen für Links statt generischer Ausdrücke wie »hier klicken«.
- Definieren Sie Überschriften und sorgen Sie für eine logische Reihenfolge, damit Screenreader die Inhalte korrekt vorlesen können. Nutzen Sie Tabellen nicht für Layoutzwecke, um Verwirrung bei der Ausgabe mittels Screenreader zu vermeiden.
- Ein aussagekräftiger Titel verbessert die Zugänglichkeit sehr und wird von Screenreadern vorgelesen.
- Legen Sie die Hauptsprache fest und kennzeichnen Sie fremdsprachige Abschnitte korrekt.

- Beim Abspeichern als PDF müssen die Tags für Barrierefreiheit aktiviert sein; vermeiden Sie die Option MINIMALE GRÖSSE.
- Überprüfen Sie das erstellte PDF mit Tools wie PAC auf Barrierefreiheit.
- Das Matterhorn-Protokoll bietet konkrete Prüfpunkte für die Einhaltung des PDF/UA-Standards.
- Tools wie PAC ermöglichen die maschinelle Überprüfung von PDFs auf Barrierefreiheit. Etwa ein Drittel der Prüfkriterien erfordert eine manuelle Überprüfung.
- Adobe Acrobat Pro bietet Tools zur Erstellung, Prüfung und Korrektur barrierefreier PDFs.
- Sicherheitseinstellungen dürfen die Barrierefreiheit nicht beeinträchtigen.
- Überprüfen und korrigieren Sie die Reihenfolge, in der Inhalte von Screenreadern vorgelesen werden.
- Das Umfließen erleichtert die Lesbarkeit auf mobilen Geräten oder bei Vergrößerung. Stellen Sie sicher, dass der Inhalt in der UMFLIESSEN-Ansicht logisch und lesbar bleibt.

TEIL V

Barrierefreie Software und Apps – Umsetzung in WordPress

Kapitel 12

Apps barrierefrei umsetzen – barrierefreie Aspekte bei Smartphones

»In the middle of difficulty lies opportunity.«
Albert Einstein

Die Themen im Überblick:

- Barrierefreiheitsfunktionen aktivieren
- Allgemeine Besonderheiten bei Apps
- Prüfung der Wahrnehmbarkeit
- Besonderheiten der Bedienbarkeit
- Besonderheiten der Verständlichkeit
- Besonderheiten der Robustheit/Interoperabilität
- Zusammenfassung des Kapitels

Das Smartphone ist unser ständiger Begleiter. Erfreulich ist, dass wir das Smartphone weitgehend unseren individuellen Bedürfnissen anpassen können. Ein Beispiel: Tippt man dreimal auf die Rückseite des iPhones, kann man direkt einen Screenshot erstellen – wenn man das möchte (einstellbar bei iOS unter BEDIENUNGSHILFEN • TIPPEN • AUF RÜCKSEITE TIPPEN). Alternativ kann damit auch die Lautstärke erhöht oder die Taschenlampe eingeschaltet werden. Diese Funktionalität des Tippens ist auch bei eingeschränkter Mobilität eine große Erleichterung und kann mit spezifischen Bedienungshilfen verknüpft werden. Auch hier zeigt sich, dass spezifische Funktionalitäten der Barrierefreiheit für alle gut sind, für manche aber eine zwingende Notwendigkeit darstellen. In diesem Kapitel werden Sie daher nicht nur spezifische Aspekte von Bedienungshilfen kennenlernen, sondern auch Smartphone-Apps unter dem Aspekt der Barrierefreiheit betrachten.

Das Testen von Apps auf Barrierefreiheit ist entscheidend, um sicherzustellen, dass alle Nutzenden die Möglichkeit haben, Apps zu nutzen. Dies ist nicht nur eine rechtliche Anforderung (siehe Abschnitt 12.2, »Allgemeine Besonderheiten bei Apps«), sondern auch ein wirtschaftlicher Aspekt, da barrierefreie Apps die Reichweite und Zufriedenheit der Nutzenden erhöhen. Es gibt verschiedene Tools und Methoden, um die Barrierefreiheit von Apps zu testen, insbesondere die Sprachausgabetools *TalkBack* von Google und *VoiceOver* von Apple.

TalkBack ist ein Screenreader von Google, der speziell für Android-Geräte entwickelt wurde. Er bietet sprachliches Feedback, um durch die Benutzeroberfläche einer App zu navigieren und mit ihr zu interagieren. TalkBack liest Texte vor, beschreibt Aktionen und ermöglicht Gestensteuerung zur Bedienung der App. VoiceOver ist das Pendant zu TalkBack für Apple-Geräte und ist für iOS, iPadOS und macOS verfügbar. In den Einstellungen Ihres Smartphones können Sie umfassende Bedienungshilfen aktivieren und ausprobieren. Weitere Informationen und Tipps finden Sie für Apple unter *https://www.apple.com/de/accessibility/* und für Android unter *https://www.android.com/intl/de_de/accessibility/*. Abbildung 12.1 zeigt die Aktivierung und Konfiguration von VoiceOver sowie die visuelle Darstellung eines ausgewählten Menüpunktes (ROTOR).

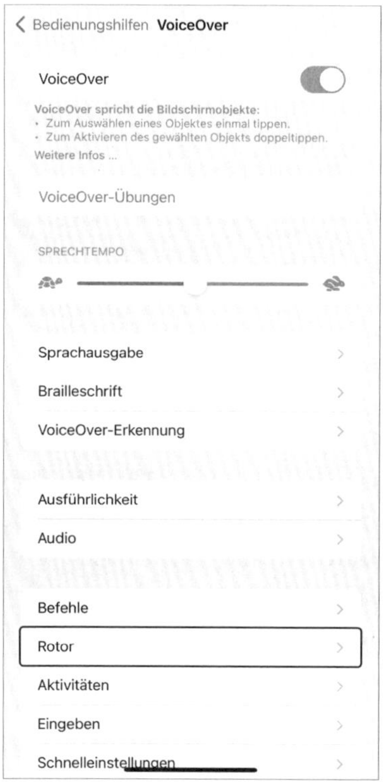

Abbildung 12.1 Aktivierung und Konfiguration von VoiceOver

Google und Apple stellen für die Entwicklung weitere Tools zur Verfügung, um proaktiv mögliche Barrierefreiheitsprobleme in ihren Apps zu identifizieren. Für Android ist dies insbesondere der *Google Accessibility Scanner*[1], der die App analysiert und Verbesserungsvorschläge macht, wie z. B. das Hinzufügen von Beschreibungen

1 *https://support.google.com/accessibility/android/answer/6376570?hl=de*

zu Bildern oder die Erhöhung des Kontrasts von Texten. Der *Apple Accessibility Inspector*[2] ist ein Tool, das Entwicklern hilft, Barrierefreiheitsprobleme in ihren iOS- und macOS-Apps zu erkennen. Es ermöglicht das Testen von VoiceOver und bietet detaillierte Informationen zu den Accessibility-Eigenschaften von UI-Elementen.

Um die Barrierefreiheit einer App effektiv zu testen, sollten Sie – wie bei Websites – folgende Schritte unternehmen:

1. Planung und Design: Bereits in der Planungs- und Designphase sollten Barrierefreiheitsstandards und relevante Richtlinien (WCAG) berücksichtigt werden, um potenzielle Probleme frühzeitig zu vermeiden.
2. Entwicklung: Bei der Entwicklung sollten barrierefreie Programmiertechniken eingesetzt werden. Dazu gehören z. B. das Hinzufügen von Beschreibungen zu allen interaktiven Elementen, die Sicherstellung ausreichender Kontraste und die Berücksichtigung von Touchzielen.
3. Qualitätssicherung: Die App sollte kontinuierlich mit Tools wie TalkBack, VoiceOver, dem Google Accessibility Scanner und dem Apple Accessibility Inspector getestet werden. So können Probleme frühzeitig identifiziert und behoben werden.
4. Nutzer-Feedback: Es ist äußerst hilfreich, direktes Feedback von den Nutzenden mit Behinderungen zu erhalten. Dies kann durch Usability-Tests mit einer heterogenen Gruppe von Nutzenden erreicht werden.
5. Kontinuierliche Verbesserung: Barrierefreiheit ist ein fortlaufender Prozess und kein Projekt. Die App sollte regelmäßig auf Barrierefreiheit hin überprüft und entsprechend aktualisiert werden.

Tipp: Prüfschemata für Apps nach EN 301 549

Als Pendant zum Selbsttest für Websites helfen die folgenden Prüfschemata, Apps systematisch nach EN 301 549 zu testen:

- BITV-Test für mobile Applikationen (BITV-APP-Test) des BIT inklusiv-Netzwerkes (*https://apptest.bit-inklusiv.de/*)
- BiK BITV-Test/EN 301 549 (App) der DIAS GmbH (*https://bitvtest.de/pruefverfahren/bitv-20-app*)

12.1 Barrierefreiheitsfunktionen aktivieren

Das Aktivieren und Anpassen von Bedienungshilfen auf iOS und Android ist notwendig, um Apps oder mobile Websites zu testen. Leider können Sie bei Apps im Gegen-

2 *https://developer.apple.com/documentation/accessibility/accessibility-inspector*

satz zu Webseiten nicht mit der rechten Maustaste klicken und im Code nach Optimierungsmöglichkeiten suchen. Daher sind Sie auf die internen Screenreader angewiesen und führen entsprechende Tests mit deren Hilfe durch. Beide Betriebssysteme bieten eine Vielzahl von Einstellungen, die individuell angepasst werden können. Abbildung 12.2 zeigt eine Auswahl der BEDIENUNGSHILFEN in iOS.

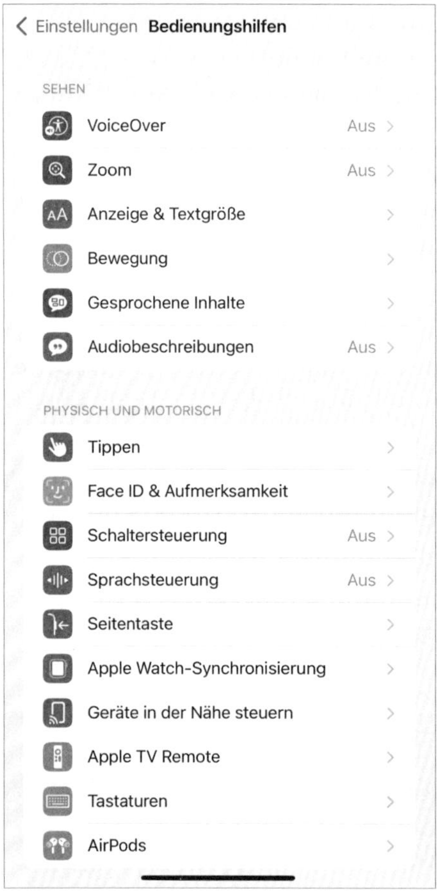

Abbildung 12.2 Auswahl der Bedienungshilfen in iOS

Die Aktivierung und Einstellung der BEDIENUNGSHILFEN in iOS kann wie folgt vorgenommen werden:

1. Öffnen der Einstellungen: Tippen Sie auf das Zahnrad-Icon, um die EINSTELLUNGEN zu öffnen.
2. Menü Bedienungshilfen: Gehen Sie zu BEDIENUNGSHILFEN.
3. Aktivieren oder deaktivieren Sie die gewünschten Funktionen: Hier finden Sie eine Vielzahl von Funktionen, die Sie aktivieren und personalisieren können.

Tabelle 12.1 zeigt empfohlene Einstellungen bzw. Bedienungshilfen in iOS.

Bereich	Funktion	Einsatz	Aktivierung
Sehen	VOICEOVER	VoiceOver ermöglicht blinden und sehbehinderten Nutzenden die Navigation mittels Sprachrückmeldungen.	In den BEDIENUNGSHILFEN aktivieren Sie VOICEOVER und passen z. B. die Sprechgeschwindigkeit an.
Sehen	ZOOM	Diese Funktion hilft Nutzenden mit Sehschwäche durch die Vergrößerung des Bildschirminhalts.	In den BEDIENUNGSHILFEN aktivieren Sie ZOOM und passen z. B. die Zoomstufe an.
Sehen	Farben umkehren und Farbfilter anwenden	Durch das Umkehren von Farben oder das Anwenden von Farbfiltern können Texte und Bilder besser erkannt werden.	Gehen Sie zu ANZEIGE & TEXTGRÖSSE • UMKEHREN oder schalten Sie den FARBFILTER ein und passen ihn an.
Sehen	Sprachausgabe	Diese Funktion liest den Text auf dem Bildschirm vor, was für Nutzende mit Sehbehinderungen oder Leseschwierigkeiten hilfreich ist.	Gehen Sie zu GESPROCHENE INHALTE und schalten Sie BILDSCHIRMINHALT SPRECHEN ein.
Hören	Untertitel und erweiterte Untertitel	Gehörlose oder schwerhörige Nutzende können die Darstellung von Untertiteln in unterstützten Medien anpassen.	Gehen Sie zu UNTERTITEL & ERWEITERTE UNTERTITEL und wählen Sie die gewünschten Optionen.

Tabelle 12.1 Einstellungen bzw. Bedienungshilfen in iOS

Abbildung 12.3 zeigt die Einstellung der BEDIENUNGSHILFEN in Android.

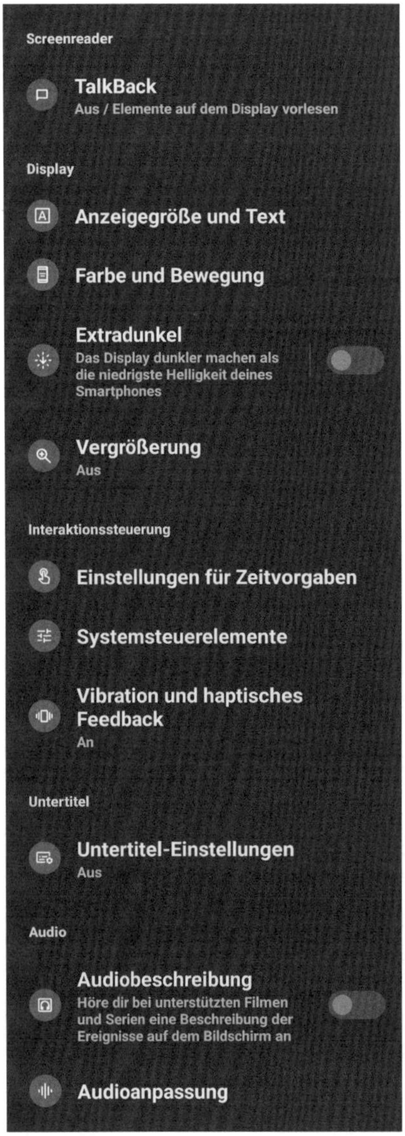

Abbildung 12.3 Einstellung der Bedienungshilfen in Android

Wenn Sie Android verwenden, erfolgt die Aktivierung und Einstellung der BEDIENUNGSHILFEN wie folgt:

1. Öffnen Sie die Einstellungen: Tippen Sie auf das Zahnrad-Icon, um die EINSTELLUNGEN zu öffnen.
2. Menü Bedienungshilfen: Gehen Sie auf BEDIENUNGSHILFEN oder ACCESSIBILITY.
3. Aktivieren oder deaktivieren Sie die gewünschten Funktionen: Hier finden Sie eine Vielzahl von Funktionen, die aktiviert und angepasst werden können.

Tabelle 12.2 zeigt empfohlene Einstellungen bzw. Bedienungshilfen in Android.

Bereich	Funktion	Einsatz	Aktivierung
Sehen	TALKBACK	TalkBack ermöglicht blinden oder sehbehinderten Nutzenden die Navigation durch Sprachrückmeldungen.	Aktivieren Sie TALKBACK in den BEDIENUNGSHILFEN und passen Sie es an (z. B. Sprechgeschwindigkeit oder Lautstärke).
Sehen	Zoom	Diese Funktion unterstützt sehbehinderte Nutzende durch die Vergrößerung von Ausschnitten auf dem Bildschirm.	In den BEDIENUNGSHILFEN aktivieren Sie VERGRÖSSERUNG oder VERGRÖSSERUNGSGESTEN und passen sie an.
Sehen	AUDIO-BESCHREIBUNG	Audiodeskription bei geeigneten Videos aktivieren.	In den BEDIENUNGSHILFEN aktivieren Sie im Bereich AUDIO die AUDIOBESCHREIBUNG.
Hören	UNTERTITEL	Untertitel in Videos anzeigen	In den BEDIENUNGSHILFEN wählen Sie im Bereich UNTERTITEL die UNTERTITEL-EINSTELLUNGEN aus und aktivieren sie im darauf erscheinenden Menü sowie passen Erscheinungsbild und Größe an.
Allgemein	BARRIEREFREIHEITSMENÜ	Dieses Menü bietet schnellen Zugriff auf häufig verwendete Einstellungen, die für die Nutzenden mit körperlichen Behinderungen nützlich sind (z. B. LAUTSTÄRKE).	In den BEDIENUNGSHILFEN aktivieren Sie das BARRIEREFREIHEITSMENÜ und passen es an.

Tabelle 12.2 Einstellungen bzw. Bedienungshilfen in Android

Abbildung 12.4 zeigt die Aktivierung von TALKBACK in Android.

Abbildung 12.4 TalkBack in Android verwenden

Hinweis: Screenreader deaktivieren

Damit Sie die Screenreader später wieder deaktivieren können, greifen Sie am einfachsten entweder auf einen Sprachassistenten zurück (»Siri – VoiceOver deaktivieren« bzw. »Hey Google – TalkBack deaktivieren«), legen die Bedienungshilfen in Ihrem Kontrollzentrum ab oder hinterlegen einen Kurzbefehl/eine Kombination, wie z. B. dreimal auf die Rückseite tippen. Alternativ können Sie mittels Doppeltippen auf ausgewählte Objekte navigieren (aktivieren) oder eine Wischbewegung vom Bildschirmrand aus durchführen.

12.2 Allgemeine Besonderheiten bei Apps

Grundsätzlich haben Apps und Websites die gleiche rechtliche Grundlage in Bezug auf Barrierefreiheit – die EN 301 549. Das heißt, wenn Sie die Kriterien für eine barrierefreie Website kennen, kennen Sie auch die Kriterien für eine barrierefreie App. Im

Anhang dieser EN sind die jeweiligen Anforderungen für Websites (Tabelle A.1) und Apps (Tabelle A.2) definiert. Da die WCAG universell sind, gelten sie sowohl für Apps (Software) als auch für Websites. Die EN 301 549 verweist in Kapitel 9 (Web) und Kapitel 11 (Software) auf die gleichen WCAG-Erfolgskriterien. Die Erfolgskriterien sind also identisch, die Prüfung ist jedoch individuell für die App bzw. für die Website. Die Anforderungen an Apps sind umfassender, unter anderem bedingt durch die Funktionalitäten des Smartphones sowie die Eigenschaft als Software an sich. Beispielsweise sind die Möglichkeiten der biometrischen Authentifizierung wie Face ID auf einer Website limitiert. Bei einer Banking-App kann dies zur schnellen Bestätigung von Überweisungen genutzt werden, was für sehr viele Menschen eine große Erleichterung darstellt. Im Folgenden werden daher ausgewählte Aspekte der EN 301 549 erläutert, jedoch mit Fokus auf die App (Software).

12.2.1 Biometrie (Kriterium 5.3 der EN 301 549)

Biometrische Anmeldeverfahren erleichtern den Zugang zu digitalen Produkten. Anstelle der Eingabe von Passwörtern oder PINs ist die Nutzung von Gesichtserkennung (z. B. FaceID) oder Fingerabdruck einfacher und schneller. Um Barrierefreiheit beim Einsatz von Biometrie zu gewährleisten, ist es notwendig, dass bei der Nutzung von biologischen Merkmalen zur Identifikation oder Kontrolle diese nicht als alleiniges Mittel eingesetzt werden. Es muss immer mindestens eine alternative Identifizierungsmethode, wie z. B. die Eingabe eines Passwortes, zur Verfügung stehen, um sicherzustellen, dass Menschen Zugang haben, die z. B. nicht auf die Möglichkeit der Nutzung von Fingerabdrücken zurückgreifen können.

Checkliste zur Sicherstellung der Biometrie:

- Prüfen Sie die Einstellungen: Stellen Sie sicher, dass der Identifizierungsprozess auf biometrische Merkmale umgestellt werden kann.
- Verfügbarkeit alternativer Methoden: Prüfen Sie, ob neben der biometrischen Methode mindestens eine weitere Identifizierungsmethode (biometrisch oder nicht biometrisch) zur Verfügung steht, z. B., ob zusätzlich zur Fingerabdruckerkennung auch die Gesichtserkennung möglich ist und/oder neben dem biometrischen Verfahren die Passwort- oder PIN-Eingabe.

12.2.2 Eingabeverhalten

Smartphones und Tablets bieten die Möglichkeit der Gestensteuerung. Wisch- und Touchgesten ermöglichen neue Funktionen und sind längst Teil des Nutzungsverhaltens. Aus Sicht der Barrierefreiheit müssen alternative Bedienmöglichkeiten z. B. bei motorischer Behinderung zur Verfügung stehen. Komplexe Touchgesten, die mit mehreren Fingern ausgeführt oder bei denen zwei Tasten gleichzeitig gedrückt werden müssen, sind Beispiele für die Notwendigkeit einer alternativen Bedienart. Die EN 301 549 listet in Kapitel 5 (insbesondere 5.5.1 bis 5.9) entsprechende Prüfschritte auf.

Das Netzwerk BIT inklusiv stellt z. B. eine detaillierte Anleitung zur Prüfung der einzelnen Schritte zur Verfügung. Abbildung 12.5 zeigt einen Auszug dieser Prüfschritte.

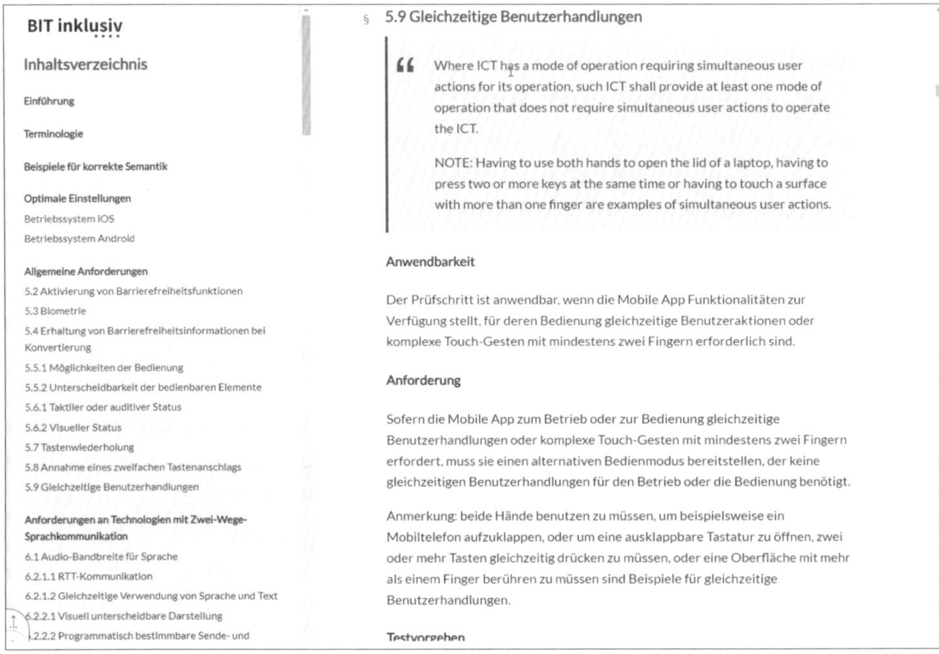

Abbildung 12.5 App-Test von BIT inklusiv (Quelle: *https://apptest.bit-inklusiv.de/#gleichzeitige-benutzerhandlungen*)

12.3 Prüfung der Wahrnehmbarkeit

Integrierte Screenreader benötigen bei einer App die gleichen Informationen (Strukturelemente) wie bei einer Website: Informative Grafiken benötigen einen Alternativtext, dekorative Grafiken werden entsprechend gekennzeichnet und somit vom Screenreader ignoriert und nicht fokussiert. Der Einsatz von VoiceOver und TalkBack ist daher für Barrierefreiheitstests essenziell. Bookmarklets oder das Testen direkt im Code fallen als Optionen leider aus.

Für VoiceOver steht der VoiceOver-Rotor zur Verfügung, der es den Nutzenden ermöglicht, verschiedene Navigationseinstellungen und -optionen schnell auszuwählen und zu ändern. Durch Drehen des virtuellen Rotors können die Nutzenden zwischen verschiedenen Optionen wie Überschriften, Links, Listen, Formularelementen und benutzerdefinierten Einstellungen wechseln.

Aktivierung des VoiceOver-Rotors:

1. VoiceOver einschalten: Gehen Sie zu EINSTELLUNGEN • BEDIENUNGSHILFEN • VOICEOVER und aktivieren Sie es.
2. Rotor verwenden: Drehen Sie zwei Finger auf dem Bildschirm wie beim Drehen eines Ziffernblattes, um die Optionen des Rotors zu ändern.
3. Auswahl treffen: Heben Sie den Finger an, um die aktuelle Rotor-Einstellung zu wählen, und streichen Sie dann nach oben oder unten, um durch die Optionen zu navigieren.

Auf diese Weise können Sie überprüfen, ob Sie von Überschrift zu Überschrift navigieren und ob die Reihenfolge einer sinnvollen Logik entspricht. Bei TalkBack ist die Überprüfung über das TalkBack-Menü möglich.

Abbildung 12.6 zeigt beispielhaft die Darstellung und Konfiguration des Rotors in iOS.

Abbildung 12.6 Rotor in VoiceOver

Die Überprüfung von CAPTCHAs, Untertiteln sowie Kontrasten ist identisch. Bei Textkontrasten wird grundsätzlich ein Verhältnis von 4,5 : 1 zugrunde gelegt, eine pixelgenaue Messung der Schriftgrößen ist bei kleinen, responsiven Displays nicht möglich bzw. sinnvoll. Erstellen Sie sich daher Screenshots der App und übertragen Sie diese auf Ihren Rechner (oder senden Sie sie per E-Mail). Anhand der Screenshots können Sie die Kontrastwerte am Desktop mit den vorgestellten Tools wie dem Color Contrast Analyzer messen.

Hinweis: Optionen der Screenreader prüfen

Es lohnt sich, die Optionen der integrierten Screenreader näher zu betrachten. Neben der Optimierung der Kontraste können die Einstellungen gegebenenfalls auch eine bessere Farbwahl ermöglichen. Abbildung 12.7 zeigt z. B. die Anpassungsmöglichkeiten in iOS.

Abbildung 12.7 Anpassung von »Anzeige & Textgröße« in iOS

Eine Herausforderung für die Entwickelnden stellt der Prüfschritt »Ausrichtung« (Kriterium 11.1.3.4) der EN 301 549 dar, der fordert, dass die Bedienung der App nicht auf eine einzige Bildschirmausrichtung im Hoch- oder Querformat beschränkt sein darf. Da Endgeräte häufig mit einer festen Ausrichtung am Rollstuhl montiert werden, stellt die ausschließliche Nutzung in einer Ausrichtung eine große Hürde für die Nutzenden dar.

12.4 Besonderheiten der Bedienbarkeit

Die Besonderheit bei der Bedienbarkeit ist die Unterstützung einer externen Tastatur. Das heißt, die App muss mit einer externen Tastatur bedienbar sein und die entsprechenden Kriterien (z. B. keine Tastaturfalle, abschaltbare Tastaturkürzel) erfüllen.

Folgende weitere Aspekte der Bedienbarkeit sind wie bei Websites zu prüfen bzw. umzusetzen:

- konfigurierbare Zeitlimits (abschaltbar, anpassbar, verlängerbar)
- bewegte Inhalte abschaltbar (auf maximal 5 Sekunden begrenzt)
- Verzicht auf Flackern (maximal drei Blitze innerhalb 1 Sekunde)
- sinnvolle Reihenfolge der Bedienung
- aussagekräftige, sinnvolle Linktexte
- sichtbarer Fokus
- Alternativen bei komplexen Gesten
- Steuerung über Bewegung

Die Kriterien »Bereiche umgehen« (WCAG 2.4.1 bei Websites), »Sinnvolle Dokumenttitel« (WCAG 2.4.2) sowie »Alternative Zugangswege« (WCAG 2.4.5) sind bei einer App nicht praktikabel und werden daher nicht getestet. Da kein Zugriff auf den Quellcode möglich ist (es sei denn, Sie haben die App selbst entwickelt), müssen jeweils Tests mit dem integrierten Screenreadern sowie der externen Tastatur durchgeführt werden. Darüber hinaus müssen einzelne Kriterien wie Kriterium 11.2.5.8 der EN 301 549 (Zielgröße muss mindestens 24 px betragen) subjektiv überprüft werden. Screenshots und Abstandsmessungen wären hier sehr aufwendig.

12.5 Besonderheiten der Verständlichkeit

Hinsichtlich der Verständlichkeit gibt es keine Unterschiede zu den Anforderungen bzw. Tests für eine Website. Neben der Fehlererkennung, Fehlerkorrektur und Fehlervermeidung sind insbesondere die neuen Kriterien der WCAG 2.2 wie »Redundanter Eintrag« (Kriterium 9.3.3.7 der EN 301 549) sowie »Zugängliche Authentifizierung«

(9.3.3.8) hilfreiche Aspekte, um die Verständlichkeit auch bei Apps zu gewährleisten. Die Kriterien »Sprache von Teilen« (9.3.1.2), »Konsistente Navigation« (9.3.2.3) sowie »Konsistente Bezeichnung« (9.3.2.4) sind für eine App ebenfalls nicht praktikabel und werden daher nicht getestet.

12.6 Besonderheiten der Robustheit/Interoperabilität

Die App bzw. Software muss die gängigen assistiven Systeme Screenreader, Bildschirmlupe und Sprachsteuerung unterstützen, gegebenenfalls zusätzlich in Verbindung mit einer externen Tastatur. Wie bereits erwähnt, funktioniert dies mit den Bordmitteln von Google und Apple sehr gut – es gibt aber auch andere Systeme. Die erweiterten Prüfschritte der EN 301 549, 11.5.2.3 bis 11.5.217 stellen sicher, dass die Software die dokumentierten Bedienungshilfen des jeweiligen Betriebssystems nutzt, um die Zugänglichkeit zu gewährleisten. Kurz gesagt überprüfen Sie mit ihren assistiven Systemen, ob bei der Nutzung der App sinnvolle Ausgaben erzeugt werden.

12.7 Zusammenfassung des Kapitels

Hier sind noch einmal die wichtigsten Punkte dieses Kapitels im Überblick:

- Die Aktivierung und Anpassung von Bedienungshilfen auf iOS und Android ist notwendig, um Apps oder mobile Websites zu testen; beide Betriebssysteme bieten viele individuelle Einstellungsmöglichkeiten.
- Apps und Websites basieren beide auf der EN 301 549; die WCAG gelten für beide universell, die Prüfung ist jedoch individuell.
- Apps haben aufgrund spezifischer Funktionalitäten wie biometrischer Authentifizierung erweiterte Anforderungen. Biometrische Identifikationsmethoden erleichtern den Zugang, dürfen aber nicht die einzige Methode sein. Es muss immer eine alternative Methode zur Verfügung stehen.
- Komplexe Touchgesten sollten um alternative Bedienmöglichkeiten ergänzt werden, um Barrierefreiheit zu gewährleisten.
- Screenreader wie VoiceOver und TalkBack sind für Tests unverzichtbar. Funktionen wie der VoiceOver-Rotor unterstützen die Navigation und die Überprüfung der Barrierefreiheit.
- Apps sollten mit einer externen Tastatur bedienbar sein und keine Hindernisse wie Tastaturfallen enthalten.
- Verständlichkeitsanforderungen für Apps entsprechen denen für Websites, inklusive Fehlererkennung und -korrektur.

Kapitel 13

WordPress und Co. barrierefrei gestalten

»Any intelligent fool can make things bigger and more complex. It takes a touch of genius – and a lot of courage – to move in the opposite direction.«
E. F. Schumacher

Die Themen im Überblick:

- Wahl des Themes
- Aspekte der Barrierefreiheit in WordPress
- Plug-ins für Barrierefreiheit
- Zusammenfassung des Kapitels

WordPress ist das weltweit am weitesten verbreitete Content-Management-System (CMS). WordPress bietet umfangreiche Tools und Plug-ins, die bei der Erstellung barrierefreier Inhalte helfen. Beispielsweise können Alt-Texte für Bilder hinzugefügt, die Barrierefreiheit von Inhalten überprüft und Plug-ins, wie z. B. WP Accessibility, verwendet werden, um Barrierefreiwheitsprobleme des Systems zu reduzieren. Im weiteren Verlauf dieses Kapitels werden verschiedene Aspekte von WordPress in Bezug auf Barrierefreiheit näher beleuchtet.

13.1 Wahl des Themes

Die Wahl des Themes in WordPress ist aus mehreren Gründen entscheidend für die Barrierefreiheit einer Website:

- Ein barrierefreies Theme stellt sicher, dass die grundlegenden Elemente einer Website wie Navigation und Webinhalte für alle zugänglich sind. Bietet das Theme z. B. einen Link, um Bereiche bei Tastaturnutzung zu überspringen? Besteht z. B. die Möglichkeit, Landmarks und weitere ARIA-Attribute zu definieren? In welchen Abständen wird das Theme upgedatet? Ein gut gestaltetes Theme bietet grundlegende Einstellungsmöglichkeiten, z. B. für einen ausreichenden Farbkontrast zwischen Text und Hintergrund sowie für Farben und Schriften, die die Lesbarkeit verbessern. Das heißt, unterstützt das Theme die generelle Einhaltung der WCAG?

- Ein barrierefreies Theme verwendet außerdem semantisch korrektes HTML. Dies bedeutet, dass Überschriften, Listen und andere Strukturelemente korrekt verwendet werden, um die logische Struktur des Inhalts zu vermitteln.
- Anpassbarkeit und Flexibilität: Bietet das Theme Anpassungsmöglichkeiten, um spezifische Anforderungen an die Barrierefreiheit zu erfüllen?
- Ein weiterer wichtiger Aspekt ist die Verbesserung der allgemeinen Benutzererfahrung (UX) für alle Nutzenden, unabhängig von ihren Fähigkeiten. Dies kann zu einer höheren Zufriedenheit und letztlich zu besseren Interaktionsraten führen. Daher ist die Wahl eines barrierefreien Themes ein wesentlicher Schritt, um sicherzustellen, dass eine WordPress-Website für alle Nutzenden zugänglich und nutzbar ist.

Ein erster Indikator kann der Filter FÜR BARRIEREFREIHEIT GEEIGNET sein, der die Standardthemes von WordPress auflistet, z. B. TWENTY TWENTY-FOUR sowie TWENTY TWENTY-THREE (Filterung siehe Abbildung 13.1).

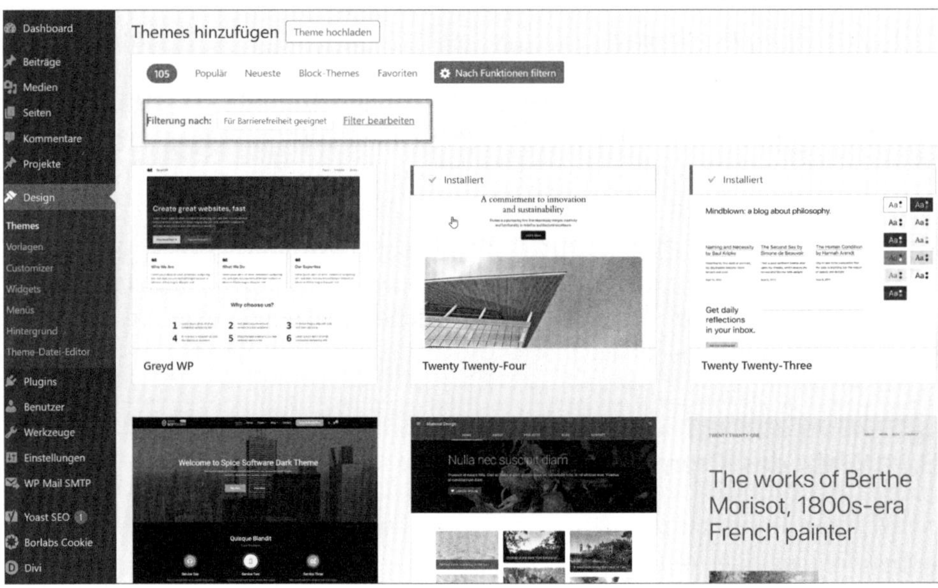

Abbildung 13.1 Filterung nach barrierefreien Themes innerhalb von WordPress

> **Hinweis: Umfassende Theme-Vorschau nutzen**
>
> Wählen Sie unter *https://wordpress.org/themes/* das gewünschte Theme aus und nutzen Sie die Möglichkeit einer umfassenden Vorschau des Themes. Prüfen Sie insbesondere Aspekte der Navigation mit der Tastaturnutzung bzw. die Sprachausgabe

mit einem Screenreader. Abbildung 13.2 zeigt die Vorschau eines Standardthemes mit Tastaturfokus.

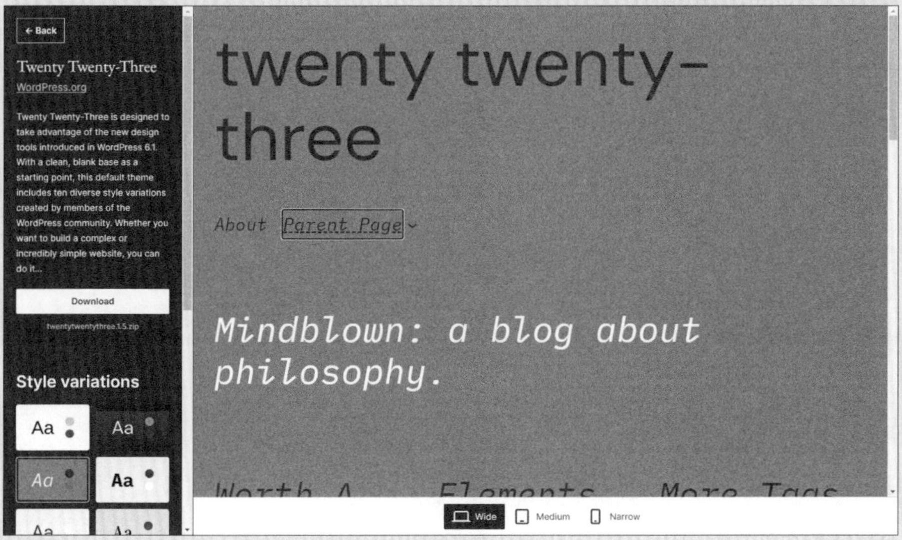

Abbildung 13.2 Vorschau WordPress-Theme

Leider bieten aktuell die klassischen Pagebuilder wie DIVI und Elementor im Standard keine einfache Konfiguration der Website im Hinblick auf Barrierefreiheit an. Das liegt systembedingt daran, dass in diesen Pagebuildern jedes Element für sich steht. Der Vorteil dieser Builder ist, dass Websites möglichst einfach erstellt und aktualisiert werden können, indem Elemente aus der Komponentenbibliothek frei ausgewählt und auf der Seite positioniert werden können. Dabei werden sie in der Regel als `<div>` sequenziell auf der Seite eingebunden, was aus Sicht der Barrierefreiheit zu einer mangelnden Semantik führen kann. Strukturen wie Landmarks und weitere ARIA-Auszeichnungen sind daher nur bedingt umgesetzt bzw. es sind zwingend Programmierkenntnisse für die Konfiguration notwendig. Erschwerend kommt hinzu, dass einzelne Standardkomponenten nicht barrierefrei ausgezeichnet sind. Mit umfangreichen manuellen Anpassungen oder weiteren kostenpflichtigen Erweiterungen können dennoch auch Websites mit Pagebuildern barrierefrei werden, jedoch nicht so einfach, wie man es bei deren Einsatz erwartet.

Für DIVI existiert derzeit kein aktuelles, kostenfreies Plug-in für Barrierefreiheit. Auf Basis der WCAG 2.0 existiert eine Erweiterung (abrufbar unter *https://github.com/campuspress/divi-accessibility*). Mit diesem (veralteten) Plug-in können diverse Einstellungen für die Barrierefreiheit in DIVI vorgenommen werden. Unter anderem kann damit die Zugänglichkeit von Elementen für Screenreader verändert werden (siehe Abbildung 13.3). Das Gelbe vom Ei ist dieses Plug-in jedoch nicht.

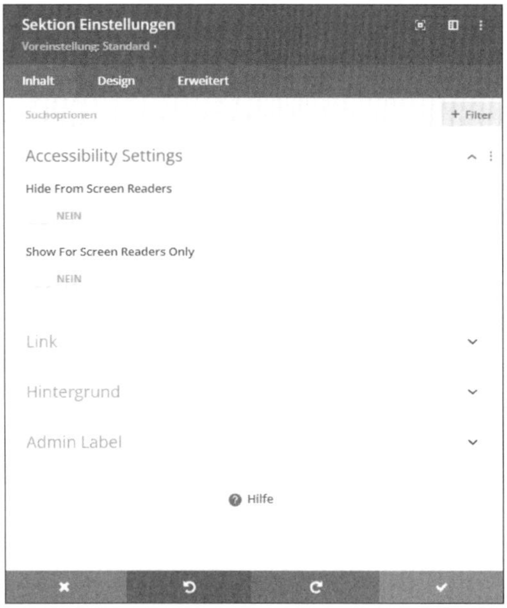

Abbildung 13.3 Erweiterung von DIVI um das Accessibility-Plug-in

Damit elementare Eigenschaften einer barrierefreien Seite in DIVI bereitgestellt werden, müssen entsprechende Erweiterungen per Code manuell eingefügt oder Erweiterungen (wie z. B. der Accessibility Helper) gekauft werden. Ähnlich verhält es sich bei Elementor. Mit Elementor Pro können benutzerdefinierte (eigene) Attribute erstellt werden. Damit können Sie den Elementen Programmcode hinzufügen (im Format `key|value`). Ein ARIA-Label kann somit z. B. mit `aria-label|Wordpress Website Barrierefrei` am Element integriert werden (siehe Abbildung 13.4, weitere Aspekte siehe *https://elementor.com/help/make-your-website-accessible/*).

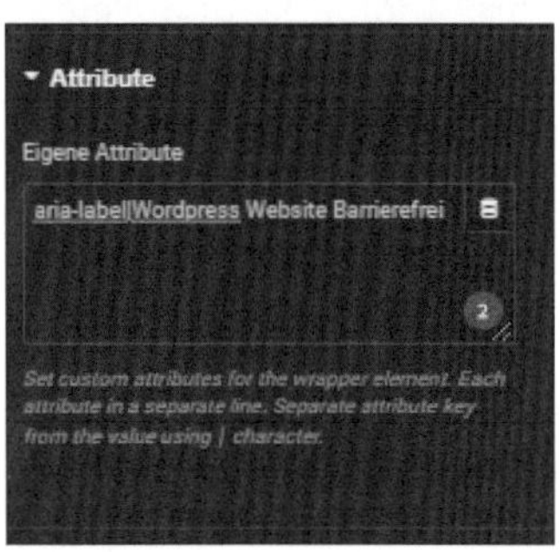

Abbildung 13.4 Integration von Code für die Auszeichnung der Elemente

Aus unserer Erfahrung ist der (kostenpflichtige) Bricks Pagebuilder (*https://bricksbuilder.io/*) die aus Sicht der Barrierefreiheit einfachste und umfassendste Lösung aus den Reihen der Pagebuilder. Durch die Bricks TEMPLATES können z. B. eigene Bereiche für Header und Footer erstellt werden, die sich innerhalb der Webseite wiederfinden und per Screenreader direkt adressiert werden können. Insbesondere durch die Möglichkeit der Verwendung von HTML-Tags und ARIA-Attributen direkt am jeweiligen Element kann Barrierefreiheit ohne (große) Programmierkenntnisse ermöglicht werden.

13.2 Aspekte der Barrierefreiheit in WordPress

Die folgenden Abschnitte zeigen grundlegende Aspekte zur Verbesserung der Barrierefreiheit in WordPress, die Sie unbedingt beachten sollten.

13.2.1 Überschriften (H1–H6) einfügen

In WordPress kann die Überschriftenstruktur einfach definiert und verwaltet werden, um eine klare Hierarchie und Barrierefreiheit zu gewährleisten. Die Überschriftenstruktur wird wie folgt definiert:

1. Gehen Sie zu BEITRÄGE oder SEITEN und wählen Sie den Beitrag oder die Seite aus, die Sie bearbeiten möchten.
2. Der Gutenberg-Editor verwendet Blöcke für verschiedene Inhaltstypen. Um eine Überschrift hinzuzufügen, klicken Sie auf das Pluszeichen (+) und wählen Sie den ÜBERSCHRIFT-Block aus.
3. Nachdem Sie den Überschriftenblock hinzugefügt haben, können Sie die Ebene der Überschrift auswählen (H1, H2, H3 usw.), siehe Abbildung 13.5.

Abbildung 13.5 Definition der Überschrift

4. Geben Sie den gewünschten Text für die Überschrift ein.
5. Wiederholen Sie den Vorgang, um weitere Überschriftenblöcke hinzuzufügen, und stellen Sie sicher, dass Ihre Seite eine klare und logische Hierarchie aufweist.

13.2.2 Alternativtexte für Bilder hinterlegen

Der Alternativtext sollte das Bild präzise, aber kurz beschreiben. Vermeiden Sie es, einfach »Bild« oder »Foto« zu verwenden. Beschreiben Sie stattdessen, was auf dem Bild zu sehen ist (siehe Abschnitt 7.1, »Barrierefreie Grafiken und Bilder – Alt-Texte, Title und Bildlinks korrekt einsetzen«). Die Vergabe des Alternativtextes für ein Bild in WordPress kann entweder direkt am Bild erfolgen (siehe Abbildung 13.6) oder vorab über die Mediathek (sinnvoll, wenn das Bild mehrfach auf der Website verwendet wird).

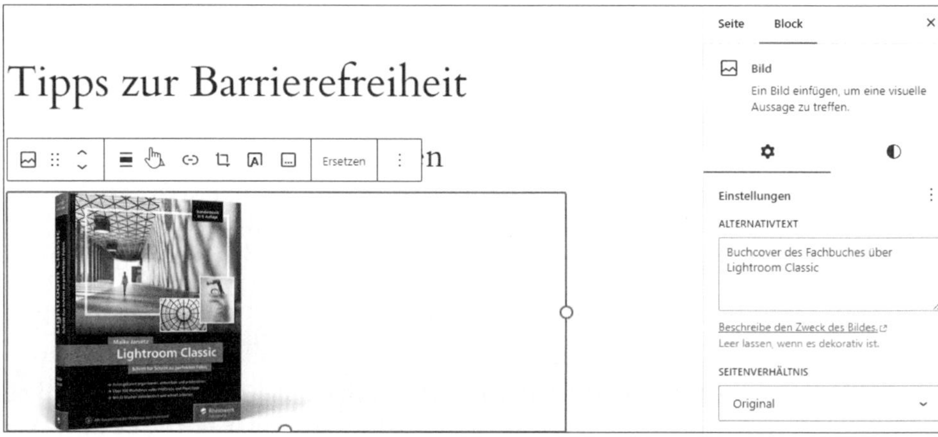

Abbildung 13.6 Alternativtext für das Bild festlegen

Schritte, um den Alternativtext über die Mediathek zuzuweisen:

1. Navigieren Sie im WordPress-Dashboard zu MEDIEN • MEDIATHEK und laden Sie das neue Bild hoch oder wählen Sie ein bereits hochgeladenes Bild aus der Mediathek aus.
2. Sobald das Bild ausgewählt oder hochgeladen wurde, erscheint auf der rechten Seite das Feld ALTERNATIVTEXT. Geben Sie hier einen beschreibenden Text ein, der das Bild für Screenreader beschreibt oder auch für den Fall, dass das Bild nicht geladen werden kann.
3. Nachdem der Alternativtext eingegeben wurde, können Sie das Bild in Ihren Beitrag oder Ihre Seite einfügen, indem Sie den BILD-Block über das Pluszeichen einfügen.

13.2.3 Tabellen einfügen

Um eine Tabelle in WordPress barrierefrei zu gestalten, müssen die Spaltenüberschriften mit dem `th`-Tag und die einzelnen Zellen mit dem `td`-Tag ausgezeichnet sein. Die folgenden Punkte sollten Sie dabei beachten:

1. Klicken Sie auf das Pluszeichen (+) und wählen Sie den TABELLE-Block aus.
2. Geben Sie die Anzahl der benötigten Zeilen und Spalten an.
3. Tabellenüberschriften sind wichtig, um den Inhalt der Tabelle zu strukturieren und verständlich zu machen. Definieren Sie in den Block-EINSTELLUNGEN die KOPFZEILE. Abbildung 13.7 zeigt das Ergebnis der eingefügten Tabelle nebst Überschriften.

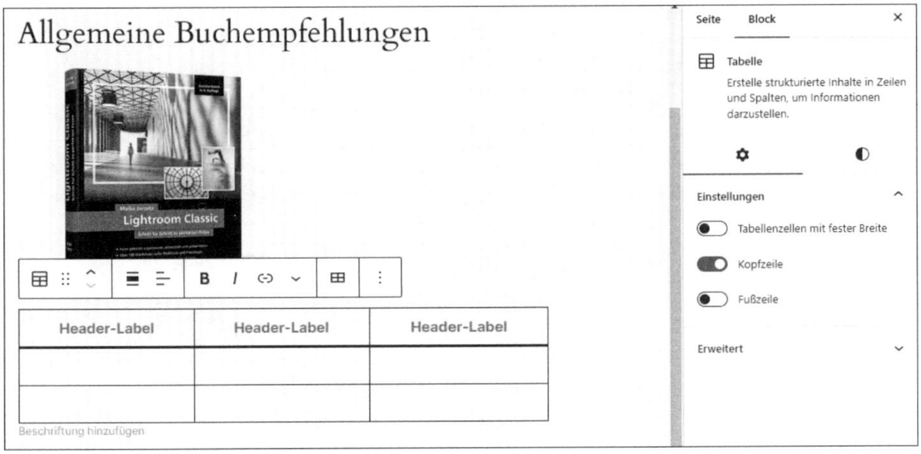

Abbildung 13.7 Tabellen in WordPress einfügen

Hinweis: WordPress-Tabellen mit TablePress

Mit dem Plug-in *TablePress* (*https://de.wordpress.org/plugins/tablepress/*) können Sie komplexe Tabellen erstellen. Neben der korrekten Auszeichnung in HTML werden weitere Funktionen wie Sortieren, Filtern, Suchen etc. ermöglicht. Abbildung 13.8 gibt einen Eindruck von der einfachen UX dieses Plug-ins.

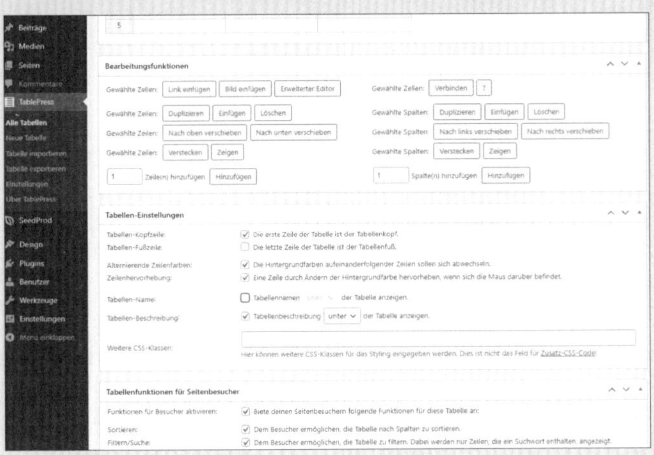

Abbildung 13.8 TablePress – komplexe Tabellen in WordPress erzeugen

Die entsprechende Prüfung mit dem Bookmarklet TABLES zeigt, dass die Tabelle nicht nur aus UX-Sicht gut ist, sondern auch barrierefrei (siehe Abbildung 13.9).

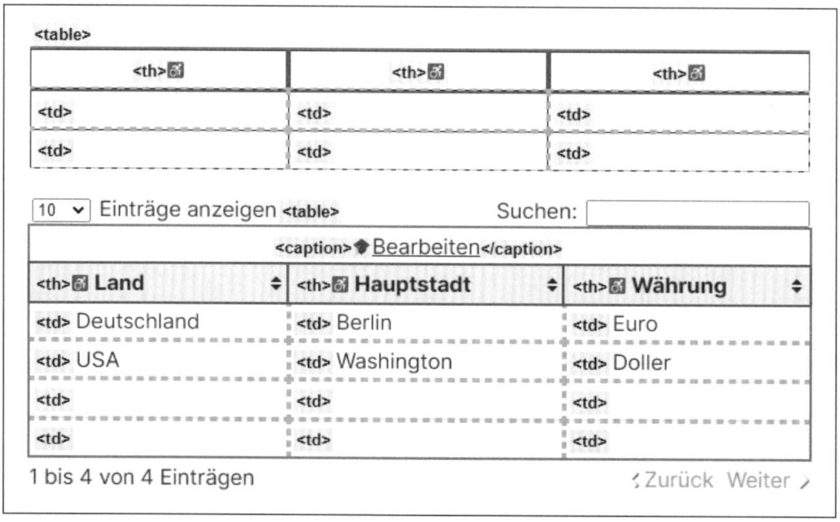

Abbildung 13.9 Prüfung der Tabelle auf HTML-Auszeichnung

13.2.4 Direkte HTML-Bearbeitung eines Elements

Prinzipiell kann jeder Block direkt als HTML bearbeitet werden (siehe Abbildung 13.10). Wenn Sie z. B. einen Text haben, der englische Sätze enthält, können diese mit dem Sprachcode versehen werden. Aufgrund der lang-Auszeichnung wechselt der Screenreader bei entsprechender Einstellung die Sprachausgabe und gibt den Satz im korrekten Englisch aus.

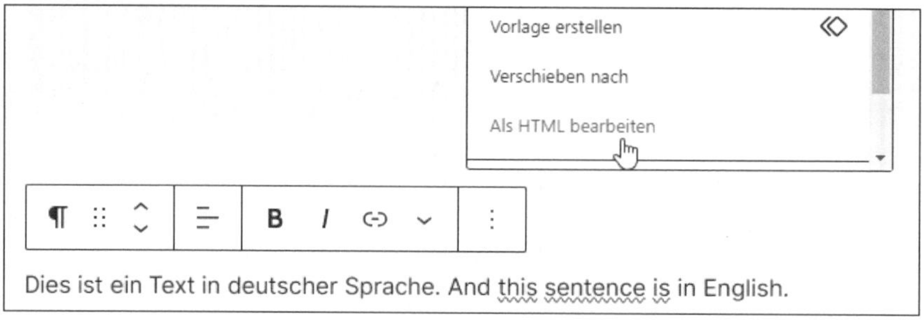

Abbildung 13.10 Bearbeitung eines Inhalts in HTML – hier Text

Die manuelle lang-Ergänzung <p>Dies ist ein Text in deutscher Sprache. **<span lang="en">**And this sentence is in English.**</span>**</p> führt zu einer besseren Experience bei den Nutzenden von Screenreadern, sofern die Sprachausgaben nicht zu unterschiedlich klingen, denn dann kann es auch zu Irritationen führen.

13.2.5 Formulare

Prinzipiell sind die kostenlosen Plug-ins für Formulare (Contact Form 7, WS Form, Ninja Forms) in der Lage, Barrierefreiheit herzustellen. Neben weiteren Plug-ins (z. B. Contact Form 7: Accessible Defaults) und Anpassungen im Code ist für die hundertprozentige Bereitstellung von Barrierefreiheit gegebenenfalls ein entsprechender Aufwand notwendig. Das hängt stark vom Design und Umfang des Formulars bzw. der Formularfelder ab. Prüfen Sie daher unbedingt Ihr Formular mit dem Screenreader und auf Tastaturnutzung (mobil/Desktop).

Je nach Komplexität des Formulars sollten Sie das kostenpflichtige Plug-in *Gravity Forms* (*https://www.gravityforms.com/*, derzeit 59 US$/Jahr für die Basislizenz) näher in Betracht ziehen. Es ist sehr individualisierbar und legt von Haus aus großen Wert auf Barrierefreiheit.

13.3 Plug-ins für Barrierefreiheit

WordPress kann funktional mithilfe von Plug-ins erweitert werden. Das heißt, anstatt eine neue Funktion oder ein neues Feature (z. B. ein Kontaktformular) selbst zu entwickeln, können Sie auf ein Plug-in zurückgreifen, das die bestehende WordPress-Installation um diese Funktion erweitert. Dem Vorteil der Erweiterbarkeit und der Zeitersparnis stehen Sicherheitsrisiken, Kompatibilitätsprobleme und der Wartungsaufwand gegenüber. Daher sollten Sie vor der Installation von Plug-ins immer ein Backup erstellen und die Zuverlässigkeit der Erweiterung überprüfen. Die Anzahl der aktiven Installationen und der Zeitpunkt der letzten Änderung geben einen ersten Indikator der Zuverlässigkeit. Weiterhin sollten Sie den Datenschutz überprüfen und bei Bedarf die Datenschutzerklärung erweitern lassen. Im Folgenden werden exemplarische Plug-ins für Barrierefreiheit kurz erläutert.

13.3.1 WP Accessibility

Das Plug-in *WP Accessibility* (*https://wordpress.org/plugins/wp-accessibility/*) ermöglicht verschiedene Optimierungen der Website. Neben einer kleinen Accessibility-Toolbar, wie in Abbildung 13.11 dargestellt, kann unter anderem eine Außenlinie um tastaturfokussierte Elemente erzeugt werden. Hierzu sind keine Programmierkenntnisse notwendig.

Ein Farbkontrast-Test ist ebenfalls Bestandteil der Erweiterung. Das Plug-in ist also gut geeignet für kleinere Optimierungen an einer bestehenden Website. Achtung: Da es sich um ein Overlay-Tool handelt, wird die Barrierefreiheit an sich bekanntermaßen dadurch nicht verbessert.

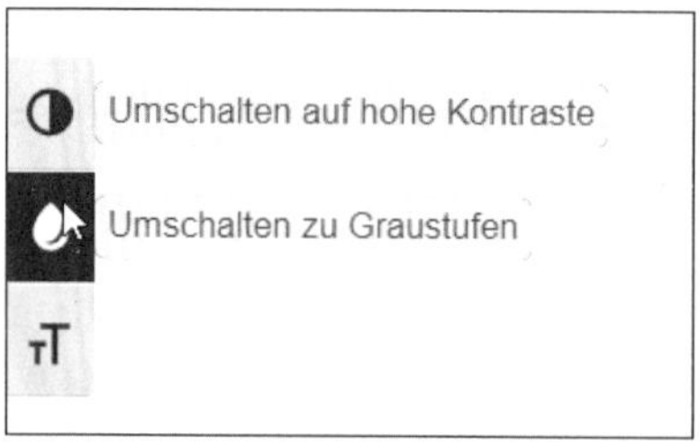

Abbildung 13.11 Ergänzung einer Toolbar am Seitenrand mit spezifischen Funktionen

13.3.2 One Click Accessibility

Wenn Sie Ihre Website um verschiedene Accessibility-Features erweitern wollen, wie z. B. um eine Möglichkeit zur Änderung der Schriftgröße oder Erhöhung der Kontraste usw., könnte das Plug-in *One Click Accessibility* (*https://wordpress.org/plugins/pojo-accessibility/*) eine interessante Lösung für Sie sein. Abbildung 13.12 zeigt das Overlay nebst Link. Das optionale Overlay ist anpassbar und kann um direkte Hilfe- und Feedbacklinks erweitert werden. Zusätzlich ist ein Button DIREKT ZUM INHALT WECHSELN über die Tastatur erreichbar.

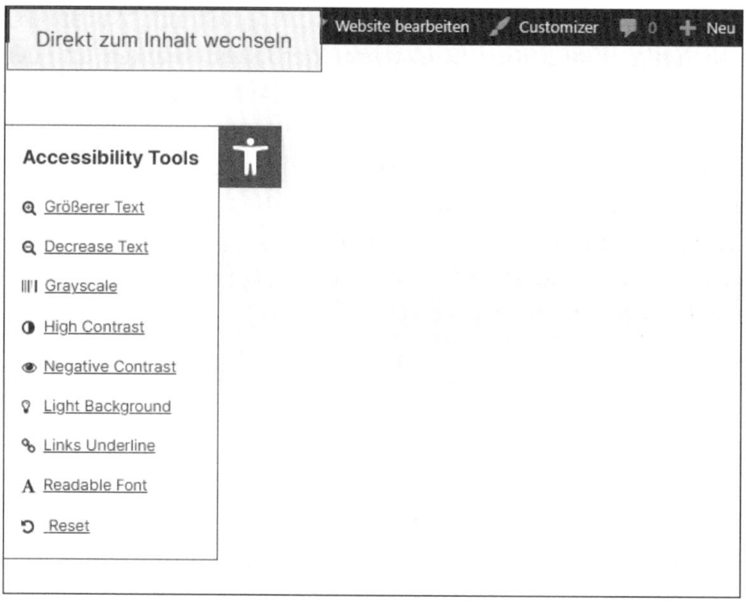

Abbildung 13.12 Accessibility-Overlay

Da das Overlay viele Funktionen bietet, ist dieses Plug-in für diese Anwendung empfehlenswert. Da Overlays jedoch kritisch zu betrachten sind (siehe Abschnitt 1.4.2, »Accessibility Overlay-Tools«), sind die weiteren Features dieses Plug-ins begrenzt.

13.4 Zusammenfassung des Kapitels

Hier sind noch einmal die wichtigsten Punkte dieses Kapitels im Überblick:

- WordPress ist das weltweit meistgenutzte Content-Management-System (CMS) und hat in Bezug auf die Authoring Tool Accessibility Guidelines (ATAG) Fortschritte gemacht, ist jedoch noch nicht vollständig konform. Es bietet zahlreiche Tools und Plug-ins zur Unterstützung bei der Erstellung barrierefreier Inhalte, wie dem Hinzufügen von Alt-Texten für Bilder und der Erstellung barrierefreier Tabellen und Überschriftenstrukturen.
- Die Wahl eines barrierefreien Themes ist entscheidend, da es grundlegende Website-Elemente wie Navigation, Formulare und Inhalte für alle Nutzenden zugänglich macht. Ein gutes Theme verwendet semantisch korrektes HTML und bietet Anpassungsoptionen, um spezifische Zugänglichkeitsanforderungen zu erfüllen.
- Nutzen Sie den Filter »Für Barrierefreiheit geeignet«, um passende Themes wie »Twenty Twenty-Four« zu finden. Beachten Sie, dass Pagebuilder wie DIVI oder Elementor standardmäßig keine vollständige Barrierefreiheit bieten.

Die folgenden Punkte sind essenziell für die Verbesserung der Barrierefreiheit in WordPress:

- Verwenden Sie Überschriftenstrukturen (H1–H6) (im Gutenberg-Editor), um eine logische und zugängliche Inhaltsstruktur zu erstellen.
- Fügen Sie Alt-Texte hinzu, die Bilder präzise und kurz beschreiben, um sie für Screenreader zugänglich zu machen. Alt-Texte können direkt beim Einfügen eines Bildes oder über die MEDIATHEK hinterlegt werden.
- Nutzen Sie `th`- und `td`-Tags für Spaltenüberschriften und Zellen, um Tabellen zugänglich zu gestalten. Mit dem Plug-in TablePress können komplexe und barrierefreie Tabellen mit zusätzlichen Funktionen wie Sortieren und Filtern erstellt werden.
- Bearbeiten Sie HTML direkt, um z. B. Sprachwechsel mit dem `lang`-Attribut zu kennzeichnen, was die Ausgabe von Screenreadern verbessert. Diese Möglichkeit erlaubt spezifische Anpassungen für individuelle Barrierefreiheitsanforderungen.
- Plug-ins erweitern die Funktionalität von WordPress, jedoch sollten sie sorgfältig ausgewählt werden. Prüfen Sie vor der Installation die Zuverlässigkeit, Sicherheitsaspekte und Datenschutzrichtlinien eines Plug-ins. Erstellen Sie stets ein Backup Ihrer Website, bevor Sie neue Plug-ins installieren.
- Das Plug-in WP Accessibility bietet eine Accessibility-Toolbar, Hervorhebung von tastaturfokussierten Elementen und das Hinzufügen von `longdesc`-Attributen ohne Programmierkenntnisse. Es enthält zudem einen Farbkontrast-Test zur Verbesserung kleinerer Barrierefreiheitsaspekte.

- Das Plug-in One Click Accessibility ermöglicht Änderungen der Schriftgröße, Erhöhung der Kontraste und bietet ein anpassbares Overlay mit Hilfs- und Feedbacklinks. Das Plug-in integriert einen tastaturzugänglichen Button DIREKT ZUM INHALT WECHSELN für eine bessere Navigation.

TEIL VI

Prozesse, Rollen und rechtliche Ergänzungen

Kapitel 14
Barrierefreie Prozesse im Unternehmen nachhaltig umsetzen

Lernen Sie, Barrierefreiheit nicht als Projekt, sondern als Prozess zu verstehen.

Die Themen im Überblick:

- Warum die Rolle des Managements für Barrierefreiheit so wichtig ist
- Barrierefreiheit kontinuierlich prüfen und im Unternehmen implementieren
- Know-how im Unternehmen aufbauen und teilen
- W3C Accessibility Maturity Model
- Entwicklung mit Fokus auf Barrierefreiheit
- Implementierung eines universellen Designs
- Zusammenfassung des Kapitels

»Ich würde gerne Barrierefreiheit im Unternehmen integrieren, aber mir fehlen die Ressourcen!« Solche Aussagen haben wir von verschiedenen Mitarbeitenden im Gespräch über das Barrierefreiheitsstärkungsgesetz gehört. Das Erstaunliche ist dabei, dass die gleiche Aussage auch bezüglich der Optimierung von Usability und Conversion zu hören ist. Das ist bedauerlich, da hier, wie bereits in Abschnitt 2.6, »Barrierefreiheit ist für alle ein Gewinn«, erläutert, viele Chancen außer Acht gelassen werden. Eine Lösung könnte sein, das Thema »von oben« zu priorisieren, mit Bedeutung zu versehen und mit personellen und finanziellen Ressourcen auszustatten. Aber wie? Dies soll in den folgenden Abschnitten erläutert werden.

14.1 Warum die Rolle des Managements für Barrierefreiheit so wichtig ist

Das Management sollte die Notwendigkeit einer Barrierefreiheitsstrategie positiv unterstützen. Nicht nur aus rechtlicher oder finanzieller Sicht, sondern vor allem auch aus gesellschaftspolitischer und ethischer Perspektive. In dem Maße, in dem in einer Organisation Barrierefreiheit kontinuierlich mitgedacht wird, Menschen mit

Behinderungen proaktiv im Unternehmen verankert werden, inklusive Zusammenarbeit gefördert wird, wird dies in die tägliche Arbeit einfließen. Entscheidungsträger bzw. das Management haben eine Vorbildfunktion und sollten den Weg zur Inklusion ebnen. Schaffen Sie dazu Awareness, zeigen Sie auf, wie Menschen die Website, App, Dokumente, Video etc. alternativ nutzen und wie kompliziert bzw. aussichtslos dies teilweise ist. Führen Sie neben Usability-Tests mit Nutzenden auch Tests mit Sehbehinderten etc. durch. Zeigen Sie die Bandbreite der Einschränkungen und deren Auswirkungen auf die Nutzung auf. Unsere Erfahrung zeigt, dass dies zu einer veränderten Wahrnehmung und einem veränderten Verhalten der Entscheidungsträger führt.

Die Erfolge von Conversion-Optimierung zeigen in der Praxis: Unternehmen, die bereit sind, Risiken und Experimente (A/B-Tests, d. h., zwei oder mehr Versionen einer Webseite werden parallel gegeneinander getestet) einzugehen, Dinge immer wieder zu hinterfragen und Fehler zuzulassen, ermutigen die gesamte Organisation, den Status quo zu hinterfragen und nach Verbesserungsmöglichkeiten zu suchen. Wir alle machen Fehler und das ist auch gut so, denn so wagen wir uns aus der Komfortzone heraus und schaffen echte Innovationen. Führungskräfte bzw. das Management sollten dies proaktiv fördern, anstatt zu sanktionieren. Standards bzw. Richtlinien helfen, Freiräume zu ermöglichen und dennoch gleichzeitig Leitplanken zu setzen, innerhalb derer man sich bewegen kann.

14.2 Barrierefreiheit kontinuierlich prüfen und im Unternehmen implementieren

Die kontinuierliche Gewährleistung der digitalen Barrierefreiheit in einem Unternehmen ist eine komplexe Aufgabe, die die Zusammenarbeit verschiedener Teammitglieder aus unterschiedlichen Fachbereichen erfordert. Jedes Teammitglied trägt mit seiner spezifischen Rolle und Expertise dazu bei, dass digitale Produkte und Dienstleistungen für alle internen und externen Nutzenden zugänglich sind. Dieser kooperative Ansatz stellt sicher, dass Barrierefreiheit von Anfang an in den Entwicklungsprozess integriert und nicht erst im Nachhinein berücksichtigt wird. Barrierefreiheit ist kein Projekt, sondern ein kontinuierlicher Prozess.

Eine effektive Zusammenarbeit und Kommunikation zwischen den Rollen ist von entscheidender Bedeutung. Regelmäßige Besprechungen, gemeinsame Workshops und ein kontinuierlicher Austausch von Feedback helfen dabei, Zugänglichkeitsziele während des gesamten Entwicklungsprozesses zu integrieren und aufrechtzuerhalten. Jedes Teammitglied bringt wertvolle Perspektiven und Fachkenntnisse ein, die zur Entwicklung eines umfassend zugänglichen Produkts beitragen. Durch Teamarbeit wird Barrierefreiheit zu einem integralen Bestandteil des Produktentwicklungsprozesses, was nicht nur die Qualität und Benutzerfreundlichkeit des Endprodukts verbessert, sondern auch dazu beiträgt, rechtliche Risiken zu minimieren und die Kundenzufriedenheit zu erhöhen.

Die folgenden Rollen der verschiedenen Teammitglieder verdeutlichen den jeweiligen Einfluss auf die Barrierefreiheit.

14.2.1 Content-Generierung und Strukturierung (Redakteur/innen)

Redakteure und Redakteurinnen optimieren Inhalt, Struktur und Lesbarkeit von Inhalten. Sie verwenden eine klare und verständliche Sprache, gliedern Informationen logisch und verwenden Überschriften und andere Elemente, die die Navigation erleichtern. Tabelle 14.1 zeigt Aufgaben mit direktem Einfluss auf die Barrierefreiheit.

Aufgabe	Beschreibung	WCAG
Sprache	▸ Kennzeichnung der Hauptsprache des Dokuments ▸ Kennzeichnung einzelner Passagen, wenn Textteile in Fremdsprache	3.1.1 3.1.2
Struktur	▸ eindeutiger Seitentitel ▸ eindeutige Struktur des Inhalts und Beziehungen (insbesondere H1–H6) ▸ klare und eindeutige Überschriften ▸ eindeutige Linktexte (»PDF-Download« vs. »starten«) ▸ einheitliche Linktexte und Bezeichnungen ▸ Abkürzungen, Fremdwörter etc. reduzieren	2.4.2 1.3.1 2.4.6 3.1.3 2.4.4 3.2.4 3.1.4
Farbeinsatz	▸ Kontraste einhalten (mindestens 4,5 : 1 bzw. 3 : 1 bei großer Schrift oder Fettung) ▸ Kommunikation nur über Farbe vermeiden (»Klicken Sie auf den roten Button«), Links nicht visuell erkennbar	1.4.3 bzw. 1.4.6 1.4.1
Bildeinsatz	▸ Bilder mit Alt-Text auszeichnen oder alternativ als dekorativ kennzeichnen ▸ Textgrafiken vermeiden	1.1.1 1.4.5

Tabelle 14.1 Aufgaben in der Redaktion mit direktem Einfluss auf die Barrierefreiheit

Aufgabe	Beschreibung	WCAG
Einsatz von Audio/Video	▶ Transkriptionen von Audio (z. B. bei Podcasts) ▶ Untertitel bei Videos ▶ Transkription bzw. Audiodeskription von Videos	1.2.1 1.2.2. 1.2.3 1.2.5
Formulare (Eingabehilfe)	▶ eindeutige Labels (»Was muss ich eingeben?«) ▶ Pflichtfelder kennzeichnen ▶ Hilfe bei Fehlern anbieten und Fehler eindeutig kennzeichnen, dabei Farbschwächen berücksichtigen ▶ Fehlervermeidung bzw. Unterstützung bei fehlerhaften Eingaben	2.4.6 3.3.2 3.3.1 3.3.5 3.3.3 3.3.4

Tabelle 14.1 Aufgaben in der Redaktion mit direktem Einfluss auf die Barrierefreiheit (Forts.)

14.2.2 UI-/Grafikdesigner/innen

UI-Designer und Designerinnen berücksichtigen die verschiedenen Zugangsmöglichkeiten zum Web. Sie gestalten Benutzeroberflächen und Interaktionen, die nicht nur funktional und ästhetisch ansprechend sind, sondern auch von den Nutzenden mit unterschiedlichen Fähigkeiten effizient und komfortabel genutzt werden können. Sie wählen Farben und Kontraste so, dass Texte und grafische Elemente für alle gut lesbar sind. Tabelle 14.2 zeigt Aufgaben mit direktem Einfluss auf die Barrierefreiheit.

Aufgabe	Beschreibung	WCAG
Bildeinsatz	▶ Bilder mit Alt-Text auszeichnen oder alternativ als dekorativ kennzeichnen ▶ Vermeidung von Textgrafiken	1.1.1 1.4.5
Farbeinsatz	▶ Kontraste einhalten (mindestens 4,5 : 1 bzw. 3 : 1 bei großer Schrift oder Fettung) ▶ Kommunikation nur über Farbe vermeiden (»Klicken Sie auf den roten Button«), Links nicht erkennbar	1.4.3 bzw. 1.4.6 1.4.1

Tabelle 14.2 Aufgaben im Design mit direktem Einfluss auf die Barrierefreiheit

Aufgabe	Beschreibung	WCAG
Buttons	▸ Kontraste einhalten (mindestens 3 : 1) ▸ Zielgrößen, d. h. z. B. Buttongrößen berücksichtigen (mindestens 24 × 24 CSS-Pixel, optimal 44 × 44)	1.4.11 2.5.8 bzw. 2.5.5
Animation	▸ kein Blitzen/Flackern > dreimal je Sekunde ▸ Videos und insbesondere GIFs prüfen	2.3.1
Formulare (Eingabehilfe)	▸ eindeutige Labels (»Was muss ich eingeben?«) ▸ Pflichtfelder kennzeichnen ▸ Hilfe bei Fehlern anbieten und Fehler deutlich kennzeichnen, dabei Farbschwächen berücksichtigen ▸ Fehlervermeidung bzw. Unterstützung bei fehlerhaften Eingaben ▸ einfache Authentifizierung ermöglichen ▸ redundante Eingaben vermeiden bzw. unterstützen	2.4.6 3.3.2 3.3.1 3.3.5 3.3.3 3.3.4 3.3.7 3.3.8

Tabelle 14.2 Aufgaben im Design mit direktem Einfluss auf die Barrierefreiheit (Forts.)

14.2.3 UX-Designer/innen

UX-Designer und Designerinnen berücksichtigen die vielfältigen Bedürfnisse und Erwartungen der Nutzenden. Sie gestalten Benutzererfahrungen, die nicht nur intuitiv und angenehm sind, sondern auch für alle Benutzergruppen, unabhängig von deren individuellen Fähigkeiten, zugänglich und nutzbar. Dabei legen sie besonderen Wert auf die Schaffung von klaren Informationsarchitekturen, leicht verständlichen Navigationsstrukturen und interaktiven Elementen, die eine reibungslose Bedienung ermöglichen. Sie analysieren Nutzungsdaten und Feedback, um sicherzustellen, dass die Bedürfnisse in den verschiedenen Kontexten – sei es mobil oder auf dem Desktop – optimal berücksichtigt werden. Tabelle 14.3 zeigt die wichtigsten Aufgaben im UX-Design, die einen direkten Einfluss auf die Benutzerfreundlichkeit und Zugänglichkeit haben.

Aufgabe	Beschreibung	WCAG
Navigation	▸ Bereiche können übersprungen oder direkt angesteuert werden. ▸ Navigation über Kategorien und interne Suche (mehrere Wege anbieten) ▸ Seitentitel vorhanden (im Idealfall einzigartig und beschreibend) ▸ Fokussteuerung ▸ Berücksichtigung von ARIA Live (`aria-expanded` bzw. `aria-haspopup` für Untermenüs) ▸ Slider können pausiert oder gestoppt werden (wenn > 5 Sekunden Laufzeit). ▸ detaillierter Prozess für Fehlerprävention (Prüfung vor Übermittlung) ▸ Timing berücksichtigen (Session-Time-out, Zeitlimit für Eingaben etc.) ▸ mehrere Eingabemethoden anbieten (Zeigegesten)	2.4.1 2.4.5 2.4.2 1.4.13 4.1.3 2.2.2 3.3.4 2.2.1 2.5.1
Tastatur	▸ Website ist vollständig per Tastatur bedienbar, z. B. kann auf die Maus verzichtet werden. ▸ keine Tastaturfallen ▸ Aktives Element erhält Fokusrahmen. ▸ detaillierter Prozess für Fehlerprävention (Prüfung vor Übermittlung) ▸ Verwendung von Shortcuts weiterhin ermöglichen	2.1.1 2.1.2 2.4.7 2.4.11 3.3.4 2.2.1 2.2.2 2.2.3 2.1.4
Formulare (Eingabehilfe)	▸ eindeutige Labels (»Was muss ich eingeben?«) ▸ Pflichtfelder kennzeichnen ▸ Hilfe bei Fehlern anbieten und Fehler deutlich kennzeichnen, dabei Farbschwächen berücksichtigen ▸ Fehlervermeidung bzw. Unterstützung bei fehlerhaften Eingaben	2.4.6 3.3.2 3.3.1 3.3.5 3.3.3 3.3.4

Tabelle 14.3 Aufgaben im UX-Design mit direktem Einfluss auf die Barrierefreiheit

Aufgabe	Beschreibung	WCAG
Struktur	▸ eindeutiger Seitentitel ▸ eindeutige Gliederung der Inhalte und Beziehungen (insbesondere H1–H6) ▸ klare und eindeutige Überschriften ▸ eindeutige Linktexte (»PDF-Download« vs. »starten«) ▸ konsistente Linktexte und Bezeichnungen ▸ Abkürzungen, Fremdwörter etc. reduzieren	2.4.2 1.3.1 2.4.6 3.1.3 2.4.4 3.2.4 3.1.4
Farbeinsatz	▸ Kontraste einhalten (mindestens 4,5 : 1 bzw. 3 : 1 bei großer Schrift oder Fettung) ▸ Kommunikation nur über Farbe vermeiden (»Klicken Sie den roten Button«), Links nicht erkennbar	1.4.3 bzw. 1.4.6 1.4.1
Bildeinsatz	▸ Bilder mit Alt-Text auszeichnen oder alternativ als dekorativ kennzeichnen ▸ Vermeidung von Textgrafiken	1.1.1 1.4.5
Einsatz von Audio/Video	▸ Transkriptionen von Audio (z. B. bei Podcasts) ▸ Untertitel von Videos ▸ Transkription bzw. Audiodeskription von Videos	1.2.1 1.2.2 1.2.3 1.2.5

Tabelle 14.3 Aufgaben im UX-Design mit direktem Einfluss auf die Barrierefreiheit (Forts.)

14.2.4 Entwickler/innen

Entwickler und Entwicklerinnen implementieren semantisch korrekten Code, der sicherstellt, dass Inhalte von Screenreadern und anderen assistiven Technologien richtig interpretiert werden können. Sie verwenden bei Bedarf ARIA-Labels und andere Techniken, um die Zugänglichkeit zu verbessern. Die Qualitätssicherung überprüft, ob alle Aspekte der Barrierefreiheit vor der Veröffentlichung erfüllt sind. Tabelle 14.4 zeigt Aufgaben mit direktem Einfluss auf die Barrierefreiheit.

Aufgabe	Beschreibung	WCAG
Struktur	▸ Das DOM und der Accessibility Tree werden berücksichtigt. Zum Beispiel spiegelt die logische Reihenfolge der Eingabefelder die Position im DOM wider. ▸ klare Struktur der Inhalte und Beziehungen (insbesondere H1–H6) ▸ Korrekte Verwendung von HTML, d. h., insbesondere für Listen, Fettung, kursiv, Zitate etc. werden die entsprechenden HTML-Elemente verwendet. ▸ Tabellen korrekt auszeichnen, gegebenenfalls um ARIA (`aria-labelledby`, `aria-describedby` etc.) ergänzen	1.3.1 2.1.1 2.4.3
Tastatur	▸ Website ist vollständig mit der Tastatur bedienbar, z. B. kann auf die Maus verzichtet werden. ▸ keine Tastaturfallen ▸ Aktives Element erhält Fokusrahmen.	2.1.1 2.1.2 2.4.7 2.4.11
Ausrichtung	▸ Inhalte im Hoch- und Querformat auf mobilen Endgeräten zugänglich machen ▸ responsives Design inklusive Zoommöglichkeit ▸ Anpassung von Texten (Abstände etc.)	1.3.4 1.4.4 1.4.10 1.4.12
Navigation	▸ Verwendung von Landmarks ▸ Bereiche können übersprungen oder direkt angesteuert werden. ▸ Navigation per Kategorie und per interner Suche (mehrere Wege anbieten) ▸ Seitentitel vorhanden (im Idealfall einzigartig und beschreibend) ▸ Fokussteuerung ▸ ARIA Live berücksichtigen ▸ Slider können pausiert oder gestoppt werden (wenn > 5 Sekunden Laufzeit).	1.3.1 2.4.1 2.4.5 2.4.2 1.4.13 4.1.3 2.2.2 3.3.4 2.2.1

Tabelle 14.4 Aufgaben in der Entwicklung mit direktem Einfluss auf die Barrierefreiheit

Aufgabe	Beschreibung	WCAG
Navigation (Forts.)	▸ detaillierter Prozess für Fehlervermeidung (Prüfung vor Übermittlung) ▸ Timing berücksichtigen (Session-Time-out, Zeitlimit für Eingaben etc.)	
Bildeinsatz	▸ Bilder mit Alt-Text oder leerem Alt-Text als dekorativ auszeichnen, gegebenenfalls ARIA (`aria-hidden`) einsetzen	1.1.1
Formulare (Eingabehilfe)	▸ Labels zu jedem Feld ▸ Felder mit HTML gruppieren ▸ korrektes Tastaturlayout (Smartphone, Tablet) sowie Autocomplete etc. berücksichtigen ▸ gegebenenfalls ARIA verwenden (`label`, `describedby` etc.)	1.3.1 1.3.5

Tabelle 14.4 Aufgaben in der Entwicklung mit direktem Einfluss auf die Barrierefreiheit (Forts.)

Weitere Rollen haben ebenfalls einen erheblichen Einfluss auf die Barrierefreiheit. Product Owner tragen z. B. die Gesamtverantwortung für das Projekt und stellen im Idealfall sicher, dass Barrierefreiheit ein zentraler Bestandteil der Produktstrategie ist. Sie legen die Prioritäten fest, koordinieren das Team und stellen sicher, dass die Zugänglichkeitsstandards während des gesamten Entwicklungsprozesses eingehalten werden. Außerdem legen sie die »Definition of Done« fest. Das User Requirements Engineering stellt sicher, dass Menschen mit Behinderungen in den Forschungs- und Entwicklungsprozess einbezogen werden. Durch Interviews, Usability-Tests und andere Forschungsmethoden werden wichtige Erkenntnisse darüber gewonnen, wie diese Nutzergruppe digitale Angebote nutzt und auf welche Barrieren sie dabei stößt.

14.3 Know-how im Unternehmen aufbauen und teilen

Der Fokus auf Barrierefreiheit ist bei vielen Webprojekten nicht selbstverständlich. Dies ist nachvollziehbar, da im Gegensatz zu visuellen Elementen Sprachausgaben und Tastatureingaben nicht zu den gängigen Prüfroutinen gehören. Die Website sieht gut aus und ist einfach zu bedienen (hohe Usability) – Qualitätsprüfung bestanden. Ermutigen Sie Ihre Mitarbeiterenden und sich selbst immer wieder, Neues zu erkunden und über den Tellerrand zu schauen. Hinterfragen Sie dabei auch ihr eigenes Handeln.

In der Praxis werden die H-Überschriften oft aus Designaspekten statt aus semantischen Gründen gewählt – wahrscheinlich nicht absichtlich, sondern aus Unkenntnis. Visuell ist dies verständlich und passend, in der Sprachausgabe führt dies zu unlogischen Sprungmarken im Text, da die Semantik der Webseite nicht mehr stimmt (siehe Abschnitt 6.7, »Auszeichnung der Überschriften im Text (H1–H6)«). Daher ist es wichtig zu wissen, was in die Prozesse und Abläufe der Barrierefreiheit integriert werden muss. Das bedeutet unter anderem, die Mitarbeitenden kontinuierlich zu schulen. Investitionen in Wissen zahlen sich in der Regel langfristig am besten aus, führen aber zunächst zu langsameren Entwicklungszyklen und/oder höheren internen und externen Schulungskosten. Im Idealfall werden die Mitarbeitenden zu Spezialisten ausgebildet und zertifiziert (z. B. bei der IAAP).

Tipp: IAAP-Zertifizierungen

Die IAAP (International Association of Accessibility Professionals) bietet unter anderem ein umfangreiches Zertifizierungsprogramm zum Web Accessibility Specialist oder Certified Professional in Accessibility Core Competencies an. Details zu den Prüfungen beim deutschsprachigen Chapter der IAAP unter *https://www.iaap-dach.org*.

Da Webseiten oder Apps einem ständigen Update- bzw. Weiterentwicklungsprozess unterliegen, ist die kontinuierliche Berücksichtigung von Barrierefreiheit ein Erfolgsgarant für die langfristige und nachhaltige positive Entwicklung der User Experience für alle Menschen. Sie ist integraler Bestandteil von Design- und Entwicklungsprozessen. Wird sie konsequent mitgedacht, entstehen langfristig keine oder nur geringe zusätzlichen Kosten in der Entwicklung.

14.4 W3C Accessibility Maturity Model

Das W3C Accessibility Maturity Model (*https://www.w3.org/TR/maturity-model*) hilft Organisationen, die Anforderungen der WCAG zu erfüllen, indem es die langfristige und nachhaltige Integration von Praktiken der Barrierefreiheit in alle Aspekte der Organisation fördert und prüft. Es geht über die reine Barrierefreiheitsprüfung hinaus und berücksichtigt organisatorische Prozesse und Systeme, um eine kontinuierliche Barrierefreiheit in der gesamten Organisation zu gewährleisten. Abbildung 14.1 zeigt die vier Entwicklungsstufen des Modells.

01	02	03	04
Inaktiv	Start	Integrieren	Optimieren
Kein Bewusstsein und keine Anerkennung der Notwendigkeit.	Erkannter Bedarf in der gesamten Organisation. Planung eingeleitet, aber Aktivitäten nicht gut organisiert.	Es gibt einen Fahrplan, der organisatorische Gesamtansatz ist definiert und gut organisiert.	Einbindung in die gesamte Organisation, konsequente Evaluierung und Ergreifung von Maßnahmen aufgrund von Bewertungsergebnissen.

Abbildung 14.1 Accessibility Maturity Model
(Quelle: *https://www.w3.org/TR/maturity-model*)

Bewerten Sie den Stand Ihrer Organisation in Bezug auf Barrierefreiheit. Das Modell besteht aus sieben Hauptdimensionen, die jeweils spezifische Aspekte der Barrierefreiheit in Organisationen abdecken (Details und eine Excel-Datei zur Selbstevaluation siehe *https://www.w3.org/TR/maturity-model*):

1. **Kommunikation**: Zugänglichkeit aller internen und externen Kommunikationsmittel
2. **Wissen und Fertigkeiten**: fortlaufende Schulungen und Nutzung externer Ressourcen zur Optimierung der Barrierefreiheit
3. **Unterstützung**: barrierefreie Unterstützung für interne Mitarbeitende sowie externe Kundinnen und Kunden mit Behinderungen
4. **Entwicklungslebenszyklus der Informations- und Kommunikationstechnologie**: Integration von Barrierefreiheitsanforderungen für Web, Software und Hardware in den gesamten Entwicklungsprozess von der Konzeption über das Design, die Nutzerforschung und die Entwicklung bis hin zur Wartung.
5. **Personal**: Stellenbeschreibungen, Rekrutierung und Integration von Mitarbeitergruppen mit Behinderungen zur Förderung der gelebten Barrierefreiheit
6. **Beschaffung**: strategische Beschaffung, Verhandlung und Auswahl barrierefreier Produkte und Dienstleistungen
7. **Kultur**: Einstellungen und Verhaltensweisen zur Barrierefreiheit innerhalb der Organisation

14.5 Entwicklung mit Fokus auf Barrierefreiheit

In der modernen digitalen Landschaft ist die Integration von Barrierefreiheit in Entwicklungsprozesse nicht nur eine soziale Verantwortung, sondern bietet Unternehmen auch strategische Vorteile. Um Barrierefreiheit effektiv in die Unternehmenskultur und in betriebliche Abläufe zu integrieren, ist es wichtig, klare Ziele zu definieren, Ressourcen sorgfältig zu planen und die Umsetzung streng zu überwachen. Insbesondere für größere Unternehmen ist eine interne Richtlinie zur Barrierefreiheit sinnvoll, da hier typischerweise sehr viele Abteilungen und letztlich Menschen integriert und koordiniert werden müssen (Details siehe *https://www.w3.org/WAI/planning/org-policies*). In dieser Richtlinie könnte neben dem angestrebten Konformitätslevel (A bis AAA) auch der Geltungsbereich definiert werden. Fragen sind z. B.: Wie gehen wir mit Inhalten im Intranet um? Wie werden Dokumente intern zur Verfügung gestellt?

14.5.1 Zieldefinition

Der erste Schritt zur nahtlosen Integration von Barrierefreiheit in Unternehmensprozesse besteht darin, bestehende Lücken im Bereich digitaler Inhalte, Prozesse und Richtlinien zu identifizieren. Darauf aufbauend sollten messbare und spezifische Ziele formuliert werden, die diese Lücken gezielt adressieren. Solche Ziele dienen nicht nur der Orientierung, sondern unterstützen auch die Planung der notwendigen Maßnahmen, definieren die erforderlichen Liefererergebnisse und erleichtern die Erfolgskontrolle. Es ist wichtig, dass diese Ziele von der Unternehmensleitung unterstützt werden, um die notwendigen Ressourcen zu sichern und die Barrierefreiheitsziele mit den Geschäftszielen in Einklang zu bringen.

14.5.2 Planung von Budget und Ressourcen

Das Budget und die Ressourcen, die für Barrierefreiheitsinitiativen benötigt werden, hängen von den gesetzten Zielen und dem Umfang der erforderlichen Arbeiten ab. Für jede Maßnahme sollte sorgfältig abgewogen werden, welche Ressourcen benötigt werden:

- Evaluation von Richtlinien und Verfahren: Abschätzung der Zeit, die benötigt wird, um die notwendigen Änderungen zu identifizieren und umzusetzen
- Training/Schulung: Durchführung allgemeiner Sensibilisierungsmaßnahmen und spezifischer Schulungen, die auf die Anforderungen bestimmter Aktivitäten zugeschnitten sind
- Barrierefreiheitstest: Festlegung der Häufigkeit und des Umfangs der Durchführung
- Einbeziehung von Nutzenden mit Behinderungen: Organisation der Beteiligung dieser Nutzergruppe an den Evaluationsprozessen
- Rekrutierung: Bedarfsermittlung an Spezialisten oder Koordinatoren für Barrierefreiheit

Hinweis: DevTools – Barrierefreiheit während der Entwicklung prüfen

Die DevTools von axe-core sind eine Reihe von Prüfwerkzeugen, die Sie dabei unterstützen, Probleme mit der Barrierefreiheit während der Entwicklung einer Website zu erkennen. Die DevTools werden in der Entwicklungskonsole ausgeführt (UNTERSUCHEN oder [F12] im Chrome-Browser). Die kostenpflichtige Pro-Variante ermöglicht umfangreiche Tests, während die kostenlose Basisversion einen Überblick über die gängigsten Optimierungen bietet. Ein Auszug der Funktionen ist in Abbildung 14.2 dargestellt.

Download für Chrome: *https://chromewebstore.google.com/detail/axe-devtools-web-accessib/lhdoppojpmngadmnindnejefpokejbdd*

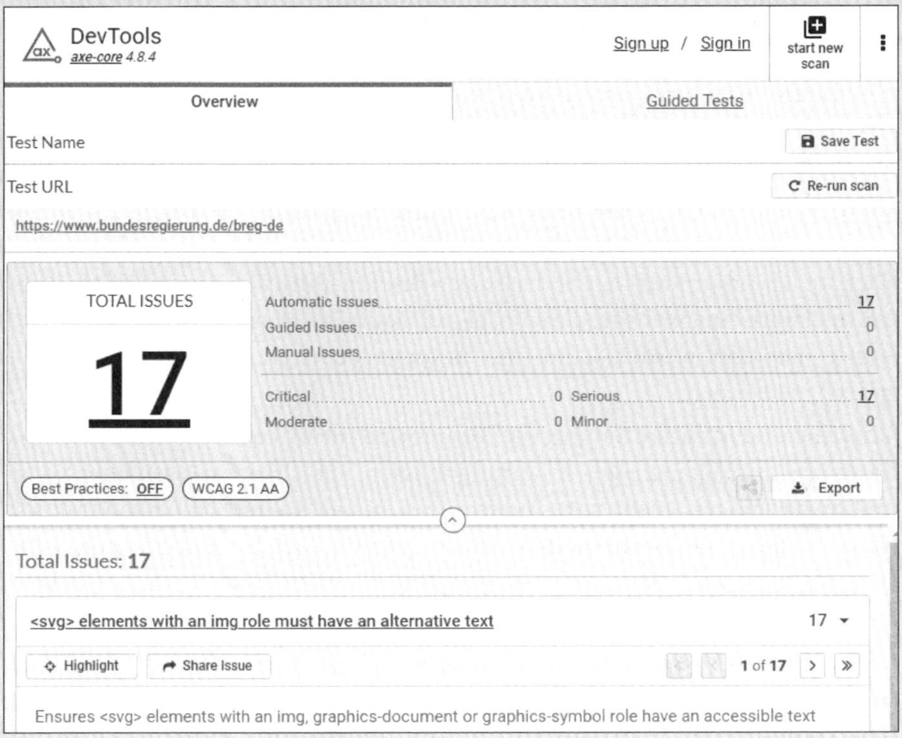

Abbildung 14.2 DevTools mit Möglichkeit einer kostenpflichtigen Pro-Variante

Für automatisiertes Testen während der Entwicklung gibt es ein umfassendes GitHub-Repository unter *https://github.com/dequelabs/axe-core*. Nach eigenen Angaben können damit durchschnittlich 57 % der WCAG-Probleme automatisch gefunden werden.

14.6 Implementierung eines universellen Designs

Die *7 Prinzipien des universellen Designs* wurden 1997 entwickelt, um Produkte, Umgebungen und Systeme so zu gestalten, dass sie von möglichst vielen Menschen genutzt werden können, unabhängig von Alter, Fähigkeiten oder kulturellem Hintergrund (weitere Details siehe *https://universaldesign.ie/about-universal-design/the-7-principles*). Die folgenden 7 Prinzipen sollten im Design berücksichtig werden, damit die Produkte von der breitestmöglichen Nutzungsgruppe angewendet werden können:

1. **Angemessene Nutzung (Equitable Use)**: Das Design ist für Menschen mit unterschiedlichen Fähigkeiten gleichermaßen nutzbar und attraktiv. Das Produkt oder die Dienstleistung sollte allen Nutzenden, unabhängig von ihren Fähigkeiten oder Einschränkungen, den gleichen Zugang und Nutzen bieten, ohne sie auszugrenzen oder zu stigmatisieren. Beispiel wäre ein Onlineshop, der barrierefrei gestaltet ist, z. B. durch die Einbindung von Alt-Texten für Bilder, sodass sehbehinderte Nutzende mit Screenreadern die Seite besuchen und hier einkaufen können.
2. **Flexibilität in der Benutzung (Flexibility in Use)**: Das Design berücksichtigt eine breite Palette individueller Präferenzen und Fähigkeiten. Es ermöglicht den Nutzenden, zwischen verschiedenen Methoden zu wählen, um das Produkt oder die Dienstleistung zu nutzen, und passt sich ihren Bedürfnissen und Fähigkeiten an. Beispiel wäre eine Website, die sowohl per Maus, Tastatur als auch per Sprachsteuerung navigiert werden kann, um unterschiedlichen Nutzungsgewohnheiten gerecht zu werden.
3. **Einfache und intuitive Benutzung (Simple and Intuitive Use)**: Die Benutzung des Designs ist unabhängig von Erfahrung, Wissen, Sprachkenntnissen oder Konzentrationsvermögen leicht verständlich. Das Design sollte komplexe Funktionen vereinfachen und Informationen klar und verständlich präsentieren, um Fehlbedienungen zu vermeiden. Beispiel wäre eine klare und übersichtliche Navigation mit verständlichen Kategorien und Suchfunktionen, die es den Nutzenden erleichtern, Produkte zu finden, ohne vorherige Erfahrung mit der Website zu haben.
4. **Sensorisch wahrnehmbare Informationen (Perceptible Information)**: Das Design kommuniziert notwendige Informationen effektiv, unabhängig von Umgebungsbedingungen oder sensorischen Fähigkeiten der Nutzenden. Informationen sollten über mehrere Sinneskanäle vermittelt werden (visuell, auditiv, taktil) und unter verschiedenen Bedingungen zugänglich sein. Beispiel wäre die Verwendung von ausreichend großem Text und hohem Kontrast für bessere Lesbarkeit sowie die Bereitstellung von Untertiteln oder Transkriptionen für Videoinhalte.
5. **Fehlertoleranz (Tolerance for Error)**: Das Design minimiert Gefahren und negative Konsequenzen von unbeabsichtigten Handlungen. Es sollte so gestaltet sein, dass potenzielle Fehlerquellen reduziert werden und die Nutzenden leicht Korrekturen vornehmen können. Beispiel wäre ein Bestellprozess, der den Nutzenden die

Möglichkeit gibt, Artikel im Warenkorb zu bearbeiten oder zu entfernen, bevor der Kauf abgeschlossen wird, sowie Warnmeldungen bei ungewöhnlichen Aktionen. Weiterhin wird vor dem endgültigen Löschen von Dateien eine Bestätigung verlangt.

6. **Geringer körperlicher Aufwand (Low Physical Effort)**: Das Design kann effizient und komfortabel mit minimaler Ermüdung genutzt werden. Die Nutzung sollte keine übermäßige körperliche Anstrengung erfordern und repetitive Aktionen minimieren. Beispiel wäre eine optimierte Website mit Shop-Funktion, die schnelle Ladezeiten hat und es ermöglicht, mit wenigen Klicks zum gewünschten Produkt zu gelangen.
7. **Größe und Raum für Zugang und Nutzung (Size and Space for Approach and Use)**: Es wird angemessener Raum für Annäherung, Erreichen, Manipulation und Nutzung bereitgestellt, unabhängig von Körpergröße, Körperhaltung oder Mobilität der Nutzenden. Das Design sollte für alle Nutzenden zugänglich sein, einschließlich derjenigen, die Hilfsmittel wie Rollstühle oder Assistenztechnologien verwenden. Beispiel wäre ein responsives Webdesign, das sich automatisch verschiedenen Bildschirmgrößen anpasst, damit die Website auf Smartphones, Tablets und Desktop-Computern gleichermaßen gut nutzbar ist.

Diese Grundsätze fördern Inklusion und Barrierefreiheit, indem sie dazu beitragen, Produkte und Dienstleistungen so zu gestalten, dass sie von möglichst vielen Menschen ohne Anpassung oder spezielles Design genutzt werden können. In Bezug auf Websites trägt die Anwendung dieser Prinzipien dazu bei, die Benutzerfreundlichkeit und Zugänglichkeit von Websites zu verbessern, was letztendlich zu einer größeren Kundenzufriedenheit und höheren Konversionsraten führen kann.

14.7 Zusammenfassung des Kapitels

Hier sind noch einmal die wichtigsten Punkte dieses Kapitels im Überblick:

- Management als Schlüsselrolle: Das Management sollte Barrierefreiheit nicht nur aus rechtlicher oder finanzieller Sicht, sondern auch aus gesellschaftspolitischer und ethischer Perspektive unterstützen und fördern.
- Durch Sensibilisierung und Demonstration der Herausforderungen, die Menschen mit Behinderungen beim Nutzen von Websites erleben, kann das Management ein verändertes Bewusstsein entwickeln und Inklusion vorantreiben.
- Mitarbeitende sollten regelmäßig geschult werden, um Barrierefreiheit korrekt in Prozesse zu integrieren. Investitionen in Wissen zahlen sich langfristig aus. Es ist wichtig, eigene Handlungen zu hinterfragen und neue Ansätze zu erkunden, um die Barrierefreiheit zu verbessern.

- Barrierefreiheit sollte als integraler Bestandteil von Design- und Entwicklungsprozessen verstanden werden, nicht als einmaliges Projekt.
- Die Gewährleistung digitaler Barrierefreiheit erfordert die Zusammenarbeit verschiedener Fachbereiche und Rollen innerhalb des Unternehmens.
- Unterschiedliche Teammitglieder wie Redakteur/innen, Designer/innen und Entwickler/innen haben spezifische Aufgaben, die direkt die Barrierefreiheit beeinflussen.
- Regelmäßige Meetings und Workshops fördern den Austausch und die Integration von Barrierefreiheitszielen im Entwicklungsprozess.
- Das W3C Accessibility Maturity Model unterstützt Organisationen dabei, Barrierefreiheit nachhaltig in alle Aspekte zu integrieren, indem es über technische Prüfungen hinaus auch Prozesse und Kultur berücksichtigt. Es umfasst sieben Hauptdimensionen: Kommunikation, Wissen und Fertigkeiten, Unterstützung, Entwicklungslebenszyklus, Personal, Beschaffung und Kultur.
- Barrierefreiheit sollte in (agile) Entwicklungsprozesse integriert werden, was klare Ziele, Ressourcenplanung und Überwachung erfordert. Für größere Unternehmen sind interne Richtlinien zur Barrierefreiheit sinnvoll, um Konsistenz und Klarheit über Ziele und Verantwortlichkeiten zu schaffen.
- Universelles Design strebt danach, Produkte, Umgebungen und Systeme so zu gestalten, dass sie für eine möglichst breite Nutzergruppe zugänglich und nutzbar sind – unabhängig von Alter, Fähigkeiten oder kulturellem Hintergrund.
- Die 7 Prinzipien des universellen Designs reichen von gleichberechtigter Nutzung über Flexibilität und Einfachheit in der Nutzung bis hin zu Fehlertoleranz und niedrigem körperlichen Aufwand. Die Anwendung dieser Prinzipien auf Websites und andere digitale Produkte verbessert die Zugänglichkeit und Benutzerfreundlichkeit, was zu einer höheren Zufriedenheit und besseren Nutzungserfahrungen führt.

Kapitel 15

Gesetze, Normen und Richtlinien für barrierefreie Websites

Was erlaubt ist – Rechtliche Anforderungen, Normen und Standards

Die Themen im Überblick:

- Was das Barrierefreiheitsstärkungsgesetz für Sie bedeutet (seit dem 28. Juni 2025)
- Weitere Prüfschritte für Websites auf Basis der EN 301 549
- Zusammenfassung der WCAG 2.2 mit Referenz im Buch
- Kurzer Ausblick auf die WCAG 3.0
- Vorgaben für die öffentliche Hand – die BITV 2.0
- Authoring Tool Accessibility Guidelines (ATAG) 2.0
- User Agent Accessibility Guidelines (UAAG)
- Gesetzliche Situation in Österreich und der Schweiz
- Zusammenfassung des Kapitels

Die Kapitel 1, »Digitale Barrierefreiheit«, und Kapitel 2, »Bedürfnisse der Nutzenden verstehen, und zwar aller«, haben Ihnen einen Eindruck davon vermittelt, warum es sinnvoll ist, digitale Barrierefreiheit zu fördern und zu fordern. Gleichzeitig sollten sie aufzeigen, dass dies eine komplexe Aufgabe ist, da es eine Vielzahl von Behinderungen mit einer sehr großen Bandbreite gibt. Zwischen Blindheit und 100 % Sehkraft liegt ein weites Spektrum, ebenso zwischen stark eingeschränkter Mobilität und vollständiger Nutzbarkeit von Touch-, Maus- oder Tastatur-Eingabemöglichkeiten. Dieses Kapitel soll Ihnen die rechtlichen Grundlagen aufzeigen. In den folgenden Abschnitten finden Sie außerdem einen Auszug aus den relevanten Gesetzen. Die Betonung liegt auf Auszug, da die Zahl entsprechend groß ist und im europäischen bzw. weltweiten Umfeld weitere Anforderungen an Ihre Website bzw. App gestellt werden können.

Unterschied zwischen Norm/Standard und Gesetz

Der Hauptunterschied zwischen einem Gesetz (z. B. BFSG) und einer Norm (z. B. EN 301 549) liegt in ihrer Rechtsverbindlichkeit und ihrem Geltungsbereich. Gesetze sind Rechtsvorschriften, die von staatlichen Gesetzgebungsorganen verabschiedet werden und rechtsverbindlich sind. Standards und Normen sind in der Regel freiwillige technische Spezifikationen, die von Normungsorganisationen erstellt werden. Sie sind nicht automatisch rechtsverbindlich, können aber durch Gesetze oder Verordnungen verbindlich gemacht werden. In diesem Fall dienen die Normen als konkrete technische Leitlinien zur Erfüllung der gesetzlichen Anforderungen. Die EN 301 549 ist eine europäische Norm, die detaillierte technische Anforderungen an die Barrierefreiheit festlegt. Die deutsche Barrierefreie-Informationstechnik-Verordnung (BITV 2.0) konkretisiert die Anforderungen des Behindertengleichstellungsgesetzes (BGG) für den digitalen Bereich und verweist dabei auf Normen wie die EN 301 549 bzw. indirekt auf die WCAG 2.1. Damit werden die in diesen Normen festgelegten technischen Kriterien für bestimmte Institutionen verbindlich.

15.1 Was das Barrierefreiheitsstärkungsgesetz für Sie bedeutet (seit dem 28. Juni 2025)

Haben Sie einen Onlineshop für Endverbraucher? Schließen Sie Transaktionen auf Ihrer Website oder in Ihrer Anwendung (App) ab? Wenn das auf Sie zutrifft, dann ist seit dem 28. Juni 2025 ein Gesetz für Sie relevant – das Barrierefreiheitsstärkungsgesetz (BFSG). Dabei handelt es sich um die Umsetzung der EU-Richtlinie 2019/882 vom 17.04.2019 (European Accessibility Act).

Ziel dieses Gesetzes ist es, im Interesse der Verbraucher und Verbraucherinnen und der Nutzenden die Barrierefreiheit von Produkten und Dienstleistungen zu gewährleisten. Damit wird das Recht behinderter Menschen auf Teilhabe am Leben in der Gesellschaft gestärkt und der Harmonisierung des Binnenmarktes Rechnung getragen (§ 1 BFSG).

15.1.1 Für wen gilt das BFSG?

Das Barrierefreiheitsstärkungsgesetz betrifft Hersteller, Händler und Importeure der in Tabelle 15.1 aufgeführten Produkte sowie die Erbringer der genannten Dienstleistungen.

Produkte (§ 1 Abs. 2 BFSG)	Dienstleistungen (§ 1 Abs. 3 BFSG) für Verbraucher (B2C)
▸ Hardwaresysteme (Computer, Notebooks etc.) ▸ Zahlungs- und Selbstbedienungsterminals (Geldautomat, Fahrausweisautomat, Check-in-Automat etc.) ▸ Verbraucherendgeräte für Telekommunikationsdienste und audiovisueller Mediennutzung (Smartphones, Tablets etc.) ▸ Fernsehgeräte mit Internetzugang ▸ E-Book-Lesegeräte ▸ Router und Modems	▸ Telekommunikationsdienste ▸ Personenbeförderungsdienste: Webseiten und auf Mobilgeräten angebotene Dienstleistungen und Anwendungen, elektronische Tickets und elektronische Ticketdienste etc. ▸ Bankdienstleistungen ▸ Messenger-Dienste ▸ E-Books sowie deren Software ▸ elektronischer Geschäftsverkehr (unter anderem Onlinehandel mit Endverbrauchern)

Tabelle 15.1 Betroffene des Barrierefreiheitsstärkungsgesetzes

Nach § 2 BFSG sind Produkte und Dienstleistungen barrierefrei, wenn sie für Menschen mit Behinderungen in der allgemein üblichen Weise, ohne besondere Erschwernis und grundsätzlich ohne fremde Hilfe auffindbar, zugänglich und nutzbar sind. Ab dem vollständigen Inkrafttreten des BFSG am 28. Juni 2025 dürfen die in § 1 Abs. 3 BFSG genannten Produkte und Dienstleistungen nur noch angeboten werden, wenn sie den Barrierefreiheitsanforderungen des BFSG entsprechen. Wenige Ausnahmen bilden die in § 38 BFSG aufgeführten Übergangsbestimmungen (Details siehe *https://www.bundesfachstelle-barrierefreiheit.de*).

15.1.2 Auswirkung für Onlineshops und kommerzielle Websites

Für das E-Business und insbesondere den E-Commerce ist das BFSG von Bedeutung, da § 1 Abs. 3 Nr. 5 explizit »Dienstleistungen im elektronischen Geschäftsverkehr« nennt, die als »Dienstleistungen der Telemedien, die über Webseiten und über Anwendungen auf Mobilgeräten angeboten werden und elektronisch und auf individuelle Anfrage eines Verbrauchers im Hinblick auf den Abschluss eines Verbrauchervertrags erbracht werden« (§ 2 Nr. 26 BFSG). Damit muss die Zugänglichkeit von Informationen (unter anderem Produkttexte, Zahlungsmöglichkeiten etc.) gewährleistet werden.

Die spannende Frage für Sie ist, ob und ab wann das Gesetz für Sie gilt. Dies hängt insbesondere von Ihrer Zielgruppe und der Größe Ihres Unternehmens ab; wenden Sie im Zweifelsfall an Ihre Rechtsberatung. Die folgenden Voraussetzungen müssen auf Sie zutreffen, damit Sie vom BFSG betroffen sind:

1. Dienstleistungen, die sich an Verbraucher richten: Das BFSG regelt die Barrierefreiheit von Produkten und Dienstleistungen, die von Verbrauchern genutzt werden. Das heißt, wenn Sie z. B. einen Onlineshop für Verbraucher (B2C – Business-to-Consumer) betreiben, erbringen Sie eine Dienstleistung nach § 1 Abs. 3 (Elektronischer Geschäftsverkehr) und sind somit direkt vom BFSG betroffen. Generell fällt ein Unternehmen bereits unter elektronischem Geschäftsverkehr, wenn es Buchungen oder Zahlungen für Angebote über die Website ermöglichen. Das heißt, auch ein größeres Autohaus, das Terminbuchungen für Endverbraucher anbietet, fällt unter diesen Aspekt. Dienstleistungen, die ausschließlich im Bereich B2B (Business-to-Business) angeboten werden, fallen nicht unter das BFSG.
2. Besonderheiten und Ausnahmen für Kleinstunternehmen: Die Barrierefreiheitsanforderungen des BFSG gelten nicht für Kleinstunternehmen, die Dienstleistungen anbieten oder erbringen. Bei Produkten gibt es für Kleinstunternehmen jedoch keine Ausnahmeregelung. Ein Kleinstunternehmen ist ein Unternehmen, das weniger als zehn Personen beschäftigt und entweder einen Jahresumsatz von höchstens 2 Millionen € oder eine Jahresbilanzsumme von höchstens 2 Millionen € hat (§ 2 Nr. 17 BFSG). Die Definition eines Kleinstunternehmen ist so zu lesen, dass ein Unternehmen *beide* Aspekte (< 10 Personen beschäftigt *und* Umsatz/Jahresbilanzsumme < 2 Millionen €) erfüllen muss. Hat ein Unternehmen z. B. 15 Mitarbeiter, ist es unabhängig vom Umsatz kein Kleinstunternehmen. Das Gleiche gilt bei einem Umsatz von 2,1 Millionen €: Das Unternehmen erfüllt nicht die Anforderung an ein Kleinstunternehmen und ist daher vom BFSG betroffen.
3. Übergangsbestimmungen (§ 38 BFSG): Es gibt eine Übergangsfrist von fünf Jahren, die jedoch nur eingeschränkt für Websites und Onlineshops gilt. § 38 BFSG sieht vor, dass Dienstleistungserbringer bis zum 27. Juni 2030 ihre Dienstleistungen weiterhin unter Einsatz von Produkten erbringen können, die sie bereits vor dem 28. Juni 2025 zur Erbringung dieser oder ähnlicher Dienstleistungen rechtmäßig verwendet haben. Sofern es jedoch neue Produkte oder wesentliche Änderungen gibt (was bei einem Shop bzw. einer Website in der Natur der Sache ist), müssen diese Seiten und Prozesse (Check-out) barrierefrei sein. Dies bedeutet, dass Onlineshops in der Praxis nicht von der Übergangsbestimmung betroffen sind.

Zusammengefasst bedeutet dies: Wenn Sie

- eine kommerzielle Website (Webshop) haben, die sich nicht explizit an B2B richtet, und
- Ihr Umsatz/Ihre Jahresbilanzsumme größer als 2 Millionen € ist oder Sie mindestens zehn Personen beschäftigen,

dann ist das BFSG einzuhalten.

Wenn Sie das BFSG nicht betrifft, sollten Sie dennoch eine barrierefreie Website erstellen – Barrierefreiheit ist ein Gewinn für alle (siehe Abschnitt 2.6). Sofern Sie eine Website einer öffentlichen Stelle des Bundes betreiben, gilt die BITV 2.0.

15.1.3 Was passiert bei einem Verstoß?

Die etablierte BITV 2.0 gilt für die öffentliche Hand, d. h., für Ihre private oder kommerzielle Website gab es bisher keine gesetzliche Verpflichtung zur Barrierefreiheit. Dies wird sich mit dem BFSG ändern. Barrierefreiheit braucht klare Standards, die umgesetzt und kontrolliert werden. Die Bundesländer stellen die Einhaltung der Standards im Rahmen der Marktüberwachung sicher. Die Bundesanstalt für Arbeitsschutz und Arbeitsmedizin (BAuA) unterstützt die Bundesländer bei der Koordination und Kommunikation mit der europäischen Kommission und anderen EU-Mitgliedstaaten.

Wenn die Nutzenden ihre Rechte verletzt sehen, können sie auf verschiedenen Wegen Unterstützung erhalten:

- Sie können bei der zuständigen Marktüberwachungsbehörde des Landes beantragen, dass gegen Anbieter vorgegangen wird, die die Barrierefreiheitsstandards nicht einhalten. Lehnt die Behörde den Antrag ab, steht der Rechtsweg über die Verwaltungsgerichte offen.
- Sie haben die Möglichkeit, sich durch einen Verband vertreten zu lassen: Dies kann direkt durch Prozessvertretung oder über eine sogenannte gewillkürte Prozessstandschaft erfolgen, bei der der Verband anstelle des Verbrauchers handelt. Es gibt auch ein eigenes Verbandsklagerecht für Verbände und qualifizierte Einrichtungen.[1]

Bei Mängeln fordert die Marktüberwachungsbehörde das verantwortliche Unternehmen auf, die Konformität herzustellen. Wird die Konformität nicht hergestellt, können Maßnahmen wie die Verhängung eines Bußgeldes bis hin zur Untersagung der Bereitstellung des Produkts oder des Dienstleistungsangebots folgen (weitere Details siehe in den Leitlinien der Bundesfachstelle Barrierefreiheit unter *https://www. bundesfachstelle-barrierefreiheit.de/SharedDocs/Downloads/DE/Externe-Veroeffentlichungen/bmas-leitlinien-bfsg.html*). Kurzum: es besteht ein rechtliches Risiko, wenn das BFSG nicht eingehalten wird. Bußgelder bis zu 100.000 € sind in § 27 BFSG geregelt.

Die Umsetzung dieser Anforderungen erfordert ein Verständnis der technischen und gestalterischen Prinzipien der Barrierefreiheit, die in den folgenden Kapiteln und Abschnitten ausführlich behandelt werden.

---

1 *https://www.bmas.de/DE/Service/Gesetze-und-Gesetzesvorhaben/barrierefreiheitsstaerkungs-gesetz.html*

15.1.4 Welche Anforderungen gibt es nach dem BFSG?

Für Sie ist wichtig zu wissen, welche konkreten Anforderungen rechtlich notwendig sind. Während das Barrierefreiheitsstärkungsgesetz allgemeine Anforderungen enthält, definiert die dazugehörige Verordnung die konkret geltenden Anforderungen an die barrierefreie Gestaltung. Die Verordnung trägt den langen Titel »Verordnung über die Barrierefreiheitsanforderungen für Produkte und Dienstleistungen nach dem Barrierefreiheitsstärkungsgesetz (Verordnung zum Barrierefreiheitsstärkungsgesetz – BFSGV)«. In § 3 BFSGV wird der »Stand der Technik« als Grundlage definiert sowie die von der Bundesfachstelle für Barrierefreiheit (*https://www.bundesfachstelle-barrierefreiheit.de/*) veröffentlichten Normenliste und Konformitätstabellen.

Das BFSG verweist in § 4 auf »harmonisierte Normen«, d. h. europäische Normen, »die auf Grundlage eines Auftrags der Kommission zur Durchführung von Harmonisierungsrechtsvorschriften der Union angenommen« wurden. Harmonisierte Normen werden im Amtsblatt der Europäischen Union veröffentlicht. Darüber hinaus verweist das BFSG auf »technische Spezifikationen« (siehe § 2 Nr. 20 BFSG). Dabei handelt es sich um normative Dokumente, die aus bestimmten Gründen derzeit noch keine Normen sind, bei denen aber ein späterer Konsens und eine Veröffentlichung als (harmonisierte) europäische Norm zu erwarten ist.[2]

Kurz gesagt werden auf *https://www.bundesfachstelle-barrierefreiheit.de/* die einzuhaltenden Normen veröffentlicht. Aller Voraussicht nach müssen Sie mindestens die Anforderungen der EN 301 549 sowie den »Stand der Technik« erfüllen.

Der »Stand der Technik« beschreibt den aktuellen Entwicklungsstand technischer Möglichkeiten, die zur Gestaltung zugänglicher und barrierefreier Produkte und Dienstleistungen genutzt werden können. Der Stand der Technik wird oft durch Normen definiert. In diesem Kontext bedeutet es, dass öffentliche Institutionen und Unternehmen verpflichtet sind, Produkte und Dienstleistungen auf dem aktuellen Stand der Technik barrierefrei zu gestalten. Dies wird durch die Einhaltung harmonisierter Normen wie der EN 301 549 gewährleistet, die wiederum auf internationalen Standards wie den WCAG basieren. Weitere relevante Normen für das BFSG werden voraussichtlich die DIN EN 24495-1 (Einfache Sprache) sowie die erwartete DIN SPEC 33429 (Deutsch Leichte Sprache).

15.1.5 Welche Inhalte hat die Erklärung zur Barrierefreiheit?

Websites oder mobile Anwendungen, die unter das BFSG fallen, sind nach Anlage 3 (zu den §§ 14 und 28 BFSG) verpflichtet, eine Erklärung zur Barrierefreiheit zu erstellen und zu veröffentlichen.

2 *https://www.bundesfachstelle-barrierefreiheit.de/DE/Fachwissen/Produkte-und-Dienstleistungen/Barrierefreiheitsstaerkungsgesetz/FAQ/faq_node.html*

»Der Dienstleistungserbringer gibt zu seiner Dienstleistung im Sinne des § 1 Absatz 3 in seinen Allgemeinen Geschäftsbedingungen oder auf andere deutlich wahrnehmbare Weise an, wie sie die Barrierefreiheitsanforderungen der nach § 3 Absatz 2 zu erlassenden Rechtsverordnung erfüllt. [Anlage 3]«

Eine Mustererklärung der EU ist unter dem Durchführungsbeschluss (EU) 2018/1523 abrufbar (*https://eur-lex.europa.eu/legal-content/DE/TXT/HTML/?uri=CELEX:32018D1523&from=DE*).

In der Mustererklärung sind folgende Inhalte/Formulierungen vorgesehen. Bitte prüfen Sie diese und passen Sie insbesondere die Inhalte in den eckigen Klammern an – ohne rechtliche Gewähr!

Erklärung zur Barrierefreiheit

[Name der öffentlichen Stelle] ist bemüht, seine/ihre [Website(s)] [und] [mobile(n) Anwendung(en)] im Einklang mit [den nationalen Rechtsvorschriften zur Umsetzung der Richtlinie (EU) 2016/2102 des Europäischen Parlaments und des Rates] barrierefrei zugänglich zu machen.

Diese Erklärung zur Barrierefreiheit gilt für [Geltungsbereich der Erklärung einfügen, z. B. Website(s)/mobile Anwendung(en), für die die Erklärung gilt].

Stand der Vereinbarkeit mit den Anforderungen [a, b oder c auswählen]

a) [Diese] [Website(s)] [mobile(n) Anwendung(en)] [ist] [sind] mit [xxx] vollständig vereinbar.

b) [Diese] [Website(s)] [mobile(n) Anwendung(en)] [ist] [sind] wegen der folgenden [Unvereinbarkeiten] [und/oder] [Ausnahmen] teilweise mit [xxx] vereinbar.

c) [Diese] [Website(s)] [mobile(n) Anwendung(en)] [ist] [sind] nicht mit [xxx] vereinbar. Die [Unvereinbarkeiten] [und/oder] [Ausnahmen] sind nachstehend aufgeführt.

Nicht barrierefreie Inhalte

Die nachstehend aufgeführten Inhalte sind aus folgenden Gründen nicht barrierefrei:

a) Unvereinbarkeit mit [nationalen Rechtsvorschriften]

[Führen Sie die Unvereinbarkeit(en) der Website(s)/mobilen Anwendung(en) auf und/oder beschreiben Sie die Abschnitte/Inhalte/Funktionen, die noch nicht vereinbar sind].

b) Unverhältnismäßige Belastung

[Führen Sie die nicht barrierefreien Abschnitte/Inhalte/Funktionen auf, für die die Ausnahme aufgrund von unverhältnismäßiger Belastung nach Artikel 5 der Richtlinie (EU) 2016/2102 vorübergehend geltend gemacht wird].

c) Die Inhalte fallen nicht in den Anwendungsbereich der anwendbaren Rechtsvorschriften.

[Führen Sie die nicht barrierefreien Abschnitte/Inhalte/Funktionen auf, die nicht in den Anwendungsbereich der anwendbaren Rechtsvorschriften fallen].

[Geben Sie etwaige barrierefreie Alternativen an.]

Erstellung dieser Erklärung zur Barrierefreiheit

Diese Erklärung wurde am [Datum] erstellt.

[Nennen Sie die zur Erstellung der Erklärung verwendete Methode (siehe Artikel 3 Absatz 1 des Durchführungsbeschlusses (EU) 2018/1523 der Kommission) – OP: Nummer dieses Beschlusses einfügen).]

Die Erklärung wurde zuletzt am [Datum der letzten Überprüfung] überprüft.

Feedback und Kontaktangaben

[Geben Sie einen Link zu dem Feedbackmechanismus an und beschreiben Sie den Feedbackmechanismus, mit dem der öffentlichen Stelle etwaige Mängel in Bezug auf die Einhaltung der Barrierefreiheitsanforderungen mitgeteilt und Informationen über von der Anwendung der Richtlinie ausgenommene Inhalte eingeholt werden können.]

[Nennen Sie die Kontaktangaben der Stelle(n)/Abteilung(en)/Person(en), die für die barrierefreie Zugänglichkeit und die Bearbeitung der im Rahmen des Feedbackmechanismus eingehenden Mitteilungen zuständig ist/sind.]

Durchsetzungsverfahren

[Geben Sie einen Link zu dem Durchsetzungsverfahren an und beschreiben Sie das Durchsetzungsverfahren, das bei nicht zufriedenstellenden Antworten auf die nach Artikel 7 Absatz 1 Buchstabe b der Richtlinie übermittelten Mitteilungen oder Anträge in Anspruch genommen werden kann.]

[Nennen Sie die Kontaktangaben der zuständigen Durchsetzungsstelle].

15.2 Weitere Prüfschritte für Websites auf Basis der EN 301 549

Wie bereits in Abschnitt 1.4, »Barrierefreiheitsanforderungen: Die europäische Norm EN 301 549«, erläutert, müssen nach der EN 301 549 weitere Anforderungen über die WCAG hinaus erfüllt werden. So sind neben den allgemeinen Anforderungen für das Web aus Kapitel 9 der EN 301 549 Anforderungen an Technologien mit Zwei-Wege-Sprachkommunikation (Kapitel 6, siehe dazu hier im Buch Abschnitt 15.2.1), Anforderungen bezüglich benutzerdefinierter Einstellungen und Autorenwerkzeuge (Kapitel 11, siehe dazu hier im Buch Abschnitt 15.2.2) sowie Anforderungen an Dokumentation und Support (Kapitel 12, siehe dazu hier im Buch Abschnitt 15.2.3) zu berücksichtigen.

15.2.1 Kapitel 6: Zwei-Wege-Sprachkommunikation

Zusätzlich zu den Erfolgskriterien der WCAG müssen gegebenenfalls weitere Kriterien der EN 301 549 in Bezug auf Zwei-Wege-Sprachkommunikation berücksichtigen werden. Unter Zwei-Wege Sprachkommunikation versteht man alle Varianten von technischen Möglichkeiten, um mit einer entfernten Person sprechen und sie gleichzeitig hören zu können, also z. B. Telefonie, aber auch Sprachkommunikationsmöglichkeiten in Messengern wie WhatsApp bzw. Signal oder die Sprachkommunikation in Videokonferenzanwendungen.

Das relevante Kapitel 6 der EN 301 549 behandelt Anforderungen bzw. Prüfschritte an die Zwei-Wege-Sprachkommunikation, die im Folgenden kurz zusammengefasst werden:

- 6.1 Audio-Bandbreite für Sprache: Um eine angemessene Sprachverständlichkeit bei der Zwei-Wege-Sprachkommunikation zu gewährleisten, muss für die Codierung und Decodierung von Audiosignalen ein Frequenzbereich verwendet werden, dessen obere Grenze bis mindestens 7.000 Hz reicht. Dieser Frequenzbereich kann beispielsweise mit dem Standard-Codec G.722 erreicht werden.
- 6.2.1.1 RTT-Kommunikation: Zusätzlich zur bestehenden Zwei-Wege-Sprachkommunikation (z. B. über Sprach- oder Videotelefonie) soll eine Textkommunikation in Echtzeit (RTT = Real-Time Text) zur Verfügung gestellt werden. RTT ist Text, der sofort während der Eingabe oder Erstellung übertragen wird.
- 6.2.1.2 Gleichzeitige Verwendung von Sprache und Text: Bietet die Website/App eine Zwei-Wege-Sprachkommunikation über Sprach- oder Videotelefonie und Textkommunikation in Echtzeit (RTT) an, so müssen beide Kommunikationskanäle gleichzeitig genutzt werden können.
- 6.2.2.1 Visuell unterscheidbare Darstellung: Wenn die Website/App Echtzeittextkommunikation (RTT) anbietet, müssen gesendete und empfangene Nachrichten visuell ausreichend voneinander unterscheidbar sein.
- 6.2.2.2 Programmatisch bestimmbare Sende- und Empfangsrichtung: Wenn die Website/Applikation Textkommunikation in Echtzeit (RTT) anbietet, muss die Sende- und Empfangsrichtung der gesendeten und empfangenen Nachrichten programmatisch ermittelbar sein. Dadurch können Bildschirmlesegeräte in Verbindung mit der RTT-Funktionalität zwischen eingehendem und ausgehendem Text unterscheiden.
- 6.2.2.3 Sprecheridentifizierung: Wenn die Website/App Textkommunikation in Echtzeit (RTT) anbietet und den aktiven Sprecher anhand der Sprache identifiziert, sollten Personen, die Texteingaben anstelle von Sprache verwenden, ebenfalls identifiziert werden.
- 6.2.2.4 Anzeige von Audioaktivität in Echtzeit: Bietet die Website/App Zwei-Wege-Sprachkommunikation über Sprach- oder Videotelefonie und Textkommunika-

tion in Echtzeit (RTT) an, muss die Audioaktivität der Teilnehmer in Echtzeit visualisiert werden. Der visuelle Indikator könnte eine einfache Position auf dem Display sein, die blinkt, um Audioaktivität anzuzeigen. Alternativ könnte die Information so dargestellt werden, dass sie sowohl für sehende Nutzende sichtbar als auch für taubblinde Nutzende, die ein Braillezeile verwenden, zugänglich ist. Ohne diesen Indikator würde eine Person, die nicht hören kann, nicht wissen, wann jemand spricht.

- 6.2.3 Interoperabilität: Wenn die Website/App Zwei-Wege-Sprachkommunikation über Sprach- oder Videotelefonie und Textkommunikation in Echtzeit (RTT) in Kombination mit anderen Anwendungen anbietet, so muss die Interoperabilität auf Basis der relevanten technischen Normen unterstützt werden. Die EN 301 549 nennt hierzu konkrete Standards von ITU-T, IETF und ETSI.
- 6.2.4 Reaktionsgeschwindigkeit von RTT: Bietet die Website/App Echtzeittextkommunikation (RTT = Real-Time Text) an, so müssen diese RTT-Eingaben für die kleinste Texteinheit (einzelne Zeichen oder Wörter) innerhalb von 500 Millisekunden übertragen werden.
- 6.3 Anruferidentifizierung: Bietet die Website/App Sprach- oder Videotelefonie mit Anruferidentifizierung an, muss die Anruferidentifizierung visuell in Textform und programmatisch erkennbar sein.
- 6.4 Alternativen zu sprachbasierten Diensten: Bietet die Website/App Sprach- oder Videotelefonie mit Voicemail-Funktion, automatische Anrufbeantworter oder interaktive Sprachdialogsysteme an, muss die Nutzung dieser Dienste, die in der Regel sprachbasiert gesteuert werden, auch ohne Einsatz des Gehörs oder der Sprache möglich sein.
- 6.5.2 Auflösung bei Videotelefonie: Eine Website/App, die Videotelefonie anbietet, soll mindestens eine QVGA-Auflösung von 320 × 240 px, vorzugsweise eine VGA-Auflösung von 640 × 480 px für die Videoübertragung unterstützen.
- 6.5.3 Bildwiederholfrequenz bei Videotelefonie: Eine Website/App, die Videotelefonie anbietet, soll eine Bildwiederholrate von mindestens 20 Bildern pro Sekunde, vorzugsweise 30 Bildern pro Sekunde für die Videoübertragung unterstützen.
- 6.5.4 Synchronisation von Audio und Video bei Videotelefonie: Eine Website/App, die Videotelefonie anbietet, soll sicherstellen, dass der maximale Zeitunterschied zwischen Audio- und Videowiedergabe 100 Millisekunden nicht überschreitet.
- 6.5.5 Visuelle Anzeige von Audio-Aktivität: Wenn die Website/App eine Zwei-Wege-Sprachkommunikation über Videotelefonie ermöglicht, muss die Audioaktivität der Teilnehmer in Echtzeit angezeigt werden. Die visuelle Anzeige kann ein einfacher visueller Punkt, eine LED oder eine andere Art von Ein/Aus-Anzeige sein, die flackert, um die Audioaktivität anzuzeigen. Ohne diese Anzeige kann eine Person, die nicht hören kann, nicht erkennen, wann jemand spricht.

- 6.5.6 Sprecheridentifizierung bei Gebärdensprachen-Kommunikation: Wenn die Website/App eine Sprecheridentifizierung für sprechende Teilnehmende anbietet, sollten auch gebärdende Teilnehmende und Echtzeitgebärden gleichwertig identifiziert werden, sobald die Eingabe von Gebärden beginnt. Die Sprecheridentifizierung für Gebärden kann manuell aktiviert oder automatisch identifiziert werden.

15.2.2 Kapitel 11: Autorenwerkzeuge

Die EN 301 549 beschreibt in 11.8 (»Authoring tools«) einzelne Aspekte, die bei Autorenwerkzeugen, wie z. B. Grafikdesigntools oder Content-Management-Systemen (unter anderem WordPress) zu prüfen sind. Nachfolgend eine kurze Zusammenfassung der relevanten Prüfschritte und Inhalte:

- 11.7 Individuelle Benutzerpräferenzen: Benutzereinstellungen, die über den Browser individuell konfiguriert wurden, müssen übernommen werden. Dies beinhaltet explizit Maßeinheiten (z. B. Zeit, Datum), Farbeinstellungen, Kontrasteinstellungen, Schriftart und Schriftgröße, Fokuscursor. Das bedeutet, dass sich die Website/App individuellen Systemeinstellungen anpassen soll. Dies verbessert die Benutzerfreundlichkeit, insbesondere für Menschen mit Behinderungen, indem sichergestellt wird, dass die Anwendung individuellen Barrierefreiheitsanforderungen und persönlichen Präferenzen angepasst ist.

Autorenwerkzeuge (zum tieferen Verständnis siehe Abschnitt 15.6, »Authoring Tool Accessibility Guidelines (ATAG) 2.0«):

- 11.8.2 Erstellung barrierefreier Inhalte: Autorenwerkzeuge müssen die Erstellung von Inhalten gemäß Kapitel 9 (»Web-Inhalte«) oder Kapitel 10 (»Nicht-Web-Inhalte«) der EN 301 549 ermöglichen und anleiten. Das heißt, dieser Prüfschritt gilt nur, wenn es sich um ein Autorenwerkzeug (CMS, Texteditor, Markdown-Editor etc.) handelt. Autorenwerkzeuge können auf zusätzliche Werkzeuge zurückgreifen, wenn die Konformität mit bestimmten Anforderungen durch ein einzelnes Werkzeug nicht erreicht werden kann. Beispielsweise kann ein Videoschnittwerkzeug die Erstellung von Videodateien für die Ausstrahlung im Fernsehen und im Internet ermöglichen, die Erstellung von Untertiteldateien für verschiedene Formate kann jedoch von einem anderen Werkzeug übernommen werden. Autorenwerkzeuge müssen die Erstellung barrierefreier Inhalte ermöglichen und die Autoren bei der Erstellung entsprechend anleiten.
- 11.8.3 Erhaltung von Barrierefreiheit bei Umwandlungen: Wenn das Autorenwerkzeug die Umstrukturierung, den Export oder die Konvertierung von Inhalten ermöglicht, müssen die im Ausgangsformat vorhandenen Unterstützungstechnologien und Zugänglichkeitsinformationen erhalten bleiben. Das heißt, bei der Umwandlung eines Dokuments in ein anderes Format (z. B. PDF) müssen Überschriften und Alternativtexte erhalten bleiben. Die entsprechenden Mechanismen

(Hierarchie in Überschriften sowie Alternativtexte für Bilder) müssen daher in beiden Formaten existieren und übertragen werden.

- 11.8.4 Reparaturunterstützung: Wenn die Zugänglichkeitsüberprüfungsfunktion eines Autorenwerkzeugs feststellt, dass ein Inhalt eine Anforderung der Kapitel 9 (»Web-Dokumente«) oder 10 (»Nicht-Web-Dokumente«) nicht erfüllt, muss das Autorenwerkzeug einen oder mehrere Korrekturvorschläge zur Behebung des Fehlers angeben. Das heißt, das Autorenwerkzeug sollte fehlende Alternativtexte erkennen und den Nutzenden vorschlagen, diese hinzuzufügen.
- 11.8.5 Vorlagen: Stellt ein Autorenwerkzeug Vorlagen zur Verfügung, so muss mindestens eine Vorlage, die die Erstellung von Inhalten unterstützt, den Anforderungen der Kapitel 9 (»Web-Dokumente«) oder 10 (»Nicht-Web-Dokumente«) entsprechen, verfügbar und als solche gekennzeichnet sein.

15.2.3 Kapitel 12: Dokumentation und Support

Zusätzlich zu den typischen Erfolgskriterien der WCAG müssen gegebenenfalls weitere Kriterien der EN 301 549 in Bezug auf Dokumentation und Support berücksichtigt werden.

Das relevante Kapitel 12 der EN 301 549 behandelt Anforderungen bzw. Prüfschritte für die Dokumentation und den Support, die im Folgenden kurz zusammengefasst werden:

- 12.1.1 Dokumentation von Barrierefreiheit und Kompatibilität: Diese Anforderung soll sicherzustellen, dass die Produktdokumentation (z. B. Hilfeseiten, Erklärung zur Barrierefreiheit) alle Hilfsmittelfunktionen einer Website klar dokumentiert und erklärt, sodass die Nutzenden diese Funktionen leicht erkennen und nutzen können. Diese Informationen sollen helfen, die Website effizient zu nutzen und zu wissen, welche unterstützenden Technologien oder Einstellungen empfohlen werden.
- 12.1.2 Barrierefreie Dokumentation: Wenn eine Produktdokumentation (z. B. Handbuch, Erklärung zur Barrierefreiheit) verfügbar ist, muss sie in mindestens einem der folgenden elektronischen Formate bereitgestellt werden: a) in einem Webformat, das die Anforderungen des Kapitel 9 der EN 301 549 erfüllt; oder b) in einem Nicht-Webformat, das die Anforderungen von Kapitel 10 erfüllt. Die Produktdokumentation kann zusätzlich in anderen Formaten (elektronisch, gedruckt oder Audio) bereitgestellt werden, die nicht barrierefrei sind. Darüber hinaus können alternative Formate zusätzlich bereitgestellt werden, um den Bedürfnissen bestimmter Nutzender gerecht zu werden (z. B. Dokumente in Brailleschrift für Blinde).

- 12.2.2 Informationen zu Barrierefreiheits- und Kompatibilitätsfunktionen: Der Produktsupport (z. B. Service-Hotline, Helpdesk) muss die Informationen über die Barrierefreiheits- und Kompatibilitätsmerkmale der Website/App mindestens in dem Umfang bereitstellen, wie er in der Dokumentation gemäß Prüfschritt 12.1.1 beschrieben ist.
- 12.2.3 Effektive Kommunikation: Der Produktsupport berücksichtigt die Kommunikationsbedürfnisse von Menschen mit Behinderungen, d. h., mindestens zwei Supportkanäle mit unterschiedlichen Sinneswahrnehmungen sind vorhanden (z. B. Telefon und E-Mail). Dies kann entweder direkt oder über einen Dritten (in der Regel einen Dienstleister) erfolgen.
- 12.2.4 Barrierefreie Dokumentation durch den Produktsupport: Die vom Produktsupport bereitgestellte Dokumentation muss in mindestens einem der folgenden elektronischen Formate zur Verfügung gestellt werden: a) in einem Webformat, das die Anforderungen des Kapitel 9 der EN 301 549 erfüllt oder b) in einem Nicht-Webformat, das die Anforderungen von Kapitel 10 erfüllt. Die Produktdokumentation kann zusätzlich in anderen Formaten (elektronisch, gedruckt oder Audio) bereitgestellt werden, die nicht barrierefrei sind. Darüber hinaus können alternative Formate zusätzlich bereitgestellt werden, um den Bedürfnissen bestimmter Nutzender gerecht zu werden (z. B. Dokumente in Brailleschrift für Blinde).

15.3 Zusammenfassung der WCAG 2.2 mit Referenz im Buch

Die aktuellen WCAG 2.2 können unter *https://www.w3.org/TR/WCAG22/* abgerufen werden.

Da es keine offizielle deutsche Übersetzung für die WCAG 2.2 gibt, wurde

1. die offizielle deutsche Übersetzung der WCAG 2.0 (*https://www.w3.org/Translations/WCAG20-de/WCAG20-de-20091029/*) um die
2. inoffizielle Übersetzung der WCAG 2.1 (*https://outline-rocks.github.io/wcag/translations/WCAG21-de/*) ergänzt.
3. Die neuen Erfolgskriterien der WCAG 2.2 wurden maschinell übersetzt und von den Autoren geprüft.

15.3.1 Prinzip 1: Wahrnehmbar

Informationen und Bestandteile der Benutzerschnittstelle müssen den Nutzenden so präsentiert werden, dass diese sie wahrnehmen können.

Richtlinie	Inhalt	Im Buch Abschnitt
Richtlinie 1.1	**Textalternativen: Stellen Sie Textalternativen für alle Nicht-Text-Inhalte zur Verfügung, sodass diese in andere von Nutzenden benötigte Formen geändert werden können, wie z. B. Großschrift, Braille, Symbole oder einfachere Sprache.**	
1.1.1 (Stufe A)	Nicht-Text-Inhalt: Alle Nicht-Text-Inhalte, die den Nutzenden präsentiert werden, haben eine Textalternative, die einem äquivalenten Zweck dient [mit definierten Ausnahmen].	7.1, 7.4
Richtlinie 1.2	**Zeitbasierte Medien: Stellen Sie Alternativen für zeitbasierte Medien zur Verfügung.**	
1.2.1 (Stufe A)	Reine Audio- und Videoinhalte (aufgezeichnet): Für aufgezeichnete reine Audio- und aufgezeichnete reine Video- Medien gilt das Folgende, außer die Audio- oder Videomedien sind eine Medienalternative für Text und als solche klar gekennzeichnet: ▸ Aufgezeichneter reiner Audioinhalt: Es wird eine Alternative für zeitbasierte Medien bereitgestellt, die äquivalente Informationen für aufgezeichneten reinen Audioinhalt bietet. ▸ Aufgezeichneter reiner Videoinhalt: Es wird entweder eine Alternative für zeitbasierte Medien oder eine Audiospur zur Verfügung gestellt, die äquivalente Informationen für aufgezeichneten reinen Videoinhalt bietet.	7.7
1.2.2 (Stufe A)	Untertitel (aufgezeichnet): Untertitel werden für alle aufgezeichneten Audioinhalte in synchronisierten Medien bereitgestellt, außer die Medien sind eine Medienalternative für Text und als solche deutlich gekennzeichnet.	7.7.1

Tabelle 15.2 Prinzip 1 der WCAG

Richtlinie	Inhalt	Im Buch Abschnitt
1.2.3 (Stufe A)	Audiodeskription oder Medienalternative (aufgezeichnet): Eine Alternative für zeitbasierte Medien oder eine Audiodeskription des aufgezeichneten Videoinhalts wird für synchronisierte Medien bereitgestellt, außer die Medien sind eine Medienalternative für Text und als solche deutlich gekennzeichnet. **Hinweis: Steht in Verbindung mit 1.2.5 (AA) und 1.2.8 (AAA).**	7.6.3
1.2.4 (Stufe AA)	Untertitel (live): Untertitel werden für alle Liveaudioinhalte in synchronisierten Medien bereitgestellt.	7.7.2
1.2.5 (Stufe AA)	Audiodeskription (aufgezeichnet): Eine Audiodeskription wird für alle aufgezeichneten Videoinhalte in synchronisierten Medien zur Verfügung gestellt. Hinweis: Steht in Verbindung mit 1.2.3 (A).	7.6.3
1.2.6 (Stufe AAA)	Gebärdensprache (aufgezeichnet): Eine Übersetzung in die Gebärdensprache wird für alle aufgezeichneten Audioinhalte in synchronisierten Medien bereitgestellt.	7.7
1.2.7 (Stufe AAA)	Erweiterte Audiodeskription (aufgezeichnet): Wenn die Pausen im Vordergrundaudio nicht ausreichend sind, um Audiodeskriptionen zu ermöglichen, die den Sinn des Videos vermitteln, dann wird eine erweiterte Audiodeskription für alle aufgezeichneten Videoinhalte in synchronisierten Medien bereitgestellt. Hinweis: Steht in Verbindung mit 1.2.5 (AA).	7.6.3
1.2.8 (Stufe AAA)	Medienalternative (aufgezeichnet): Eine Alternative für zeitbasierte Medien wird für alle aufgezeichneten synchronisierten Medien und für alle aufgezeichneten reinen Videomedien bereitgestellt. Hinweis: Steht in Verbindung mit 1.2.3 (A).	7.7

Tabelle 15.2 Prinzip 1 der WCAG (Forts.)

Richtlinie	Inhalt	Im Buch Abschnitt
1.2.9 (Stufe AAA)	Reiner Audioinhalt (live): Eine Alternative für zeitbasierte Medien, die äquivalente Informationen für live übertragene reine Audioinhalte bietet, wird bereitgestellt.	7.7.2
Richtlinie 1.3	**Anpassbar: Erstellen Sie Inhalte, die auf verschiedene Arten dargestellt werden können (z. B. einfacheres Layout), ohne dass Informationen oder Struktur verloren gehen.**	
1.3.1 (Stufe A)	Info und Beziehungen: Informationen, Struktur und Beziehungen, die über die Darstellung vermittelt werden, können durch Software bestimmt werden oder stehen in Textform zur Verfügung.	1.6.3, 6.7, 6.10
1.3.2 (Stufe A)	Bedeutungstragende Reihenfolge: Wenn die Reihenfolge, in der Inhalte präsentiert werden, sich auf deren Bedeutung auswirkt, kann die korrekte Leseabfolge durch Software bestimmt werden. Hinweis: Steht in Verbindung mit 2.4.3 (A).	3.4
1.3.3 (Stufe A)	Sensorische Eigenschaften: Anweisungen, die für das Verständnis und die Bedienung von Inhalt bereitgestellt werden, stützen sich nicht nur auf sensorische Eigenschaften von Komponenten wie Form, Größe, visuelle Position, Ausrichtung oder Ton.	6.1
1.3.4 (Stufe AA, neu in WCAG 2.1)	Bildschirmausrichtung: Die Betrachtung und Bedienung von Inhalten ist nicht auf eine einzige Bildschirmausrichtung wie z. B. Hoch- oder Querformat beschränkt, es sei denn, eine bestimmte Bildschirmausrichtung ist unentbehrlich.	8.5.10

Tabelle 15.2 Prinzip 1 der WCAG (Forts.)

Richtlinie	Inhalt	Im Buch Abschnitt
1.3.5 (Stufe AA, neu in WCAG 2.1)	Bestimmung des Eingabezwecks: Der Zweck jedes Eingabefeldes, das Informationen über die Nutzenden erfasst, kann durch Software bestimmt werden, wenn ▶ das Eingabefeld einem Zweck dient, der im Abschnitt Eingabezwecke für Bestandteile der Benutzerschnittstelle bestimmt ist, und ▶ der Inhalt mit Technologien implementiert wird, die die Bestimmung der erwarteten Bedeutung für Formulareingabedaten unterstützen. Hinweis: Steht in Verbindung mit 2.4.6 (AA) und 3.3.2 (A).	9.8
1.3.6 (Stufe AAA, neu in WCAG 2.1)	Bestimmung des Zwecks: In Inhalten, die mit Auszeichnungssprachen implementiert sind, kann der Zweck von Bestandteilen der Benutzerschnittstelle, Symbolen und Regionen durch Software bestimmt werden.	
Richtlinie 1.4	**Unterscheidbar: Machen Sie es Nutzenden leichter, Inhalt zu sehen und zu hören, einschließlich der Trennung von Vorder- und Hintergrund.**	
1.4.1 (Stufe A)	Benutzung von Farbe: Farbe wird nicht als einziges visuelles Mittel benutzt, um Informationen zu vermitteln, eine Handlung zu kennzeichnen, eine Reaktion zu veranlassen oder ein visuelles Element zu unterscheiden.	6.1
1.4.2 (Stufe A)	Audiosteuerelement: Wenn Audioinhalt auf einer Webseite automatisch für mehr als 3 Sekunden abgespielt wird, dann gibt es entweder einen Mechanismus, um die Wiedergabe zu pausieren oder zu beenden, oder es gibt einen Mechanismus, um die Lautstärke unabhängig von der allgemeinen Systemlautstärke zu regeln.	7.6.1

Tabelle 15.2 Prinzip 1 der WCAG (Forts.)

Richtlinie	Inhalt	Im Buch Abschnitt
1.4.3 (Stufe AA)	Kontrast (Minimum): Die visuelle Darstellung von Text und Bildern von Text hat ein Kontrastverhältnis von mindestens 4,5 : 1 mit folgenden Ausnahmen: ▸ Großer Text: Großer Text und Bilder von großem Text haben ein Kontrastverhältnis von mindestens 3 : 1. ▸ Nebensächlich: Für Text oder Bilder eines Textes, die Teil eines inaktiven Bestandteils der Benutzerschnittstelle, rein dekorativ, für niemanden sichtbar oder Teil eines Bildes sind, welches signifikanten anderen visuellen Inhalt enthält, gibt es keine Kontrastanforderung. ▸ Wortbildmarken: Text, der Teil eines Logos oder eines Markennamens ist, hat keine Kontrastanforderungen. Hinweis: Steht in Verbindung mit 1.4.6 (AAA).	5.2.3, 6.2.1, 6.2.2
1.4.4 (Stufe AA)	Textgröße ändern: Mit Ausnahme von Untertiteln und Bildern eines Textes kann Text ohne assistierende Technik um bis zu 200 % geändert werden, ohne dass dabei Inhalt oder Funktionalität verloren geht. Hinweis: Steht in Verbindung mit 1.4.10 (AA).	6.5.1, 6.5.2
1.4.5 (Stufe AA)	Bilder eines Textes: Wenn die benutzten Techniken die visuelle Präsentation bewirken können, dann wird Text statt Bilder eines Textes dazu benutzt, Informationen zu vermitteln mit den folgenden Ausnahmen: ▸ Anpassbar: Das Bild eines Textes kann visuell den Anforderungen der Nutzenden angepasst werden. ▸ Unentbehrlich: Eine bestimmte Präsentation von Text ist für die vermittelten Informationen unentbehrlich. Hinweis: Steht in Verbindung mit 1.4.9 (AAA).	6.6

Tabelle 15.2 Prinzip 1 der WCAG (Forts.)

Richtlinie	Inhalt	Im Buch Abschnitt
1.4.6 (Stufe AAA)	Kontrast (erhöht): Die visuelle Präsentation von Text und Bildern eines Textes hat ein Kontrastverhältnis von mindestens 7 : 1, mit folgenden Ausnahmen: ► Großer Text: Großer Text und Bilder von großem Text haben ein Kontrastverhältnis von mindestens 4,5 : 1. ► Nebensächlich: Für Text oder Bilder eines Textes, die Teil eines inaktiven Bestandteils der Benutzerschnittstelle, rein dekorativ, für niemanden sichtbar oder Teil eines Bildes sind, welches signifikanten anderen visuellen Inhalt enthält, gibt es keine Kontrastanforderung. ► Wortbildmarken: Text, der Teil eines Logos oder eines Markennamens ist, hat keine Mindestkontrastanforderungen.	5.2.3, 6.2.1
1.4.7 (Stufe AAA)	Leiser oder kein Hintergrund-Audioinhalt: Für aufgezeichneten, reinen Audioinhalt, der (1) hauptsächlich Sprache im Vordergrund enthält, (2) kein Audio-CAPTCHA oder ein Audio-Logo ist und (3) bei dem es sich nicht um eine Vokalisierung handelt, die hauptsächlich als musikalischer Ausdruck bestimmt ist wie beispielsweise Singen oder Rappen, gilt mindestens eine der folgenden Aussagen: ► Kein Hintergrund: Der Audioinhalt enthält keine Hintergrundgeräusche. ► Abschalten: Die Hintergrundgeräusche können abgeschaltet werden. ► 20 dB: Die Hintergrundgeräusche sind mindestens 20 Dezibel leiser als der Sprachinhalt im Vordergrund mit der Ausnahme von gelegentlichen Geräuschen, die nur 1 oder 2 Sekunden andauern.	7.6.2

Tabelle 15.2 Prinzip 1 der WCAG (Forts.)

Richtlinie	Inhalt	Im Buch Abschnitt
1.4.8 (Stufe AAA)	Visuelle Präsentation: Für die visuelle Präsentation von Textblöcken gibt es einen Mechanismus, um das Folgende zu erreichen: 1. Vorder- und Hintergrundfarben können von den Nutzenden ausgewählt werden. 2. Die Breite beträgt nicht mehr als 80 Zeichen oder Glyphen (40, wenn es sich um CJK handelt). 3. Text ist nicht im Blocksatz ausgerichtet (sowohl links- als auch rechtsbündig ausgerichtet). 4. Der Zeilenabstand (Durchschuss) ist mindestens 1,5-fach innerhalb von Paragraphen und der Paragraphenabstand ist mindestens 1,5-fach so groß wie der Zeilenabstand. 5. Die Textgröße kann ohne assistierende Technik bis auf 200 % skaliert werden und zwar so, dass Lesende nicht horizontal scrollen müssen, um eine Textzeile in einem bildschirmfüllenden Fenster zu lesen.	6.4.2, 6.5.1
1.4.9 (Stufe AAA)	Bilder eines Textes (keine Ausnahme): Bilder eines Textes werden nur rein dekorativ benutzt oder dann, wenn eine bestimmte Präsentation von Text unentbehrlich für die zu vermittelnden Informationen ist. Hinweis: Steht in Verbindung mit 1.4.5 (AA).	6.6
1.4.10 (Stufe AA, neu in WCAG 2.1)	Umfluss (Reflow): Inhalte können ohne Informations- oder Funktionsverlust dargestellt werden, ohne dass dafür ein Scrollen in zwei Dimensionen erforderlich ist für: ▸ vertikal scrollenden Inhalt mit einer Breite, die 320 CSS-Pixeln entspricht ▸ horizontal scrollenden Inhalt mit einer Höhe, die 256 CSS-Pixeln entspricht Hinweis: Steht in Verbindung mit 1.4.4 (AA) und 1.4.5 (AA).	6.5.1, 6.5.2

Tabelle 15.2 Prinzip 1 der WCAG (Forts.)

Richtlinie	Inhalt	Im Buch Abschnitt
1.4.11 (Stufe AA, neu in WCAG 2.1)	Nicht-Text-Kontrast: Ein Kontrastverhältnis von mindestens 3 : 1 zu benachbarten Farben gilt für die visuelle Präsentation von: ▸ Bestandteilen der Benutzerschnittstelle: visuelle Informationen, die zur Identifizierung von Bestandteilen der Benutzerschnittstelle und Zuständen benötigt werden, außer bei inaktiven Bestandteilen oder wenn das Aussehen des Bestandteils durch den Benutzeragenten bestimmt und nicht vom Autor geändert wird ▸ Grafische Objekte: Teile von Grafiken, die zum Verständnis des Inhalts erforderlich sind, es sei denn, eine bestimmte Präsentation von Grafiken ist unentbehrlich für die zu vermittelnde Information Hinweis: Steht in Verbindung mit 1.4.3 (AA) und 1.4.6 (AAA).	8.1.1, 9.5
1.4.12 (Stufe AA, neu in WCAG 2.1)	Textabstand: Bei Inhalten, die mit Auszeichnungssprachen implementiert werden, die die folgenden Stileigenschaften für Text unterstützen, kommt es zu keinem Verlust von Inhalt oder Funktionalität, wenn man sämtliche folgenden Einstellungen vornimmt und keine andere Stileigenschaft ändert: ▸ Zeilenhöhe (Zeilenabstand) auf mindestens das 1,5-Fache der Schriftgröße ▸ Abstand nach Absätzen auf mindestens das 2-Fache der Schriftgröße ▸ Buchstabenabstand (Laufweite) auf mindestens das 0,12-Fache der Schriftgröße ▸ Wortabstand auf mindestens das 0,16-Fache der Schriftgröße Hinweis: Steht in Verbindung mit 1.4.8 (AAA).	6.5.1

Tabelle 15.2 Prinzip 1 der WCAG (Forts.)

Richtlinie	Inhalt	Im Buch Abschnitt
1.4.13 (Stufe AA, neu in WCAG 2.1)	Inhalt bei Überfahren mit dem Zeiger oder Tastaturfokus (»Hover« oder »Focus«): Wenn durch das Überfahren mit dem Zeiger oder durch Tastaturfokus zusätzlicher Inhalt sichtbar wird, der anschließend bei Entfernen des Zeigers oder des Tastaturfokus wieder ausgeblendet wird, muss Folgendes zutreffen: ▶ Verwerfbar: Es gibt einen Mechanismus, um den zusätzlichen Inhalt zu verwerfen, ohne den Zeiger oder den Tastaturfokus zu bewegen, es sei denn, der zusätzliche Inhalt kommuniziert einen Eingabefehler oder verdeckt oder ersetzt andere Inhalte nicht. ▶ Überfahrbar: Wenn zusätzlicher Inhalt durch Überfahren mit dem Zeiger ausgelöst werden kann, dann kann der Zeiger über den zusätzlichen Inhalt bewegt werden, ohne dass der zusätzliche Inhalt verschwindet. ▶ Beständig: Der zusätzliche Inhalt bleibt sichtbar, bis der Auslöser des »Hover« oder »Focus« entfernt wird, die nutzende Person ihn verwirft oder die dazugehörige Information nicht mehr gültig ist.	8.2.2

Tabelle 15.2 Prinzip 1 der WCAG (Forts.)

15.3.2 Prinzip 2: Bedienbar

Prinzip 2: Bedienbar – Bestandteile der Benutzerschnittstelle und Navigation müssen bedienbar sein.

Richtlinie	Inhalt	Im Buch Abschnitt
Richtlinie 2.1	**Per Tastatur zugänglich: Sorgen Sie dafür, dass alle Funktionalitäten per Tastatur zugänglich sind.**	
2.1.1 (Stufe A)	Tastatur: Alle Funktionalitäten des Inhalts sind durch eine Tastaturschnittstelle bedienbar, ohne dass eine bestimmte Zeiteinteilung für einzelne Tastenanschläge erforderlich ist, außer wenn die zugrunde liegende Funktion Eingaben verlangt, die vom Pfad der Bewegung der nutzenden Person und nicht nur von den Endpunkten abhängig sind. Hinweis: Steht in Verbindung mit 2.1.2 (A) und 2.1.3 (AAA).	4.4.5, 8.1.1
2.1.2 (Stufe A)	Keine Tastaturfalle: Wenn der Tastaturfokus durch eine Tastaturschnittstelle auf einen Bestandteil der Seite bewegt werden kann, dann kann der Fokus von diesem Bestandteil wegbewegt werden, indem man nur die Tastaturschnittstelle benutzt; wenn man dazu mehr als nicht modifizierte Pfeil- oder Tabulatortasten oder andere übliche Ausstiegsmethoden benutzen muss, dann wird die nutzende Person über die Methode zum Bewegen des Fokus informiert.	8.1.1
2.1.3 (Stufe AAA)	Tastatur (keine Ausnahme): Alle Funktionalitäten des Inhalts sind durch eine Tastaturschnittstelle bedienbar, ohne dass eine bestimmte Zeiteinteilung für einzelne Tastenanschläge erforderlich ist. Hinweis: Steht in Verbindung mit 2.1.1 (A).	4.4.5, 8.1.1
2.1.4 (Stufe A, neu seit WCAG 2.1)	Zeichentastenbefehle: Wenn ein Tastaturkürzel im Inhalt nur mit Buchstaben (sowohl Groß- als auch Kleinbuchstaben), Satzzeichen, Zahlen oder Symbolen implementiert ist, dann ist mindestens eine der folgenden Bedingungen erfüllt:	8.5.2

Tabelle 15.3 Prinzip 2 der WCAG

Richtlinie	Inhalt	Im Buch Abschnitt
2.1.4 (Stufe A, neu seit WCAG 2.1) (Forts.)	▸ Abschaltbar: Ein Mechanismus ist verfügbar, um den Befehl abzuschalten. ▸ Neu belegbar: Ein Mechanismus ist verfügbar, um das Tastaturkürzel so neu zu belegen, dass er eine oder mehrere nicht druckbare Tasten enthält (z. B. [Strg], [Alt]). ▸ Nur bei Fokus aktiv: Das Tastaturkürzel für einen Bestandteil der Benutzerschnittstelle ist nur aktiv, wenn dieser Bestandteil den Fokus hat.	8.5.2
Richtlinie 2.2	**Ausreichend Zeit: Geben Sie den Nutzern ausreichend Zeit, Inhalte zu lesen und zu benutzen.**	
2.2.1 (Stufe A)	Zeiteinteilung anpassbar: Für jede zeitliche Begrenzung, die vom Inhalt festgelegt wird, gilt mindestens eines der Folgenden: ▸ Abschalten: Die Nutzenden können die zeitliche Begrenzung abschalten, bevor sie darauf treffen. ▸ Anpassen: Die Nutzenden dürfen die zeitliche Begrenzung anpassen, bevor sie darauf treffen, und zwar so weitreichend, dass es sich um die mindestens zehnfache Zeit der Standardeinstellung handelt. ▸ Ausweiten: Die Nutzenden werden gewarnt, bevor die Zeit abläuft, und bekommen mindestens 20 Sekunden Zeit, um die zeitliche Begrenzung mit einer einfachen Handlung auszuweiten (z. B. »Drücken Sie die Leertaste«), und sie dürfen die zeitliche Begrenzung mindestens zehnmal ausweiten.	8.4

Tabelle 15.3 Prinzip 2 der WCAG (Forts.)

Richtlinie	Inhalt	Im Buch Abschnitt
2.2.1 (Stufe A) (Forts.)	▶ Echtzeitausnahme: Die zeitliche Begrenzung ist ein erforderlicher Bestandteil eines Echtzeitereignisses (zum Beispiel einer Auktion) und es gibt keine Alternative zur zeitlichen Begrenzung. ▶ Unentbehrliche Ausnahme: Die zeitliche Begrenzung ist unentbehrlich und eine Ausweitung dieser würde die Handlung ungültig machen. ▶ 20-Stunden-Ausnahme: Die zeitliche Begrenzung beträgt mehr als 20 Stunden. Hinweis: Steht in Verbindung mit 2.2.6 (AAA) und 3.2.1 (A).	
2.2.2 (Stufe A)	Pausieren, Beenden, Ausblenden: Für sich bewegende, blinkende, scrollende oder sich automatisch aktualisierende Informationen gelten alle folgenden Punkte: ▶ Sich bewegend, blinkend, scrollend: Für alle sich bewegenden, blinkenden oder scrollenden Informationen, die (1) automatisch beginnen, (2) länger als 5 Sekunden dauern und (3) parallel zu anderen Inhalten dargestellt werden, gibt es einen Mechanismus für die Nutzenden, um diese zu pausieren, zu beenden oder auszublenden, außer die Bewegung, das Blinken oder das Scrollen ist Teil einer Handlung, bei der es unentbehrlich ist.	8.1.4

Tabelle 15.3 Prinzip 2 der WCAG (Forts.)

Richtlinie	Inhalt	Im Buch Abschnitt
2.2.2 (Stufe A) (Forts.)	▸ Automatische Aktualisierung: Für alle sich automatisch aktualisierenden Informationen, die (1) automatisch beginnen und (2) parallel mit anderen Inhalten dargestellt werden, gibt es einen Mechanismus, damit die Nutzenden die Aktualisierung pausieren, beenden oder ausblenden oder die Häufigkeit der Aktualisierung kontrollieren können, außer die automatische Aktualisierung ist Teil einer Handlung, bei der sie unentbehrlich ist. Hinweis: Steht in Verbindung mit 2.3.3 (AAA).	
2.2.3 (Stufe AAA)	Keine Zeiteinteilung: Die Zeiteinteilung ist kein unentbehrlicher Teil eines vom Inhalt dargestellten Ereignisses oder einer Handlung, außer bei nicht interaktiven synchronisierten Medien und Echtzeitereignissen.	8.4
2.2.4 (Stufe AAA)	Unterbrechungen: Unterbrechungen können von der nutzenden Person aufgeschoben oder unterdrückt werden, mit Ausnahme von Unterbrechungen, bei denen es sich um einen Notfall handelt.	
2.2.5 (Stufe AAA)	Erneute Authentifizierung: Wenn eine authentifizierte Sitzung abläuft, kann die nutzende Person die Handlung nach der erneuten Authentifizierung ohne Datenverlust fortführen.	
2.2.6 (Stufe AAA, neu seit WCAG 2.1)	Zeitüberschreitung: Nutzende werden vor der Dauer einer Benutzerinaktivität gewarnt, die zu Datenverlust führen könnte, es sei denn, die Daten bleiben länger als 20 Stunden erhalten, wenn die nutzende Person keine Aktionen durchführt. Hinweis: Steht in Verbindung mit 2.2.1 (A).	

Tabelle 15.3 Prinzip 2 der WCAG (Forts.)

Richtlinie	Inhalt	Im Buch Abschnitt
Richtlinie 2.3	**Anfälle: Gestalten Sie Inhalte nicht auf Arten, von denen bekannt ist, dass sie zu Anfällen führen.**	
2.3.1 (Stufe A)	Grenzwert von dreimaligem Blitzen oder weniger: Webseiten enthalten nichts, was öfter als dreimal in einem beliebigen 1 Sekunde dauernden Zeitraum blitzt, oder der Blitz ist unterhalb der allgemeinen Grenzwerte zu Blitzen und roten Blitzen. Hinweis: Steht in Verbindung mit 2.3.2 (AAA).	7.2
2.3.2 (Stufe AAA)	Drei Blitze: Webseiten enthalten nichts, das öfter als dreimal in einem beliebigen 1 Sekunde dauernden Zeitraum blitzt. Hinweis: Steht in Verbindung mit 2.3.1 (A).	7.2
2.3.3 (Stufe AAA, neu seit WCAG 2.1)	Animation durch Interaktionen: Eine bewegte Animation, die von einer Interaktion ausgelöst wird, kann deaktiviert werden, es sei denn, die Animation ist unentbehrlich für die Funktionalität oder die vermittelte Information. Hinweis: Steht in Verbindung mit 2.2.2 (A).	
Richtlinie 2.4	**Navigierbar: Stellen Sie Mittel zur Verfügung, um Nutzende dabei zu unterstützen zu navigieren, Inhalte zu finden und zu bestimmen, wo sie sich befinden.**	
2.4.1 (Stufe A)	Blöcke umgehen: Es gibt einen Mechanismus, um Inhaltsblöcke zu umgehen, die auf verschiedenen Webseiten wiederholt werden. Hinweis: Steht in Verbindung mit 1.3.1 (A), 2.4.2 (A) und 2.4.10 (AAA).	8.1.2
2.4.2 (Stufe A)	Seite mit Titel versehen: Webseiten haben einen Titel, der Thema oder Zweck beschreibt.	8.5.3

Tabelle 15.3 Prinzip 2 der WCAG (Forts.)

Richtlinie	Inhalt	Im Buch Abschnitt
2.4.3 (Stufe A)	Fokusreihenfolge: Wenn eine Webseite der Reihe nach navigiert werden kann und die Reihenfolge der Navigation die Bedeutung oder Bedienung beeinflusst, erhalten fokussierbare Komponenten den Fokus in einer Reihenfolge, der Bedeutung und Bedienbarkeit aufrechterhält. Hinweis: Steht in Verbindung mit 1.3.2 (A).	8.2.1
2.4.4 (Stufe A)	Linkzweck (im Kontext): Der Zweck jedes Links kann durch den Linktext allein oder durch den Linktext zusammen mit seinem durch Software bestimmten Linkkontext bestimmt werden, außer in Fällen, in denen der Zweck des Links mehrdeutig für Nutzende im Allgemeinen wäre. Hinweis: Steht in Verbindung mit 2.4.9 (AAA).	8.1.1
2.4.5 (Stufe AA)	Verschiedene Methoden: Es gibt mehr als eine Methode, um eine Webseite innerhalb eines Satzes von Webseiten zu finden, außer die Webseite ist das Ergebnis oder ein Schritt innerhalb eines Prozesses.	8.5.1
2.4.6 (Stufe AA)	Überschriften und Beschriftungen (Labels): Überschriften und Labels beschreiben ein Thema oder einen Zweck. Hinweis: Steht in Verbindung mit 1.3.1 (A), 1.3.5 (AA), 2.4.2 (A), 2.5.3 (A), 3.3.2 (A) und 4.1.2 (A).	8.5.2
2.4.7 (Stufe AA)	Fokus sichtbar: Jede durch Tastatur bedienbare Benutzerschnittstelle hat einen Bedienmodus, bei dem der Tastaturfokus sichtbar ist. Hinweis: Steht in Verbindung mit 2.4.11 (AA), 2.4.12 (AAA) und 2.4.13 (AAA).	8.1.1, 9.5
2.4.8 (Stufe AAA)	Position: Es gibt Informationen zu der Position der nutzenden Person innerhalb eines Satzes von Webseiten.	8.5.5

Tabelle 15.3 Prinzip 2 der WCAG (Forts.)

Richtlinie	Inhalt	Im Buch Abschnitt
2.4.9 (Stufe AAA)	Linkzweck (reiner Link): Es gibt einen Mechanismus, um den Zweck jedes Links durch den Linktext allein zu erkennen, außer der Linkzweck wäre mehrdeutig für Nutzende im Allgemeinen. Hinweis: Steht in Verbindung mit 2.4.4 (A).	8.1.1
2.4.10 (Stufe AAA)	Abschnittsüberschriften: Abschnittsüberschriften werden genutzt, um den Inhalt zu gliedern. Hinweis: Steht in Verbindung mit 4.1.2 (A).	8.5.2
2.4.11 (Stufe AA, neu seit WCAG 2.2)	Fokus nicht verdeckt (Minimum): Wenn eine Komponente der Benutzeroberfläche den Tastaturfokus erhält, wird die Komponente nicht vollständig durch vom Autor erstellte Inhalte verdeckt. Hinweis: Steht in Verbindung mit 2.4.12 (AAA).	8.1.1
2.4.12 (Stufe AAA, neu seit WCAG 2.2)	Fokus nicht verdeckt (erweitert): Wenn eine Komponente der Benutzeroberfläche den Tastaturfokus erhält, wird kein Teil der Komponente durch vom Autor erstellte Inhalte verdeckt. Hinweis: Steht in Verbindung mit 2.4.11 (AA).	8.1.1
2.4.13 (Stufe AAA, neu seit WCAG 2.2)	Erscheinungsbild des Fokus: Wenn der Tastaturfokusindikator sichtbar ist, erfüllt ein Bereich des Fokusindikators alle folgenden Anforderungen: ▸ Ist mindestens so groß wie die Fläche einer 2 CSS-Pixel dicken Umrandung der nicht fokussierten Komponente oder Unterkomponente. ▸ Hat ein Kontrastverhältnis von mindestens 3 : 1 zwischen den gleichen Pixeln im fokussierten und unfokussierten Zustand.	9.5

Tabelle 15.3 Prinzip 2 der WCAG (Forts.)

Richtlinie	Inhalt	Im Buch Abschnitt
2.4.13 (Stufe AAA, neu seit WCAG 2.2) (Forts.)	Ausnahmen: ▸ Der Fokusindikator wird vom User Agent bestimmt und kann vom Autor nicht angepasst werden. ▸ Der Fokusindikator und die Hintergrundfarbe des Indikators werden vom Autor nicht verändert. Hinweis: Steht in Verbindung mit 2.4.7 (AA).	
Richtlinie 2.5	**Eingabemodalitäten: Erleichtern Sie Nutzenden die Bedienung von Funktionen durch andere Eingabearten als die Tastatur.**	
2.5.1 (Stufe A, neu seit WCAG 2.1)	Zeigergesten: Alle Funktionalitäten, die Mehrpunkt- oder pfadbasierte Gesten zur Bedienung verwenden, können mit einem einzelnen Zeiger ohne pfadbasierte Geste bedient werden, es sei denn, eine Mehrpunkt- oder pfadbasierte Geste ist unentbehrlich.	8.5.8
2.5.2 (Stufe A, neu seit WCAG 2.1)	Zeigeraufhebung: Für eine Funktionalität, die mit einem einzelnen Zeiger bedient werden kann, ist mindestens eine der folgenden Bedingungen erfüllt: ▸ Kein Down-Event: Das Down-Event des Zeigers wird nicht zur Ausführung eines Teils der Funktion verwendet. ▸ Abbrechen oder rückgängig machen: Die Funktion wird mit dem Up-Event abgeschlossen und es gibt einen Mechanismus, um die Funktion vor dem Abschluss abzubrechen oder nach dem Abschluss rückgängig zu machen.	8.5.10

Tabelle 15.3 Prinzip 2 der WCAG (Forts.)

Richtlinie	Inhalt	Im Buch Abschnitt
2.5.2 (Stufe A, neu seit WCAG 2.1) (Forts.)	▸ Rückgängig bei Up-Event (Up Reversal): Das Up-Event macht jedes Ergebnis des vorangegangenen Down-Events rückgängig. ▸ Unentbehrlich: Das Abschließen der Funktion beim Down-Event ist unentbehrlich.	
2.5.3 (Stufe A, neu seit WCAG 2.1)	Beschriftung (Label) im Namen: Bei Bestandteilen der Benutzerschnittstelle mit Beschriftungen (Labels), die Text oder Bilder eines Textes enthalten, enthält der Name den Text, der visuell angezeigt wird.	8.2.1
2.5.4 (Stufe A, neu seit WCAG 2.1)	Auslösen durch Bewegung: Funktionalitäten, die durch Bewegung von Geräten oder durch Bewegung von Nutzenden bedient werden können, können auch durch Bestandteile der Benutzerschnittstelle bedient werden und die Reaktion auf die Bewegung kann deaktiviert werden, um ein versehentliches Auslösen zu verhindern. Dabei gelten folgende Ausnahmen: ▸ Unterstützte Schnittstelle: Die Bewegung wird verwendet, um Funktionen über eine Barrierefreiheit unterstützende Schnittstelle zu bedienen. ▸ Unentbehrlich: Die Bewegung ist unentbehrlich für die Funktion, und die Aktivität würde dadurch ungültig werden.	8.5.8
2.5.5 (Stufe AAA, neu seit WCAG 2.1)	Zielgröße (erweitert): Die Größe des Ziels für Zeigereingaben beträgt mindestens 44 × 44 CSS-Pixel. Dabei gelten folgende Ausnahmen: ▸ Äquivalent: Das Ziel ist über einen äquivalenten Link oder ein Steuerelement auf derselben Seite verfügbar, das mindestens 44 × 44 CSS-Pixel groß ist. ▸ Inline: Das Ziel befindet sich in einem Satz oder Textblock.	8.2.2

Tabelle 15.3 Prinzip 2 der WCAG (Forts.)

Richtlinie	Inhalt	Im Buch Abschnitt
2.5.5 (Stufe AAA, neu seit WCAG 2.1) (Forts.)	▸ Steuerung durch den Benutzeragenten: Die Größe des Ziels wird vom Benutzeragenten bestimmt und vom Autor nicht verändert. ▸ Unentbehrlich: Eine bestimmte Darstellung des Ziels ist unentbehrlich für die zu vermittelnde Information. Hinweis: Steht in Verbindung mit 2.5.8 (AA).	
2.5.6 (Stufe AAA, neu seit WCAG 2.1)	Gleichzeitig verfügbare Eingabemechanismen: Webinhalte schränken die Nutzung der auf einer Plattform verfügbaren Eingabemodalitäten nicht ein, es sei denn, die Einschränkung ist unentbehrlich oder erforderlich, um die Sicherheit der Inhalte zu gewährleisten oder um Benutzereinstellungen zu berücksichtigen.	8.5.8
2.5.7 (Stufe AA, neu seit WCAG 2.2)	Ziehbewegungen: Alle Funktionen, die eine Ziehbewegung für die Bedienung verwenden, können mit einem einzigen Zeiger ohne Ziehen erreicht werden, es sei denn, das Ziehen ist unerlässlich oder die Funktionalität wird durch den Benutzeragenten bestimmt und nicht durch den Autor geändert.	9.11.2
2.5.8 (Stufe AA, neu seit WCAG 2.2)	Zielgröße (Minimum): Die Größe des Ziels für Zeigereingaben beträgt mindestens 24 × 24 CSS-Pixel, außer in folgenden Fällen: ▸ Abstände: Unterdimensionierte Ziele (solche mit weniger als 24 × 24 CSS-Pixeln) werden so positioniert, dass, wenn ein Kreis mit einem Durchmesser von 24 CSS-Pixeln auf der Bounding Box eines jeden Ziels zentriert wird, die Kreise ein anderes Ziel oder den Kreis für ein anderes unterdimensioniertes Ziel nicht überschneiden.	8.2.2

Tabelle 15.3 Prinzip 2 der WCAG (Forts.)

Richtlinie	Inhalt	Im Buch Abschnitt
2.5.8 (Stufe AA, neu seit WCAG 2.2) (Forts.)	▸ Äquivalent: Die Funktion kann durch ein anderes Steuerelement auf derselben Seite erreicht werden, das dieses Kriterium erfüllt. ▸ Inline: Das Ziel befindet sich in einem Satz oder seine Größe wird anderweitig durch die Zeilenhöhe von Nicht-Zieltext eingeschränkt. ▸ Steuerung durch den Benutzeragenten: Die Größe des Ziels wird vom Benutzeragenten bestimmt und nicht vom Autor geändert. ▸ Wesentlich: Eine bestimmte Darstellung des Ziels ist für die zu vermittelnde Information wesentlich oder gesetzlich vorgeschrieben. Hinweis: Steht in Verbindung mit 2.5.5 (AAA).	

Tabelle 15.3 Prinzip 2 der WCAG (Forts.)

15.3.3 Prinzip 3: Verständlich

Prinzip 3: Verständlich – Informationen und Bedienung der Benutzerschnittstelle müssen verständlich sein.

Richtlinie	Inhalt	Im Buch Abschnitt
Richtlinie 3.1	**Lesbar: Machen Sie Inhalt lesbar und verständlich.**	
3.1.1 (Stufe A)	Sprache der Seite: Die voreingestellte menschliche Sprache jeder Webseite kann durch Software bestimmt werden. **Hinweis: Steht in Verbindung mit 3.1.2 (AA) und 3.1.6 (AAA).**	5.5.1

Tabelle 15.4 Prinzip 3 der WCAG

Richtlinie	Inhalt	Im Buch Abschnitt
3.1.2 (Stufe AA)	Sprache von Teilen: Die menschliche Sprache jeden Abschnitts oder jeden Satzes im Inhalt kann durch Software bestimmt werden, außer bei Eigennamen, technischen Fachbegriffen, Wörtern einer unklaren Sprache und Wörtern oder Wendungen, die Teil des Jargons des direkt umliegenden Textes geworden sind. Hinweis: Steht in Verbindung mit 3.1.1 (A) und 3.1.6 (AAA).	5.5.1, 12.5
3.1.3 (Stufe AAA)	Ungewöhnliche Wörter: Es gibt einen Mechanismus, um spezielle Definitionen von Wörtern oder Wendungen zu erkennen, die auf ungewöhnliche oder eingeschränkte Weise benutzt werden, Idiome und Jargon eingeschlossen.	5.2
3.1.4 (Stufe AAA)	Abkürzungen: Es gibt einen Mechanismus, um die ausgeschriebene Form oder Bedeutung von Abkürzungen zu erkennen.	5.2.3
3.1.5 (Stufe AAA)	Leseniveau: Wenn der Text nach der Entfernung von Eigennamen und Titeln Lesefähigkeiten voraussetzt, die über das Niveau der niedrigen, sekundären Schulbildung hinausgehen, dann gibt es ergänzenden Inhalt oder eine Version, die keine über die niedrige, sekundäre Schulbildung hinausgehenden Lesefähigkeiten verlangt.	5.2
3.1.6 (Stufe AAA)	Aussprache: Es gibt einen Mechanismus, um die bestimmte Aussprache von Wörtern zu erkennen, wenn die Bedeutung der Wörter – im Zusammenhang – mehrdeutig ist, wenn man die Aussprache nicht kennt. Hinweis: Steht in Verbindung mit 3.1.1 (A) und 3.1.2 (AA).	5.5.2

Tabelle 15.4 Prinzip 3 der WCAG (Forts.)

Richtlinie	Inhalt	Im Buch Abschnitt
Richtlinie 3.2	**Vorhersehbar: Sorgen Sie dafür, dass Webseiten vorhersehbar aussehen und funktionieren.**	
3.2.1 (Stufe A)	Bei Fokus: Wenn irgendein Bestandteil den Fokus erhält, dann löst dies nicht eine Änderung des Kontextes aus. Hinweis: Steht in Verbindung mit 3.2.2 (A) und 3.2.5 (AAA).	8.2.2
3.2.2 (Stufe A)	Bei Eingabe: Die Änderung der Einstellung irgendeines Bestandteils der Benutzerschnittstelle führt nicht automatisch zur Änderung des Kontextes, außer die nutzende Person wurde vor Benutzung des Bestandteils auf das Verhalten hingewiesen. Hinweis: Steht in Verbindung mit 3.2.1 (A) und 3.2.5 (AAA).	8.2.2
3.2.3 (Stufe AA)	Konsistente Navigation: Navigationsmechanismen, die auf mehreren Webseiten innerhalb eines Satzes von Webseiten wiederholt werden, treten jedes Mal, wenn sie wiederholt werden, in der gleichen relativen Reihenfolge auf, außer eine Änderung wird durch die nutzende Person ausgelöst. Hinweis: Steht in Verbindung mit 3.2.4 (AA).	8.1, 12.5
3.2.4 (Stufe AA)	Konsistente Erkennung: Bestandteile mit der gleichen Funktionalität innerhalb eines Satzes von Webseiten werden konsistent erkannt. Hinweis: Steht in Verbindung mit 3.2.3 (AA).	8.1.1, 12.5
3.2.5 (Stufe AAA)	Änderung auf Anfrage: Änderungen des Kontextes werden nur durch Benutzeranfrage ausgelöst oder es gibt einen Mechanismus, um solche Änderungen abzuschalten. Hinweis: Steht in Verbindung mit 3.2.1 (A) und 3.2.2 (A).	8.2.2

Tabelle 15.4 Prinzip 3 der WCAG (Forts.)

Richtlinie	Inhalt	Im Buch Abschnitt
3.2.6 (Stufe A, neu seit WCAG 2.2)	Konsistente Hilfe: Wenn eine Webseite einen der folgenden Hilfemechanismen enthält und diese Mechanismen auf mehreren Webseiten innerhalb einer Reihe von Webseiten wiederholt werden, erscheinen sie in der gleichen Reihenfolge in Bezug auf andere Seiteninhalte, es sei denn, eine Änderung wird von der nutzenden Person initiiert: ▸ menschliche Kontaktangaben ▸ Mechanismus zur menschlichen Kontaktaufnahme ▸ Selbsthilfe-Option ▸ ein vollautomatischer Kontaktmechanismus Hinweis: Steht in Verbindung mit 3.3.5 (AAA).	8.5.7
Richtlinie 3.3	**Hilfestellung bei der Eingabe: Helfen Sie den Nutzenden dabei, Fehler zu vermeiden und zu korrigieren.**	
3.3.1 (Stufe A)	Fehlererkennung: Wenn ein Eingabefehler automatisch erkannt wird, dann wird das fehlerhafte Element identifiziert und der Fehler wird der nutzenden Person in Textform beschrieben. Hinweis: Steht in Verbindung mit 3.3.3 (AA).	9.10
3.3.2 (Stufe A)	Beschriftungen (Labels) oder Anweisungen: Wenn der Inhalt eine Eingabe durch die nutzende Person verlangt, werden Beschriftungen (Labels) oder Anweisungen bereitgestellt. Hinweis: Steht in Verbindung mit 1.3.1 (A), 1.3.5 (AA), 2.5.3 (A), 3.3.5 (AAA) und 4.1.2 (A).	9.3

Tabelle 15.4 Prinzip 3 der WCAG (Forts.)

Richtlinie	Inhalt	Im Buch Abschnitt
3.3.3 (Stufe AA)	Fehlerempfehlung: Wenn ein Eingabefehler automatisch erkannt wird und Korrekturempfehlungen bekannt sind, dann werden diese Empfehlungen der nutzenden Person bereitgestellt, außer dies würde die Sicherheit oder den Zweck des Inhalts gefährden. Hinweis: Steht in Verbindung mit 3.3.1 (A).	9.10
3.3.4 (Stufe AA)	Fehlervermeidung (rechtliche, finanzielle, Daten): Für Webseiten, die eine für die nutzende Person auftretende rechtliche Verpflichtung oder finanzielle Transaktion zur Folge haben, die benutzergesteuerte Daten in Datenspeicherungssystemen ändern oder löschen oder die Testantworten der Person abschicken, gilt mindestens eines der Folgenden: 1. Reversibel: Versendete Daten sind reversibel. 2. Geprüft: Von der nutzenden Person eingegebene Daten werden auf Eingabefehler hin überprüft und die Person erhält die Gelegenheit, diese zu korrigieren. 3. Bestätigt: Es gibt einen Mechanismus, um Informationen zu überprüfen, zu bestätigen und zu korrigieren, bevor sie endgültig abgesendet werden. Hinweis: Steht in Verbindung mit 3.3.6 (AAA).	9.10
3.3.5 (Stufe AAA)	Hilfe: Es gibt eine kontextsensitive Hilfe. Hinweis: Steht in Verbindung mit 3.2.6 (A) und 3.3.2 (A).	9.10, 9.12

Tabelle 15.4 Prinzip 3 der WCAG (Forts.)

Richtlinie	Inhalt	Im Buch Abschnitt
3.3.6 (Stufe AAA)	Fehlervermeidung (alle): Für Webseiten, die verlangen, dass Nutzende Informationen absenden, gilt mindestens eines der Folgenden: 1. Reversibel: Versendete Daten sind reversibel. 2. Geprüft: Von den Nutzenden eingegebene Daten werden auf Eingabefehler hin überprüft und sie erhalten die Gelegenheit, diese zu korrigieren. 3. Bestätigt: Es gibt einen Mechanismus, um Informationen zu überprüfen, zu bestätigen und zu korrigieren, bevor sie endgültig abgesendet werden. Hinweis: Steht in Verbindung mit 3.3.4 (AA).	9.10
3.3.7 (Level A, neu seit WCAG 2.2)	Redundante Eingabe: Informationen, die zuvor von der nutzenden Person eingegeben oder ihr zur Verfügung gestellt wurden und die im selben Prozess erneut eingegeben werden müssen, sind ▸ entweder automatisch ausgefüllt ▸ oder für die Person zur Auswahl verfügbar. Außer wenn ▸ die erneute Eingabe der Informationen unerlässlich ist, ▸ die Informationen erforderlich sind, um die Sicherheit des Inhalts zu gewährleisten, oder ▸ die zuvor eingegebenen Informationen nicht mehr gültig sind.	9.11.3, 12.5

Tabelle 15.4 Prinzip 3 der WCAG (Forts.)

Richtlinie	Inhalt	Im Buch Abschnitt
3.3.8 (Stufe AA, neu seit WCAG 2.2)	Zugängliche Authentifizierung (Minimum): Ein kognitiver Funktionstest (z. B. das Merken eines Passwortes oder das Lösen eines Rätsels) ist für keinen Schritt in einem Authentifizierungsprozess erforderlich, es sei denn, dieser Schritt bietet mindestens eine der folgenden Funktionen: ▸ Alternative: Eine andere Authentifizierungsmethode, die nicht auf einem kognitiven Funktionstest beruht. ▸ Mechanismus: Es steht ein Mechanismus zur Verfügung, der die nutzende Person beim Ausfüllen des kognitiven Funktionstests unterstützt. ▸ Erkennung von Objekten: Der Test der kognitiven Funktionen besteht darin, Objekte zu erkennen. ▸ Persönlicher Inhalt: Der kognitive Funktionstest besteht darin, nichttextliche Inhalte zu erkennen, die die nutzende Person auf der Website bereitgestellt hat. Hinweis: Steht in Verbindung mit 3.3.9 (AAA).	9.11.4, 12.5
3.3.9 (Stufe AAA, neu seit WCAG 2.2)	Zugängliche Authentifizierung (erweitert) Ein Test der kognitiven Funktionen (wie z. B. das Merken eines Passwortes oder das Lösen eines Rätsels) ist für keinen Schritt in einem Authentifizierungsprozess erforderlich, es sei denn, dieser Schritt bietet mindestens eine der folgenden Leistungen: ▸ Alternative: Eine andere Authentifizierungsmethode, die nicht auf einem kognitiven Funktionstest beruht. ▸ Mechanismus: Es steht ein Mechanismus zur Verfügung, der die nutzende Person beim Ausfüllen des Tests der kognitiven Funktionen unterstützt. Hinweis: Steht in Verbindung mit 3.3.8 (AA).	9.11.4

Tabelle 15.4 Prinzip 3 der WCAG (Forts.)

15.3.4 Prinzip 4: Robust

Prinzip 4: Robust – Inhalte müssen robust genug sein, damit sie zuverlässig von einer großen Auswahl an Benutzeragenten einschließlich assistierender Techniken interpretiert werden können.

Richtlinie	Inhalt	Im Buch Abschnitt
Richtlinie 4.1	**Kompatibel: Maximieren Sie die Kompatibilität mit aktuellen und zukünftigen Benutzeragenten, einschließlich assistierender Techniken.**	
4.1.1 (Stufe A, obsolet seit WCAG 2.2)	Syntaxanalyse: Bei Inhalt, der durch die Benutzung von Auszeichnungssprache implementiert wurde, haben Elemente komplette Start- und End-Tags, werden Elemente entsprechend ihrer Spezifikationen verschachtelt, enthalten Elemente keine doppelten Attribute und alle IDs sind einzigartig, außer wenn die Spezifikationen diese Eigenschaften erlauben.	4.5
4.1.2 (Stufe A)	Name, Rolle, Wert: Für alle Bestandteile der Benutzerschnittstelle (einschließlich, aber nicht beschränkt auf Formularelemente, Links und durch Skripte generierte Komponenten) können Name und Rolle durch Software bestimmt werden. Zustände, Eigenschaften und Werte, die von den Nutzenden festgelegt werden können, können durch Software festgelegt sein. Die Benachrichtigung über Änderungen an diesen Elementen steht den Benutzeragenten zur Verfügung, einschließlich assistierender Techniken.	4.5.2
4.1.3 (Stufe AA, neu seit WCAG 2.1)	Statusmeldungen: In Inhalten, die mit Auszeichnungssprachen implementiert sind, können Statusmeldungen mittels Rollen oder Eigenschaften durch Software bestimmt werden, sodass sie den Nutzenden von assistierenden Techniken präsentiert werden können, ohne den Fokus zu erhalten.	4.5.3

Tabelle 15.5 Prinzip 4 der WCAG

15.4 Kurzer Ausblick auf die WCAG 3.0

Die WCAG sind ein zentraler, weltweiter Standard zur Barrierefreiheit von Webinhalten. Während die aktuellen Richtlinien WCAG 2.2 noch neu sind (Oktober 2023) und weitgehend auf den Prinzipien der WCAG 2.0 basieren, stellen die geplanten WCAG 3.0 einen umfassenden Versionswechsel dar. Unter *https://www.w3.org/TR/wcag-3.0/* ist bereits der aktuelle Arbeitsstand verfügbar. Die geplanten WCAG-3-Richtlinien unterscheiden sich ganz erheblich von den WCAG-2-Richtlinien. Die aktuellen WCAG 2.2 richten sich primär an Webinhalte sowie Software und bestimmte digitale Anwendungen. WCAG 3.0 hingegen sollen für ein breiteres Spektrum von digitalen Produkten und Technologien anwendbar sein, einschließlich Internet der Dinge (IoT, Internet of Things), Augmented Reality (AR), Virtual Reality (VR) und andere zukünftige Technologien. Die WCAG 3.0 streben eine stärkere Harmonisierung mit anderen Barrierefreiheitsstandards und -richtlinien (z. B. der EN 301 549) an, um eine kohärentere globale Barrierefreiheitsstrategie zu unterstützen.

Keine Sorge, Inhalte, die den WCAG 2.2 A und AA entsprechen, sollen laut W3C die meisten Mindestanforderungen des neuen Standards erfüllen. Da die WCAG 3 jedoch zusätzliche Tests und unterschiedliche Bewertungssysteme enthalten, wird zusätzlicher Aufwand erforderlich sein, um weiterhin vollständige Konformität zu erreichen. Der Standard WCAG 3.0 wird die Kernprinzipien der Barrierefreiheit beibehalten, aber eine neue Struktur einführen, die eine flexiblere und umfassendere Bewertung der Barrierefreiheit ermöglicht. Der Standard WCAG 3.0 verwendet ein neues Scoring-System, das eine differenziertere Bewertung der Konformität ermöglicht und verschiedene Aspekte der Barrierefreiheit gewichtet. Die größere Vielfalt an Testmethoden, einschließlich automatisierter Tests, soll die realen Nutzungserfahrungen besser widerspiegeln. Weiterhin bringen die WCAG 3.0 neue Richtlinien, die besser auf die Bedürfnisse von Menschen mit kognitiven und Lernbehinderungen eingehen, z. B. durch einfachere Sprache, bessere Strukturierung von Inhalten und die Bereitstellung von unterstützenden Tools. Dies ist in den aktuellen WCAG 2.2 nur ansatzweise berücksichtigt. Die Weiterentwicklung der bisherigen Richtlinien durch modifizierte Testmethoden (z. B. bei der Kontrastmessung) und eine breitere Anwendbarkeit auf verschiedene Technologien wird die Barrierefreiheit hoffentlich noch erheblich verbessern.

Zur Frage, wann mit der Gültigkeit der WCAG 3.0 zu rechnen ist, gibt es derzeit nur vage Aussagen. Einige Experten und Expertinnen gehen von 2029 aus.

15.5 Vorgaben für die öffentliche Hand – die BITV 2.0

Digitale Barrierefreiheit bedeutet, dass eine Website oder App ohne fremde Hilfe genutzt werden kann. Für die öffentliche Hand dürfte das nichts Neues sein, denn die

Verordnung zur Schaffung barrierefreier Informationstechnik nach dem Behindertengleichstellungsgesetz (Barrierefreie-Informationstechnik-Verordnung, BITV 2.0) ist bereits in ihrer 2. Version am 25. Mai 2019 in Kraft getreten. Nach § 3 Abs. 2 BITV 2.0 wird Barrierefreiheit vermutet, wenn Angebote, Anwendungen und Dienste der Informationstechnik harmonisierten Normen oder Teilen davon entsprechen. Als harmonisierende Norm wird auf die europäische Norm EN 301 549 verwiesen. Das heißt, Barrierefreiheit wird vermutet, wenn die Anforderungen aus der EN 301 549 in ihrer jeweils verbindlichen Fassung eingehalten werden. § 3 Abs. 1 BITV 2.0 weist darauf hin, dass Barrierefreiheit mit den Eigenschaften wahrnehmbar, bedienbar, verständlich und robust einhergeht. Diese Merkmale sind die Grundprinzipien der WCAG (*https://www.w3.org/WAI/standards-guidelines/wcag*), die erstmals 1999 veröffentlicht wurden und kontinuierlich angepasst werden (an der Version 3.0 wird bereits seit Monaten gearbeitet, siehe Abschnitt 15.4).

Die BITV (Barrierefreie-Informationstechnik-Verordnung) gibt es in ihrer ersten Fassung bereits seit Juli 2002. Für öffentliche Stellen wurde die EU-Richtlinie (EU 2016/2102 vom 26. Oktober 2016) in nationales Recht umgesetzt und bildet für Deutschland die BITV 2.0. Sie regelt die Zugänglichkeit digitaler Angebote für Menschen mit Behinderungen mit dem Ziel, diese nicht nur zu verbessern, sondern umfassend und ohne wesentliche Einschränkungen zu gewährleisten. Dieses Ziel verfolgt die BITV 2.0 durch eine detaillierte Ausgestaltung und Erweiterung der Richtlinien für barrierefreie Informationstechnologien.

§ 12a Behindertengleichstellungsgesetz (BGG) beschreibt, dass öffentliche Stellen des Bundes ihre Webseiten und mobilen Anwendungen, einschließlich der für die Beschäftigten bestimmten Angebote im Intranet, barrierefrei zu gestalten haben. Das heißt, dass auch interne Websites der öffentlichen Hand barrierefrei sein müssen. Grafische Programmoberflächen sind von der barrierefreien Gestaltung umfasst. § 12b BGG definiert den Inhalt der Erklärung zur Barrierefreiheit, die öffentliche Stellen auf ihren Webseiten oder mobilen Anwendungen veröffentlichen müssen. Darüber hinaus befasst sich § 9 mit dem Recht auf Verwendung von Gebärdensprache, § 10 mit der Gestaltung von Bescheiden und Vordrucken und § 11 mit Verständlichkeit und Leichter Sprache. Insgesamt handelt es sich um ein Zusammenspiel vieler rechtlicher Vorgaben, die in der Programmierpraxis nicht immer begrüßt werden.

BITV 2.0

Die Barrierefreie-Informationstechnik-Verordnung 2.0 (BITV 2.0) legt fest, dass Websites und mobile Anwendungen öffentlicher Stellen barrierefrei zugänglich sein müssen. Sie basiert auf der harmonisierten Norm EN 301 549 und damit insbesondere auf den WCAG mit dem Ziel, digitale Barrieren für Menschen mit Behinderungen abzubauen. Nach der BITV 2.0 wird vermutet, dass die Angebote, Anwendungen und Dienste barrierefrei sind, wenn sie harmonisierten Normen entsprechen.

Im Kern konzentriert sich die aktuelle BITV 2.0 auf folgende Aspekte (weitere Details siehe *https://www.barrierefreiheit-dienstekonsolidierung.bund.de/Webs/PB/DE/gesetze-und-richtlinien/bitv2-0/bitv2-0-node.html*):

- § 3 (2) BITV 2.0 verweist darauf, dass die Erfüllung der Anforderungen vermutet wird, wenn diese Angebote, Anwendungen und Dienste 1. harmonisierten Normen oder Teilen davon (z. B. EN 301 549) entsprechen und 2. die harmonisierten Normen oder Teile davon im Amtsblatt der Europäischen Union veröffentlicht worden sind (d. h., Änderungen der WCAG werden nicht unmittelbar verbindlich). (3) Soweit Nutzeranforderungen oder Teile von Angeboten, Diensten oder Anwendungen von harmonisierten Normen nicht erfasst werden, sind diese nach dem Stand der Technik barrierefrei zu gestalten. (4) Für zentrale Navigations- und Einstiegsangebote sowie Angebote, die eine Nutzerinteraktion ermöglichen, wie z. B. Formulare und die Durchführung von Authentifizierungs-, Identifizierungs- und Zahlungsprozessen, ist ein höchstmögliches Maß an Barrierefreiheit anzustreben. Der § 4 BITV 2.0 (Erläuterungen in deutscher Gebärdensprache und in Leichter Sprache) ergänzt die Anforderungen dahingehend, dass auf der Startseite einer Website einer öffentlichen Stelle Erläuterungen in deutscher Gebärdensprache und in Leichter Sprache sowie Informationen darüber, wo innerhalb der Website weitere Informationen in deutscher Gebärdensprache und in Leichter Sprache zu finden sind, bereitgestellt werden müssen.
- Die Verordnung konkretisiert die Umsetzung des BGG im Kontext der Informationstechnologie der öffentlichen Stellen des Bundes. Sie schlägt damit eine Brücke zwischen dem allgemeinen Gleichstellungsanspruch des BGG und den spezifischen Anforderungen an die IT. Ein zentraler Teil der BITV 2.0, insbesondere der oben zitierte § 3, widmet sich der Festlegung von Standards zur Barrierefreiheit. Diese Standards umfassen Richtlinien und Techniken, die bei der Entwicklung, dem Design und der Umsetzung digitaler Angebote berücksichtigt werden müssen, um Barrierefreiheit zu erreichen. Dabei orientiert sich die BITV 2.0 unter anderem an international anerkannten Richtlinien wie den WCAG, die ein breites Spektrum an Empfehlungen und Richtlinien für die Zugänglichkeit bieten – von Konformitätsstufe A bis AAA. Weiterhin verweist die BITV in § 3 Abs. 3 auf den Stand der Technik für die Fälle, die nicht durch harmonisierte EU-Normen geregelt sind. Dazu gehört der Standard PDF/UA (ISO 14289:1:2016-12). Diese beschreibt die Anforderungen an barrierefreie PDF-Dokumente, ein Format, das auf vielen Webseiten verwendet wird. Weiterhin die Normenreihe DIN EN ISO 9241 (Ergonomie der Mensch-System-Interaktion) ergänzt durch ISO 14915 (Software-Ergonomie für Multimedia-Benutzungsschnittstellen). Seit dem 20. März 2024 gibt es die PDF/UA ISO 14289:2, die aber derzeit zu den Normen gehört, auf die die EN 301 549 verweist.

Idealerweise geht die BITV Hand in Hand mit dem Onlinezugangsgesetz (OZG), das die Digitalisierung von Verwaltungsleistungen im öffentlichen Sektor zum Ziel hat.

Aktuell in der Version 2.0, die am 23. Februar 2024 in Kraft getreten ist, soll die Verwaltungsarbeit für die Bürgerinnen und Bürger einfacher und digitaler werden.

Abbildung 15.1 fasst den Zusammenhang der Gesetze zusammen (Quelle und weitere Informationen unter *https://www.barrierefreiheit-dienstekonsolidierung.bund.de/Webs/PB/DE/gesetze-und-richtlinien/gesetze-und-richtlinien-node.html#Start*).

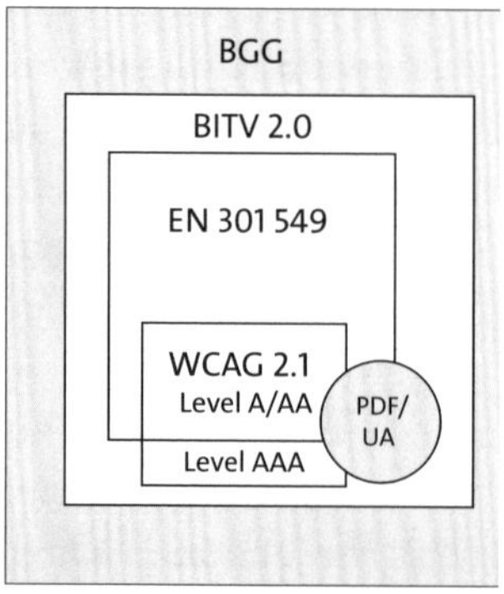

Abbildung 15.1 Gesetzliche Regelung zur IT-Barrierefreiheit

Eine weitere Besonderheit in Deutschland ist, dass Gesetze und Richtlinien zur digitalen Barrierefreiheit sowohl auf Bundesebene als auch auf Landesebene gelten. Die BITV 2.0 richtet sich an die öffentlichen Stellen des Bundes. Auf Landesebene finden sich gesetzliche Pendants, die für die öffentlichen Stellen und Kommunen des jeweiligen Bundeslandes maßgeblich sind (siehe Tabelle 15.6). Abbildung 15.2 zeigt die Umsetzung der EU-Webseitenrichtlinie auf Landesebene (weitere Informationen unter *https://www.barrierefreiheit-dienstekonsolidierung.bund.de/Webs/PB/DE/gesetze-und-richtlinien/laenderspezifische-regelungen/laenderspezifische-regelungen-node.html*).

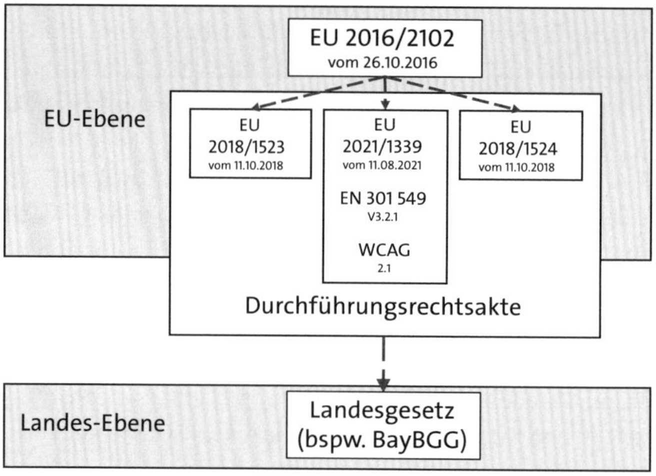

Abbildung 15.2 Umsetzung der EU-Webseitenrichtlinie auf Landesebene (Quelle: *https://lbit.hessen.de/sites/lbit.hessen.de/files/2022-08/bayern_0.pdf*)

Tabelle 15.6 zeigt die relevanten Gesetze zur Barrierefreiheit für Informationstechnologien in den einzelnen Bundesländern, basierend auf den jeweiligen Landesgesetzen und Verordnungen.

Bundesland	Gesetz/Verordnung	Wichtige Paragraphen
Baden-Württemberg	Landes-Behindertengleichstellungsgesetz (L-BGG) i. V. mit L-BGG-Durchführungsverordnung (L-BGG-DVO)	§ 10 Barrierefreie mediale Angebote
Bayern	Bayerisches Behindertengleichstellungsgesetz (BayBGG) i. V. mit Bayerische Digitalverordnung – (BayDiV)	§ 14 Barrierefreies Internet und Intranet
Berlin	Barrierefreie-IKT-Gesetz Berlin (BIKTG Bln)	§ 4 Barrierefreie Gestaltung, Ausnahmen
Brandenburg	Brandenburgisches Behindertengleichstellungsgesetz (BbgBGG) i. V. mit Brandenburgische Barrierefreie-Informationstechnik-Verordnung (BbgBITV)	§ 9 Barrierefreie Informationstechnik
Bremen	Bremisches Behindertengleichstellungsgesetz (BremBGG)	§ 13 Abs. 1 BremBGG
Hamburg	Hamburgisches Behindertengleichstellungsgesetz (HmbBGG) i. V. mit Hamburgische Barrierefreie-Informationstechnik-Verordnung (HmbBITVO)	§ 11 Abs. 1 HmbBGG
Hessen	Hessisches Gesetz zur Gleichstellung von Menschen mit Behinderungen (HessBGG) i. V. mit der Hessischen Verordnung über barrierefreie Informationstechnik (BITV HE 2019)	§ 14 Abs. 1 HessBGG

Tabelle 15.6 Länderspezifische Ausprägungen der BITV

Bundesland	Gesetz/Verordnung	Wichtige Paragraphen
Mecklenburg-Vorpommern	Landesbehindertengleichstellungsgesetz M-V (LBGG M-V) i. V. mit Barrierefreie-Informationstechnik-Verordnung Mecklenburg-Vorpommern (BITVO M-V)	§ 14 (Barrierefreier Zugang zu Websites und mobilen Anwendungen)
Niedersachsen	Niedersächsisches Behindertengleichstellungsgesetz (NBGG)	§ 9 (Besondere Regelungen für Websites und mobile Anwendungen öffentlicher Stellen)
Nordrhein-Westfalen	Behindertengleichstellungsgesetz Nordrhein-Westfalen (BGG NRW) i. V. mit der Barrierefreie-Informationstechnik-Verordnung Nordrhein-Westfalen (BITVNRW)	§ 10 (Barrierefreie Informationstechnik
Rheinland-Pfalz	Landesinklusionsgesetz, i. V. mit der Barrierefreie-Informationstechnik-Verordnung Rheinland-Pfalz (BITV RP)	§ 10 (Barrierefreie Informationstechnik)
Saarland	Saarländisches Behindertengleichstellungsgesetz (SBGG), i. V. Saarländische Behindertengleichstellungsverordnung (SBGVO)	Abschnitt 2a (§§ 12 ff.) – Barrierefreie Informationstechnik
Sachsen	Sächsisches Inklusionsgesetz(SächsInklusG), i. V. mit dem Barrierefreie-Websites-Gesetz (BfWebG)	§ 9 (Barrierefreie Informationstechnik)
Sachsen-Anhalt	Behindertengleichstellungsgesetz Sachsen-Anhalt (BGG LSA)	§ 16 (Besondere Regelungen für Websites und mobile Anwendungen öffentlicher Stellen)

Tabelle 15.6 Länderspezifische Ausprägungen der BITV (Forts.)

Bundesland	Gesetz/Verordnung	Wichtige Paragraphen
Schleswig-Holstein	Landesbehindertengleichstellungsgesetz (LBGG), i. V. mit der Landesverordnung über den barrierefreien Zugang zu Websites und mobilen Anwendungen öffentlicher Stellen (BfWebV SH)	Teil 3 – §§ 12 ff. (Barrierefreie Informationstechnik öffentlicher Stellen des Landes)
Thüringen	Thüringer Gesetz über den barrierefreien Zugang zu den Websites und mobilen Anwendungen öffentlicher Stellen (ThürBarrWebG)	Abs. 4

Tabelle 15.6 Länderspezifische Ausprägungen der BITV (Forts.)

15.5.1 Richtlinie (EU) 2016/2102 des Europäischen Parlaments und des Rates vom 26. Oktober 2016

Artikel 4: Anforderungen an den barrierefreien Zugang von Websites und mobilen Anwendungen

Die Mitgliedstaaten stellen sicher, dass öffentliche Stellen die erforderlichen Maßnahmen treffen, um ihre Websites und mobilen Anwendungen besser zugänglich zu machen, indem sie sie wahrnehmbar, bedienbar, verständlich und robust gestalten.

Artikel 6: Vermutung der Konformität mit den Barrierefreiheitsanforderungen

(1) Bei Inhalten von Websites und mobilen Anwendungen, die harmonisierten Normen oder Teilen solcher Normen entsprechen, deren Referenzen die Kommission gemäß der Verordnung (EU) Nr. 1025/2012 im Amtsblatt der Europäischen Union veröffentlicht hat, wird davon ausgegangen, dass sie die Barrierefreiheitsanforderungen gemäß Artikel 4 in den von den jeweiligen Normen oder Teilen von Normen abgedeckten Bereichen erfüllen.

(2) Wurden keine Referenzen von harmonisierten Normen gemäß Absatz 1 dieses Artikels veröffentlicht, so wird bei Inhalten von mobilen Anwendungen, die die technischen Spezifikationen oder Teile davon erfüllen, davon ausgegangen, dass sie die Barrierefreiheitsanforderungen gemäß Artikel 4, die durch diese technischen Spezifikationen oder Teile davon erfasst werden, erfüllen.

Die Kommission erlässt Durchführungsrechtsakte zur Festlegung der in Unterabsatz 1 dieses Absatzes genannten technischen Spezifikationen. Diese technischen Spezifikationen müssen die Barrierefreiheitsanforderungen gemäß Artikel 4 erfüllen und einen mit der europäischen Norm EN 301 549 V1.1.2 (2015-04) zumindest gleichwertigen Grad der Zugänglichkeit gewährleisten.

Die Durchführungsrechtsakte gemäß Unterabsatz 2 dieses Absatzes werden gemäß dem Prüfverfahren nach Artikel 11 Absatz 3 erlassen. Wurden keine Referenzen von harmonisierten Normen gemäß Absatz 1 veröffentlicht, so wird der erste dieser Durchführungsrechtsakte bis zum 23. Dezember 2018 erlassen.

(3) Wurden keine Referenzen von harmonisierten Normen gemäß Absatz 1 dieses Artikels veröffentlicht, so wird bei Inhalten von Websites, die die einschlägigen Anforderungen der europäischen Norm EN 301 549 V1.1.2 (2015-04) oder Teile davon erfüllen, davon ausgegangen, dass sie die Barrierefreiheitsanforderungen gemäß Artikel 4, die von diesen einschlägigen Anforderungen oder Teilen davon erfasst werden, erfüllen.

Wurden keine Referenzen von harmonisierten Norm gemäß Absatz 1 dieses Artikels veröffentlicht und liegen keine technischen Spezifikationen gemäß Absatz 2 dieses Artikels vor, so wird bei Inhalten von mobilen Anwendungen, die die einschlägigen Anforderungen der europäischen Norm EN 301 549 V1.1.2 (2015-04) oder Teile davon erfüllen, davon ausgegangen, dass sie die Barrierefreiheitsanforderungen gemäß Artikel 4, die von diesen einschlägigen Anforderungen oder Teilen davon erfasst werden, erfüllen.

(4) Die Kommission ist befugt, delegierte Rechtsakte gemäß Artikel 10 zur Änderung des Absatzes 3 dieses Artikels durch Aktualisierung der Bezugnahmen auf die europäische Norm EN 301 549 V1.1.2 (2015-04) zu erlassen, um auf eine jüngere Fassung dieser Norm oder auf eine europäische Norm zu deren Ersetzung Bezug zu nehmen, falls diese Fassung oder Norm die Barrierefreiheitsanforderungen gemäß Artikel 3 erfüllt und einen mit der europäischen Norm EN 301 549 V1.1.2 (2015-04) zumindest gleichwertigen Grad an Zugänglichkeit gewährleistet.

Quelle: *https://eur-lex.europa.eu/legal-content/DE/TXT/PDF/?uri=CELEX:32016L2102*

15.5.2 Erklärung zur Barrierefreiheit

Öffentliche Stellen sind verpflichtet, für ihre Websites und mobilen Anwendungen jeweils eine detaillierte, klar verständliche und vollständige Erklärung zur Barrierefreiheit zu erstellen und auf ihrer Website bzw. im App-Store zu veröffentlichen. Eine Mustererklärung der EU ist unter dem Durchführungsbeschluss (EU) 2018/1523 abrufbar (*https://eur-lex.europa.eu/legal-content/DE/TXT/HTML/?uri=CELEX:32018D1523&from=DE*). Weiterhin bieten die Bundesländer eigene Vorlagen. Sie umfassen z. B. in Bayern folgende Inhalte (gekürzt!):

Gekürzte Mustererklärung zur Barrierefreiheit

1. Erklärung zur Barrierefreiheit

[Name der öffentlichen Stelle] ist bemüht, seine/ihre [Website(s)] [und] [mobile(n) Anwendung(en)] im Einklang mit [der Bayerischen E-Government-Verordnung (BayEGovV)] barrierefrei zugänglich zu machen.

2. Stand der Vereinbarkeit mit den Anforderungen

3. Nicht barrierefreie Inhalte

Unvereinbarkeit mit [nationalen Rechtsvorschriften]: [Führen Sie die Unvereinbarkeit(en) der Website(s)/mobilen Anwendung(en) auf und/oder beschreiben Sie die Abschnitte/Inhalte/Funktionen, die noch nicht vereinbar sind].

Unverhältnismäßige Belastung: [Führen Sie die nicht barrierefreien Abschnitte/Inhalte/Funktionen auf, für die die Ausnahme aufgrund von unverhältnismäßiger Belastung nach Artikel 5 der Richtlinie (EU) 2016/2102 vorübergehend geltend gemacht wird].

Die Inhalte fallen nicht in den Anwendungsbereich der anwendbaren Rechtsvorschriften. [Führen Sie die nicht barrierefreien Abschnitte/Inhalte/Funktionen auf, die nicht in den Anwendungsbereich der anwendbaren Rechtsvorschriften fallen].

4. Erstellung dieser Erklärung zur Barrierefreiheit

5. Feedback und Kontaktangaben

6. Durchsetzungsverfahren

7. Kontaktdaten der Durchsetzungsstelle

Der Feedbackmechanismus in der BITV dient dazu, den Nutzenden die Möglichkeit zu geben, auf Barrieren auf einer Website/App aufmerksam zu machen und Rückmeldungen zu geben. Dazu müssen Websites und mobile Anwendungen öffentlicher Stellen einen klaren und leicht auffindbaren Feedbackkanal bereitstellen (z. B. in Form eines Kontaktformulars oder einer E-Mail-Adresse). Öffentliche Stellen sind dazu verpflichtet, auf das Feedback zu reagieren. Dies bedeutet, dass sie innerhalb einer angemessenen Frist auf die gemeldeten Barrieren eingehen und Maßnahmen zur Verbesserung ergreifen müssen. Falls z. B. keine Antwort erfolgt, kann die Durchsetzungsstelle kontaktiert werden. Diese Stelle vermittelt zwischen den Nutzenden und den öffentlichen Stellen, um eine einvernehmliche Lösung zu finden (weitere Vorlagen nach Bundesländern sowie Details unter *https://bik-fuer-alle.de/eu-richtlinie-barrierefreie-webangebote-oeffentlicher-stellen.html*).

15.6 Authoring Tool Accessibility Guidelines (ATAG) 2.0

Im Bereich der Barrierefreiheit im Web spielen die Authoring Tool Accessibility Guidelines (ATAG, *https://www.w3.org/WAI/standards-guidelines/atag/*) eine zentrale Rolle. Das heißt, wenn Sie z. B. Content-Management-Systeme (CMS), Learning-Management-Systeme (LMS), WYSIWYG-HTML-Editoren und Plattformen, auf denen Nutzende Inhalte einstellen können (z. B. Blogs, Wikis, Onlineforen und soziale Netzwerke) vertreiben oder administrieren, sind die ATAG für Sie von großer Bedeutung. WYSIWYG steht für »What you see is what you get«, also »Was du siehst, ist das, was du bekommst«, und beschreibt die weitverbreiteten Editoren oder die Software, bei denen oder der die Darstellung während der Bearbeitung der finalen Ausgabe entspricht.

Die ATAG sind hilfreich für Entwickelnde von Web-Authoring-Tools, die Menschen indirekt unterstützen, barrierefreie Webinhalte zu erstellen. Durch die Einhaltung der ATAG sind sie in der Lage, barrierefreie Inhalte im Frontend durch ein barrierefreies Backend zu erzeugen. Diese Richtlinien wurden speziell entwickelt, um die Zugänglichkeit von Software und Diensten zu verbessern, die für die Erstellung von Webinhalten verwendet werden, Diese Werkzeuge werden von einer Vielzahl von »Autoren«, einschließlich Webentwicklern, Designerinnen und Redakteuren, verwendet, um statische und dynamische Webinhalte zu erstellen.

Die ATAG umfassen zwei Hauptaspekte:

- Teil A befasst sich mit der Zugänglichkeit der Autorenwerkzeuge selbst, damit Menschen mit Behinderungen Webinhalte erstellen können.
- Teil B zielt darauf ab, die Autorinnen und Autoren bei der Erstellung barrierefreier Inhalte durch die Werkzeuge zu unterstützen. Insbesondere sollen die Werkzeuge die Erstellung von WCAG-konformen Inhalten fördern.

Die ATAG sind Teil einer Reihe von Zugänglichkeitsrichtlinien, zu denen auch die WCAG und die User Agent Accessibility Guidelines (UAAG) gehören. Die Relevanz der ATAG ist nach wie vor hoch, da die Richtlinien technologieagnostisch sind und daher unabhängig von spezifischen Technologien angewendet werden können. Tabelle 15.7 gibt einen Überblick über die ATAG.

Prinzip	Richtlinie	Erfolgskriterien (zusammengefasst)
A1	Die Benutzeroberfläche des Authoring-Tools entspricht den geltenden Zugänglichkeitsrichtlinien.	▸ Stellen Sie sicher, dass webbasierte und nicht webbasierte Funktionalität zugänglich ist.
A2	Bearbeitungsansichten sind wahrnehmbar.	▸ Machen Sie alternativen Inhalt für Autoren verfügbar. ▸ Stellen Sie sicher, dass die Präsentation der Bearbeitungsansicht programmatisch bestimmt werden kann.
A3	Bearbeitungsansichten sind bedienbar.	▸ Bieten Sie Tastaturzugriff auf Funktionen. ▸ Geben Sie Autoren genügend Zeit. ▸ Helfen Sie Autoren, blitzende Inhalte zu vermeiden, die Anfälle auslösen könnten. ▸ Verbessern Sie Navigation und Bearbeitung über die Inhaltsstruktur. ▸ Bieten Sie eine Textsuche des Inhalts. ▸ Erlauben Sie Nutzenden, Einstellungen zu verwalten. ▸ Stellen Sie sicher, dass Vorschauen mindestens so zugänglich sind wie Benutzeragenten.
A4	Bearbeitungsansichten sind verständlich.	▸ Helfen Sie Autoren, Fehler zu vermeiden und zu korrigieren. ▸ Dokumentieren Sie die Benutzeroberfläche, einschließlich aller Zugänglichkeitsfunktionen.
B1	Vollautomatische Prozesse erzeugen barrierefreie Inhalte.	▸ Stellen Sie sicher, dass automatisch festgelegte Inhalte zugänglich sind. ▸ Stellen Sie sicher, dass Zugänglichkeitsinformationen erhalten bleiben.

Tabelle 15.7 ATAG auf einen Blick (*https://www.w3.org/WAI/standards-guidelines/atag/glance*)

Prinzip	Richtlinie	Erfolgskriterien (zusammengefasst)
B2	Autoren werden bei der Erstellung barrierefreier Inhalte unterstützt.	▸ Stellen Sie sicher, dass die Erstellung barrierefreier Inhalte möglich ist. ▸ Leiten Sie Autoren an, barrierefreie Inhalte zu erstellen. ▸ Unterstützen Sie Autoren bei der Verwaltung alternativer Inhalte für Nicht-Text-Inhalte. ▸ Unterstützen Sie Autoren mit zugänglichen Vorlagen. ▸ Unterstützen Sie Autoren mit barrierefreien, vorab erstellten Inhalten.
B3	Autoren werden unterstützt, die Zugänglichkeit bestehender Inhalte zu verbessern.	▸ Unterstützen Sie Autoren bei der Überprüfung auf Zugänglichkeitsprobleme. ▸ Unterstützen Sie Autoren bei der Behebung von Zugänglichkeitsproblemen.
B4	Authoring-Tools fördern und integrieren ihre Zugänglichkeitsfunktionen.	▸ Stellen Sie die Verfügbarkeit von Funktionen sicher, die die Erstellung barrierefreier Inhalte unterstützen. ▸ Stellen Sie sicher, dass die Dokumentation die Erstellung barrierefreier Inhalte fördert.

Tabelle 15.7 ATAG auf einen Blick (*https://www.w3.org/WAI/standards-guidelines/atag/glance*) (Forts.)

Hinweis

In Bezug auf die Authoring Tool Accessibility Guidelines (ATAG) hat WordPress in den letzten Jahren kontinuierliche Fortschritte gemacht, ist nach eigenen Aussagen jedoch nicht konform:

»WordPress ist aktuell nicht ATAG 2.0-konform, verpflichtet sich aber, Funktionen für die Zugänglichkeit anzustreben, die Nutzenden helfen, zugängliche Inhalte zu erstellen, um das langfristige Ziel der ATAG-Konformität zu erreichen.« (*https://de.wordpress.org/about/accessibility/*)

15.7 User Agent Accessibility Guidelines (UAAG)

Die User Agent Accessibility Guidelines (UAAG, *https://www.w3.org/WAI/standards-guidelines/uaag/*) sind ein weiterer wichtiger Bestandteil der Zugänglichkeitsrichtlinien für Webinhalte, die von der Web Accessibility Initiative (WAI) entwickelt wurden. Diese Richtlinien zielen darauf ab, die Zugänglichkeit von Webbrowsern und anderen Benutzeragenten (engl. *User Agents*) wie Mediaplayern und Vorleseanwendungen zu verbessern, um sicherzustellen, dass alle Nutzenden eine optimale Weberfahrung haben. Das Hauptziel der UAAG ist es, Entwicklungsprinzipien und konkrete Richtlinien zur Verfügung zu stellen, um Benutzeragenten zugänglicher zu machen. Benutzeragenten spielen eine entscheidende Rolle bei der Darstellung von und Interaktion mit Webinhalten. Wenn die Software, mit der auf das Web zugegriffen wird, selbst nicht barrierefrei ist, können selbst die zugänglichsten Webinhalte für einige Nutzende unerreichbar bleiben.

Die UAAG-Richtlinien sind in zwei Hauptteile gegliedert:

1. Zugänglichkeit der Benutzeroberfläche von Benutzeragenten: Diese Richtlinien befassen sich damit, wie die Benutzeroberflächen von Benutzeragenten für Menschen mit unterschiedlichen Behinderungen bedienbar, wahrnehmbar, verständlich und robust gestaltet werden können. Dazu gehört, dass alle Funktionen über die Tastatur zugänglich sind, dass Einstellungen zur Anpassung von Textgrößen und Farbschemata zur Verfügung stehen und dass Benachrichtigungen und Fehlermeldungen für Screenreader zugänglich sind.
2. Zugänglichkeit von Inhalten, die von Benutzeragenten dargestellt werden: Diese Richtlinien sollen sicherstellen, dass Benutzeragenten Webinhalte so verarbeiten und darstellen, dass sie von verschiedenen assistiven Technologien korrekt genutzt werden können. Dazu gehören Funktionen wie Text-to-Speech, Unterstützung von Bildunterschriften und die Möglichkeit für die nutzende Person, Inhalte ihren speziellen Bedürfnissen anzupassen.

15.8 Gesetzliche Situation in Österreich und der Schweiz

Viele Unternehmen sind nicht nur in Deutschland wirtschaftlich tätig, sondern nutzen den sprachlichen Vorteil, um nach Österreich und in die Schweiz zu expandieren. Im Folgenden wird die Rechtslage zur digitalen Barrierefreiheit in diesen Ländern kurz dargestellt.

15.8.1 Österreich

Für Webseiten und Apps sind insbesondere die folgenden Gesetze in Österreich relevant:

1. das Bundes-Behindertengleichstellungsgesetz (BGStG)
2. das Web-Zugänglichkeits-Gesetz (WZG)
3. das Barrierefreiheitsgesetz (BaFG, gültig seit dem 28. Juni 2025)

Diese haben folgende Ziele und Inhalte:

- Das Bundes-Behindertengleichstellungsgesetz (BGStG) in Österreich trat am 01. Januar 2006 mit dem Ziel in Kraft, die Diskriminierung von Menschen mit Behinderungen in verschiedenen Lebensbereichen zu beseitigen oder zu verhindern und damit gleichberechtigte Teilhabe am Leben in der Gesellschaft zu gewährleisten:

  »Der Bund verpflichtet sich, die geeigneten und konkret erforderlichen Maßnahmen zu ergreifen, um Menschen mit Behinderungen den Zugang zu seinen Leistungen und Angeboten zu ermöglichen.« (§ 8 Abs. 2 BGStG)

  Ein zentrales Ziel des Gesetzes ist es damit, Diskriminierung aufgrund von Behinderungen in verschiedenen Bereichen des täglichen Lebens, wie etwa im Zugang zu Gütern und Dienstleistungen, im öffentlichen Raum und in der Arbeitswelt, zu unterbinden. Das Gesetz unterscheidet dabei zwischen unmittelbarer und mittelbarer Diskriminierung. Eine unmittelbare Diskriminierung liegt vor, wenn eine Person aufgrund einer Behinderung ungleich behandelt wird, während mittelbare Diskriminierung auftritt, wenn scheinbar neutrale Vorschriften oder Verfahren behinderte Menschen benachteiligen.

- Das Web-Zugänglichkeits-Gesetz (WZG) in Österreich regelt die Barrierefreiheit von Websites und mobilen Anwendungen öffentlicher Stellen. Ziel des Gesetzes ist es, sicherzustellen, dass digitale Inhalte für alle Nutzerenden zugänglich sind:

  »Mit diesem Bundesgesetz werden die Anforderungen an die Barrierefreiheit für die Websites und mobilen Anwendungen des Bundes festgelegt, damit diese für die Nutzer, insbesondere für Menschen mit Behinderungen, besser zugänglich werden.« (§ 1 Abs. 1 WZG)

  Das WZG basiert auf der EU-Richtlinie 2016/2102, die europaweit einheitliche Anforderungen an die Barrierefreiheit im digitalen Bereich festlegt (damit vergleichbar mit der BITV 2.0 in Deutschland) und verpflichtet öffentliche Stellen, ihre Websites und mobilen Anwendungen so zu gestalten, dass sie der EN 301 549 entsprechen. Eine zentrale Bestimmung des WZG ist ebenfalls die Verpflichtung öffentlicher Stellen, auf ihren Websites eine Barrierefreiheitserklärung bereitzustellen. In dieser Erklärung wird beschrieben, inwieweit die Website oder mobile Anwendung den Anforderungen an die Barrierefreiheit entspricht und welche

Inhalte möglicherweise nicht vollständig barrierefrei sind. Darüber hinaus muss ein Feedbackmechanismus eingerichtet werden, über den Nutzerinnen und Nutzer Barrieren melden können.

- Das österreichische Barrierefreiheitsgesetz (BaFG) regelt wie das deutsche Barrierefreiheitsstärkungsgesetz die Zugänglichkeit und Nutzbarkeit von Produkten und Dienstleistungen für Menschen mit Behinderungen. Es setzt die EU-Richtlinie über die Barrierefreiheitsanforderungen für Produkte und Dienstleistungen (EU-Richtlinie 2019/882) um. Das BaFG legt fest, dass bestimmte Produkte und Dienstleistungen barrierefrei gestaltet sein müssen. Dazu zählen unter anderem Computer und Betriebssysteme, Mobiltelefone, Selbstbedienungsterminals, E-Books sowie der elektronische Geschäftsverkehr. Bei Dienstleistungen betrifft dies insbesondere den Zugang zu Telekommunikationsdienstleistungen, Bankdienstleistungen, Verkehrsdienstleistungen sowie Dienstleistungen im elektronischen Geschäftsverkehr im Rahmen eines Verbrauchervertrags (betrifft also alle Betreiber von Onlineshops und Webseiten im Rahmen von B2C-Geschäften). Kleinstunternehmen (< 10 Beschäftigte und < 2 Millionen Jahresumsatz bzw. 2 Millionen Jahresbilanzsumme) sind ebenfalls vom BaFG ausgenommen. Weitere Details sind unter *https://www.wko.at/ce-kennzeichnung-normen/informationen-zum-barrierefreiheitsgesetz* abrufbar.

15.8.2 Schweiz

Für Webseiten und Apps sind in der Schweiz insbesondere die folgenden Gesetze und Verordnungen relevant:

1. das Behindertengleichstellungsgesetz (BehiG) mit der korrespondierenden Behindertengleichstellungsverordnung (BehiV)
2. P028 – Richtlinien des Bundes für die Gestaltung von barrierefreien Internetangeboten
3. der eCH-0059 Accessibility Standard

Diese haben folgende Ziele und Inhalte:

- Das am 1. Januar 2004 in Kraft getretene Behindertengleichstellungsgesetz (BehiG) hat zum Ziel, die Diskriminierung von Menschen mit Behinderungen zu verhindern und ihre gleichberechtigte Teilhabe am gesellschaftlichen Leben zu fördern. Zentraler Bestandteil des BehiG ist das Benachteiligungsverbot, das sicherstellt, dass Menschen mit Behinderungen nicht ungerechtfertigt benachteiligt werden dürfen:

  »Das Gesetz hat zum Zweck, Benachteiligungen zu verhindern, zu verringern oder zu beseitigen, denen Menschen mit Behinderungen ausgesetzt sind." (Art. 1 BehiG)

- Die Behindertengleichstellungsverordnung (BehiV) regelt die konkrete Umsetzung des Behindertengleichstellungsgesetzes (BehiG). Die Verordnung schreibt unter anderem vor, dass Dienstleistungen, die von öffentlichen Stellen oder privaten Anbietern erbracht werden, so zu gestalten sind, dass sie für Menschen mit Behinderungen zugänglich sind. Dies betrifft insbesondere digitale Dienstleistungen, die eine barrierefreie Gestaltung von Webseiten und elektronischen Anwendungen erfordern. Artikel 10 befasst sich mit Dienstleistungen im Internet und regelt Folgendes:

  »Die Information sowie die Kommunikations- und Transaktionsdienstleistungen über das Internet müssen für Sprach-, Hör- und Sehbehinderte sowie motorisch Behinderte zugänglich sein. Zu diesem Zweck müssen die Internetangebote entsprechend den internationalen Informatikstandards, insbesondere den Richtlinien des World Wide Web Konsortiums (W3C) über den Zugang von Internetseiten, und, subsidiär, entsprechend den nationalen Informatikstandards eingerichtet sein.« (Art. 10 BehiV)
- Die Behindertengleichstellungsverordnung sieht vor, dass über »P028 – Richtlinien des Bundes für die Gestaltung von barrierefreien Internetangeboten« die Bundeskanzlei und der Informatikrat Bund für die Verwaltungseinheiten die dazu notwendigen Richtlinien erlassen. Diese Richtlinien werden regelmäßig dem neuesten technischen Stand angepasst. Aktuell gilt für alle Websites des Bundes WCAG 2.0 auf Level AA.
- Der eCH-0059 Accessibility Standard Version 3.0 ist die nationale Richtlinie der Schweiz für die barrierefreie Gestaltung von digitalen Informationen und Dienstleistungen des Gemeinwesens und konzessionierter Unternehmen. Er basiert auf den international anerkannten WCAG 2.1 und ermöglicht es Institutionen des Gemeinwesens und konzessionierten Unternehmen im Allgemeinen sowie weiteren Anbietern von Onlineinformationen und -Dienstleistungen, ihre Angebote im Internet, Intranet und Extranet nach einheitlichen Kriterien umzusetzen und damit gleichzeitig ihren gesetzlichen Auftrag zu erfüllen (weitere Details sind unter *https://www.ech.ch/de/ech/ech-0059/3.0* abrufbar).

15.9 Zusammenfassung des Kapitels

Hier sind noch einmal die wichtigsten Punkte dieses Kapitels im Überblick:

- Das Barrierefreiheitsstärkungsgesetz (BFSG) ist am 28. Juni 2025 in Kraft getreten und betrifft Hersteller, Händler und Anbieter von bestimmten Produkten und Dienstleistungen für Verbraucher. Dazu gehören unter anderem Onlineshops, Telekommunikationsgeräte, Bankdienstleistungen und digitale Medienangebote.

Ziel des Gesetzes ist die Sicherstellung der barrierefreien Nutzung für Menschen mit Behinderungen (§ 1 BFSG).

- Elektronischer Geschäftsverkehr (z. B. Onlineshops) muss barrierefrei gestaltet sein. Das betrifft insbesondere Produkttexte, Zahlungsmöglichkeiten und die Nutzerführung. Unternehmen ab einer Größe von 10 Beschäftigten oder über 2 Millionen € Umsatz/Jahresbilanz müssen die BFSG-Vorgaben umsetzen. Kleinstunternehmen mit weniger als 10 Mitarbeitenden und weniger als 2 Millionen € Umsatz/Jahresbilanz sind bei Dienstleistungen ausgenommen, nicht jedoch bei Produkten.
- Die Einhaltung des BFSG wird von den Marktüberwachungsbehörden kontrolliert. Bei Verstößen drohen Bußgelder von bis zu 100.000 € oder Verkaufsverbote. Die gesetzlich vorgeschriebenen Anforderungen werden durch die Verordnung zum BFSG konkretisiert und orientieren sich an Normen wie der EN 301 549. Websites und Apps müssen zudem eine Erklärung zur Barrierefreiheit veröffentlichen.
- Erweiterte Anforderungen der EN 301 549: Neben den WCAG müssen weitere Anforderungen berücksichtigt werden, darunter Zwei-Wege-Sprachkommunikation (Kapitel 6 der EN 301 549), benutzerdefinierte Einstellungen und Autorenwerkzeuge (Kapitel 11) sowie Dokumentation und Support (Kapitel 12).
- Detaillierte Prüfkriterien für Sprach- und Textkommunikation: Die Norm regelt Aspekte wie Sprachqualität, Echtzeittext (RTT), Interoperabilität, Anruferidentifikation und barrierefreie Alternativen zu sprachbasierten Diensten, insbesondere für Videotelefonie und Messenger-Anwendungen.
- Autorenwerkzeuge müssen barrierefreie Inhalte ermöglichen und erhalten, Nutzerpräferenzen übernehmen sowie Korrekturvorschläge liefern. Dokumentation und Support müssen in barrierefreien Formaten bereitgestellt werden und auf unterschiedliche Kommunikationsbedürfnisse eingehen.
- Während WCAG 2.2 weiterhin auf Webinhalte und Software fokussiert ist, erweitert WCAG 3.0 den Anwendungsbereich auf Technologien wie IoT, AR und VR und führt ein flexibleres Bewertungssystem mit differenziertem Scoring ein. Mit einer Einführung des Standards WCAG 3.0 ist erst in weiter Zukunft zu rechnen.
- WCAG 3.0 verbessert die Barrierefreiheit durch erweiterte Prüfverfahren und eine stärkere Gewichtung realer Nutzungserfahrungen. Zusätzliche Richtlinien unterstützen Menschen mit kognitiven und Lernbehinderungen, etwa durch einfachere Sprache, klare Strukturierung und unterstützende Tools.
- Die BITV 2.0 basiert auf der EN 301 549 und setzt die EU-Richtlinie (EU 2016/2102) für öffentliche Stellen in Deutschland um. Sie fordert barrierefreie Websites und Apps. Öffentliche Stellen des Bundes müssen ihre digitalen Angebote barrierefrei gestalten, einschließlich interner Intranets. Zentrale Vorgaben umfassen z. B. Inhalte in Leichter Sprache und Gebärdensprache.

- Die Authoring Tool Accessibility Guidelines (ATAG) sind essenziell für Content-Management-Systeme (CMS), WYSIWYG-Editoren, Lernplattformen und andere Werkzeuge zur Inhaltserstellung. Sie helfen Entwickelnden, barrierefreie Webinhalte durch ein zugängliches Backend zu ermöglichen.
- Die Richtlinien sind in Teil A (Zugänglichkeit des Authoring-Tools selbst) und Teil B (Unterstützung der Autoren bei der Erstellung barrierefreier Inhalte) gegliedert. Wichtige Aspekte sind Tastaturbedienung, Fehlervermeidung, Unterstützung barrierefreier Vorlagen und automatisierte Prüfmechanismen.

Kapitel 16
Checklisten

Orientierung durch Struktur – Checklisten als Werkzeug der Barrierefreiheit

Barrierefreiheit lebt von der konsequenten Umsetzung vieler kleiner Details – und genau diese lassen sich im Alltag leicht übersehen. In den folgenden Checklisten sind die wichtigsten Aspekte jeder Kategorie zusammentragen. Eine umfassende Liste mit Erklärvideos und Checklisten finden Sie unter *https://www.barrierefreiheit-dienstekonsolidierung.bund.de/Webs/PB/DE/umsetzungshilfen/checklisten/checklisten-node.html*. Weitere hilfreiche Checklisten sind zudem von Deque unter *https://dequeuniversity.com/checklists/web/* abrufbar.

16.1 Checkliste zu generellen und technischen Aspekten einer Website

Kriterium	Check
Sprache der Website	Wurde die Sprache der Webseite im HTML definiert (`lang=`)?
Zoom ermöglichen	Ist sichergestellt, dass das Zoomen der Webseite möglich ist (keine Einschränkung im `viewport`-Tag)?
Webseite mit Tastatur nutzbar	Ist die Website mit der ausschließlichen Nutzung der Tastatur bedienbar? Sind Links, Buttons und interaktive Steuerelemente über die Tastatur erreichbar?
Tastaturfalle	Findet keine Tastaturfalle statt? Kann jedes Element mit der Tastatur angesteuert und verlassen werden?
Tastaturfokus	Haben visuelle Fokusindikatoren (z. B. Tastaturfokusrahmen) einen Kontrast von mindestens 3 : 1 zum Hintergrund? Sind alle fokussierbaren Elemente sichtbar, d. h. keine unsichtbaren, aber fokussierbaren Elemente vorhanden?

Tabelle 16.1 Checkliste zu generellen, technischen Aspekten der Website

Kriterium	Check
Tastenkombinationen	Gibt es keinen Konflikt zwischen seitenbezogenen Tastenkombinationen (Shortcuts) mit bestehenden Tastenkombinationen des Browsers, Betriebssystems oder Screenreaders?
Reihenfolge entspricht dem visuellen Layout.	Ist bei der Tastaturnutzung die Reihenfolge der Elemente sinnvoll und logisch? Werden die Formularfelder bei der Tastaturnutzung sinnvoll angesprungen (Vermeidung bzw. ganz bewusstes Setzen des `tabindex`)?
Touch	Ist die Funktionalität über Standardtouchmethoden verfügbar? Funktioniert die Bedienung mit einem Zeiger (einzelnen Finger), sofern keine Mehrpunktaktivierung erforderlich ist? Hängt keine Funktion ausschließlich von der kinetischen Bewegung des Geräts ab (z. B. Schütteln, Neigen)?
Ziehbewegungen (unter anderem Drag and Drop)	Sind alle Funktionen, die Ziehbewegungen erfordern, auch ohne Ziehen mit einem einzelnen Zeiger bedienbar? Kann eine Zeigeraktion abgebrochen oder rückgängig gemacht werden (z. B. durch Aufheben des Klicks)?
visuelle Bezeichnungen	Stimmen die visuellen Bezeichnungen für Links, Buttons, Formularelemente und andere Steuerelemente mit den programmatischen Bezeichnungen überein?
Navigation	Ist die Navigation auf der Website konsistent, d. h., werden wiederkehrende Navigationsmuster in der gleichen Art und Weise eingesetzt? Werden mindestens zwei Möglichkeiten angeboten, die Inhalte zu erreichen (z. B. interne Suche und Site Map)?
konsistente Identifikation	Werden Elemente wie Labels, Namen und Textalternativen für Inhalte mit gleicher Funktionalität auf mehreren Seiten konsistent identifiziert?
konsistente Hilfe	Erscheinen wiederkehrende Hilfemechanismen auf mehreren Seiten in derselben relativen Reihenfolge zum restlichen Seiteninhalt, sofern die Nutzenden dies nicht ändern?

Tabelle 16.1 Checkliste zu generellen, technischen Aspekten der Website (Forts.)

Kriterium	Check
Blöcke überspringen	Wird bei der Tastaturnutzung ermöglicht, dass Bereiche übersprungen werden (»zum Hauptinhalt springen« bzw. »Suche«-Button bei Tastaturnutzung sichtbar und fokussierbar)?
Landmarks	Werden Landmarks korrekt verwendet? Sind die Landmarks bei mehrfach vorkommenden Navigationselementen aussagekräftig (Einsatz von `aria-label`)?
Zeiten anpassbar	Besteht die Möglichkeit, Session-Time-outs zu verlängern, abzuschalten oder zu erweitern?
Ausrichtung/Geräte	Kann die Website/App sowohl im Hochformat als auch im Querformat genutzt werden, es sei denn eine bestimmte Ausrichtung ist erforderlich?
iFrames	Hat der iFrame (sofern eingebunden) einen aussagekräftigen und einzigartigen `title`?

Tabelle 16.1 Checkliste zu generellen, technischen Aspekten der Website (Forts.)

Weitere Empfehlungen/Quellen unter anderem:

- *https://lbit.hessen.de/sites/lbit.hessen.de/files/2022-08/checkliste_fuer_html.pdf*
- *https://dequeuniversity.com/checklists/web/*
- *https://dequeuniversity.com/checklists/web/device-independent-input*

16.2 Checkliste für Seiteninhalte

Kriterium	Check
aussagekräftige Seitentitel	Sind die Seitentitel der Website aussagekräftig, einzigartig und bestehen sie aus einem individuellen und einem allgemeinen Teil (z. B. Warenkorb | Unternehmen XY). Wird der Seitentitel bei Prozessen (z. B. bei Schritt 1/3 angepasst)?
Lesbarkeit der Schriftarten	Sind die verwendeten Schriftarten leicht lesbar für sehende Nutzende?

Tabelle 16.2 Checkliste für Seiteninhalte

Kriterium	Check
semantische Überschriften?	Wird der Inhalt von sinnvollen Überschriften eingeleitet? Sind visuell als Überschriften erkennbare Überschriften mit `h1` bis `h6` ausgezeichnet? (Stets nach Semantik auszeichnen, nicht nach Designgesichtspunkten!)
Reihenfolge der Überschriften beachten	Wurde die richtige Reihenfolge (`h1` bis `h6`) beachtet? Werden dabei keine Ebenen übersprungen? Ist im Normalfall nur eine `h1` vorhanden?
Verständlichkeit	Ist der Text verständlich? Wird im Idealfall Einfache Sprache verwendet?
Textalternative für CSS-Inhalt	Wird für informativen CSS-generierten Inhalt eine Textalternative bereitgestellt und ist dieser Inhalt mit `aria-hidden="true"` ausgeblendet?
Parallax-Effekte	Sind alle Inhalte und Funktionen innerhalb von Parallax-Scrolling-Inhalten über die Tastatur zugänglich?
Informationen ohne Vorbedingung	Wird auf Farbhinweise verzichtet (»klick den roten Button«)? Wird auf visuelle Hinweise verzichtet (»klick den rechten Button«)? Wird auf akustische Hinweise verzichtet (»klick nach dem Piepston«)?
visuelle Bedeutung	Wird Bedeutung nicht ausschließlich durch visuelle Merkmale wie Form, Größe oder Position vermittelt?
Anpassung von Textstilen	Bleibt der Inhalt vollständig funktional, wenn folgende Textstileigenschaften angepasst werden: Zeilenhöhe auf mindestens 1,5-fache Schriftgröße, Absatzabstand auf mindestens das 2-Fache der Schriftgröße, Buchstabenabstand auf mindestens 0,12-fache Schriftgröße und Wortabstand auf mindestens 0,16-fache Schriftgröße?
Zoom	Wird ein Zoom im Browser von 200 % unterstützt? Ist der Text weiterhin lesbar oder überlappen sich Inhalte? Wird auf mobilen Endgeräten ein Zoom zugelassen?
Scrollen nur in einer Achse	Wird (insbesondere bei kleinen Endgräten) das Scrollen in beiden Achsen (senkrecht und waagerecht) vermieden?

Tabelle 16.2 Checkliste für Seiteninhalte (Forts.)

Kriterium	Check
Buttongrößen	Sind die Zielgrößen der Buttons und Interaktionselemente ausreichend groß (mindestens 24 × 24 px, besser 44 × 44 px für Level AAA)?
Hervorhebung von Links	Werden Links nicht nur durch Farbe hervorgehoben (Kontrastverhältnis zum übrigen Text sonst 3 : 1), sondern auch durch Symbole oder Unterstreichung kenntlich gemacht?
Linkbezeichnungen	Ist der Link korrekt ausgezeichnet (`<a>` mit `href`)? Sind die Linkbezeichnungen aussagekräftig und konsistent auf der Webseite? Wird ein »hier« als Link vermieden? Wird vermieden bzw. darauf hingewiesen, dass ein Link ein neues Fenster oder Tab öffnet?
Fremdsprachliche Wörter sind per HTML gekennzeichnet.	Wurde die Sprache mittels `lang=` definiert?
Zitate	Wurden Zitate als `<blockquote>` und `<cite>`-Elemente ausgezeichnet?
Aufzählungen im HTML als Liste formatieren	Sind Listeinträge mit `<ul>`, `<ol>` oder `<dl>` ausgezeichnet?
Layouttabellen vermeiden	Werden keine Tabellen zu Zwecken des Layouts verwendet?
Kennzeichnung von Tabellen	Werden alle Tabellen korrekt im HTML ausgezeichnet, d. h. Tabelle mit `<table>`, `<th>`, `<tr>`, `<td>` etc.? Wird eine Bezeichnung (`<caption>`) für die Tabelle verwendet?
kombinierte Zellen vermeiden	Wird bei einfachen Tabellen nur eine Spalten- und Zeitenüberschrift verwendet?

Tabelle 16.2 Checkliste für Seiteninhalte (Forts.)

Weitere Empfehlungen/Quellen unter anderem:

- *https://lbit.hessen.de/sites/lbit.hessen.de/files/2022-08/checkliste_fuer_html.pdf*
- *https://dequeuniversity.com/checklists/web/text*

16.3 Checkliste für Farben und Kontraste

Kriterium	Check
Verwendung von Farbe zur Informationsvermittlung	Wird Information, die durch Farbe vermittelt wird, auch durch Text oder ein sichtbares alternatives Element (z. B. Bild) dargestellt?
Kontrast von UI-Komponenten oder anderen Unterscheidungsmerkmalen (Rahmen, Icon)	Ist ein Kontrastverhältnis von mindestens 3 : 1 zu angrenzenden Bereichen vorhanden? Das gilt auch für Umrandungen von Formularfeldern!
Kontrast von Text	Ist ein Kontrastverhältnis von mindestens 4,5 : 1 vorhanden (besser wäre 7 : 1 für Level AAA)?
Kontrast von großem Text (> 24 px)	Ist ein Kontrastverhältnis von mindestens 3 : 1 vorhanden (besser wäre 4,5 : 1 für Level AAA)?
Kontrast von fettem Text (> 19 px + fett)	Ist ein Kontrastverhältnis von mindestens 3 : 1 vorhanden (besser wäre 4,5 : 1 für Level AAA)?
Textlogos	keine Kontrastvorgaben notwendig
Hervorhebung von Links	Werden Links nicht nur durch Farbe hervorgehoben (Kontrastverhältnis zu angrenzendem Text sonst 3 : 1), sondern auch durch Symbole oder Unterstreichung kenntlich gemacht?
Hervorhebung von Pflichtfeldern	Werden Pflichtfelder nicht nur durch Farbe hervorgehoben (Kontrastverhältnis sonst 3 : 1), sondern zusätzlich durch Symbole (*) kenntlich gemacht?
Hervorhebung von Fehlermeldungen	Werden Fehlermeldungen nicht nur durch Farbe hervorgehoben (Kontrastverhältnis sonst 3 : 1), sondern zusätzlich durch Texthinweis kenntlich gemacht?
Hervorhebung von ausgewählten Menüeinträgen	Werden ausgewählte Menüeinträge nicht nur durch Farbe hervorgehoben (Kontrastverhältnis sonst 3 : 1), sondern zusätzlich durch z. B. Unterstreichung kenntlich gemacht?
Dark Mode	Ist der Inhalt im Dark Mode zugänglich?

Tabelle 16.3 Checkliste für Farben und Kontraste

Weitere Empfehlung/Quelle:

- *https://lbit.hessen.de/sites/lbit.hessen.de/files/2022-08/checkliste_kontraste_und_farben.pdf*

16.4 Checkliste für Bilder

Kriterium	Check
Alternativtext für nicht verlinkte Bilder	Ist bei den funktions- und informationstragenden Bildern (d. h. nicht dekorativ) ein sinnvoller und aussagekräftiger Alternativtext vorhanden? Wird im Alternativtext der Zweck und die Bedeutung des Bildes eindeutig vermittelt?
dekorative Grafik	Ist der Alternativtext bei dekorativen oder redundanten Bildern leer (`alt=""`)?
Alternativtext für Bedienelemente	Sind die Funktionen benannt (z. B. »Suchen« beim Icon für die interne Suche)?
Alternativtext für verlinkte Bilder	Ist die Funktion des Links benannt und ein Alternativtext für das Bild vorhanden?
Textalternative für komplexe Bilder und Grafiken	Ist für sehr komplexe Bilder und Grafiken jeweils eine textuelle Alternative vorhanden (im Kontext bzw. separat)?
Hintergrundbilder	Wird bei informativen Hintergrundbildern eine alternative Textbeschreibung bereitgestellt, z. B. durch sichtbaren Text oder `aria-label`?
CAPTCHA	Ist eine Alternative (z. B. Audio) für ein visuelles CAPTCHA vorhanden?
Schriftgrafiken/ Text in Bildern	Werden Schriftgrafiken (Text im Bild) vermieden? Falls nicht, testen Sie den Zoom auf 200 % und ergänzen Sie einen Alternativtext. Erfüllt der Text in Bildern die erforderlichen Kontrastverhältnisse von mindestens 4,5 : 1 für kleinen Text und 3 : 1 für großen Text?

Tabelle 16.4 Checkliste für Bilder

16

Weitere Empfehlungen/Quellen unter anderem:

- *https://lbit.hessen.de/sites/lbit.hessen.de/files/2022-08/checkliste_bilder_und_grafiken.pdf*
- *https://dequeuniversity.com/checklists/web/images*

16.5 Checkliste für Video und Audio

Kriterium	Check
vorgefertigte Audioinhalte	Gibt es ein vollständiges Transkript für alle Dialoge, Erzählungen und bedeutungstragenden Geräusche? Sind Hintergrundgeräusche mindestens 20 dB leiser als der Vordergrundton oder abschaltbar?
Video mit und ohne Ton	Ist eine Audiodeskription verfügbar (visuell wahrnehmbare Elemente werden zusätzlich beschrieben, sofern nicht verbal erläutert)?
Video ohne Ton	Ist eine Audiodeskription oder textuelle Beschreibung verfügbar?
Video mit Ton	Sind Untertitel inklusive relevanter Geräusche oder Töne (Musik) verfügbar?
automatischen Start vermeiden, pausieren, stoppen und ausblenden ermöglichen	Wird bei Video und Audio auf einen Autostart verzichtet bzw. kann pausiert, gestoppt oder stummgeschaltet/ausgeblendet werden bei einer Dauer von > 5 Sekunden (Video) bzw. > 3 Sekunden (Audio)? Können auch Hintergrundvideo/-audio pausiert und gestoppt werden?
Blitzen und Flackern	Wird auf Blitzen und Flackern (> 3 Blitze/Sekunde) im Inhalt verzichtet?
fremdsprachliches Video mit übersetztem Untertitel	Ist eine adäquate alternative Tonspur in übersetzter Sprache vorhanden?
Untertitel	Werden die Untertitel synchron zum Ton dargestellt?
Untertitel ein- und ausblendbar	Bietet der Videoplayer eine Möglichkeit, die Untertitel ein- oder auszublenden?
Mediaplayer/Videoplayer	Erfüllt der Videoplayer (z. B. Einbindung von YouTube) selbst alle Anforderungen der Barrierefreiheit?

Tabelle 16.5 Checkliste für Video und Audio

Kriterium	Check
Videoplayer für Audiodeskription geeignet?	Werden die Audiodeskriptionen direkt über den Videoplayer angeboten? Wird die Audiodeskription synchron angeboten?
Erhalt von Audiodeskription und Untertitel	Bleiben Audiodeskription und Untertitel erhalten, wenn durch den Videoplayer Übertragung, Konvertierungs- oder Aufnahmefunktion angeboten werden?
Livemultimedia	Kann automatisch abgespielter Inhalt gestoppt, pausiert oder ausgeblendet bzw. stummgeschaltet werden? Gibt es synchronisierte Untertitel für Liveaudio- und Livevideoinhalte?

Tabelle 16.5 Checkliste für Video und Audio (Forts.)

Weitere Empfehlungen/Quellen unter anderem:

- *https://lbit.hessen.de/sites/lbit.hessen.de/files/2022-08/Checkliste%20Videos.pdf*
- *https://dequeuniversity.com/checklists/web/audio-video*

16.6 Checkliste für Formulare

Kriterium	Check
Tastaturen	Werden auf mobilen Endgeräten die passenden Tastaturlayouts je Formularfeld eingeblendet?
Beschriftungen von Formularfeldern	Sind alle Formularfelder mit korrespondierendem `<label>` ausgezeichnet? Platzhaltertexte sind nicht ausreichend. Sind Labels und Anweisungen für Eingabefelder klar, sichtbar und programmatisch mit den entsprechenden Feldern verknüpft?
Gruppen in Formularen	Sind inhaltlich zusammengehörige Gruppen in mehrteiligen Formularen durch `<fieldset>` und `<legend>` ausgezeichnet?
Kennzeichnung erforderlicher Felder	Sind erforderliche Felder sowohl visuell als auch programmatisch als solche gekennzeichnet?

Tabelle 16.6 Checkliste für Formulare

Kriterium	Check
Hervorhebung von Pflichtfeldern	Werden Pflichtfelder nicht nur durch Farbe hervorgehoben (Kontrastverhältnis sonst 3 : 1), sondern zusätzlich durch Symbole (*) kenntlich gemacht?
Eingabebeschränkungen	Werden Eingabebeschränkungen (z. B. Format, Wertebereich) klar kommuniziert?
Autocomplete	Werden personenbezogene Daten per `<autocomplete>` korrekt angefordert?
Fehlermanagement	Werden Fehlermeldungen eindeutig erkannt? Wird neben der Farbe ein textueller Hinweis auf den Fehler gegeben? Sind die Fehlermeldungen verständlich? Wird der Fokus auf die Fehlermeldung bzw. Liste der Fehler gelegt? Werden bei automatisch erkannten Eingabefehlern Korrekturvorschläge bereitgestellt, sofern dies die Sicherheit oder den Zweck des Inhalts nicht einschränkt?
Hervorhebung von Fehlermeldungen	Werden Fehlermeldungen nicht nur durch Farbe hervorgehoben (Kontrastverhältnis sonst 3 : 1), sondern zusätzlich durch einen Texthinweis kenntlich gemacht?
Fehlervermeidung bei kritischen Daten	Wird bei Eingaben zu rechtlichen, finanziellen oder benutzergesteuerten Daten mindestens eine der folgenden Maßnahmen umgesetzt: Möglichkeit zur Rücknahme, Überprüfung auf Fehler oder Bestätigung vor der endgültigen Übermittlung?
deaktivierte Felder	Sind deaktivierte Felder korrekt gekennzeichnet und für die Nutzenden verständlich?
Zeitlimits	Werden die Nutzenden vor Ablauf von Zeitlimits gewarnt und erhalten sie die Möglichkeit, ihre Daten zu speichern oder die Sitzung zu verlängern?

Tabelle 16.6 Checkliste für Formulare (Forts.)

Weitere Empfehlungen/Quellen unter anderem:

- *https://lbit.hessen.de/sites/lbit.hessen.de/files/2022-08/checkliste_fuer_html.pdf*
- *https://dequeuniversity.com/checklists/web/form-validation-feedback*

16.7 Checkliste für PDF-Dokumente

Kriterium	Check
vor Export in PDF Prüfungstool für Barrierefreiheit verwendet (z. B. für Word)	Je mehr Barrieren im Quelldokument (wie z. B. Word-Dokument) bereits behoben wurden, desto weniger Nachbearbeitungen sind im PDF notwendig.
EXPORTIEREN oder ADOBE PDF ERSTELLEN zur Erstellung eines PDF aus Word nutzen	Der Druck als PDF führt dazu, dass keine Strukturelemente (in Form von Tags) aus dem Ursprungsdokument in das PDF übernommen werden.
Überschriften-Tags überprüfen	Prüfung der korrekten Zuordnung der einzelnen Überschriftenebenen (in Word entsprechend der Überschrift 1 etc.)
Bilder und Grafiken mit Alternativtexten versehen	Wurden Alternativtexte für sinntragende Bilder und Grafiken hinterlegt?
dekorative Bilder kennzeichnen	Wurden dekorative Bilder sowie wiederholende Logos etc. gekennzeichnet, damit diese vom Screenreader ignoriert werden?
Listen prüfen	Wurden Listen, Aufzählungszeichen und Listenelemente korrekt ausgezeichnet und richtig geordnet?
Tabellen prüfen	Wurden Tabellen richtig gekennzeichnet (inklusive Tabellenüberschriften, Tabellenzellen etc.)?
Fußnoten prüfen	Wurden Fußnoten korrekt ausgezeichnet?
fremdsprachliche Wörter auszeichnen	Wurde die Sprache bei Wörtern außerhalb der Standardsprache des Dokuments festgelegt?
Tag-Reihenfolge prüfen	Zeigt die Reihenfolge der Tags in der Tags-Ansicht die Reihenfolge an, in der ein Screenreader den Text vorliest?
Dokumenttitel vergeben	Vergabe eines aussagekräftigen Dokumenttitels

Tabelle 16.7 Checkliste für PDF-Dokumente

Weitere Empfehlung/Quelle:

- *https://lbit.hessen.de/sites/lbit.hessen.de/files/2024-02/checkliste_barrierefreies_pdf.pdf*

16.8 Checkliste für Social-Media-Beiträge

Eine Checkliste für Social-Media-Beträge finden Sie in Abschnitt 10.4.

Index

T

U

V

W

Z